法官裁判
智慧丛书

法官的首要职责,就是贤明地运用法律。
〔英〕弗兰西斯·培根

JUDICIAL RULES AND APPLICATION
FOR PROPERTY CRIME CASES

侵犯财产罪类案裁判规则与适用

刘树德　聂昭伟　著

图书在版编目(CIP)数据

侵犯财产罪类案裁判规则与适用/刘树德，聂昭伟著. —北京：北京大学出版社，2022.1

（法官裁判智慧丛书）

ISBN 978-7-301-32810-1

Ⅰ.①侵… Ⅱ.①刘…②聂… Ⅲ.①侵犯财产罪—研究—中国 Ⅳ.①D924.354

中国版本图书馆 CIP 数据核字(2021)第 274334 号

书　　　名	侵犯财产罪类案裁判规则与适用 QINFAN CAICHANZUI LEIAN CAIPAN GUIZE YU SHIYONG
著作责任者	刘树德　聂昭伟　著
丛 书 策 划	陆建华
责 任 编 辑	陆建华　张文桢
标 准 书 号	ISBN 978-7-301-32810-1
出 版 发 行	北京大学出版社
地　　　址	北京市海淀区成府路 205 号　100871
网　　　址	http://www.pup.cn　http://www.yandayuanzhao.com
电 子 信 箱	yandayuanzhao@163.com
新 浪 微 博	@北京大学出版社　@北大出版社燕大元照法律图书
电　　　话	邮购部 010-62752015　发行部 010-62750672　编辑部 010-62117788
印 刷 者	北京市科星印刷有限责任公司
经 销 者	新华书店
	730 毫米×1020 毫米　16 开本　31.75 印张　601 千字 2022 年 1 月第 1 版　2022 年 1 月第 1 次印刷
定　　　价	99.00 元

未经许可，不得以任何方式复制或抄袭本书之部分或全部内容。
版权所有，侵权必究
举报电话：010-62752024　电子信箱：fd@pup.pku.edu.cn
图书如有印装质量问题，请与出版部联系，电话：010-62756370

聚焦刑事裁判文书说理（代总序）

裁判文书是记载人民法院审理过程和裁判结果的法律文书。裁判文书既是记录诉讼活动及其结果的载体，又是展示法官职业素养、展现法院形象、体现司法公正的媒介，还是反映刑事法理论与实践互动样态的重要依凭。此处从刑事裁判说理的角度切入，对刑事法理论与实践互动问题进行探讨，希冀对实践刑法学的构建有所裨益。

一、裁判文书的"五理"

裁判文书的说理，包括"五理"，即事理、法理、学理、哲理和情理。

1. 事理

"事理"，是对案件的客观事实以及法官查证、认定的法律事实方面提出的要求。有的判决书证明事实的证据不充分，仅有事实没有证据，或只是简单地罗列证据，缺乏对证据关联性的推理、分析和判断，对主要证据的采信与否未进行分析说理，对双方争议的关键证据的认定未置可否；有的判决书对法律事实的表述过于简单，例如一起贩毒刑事案件，事实部分表述为"某年某月以来，被告人某某数十次在某地贩卖毒品给吸毒人员甲、乙、丙等人吸食"，贩卖的具体时间、地点、数量、次数、卖给了多少人等重要犯罪事实都不很清楚。再如一起故意伤害刑事案件，事实部分表述为"某年某月某日，被告人某某在某某县某某镇竹山坳，将本村村民甲打伤，经法医鉴定为轻伤"，事件的起因、经过等一些影响定罪量刑的事实情节均未加以表述。

2. 法理

"法理"，是对裁判适用法律方面提出的要求。法律适用包括实体法适用和程序法适用两个方面。法律适用具体包括"找法""释法"和"涵摄法"的过程。"找法"就是"以法律为准绳"的具体表现,最基本的要求是须做到"准确"。"释法"是由于法律规范具有普遍性和抽象性,绝大部分均需要解释后方可适用。不同的解释方法、立场、位序,有时会得出不同的结论。例如,采用形式解释还是实质解释、客观解释论还是主观解释论、文义解释优先还是目的解释优先,均可能导致个案处理结果的不同。① "释法"最基本的要求是须做到"得当"。"涵摄法"是法律事实与法律规范反复耦合,最后得出裁判结果的过程。"涵摄法"最基本的要求是须做到"正当或公正合理"。

3. 学理

"学理",是对裁判运用部门法学理论方面提出的要求。从裁判的整个过程来看,无论是法律事实的提炼,还是法律规范的解释,抑或法裁判结果的得出,均需不同程度地运用相关部门法学的基本理论,包括实体法理论和程序法理论。例如,刑事判决往往要运用刑法学、刑事诉讼法学,间或还会用到民事诉讼法学(附带民事诉讼)。目前刑事裁判文书的说理,绝大部分均按照传统的犯罪论体系的四要件顺序(或者不同的变体)来进行论述。② 但随着刑法学知识体系多元化局面的出现,即在传统的四要件犯罪论体系存在的同时,以德日阶层犯罪论体系为蓝本的各种犯罪论体系出笼,刑事审判实践包括刑事裁判文书的制作必将发生变化。③

4. 哲理

"哲理",是对裁判间或运用法理学、法哲学乃至哲学原理方面提出的要求。此处的法理学或者法哲学,既包括一般的法理学或者法哲学(例如,目前我国法学院校开设的法理学、法哲学基础理论),也包括部门的法理学或者法哲学,如刑法哲学、民法哲学。可以说,"哲理"是"学理"的进一步抽象和升华,更具有宏观的指导作用。刑事裁判的说理直接或者间接地受到刑法哲学乃至哲学的影响。以德国刑法学的发展史为例,不同的犯罪论体系均是在特定的哲学指导下逐步完善的。例如,古典犯罪论体系受自然主义哲学的影响,新古典犯罪论体系受新康德主义的影响,等等。④ 受不同哲学影响的犯罪论体系对刑法、犯罪、刑罚均会有不同的认识,进而影响着刑事裁判包括裁判文书的说理。

---

① 参见周详:《刑法形式解释论与实质解释论之争》,载《法学研究》2010 年第 3 期;陈兴良:《形式解释论与实质解释论:事实与理念之展开》,载《法制与社会发展》2011 年第 2 期;劳东燕:《刑法解释中的形式论与实质论之争》,载《法学研究》2013 年第 3 期。

② 参见刘树德:《刑法知识形态的裁判之维》,载赵秉志主编:《当代刑事法学新思潮:高铭暄教授、王作富教授八十五华诞暨联袂执教六十周年恭贺文集》(上卷),北京大学出版社 2013 年版,第 144—156 页。

③ 参见陈兴良:《刑法的知识转型(学术史)》,中国人民大学出版社 2012 年版,第 66—113 页。

④ 参见喻海松:《德国犯罪构造体系的百年演变与启示》,载《中外法学》2012 年第 3 期。

5. 情理

"情理",是对裁判间或要顾及法律之外的道德、政治、民族、外交、民意与舆情、国民常识与情感等因素方面提出的要求。裁判所适用的法律,处在金字塔型的法系统之中,始终与其他各种社会系统,如政治系统、道德体系、经济制度等相互作用和影响。裁判作出的主体同样始终生活在充满复杂关系的社会之中,法官始终不可能真正是脱离俗界的"神"。处在我国现行政制架构中的人民法院,始终不可能扮演西方国家法院的那种"独立"的角色。① 这些众多的因素均直接或者间接地影响和要求裁判文书的说理要顾及法外的"情理"。例如,亲属间盗窃案件中考虑亲情伦理,刑事案件中考虑善的道德动机(例如下文"黄某盗窃案"),邻里纠纷等普通民事纠纷中考虑民间习惯,商事纠纷中考虑交易习惯,涉外案件中考虑外交,涉及边疆少数民族案件中考虑民族团结,敏感案件中考虑舆情,等等。

【案例】黄某盗窃案

经审理查明:2012 年 6 月 17 日,江苏玉器商人林某乘坐一辆客运大巴车前往顺德容桂,在车上被被告人黄某及其同伙杨某(另案处理)偷走随身携带的手提包,内有现金 1400 元、诺基亚手机一部等。然而,黄某及杨某在得手后意外地发现,包内还有翡翠玉石一批共 53 件,后经警方鉴定该批玉石价值 91.4 万元。三日后,黄某因害怕被抓,凭借钱包中林某的身份证住址找到林某妻子后将玉石归还。2012 年 12 月 9 日,黄某被警方抓获。

法院经审理认为,该案被害人林某未加防范地将包放在一旁座位上,难以让人判断包内有巨额财物。同时结合黄某"只想偷些小钱"的当庭供述和归还玉石的行为,可以推断被告人黄某在扒窃时的主观目的,是在公共汽车上窃取小额财物,而非追求窃取巨额财产,或采取能盗多少就多少的概括故意式的放任。根据主客观相统一的犯罪构成原理及罪责刑相适应的量刑原则,玉石的价值不应计入该案所盗窃的数额之内。黄某的行为符合刑法上的被告人对事实认识错误理论,从而阻却刑事责任。法院依照刑法相关规定,以盗窃罪判处被告人黄某有期徒刑 7 个月,缓刑 1 年,并处罚金 1000 元。

法官在该案判决书中就有如下一段"说理":被告人黄某的扒窃行为毫无疑义应受道德的谴责和法律的惩罚,但其后不远千里将所盗玉石归还失主的行为,不论其是出于自身的良知还是对法律的敬畏,均应该在道德上予以肯定和在法律上予以正面评价,并且可以也应该成为其改过自新之路的起点。②

---

① 如我国学者指出的,"在传统中国,没有角色中立意义上的司法,只有相对专业或者专司意义上的司法,没有国家议事、执行、审判三种职权分立意义上的司法,只有作为整体国政的一部分的司法"。参见范忠信:《专职法司的起源与中国司法传统的特征》,载《中国法学》2009 年第 5 期。

② 参见杨虹等:《小偷的善意被作为从轻处罚情节》,载《人民法院报》2013 年 6 月 1 日,第 3 版。

二、刑事裁判文书说理受犯罪论体系结构安排的影响

犯罪论体系多元格局的形成,推动了学术话语层面的刑法知识形态的变化。随着 20 世纪 90 年代德国、日本系列刑法教科书的翻译引进,尤其是 21 世纪初期(2003 年具有标志性)各种国际性或者全国性犯罪构成体系研讨会的召开、部分法学刊物对犯罪理论体系专题的刊登、部分学者对犯罪论体系的比较研究及知识性创作,我国刑法学犯罪构成理论体系的"一元"局面,即以苏联犯罪构成体系为模本并结合本国实践有所创新的四要件犯罪论体系终被打破,并已形成四要件犯罪论体系与阶层犯罪论体系的"二元"竞争格局。①

从实践维度来看,"阶层犯罪论体系"至今尚未见诸具体裁判之中。居于通说地位的,以犯罪客体—犯罪客观方面—犯罪主体—犯罪主观方面为排列顺序的四要件犯罪论体系仍处在指导实践的主导地位,检察官起诉或者抗诉、辩护人辩护、法官裁判均按此犯罪论体系进行思维和表达。例如,在"徐凤鹏隐匿、故意销毁会计凭证、会计账簿、财务会计报告案"中,辩护人提出如下辩护意见:"公诉机关指控被告人徐构成隐匿、故意销毁会计凭证、会计账簿、财务会计报告罪的证据不足。一、从犯罪的客体及犯罪对象方面讲,我国《刑法》第 162 条之一规定的犯罪对象是会计法规定的应当保存的公司、企业的会计资料,而个体的会计资料不属于会计法调整的范围;二、从犯罪的客观方面讲,徐没有实施隐匿、故意销毁会计凭证、会计账簿、财务会计报告的行为,因为徐拿走的是徐电器商城的商品经营账,并不是公司的账;三、徐电器商城的投资人、经营者是徐个人,而并非靖边县五金交电有限公司,电器商城经营行为是个人而非公司集体行为;四、徐与靖边县五金交电公司事实上形成了承包关系,而且也全部如数上交了承包费。综上,公诉机关指控被告人徐犯隐匿、故意销毁会计凭证、会计账簿、财务会计报告罪,证据不足,应依法判决徐无罪。"②

但是,实践中个案也出现按不同排列组合的四要件犯罪论体系进行表达的情形③,包括:

第一,犯罪主体—犯罪客体—犯罪主观方面—犯罪客观方面。例如本丛书涉及的"朱波伟、雷秀平抢劫案"的裁判理由:"这是刑法规定的抢劫罪。本罪的犯罪主体是年满 14 周岁并具有刑事责任能力的自然人;犯罪侵犯的客体是公私财物所有权和公民人身权利,侵犯的对象是国家、集体、个人所有的各种财物和他人人

---

① 参见陈兴良:《刑法的知识转型(学术史)》,中国人民大学出版社 2012 年版,第 66—112 页。
② 案例来源:陕西省靖边县人民法院(2010)靖刑初字第 106 号。
③ 有学者指出,除上述通行的排列顺序以外,至少还存在以下三种排列顺序:一是犯罪主体—犯罪客体—犯罪主观方面—犯罪客观方面;二是犯罪客观方面—犯罪客体—犯罪主观方面—犯罪主体;三是犯罪主体—犯罪主观方面—犯罪客观方面—犯罪客体。参见赵秉志:《论犯罪构成要件的逻辑顺序》,载《政法论坛》2003 年第 6 期。

身;犯罪主观方面表现为直接故意,并具有将公私财物非法占有的目的;犯罪客观方面表现为对公私财物的所有者、保管者或者守护者当场使用暴力、胁迫或者其他对人身实施强制的方法,立即抢走财物或者迫使被害人立即交出财物";"这是刑法规定的强迫交易罪。本罪的犯罪主体除自然人以外,还包括单位;犯罪侵犯的客体是交易相对方的合法权益和商品交易市场秩序;犯罪主观方面表现为直接故意,目的是在不合理的价格或不正当的方式下进行交易;犯罪客观方面表现为向交易相对方施以暴力、威胁手段,强迫交易相对方买卖商品、提供或者接受服务,情节严重的行为。"①

第二,犯罪客体—犯罪主体—犯罪主观方面—犯罪客观方面。例如,本丛书涉及的"高知先、乔永杰过失致人死亡案"的裁判理由:"这是刑法规定的教育设施重大安全事故罪。该罪侵犯的客体,是公共安全和教学管理秩序,主体是对教育教学设施负有维护义务的直接责任人员,主观方面表现为过失,客观方面表现为不采取措施或者不及时报告致使发生重大伤亡事故的行为。"②

此外,实践个案还存在"简化版"的表达方式,包括:

其一,"犯罪客体—犯罪客观方面"。例如,"董杰、陈珠非法经营案"的裁判理由:①"冰点传奇"外挂软件属于非法互联网出版物。盛大公司所经营的《热血传奇》游戏是经过国家版权局合法登记的游戏软件,受国家著作权法的保护,被告人董、陈购买、使用"冰点传奇"外挂程序软件在出版程序上没有经过主管部门的审批,违反了《出版管理条例》的规定,在内容上也破坏了《热血传奇》游戏软件的技术保护措施,肆意修改盛大公司《热血传奇》游戏的使用用户在服务器上的内容,不仅违反了《信息网络传播权保护条例》的相关规定,而且侵犯了著作权人的合法权益。②被告董、陈利用外挂软件从事代练升级,构成非法经营罪。被告人购买了电脑,聘用了工作人员,先后替一万多名不特定人使用非法外挂程序进行代练,并收取费用,客观上是对该非法外挂程序的发行、传播,属于出版非法互联网出版物的行为。③

其二,"犯罪主观方面—犯罪客观方面"。例如,本丛书涉及的"崔勇、仇国宾、张志国盗窃案"的裁判理由:"一、被告人崔、仇、张主观上具有非法占有他人财物的目的。三个被告人均明知仇名下的涉案银行卡内的钱款不属仇所有,而是牟存储的个人财产。当涉案银行卡被吞、牟要求仇帮助领取银行卡时,三个被告人不是协助取回涉案银行卡并交还牟,而是积极实施挂失、补卡、取款、转账等行为,将卡内钱款瓜分,明显具有非法占有他人财物的目的。二、被告人崔、仇、张的行为具有秘密窃取的性质。……本案中,三个被告人虽然是公然实施挂失、补卡、取款、转账等行为,但被害人并没有当场发觉,更无法阻止三个被告人的行为。被害

---

① 案例来源:《最高人民法院公报》2006年第4期。
② 案例来源:《最高人民法院公报》2005年第1期。
③ 案例来源:《最高人民检察院公报》2011年第5号(总第124号)。

人虽然对三个被告人可能侵犯其财产存在怀疑和猜测,并在案发后第一时间察觉了三个被告人的犯罪行为,但这与被害人当场发觉犯罪行为具有本质区别。因此,三个被告人的行为完全符合盗窃罪'秘密窃取'的特征。三、被告人崔、仇、张的行为符合盗窃罪'转移占有'的法律特征。……涉案银行卡被吞后,被害人牟虽然失去了对卡的实际控制,但基于掌握密码,并未丧失对卡内钱款的占有和控制。被告人崔、仇、张如果仅仅协助被害人取回涉案银行卡,不可能控制卡内钱款。三个被告人是通过积极地实施挂失、补办新卡、转账等行为,实现了对涉案银行卡内钱款的控制和占有。上述行为完全符合盗窃罪'转移占有'的法律特征。"①

其三,"犯罪客观方面—犯罪主体"。例如,"李江职务侵占案"的裁判理由:"李系沪深航公司的驾驶员,在完成运输任务过程中,不仅负有安全及时地将货物运至目的地的职责,还负责清点货物、按单交接及办理空运托运手续。因此,李对其运输途中的货物负有保管职责。托运人将涉案金币交付给沪深航公司承运,由此沪深航公司取得了对涉案金币的控制权。李受沪深航公司委派具体负责运输该批货物,其在运输途中亦合法取得了对该批货物的控制权。根据本案事实,托运人对涉案金币所采取的包装措施,仅是将金币等货物用纸箱装好后以胶带封缄。该包装措施虽然在一定程度上宣示了托运人不愿他人打开封存箱的意思,但主要作用在于防止货物散落。托运人办理托运时,就已整体地将保管、运输该批货物的义务交付给沪深航公司,托运人在整个运输过程中客观上已无力控制、支配该批货物。因此,李作为涉案货物承运人沪深航公司的驾驶人员,在运输涉案货物途中,对涉案货物负有直接、具体的运输、保管职责。李正是利用这种自身职务上的便利,伙同他人将本单位承运的货物非法占有。"②

三、刑事裁判文书说理受犯罪论体系思维逻辑的影响

无论是犯罪论体系的构建,还是司法实践中犯罪的认定,均离不开论证逻辑。正如我国学者指出的"阶层性是四要件犯罪论体系与阶层犯罪论体系之间的根本区别之所在"③,犯罪成立条件之间的位阶关系有利于保证定罪的正确性。按照阶层犯罪论体系的要求,司法裁判应遵循以下判断规则:客观判断先于主观判断、具体判断先于抽象判断、类型判断先于个别判断和形式判断先于实质判断。

1. 客观判断先于主观判断

从实践维度来看,个案往往采取了相反的判断规则,即主观判断先于客观判断。例如,本丛书涉及的"赵金明等故意伤害案"的裁判理由:"被告人赵、李等为报复被害人,主观上有故意伤害他人身体的故意,客观上实施了持刀追赶他人的

---

① 案例来源:《最高人民法院公报》2011年第9期。
② 案例来源:《最高人民法院公报》2009年第8期。
③ 陈兴良:《刑法的知识转型(学术史)》,中国人民大学出版社2012年版,第109页。

行为,并致被害人死亡后果的发生,其行为均已构成故意伤害(致人死亡)罪。被害人被逼跳水的行为是被告人等拿刀追赶所致,被害人跳水后死亡与被告人的行为有法律上的因果关系,即使被告人对被害人的死亡结果是出于过失,但鉴于事先被告人等已有伤害故意和行为,根据主客观相一致原则,亦应认定构成故意伤害(致人死亡)罪。"①再如,"成俊彬诈骗案"的抗诉理由:"主观上,原审被告人成、黄在进入各被害单位之前就已具有骗取被害单位车辆的犯罪故意;客观上,两被告人在意图非法占有被害单位车辆的思想驱使下,首先使用假身份证和驾驶证到职介所登记,再去被害单位应聘,既虚构了其身份及其遵纪守法的事实,又隐瞒了其'并非想从事司机职务'及其曾经诈骗其他单位车辆的真相,骗取了被害人的信任,使被害人陷入错误认识,'自愿'将车辆交其保管,从而实现其非法占有被害单位财物的目的。"②

2. 抽象判断先于具体判断

例如,本丛书涉及的"朱建勇故意毁坏财物案"的裁判理由,先从社会危害性层面作抽象判断,再对盗窃行为构成要件作具体判断:"一、关于对被告人朱的行为能否用刑法评价的问题。《刑法》第2条规定:'中华人民共和国刑法的任务,是用刑罚同一切犯罪行为作斗争,以保卫国家安全,保卫人民民主专政的政权和社会主义制度,保护国有财产和劳动群众集体所有的财产,保护公民私人所有的财产,保护公民的人身权利、民主权利和其他权利,维护社会秩序、经济秩序,保障社会主义建设事业的顺利进行。'第13条规定:'一切危害国家主权、领土完整和安全,分裂国家、颠覆人民民主专政的政权和推翻社会主义制度,破坏社会秩序和经济秩序,侵犯国有财产或者劳动群众集体所有的财产,侵犯公民私人所有的财产,侵犯公民的人身权利、民主权利和其他权利,以及其他危害社会的行为,依照法律应当受刑罚处罚的,都是犯罪,但是情节显著轻微危害不大的,不认为是犯罪。'被告人朱为泄私愤,秘密侵入他人的账户操纵他人股票的进出,短短十余日间,已故意造成他人账户内的资金损失19.7万余元。这种行为,侵犯公民的私人财产所有权,扰乱社会经济秩序,社会危害性是明显的,依照《刑法》第二百七十五条的规定,已构成故意毁坏财物罪,应当受刑罚处罚。二、关于股票所代表的财产权利能否作为故意毁坏财物罪的犯罪对象问题…… 三、关于犯罪数额的计算问题…… 四、关于量刑问题……"③

3. 个别判断先于类型判断

例如,"王怀友等诽谤案"的裁判理由采取了犯罪主体—犯罪客体—犯罪主观

---

① 案例来源:最高人民法院刑事审判第一、二、三、四、五庭主办:《刑事审判参考》(总第55集),法律出版社2007年版,第434号案例。
② 案例来源:广东省佛山市中级人民法院(2007)佛刑二终字第338号。
③ 案例来源:《最高人民法院公报》2004年第4期。

方面—犯罪客观方面的论证顺序,其中犯罪主观方面的判断属于个别判断,而犯罪客观方面的判断属于类型判断:"在主体方面,四个被告人均属完全刑事责任能力人。在客体方面,诽谤罪的客体是公民的名誉、人格,而对于政府工作人员来说政治名誉是其人格、名誉的组成部分,四个被告人的行为意欲侵害的是县委、政府领导人的政治名誉,因此四个被告人的行为侵犯的客体属于诽谤罪的客体。主观方面,尽管四个被告人各有其不同的上访事由,涉及不同的分管领导。但从整体上看,均因其各自上访问题未得到满意解决而对县委、政府产生不满,遂共同产生贬损县委、政府领导人政治名誉的念头,且均明知捏造的系虚假事实一旦散布出去必然会损害他人人格、破坏他人名誉,因此四个被告人均有诽谤他人的犯罪故意。客观方面,四个被告人针对县委、政府领导人共同实施了准备书写工具,商议捏造虚假事实,书写'大''小'字报及复印'小'字报;被告人王某、罗某、阮某还亲自实施了到昭通市区及鲁甸县城张贴的行为;四个被告人的行为造成了共同的危害后果。另外,四个被告人采用捏造虚假事实书写'大''小'字报这种恶劣的方法,选择昭通市区及鲁甸县城人员密集的公共场所进行张贴散布诽谤他人政治名誉,四个被告人的行为属于情节严重。综上所述,四个被告人属共同犯罪,其行为均已构成诽谤罪。"①

4. 实质判断先于形式判断

例如"李某抢劫案"的裁判理由不是先对抢劫一根玉米的行为作形式判断,即论证与判断此行为是否该当抢劫罪的实行行为,而是在量刑部分(是否适用缓刑)对此行为的社会危害性作实质判断:"抢劫罪侵犯的是财产权利和人身权利双重客体,本案中李某劫取的玉米价值甚小,对于超市来说损失甚微,但李深夜持刀架在被害人脖子处实施抢劫,给被害人造成的人身危险性远远超过财物本身的价值,给社会带来了不安全因素,具有严重的社会危害性,故不宜对李宣告缓刑。"②

四要件犯罪论体系反映到实践个案的裁判理由论证中,除不像阶层犯罪论体系所体现的先后有序递进之外,还间或存在部分要件"循环往复"或者杂糅在一起的现象。例如,"顾永波非法拘禁案"的裁判理由不仅将犯罪动机混同于犯罪目的,而且将犯罪主观方面与犯罪客观方面并在一起论证:"被告人顾为索取夫妻间曾协商约定的由其妻承担的债务,在其妻离家出走后,担心其妻不承担共同债务而落得人财两空,为迫使其妻的亲人及时找回其妻,扣押了其妻的亲人作为交换其妻的条件,从而达到要其妻承担债务与其离婚的目的,是一种'债务纠纷'的绑架行为。被告人顾在实施其违法行为时,实施了'扣押人质''以钱赎人'等类似绑架行为的客观外在的行为,但其主观上不具有索取财物的目的,不完全具备绑架罪的特征要件,不构成绑架罪。其为达到这一目的而非法扣押了人质钟某某,限

---

① 案例来源:云南省昭通市中级人民法院(2003)昭刑二终字第162号。
② 案例来源:上海市浦东新区人民法院(2012)浦刑初字第2578号。

制了人质钟某某的自由权利,影响较大,其行为构成非法拘禁罪。"①显然,正是此种逻辑不清晰的论证方式,导致观点"是一种'债务纠纷'的绑架行为"与"不完全具备绑架罪的特征要件,不构成绑架罪"的前后矛盾。

此外,从实践来看,四要件犯罪论体系与阶层犯罪论体系的判断规则、论证思维逻辑的不同,或许对大部分案件的最终处理结论不会带来影响,但间或直接影响到对同一事实的不同定性。例如,"成俊彬诈骗案"中检察院、一审法院、二审法院之所以存在定性的分歧,与裁判论证是先进行客观判断还是先进行主观判断有着直接的关系。检察院的抗诉意见认为:"主观上,原审被告人成、黄在进入各被害单位之前就已具有骗取被害单位车辆的犯罪故意;客观上,两被告人在意图非法占有被害单位车辆的思想驱使下,首先使用假身份证和驾驶证到职介所登记,再去被害单位应聘,既虚构了其身份及其遵纪守法的事实,又隐瞒了其'并非想从事司机职务'及其曾经诈骗其他单位车辆的真相,骗取了被害人的信任,使被害人陷入错误认识,'自愿'将车辆交其保管,从而实现其非法占有被害单位财物的目的。综上,原审被告人成、黄的行为已构成诈骗罪。"二审法院裁判理由:"原审被告人成伙同原审被告人黄,以非法占有为目的,使用假身份证和驾驶证骗取被害单位招聘成作司机,后成利用给被害单位送货之机,伙同黄将被害单位的车辆非法占为己有;成没有为被害单位从事司机一职的主观愿望,其骗取的司机一职只是其骗取被害单位财物的一种手段,原审被告人成、黄的行为已构成诈骗罪。"②抗诉意见和二审裁判理由均是先进行主观判断,认为被告人主观上有诈骗故意,进而基于此种故意实施了"诈骗"行为,因而构成诈骗罪。但是,按照阶层犯罪论体系的判断规则,宜先分析被告人的行为是职务侵占行为还是诈骗行为,两者的关键区别在于:第一,财物被侵害之前的状态是处于行为人控制还是由被害人控制;第二,财物的转移状态发生变化的原因是利用职务便利还是基于被骗而陷入认识错误进而做出财产处分。从本案案情来看,被告人虽然在取得司机身份时存在欺骗因素,但此并不意味着财物状态的改变也是基于被骗而陷入错误认识进而做出处分的结果。因而,本案被告人行为的定性宜为职务侵占罪。

四、聚焦"说理"来促进实践刑法学

近年来,随着依法治国方略的逐步实施和法治中国建设的逐步深化,中国法治实践学派随之兴起。所谓中国法治实践学派,是以中国法治为研究对象,以探寻中国法治发展道路为目标,以实验、实践、实证为研究方法,注重现实、实效,具有中国特色、中国气派、中国风格的学术群体的总称。③ 2018 年 7 月 20 日至 21 日,在"法学范畴与法理研究"学术研讨会(长春)上,徐显明教授提出了未来的法

---

① 案例来源:云南省永德县人民法院(2007)永刑初字第 29 号。
② 案例来源:广东省佛山市中级人民法院(2007)佛刑二终字第 338 号。
③ 参见钱弘道主编:《中国法治实践学派》(2014 年卷),法律出版社 2014 年版,第 3 页。

理学"五化"的命题,即学理化、本土化、大众化、实践化和现代化;付子堂教授提出了"走向实践的中国法理学"命题。刑法学作为部门法学,在某些方面"春江水暖鸭先知",较早地开始了知识形态方面的反思,先后提出了其是"无声的刑法学""无史化的刑法学"①"缺乏学派之争的刑法学"②"缺乏教义学的刑法学"③。显然,这些命题的提出存在一个大的背景,就是德日三阶层犯罪论体系的引入,促发了刑法学知识的转型,并形成与传统的四要件犯罪论体系并存的局面。如果说,学界围绕这些命题的论争与展开,更多地具有理论色彩的话,那么,另一个侧面的反思则集中在既有刑法学知识的疏离实践、缺乏实践理性品格方面④,就后者而言,此种状况出现了改变的迹象,如个人专著式教科书开始"在叙述过程中,穿插有大量的司法解释和案例分析"⑤,个别学者出版了判例教义学专著⑥,并领衔对司法规则进行汇纂⑦;个别学者结合案例进行专题研究⑧;等等。笔者较早地关注此问题并一直将其作为学术重心,收集了大量实践案例,不仅对特定罪名或者专题进行研究⑨,同时对最高司法机关相关刊物的案例进行汇总式评析⑩,还在前期学术累积的基础上提出"实践刑法学"的设想,并开始了初步的尝试。⑪ 如果说刑法处在"地方性与普适性"并存的发展状态⑫,那么,塑造实践理性品格无疑会更多地凸显"地方性",也可以说,只有丰富了"地方性"知识,方能真正地形成"有独立声音的中国刑法学",而非"重复别人声音的中国刑法学"。随着案例指导制度的出台及指导性案例的发布,中国裁判文书网的建成及裁判文书的网上公开,裁判

---

① 周光权:《法治视野中的刑法客观主义》,清华大学出版社2002年版,第2页。
② 张明楷:《刑法的基本立场》,中国法制出版社2002年版,第47页。
③ 陈兴良:《刑法教义学方法论》,载《法学研究》2005年第2期。
④ 参见齐文远:《中国刑法学应当注重塑造实践理性品格》,载陈泽宪主编:《刑事法前沿》(第六卷),中国人民公安大学出版社2012年版,第226、232页。
⑤ 黎宏:《刑法学》,法律出版社2012年版,自序第Ⅲ页。
⑥ 参见陈兴良:《判例刑法学》(上下卷),中国人民大学出版社2009年版。
⑦ 参见陈兴良、张军、胡云腾主编:《人民法院刑事指导案例裁判要旨通纂》(上下卷),北京大学出版社2012年版。
⑧ 参见金泽刚:《抢劫加重犯的理论与实践》,法律出版社2012年版。
⑨ 参见刘树德:《绑架罪案解》,法律出版社2003年版;刘树德:《抢夺罪案解》,法律出版社2003年版;刘树德:《挪用公款罪判解研究》,人民法院出版社2005年版;刘树德:《敲诈勒索罪判解研究》,人民法院出版社2005年版;刘树德:《"口袋罪"的司法命运——非法经营的罪与罚》,北京大学出版社2011年版;刘树德:《牵连犯辨正》,中国人民公安大学出版社2005年版。
⑩ 参见刘树德:《阅读公报——刑事准判例学理链接》,人民法院出版社2004年版;刘树德、喻海松:《规则如何提炼——中国刑事案例指导制度的实践》,法律出版社2006年版;刘树德、喻海松:《中国刑事指导案例与规则:提炼·运用·说理》,法律出版社2009年版;刘树德:《刑事指导案例汇览:最高人民法院公报案例全文·裁判要旨·学理展开》,中国法制出版社2010年版。
⑪ 参见刘树德:《实践刑法学·个罪Ⅰ》,中国法制出版社2009年版;刘树德:《刑事裁判的指导规则与案例汇纂》,法律出版社2014年版。
⑫ 参见储槐植、江溯:《美国刑法(第四版)》,北京大学出版社2012年版,第16页。

文书释法说理指导意见①的下发及示范性说理文书的不断涌现,法院信息化建设的持续进步及大数据、人工智能等技术在司法领域的推广运用,实践(刑法)法学更有了良好的发展基础,理应有更大的使命与担当,既要加强案例指导制度运行的实证研究,为其健全和发展提供有针对性的对策建议,也要充分消化、吸收指导性案例的学术资源,全面、系统总结刑事法官裁判智慧,提升刑法学的实践性品格和教义化水平。

刘树德

2020 年 4 月 10 日

---

① 参见 2018 年 6 月 1 日最高人民法院《关于加强和规范裁判文书释法说理的指导意见》。

目 录

第一章　罪刑法定原则 · 001
一、罪刑法定原则实质侧面要求对刑法进行实质解释 · 001
二、刑法实质解释在司法实践中的具体应用 · 002

第二章　罪刑相适应原则 · 008
一、罪刑相适应原则要求在定罪时适当考虑刑罚的因素 · 008
二、罪刑相适应原则在刑法解释与适用中的体现 · 009

第三章　刑法的时间与空间效力 · 013
一、针对某一犯罪行为，能否交叉引用新、旧刑法的不同法条 · 013
二、行为时、进入诉讼后及审判时法律规定不一样的，如何选择适用 · 015
三、如何理解《刑法》第12条"从旧兼从轻原则"中的"处刑较轻" · 019
四、新法对生效时已完成的诉讼行为是否具有溯及力 · 021
五、关于司法解释的溯及力问题 · 024
六、犯罪预备行为发生在我国境内的，能否适用我国刑法 · 026

第四章　犯罪概念 · 029
犯罪的基本和本质特征 · 029

第五章　因果关系 · 035
一、因果关系错误是否会影响到刑事责任的承担 · 035
二、医院抢救失误能否中断抢劫行为与被害人死亡结果之间的因果关系 · 036

第六章 刑事责任年龄与能力 ········· 043
一、户籍证明与其他证据矛盾时如何认定被告人的年龄 ········· 043
二、如何审查轻度精神障碍及智障者的刑事责任能力 ········· 045
三、对于盲人犯罪的,如何适用《刑法》第 19 条从宽处罚的规定 ········· 048

第七章 犯罪形态 ········· 051
一、抢劫出租车案件中犯罪预备与未遂的区分 ········· 051
二、意图实施两项犯罪但只实施了一个预备行为的,如何认定罪名 ········· 054
三、以暴力、胁迫手段逼迫他人书写收条的行为,系犯罪既遂还是未遂 ········· 055
四、如何把握转化型抢劫既遂、未遂的区分标准 ········· 058
五、共同犯罪中犯罪未遂与犯罪中止的认定 ········· 060
六、关于盗窃罪既遂、未遂形态的认定标准问题 ········· 063
七、盗窃、诈骗银行存单、有价证券等财产凭证的既未遂认定 ········· 067
八、抢劫罪八种加重情节是否存在既、未遂问题 ········· 070
九、既、未遂并存时如何认定犯罪数额并选择法定刑幅度 ········· 072

第八章 共同犯罪 ········· 074
一、共同盗窃中部分人实施暴力行为,其他人是否也应认定为转化型抢劫 ········· 074
二、有责任能力者与无责任能力者能否成立共同犯罪 ········· 078
三、承继共同犯罪中如何认定承继者的罪名及刑事责任 ········· 080
四、部分抢劫共犯致人重伤、死亡,未在场共犯对此应否承担责任 ········· 083
五、对明显超过共同犯罪故意内容的过限行为如何处理 ········· 085
六、事前明知但无通谋,事后包庇、掩饰、隐瞒的,能否以共犯论处 ········· 087
七、概括故意下的共同犯罪,如何确定各行为人承担责任的范围 ········· 089
八、公司化运作的电信诈骗集团中各行为人刑事责任的区分 ········· 091
九、无身份者与有身份者共同实施犯罪时如何定性 ········· 093

第九章 单位犯罪 ········· 098
某一行为能否构成单位犯罪必须以刑法明文规定为前提 ········· 098

第十章 死 刑 ········· 102
一、抢劫罪死刑的具体适用 ········· 102
二、对未成年人如何适用《刑法》第 49 条和第 17 条之规定 ········· 106

第十一章 累 犯 ········· 108
一、如何理解累犯制度、数罪并罚制度中的"刑罚执行完毕" ········· 108

二、在假释考验期间直至期满后连续犯罪的是否应撤销假释并构成累犯 …… 110
三、对累犯"再犯应当判处有期徒刑以上刑罚之罪"要件的理解 …… 112
四、前次犯罪跨越18周岁且被判处有期徒刑的能否构成累犯 …… 114

第十二章 缓　刑 …… 117
一、刑罚执行期间发现漏罪,判决作出时原判刑罚已执行完毕的如何处理 …… 117
二、撤销缓刑案件的管辖、审理和羁押时间的折抵 …… 120
三、审判新罪的法院能否同时撤销先前宣告的数个缓刑 …… 123

第十三章 自首与立功 …… 125
一、取保候审期间逃跑,后再归案并如实供述的,能否认定为自首 …… 125
二、行为人供述的罪行与采取强制措施的罪行不同的,能否认定自动投案 …… 127
三、如何认定自首情节中的"明知他人报案而在现场等待" …… 128
四、经电话通知、传唤到案的能否认定为"自动投案" …… 130
五、在一般性排查中就如实交代罪行能否认定为"自动投案" …… 134
六、向被害人投案的行为能否认定为投案自首 …… 137
七、行政拘留期间交代犯罪行为,能否认定自首 …… 139
八、如何理解和认定"如实供述主要犯罪事实"的内容与时间 …… 141
九、余罪自首中如何认定"司法机关尚未掌握的不同种罪行" …… 144
十、行为人对其主观心态进行辩解是否影响自首的成立 …… 150
十一、对影响量刑升格的次要事实翻供是否影响自首的认定 …… 152
十二、为了解案情前往公安机关被抓获的能否认定为自动投案 …… 154
十三、揭发型立功中"他人犯罪行为"应当如何认定 …… 156
十四、归案后规劝同案犯投案自首能否认定为有立功表现 …… 160
十五、协助抓获盗窃同案犯,后因抢劫罪判处死缓,能否认定重大立功 …… 163
十六、主动交代同案犯的关押场所并予以指认构成立功 …… 165
十七、归案后提供同案犯藏匿地点或者逃跑方向能否构成立功 …… 168
十八、积极救助同监室自杀人员能否认定为立功 …… 171

第十四章 数罪并罚 …… 173
一、刑罚执行期间发现漏罪,判决作出时原判刑罚已执行完毕,应如何处理 …… 173
二、剥夺政治权利执行期间重新犯罪的,如何计算未执行完毕的刑期 …… 177
三、暂予监外执行期满后发现在考验期内又犯新罪是否应当数罪并罚 …… 179
四、保外就医期间或期满后重新犯罪的,如何计算前罪未执行的刑罚 …… 181

第十五章 减刑与假释 …… 185
一、无期徒刑减为有期徒刑后在执行期间发现漏罪,原减刑裁定减去的刑期以及减为有期徒刑后已经执行的刑期如何处理 …… 185
二、罪犯在假释期间又犯新罪,数罪并罚时原减刑裁定如何处理 …… 188

第十六章 追诉时效 …… 191
一、如何确定犯罪行为对应的法定最高刑及追诉期限 …… 191
二、如何理解刑法追诉时效规定中的"逃避侦查或审判" …… 194
三、新、旧刑法交替后追诉时效规定应当如何适用 …… 196
四、已过20年追诉时效的犯罪,在何种情况下应当予以追诉 …… 201

第十七章 抢劫罪 …… 204
一、关于抢劫罪"非法占有目的"的认定 …… 204
二、教唆他人抢劫自己与妻子的共同财产是否构成抢劫罪 …… 207
三、违禁品、赃款、赃物能否成为抢劫罪的犯罪对象 …… 210
四、以借条、收条等财产性利益为抢劫对象的应该如何处理 …… 213
五、采用禁闭他人的方法劫夺财物的行为能否认定为抢劫罪 …… 218
六、通过驾驶机动车"碰瓷"的方式非法获取财物的行为如何定性 …… 220
七、实施故意伤害、强奸等暴力犯罪后临时起意取财的行为如何定性 …… 222
八、为逃匿而劫取的机动车辆能否计入抢劫数额 …… 225
九、驾驶车辆抢夺(即"飞车抢夺")的行为应当如何定性 …… 227
十、14周岁至16周岁的人盗窃时为抗拒抓捕而当场使用暴力能否转化为抢劫罪 …… 229
十一、盗窃未遂或未达数额较大,为抗拒抓捕而当场使用暴力的,能否构成抢劫罪 …… 232
十二、在盗窃等过程中为取财而直接使用暴力的是否属于转化型抢劫 …… 235
十三、转化型抢劫罪中为了杀人灭口而使用暴力的如何定性 …… 238
十四、转化型抢劫罪中对"暴力"行为的强度是否具有一定的要求 …… 240
十五、入户或者在公共交通工具上实施盗窃等行为,为抗拒抓捕而当场使用暴力的,是否构成转化型抢劫罪 …… 243
十六、转化型抢劫罪之"当场"使用暴力应当如何理解和把握 …… 245
十七、盗窃特殊财物时为抗拒抓捕而当场使用暴力的,能否转化为抢劫 …… 248
十八、关于"携带凶器抢夺"拟制抢劫行为的认定 …… 251
十九、关于"入户抢劫"的认定 …… 254
二十、关于"在公共交通工具上"抢劫的认定 …… 267
二十一、关于"抢劫银行或者其他金融机构"的认定 …… 271

二十二、关于"多次抢劫"的认定 …………………………………… 272
二十三、针对数额巨大财物抢劫但未得逞的,是否属于"抢劫数额巨大" … 275
二十四、关于抢劫信用卡的犯罪数额认定 …………………………… 280
二十五、抢劫过程中故意杀人或致人死亡的应当如何处理 …………… 281
二十六、关于"冒充军警人员抢劫"的认定 ………………………… 288
二十七、关于"持枪抢劫"的认定 …………………………………… 291
二十八、关于抢劫罪与强迫交易罪的区分 …………………………… 294
二十九、关于抢劫罪与寻衅滋事罪的区分 …………………………… 300
三十、关于抢劫罪与敲诈勒索罪的区分 ……………………………… 302
三十一、在绑架过程中又劫取被绑架人财物的行为如何定罪 ………… 308
三十二、抢劫罪与非法拘禁罪、绑架罪的区别 ……………………… 311

第十八章　盗窃罪 ………………………………………………… 318

一、电信资源和电子数据能否成为盗窃罪的犯罪对象 ……………… 318
二、窃取他人钱财后,留言日后归还的行为能否认定为盗窃罪 ……… 322
三、在认定盗窃数额时应当以对公私财产所有权造成的损害为标准 … 325
四、网络虚拟财产的盗窃数额应当如何计算 ………………………… 328
五、行为人对盗窃财物的实际价值存在认识错误时如何处理 ………… 330
六、入户盗窃车钥匙、银行卡后在户外窃车或取款,能否计入"入户盗窃"的数额 …………………………………………………… 334
七、关于"入户盗窃"的认定 ………………………………………… 336
八、财物转移到第三人占有后,他人再秘密占为己有的构成盗窃罪 … 339
九、暗自开走他人忘记锁闭的汽车的行为如何处理 ………………… 341
十、盗窃存折等财产凭证并使用的行为,能否认定为盗窃罪 ………… 343
十一、盗窃银行承兑汇票并使用的行为构成盗窃罪还是票据诈骗罪 … 345
十二、被他人合法占有的本人财物,能否成为盗窃罪的犯罪对象 …… 346
十三、违禁品或其他非法财物能否成为盗窃对象及盗窃数额的计算 … 352
十四、关于盗窃罪与诈骗罪的区别 …………………………………… 354
十五、发生在家庭成员和亲属之间的偷盗案件应当如何处理 ………… 358
十六、行为人盗窃他人财物后,向他人索要钱财赎回的行为如何定性 … 361
十七、关于盗窃罪与侵占罪、职务侵占罪的区分 …………………… 364
十八、利用银行系统漏洞在POS机上进行空卡套现行为的罪名认定 … 368
十九、销赃行为人在何种情况下应认定为盗窃罪的共犯 ……………… 371
二十、以做"法事"替人消灾为名趁机调换他人钱物的,如何定性 … 375
二十一、侵入景点检售系统修改门票数据获取门票收益的行为如何定性 … 377

二十二、伪造材料将借用的他人车辆质押,得款后又秘密窃回的行为,如何
定性 …………………………………………………………………… 380

第十九章　诈骗罪 ……………………………………………………………… 383
　一、将租赁来的汽车典当不予退还的行为是否构成诈骗罪 …………… 383
　二、故意制造"交通事故"骗取赔偿款的行为如何定性 ………………… 385
　三、知道中奖号码而购买彩票并索要奖金的,应当如何定性 …………… 387
　四、假冒医生、病患等身份骗取被害人财物的,应如何论处 …………… 389
　五、诈骗数额应以实际骗取的数额还是合同标的额来认定 …………… 390
　六、骗取他人信用卡及密码并在 ATM 机上使用的行为,应当如何定性 … 393
　七、代为保管或捡拾他人存折擅自取款占为己有的行为如何定罪 …… 396
　八、关于诈骗罪与赌博罪的区分 ………………………………………… 399
　九、家电销售商虚报冒领国家家电下乡补贴资金的行为如何定性 …… 403
　十、私自提取他人委托炒股的股票账户内资金的行为如何定性 ……… 405
　十一、冒充国家机关工作人员既骗财又骗取其他利益的行为如何定性 … 407
　十二、将他人手机号码非法过户后转让获利的行为如何定性 ………… 410
　十三、利用异地刷卡消费反馈时差,要求工作人员将款项存入指定贷记卡,
异地消费完又谎称出错要求撤销该存款的如何定罪 ……………… 412
　十四、取得商品后谎称没带钱,在取钱途中溜走的行为如何定性 …… 414
　十五、诈骗罪通常采取言词方式实施,但也可以采用动作方式来实施 … 416
　十六、偷换商店收款二维码非法占有他人货款的行为如何定性 ……… 419
　十七、按照人工智能预先设置的交易规则非法占有财物的行为如何
定性 …………………………………………………………………… 422
　十八、抢走财物后哄骗被害人不追赶的行为如何定性 ………………… 426
　十九、以借用为名取得他人财物后非法占为己有的行为如何定性 …… 428
　二十、如何区分诈骗罪与合同诈骗罪 …………………………………… 430
　二十一、诈骗罪与敲诈勒索罪的区分 …………………………………… 434

第二十章　抢夺罪 ……………………………………………………………… 437
　一、行为人借打他人手机,趁人不备逃走的行为如何定性 …………… 437
　二、"加霸王油"的行为如何定性 ………………………………………… 438
　三、抢夺本人因质押而被第三人保管的财物的行为如何定性 ………… 440

第二十一章　侵占罪与职务侵占罪 …………………………………………… 442
　一、如何理解和认定侵占罪中的"代为保管他人财物" ………………… 442

二、持代为保管或拾得的信用卡、存折擅自取款据为己有的行为如何
　　定性 ………………………………………………………………… 443
三、雇员利用职务之便将个体工商户的财产非法占为己有的行为如何
　　定性 ………………………………………………………………… 447
四、临时工的名义职务与实际职务不同时如何认定职务侵占罪 ……… 448
五、村基层组织人员利用职务便利侵吞征地补偿款的行为如何定性 … 453
六、单位职员利用职务身份侵占被害人所交付的财物的行为如何定性 …… 457
七、利用职务便利出售假观光券侵吞售票单位钱款的行为如何定性 …… 460
八、个人财产与公司财产混同情况下如何认定职务侵占罪 …………… 462
九、承运人盗窃托运人交给其运输的封缄财物构成盗窃罪还是侵占罪 …… 464
十、将借给他人使用的银行卡内资金取走的行为如何定性 …………… 467

第二十二章　敲诈勒索罪 ……………………………………………… 469
一、杀死被害人后以其被绑架为名向被害人亲属勒索财物的行为如何定性 …… 469
二、在征地、拆迁纠纷中索取巨额补偿款是否构成敲诈勒索罪 ……… 471

第二十三章　故意毁坏财物罪 ………………………………………… 475
一、盗窃等罪中的"非法占有"与故意毁坏财物罪中"毁坏"的区别 …… 475
二、擅自将他人股票低价抛售的行为是否构成故意毁坏财物罪 ……… 476

第二十四章　破坏生产经营罪 ………………………………………… 479
出于升职目的低价销售公司产品的行为如何定性 ………………… 479

后　记 …………………………………………………………………… 481

第一章　罪刑法定原则

一、罪刑法定原则实质侧面要求对刑法进行实质解释

从罪刑法定原则发展的历程来看,其经历了由最初注重"形式侧面",到后来的"形式与实质侧面"相统一的过程。其中,法律主义、禁止事后法、禁止类推解释等,是罪刑法定原则"形式侧面"的内容。形式侧面旨在限制司法权,即司法者只能严格执行立法机关(如议会)制定的法律,以此来保障公民的自由。后来,人们开始意识到,立法机关也有可能不当限制公民的自由,因而,立法权也应当受到限制。自此,罪刑法定原则开始发展出了"实质侧面"的内容。具体来说,实质侧面包括两个方面的内容:一是要求刑罚法规具有明确性;二是要求刑罚法规内容适正,即禁止处罚不当罚的行为,禁止不均衡、残虐的刑罚。可见,实质侧面旨在限制立法权,反对恶法亦法,这就要求我们在对刑法(包括犯罪构成要件)进行解释时不能停留在法条的字面含义之上,而应当以法条所保护的法益为指导,在刑法用语可能具有的含义范围内确定构成要件的具体内容。

一方面,由于构成要件是违法类型,故对构成要件的解释必须考查行为的违法性是否达到值得科处刑罚的程度,从而将那些符合构成要件的字面含义,但实质上不具有可罚性的行为排除在构成要件之外。如被告人张美华伪造居民身份证案,张美华不慎遗失居民身份证,因其户口未落实,无法申请补办居民身份证,遂以其本人照片和真实的姓名、身份证号码等信息,让他人伪造了居民身份证一张。由于张美华伪造并使用伪造居民身份证的目的,是为了解决身份证遗失后无法补办,日常生活中需要不断证明自己身份的不便,而并非为了用于违法犯罪活动;而且张美华使用的居民身份证虽然是伪造的,但该证上记载的姓名、住址、身份证编码等个人身份信息却是真实的,不存在因使用该证实施违法行为后无法查找违法人的可能,故该行为虽然从形式上看符合伪造居民身份证罪的构成要件,但不值得科处刑罚,故应当通过实质解释将其排除在犯罪圈外。[①]

[①] 参见《最高人民法院公报》2004年第12期。

另一方面，当某种行为并不包摄于刑法用语的核心含义之内，但是在其边缘含义之内，且侵害了刑法所保护的法益，具有处罚必要性与合理性时，应当对刑法用语作适当的扩大解释，从而实现刑法的法益保护功能。具体来说，首先，刑法实质解释可以有效减少和避免刑法漏洞。例如，《刑法》①第247条暴力取证罪中将"暴力逼取证人证言"规定为犯罪，但根据《刑事诉讼法》的规定，被害人并不属于证人的范畴，那么，对于使用暴力逼取被害人陈述的行为能否认定为暴力取证罪呢？笔者认为，该罪名所保护的法益是公民的人身权利和国家司法机关的正常活动，使用暴力逼取被害人陈述的行为显然侵害了刑法所保护的上述法益，故没有必要强求刑法用语必须与刑事诉讼法的用语保持一致，完全可以通过扩大解释，将被害人解释为广义上的证人，进而将被害人陈述解释为证人证言，而无需通过立法的方式来填补该漏洞。其次，由于刑法一经制定便具有了相对稳定性，而社会生活的不断发展变化又会导致一些新类型行为的出现。这些行为并不能包摄于刑法用语的核心含义之内，但是却具有刑罚处罚的妥当性与必要性。为了将这类行为合理地解释为犯罪，就要求我们不能停留在法条的字面含义之上，而需要在刑法用语可能具有的含义内，对刑法规定的构成要件进行实质解释。例如，尽管传统意义上的组织卖淫是女性向男性提供性服务，但是发展到今天，同样出现了组织男性提供有偿性服务的行为；针对此类行为，我们当然可以将其解释到组织卖淫的行为当中来。同样，将电子邮件解释为《刑法》第252条与第253条中的"信件""邮件"，也能够为社会公众所接受。

二、刑法实质解释在司法实践中的具体应用

由于刑法实质解释重点考量的是行为的社会危害性，要求在此基础上对构成要件进行解释，而构成要件大多表现为积极构成要件，故实质解释一般会得出对被告人不利的结论。但由于实质解释的结论仍然处在刑法用语含义的可能范围内，而且对这类行为进行处罚能体现相关法条所保护的法益，具有处罚的妥当性与合理性，能够为一般国民所接受，故并不违背罪刑法定原则。当然，实质解释也具有出罪功能，可以将那些形式上符合构成要件字面含义，但实质上并没有侵害刑法所保护的法益，不具有可罚违法性的行为排除在犯罪圈外，与罪刑法定原则限制司法机关入罪权的宗旨不谋而合。

（一）刑法实质解释在财产犯罪入罪功能上的体现

财产犯罪的传统对象是财物，但是，随着经济社会的发展，财物的存在形态发生了巨大变化，由有体物发展到无体物，由具体财物发展到财产性利益等非实物形态。特别是在当前，随着网络经济的迅猛发展，网民、游戏玩家在网络游戏账号

---

① 本书所引用现行有效的规范性法律文件未特别注明版本和效力状态，其他版本规范性法律文件表述为"××年《××法》"或"《××法》(××年)""《××规定》(××年)"等。

中积累了大量的"装备""货币""宠物"等虚拟财产,这些虚拟财产尽管从形式上看是一种特定编排的计算机数据,但是在一些情况下,同样具有传统财物的如下三个本质特征:(1)虚拟财产是他人可以管理的东西,具有管理和控制可能性。① 与传统财产通过现实的持有来实现管理控制不同,虚拟财产的管理可以通过账户来实现,即一个人只要注册了账户,就可以将自己购买的或者通过其他途径获得的虚拟财产存入该账户,从而实现对该虚拟财产的支配与控制。(2)虚拟财产具有转移可能性,能够成为被侵害的对象。② 对此,文化部、商务部在《关于加强网络游戏虚拟货币管理工作的通知》中指出,网络游戏虚拟货币是指由网络游戏运营企业发行,游戏用户使用法定货币按一定比例直接或间接购买,存在于游戏程序之外,以电磁记录方式存储于网络游戏运营企业提供的服务器内,并以特定数字单位表现的一种虚拟兑换工具。(3)虚拟财产具有使用价值和价值。③ 一方面,虚拟财产可以满足人们的某种需要,具有使用价值。例如,Q币可以供人们用于电话充值或者购买网络产品,游戏币可以供人们用于购买游戏产品或者玩游戏;另一方面,以游戏装备为例,这种虚拟财产是游戏玩家投入了一定时间、精力积累取得的,是一种劳动所得,或者是通过支付一定对价从其他游戏玩家手中获得,转让时具有一定的市场价格,具有交换价值。在具体案件中,当虚拟财产具备了传统财物的上述三个本质特征时,应当纳入到财产犯罪的对象范围当中。而且,司法个案将此类虚拟财产解释为财物,也不会侵犯国民的预测可能性。因为随着网络经济的进一步发展,虚拟财产已经渗入到千家万户的生活当中,社会民众也迫切需要相关法律来对其虚拟财产予以保护。在这种情况下,司法个案将虚拟财产解释为财物,不仅完全能够为国民所接受,而且更是国民的呼声所在。

【指导案例】孟动、何立康网络盗窃案④——网络环境中的虚拟财产应否受到刑法保护

2005年6-7月间,被告人孟动通过互联网,在广东省广州市利用黑客程序窃得茂立公司所有的腾讯、网易在线充值系统的登录账号和密码。同年7月22日下午,孟动通过QQ聊天的方式与被告人何立康取得了联系,并向何提供了上述所窃账号和密码,两人预谋入侵茂立公司的在线充值系统,窃取Q币和游戏点卡后在网上低价抛售。当日18时许,孟动通知何立康为自己的QQ号试充1只Q币。在确认充入成功后,孟动即在找到买家并谈妥价格后,通知何立康为买家的QQ号充

---

① 因为相对于被害人而言,如果其根本不可能管理和控制某种财物,就不能说其对该财物具有占有权或所有权,也就不能认定其丧失了某种财物。
② 因为相对于行为人而言,财产犯罪均表现为将被害人占有的财物转为自己占有,如果该财物不具有转移可能性,行为人不可能转移被害人所占有、控制的财物,那么就不可能取得被害人的财物。
③ 因为如果没有任何价值可言,那么也就不值得刑法予以保护,同样也不具有法益侵害性。
④ 参见《最高人民法院公报》2006年第11期。

入Q币，并要求买家向其银行卡内划款。以上两被告人共计盗窃价值人民币2 594 896元的Q币、游戏点卡。

本案中，被告人利用木马程序盗得了被害公司所有的腾讯、网易在线充值系统的登录账号和密码后，盗卖Q币和游戏点卡。这些以电磁记录为载体表现出来的虚拟物品，如果具备传统财物的三大特征，即可以为他人管理和控制、具有转移可能性、具有使用价值和价值，就可以将其解释为财产犯罪的"财物"。本案中，网络游戏玩家通过申请游戏账号、购买游戏点卡、在线升级等手段获得的货币、武器、装备等，从来源形式看：一部分是玩家投入大量的时间、精力和金钱在游戏中不停"修炼"获得；另一部分是玩家通过使用现实货币购买获得。但不论以何种方式获得，上述虚拟财产与传统财物并无区别，其均能够成为盗窃罪的犯罪对象。为此，法院经审理认为，被告人孟动、何立康以非法占有为目的，通过互联网共同窃取被害单位的Q币和游戏点卡，侵犯了被害单位的占有、使用、收益和处分的权利，数额巨大，已构成盗窃罪。

【指导案例】王一辉、金珂、汤明职务侵占案[1]——利用职务便利盗卖单位游戏"武器装备"的行为如何定罪处罚

被告人王一辉原系盛大公司游戏项目管理中心运维部副经理，主要负责对服务器、游戏软件进行维护和游戏环境内容的更新等。2004年8月底，王一辉与被告人金珂预谋利用王一辉在盛大公司工作，有条件接触"热血传奇"游戏软件数据库的便利，复制游戏武器装备予以销售。2004年9月起，由金珂首先在"热血传奇"游戏中建立人物角色，然后将游戏角色的相关信息发送给王一辉，王一辉利用公司的电脑进入游戏系统，通过增加、修改数据，在金珂创建的游戏人物身上增加或修改游戏"武器"及"装备"，然后由金珂将游戏人物身上的武器及装备出售给游戏玩家。2005年2月，王一辉又纠集被告人汤明一起加入，并采用同样的方法与王一辉共同实施，非法复制并销售游戏"武器"及"装备"，至2005年7月三被告人非法获利共计人民币202万余元。

被告人王一辉利用在盛大公司任游戏项目运维部副经理的职务便利，对游戏软件中的数据进行修改，其拥有的数据修改权是因其职责而直接赋予的，因此，王一辉的行为符合职务侵占罪中"利用职务上的便利"这一构成要件。接下来的问题是，"热血传奇"网络游戏中的"武器"及"装备"作为一种虚拟财产，能否纳入职务侵占罪的财物对象范围呢？笔者认为，答案是肯定的。首先，"热血传奇"网络

---

[1] 参见苏敏华、吴志梅：《王一辉、金珂、汤明职务侵占案——利用职务便利盗卖单位游戏"武器装备"的行为如何定罪处罚》，载最高人民法院刑事审判第一、二、三、四、五庭主办：《刑事审判参考》（总第58集），法律出版社2008年版，第48—61页。

游戏中的"武器"及"装备"被游戏玩家获得之后,可以被其控制、占有并使用;其次,游戏玩家要取得"武器"及"装备",除了花费时间之外,还必须付出一定的费用,如购买游戏点卡的费用、上网费等,同时这些"武器"及"装备"可以通过现实中的交易转化为货币,因此既有价值,又有使用价值,具有现实财产的属性。为此,法院经审理认为,被告人王一辉利用职务便利非法侵占所在单位的游戏"武器"及"装备"的行为,构成职务侵占罪。

【指导案例】姜燕诈骗案[①]**——骗取网络域名行为的定性及网络域名价值的认定**

2011年4月至5月期间,被告人姜燕为将域名www.90.com占为己有,利用"站长工具"网站上的域名whois查询工具查到域名www.90.com的登记邮箱等关联信息,又通过互联网搜索引擎获取了邮箱所有人张秉新的个人资料,后谎称自己是邮箱所有人而与管理该邮箱的21cn网站在线即时客服取得联系,编造丢失密码需要找回等理由获取密码并骗得了邮箱的控制权。姜燕在查看邮箱历史邮件信息后,发现域名www.22.com与www.90.com同属张秉新所有,且该两个域名都托管在厦门三五互联科技股份有限公司(以下简称"三五互联")。随后,姜燕伪造了张秉新的签名与身份信息,骗得三五互联的域名转移密码,最终于2011年5月初将域名www.22.com和www.90.com转移到了美国的域名托管网站www.godaddy.com置于自己控制之下。经查,被害人张秉新及其公司在购入域名www.22.com和www.90.com时的价格分别为人民币662 430元、人民币499 740元,合计价值人民币1 162 170元。

本案中,网络域名www.22.com和www.90.com并非现实财物,而是属于虚拟财产。如前所述,某项虚拟财产只要具有独立的价值包括使用价值和交换价值,并能为他人排他支配或控制,即可成为财产犯罪的对象。网络域名显然具有上述属性特征:首先,网络域名具有客观性。域名并非存在于思维中的虚构假象,而是互联网络空间中帮助读取网络IP地址的一连串特殊字符,真实地存在于这个世界上,并占有一定的空间。其次,网络域名具有价值性。域名或者是由所有人购买而来,或者是注册申请人投入大量时间和体力、脑力劳动的结果,具有经济学意义上的价值。而且,随着其知名度、信誉度的提高,具有更高的价值。再次,域名具有可直接支配性,能够被人们所控制和占有。由于申请注册域名时产生了控制密码,而该密码只有所有人可知,因此他人无法对域名进行操作。综上,网络域名符合民法理论上关于"财产"的要件,可以成为诈骗罪的犯罪对象,将骗取域名的行

[①] 参见聂昭伟、张昌贵:《骗取网络域名的定性及网络域名价值的认定》,载《人民司法·案例》2013年第22期,第8—10页。

为认定为诈骗罪并不存在障碍。

(二) 刑法实质解释在财产犯罪出罪功能上的体现

罪刑法定原则的实质侧面要求禁止处罚不当罚的行为,即刑罚法规只应将值得科处刑罚的行为规定为犯罪,其本意是限制立法权,但是该原则的精神同样可以适用于司法裁判过程中。从罪刑法定原则的形式侧面来看,只有当侵犯法益的行为符合刑法分则所规定的构成要件时,司法机关才能认定这种行为违反了刑法。在此基础上,司法机关还需要进一步对构成要件进行实质解释,将那些虽然符合构成要件字面含义,但不具有实质违法性或者违法性尚未达到值得科处刑罚程度的行为排除于构成要件之外。以没有林木采伐许可证而采伐"枯死木"的行为为例,《刑法》第345条第2款规定:"违反森林法的规定,滥伐森林或者其他林木,数量较大的,处三年以下有期徒刑、拘役或者管制,并处或者单处罚金;数量巨大的,处三年以上七年以下有期徒刑,并处罚金。"《森林法》第56条第1款前半段规定"采伐林地上的林木应当申请采伐许可证,并按照采伐许可证的规定进行采伐"。那么,未申请砍伐许可证而砍伐枯死树木的行为,是否构成滥伐林木罪呢?从形式上看,采伐枯死木同样需要申请采伐许可证,无证砍伐同样是违反《森林法》的行为,属于滥伐林木行为。然而,从立法设置滥伐林木罪的法益来看,是为了更好地保护林业资源。滥伐枯死树木虽然违反了《森林法》的规定,侵犯了林业部门的权威,但是并没有破坏森林资源。相反,为了栽种上新的苗木而将枯死树木砍掉,反而有利于发展森林资源,故应当从实质解释的角度将此类行为排除在犯罪圈外。再如,针对非法侵入他人住宅的行为,《刑法》第245条第1款后半段规定"非法侵入他人住宅的,处三年以下有期徒刑或者拘役"。然而,并非任何非法侵入他人住宅的行为,都需要认定为非法侵入住宅罪。这就要求我们通过刑法实质解释,将不具有可罚性的非法侵入住宅行为排除在该罪的构成要件之外,适用《治安管理处罚法》处以拘留或罚款即可。

【指导案例】陶海弟等职务侵占案[①]——形式上符合构成要件但不具有实质危害性的行为如何处理

伟海控股集团有限公司(以下简称"伟海公司")成立于2000年12月5日,系被告人陶海弟的家庭企业,股东为陶海弟及其妻子陶菊花、儿子陶腾飞。2004年3月,伟海公司出资设立了新厦房地产开发有限公司(以下简称"新厦公司")。同年5月,伟海公司出资设立了浙江伟海拉链有限公司。一直以来,伟海公司未进行过财务分红,三被告人未从公司领取工资。其间,公司董事长陶海弟利用其经营管理公司的职务便利,与妻子陶菊花、儿子陶腾飞,侵占公司资金用于购买银河湾日

---

① 参见聂昭伟:《个人与公司财产混同时职务侵占罪的认定》,载《人民司法·案例》2018年第14期,第32—35页。

苑 30 幢 A、B 两幢别墅,将产权登记在陶菊花及陶腾飞名下,并共同侵占"伟海公司"和"新厦公司"293 万余元①资金用于装修别墅。2014 年 4 月,因伟海公司及其关联企业出现偿付困难的风险,陶海弟将上述房屋以及自己名下的其他房产用于银行抵押贷款,贷款资金用于偿还企业债务。

  该案从形式上来看,三被告人利用担任公司董事长、董事、监事等职务上的便利,在未按《公司法》规定进行分红或利润分配的情况下,私自将公司资金用于为个人购买和装修别墅,符合职务侵占罪的构成特征。然而从实质上来看,职务侵占罪保护的法益包括公司内部股东和外部债权人两方面的权益。本案中,由于三被告人就是涉案公司的全部股东,故其行为不可能侵害到公司内部股东的利益。尽管被告人的行为会侵犯到公司外部债权人的权益,但在公司财产与个人财产混同的情况下,完全可以通过适用《公司法》中的"法人人格否认制度",以陶海弟家庭财产对公司外部债务承担连带责任,从而使外部债权人的利益获得救济,没必要诉诸于成本高昂的刑法。此外,对于这样一种介于罪与非罪之间的行为,我们在运用刑法裁判时还应立足于社会一般认知心理,考虑社会公众的接受程度。"伟海公司"的三个股东系一家三口,实际上就是家庭企业。从普通老百姓的角度来讲,"伟海公司"就是陶海弟一家的,公司里的财产也都是他家的,如何来支配、处分都是他家里人的事。如果说是"侵占",那么被告人"侵占"的是自己的财产,"损害"的是自己的利益,不应追究其刑事责任。而且,从本案的案发情况来看,并不存在所谓的"被害人"报案,多家与"伟海公司"存在担保关系的所谓"被害"公司甚至为陶海弟求情,也说明债权人并不认为自己的权益受到侵犯,故对此类案件不以犯罪论处,更符合公众的一般判断。

---

① 未经特别注明,本书中的"元"均指人民币计量单位。

第二章 罪刑相适应原则

一、罪刑相适应原则要求在定罪时适当考虑刑罚的因素

传统罪刑关系理论认为,犯罪与刑罚之间是一种决定与被决定、引起与被引起的关系。为此,罪刑相适应原则的含义是单向的,即刑罚的轻重应当与犯罪分子所犯罪行及承担的刑事责任相适应。这就要求"司法人员必须遵循先定罪、后量刑的时间顺序,不能把量刑提到定罪之前"①。从司法实践来看,大量简单案件的办理过程的确如此。然而,在近些年发生的以"许霆案"为代表的"难办"案件中,审判人员沿着上述路径所作出的裁判结果却惹来众怒。为此,有学者开始对传统"由罪及刑"的正向模式进行反思,认为"刑从罪生、刑须制罪的罪刑正向制约关系并非罪刑关系的全部与排他的内涵,在这种罪刑正向制约关系的基本内涵之外,于某些疑难案件中亦存在着逆向地立足于量刑的妥当性考虑,而在教义学允许的多种可能选择之间选择一个对应的妥当的法条与构成要件予以解释与适用,从而形成量刑反制定罪的逆向路径"②。对此,张明楷教授也指出,"几乎在所有争议的案件中,法官、检察官通常都是先有一个结论,然后再去找应当适用的法律条文,看这些条文文字是否能包含案件的条件,这就是国外学者常说的三段论的倒置或者倒置的三段论"③。同样,笔者在长期审判实践中也发现,在疑难案件的定罪论证过程中,量刑结果实际上提前参与到了对法律规范甚至案件事实的认定过程当中。由此可见,罪刑相适应原则具有了更多的含义,由传统的罪制约刑的单向关系转为罪刑相互制约的双向关系。基于法定刑对构成要件的反向制约作用,尽管在一般情况下应当按照典型的犯罪构成沿着"由罪及刑"的正向路径定罪处刑,但如果所得出的结论明显罪刑不相当的时候,我们要调转思路,寻找近似的犯罪构成。

---

① 王勇:《定罪导论》,中国人民大学出版社1990年版,第263页。
② 梁根林:《许霆案的规范与法理分析》,载《中外法学》2009年第1期,第5页。
③ 张明楷:《刑法解释理念》,载《国家检察官学院学报》2008年第6期,第147页。

二、罪刑相适应原则在刑法解释与适用中的体现

在适用法律处理各种案件的过程中,法官不可避免地需要对法律进行解释,从某种意义上来说,法官适用法律其实就是一个解释法律的过程。我们知道,法律解释的方法有很多,如文义解释、体系解释、目的解释、历史解释等。那么,在处理具体案件过程中,我们在何种情况下应当采取何种解释?其理由和根据又是什么呢?"在具体个案中,当数个解释方法分别导出对立的结论时,为了决定应采哪一种解释,方法论长久以来都在努力试着定出各种解释方法之间的抽象顺位,但是并没有成功。对于具体个案中判决的发现来说,这些解释方法仅具有次要的意义。依此,法律适用者是先根据他的前理解及可信度衡量决定正确的结论,然后再回过头来寻找能够证成这个结论的解释方法"①。具体到刑事案件中,我们在为某一罪状用语寻找解释方法的时候,需要考虑法条所规定的法定刑以及依此法条最终可能作出的宣告刑的轻重,使解释的结论符合罪刑相适应原则。关于这一点,正如张明楷教授所指出的,"法定刑影响、制约对相应犯罪构成要件的解释。因为法定刑首先反映出国家对犯罪行为的否定评价和对犯罪人的谴责态度,所以,解释者必须善于联系法定刑的轻重解释犯罪的构成要件,将轻微行为排除在重法定刑的犯罪构成之外,使严重行为纳入重法定刑的犯罪构成之内"②。由此可见,在具体理解适用法条过程中,如果说罪刑法定原则为刑法解释划定了边界,那么罪刑相适应原则就为刑法解释指明了方向,让我们知道在何种情况下应当采取何种解释方法。

【指导案例】张彪等寻衅滋事案③——以轻微暴力强索硬要他人财物的行为如何定性

被告人张彪在上学期间与同学秦青松关系较好,并曾帮助过秦青松。张彪在毕业联系工作时让秦青松帮忙,因秦不予提供帮助以致心生不满。2007年6月17日17时许,张彪得知秦青松要到河南省郑州市惠济区的富景生态园游玩,便电话通知被告人韩超到富景生态园"收拾"秦青松。韩超接到电话后,即带着被告人倪中兴赶到富景生态园。在富景生态园,张彪向韩超指认秦青松后,韩超、倪中兴遂上前对秦青松进行殴打。然后,张彪要求秦青松给钱,因秦青松身上钱少,便要走其手机两部,并让其第二天拿钱换回手机,张彪、韩超各带走一部手机。后经秦青松索要,张彪将一部手机归还,但另一部手机被张彪卖掉,赃款被张彪和韩超挥

---

① 〔德〕英格博格·普珀:《法学思维小学堂》,蔡圣伟译,北京大学出版社2011年版,第78页。
② 张明楷:《许霆案的刑法学分析》,载《中外法学》2009年第1期,第50页。
③ 参见司明灯、余剑锋、刘思源:《张彪等寻衅滋事案——以轻微暴力强索硬要他人财物的行为如何定性》,载最高人民法院刑事审判第一、二、三、四、五庭主办:《刑事审判参考》(总第65集),法律出版社2009年版,第45—50页。

霍。经鉴定，两部手机共计价值人民币1033元。

从寻衅滋事罪的构成要件来看，其与抢劫罪的构成特征相似，即行为人主观上具有非法占有他人财物的目的，客观上实施了强拿硬要他人财物的行为。然而，抢劫罪在我国刑法中属于重罪，相对而言，寻衅滋事罪是一种轻罪。寻衅滋事罪通常发生在熟人之间，行为人强拿硬要他人财物的主要目的在于寻求精神刺激，故此类犯罪对被害人造成的伤害比较轻微，司法机关查处起来也比较容易。但抢劫罪的行为人则往往选择陌生人作为犯罪对象，为了压制被害人的反抗获取财物，给被害人造成的人身伤害往往也较为严重，侦破查处起来也更加困难。为此，刑法对这两种犯罪行为在法定刑上作出了相差悬殊的规定。根据罪刑相适应原则，我们在对两罪进行区分时，不仅要考量其犯罪构成的差异，还要凭借社会一般观念，权衡一下对行为人处刑后可能产生的社会效果，以期准确认定行为人的行为性质和罪名。具体到本案中，三被告人的行为从形式上看与抢劫罪相似，但考虑其实施暴力的程度并未超出寻衅滋事罪所要求的范围，主观上并非单纯以非法占有为目的，而是出于报复教训他人的动机，以及归还一部手机给被害人、索要财物价值不高，且三被告人中有一人为未成年人，另两人刚刚成年等情节，故法院以寻衅滋事罪认定是正确的。①

【指导案例】张舒娟敲诈勒索案②——利用被害人年幼将其哄骗至外地继而敲诈其家属钱财的能否构成绑架罪

2006年10月2日13时许，被告人张舒娟在江苏省淮安市开往淮阴的专线车上偶遇中学生戴磊。张舒娟主动上前搭讪，在了解到戴磊的家庭情况后，张舒娟遂产生将戴磊带到南京，向戴磊家人索要钱款的想法。随后，张将戴磊哄骗至南京并暂住在鸿兴达酒店。当晚23时许，张舒娟外出打电话给戴磊家，要求戴家第二天付8万元人民币并不许报警，否则戴磊将有危险。次日上午，张舒娟又多次打电话到戴家威胁。其间，戴磊乘被告人外出之机与家人电话联系，告知其父并无危险。后在家人的指点下离开酒店到当地公安机关求助，淮安警方在南京将张舒娟抓获。

---

① 正是因为抢劫罪与寻衅滋事罪量刑存在巨大的差异，出于保护未成年人的目的，最高人民法院《关于审理未成年人刑事案件具体应用法律若干问题的解释》第8条规定，已满16周岁不满18周岁的人出于以大欺小、以强凌弱或者寻求精神刺激，随意殴打其他未成年人、多次对其他未成年人强拿硬要或者任意毁损公私财物，扰乱学校及其他公共场所秩序，只有达到"情节严重"的程度，才以寻衅滋事罪定罪处罚。司法实践中，对于未成年人使用或威胁使用轻微暴力强抢少量财物的行为，一般不以抢劫罪定罪处罚。

② 参见徐俊、孙江：《张舒娟敲诈勒索案——利用被害人年幼将其哄骗至外地继而敲诈其家属钱财的能否构成绑架罪》，载最高人民法院刑事审判第一、二、三、四、五庭主办：《刑事审判参考》（总第56集），法律出版社2007年版，第31—35页。

本案被告人张舒娟以非法占有为目的,以对被害人实施加害相要挟,向被害人亲属索要钱财。从形式上来看,似乎符合勒索型绑架罪的构成特征。但是,由于我国刑法对绑架罪在量刑上表达了异常严厉的态度,为避免对司法实践中所存在的虽控制人质但恶性不大的案件以绑架罪论处并科以重刑,根据罪刑相适应原则的要求,有必要严格解释绑架罪的构成要件,对控制人质的手段行为等进行限缩性解释,将其限定在具有极端性的手段上,从而达到与其刑罚设置相匹配的程度。反之,如果被告人所实施的行为不足以对被害人形成实际的控制,也没有对被害人进一步实施加害的可能,则不属于绑架罪中的手段行为。具体到本案中,被告人张舒娟在实施绑架行为控制人质过程中,并未对被害人戴磊实施暴力或以暴力相威胁,而主要采取欺骗的手段,使其自愿跟随她去南京,到南京之后亦未对其人身实施任何实质性的限制,出门时也是将戴磊一个人丢在宾馆房间里,致使其可以自由离开酒店到当地公安机关求助,更没有勒索不成要加害戴磊的意图,不符合绑架罪的特征,故法院对其以量刑更轻的敲诈勒索罪来认定是适当的。

【指导案例】林燕盗窃案[①]——保姆盗窃主人财物后藏于房间是否构成盗窃既遂

2006年9月8日,被告人林燕通过中介公司介绍,到被害人支某家中担任全职住家保姆,负责打扫卫生和烧饭,被害人家中共聘请3名保姆。同年9月9日和10日,林燕利用打扫卫生之机,先后3次从支某的卧室梳妆台抽屉内,窃得人民币3480元、价值人民币99 800元的各类首饰11件,后将现金及部分首饰藏匿于林燕在一楼的房间写字台抽屉内,其余首饰分装成2小袋藏匿于被害人家中三楼衣帽间的隔板上。9月10日傍晚,保姆李某告知被害人支某,"看到林燕翻过其卧室内的抽屉",支某发现物品被窃遂向林燕询问,并在林燕房间抽屉内找到现金人民币3480元及首饰,但林燕拒不承认其盗窃事实,后支某拨打110报警,警察赶到现场后,林燕才交代其盗窃的全部事实,并从衣帽间找出藏匿的首饰。

本案在审理过程中,对于林燕盗窃主人财物的行为是否属于犯罪既遂争议较大:第一种意见认为,由于本案犯罪对象系人民币与首饰等小件物品,故当林燕取得并实际掌控之时,就应认定为盗窃既遂。第二种意见认为,林燕的房间属于个人空间,藏于此处的现金和首饰系盗窃既遂;而衣帽间属于主人房屋,主人对藏于其中的首饰具有排他性控制权,系盗窃未遂。第三种意见认为,主人对房屋内的全部物品均具有独立控制权,无论是置于保姆房还是衣帽间,均在主人的控制范围之内,应认定为盗窃未遂。可见,本案争议的焦点在于所盗窃财物究竟处于谁

---

① 参见刘娟娟、薛美琴:《林燕盗窃案——保姆盗窃主人财物后藏于房间是否构成盗窃既遂》,载最高人民法院刑事审判第一、二、三、四、五庭主办:《刑事审判参考》(总第68集),法律出版社2009年版,第19—25页。

的控制之下。其实,我们还可以从罪刑相适应原则出发来认定案件的犯罪形态。本案被告人林燕系来沪打工人员,对财物或者首饰的价值并没有一个准确的认识;其利用工作之便顺手牵羊,取得财物后并没有及时转移,也没有立即逃跑;财物最终都被找回,被害人没有受到财产损失;林燕对其盗窃行为的刑事违法性虽然有认识,但如果知道可能会判处重刑,其未必会铤而走险,这也说明了林燕的主观恶性及其行为的客观危害性并不是很大;而如果将林燕的行为认定为盗窃既遂,由于盗窃财产数额已经超过10万元,属数额特别巨大,依法应判处十年以上有期徒刑、无期徒刑,超出了普通民众的心理预期,量刑过重。故从罪刑相适应的原则出发,法院认定其为犯罪未遂并比照既遂犯减轻处罚是适当的,实现了罪刑相当。

第三章　刑法的时间与空间效力

一、针对某一犯罪行为,能否交叉引用新、旧刑法的不同法条

(一)裁判规则

在适用"从旧兼从轻"原则比较"处刑轻重"时,并不是抽象地从整体意义上来进行的,而是在新、旧刑法条文之间进行比较。当有利于被告人的法条分别处于新、旧刑法当中时,新、旧刑法之间是可以交替引用的。当然,作为刑法规范最小单位的包含有罪状与法定刑在内的刑法条文,不能再进行拆分、组合。在引用新、旧刑法时,"刑法"特指新法即1997年《刑法》,而在引用旧刑法时则需要特别写明"1979年《刑法》"。

(二)规则适用

司法机关在对一个案件进行追诉、审判时,需要引用到的法条往往数量繁多。那么,当有利于被告人的法条分别处于新、旧刑法当中时,适用"从旧兼从轻"原则,是在整部刑法的层面上还是在具体刑法规范的层面上进行?或者说,能否交叉引用新、旧刑法的不同法条?对此,意大利著名刑法学家杜里奥·帕多瓦认为:"在决定哪一部法律对于被告人最为有利时,只能要么适用新法,要么适用旧法,在这两者之间选择其一,而不能将新法和旧法的规定加以分解,然后将其中有利于犯罪人的因素组合拼凑为一个既不同于新法、也不同于旧法的综合性规范。"[①] 同样,我国刑法学者也认为,"只能在新刑法或者旧刑法中选择适用其中之一,而不能同时并用新旧两法"[②];或认为:就刑法第12条的字面含义而言,从旧兼从轻原则之"从轻"只是从是否认为是犯罪或者处刑较轻的角度而在"行为时法"和"本法"之间进行整体的比较,而并非在具体规范之间进行的两两比较,即"从轻"

[①] 转引自林维、王明达:《论从旧兼从轻原则的适用——以晚近司法解释为中心》,载《法商研究》2001年第1期,第114—120页。

[②] 阮方民:《从旧兼从轻:刑法适用的"准据法原则"——兼沦罪刑法定原则蕴含的程序法意义》,载《法学研究》1999年第6期,第151页。

应是指"从一轻"的法律,而不是"从若干轻"的法条组合①;或认为:"针对刑法修改后,刑法总则的规定更有利于行为人,而刑法分则的规定更不利于行为人,或者刑法分则的规定更不利于行为人,而刑法总则的规定更有利于行为人的情况,就应该坚持刑法适用的整体性,即最有利于被告的规定,只能是某一法律的规定,而不应该是不同法律的综合。"②也就是说,适用从旧兼从轻原则,应整体性地适用"轻法",而不能交叉适用有利于被告人的法条。

笔者认为,上述观点是不恰当的。原因在于,比较新、旧刑法是否有利于被告人,落到实处离不开比较具体的刑法分则条文。从司法实践来看,在适用"从旧兼从轻"原则比较"处刑轻重"时,并不是抽象地从整体意义上来进行的,而是在新旧刑法条文之间进行比较,通过具体分析新旧刑法构成要件、量刑情节、法定刑(包括量刑幅度)的变化,然后比较各自与案件事实相匹配的刑法分则条文规定的法定刑。也就是说,"从旧兼从轻"原则当中的刑法,并非是指整体意义上的刑法,而是指具体的刑法条文。为此,当有利于被告人的法条分别处于新、旧刑法当中时,新、旧法律之间是可以交替引用的。当然,在刑法分则当中,包含有罪状与法定刑的法条是表达刑法规范的最小单位,"罪状与法定刑是不可分的,因为罪状与法定刑结合在一起,以'……的,处……'的结构形式具体地表达抽象的刑事禁令,所以,法官不可以引用某一个法律所规定的罪状定罪,而引用另一个法律规定的法定刑量刑,更不能将数个法律分别规定的罪状加以综合,以东拼西凑的方式得出最有利于被告人的判决,否则,就成了法官制定新的刑法规范了"③。需要注意的是,刑事判决书、起诉书等司法文书在交叉引用新、旧刑法的不同法条时,称"刑法第某某条"时是指刑法典,也就是指1997年《刑法》,如果在引用旧法时就需要特别称之为1979年《刑法》。

【指导案例】汪美坤等侵占④、盗窃案⑤——企业聘用的合同工人勾结外部人员,利用工作上的便利,盗窃企业财物的行为应如何定罪

1995年8月至同年12月,被告人汪美坤、李云田在受聘担任江西省贵溪冶炼

---

① 参见林维、王明达:《论从旧兼从轻原则的适用——以晚近司法解释为中心》,载《法商研究》2001年第1期,第114—120页。
② 李振林:《从旧兼从轻原则之'不能承受之重'——对最高院〈关于刑法修正案(八)时间效力问题的解释〉之反思》,载《新疆警官高等专科学校学报》2011年第3期,第51页。
③ 曲新久:《刑法的精神与范畴》,中国政法大学出版社2000年版,第398页。
④ 1995年12月25日最高人民法院《关于办理违反公司法受贿、侵占、挪用等刑事案件适用法律若干问题的解释》第2条规定:根据《全国人民代表大会常务委员会关于惩治违反公司法的犯罪的决定》第10条的规定,公司和其他企业的董事、监事、职工利用职务或者工作上的便利,侵占公司、企业财物,数额较大的,构成侵占罪。1997年《刑法》才同时规定侵占罪和职务侵占罪,故该解释中的侵占实际上属于1997年《刑法》中的职务侵占罪。
⑤ 参见张辛陶:《汪美坤、李云田等侵占、盗窃案——企业聘用的合同工人勾结外部人员,利用工作上的便利,盗窃企业财物的行为应如何定罪》,载最高人民法院刑事审判第一庭编:《刑事审判参考》(总第3辑),法律出版社1999年版,第35—39页。

厂经济警察期间，利用其夜间值班看护本厂财物工作上的便利，勾结被告人徐承喜、杨夕红、林增华、何平喜，从冶炼厂电解车间盗窃铜物料和阳极泥，偷运出厂门予以销售、分赃。共计盗窃10次，价值人民币50 954.05元。江西省鹰潭市人民检察院以被告人犯盗窃罪向鹰潭市中级人民法院提起公诉。各被告人及其辩护人均辩称本案不应定盗窃罪，而应认定为侵占罪。鹰潭市中级人民法院认为，汪美坤、李云田受聘担任贵溪冶炼厂经济警察，系该厂职工，二人利用看护本厂财物的职务便利，勾结外部人员共同窃取本厂财物，其行为已构成侵占罪。据此，依照《中华人民共和国刑法》第12条第1款、第264条、第69条，1979年《中华人民共和国刑法》第22条、第23条、第24条及全国人大常务委员会《关于惩治违反公司法的犯罪的决定》第10条之规定，于1998年10月3日以侵占罪对各被告人作出判决。

本案被告人汪美坤、李云田等人的行为发生在1997年《刑法》施行以前，本案审理是在1997年《刑法》实施之后，这就涉及应适用哪部法律的问题。1997年《刑法》第12条第1款规定："本法施行以前的行为，如果当时的法律不认为是犯罪的，适用当时的法律；如果当时的法律认为是犯罪的，依照本法总则第四章第八节的规定应当追诉的，按照当时的法律追究刑事责任，但是如果本法不认为是犯罪或者处刑较轻的，适用本法。"可见，对于发生在1997年9月30日即《刑法》颁布施行以前的行为，原则上应当选择适用行为时的法律，只有在1997年10月1日以后审理的刑事案件，如果1997年《刑法》不认为是犯罪或处刑较轻才能予以适用。本案中，已施行的1997年《刑法》与行为时适用的《关于惩治违反公司法的犯罪的决定》对该行为均认为是犯罪，且法定刑相同。故法院依照1997年《刑法》第12条第1款关于"从旧兼从轻"原则的规定，对本案适用《关于惩治违反公司法的犯罪的决定》定罪处罚，且在引用旧法时称之为"1979年《中华人民共和国刑法》"是正确的。当然，需要指出的是，对于本案中主犯汪美坤、李云田的处罚，根据1979年《刑法》第23条第2款之规定，对主犯"应当从重处罚"；而修订后的刑法删去了"从重处罚"的规定，故应适用1997年《刑法》第26条第1、4款的规定，原判此一法律适用不当。

二、行为时、进入诉讼后及审判时法律规定不一样的，如何选择适用

（一）裁判规则

在一个案件中同时存在行为时法—中间时法—审判时法，根据《刑法》第12条规定的"从旧兼从轻"即有利于被告人的原则，应当在行为时法和审判时法之间选择有利于被告人的法律，对于中间的法律可以不予考虑。但是，如果被告人被司法机关追诉后，出现了对其有利的法律，而由于司法机关未及时结案而出现了对其不利的法律，根据《刑法》第12条第1款应适用三部法律中处刑最轻者。需

要注意的是,全国人大常委会所颁布的有关规定、决定系对《刑法》的修改、补充,与最高人民法院所作出的司法解释的效力不同,具有与《刑法》同等的法律效力。

(二) 规则适用

对于一些年代久远的积存案件,经常会存在期间法律经过数次修正的情形,由此在一个案件中同时存在行为时法—中间时法—审判时法。当审判时法与行为时法之间存在着中间时法(条)时,中间时法(条)的效力如何?一些国家和地区的刑法明文规定"行为后法律有变更的,适用最有利于行为人的法律"。也就是说,如果中间时法最有利于被告人,则适用中间时法,排斥审判时法与行为时法的适用。然而,我国《刑法》第12条关于1997年《刑法》溯及力的规定并没有涉及中间时法的效力问题,导致理论与实践的意见各异。反对观点主张"看两头、弃中间"①,主要理由是,从我国《刑法》第12条规定的字面含义上看,该条只是规定了在行为时法与审判时法之间进行比较进而采取"从旧兼从轻"的原则,没有提到中间时法的效力问题,故只能在行为时法和裁判时法之间进行比较,而应当排斥中间时法(条)的适用。笔者认为,从《刑法》第12条规定来看,我们在选择法律适用时确实应当采用"看两头、弃中间"原则,但适用该原则的前提是,"中间法"对行为人的行为没有发生过实质评判。对于那些在诉讼期间法律条文发生变化的情况,则不能采用"看两头、弃中间"的做法。因为当刑事诉讼程序开始后,刑法条文实际上已经对行为人的行为开始进行评价,此后发生的法律变化虽然应该纳入溯及力考虑的范围,但已经对行为评价过的所谓"中间法"则不能弃之不用。也就是说,我们采用"看两头、弃中间"主要是因为"中间法"没有实际对行为人行为发生过评价,故弃之不用,但如果"中间法"已经对行为人的行为发生过评价,则不能随意弃之而不纳入溯及力考虑的范围。据此,根据《刑法》第12条规定的"从旧兼从轻"即有利于被告人的原则,首先应当在行为时法和审判时法之间选择有利于被告人的法律,对于中间的法律可以不予考虑;但如果被告人被司法机关追诉后,出现了有利于被告人的法律,而由于司法机关未及时结案而出现了对被告人不利的法律,根据《刑法》第12条第1款应适用三部法律中处刑最轻者。

【指导案例】罗辉、王凌云等侵占案②——犯罪行为时的法律、进入诉讼阶段的法律和审判时的法律,三者规定的法定刑不一样,应如何适用

1993年6月至8月间,被告人罗辉、张伟新、刘智屏、何杏玲担任广东汇友期货经纪有限公司(以下简称"汇友公司")职员,被告人王凌云、李嘉骅是汇友公司

---

① 苏惠渔主编:《犯罪与刑罚理论专题研究》,法律出版社2000年版,第78页;张明楷:《刑法学》(第二版),法律出版社2003年版,第87页。

② 参见王玉琦:《罗辉、王凌云等侵占案——公司职员利用职务之便,内外勾结骗取公司代管的客户保证金的行为,应如何适用法律》,载最高人民法院刑事审判第一庭编:《刑事审判参考》(总第3辑),法律出版社1999年版,第27—34页。

的客户。罗辉从汇友公司在与客户的对赌交易中受到启发,找到王凌云,要王与其合作利用对赌从汇友公司赚钱。二人经密谋后,罗辉纠合张伟新、刘智屏、何杏玲,王凌云纠合被告人李嘉骅。由罗辉、张伟新、刘智屏、何杏玲利用职务之便,王凌云、李嘉骅利用客户身份配合,内外勾结,共同采取篡改入仓手数、虚报入平仓时间及入平仓价格等手段,在汇友公司的对赌交易中非法赢利,共同侵吞公司资金人民币455 525.66元。

本案被告人罗辉等人的犯罪行为发生在1993年6月至8月,同年9月案发而受刑事追诉,1995年6月被提起公诉,生效判决在1998年7月作出。从行为到审理到宣判,涉及三部法律。根据犯罪行为时的法律即1979年《刑法》和1988年1月21日全国人大常委会《关于惩治贪污罪贿赂罪的补充规定》(以下简称《补充规定》)的规定,国家工作人员和集体组织工作人员利用职务便利,侵吞、盗窃、骗取公共财物的,构成贪污罪;与国家工作人员勾结,伙同贪污的,以共犯论处;个人贪污数额在5万元以上的,处10年以上有期徒刑或者无期徒刑,可以并处没收财产;情节特别严重的,处死刑,并处没收财产。根据上述规定,被告罗辉等人利用国有公司工作人员的职务之便,内外勾结,骗取公司资金45万余元,构成贪污罪,而且数额特别巨大。根据判决时的法律即1997《刑法》第382条、第383条的规定,受国家机关、国有公司、企业、事业单位、人民团体委托管理经营国有财产的人员,利用职务上的便利,侵吞、窃取、骗取国有财产的,以贪污论处;与前列人员勾结,伙同贪污的,以共犯论处;个人贪污数额在10万元以上的,处10年以上有期徒刑或者无期徒刑,情节特别严重的,处死刑。根据上述规定,罗辉等被告人的行为构成贪污罪,而且属情节特别严重。从上述行为时法和审判时法比较来看,《补充规定》规定的贪污罪主体范围宽,而且构成情节特别严重的贪污数额起点也低,可认为是处刑较重,根据《刑法》第12条第1款的规定,不能适用《补充规定》对被告人定罪量刑。

但是本案在法院审理过程中,1995年2月28日全国人大常委会通过并实施了《关于惩治违反公司法的犯罪的决定》(以下简称《决定》),根据该《决定》第10条和最高人民法院《关于办理违反公司法受贿、侵占、挪用等刑事案件适用法律若干问题的解释》第4条第2款的规定,被告罗辉等人虽是在国有公司工作,但不具有管理职权,也不具有国家工作人员身份,因此其不具有贪污罪主体身份,其行为只能构成侵占罪。从法定刑来看,《决定》规定的法定刑均比《补充规定》和《刑法》轻。根据《刑法》第12条第1款的规定,犯罪行为时的法律和审判时的法律哪一个法定刑更轻就适用哪一个法律,但是该条没明确规定在行为时和判决时的中间阶段有法定刑更轻的法律应如何处理。被告人被司法机关追诉后,出现了有利于被告人的法律即《决定》的实施,但由于司法机关未及时结案而出现了对被告人不利的法律即修订后《刑法》的实施。根据《刑法》第12条第1款规定的"从旧兼从轻"即有利于被告人的原则,应当在行为时法、审判时法及已经对犯罪行为发生过评价的中间时法中选择对被告人最为有利的法,即《决定》第 10 条(侵占罪的规定),以及与《决定》同时并存的 1979 年《刑法》第 63 条(自首的规定)、第 67 条(缓刑的规定)、第 32 条(免予刑事处分的规定)。因此,法院根据《决定》第 10 条认定被告人罗辉等犯侵占罪是正确的。

【指导案例】沈某挪用资金案①——犯罪行为时的法律、行为实施后的法律和审判时的法律,三者规定的法定刑不一样,应如何适用法律

被告人沈某,原系某供销合作社副主任。因涉嫌犯职务侵占罪和挪用资金罪,于 2000 年 12 月 2 日被逮捕,2001 年 3 月 28 日被取保候审。某市人民检察院以被告人沈某犯挪用资金罪,向某市人民法院提起公诉。起诉书指控:1994 年 10 月 6 日,被告人沈某利用担任某供销合作社副主任的职务之便,未依法办理借款手续,擅自将本社资金人民币 20 万元借给个体户高某经商。1994 年 11 月 29 日,高某将 20 万元人民币归还给某供销合作社。1995 年 1 月 10 日,某供销社曾向公安机关报案,但公安机关未予立案。1997 年《刑法》发布实施后,检察机关以被告人沈某犯挪用资金罪,向法院提起公诉。

对于集体经济组织工作人员利用职务上的便利,挪用本单位资金的行为,我国刑法立法经历了一个从挪用公款罪到挪用资金罪的演变过程。1988 年全国人大常委会通过了《补充规定》,首次设立了挪用公款罪,即第 3 条第 1 款规定:"国家工作人员、集体经济组织工作人员或者其他经手、管理公共财物的人员,利用职务上的便利,挪用公款归个人使用,进行非法活动的,或者挪用公款数额较大、进行营利活动的,或者挪用公款数额较大、超过三个月未还的,是挪用公款罪,处五年以下有期徒刑或者拘役;情节严重的,处五年以上有期徒刑。挪用公款数额较大不退还的,以贪污论处。" 1995 年全国人大常委会又通过了《决定》,将公司、企业中的非国家工作人员从挪用公款罪的主体范围中剔除,单独设立了挪用资金罪,同时相应地调整了挪用资金罪的法定刑设置,法定最高刑为 3 年有期徒刑。1997 年《刑法》基本沿袭了挪用资金罪的法律规定,但将挪用资金罪分为两个量刑档次,并将挪用资金罪的法定最高刑提高到 10 年有期徒刑。本案被告人沈某挪用资金行为发生在《补充规定》施行期间,由于其挪用资金数额较大,进行营利活动,虽没有不退还的情节,但根据 1989 年"两高"联合发布的《关于执行〈关于惩治贪污罪贿赂罪的补充规定〉若干问题的解答》中"挪用公款归个人使用,'数额较大,进行营利活动的'……以挪用五万元为'情节严重'的数额起点"的规定,应当认定

---

① 参见张双庆:《沈某挪用资金案——追诉时效也应适用从旧兼从轻原则》,载最高人民法院刑事审判第一庭、第二庭编:《刑事审判参考》(总第 25 辑),法律出版社 2002 年版,第 59—63 页。

沈某挪用公款数额较大,进行营利活动,情节严重,按照《补充规定》第3条第1款的规定,应"处五年以上有期徒刑"。然而在《补充规定》施行期间,司法机关没有对其行为予以立案处理,直到1997年《刑法》生效以后才对其行为进行追究。

根据1997年《刑法》第12条第1款的规定,原则上应选择行为人行为时至其被审判时对其最有利的法律决定是否和如何追究其刑事责任。本案中,与被告人可能有关系的法律规定,一是行为时法——《补充规定》;二是行为后法——《决定》;三是审判时法——1997年《刑法》。三者相比,《决定》的处刑最轻。但由于本案的发生、司法机关的介入均与《决定》没有联系,被告人又没有在《决定》施行期间自首,被害人亦没有在《决定》施行期间报案,因此,《决定》不能成为本案选择适用的法律。本案只能在犯罪行为发生时施行的《补充规定》和司法机关对该行为进行审判时施行的1997年《刑法》之间,选择适用对被告人最为有利的法律。由于案发地的法院在最高法院相关司法解释公布实施前,对于1997年《刑法》第272条第1款规定的挪用资金罪"数额巨大"的起点一般掌握在30万元。因此,被告人沈某挪用资金20万元借贷给他人进行营利活动,应当认定为挪用资金"数额较大、进行营利活动",依法应在"三年以下有期徒刑或者拘役"的量刑档次和幅度内处刑。显然,相比较而言,适用1997年《刑法》处刑较轻,本案适用1997年《刑法》对被告人沈某最为有利。

三、如何理解《刑法》第12条"从旧兼从轻原则"中的"处刑较轻"

(一)裁判规则

《刑法》第12条规定了"从旧兼从轻原则"。

(二)规则适用

对于《刑法》第12条"从旧兼从轻"原则中"处刑较轻",需要从以下几个方面来进行理解:

其一,"处刑较轻"是指法定刑,而不是宣告刑。因为《刑法》第12条所要解决的是适用哪个法条的问题,只有先通过对比较法定刑的轻重,选择好法条之后,才会涉及具体宣告刑的问题,二者不能本末倒置。

其二,如果刑法规定的某一犯罪只有一个法定刑幅度,法定最高刑或者最低刑就是指该法定刑幅度的最高刑或者最低刑;如果刑法规定的某一犯罪有两个以上法定刑幅度,法定最高刑或者最低刑是指具体犯罪行为对应的法定刑幅度的最高刑或者最低刑,而不是比较该种犯罪的所有法定刑。

其三,在比较法定刑时,第一步,要比较法定最高刑,例如盗窃数额较大,过去是5年以下,现在是3年以下,最高刑是过去要重。第二步,如果法定最高刑相同,就要比较最低刑。如一般的敲诈勒索犯罪,过去刑法规定处3年以下有期徒刑或者拘役,现在刑法规定处3年以下有期徒刑、拘役或者管制,管制比拘役要轻,故现行刑法处罚要轻。第三步,如果主刑都相同,再看附加刑。第四步,如果法定刑幅度完全相同,那么就要看构成要件和情节规定的严格程度。例如,故意伤害罪,过去刑法规定"情节特别严重的"可以判处死刑,现在刑法规定"以特别残忍手段致人重伤造成严重残疾的"才可以判处死刑,显然比过去规定的更为严格,就应当认为现在的刑法处刑较轻。第五步,如果法定刑幅度以及量刑情节均相同,轻重无法比较,根据"从旧兼从轻"原则,就只能适用旧法了。

【指导案例】张某某抢劫、李某某盗窃案①——如何理解《刑法》第 12 条"从旧兼从轻"原则中的"处刑较轻"

1988 年 12 月 4 日晚,被告人张某某、李某某伙同张某良(另案处理)携带镰刀在某国道某县境内,乘道路堵车之机,欲共同对被堵车辆行窃。8 时许,张某某、张某良登上姜某某驾驶的汽车,将车上拉运的白糖往下扔,李某某负责在下边捡拾、搬运,共窃得白糖 300 千克,价值共计人民币 1200 元。当司机姜某某从后视镜上发现有人扒货时,即下车查看,当场抓住张某某。张某某为脱身,用镰刀朝姜某某的脸上砍了一下,经法医鉴定构成轻伤。同时张某良也捡起石头威胁姜某某及前来协助的货主刘某。姜某某及刘某见此情形连忙驾车离开现场,出警的公安人员赶赴现场后,将正在搬运赃物的张某良当场抓获,但张某某、李某某逃脱。1999 年 9 月 21 日和 22 日,张某某、李某某分别到某县公安局投案。

对本案被告人张某某的抢劫行为,虽需要追究刑事责任,但由于系跨法犯(行为时、审判时分跨新旧刑法),因此,还需要慎重确定应适用何法。根据《刑法》第 12 条的规定,处理此问题的基本原则是"从旧兼从轻"。所谓从轻,即比较新旧刑法对同种犯罪规定的法定刑孰轻孰重,选择适用法定刑较轻的刑法。所谓法定刑较轻,就是指法定最高刑较轻;如果法定最高刑相同,则指法定最低刑较轻。根据最高人民法院《关于适用刑法第十二条几个问题的解释》的规定,如果刑法规定的某一犯罪有两个以上的法定刑幅度,法定最高刑或者最低刑是指具体犯罪行为应当适用的法定刑幅度的最高刑或最低刑。法定刑新旧刑法规定相同的,应当适用旧法。新、旧刑法规定的抢劫罪法定刑幅度均为两档,一档为 3 年以上 10 年以下有期徒刑,新法规定应当并处罚金,旧法没有;一档为 10 年以上有期徒刑、无期徒刑或死刑,旧法规定可以并处没收财产,新法规定应当并处罚金或没收财产。严格地说,旧法规定的较轻。就本案被告人张某某的抢劫行为而言,由于为抗拒抓捕而当场实施的暴力行为仅造成被害人轻伤,且先行盗窃的数额并不大,应当适用的法定刑幅度应为 3 年以上 10 年以下有期徒刑。因此,本案应当适用的是旧法。

---

① 参见洪冰:《张某某抢劫、李某某盗窃案——盗窃共同犯罪中部分共犯因为抗拒抓捕当场实施暴力转化为抢劫罪,其他共犯是否也随之转化》,载最高人民法院刑事审判第一庭、第二庭编:《刑事审判参考》(总第 32 辑),法律出版社 2003 年版,第 34—38 页。

【指导案例】胡发富职务侵占案

被告人胡发富在"好立公司"(台商独资企业)担任仓管员期间,利用负责保管公司生产器材的职务便利,于1993年12月至1994年10月间,多次乘下班之机,将仓库内的生产器材收藏在衣袋内,带出暂藏在其住处,先后共盗走该公司的日产msg-3bcn型工艺修边机2台,台湾产ys-926553型工艺修边机11台、美国产tp-2(3)型工艺修边针160枚,共计价值人民币2.19万元。1994年11月,被告人离职后,于1995年3月9日携带所盗赃物到福建省泉州市鲤城区,以每台修边机人民币580元、每枚工艺修边针人民币28元的价格,欲销赃给杨某修边机3台、修边针100枚时,被当地公安机关抓获。

本案发生在1993年12月至1994年10月间,针对被告人的行为,依照1979年《刑法》只能按盗窃罪定罪量刑。1979年《刑法》第152条规定:"惯窃、惯骗或者盗窃、诈骗、抢夺公私财物数额巨大的,处五年以上十年以下有期徒刑;情节特别严重的,处十年以上有期徒刑或者无期徒刑,可以并处没收财产。"此后,1982年3月8日全国人大常委会作出《关于严惩严重破坏经济的罪犯的决定》,对刑法一些有关条款作了相关的补充和修改,规定犯盗窃罪"情节特别严重的,处十年以上有期徒刑、无期徒刑或者死刑,可以并处没收财产"。此外,1984年11月2日"两高"《关于当前办理盗窃案件中具体应用法律的若干问题的解答》规定:"个人盗窃公私财物数额在三万元以上的,应依法判处死刑。个人盗窃公私财物数额在一万元以上不满三万元,情节特别严重的;盗窃集团的首要分子,情节恶劣、后果严重或者屡教不改的,应依法判处无期徒刑或者死刑。"本案盗窃数额共计人民币2.19万元,依法可以判处无期徒刑。但在本案审理过程中,全国人大常委会于1995年2月28日通过并颁布实施《决定》,其中第10条规定"公司董事、监事或者职工利用职务或者工作上的便利,侵占本公司财物,数额较大的,处五年以下有期徒刑或者拘役;数额巨大的,处五年以上有期徒刑,可以并处没收财产"。可见,适用《决定》认定为侵占罪,在量刑上明显要轻,故法院最终对被告人以侵占罪来认定是恰当的。

四、新法对生效时已完成的诉讼行为是否具有溯及力

(一)裁判规则

与刑法调整对象为犯罪行为不同,刑事诉讼法调整的对象系刑事诉讼行为。相应地,刑事诉讼法的溯及时点非具体犯罪行为发生之时,而系诉讼行为开启实施之时。为此,在判断新刑事诉讼法适用效力的起算时点时,应当考查具体诉讼行为而非犯罪行为发生在新刑事诉讼法实施之前还是之后。

(二)规则适用

法谚有云:"实体从旧,程序从新。"程序法从新原则已经成为各国诉讼法理论

与实务界的共识。① 据此有观点认为,作为程序法的刑事诉讼法具有溯及既往的效力,对于其生效时尚未处理的案件均应一体适用。笔者认为,尽管程序法从新系一项公认的原则,但"法不溯及既往"同样是法治国家所普遍遵循的一项法律适用原则,我国亦不例外。2000 年公布的《立法法》第 84 条规定:"法律、行政法规、地方性法规、自治条例和单行条例、规章不溯及既往,但为了更好地保护公民、法人和其他组织的权利和利益而作的特别规定除外。"同样,刑事诉讼法及其解释也应当以不溯及既往为适用原则。事实上,程序法从新与具有溯及力是两个概念,二者之间并不存在冲突,只是我们在理解时出现了偏差,简单地依其表面意思来要求所有发生在过去的案件均适用新刑事诉讼法。② 事实上,与实体法以实体事件和行为为调整对象不同,程序法调整的对象系程序事件和行为。相应地,在溯及时点上,尽管实体法选择纠纷或事件发生时,但程序法却应当选择程序开启时。为此,在讨论程序法的溯及力问题时,不应将着眼点聚焦在行为和事件发生之时,而应聚焦在那些能够产生程序开启效果的程序行为上,如起诉、审判、上诉行为等。

具体到刑事诉讼中,与刑法调整对象为犯罪行为不同,刑事诉讼法调整的对象系刑事诉讼行为。相应地,刑事诉讼法的溯及时点应当聚焦在上述诉讼行为开始实施之时,而非具体犯罪行为发生之时。为此,在判断新刑事诉讼法适用效力的起算时点时,应当考查具体诉讼行为而非犯罪行为发生在新刑事诉讼法实施之前还是之后。也就是说,新刑事诉讼法适用对象与其施行之时系旧案件还是新案件无关紧要,关键是要看相关诉讼行为系新启动实施的还是已经结束完成的。为此,所谓"程序法从新"原则应当包括以下三层含义:(1)对于发生在新刑事诉讼法生效后的案件,所有的诉讼行为均应依照新法进行。(2)对于新刑事诉讼法生效前发生的案件,尚未开始实施的诉讼活动,依照新法的规定进行;对于某一诉讼活动实施的时间跨越新法生效前后的,在新法生效前已经完毕的部分继续有效,未完毕的部分则依照新法的规定进行。(3)新刑事诉讼法生效前已经全部完成的诉讼行为和程序事项继续有效,新法的实施对之不产生回溯效力,也就是说某一刑事诉讼行为一经完成即产生效力锁定的效果。对于该部分诉讼行为进行评价时,应以其实施当时有效的法律为准,而不能以事后新法评价之前的诉讼行为。由于程序法仅适用于其生效后开始以及虽在生效前开始但尚未结束的程序行为,而维持其生效前已完成的程序行为,恰恰

---

① 程序法之所以需要从新,首先在于程序法只是提供法律救济和实现权利的方法和途径,故程序法的变动一般不会影响实体权利、义务关系;另外,新修改的程序法往往设计得更为合理,对私权利主体更为有利。

② "之所以人们误以为新法具有溯及力,是因为人们混淆了实体法和程序法所调整的对象,误以为程序法和实体法一样,也是调整实体事件和行为的。"参见郭曰君:《论法的溯及力的几个问题》,载《中国社会科学院研究生院学报》2004 年第 1 期,第 69 页。

说明程序法是遵循法不溯及既往原则的,程序法从新原则是法不溯及既往原则在程序法中的特殊表现形式。

【指导案例】刘舒、李炎龙抢劫案①——新法对生效时已完成的诉讼行为不溯及既往

2009年10月7日,被告人刘舒、李炎龙因经济拮据而预谋抢劫。次日22时许,两人在浙江省温州市瓯海区梧田街道东垟路与温瑞大道路口,搭乘上被害人郑根和驾驶的出租车,途中刘舒让郑根和停车,李炎龙拿出西瓜刀抵住郑的颈部,劫取到人民币200余元及诺基亚手机1部。后李炎龙持刀抵住郑根和颈部,由刘舒驾车继续行驶。途中郑根和欲下车逃跑,李炎龙持刀划割郑根和颈部一刀,遭郑反抗后刘舒持刀在郑根和胸部、腹部连捅数刀,致被害人郑根和胸腹壁穿通伤伴肝脏、肺、肠破裂,大失血死亡。被告人刘舒及其辩护人提出,本案鉴定人沈某参与了案件现场勘查,后又作为鉴定人参与鉴定,其应当回避而没有回避,且没有相关资格证书附卷,公安机关出具的法医学尸体检验报告不能作为定案根据使用。

本案发生在2009年,此后《关于办理死刑案件审查判断证据若干问题的规定》和《关于办理刑事案件排除非法证据若干问题的规定》(以下简称《证据双规》)、2012年《刑事诉讼法》《关于适用〈中华人民共和国刑事诉讼法〉的解释》(以下简称《刑事诉讼法解释》)在2010年7月1日至2013年1月1日期间相继发布施行。相对于案件发生时间来看,上述法律文件均属于新法。如前所述,刑事诉讼法调整对象系刑事诉讼行为,故在刑事诉讼法的溯及时点上应选择具体诉讼行为发生之时。由于两被告人作案后潜逃多年,本案公安机关所实施刑事侦查行为时间跨度很大。其中,案发现场勘验检查、对被害人尸体的检验鉴定、询问证人等侦查行为在案发当年即已完成,属于发生在新法实施之前的行为;而对两被告人的讯问、将现场提取到的痕迹物证与两被告人的DNA和手印进行鉴定比对,则是随着两被告人落网以后才得以进行的,属于发生在新法生效之后的诉讼行为,这就涉及新旧法衔接适用的问题。本案公安机关在对被害人尸体进行检验鉴定过程中,存在两方面的问题:一方面,参与该尸体检验的鉴定人分别系沈某和潘某,其中潘某具有鉴定人资格,而沈某案发当时虽然从事法医工作,但尚不具有鉴定人资格,在案也没有其鉴定人资格证书。另一方面,沈某作为负责案件现场勘验检查工作的主要人员,其作为鉴定人应当回避而没有回避,显然违背了上述鉴定人回避的规定。根据《证据双规》《刑事诉讼法解释》的相关规定,"鉴定人不具

---

① 参见聂昭伟、张嘉艺:《新法对生效时已完成的诉讼行为不溯及既往》,载《人民司法·案例》2017年第26期,第22—25页。

备法定的资质和条件,鉴定人不具有相关专业技术或者职称,鉴定人违反回避规定的"鉴定意见,不得作为定案的根据。

那么,公安机关所作出的这份尸检鉴定意见是否应予排除呢?答案是否定的。原因在于,该份尸检鉴定意见在新法实施前即已完成,新法不能作为评价标准,而应当以之前的旧法为依据。在《证据双规》出台之前,我国基本没有设置完整意义上的非法证据排除规则。司法人员在取证过程中违反法定程序的,并不必然导致该证据不具可采性,能否作为定案根据使用,需要交由法官根据自由心证处理。从当时的司法实践来看,法官在判断这些存在取证合法性问题的证据是否具有可采性时,往往是从其客观真实性着手,如果证据的客观真实性并没有受到取证合法性的影响,则予以采纳,反之则不予采纳。本案中,尸检报告此类形式的证据本身就具有一定的客观性,对于其中有照片佐证的尸体解剖创口等情况的记录更是客观的。尽管鉴定人之一沈某存在不具备鉴定资格和未回避等问题,但其大学毕业于法医专业,在公安机关刑侦大队一直从事法医工作,具备检验鉴定能力;而另一名鉴定人潘某则明确具有鉴定人资格,且浙江省人民检察院再次委托有鉴定资质的机构和鉴定人进行了鉴定,所得出的结论与公安机关所作出的报告一致。为此,公安机关所作的尸检报告尽管在程序上存在瑕疵,但依据当时的刑事诉讼法及相关解释,此瑕疵并不构成排除证据资格的理由,故在证据客观真实性能够得到保障的情况下,法院将尸检报告作为定案根据使用并无不当。与之不同的是,对于本案中公安机关所作出的另外两项鉴定,即 DNA 鉴定和手印鉴定,由于系在新法生效之后,则应当适用新法,故要求所有鉴定人均具有鉴定资格,并遵守所有关于回避的规定,否则不得作为定案的根据。

五、关于司法解释的溯及力问题

(一) 裁判规则

司法解释依附于被解释的刑事法律规范,它本身并无独立的时间效力,而是依从于刑事法的时间效力。易言之,只要刑法的时间效力及于某一时间发生的犯罪行为,对刑法所作的司法解释也具有同样效力,而无须考虑正在审理的案件是发生在司法解释施行之前还是之后。

(二) 规则适用

在刑法领域,法学界谈及溯及力时主要是指刑法的溯及力,很少有人注意到刑事司法解释的溯及力。所谓刑法的溯及力,又称刑法溯及既往的效力,是指新的刑法颁布后,对其生效前的事件和行为是否适用的问题。如果适用,则有溯及力;如果不适用,则不具有溯及力。由此推之,所谓刑事司法解释的溯及力,是指新的刑事司法解释颁布后对其颁布前的事件和行为是否适用的问题。如果适用,则该司法解释具有溯及力;如果不适用,则该司法解释不具有溯及力。在刑法的溯及力问题上,根据罪刑法定原则的要求,刑法只适用于其施行以后的犯罪,而不能追溯其施行之前的犯罪,这就是不溯及既往原则,亦称禁止事后法原则。这是国民预测可能性的客观要求,因为刑法的溯及适用会破坏国民的预测可能性,不当地侵害个人的自由。后来,刑法不溯及既往原则发生了一些变化,允许有利于被告的刑法溯及既往,即所谓的"从旧兼从轻"原则。由于其与罪刑法定原则保障人权的精神相一致,因而在各国刑法中得以确立下来。我国1997年《刑法》第12条第1款规定:"中华人民共和国成立以后本法施行以前的行为,如果当时的法律不认为是犯罪的,适用当时的法律;如果当时的法律认为是犯罪的,依照本法总则第四章第八节的规定应当追诉的,按照当时的法律追究刑事责任,但是如果本法不认为是犯罪或者处刑较轻的,适用本法。"据此,有人简单地以"法不溯及既往"原则类推适用于司法解释,认为司法解释也应以"不溯及既往"为适用原则,以"溯及既往"为例外。

然而,与法不溯及既往原则相反,一般情况下,司法解释对于其颁布以前的事件和行为有溯及力。究其原因,在于法律解释是法律规定的"应有之义""本来含义",并没有创建新的法律规范,而是对被解释法律在具体运用过程中的细化,因而在时间效力上应当溯及至被解释文本生效之时。"刑事司法解释是刑法规定的本来含义。因此,适用刑法,同时也就应当适用与其相适应的刑事司法解释,而不论该刑事司法解释是在被告人行为前还是行为后公布实施"①。为此,"两高"《关于适用刑事司法解释时间效力问题的规定》中明确,司法解释的"效力适用于法律的施行期间"。司法解释公布施行后,所有正在审理或者尚未审理的案件,都必须按照解释去理解、适用法律。但由于同法律相比,对该法律的解释往往相对滞后,这在司法实践中就会出现司法解释作出前已作出判决的案件和司法解释不一致的情况。因此,司法解释颁行时往往要规定开始施行的时间,如"两高"《关于办理侵犯知识产权刑事案件具体应用法律若干问题的解释》明确规定"自2004年12月22日起施行"。这一规定并不是说,该司法解释不适用于2004年12月22日以前发生的案件,只是意味着在2004年12月22日以前已经审结的案件,即使判决结果与公布的司法解释不一致,也不属于错案,不能根据新的司法解释提请审判监督程序,进而影响司法判决的严肃性和稳定性。当然,在行为前后存在数个司法解释时,仍然应遵循类似于刑法的"从旧兼从轻"原则。即对于新的司法解释实施前发生的行为,行为时已有相关司法解释的,应当适用从旧兼从轻原则,依照行为时的司法解释办理,但适用新的司法解释对犯罪嫌疑人、被告人有利的,应适用新的司法解释。

---

① 陈兴良、曲新久:《案例刑法教程(上卷)》,中国政法大学出版社1994年版,第30页。

【指导案例】王庆诈骗案①——骗购电信卡贩卖给他人使用造成电信资费巨大损失的行为如何定性

1999年9月至10月间,被告人王庆使用伪造的姓名为乐钟暄等45人的居民身份证复印件,在北京跨世纪通讯中心等地,购得移动电话SIM卡45张。至2000年7月止,王庆将购得的上述45张移动电话SIM卡出售给他人,被使用后,造成他人恶意欠费人民币20.3445万元。被告人王庆辩称其没有实施骗取电信资费的行为。其辩护人认为:最高人民法院《关于审理扰乱电信市场管理秩序案件具体应用法律若干问题的解释》于2000年4月28日经最高人民法院审判委员会讨论通过,而王庆的行为发生于1999年10月,因此该司法解释不适用于本案。

最高人民法院在公布司法解释的公告中,我们可以看到,其对司法解释的生效时间都有规定。如本案所适用的最高人民法院《关于审理扰乱电信市场管理秩序案件具体应用法律若干问题的解释》(以下简称《电信解释》)的公告就规定"自2000年5月24日起施行"。那么,对这一"施行时间"应如何理解呢？回答这一问题,首先必须对司法解释的性质有一个充分的认识。刑事司法解释是最高司法机关对如何具体应用刑事法律问题所作的阐释。司法解释必须严格遵循刑事立法的基本原则和精神,在符合立法本意的前提下对刑事法律的规定加以具体化和明确化。因此,司法解释依附于被解释的刑事法律规范,它本身并无独立的时间效力,而是依从于刑事法律的时间效力。易言之,只要刑法的时间效力及于某一时间发生的犯罪行为,对刑法所作的司法解释也具有同样效力,而无须考虑正在审理的案件是发生在司法解释施行之前还是之后。为此,法院经审理认为,被告人王庆及其辩护人认为王庆的行为系发生在《电信解释》颁布实施前,《电信解释》不适用于本案的辩解及辩护意见,不能成立,不予采纳。

六、犯罪预备行为发生在我国境内的,能否适用我国刑法

(一)裁判规则

根据我国《刑法》第6条第3款规定,犯罪行为或者结果有一项发生在中华人民共和国领域内的,就认为是在中华人民共和国领域内犯罪。其中犯罪行为既包括实行行为,也包括预备行为。故如果为犯罪而准备工具、制造条件的犯罪预备行为在我国内地发生,尽管实行行为与结果发生在我国香港特别行政区,大陆法院对该犯罪行为仍然享有管辖权。

(二)规则适用

属地管辖系刑法的基本管辖原则,要求以犯罪地为原则来确定所适用的刑

---

① 参见洪冰、毛力:《王庆诈骗案——骗购电信卡贩卖给他人使用造成电信资费巨大的行为如何定性》,载最高人民法院刑事审判第一庭、第二庭编:《刑事审判参考》(总第24辑),法律出版社2002年版,第72—78页。

法。那么,我们以什么因素为标准来确定犯罪发生在本国领域内呢?对此,存在"行为地说""结果地说"以及"遍在说"等观点和做法。我国刑法采用"遍在说",《刑法》第6条第3款规定:"犯罪的行为或者结果有一项发生在中华人民共和国领域内的,就认为是在中华人民共和国领域内犯罪。"犯罪行为分为构成要件实行行为与非实行行为。在单独犯罪中,大多数时候实行行为与非实行行为的实行地在同一地方,这种情况下认定犯罪地不存在困难。但是,当实行行为与非实行行为的实施地不在同一地方时,如在甲地买刀到乙处杀人,或者有时犯罪人仅实施了非实行行为,还未来得及到异地着手实施实行行为即被抓获,这种情况下非实行行为的实施地能否认定为犯罪地呢?对此,笔者认为,我国《刑法》第6条第3款既然没有将"犯罪行为"限定为犯罪实行行为,就没有理由认为犯罪地不包括非实行行为的实施地。也就是说,只要是犯罪行为,不论是符合基本构成要件的实行行为,还是符合修正构成要件的非实行行为,其实施地都可以认为是犯罪地,应适用我国刑法。可见,在预备犯的场合,预备行为实施地就是犯罪地;同样,在未遂犯场合,行为地与行为人希望、放任结果发生之地、结果可能发生之地,都是犯罪地。

而在共同犯罪场合,关于犯罪地的确定,从世界各国的刑法理论及规定来看,存在两种观点和做法:一种主张是根据"共同犯罪从属说"来确定共同犯罪的犯罪地,认为在共同犯罪中,帮助犯、教唆犯的犯罪行为皆依附于正犯的犯罪行为而成立,故应以正犯的犯罪行为实施地作为共同犯罪的犯罪地。如《泰国刑法典》第6条规定就采纳了这种主张,"犯罪在泰国领域内依本法视为发生于境内,则其共同正犯、从犯或教唆犯之行为系在泰国领域外,应视其共同正犯、从犯或教唆犯之行为系在泰国领域内"①。另一种主张是根据"共同犯罪独立说"来确定共同犯罪的犯罪地,认为在共同犯罪中,帮助犯、教唆犯的成立及其可罚性决定于他们自身行为的危害性和危险性,并非依附于正犯的犯罪行为而存在,因而帮助犯、教唆犯和正犯的犯罪行为实施地皆可作为共同犯罪的犯罪地。如《德国刑法典》第9条第(二)项便是采取了这一主张的规定,"正犯之犯罪地,共犯之各个行为地,……皆为共犯之犯罪地"。我国刑法没有对共同犯罪案件的犯罪地作出特别规定,故只要共同犯罪行为(如正犯行为、教唆行为、帮助行为)或者共同犯罪结果有一部分发生在我国领域内,就认为是在我国领域内犯罪。为此,如果为犯罪而准备工具、制造条件的犯罪预备行为在我国内地发生,尽管实行行为与结果均发生在我国香港特别行政区,我国内地法院对该犯罪行为仍然享有管辖权。

---

① 方蕾等编译:《外国刑法分解汇编(总则部分)》,国际文化出版公司1988年版,第29—30页。

【指导案例】张子强等抢劫、绑架案——在我国内地组织策划并准备犯罪工具,到香港实施绑架、抢劫等犯罪的,我国内地司法机关是否具有管辖权

1995年年底至1996年年初,被告人张子强、陈智浩与柯贤庭、朱玉成、李运、叶继欢、郭志华、梁辉、罗志平、张焕群等人先后在深圳名都酒店、日新宾馆等地,多次密谋绑架勒索香港人李某某。叶继欢从我国内地购得AK47自动枪2支、微型冲锋枪1支、手枪5支、炸药9包及子弹一批,在张子强等人的安排和接应下,于1996年5月12日与梁辉等人将上述枪支弹药偷运到香港。5月23日下午6时许,张子强接到柯贤庭的电话后得知李某某的行踪,即与陈智浩等人携带枪支、铁锤等作案工具,在香港深水湾道80号附近绑架了被害人李某某。张子强、陈智浩到李家收取勒索的赎金港币10.38亿元后,释放被害人。

1997年年初,被告人张子强图谋绑架香港人郭某某,指使张志烽观察郭的行踪。张志烽又将绑架图谋转告胡济舒、陈树汉等人。此后,张子强与上述同案人先后在广州市胜利宾馆等地密谋并作具体分工。同年9月29日下午6时许,张子强接到张志烽电话后得知郭某某的行踪,即与甘永强、邓礼显等人在香港海滩道公路桥底附近,将郭某某绑架至香港马鞍岗200号。张子强向郭家收取了勒索的赎金港币6亿元后,释放被害人。

法院经审理认为,本案指控的犯罪,尽管其中的犯罪实行行为是在香港特别行政区实施,但是犯意发起、组织、策划等实施犯罪的准备工作,均发生在我国内地;而且,实施犯罪所使用的枪支、爆炸物等主要的作案工具均是从我国内地非法购买后走私到香港特别行政区的。《刑法》第6条第3款规定:"犯罪的行为或者结果有一项发生在中华人民共和国领域内的,就认为是在中华人民共和国领域内犯罪。"《刑事诉讼法》第25条之规定:"刑事案件由犯罪地的人民法院管辖。如果由被告人居住地的人民法院审判更为适宜的,可以由被告人居住地的人民法院管辖。"据此,我国内地法院对本案依法享有管辖权。

第四章 犯罪概念

犯罪的基本和本质特征

(一) 裁判规则

我国《刑法》第13条对犯罪概念进行了界定,揭示了犯罪应当具有社会危害性、刑事违法性和应受刑罚惩罚性等基本特征,其中社会危害性是犯罪的本质特征,这是刑法将某种行为规定为犯罪的基本依据。在司法实践中,某一行为虽然表面符合刑法分则规定的客观构成要件,但如果不具有实质的社会危害性,或者社会危害性未达到值得刑罚处罚的程度,就可以适用《刑法》第13条中的"但书"规定,将其认定为"情节显著轻微危害不大",从而将其排除出罪。

(二) 规则适用

我国刑法中的犯罪概念揭示了犯罪的基本特征,是划分罪与非罪的原则标准。《刑法》第13条对于何为犯罪作了正面规定之后,又从反面规定"但是情节显著轻微危害不大的,不认为是犯罪"。那么,在司法实践当中,我们应当以什么标准来划分罪与非罪的界限呢?尤其是犯罪概念中的"但书"规定是否具有出罪的功能呢?对此,应当从我国《刑法》与《治安管理处罚法》二元体系说起。在我国,构成犯罪的行为由《刑法》来予以调整,而社会危害程度轻微的行为通常由公安机关根据《治安管理处罚法》进行处罚。单纯地从构成要件上来看,违法行为与犯罪行为具有一致性,所不同的是两者的社会危害程度。为了将治安违法行为与犯罪行为区分开来,防止将治安违法行为作为犯罪处理,就需要运用《刑法》第13条的"但书"规定来将这些行为排除出犯罪圈。

1. 针对情节轻微的未成年人财产犯罪,为了避免对其适用刑罚所带来的交叉感染,司法文件明确要求适用"但书"条款不作为犯罪处理。(1)《关于审理未成年人刑事案件具体应用法律若干问题的解释》第7条第1款规定:"已满十四周岁不满十六周岁的人使用轻微暴力或者威胁,强行索要其他未成年人随身携带的生活、学习用品或者钱财数量不大,且未造成被害人轻微伤以上或者不敢正常到校学习、生活等危害后果的,不认为是犯罪。"第9条规定:"已满十六周岁不满十八周岁的人实施盗窃行为未超过三次,盗窃数额虽已达到'数额较大'标准,但案发后能如实供述全部盗窃事实并积极退赃,且具有下列情形之一的,可以认定为'情节显著轻微危害不大',不认为是犯罪:……"(2)《关于相对刑事责任年龄的人承担刑事责任范围有关问题的答复》第2条规定:"相对刑事责任年龄的人实施了刑法第二百六十九条规定的行为的,……情节显著轻微,危害不大的,可根据刑法第十三条的规定,不予追究刑事责任。"

2. 针对转化型抢劫犯罪,如果使用暴力或以暴力相威胁情节不严重、危害不大的,不认为是犯罪。(1)《关于如何适用刑法第一百五十三条的批复》①规定:"根据刑法第一百五十三条(即1997年《刑法》第269条)的规定,被告人犯盗窃、诈骗、抢夺罪,为窝藏赃物、抗拒逮捕或者毁灭罪证而当场使用暴力或者以暴力相威胁的,依照刑法第一百五十条(即1997年《刑法》第263条)抢劫罪处罚。在司法实践中,有的被告人实施盗窃、诈骗、抢夺行为,虽未达到'数额较大',但为窝藏赃物、抗拒逮捕或者毁灭罪证而当场使用暴力或者以暴力相威胁,情节严重的,可按照刑法第一百五十三条的规定,依照刑法第一百五十条抢劫罪处罚;如果使用暴力或以暴力相威胁情节不严重、危害不大的,不认为是犯罪。"(2)《关于审理未成年人刑事案件具体应用法律若干问题的解释》第10条规定:"已满十六周岁不满十八周岁的人犯盗窃、诈骗、抢夺罪,为窝藏赃物、抗拒抓捕或者毁灭罪证而当场使用暴力或者以暴力相威胁的,应当依照刑法第二百六十九条的规定定罪处罚;情节轻微的,可不以抢劫罪定罪处罚。"

3. 针对发生在家庭成员和近亲属之间的偷盗、抢劫案件,《关于审理抢劫、抢夺刑事案件适用法律若干问题的意见》第7条规定:"为个人使用,以暴力、胁迫等手段取得家庭成员或近亲属财产的,一般不以抢劫罪定罪处罚。"同样,最高人民法院、最高人民检察院《关于办理盗窃刑事案件适用法律若干问题的解释》第8条前半段亦明确规定"偷拿家庭成员或者近亲属的财物,获得谅解的,一般可不认为是犯罪"。究其原因,侵占自家财物或者近亲属财物的行为不同于发生在社会上的侵财案件,具有特殊性:一方面,家庭的财产关系比较复杂,家庭财产多为共有财产,家庭成员对于共有财产拥有平等的占有、使用、收益和处分的权利,相互之间还具有抚养、赡养、监护、继承等人身和财产方面的权利义务关系。由于长期共同生活和财产在生产、交换、分配、消费过程中的频繁流转,家庭成员之间的财产权利往往很难划分清楚。发生在家庭成员之间的侵财案件,一般难以区分哪些属家庭共有财产,哪些属家庭成员的个人财产,难以确定犯罪的具体对象。即使财产能够区分清楚,侵占自己家里和近亲属的财物与发生在社会上的侵财案件相比,行为人的主观恶性相对不深,社会危害的范围和程度也相对较小,一般不影响社会公众的利益和安全感;另一方面,家庭成员和近亲属之间发生侵财案件的原

---

① 该《批复》虽然已经失效,但是蕴含其中的精神仍然可以沿用。

因和情况也比较复杂,而且受害人报案后,一旦知道系由自己的近亲属所为,出于亲情或者其他种种原因,一般都不愿继续诉诸司法程序,追究作案亲属的刑事责任。在这种情况下,如果司法机关主动进行刑事追诉,将给受害人及其家庭带来不必要的消极影响,社会效果也并不好。①

需要特别说明的是,符合上述司法解释规定的案件起诉到法院之后,或其他没有明确司法解释规定的案件,法院经审理认为属于"情节显著轻微、危害不大,不认为是犯罪的"应当如何处理?对此,有观点认为,在行为符合刑法规定的犯罪成立条件的前提下,就应当认定为犯罪,不能直接根据"但书"规定宣告无罪。笔者认为,这一观点与"但书"规定的宗旨是相悖的。究其原因:一是刑法分则均受到刑法总则的指导,形式上符合分则条文规定而实质上符合"但书"的行为,其在本质上是无罪的行为。二是《刑事诉讼法》第16条第(一)项明确规定:情节显著轻微、危害不大,不认为是犯罪的案件,应当"不追究刑事责任,已经追究的,应当撤销案件,或者不起诉,或者终止审理,或者宣告无罪"。为此,针对那些不值得科处刑罚的危害行为,即使缺乏法律文件的相应规定,司法人员仍然可以直接适用"但书"条款宣告无罪。对此,最高人民法院早在1989年11月4日《关于一审判决宣告无罪的公诉案件如何适用法律问题的批复》②中就指出,"对被告人有违法行为,但情节显著轻微,危害不大,不认为是犯罪的,可在宣告无罪判决的法律文书中,同时引用《刑法》第10条(现为第13条)作为法律根据"③。

【指导案例】文某被控盗窃案④——处理家庭成员和近亲属之间的偷窃案件应当注意的刑事政策

被告人文某之母王某是文某的唯一法定监护人。1999年7月间,文某因谈恋爱遭到王某反对,被王某赶出家门。之后,王某换了家里的门锁。数日后,文某得知其母回娘家,便带着女友撬锁开门入住。过了几天,因没钱吃饭,文某便同女友先后3次将家中康佳21寸彩电1台、荣事达洗衣机1台、容声冰箱1台、华凌分体

---

① 当然,抢劫、盗窃自己家的财物或者近亲属的财物,仅仅是一般不按犯罪处理,但也并不排除对发生在亲属之间的某些严重的侵财案件进行刑事追诉的可能性。比如,行为人教唆或者伙同他人采取暴力、胁迫等手段劫取家庭成员或近亲属财产的,可以抢劫罪定罪处罚。同样,多次盗窃近亲属财物屡教不改,或者盗窃近亲属财物数额巨大,或者盗窃近亲属财物进行违法犯罪活动,被盗的近亲属强烈要求司法机关追究其刑事责任的案件等,也可以追究其刑事责任。

② 该《批复》虽然已经失效,但是在新的《批复》出台替代之前,其精神仍然可以沿用。

③ 《最高人民法院公报》2004年第12期上刊登的"上海市静安区人民检察院诉张美华伪造居民身份证案"就是例证。公报在"裁判摘要"中指出:"被告人在未能补办遗失居民身份证的情况下,雇佣他人以本人的真实身份资料伪造居民身份证,供自己在日常生活中使用的行为,虽然违反身份证管理的法律法规,但情节显著轻微,危害不大,根据刑法第十三条的规定,应认定不构成犯罪。"

④ 参见王季军:《文某被控盗窃案——处理家庭成员和近亲属之间的偷窃案件应当注意的刑事政策》,载最高人民法院刑事审判第一庭、第二庭编:《刑事审判参考》(总第13辑),法律出版社2001年版,第24—29页。

空调4台变卖,共得款人民币3150元。案发后,公安机关将空调1台和洗衣机1台等物品追回。

本案被告人文某在作案时年龄为17周岁,虽然已经符合追究刑事责任的年龄要求,但仍属于未成年人,且没有固定的经济收入和独立生活的能力,其母亲作为唯一法定监护人,对其负有抚养和监护的义务。即使其母亲对文某过早谈恋爱有权提出批评和进行管教,但不应当放弃抚养的义务和监护的职责,让其脱离监护单独居住,更不应该迫使其离家出走。被告人文某因谈恋爱引起其母亲不满而被赶出家后,无生活来源,于是趁其母亲不在家的时候,与其女友撬开家门入住,并将家中物品偷出变卖,其目的是为了自己及女友的生活所用,其偷拿自己家庭财产的行为与在社会上作案不同,社会危害性不大,被盗财物已追回或已赔偿,损失也不大,依法可不予追究刑事责任。

【指导案例】郝卫东盗窃案——如何认定盗窃犯罪案件中的"情节轻微不需要判处刑罚"

被告人郝卫东系被害人郝喜厚亲侄孙。2008年4月28日上午11时许,郝卫东到陕西省府谷县府谷镇阴塔村郝喜厚家院内,见郝家无人,想到债主逼债,便产生盗窃还债之念。郝卫东随后在院内找了一根钢筋,将窗户玻璃打碎进入室内,又在室内找了把菜刀,将郝喜厚家写字台的抽屉撬开,盗走该抽屉内存放的现金人民币53 000元,然后将其中49 000元存入银行,剩余4000元还债。当日下午,郝卫东被公安人员抓获,存入银行的赃款49 000元全部追回退还失主,剩余4000元由郝卫东父亲郝建国代其赔偿给失主。

本案被告人郝卫东盗窃数额达到了特别巨大的标准,又没有法定减轻处罚、免予处罚情节,依法应当在10年有期徒刑以上刑罚量刑,但是数额并不是量刑的唯一依据,根据本案的具体情况,仍然可以认定为"情节轻微不需要判处刑罚":(1)本案被告人郝卫东与被害人郝喜厚虽然不是近亲属,但是属于五代以内的旁系血亲,且有从小与郝喜厚共同生活的背景,对这种密切的亲属关系,根据《关于办理盗窃刑事案件适用法律若干问题的解释》第8条规定体现的宗旨和精神,应当有别于其他盗窃案件,在定罪量刑时酌情予以考虑。(2)案发后,被害人多次请求司法机关对郝卫东免除处罚,被害人所在村村民亦联名上书要求对郝卫东从轻处罚。在类似案件的处理中,应当充分尊重被害人的要求,量刑时应尽量从宽,以免激化矛盾,影响家庭和亲属关系的缓和。(3)郝卫东所盗窃钱物于案发当日绝大部分已追回,且郝卫东之父又主动对失主进行了赔偿,已挽回被害人的损失。(4)郝卫东犯罪时刚年满18周岁,归案后认罪态度好,又系初犯。综上,郝卫东虽然盗窃数额特别巨大,但是发生在有密切关系的亲属之间,被害人表示谅解且不希望追究被告人刑事责任,所盗窃财物于案发当日绝大部分追回,并未造成被害人实际损失,被告人犯罪时刚刚成年,犯罪主观恶性不深,根据《关于办理盗窃刑事案件适用法律若干问题的解释》第 8 条规定的立法精神和宗旨,可以适用刑法第 37 条规定,认定郝卫东的盗窃行为"情节轻微不需要判处刑罚"。

【指导案例】杨飞侵占案①——如何理解和认定侵占罪中的"代为保管他人财物"

自诉人赵伟良诉称,其系大唐卫达袜厂业主,自 2007 年上半年开始,其将袜子分批交由杨飞父亲杨作新的定型厂定型。同年 8 月下旬,其发现有人在出售自己厂里生产的袜子,遂报案。公安机关经侦查发现,系杨飞将赵伟良交付杨作新定型的袜子盗卖给他人。公安机关追回袜子 62 包,每包 300-500 双,价值共计人民币 87 420 元以上,均已发还自诉人。为此,赵伟良以被告人杨飞犯侵占罪,向浙江省诸暨市人民法院提起诉讼。被告人杨飞及其辩护人提出,侵占罪的对象限于代为保管的他人财物,而杨飞没有接受自诉人赵伟良的委托,且不存在拒不退还情节,故杨飞的行为不构成侵占罪,请求宣判杨飞无罪。法院经审理查明:杨飞的父亲杨作新系从事袜子加工业务的个体工商户,系家庭经营,但主要由杨作新夫妇二人负责经营。从 2007 年上半年始,自诉人赵伟良将部分袜子委托杨作新加工定型。其间,杨飞将赵伟良委托加工定型的袜子盗卖给他人。

被告人杨飞在其父母不知情的情况下,采取秘密窃取的手段,将自诉人委托其父母加工而由其父母实际占有的袜子盗卖出去,形式上完全符合盗窃罪的构成特征,那么,对杨飞的行为是否应以盗窃罪追究刑事责任?笔者认为,根据本案的具体情况,对杨飞的盗窃行为可以不追究刑事责任。主要理由是,被盗袜子虽然是自诉人赵伟良的财产,但因系其委托杨飞的父亲杨作新进行加工而实际上由杨作新保管占有,杨作新对袜子的毁损灭失负有赔偿责任,故本案实际上属于发生在家庭内部的盗窃案件。对于此类盗窃案件的处理,司法实践中一直采取慎重态度。"两高"1984 年联合印发的《关于当前办理盗窃案件具体应用法律的若干问题的解答》规定,处理具体案件时,要把偷窃自己家里或者近亲属的,同在社会上作案的加以区别。"两高"1992 年制定的《关于办理盗窃案件具体应用法律若干问题的解释》进一步明确规定:"盗窃自己家里的财物或者近亲属的财物,一般可不按犯罪处理;对确有追究刑事责任必要的,在处理时也应同在社会上作案有所区别。"1997 年刑法修订后,最高人民法院制定的《关于审理盗窃案件具体应用法律若干问题的解释》延续了这一政策精神,继续规定:"偷拿自己家的财物或者近

---

① 参见聂昭伟:《杨飞侵占案——如何理解和认定侵占罪中的"代为保管他人财物"》,载最高人民法院刑事审判第一、二、三、四、五庭主办:《刑事审判参考》(总第 70 集),法律出版社 2010 年版,第 60—65 页。

亲属的财物,一般可不按犯罪处理;对确有追究刑事责任必要的,处罚时也应与在社会上作案的有所区别。"①具体到本案中,虽然被告人杨飞盗窃袜子的价值达8万余元,数额巨大,但鉴于其父母愿意积极赔偿自诉人的经济损失,其盗窃行为的社会危害性大大降低,从贯彻上述司法解释规定的精神和宽严相济刑事政策角度出发,不以盗窃罪追究其刑事责任有利于实现案件处理的良好社会效果。

---

① 该案判决生效之后,最高人民法院、最高人民检察院于2013年施行的《关于办理盗窃刑事案件适用法律若干问题的解释》第8条前半段亦明确规定"偷拿家庭成员或者近亲属的财物,获得谅解的,一般可不认为是犯罪"。

第五章 因果关系

一、因果关系错误是否会影响到刑事责任的承担

（一）裁判规则

因果关系的错误，是指行为人对侵害的对象没有认识错误，但造成侵害的因果关系与行为人所预想的发展过程不一致，以致侵害结果提前或推迟发生的情况。根据刑法关于因果关系错误理论，行为人对因果关系发展具体样态的认识错误，在犯罪构成的评价上并不重要。因为无论是哪一种因果关系错误，均属于在同一犯罪构成范围内的事实认识错误，故只要行为人认识到自己实施的行为会发生危害社会的结果即可，而不要求对因果关系发展的具体样态有正确认识。

（二）规则适用

所谓因果关系的错误，是指行为人对侵害的对象没有认识错误，但造成损害的因果关系的实际进程与行为人所认识的发展过程不一致的情况。根据危害结果发生的实际情况，因果关系的错误主要有三种情况：（1）狭义的因果关系错误，即危害结果的发生不是按照行为人对因果关系发展所预见的进程来实现。如甲为了使乙溺水死亡而将乙推入井中，但井中没有水，乙系摔死在井中。（2）事前故意，即行为人误认为第一个行为已经造成危害结果，出于其他目的实施第二个行为，实际上是第二个行为才导致危害结果发生的情况。如甲以杀人故意对乙实施暴力，造成乙休克后，甲以为乙死亡，为了掩盖罪行将乙扔入河中，乙实际上是溺水死亡。（3）结果的提前发生，即行为人所预想的结果提前实现了。如甲准备将他人贵重物品拿到屋外损毁，但刚拿起该物品就从手中滑落而摔坏。笔者认为，针对上述因果关系错误的情形，行为人均需对危害结果承担刑事责任。因为既然行为人具有积极追求危害结果发生的故意，而现实所发生的结果与行为人意欲实现的结果又完全一致，在客观上该结果又是由行为人所实施的行为所致，其行为与结果之间具有因果关系，因而成立故意犯罪既遂。

【指导案例】魏建军抢劫、放火案①——抢劫过程中致人重伤昏迷,又放火毁灭罪证致人窒息死亡的,是抢劫致人死亡还是故意杀人

2004年10月21日,被告人魏建军听说同村村民刘思明代收了电费款后,遂萌生抢劫之念。次日2时许,魏建军携带农用三轮车半轴、刮脸刀片、皮手套等作案工具,翻墙进入刘思明家,发现刘正在东屋睡觉,便打开西屋窗户,用刮脸刀片划破纱窗后钻入西屋,翻找钱款未果,又至东屋寻找,刘被惊醒。魏建军持农用三轮车半轴朝刘头部猛击,见刘不动,在认为刘思明已死亡的情况下,便用刘家的钳子将写字台抽屉锁撬开将里面的人民币3700元电费款拿走。为毁灭罪证、掩盖罪行,魏建军用随身携带的打火机点燃一纤维编织袋扔在刘所盖的被子上,导致刘思明颅脑损伤后吸入一氧化碳窒息死亡。

本案中,被告人魏建军欲抢劫他人钱财,在进入被害人家中翻找钱财时被发觉,而持械猛击被害人头部的行为(第一行为)并未造成被害人死亡,被害人是因魏建军随后实施的放火行为(第二行为)导致吸入一氧化碳窒息死亡的,这就涉及因果关系错误问题。根据刑法关于因果关系错误理论,既然行为人主观上具有积极追求危害结果发生的故意,而现实所发生的结果与行为人意欲实现的结果又完全一致,在客观上与行为人所实施的行为也具有因果关系,就必然要肯定行为人对现实产生的结果具有故意,因而成立故意犯罪既遂。为此,本案被告人魏建军所实施的两次行为符合故意杀人罪既遂的构成特征。当然,由于魏建军在实施放火行为之前认为被害人已经死亡,实施放火行为之时不具备杀死被害人的主观故意,故并非抢劫完成后为了灭口而故意杀人,不构成故意杀人罪,应认定为抢劫(致人死亡)罪。

二、医院抢救失误能否中断抢劫行为与被害人死亡结果之间的因果关系

(一)裁判规则

在判断某一介入因素是否中断因果关系时,应当从以下三个方面着手:(1)先前行为导致危害结果发生的盖然性之大小;(2)介入因素对先前行为的依赖性程度即异常性大小;(3)介入因素对危害结果的发生是否具有决定性作用。

(二)规则适用

所谓"结果加重犯",是指行为人实施了基本犯罪,引起了可归责于行为人的加重结果,刑法就会规定比基本犯罪更重的法定刑。针对结果加重犯,刑法分则

---

① 参见闫宏波:《魏建军抢劫、放火案——抢劫过程中致人重伤昏迷,又放火毁灭罪证致人窒息死亡的,是抢劫致人死亡还是故意杀人》,载最高人民法院刑事审判第一、二、三、四、五庭主办:《刑事审判参考》(总第51集),法律出版社2007年版,第9—14页。

在具体罪状中通常以"致"或"造成"某种后果来予以表述,如故意伤害、抢劫致人重伤、死亡,组织他人偷越国边境造成被组织人重伤、死亡,非法行医造成就诊人死亡,等等。结果加重犯的构成,除了要具备基本犯罪行为和加重结果外,还要求二者之间存在因果关系。通常情况下,只要犯罪行为合乎规律地引起了危害结果的发生,即可认定行为与后果间有刑法上的因果关系。但司法实践中,经常会发现在一个危害行为引起某一危害结果的过程中,介入了第三个因素的情况。这种因素可能是自然因素,也可能是他人的行为,还可能是被害人自己的行为。由于这种因素的介入,导致原来因果联系的方向发生不同程度的改变。此时能否认为先前行为仍是最后危害结果产生的原因,介入因素能否中断先前行为与结果之间的因果关系,一直是一个非常复杂的问题。笔者认为,在判断刑法因果关系时,首先应当以"条件说"为基础,如果行为与结果之间存在"无 A 则无 B"的条件关系,二者之间原则上具有因果关系。① 在此基础上,进一步考查是否存在介入因素。如果存在介入因素,则应当从以下三个方面来判断该介入因素能否中断因果关系:

1. 先前行为导致危害结果发生的盖然性之大小。当行为人所实施的先前行为导致结果发生的盖然性程度越高,表明其对结果所起的作用越大,介入因素越难以阻断这种因果关联,应肯定先前行为与结果之间具有因果关系。反之,则表明先前行为对结果所起的作用小,应否定二者之间的因果关系。例如,当被告人的先前伤害行为致被害人濒临死亡的重伤,具有导致被害人死亡的高度危险时,即使介入医生或者他人的过失行为引起被害人死亡的,依然应当肯定伤害行为与死亡结果之间的因果关系。反之,如果先前的行为只是导致被害人轻伤,并不具备致人死亡的高度危险,医生或者他人的严重过失导致被害人死亡的,则应当否定伤害行为与被害人死亡之间的因果关系。

2. 介入因素对先前行为的依赖性程度即异常性大小。在有介入因素下的刑法因果关系链条中,先前行为往往使受害对象处于危险状态,而介入因素又顺其自然地使这种危险状态现实化了。此时,介入因素对先前行为的依赖程度是判断介入因素是否中断先前行为与危害后果之间因果关系的重要依据。② 具体来说,如果介入因素完全依赖于先前行为,介入因素的出现是由先前行为所引发,先前行为必然或者通常会导致介入因素的出现,那么介入因素对行为人来说是一种正常的现象,不具有异常性,即使介入因素具有高度危险,直接导致危害后果的出

---

① 例如,甲因为疏忽大意没有注意到乙系血友病患者,扇了乙一耳光,导致乙嘴角流血,后因失血过多死亡。从条件关系看,如果没有甲的扇耳光导致出血的行为,就没有乙的死亡,那么就可以初步判断甲的该行为系乙死亡的原因,二者之间存在因果关系。

② 参见〔日〕木村龟二主编:《刑法学词典》,顾肖荣等译校,上海翻译出版公司1991年版,第143页。

现,也不能中断先前行为与结果之间的因果关系。① 反之,如果介入因素与行为人的先前行为无关,其出现具有偶然性和独立性,那么介入因素将会中断先前行为与危害结果之间的因果关系。②

3. 介入因素对危害结果的发生是否具有决定性作用。如果介入因素独立于先前行为,独自地对危害结果起主要的、决定性的作用,那么介入因素将是危害结果产生的原因力,将中断先前行为与危害结果之间的因果关系。③ 例如,甲以杀人的故意向情敌乙的食物中投放了足以致死的毒药,但在毒性起作用前,乙的另一情敌丙开枪杀死了乙。由于乙的死亡是丙的开枪行为直接导致的,且丙的开枪行为独立于甲的投毒行为,故中断了甲投毒行为与乙死亡结果之间的因果关系,对甲仅以故意杀人罪(未遂)定罪,对丙的死亡结果甲不承担刑事责任。反之,如果介入因素从属于先前行为,并和先前行为共同对危害结果产生作用,那么该介入因素就不能中断先前行为与危害结果之间的因果关系。例如,被害人在旅途中被人打伤,为了尽快回到居住地,导致治疗不及时而死亡的,应当认定伤害行为与死亡结果之间的因果关系。因为尽管被害人的死亡与其没有第一时间入院治疗有关系,但是该因素并不能独立引起死亡结果的发生,之前受到的伤害仍然系死亡结果发生的主要原因,故伤害行为与死亡结果之间具有因果关系。

【指导案例】张校抢劫案④——医院抢救中的失误能否中断抢劫行为与被害人死亡结果之间的因果关系

2007年7月26日21时许,被告人张校携带尖刀到吉林省长春市朝阳区红旗街湖西路附近,伺机抢劫。张校看见被害人赵彦君背挎包独自行走,即尾随赵至红旗街东一胡同311号楼下,趁赵翻找钥匙开门之机,持刀上前抢赵的挎包。因赵彦君呼救、反抗,张校持刀连刺赵的前胸、腹部、背部等处十余刀,抢得赵的挎包一个后逃离现场。挎包内装现金人民币1400余元、三星T108型手机1部及商场购物卡3张、银行卡、身份证等物品。赵彦君被闻讯赶来的家人及邻居送往吉林省

---

① 例如,行为人在实施暴力犯罪时,通常会引起被害人的逃离行为,如被害人无路可逃跳入河中溺死,或者逃入高速公路被车撞死,仍然应当肯定追杀行为与死亡结果之间的因果关系。
② 例如,甲乘坐公交车时与司机发生争吵,狠狠地打了司机一拳,该行为严重干扰了司机的正常驾驶,对安全驾驶创设了明显的危险,如果此时司机返身抵挡甲,这种抵挡行为属于本能反应,并不异常,由此发生交通事故并不能否定甲的行为与事故之间存在因果关系。反之,如果司机起身离开座位与甲厮打起来,全然不顾汽车行驶,则属于很异常的行为,由此造成交通事故的,则可以中断甲的行为与事故结果之间的因果关系。
③ 参见〔日〕木村龟二主编:《刑法学词典》,顾肖荣等译校,上海翻译出版公司1991年版,第152页。
④ 参见赵善芹:《张校抢劫案——医院抢救中的失误能否中断抢劫行为与被害人死亡结果之间的因果关系》,载最高人民法院刑事审判第一、二、三、四、五庭主办:《刑事审判参考》(总第79集),法律出版社2011年版,第40—48页。

人民医院抢救。次日12时许,赵彦君因左髂总静脉破裂致失血性休克,经抢救无效而死亡。

根据《刑法》第263条第(五)项的规定,抢劫致人死亡的,处10年以上有期徒刑、无期徒刑或死刑。本案中被害人的死亡是否可归因于被告人的抢劫行为,即被害人的死亡与被告人的抢劫行为之间是否具有刑法上的因果关系,这是本案争议的焦点。根据刑法因果关系的判断方法:首先,抢劫行为必须具有引起加重结果发生的内在危险。从本案尸体鉴定结论看,被害人赵彦君系左髂总静脉破裂致失血性休克导致死亡,从该结论可以看出,被害人的死因是因左髂总静脉破裂,而左髂总静脉破裂是由被告人所捅刺。此外,被害人颈部、胸腹部等要害部位均有刺创,损伤部位共有十余处,肺、左髂总动脉、左髂总静脉均被被告人用刀刺破裂,根据《人体重伤鉴定标准》已构成多处重伤,说明被害人已被严重刺伤,所受损伤已严重危及被害人的生命,被告人实施的行为本身就具有引起被害人死亡这一加重结果发生的内在危险。其次,经尸检证实,赵彦君左髂总静脉破裂未缝合,考虑由于静脉内血栓形成、后腹膜血肿压迫、失血性休克等,导致术中未能及时发现左髂总静脉破裂,致失血性休克而亡。也就是说,医院在救治过程中存在一定的失误,但是该失误在紧急情况下仍然属于正常范围,并不属于明显失误,不具有异常性,故不能中断被告人的抢劫行为与被害人死亡结果之间的因果关系。

【指导案例】徐伟抢劫案①——在高速公路上持刀抢劫出租车司机,被害人下车呼救时被其他车辆撞击致死,能否适用"抢劫致人死亡"

被告人徐伟事先购置了水果刀和墨镜等作案工具,以乘车为名,于2011年4月29日晚7时30分许乘坐被害人朱金芳驾驶的车牌号为苏L28×××的吉利牌出租轿车。当车行至沪宁高速公路河阳段由东向西约220千米处时,徐伟让被害人朱金芳在应急道上停车,随即在车内持水果刀顶住被害人朱金芳胸部,对朱金芳实施抢劫,并致被害人朱金芳的右侧肩部受伤,创腔5厘米,深达骨质。被害人朱金芳下车呼救,被牌号为沪EV0×××的大众途观轿车撞倒,经抢救无效于当日死亡。

本案被害人朱金芳的死亡并非抢劫行为直接所致,而是由路过的其他车辆撞击所致,那么该介入行为能否中断因果关系呢?对此,需要根据因果关系原理来进行判断:(1)考查被告人的行为本身是否具有致人死亡的危险性。本案被告人实施的抢劫行为系重度暴力行为,而且当时已经在持刀捅刺被害人,故抢劫行为

---

① 参见孙海燕:《徐伟抢劫案——在高速公路上持刀抢劫出租车司机,被害人下车呼救时被其他车辆撞击致死,能否适用"抢劫致人死亡"》,载最高人民法院刑事审判第一、二、三、四、五庭主办:《刑事审判参考》(总第89集),法律出版社2013年版,第63—67页。

本身即具有导致伤亡结果发生的高度危险。(2)从介入因素的异常性大小来看,本案中,被害人朱金芳在夜深人静的高速公路上突然遭受暴力抢劫并因此受伤,且被告人的暴力威胁还在继续,为尽快脱离危险境地而逃到高速公路上呼救,系一个正常人会有的合理反应,在社会一般人预期的范围之内,不具有异常性。同样,高速公路上过往车辆司机也无法预料会突然有人闯入快车道,将被害人撞死也不具有异常性,故被害人逃出车外跑上公路以及司机撞死被害人均不能中断抢劫行为与死亡结果之间的因果关系。当然,要认定抢劫致人死亡,除了在客观上要求被告人的行为与被害人死亡结果之间存在因果关系以外,还要求被告人主观上对被害人死亡结果的发生具有现实预见性。本案中,被告人徐伟选择在夜晚的全封闭高速公路这一特定时间、特定地点持刀抢劫,并且已经用事先准备的水果刀刺伤了被害人朱金芳,被告人徐伟应当预见到被害人朱金芳极有可能会下车呼救,对被害人下车呼救时可能因慌不择路不遵守交通规则,而被高速公路上高速行驶的来往车辆撞死存在预见可能性。综上,针对本案被告人徐伟的行为应当认定为"抢劫致人死亡"。

【指导案例】刘某抢劫、强奸案[①]——为抢劫、强奸同一被害人,穿插实施多种多次暴力犯罪行为,致使被害人跳楼逃离过程中造成重伤以上后果的,如何定罪量刑

2010年8月8日23时许,被告人刘某将被害人唐某骗至其位于某市的一出租房内,穿插使用暴力殴打、持刀威胁、用竹签及针刺戳等手段逼迫唐某打电话向朋友筹款现金人民币(以下币种同)20万元,因唐某未筹到钱,刘某只好逼迫唐某写下20万元的欠条。其间,刘某还两次违背唐某意志,强行与唐某发生性关系。次日17时30分许,唐某因无法忍受刘某不停的暴力折磨,趁刘某不注意爬上窗台跳楼逃离,造成右股骨上段、左耻骨上肢、左坐骨支骨等多处严重骨折。经鉴定,唐某损伤程度已构成重伤。

本案审理过程中,争议的焦点是对被害人唐某的跳楼逃离行为及由此受重伤的后果如何评价。有观点认为,该重伤后果纯属唐某的个人行为所致,故刘某不应对该重伤后果承担责任。笔者认为,在被告人的行为致危害结果发生的过程中,如果介入了被害人的行为,能否产生排除结果归责的效果取决于该介入因素对先前行为的依赖程度即异常性大小。如果介入因素完全依赖于先前行为,先前行为必然或者通常会导致介入因素的出现,那么介入因素对行为人来说是一种正常的现象,不具有异常性,不能中断先前行为与结果之间的因果关系。本案中,被

---

① 参见武胜:《刘某抢劫、强奸案——为抢劫、强奸同一被害人,穿插实施多种多次暴力犯罪行为,致使被害人跳楼逃离过程中造成重伤以上后果的,如何定罪量刑》,载最高人民法院刑事审判第一、二、三、四、五庭主办:《刑事审判参考》(总第89集),法律出版社2013年版,第39—43页。

害人唐某作为一名女性,独自面对身体素质远强于自己的刘某,在刘某不停地穿插对其实施一系列殴打、强奸等暴力行为的情况下,其逃离行为符合常理。而且在刘某已将房门反锁的情况下,唐某为躲避侵害只有跳楼逃跑一条途径。换言之,在这种情况下,刘某的暴力侵害行为与介入行为(唐某跳楼逃离行为)之间存在必然关联性,唐某的跳楼逃离行为未中断刘某的暴力行为与唐某重伤后果之间的因果关系,故刘某应当对唐某逃离过程中造成的重伤结果承担刑事责任。

【指导案例】金海亮抢劫案[①]——抢劫过程中逃跑导致抓捕人因车祸死亡的,能否认定为"抢劫致人死亡"

在广州市广州大道中嘉诚公寓附近的公交站,常有一伙男青年在此抢夺或抢劫他人财物,公安机关派出警力进行伏击。2007年7月5日21时50分许,当一辆280路公交车停靠该站时,被告人金海亮上车并趁被害人林沛能不备抢去其手机,被告人李俊则假装投币上车,阻挡车门关闭,使金海亮得手后顺利从前门下车逃跑。当金海亮携赃物欲跑向在公交车前方驾驶摩托车予以接应的被告人钟志安时,在此跟踪伏击的陈世豪等4名便衣警察立即上前抓捕。金海亮见状转身跑向马路对面,陈世豪紧追其后,在追入广州大道由南往北方向快车道时,被路过的一辆小车撞伤经抢救无效死亡。

在转化型抢劫中,暴力所针对的对象不限于财物所有人或者管理人,还包括对其实施抓捕的人员。为此,对实施抓捕的人员实施暴力、威胁行为,同样应当认定为转化型抢劫罪。本案中,被害人陈世豪系为了追赶抓捕被告人金海亮而闪入快车道并遭遇车祸,对金海亮能否以"抢劫致人死亡"加重情节认定,取决于金海亮的逃跑行为与陈世豪死亡之间是否存在刑法意义上的因果关系。"抢劫致人重伤、死亡"通常限于抢劫犯罪的手段或目的行为所致,即重伤或死亡结果要么源于抢劫罪的手段行为(即暴力、胁迫行为),要么源于抢劫罪的目的行为(即劫财行为)。很显然,本案被害人的死亡结果并非由被告人的抢劫行为所致,而是在追捕被告人的过程中被第三方的车辆撞死。那么,能否将金海亮挣脱之后逃跑的行为认定为致抓捕人死亡的原因行为呢?对此,需要根据因果关系准则来进行判断:首先,金海亮挣脱逃跑的行为本身并不具有导致抓捕人死亡的高度危险,我们也不能期待其犯罪之后停留在原地等待抓捕,故其逃跑行为不具有异常性;其次,抓捕人在抓捕过程中遭遇车祸,该车祸能够独立导致死亡结果的发生。为此,挣脱逃跑的行为与抓捕人被车撞死亡的结果之间并不具有因果关系,对被告人不能认定为"抢劫致人死亡"。

[①] 参见陈兴良、张军、胡云腾主编:《人民法院刑事指导案例裁判要旨通纂》(上下卷·第二版),北京大学出版社2018年版,第929页。

【指导案例】郭建良抢劫案①——"抢劫致人死亡"的司法认定

2015年1月31日,被告人郭建良携带作案工具至河南省镇平县城伺机抢劫。当日12时30分许,郭建良见被害人刘约华独自回家,即紧随其后,强行进入刘约华家中。刘约华见状呼救,郭建良持菜刀朝刘约华手部、头部砍击,用胶带捆绑刘约华的双手、双脚等部位,将刘约华背至二楼北卧室置于床上,逼迫刘约华说出钱财存放地点。郭建良在二楼翻找财物未果后下楼欲继续翻找,其间,刘约华在二楼窗户向邻居呼救时从窗口处坠落,致重度颅脑损伤死亡。

本案中,在被告人实施抢劫的过程中,被害人为呼救而将头伸出窗外从而坠楼身亡,也就是在被告人抢劫过程中介入了被害人的呼救行为。这种情形能否中断因果关系,关键是要考查介入因素的异常性大小,即应根据案件具体情况判断被害人实施的行为是否具有通常性。如果抢劫行为的实施导致被害人不得不或者说在通常情况下会实施介入行为,则该介入行为对抢劫行为与被害人死亡结果之间的因果关系没有影响;如果被害人的介入行为属于通常情况下不会实施的异常行为,且该行为对死亡结果又起到了决定性作用,则抢劫行为与被害人死亡结果之间的因果关系中断。具体到本案中来,被告人郭建良为劫取财物先殴打被害人,继而捆绑被害人的双手、双腿,而后将被害人放置于二楼卧室的床上。被害人爬至二楼窗户呼救,但由于双手、双脚均被捆绑只能把头伸出窗外呼救,从而导致坠楼身亡。由于被害人所实施的呼救行为属于通常情况下一般人都会实施的行为,或者说是在案发当时被害人不得不实施的行为,故该介入行为并非异常行为,不能中断抢劫行为与被害人死亡结果之间的因果关系。为此,法院经审理认为,郭建良的抢劫行为与被害人的死亡结果之间存在因果关系,应当认定具有"抢劫致人死亡"加重情节。

---

① 参见罗勋、杨华:《郭建良抢劫案——"抢劫致人死亡"的司法认定》,载最高人民法院刑事审判第一、二、三、四、五庭主办:《刑事审判参考》(总第109集),法律出版社2017年版,第16—21页。

第六章　刑事责任年龄与能力

一、户籍证明与其他证据矛盾时如何认定被告人的年龄

(一) 裁判规则

在认定被告人刑事责任年龄时,一般应当以户籍证明为依据;户籍证明存在问题的,应当以进一步查证相关出生证明文件以及证人证言;经查证后仍然存在矛盾的,应当按照有利于被告人的原则来认定。关于被告人年龄证据材料的证明力,公文书证通常要优于证人证言。

(二) 规则适用

1. 在认定犯罪主体刑事责任年龄时,通常应遵循如下步骤:

(1)审查被告人实施犯罪时是否已满18周岁,一般应当以户籍证明为依据。

(2)对户籍证明有异议,并有经查证属实的出生证明文件、无利害关系人的证言等证据证明被告人不满18周岁的,应认定被告人不满18周岁。

(3)没有户籍证明以及出生证明文件的,应当根据人口普查登记、无利害关系人的证言等证据综合进行判断,必要时,可以进行骨龄鉴定,并将结果作为判断被告人年龄的参考。

(4)对于未排除证据之间的矛盾,没有充分证据证明被告人实施被指控的犯罪时已经达到法定刑事责任年龄且确实无法查明的,应当推定其没有达到相应法定刑事责任年龄。相关证据足以证明被告人实施被指控的犯罪时已经达到法定刑事责任年龄,但是无法准确查明被告人具体出生日期的,应当认定其达到相应法定刑事责任年龄。

2. 面对多种证明材料,认定被告人年龄时一般可以遵循如下原则:

(1)公文书证优先。与年龄相关的公文书证,一般包括公安机关的户籍证明、医院的出生证明、学校的学籍信息等。这类书证由于是经过机关、事业单位依职权制作的,具有较强的证明力。在上述公文书证之间存在矛盾时,要坚持原始书证优先原则,也就是说越接近出生时所做的公文书证,通常来说真实性和可信性要更高。①如医院的出生证明,由于是在出生之时所制作,在制作时间上比户籍

证明更早,其效力就要高于户籍证明。②在没有出生证明的情况下,医院当年所制作的分娩病例,在证明效力上也要高于户籍证明。③对于户籍证明在公安机关发生变更的情形,如果变更的原因不明,且无变更的原始材料,应当按照变更前的原始户籍来认定。④村委会、居委会、乡镇政府出具的证明材料,如果形成于案发之前,尤其是如果属于原始户籍登记材料,通常也具有一定的证明力。

(2)证人证言具有易变性,而且形成于案发之后,证明力有限,如果与其他类型的证据尤其是与公文书证存在不一致,原则上应当以后者来认定年龄。

(3)存疑有利于被告人原则。最高人民法院《关于审理未成年人刑事案件具体应用法律若干问题的解释》第4条第1款规定:"对于没有充分证据证明被告人实施被指控的犯罪时已经达到法定刑事责任年龄且确实无法查明的,应当推定其没有达到相应法定刑事责任年龄。"需要注意的是,只有在穷尽一切努力之后仍然无法查清年龄的情况下,才能采用上述推定原则。

【指导案例】乔某诈骗案①——公安机关的户籍材料存在重大瑕疵的,如何认定被告人犯罪时的年龄

2007年8月至10月间,被告人乔某在北京市丰台区木樨园"方仕通"手机市场,向4名商户谎称为其代卖手机,共骗得手机140部,总价值人民币58 700元。本案中,对于被告人乔某的行为构成诈骗罪不存在争议,但对于乔某犯罪时的真实年龄,存在如下证据材料:

(1)山西省小学学生学籍卡证实,乔小某,1989年12月11日出生,1996年9月1日入学。

(2)山西省初中学生学籍卡证实,乔某,1989年10月18日出生。

(3)山西省某村委会的证明证实,乔某,男,出生于1989年12月11日。

(4)户籍证明,显示被告人乔某出生于1989年9月19日。

(5)山西省某派出所出具乔某户籍变更信息及情况说明证实,乔某,男,出生于1989年9月19日。该人原名乔小某,出生日期为1989年12月11日。2005年11月4日,姓名由乔小某变更为乔某,出生日期由1989年12月11日变更为1989年9月19日,无变更档案,变更原因不明。

(6)证人张某的证言陈述,其子曾用名乔小某,出生于1989年12月11日,农历是1989年11月14日。因乔某的爷爷说乔小某这名字长大后不好,便于2005年改为现在的名字乔某,但改名时派出所把乔某的出生日期也更改的原因不详,错登为1989年9月19日。发现后,一直未纠正。

---

① 参见唐季怡、刘立杰:《乔某诈骗案——公安机关的户籍材料存在重大瑕疵的,如何认定被告人犯罪时的年龄》,载最高人民法院刑事审判第一、二、三、四、五庭主办:《刑事审判参考》(总第91集),法律出版社2014年版,第67—73页。

从本案证明材料来看,乔某的出生日期有以下三种可能:一是乔某母亲证言、村委会证明、乔某小学入学登记卡及公安机关户籍登记底档记载相一致的1989年12月11日;二是现在公安机关户籍登记信息记载的1989年9月19日;三是乔某初中入学登记卡上记载的1989年10月18日。根据上述认定原则,本案关于乔某年龄的言词证据(乔某的供述、乔母的证言)和书面材料(村委会人员的证人证言)尚不足以推翻公安机关的户籍登记信息,原则上应当以现在的户籍登记日期为准。但是,本案中的户籍登记却存在重大瑕疵。① 同样,在公文书证中,由于被告人小学和中学的入学登记卡上记载的出生日期不一致,故亦不能直接按照入学登记卡的日期认定被告人的出生日期。法院在穷尽各种调查手段后(乔某的接生婆已去世、没有可供查询的出生证明或分娩病例、村委会没有当年报登年龄的原始记录等),综合在案证据,无法准确判断乔某的出生日期。因此,法院根据存疑有利于被告人的原则,依据最高人民法院相关司法解释,依法认定乔某未满18周岁是恰当的。

二、如何审查轻度精神障碍及智障者的刑事责任能力

(一)裁判规则

在审查轻度精神障碍及智障者的刑事责任能力时,应坚持医学标准和法学标准相结合的原则:首先通过医学标准来确定行为人是否存在精神障碍以及其程度,是属于精神病还是非精神病性精神障碍,所实施的危害行为是否是在精神病发病期内,以及其精神病理机制与危害行为的实施有无直接因果关系;再适用法学标准,通过考查上述精神障碍对其辨认、控制能力是否存在影响以及影响的大小。

(二)规则适用

在审查轻度精神障碍及智障者的刑事责任能力时,应当采取医学标准和法学标准相结合的方式。其中,医学标准又称生物学标准,是指从医学上来看,行为人是基于精神病理的作用而实施特定危害行为的精神病人,包括如下两层含义:(1)行为人必须是精神病人。所谓"精神病",是由于人体内外原因引起的严重的精神障碍性疾病。精神病不同于精神障碍,精神障碍又称精神疾病,包括两大类:其一是精神病,包括以下几种严重的精神障碍:精神分裂症、偏执性精神病以及严

---

① 根据《户口登记条例》、公安部《关于不得随意更改户口簿出生年月日的通知》等有关规定,对更改出生日期的,要持慎重态度,原则上不予更改,特殊情况需要更正的,一般应当由本人或者其监护人提出书面申请,提供原始户口底页或者迁移证存根及申请人原始档案资料,填写相应的审批表格,由派出所调查原始出生报户档案和户口迁转档案,必要时还要与相关当事人形成谈话笔录,并形成调查报告,经派出所长核查签注意见后,报县级公安机关户政部门、区公安机关审核后,在派出所办理相关更正手续。然而,乔某户籍地的公安机关无法提供对乔某年龄进行变更的合法依据及原始档案资料,故上述变更后的户籍登记信息存在重大瑕疵。

重的智能欠缺或者精神发育不全达到中度(痴愚)或者更为严重者(白痴),此外还包括病理性醉酒等,上述这些情形会导致辨认和控制能力完全丧失。二是非精神病性精神障碍,如神经官能症(包括癔症、焦虑症、强迫症、神经症性抑郁、恐怖症等)、人格障碍、性变态、生理性醉酒等,上述情形通常不会丧失辨认和控制能力。(2)精神病人实施危害行为必须是基于精神障碍的作用。这就要求行为人在实施危害行为时必须处于精神病发病期,而不能是缓解期或间歇期。其次,行为人的精神病理与特定危害行为的实施具有直接因果关系。如果精神病人在发病期实施的危害行为并非由于精神病理性机制(如幻觉、妄想等)所致,精神病与危害行为无直接关系时,应认定其不属于无责任能力的精神病人。① 对于上述问题的判断,往往需要精神医学、心理学等专门知识,由此才在刑事诉讼法上设立了司法鉴定制度。

法学标准又称心理学标准,是指从心理学、法学的角度看,患有精神病的行为人丧失了辨认或者控制自己实施犯罪行为的能力。即行为人由于精神病理的作用,在行为时不仅不能正确地理解自己行为的性质及其危害结果,而且不能根据自己的意志自由地选择实施或者不实施危害行为。例如,精神分裂症患者实施杀人时,不知道自己实施的是杀人行为,也不知道该行为会造成剥夺对方生命的结果,或者坚信自己是在反击一个要杀害自己的凶手。由于刑事责任能力的有无及限制是一个法律上的概念,最终应该交由作为法律专家的法官来判断。只是在认定行为人的精神状态上,作为其判断的前提,首先应当由精神病医学专家依据医学标准鉴定,作出是否具有精神病及精神病种类与程度轻重的结论,在此基础上再由司法工作人员依据法学标准进一步判断行为人是否因为患有精神病而丧失辨认和控制能力,从而最终认定行为人是否具有责任能力。可见,医学专家的鉴定结论仅仅是司法工作人员认定行为人是否具有责任能力的前提和基础,而并非最后的结论。在司法实践中,对于医学专家经过鉴定并直接得出行为人有无责任能力的结论,司法工作人员应当在此基础上根据法学标准作进一步判断,防止专家同时进行医学与法学判断。对于医学专家所作出的精神病鉴定存在疑问的,其可以请求重做精神病鉴定,也可在已鉴定为精神病的基础之上依据法学标准和案情的具体情况认定行为人是否具有责任能力。

针对尚未完全丧失辨认或控制能力的精神病人犯罪,《刑法》第18条第3款

---

① 例如,处于发病期的精神分裂症患者因性欲冲动,拦路强奸妇女未遂,作案时即认识到自己的行为是违法的,行为当时能够选择作案时间、地点,案发后能够极力掩饰以逃避惩罚。经鉴定认为,其尽管患有精神分裂症,但是强奸一事与其精神病无关,并非精神分裂症病理所致,未丧失责任能力。有专家还明确指出:"技巧性的盗窃、诈骗、贪污等犯罪行为,往往与精神分裂症的精神病理无关;除非有确凿证据,证明其在作案当时由于某种精神病性症状(如幻觉等)的驱使而如此,否则也不能评定为无责任能力。"以上分别参见《上海精神医学》1982年第3期;贾谊诚等编:《实用司法精神病学》,安徽人民出版社1988年版,第224页。

规定:"尚未完全丧失辨认或者控制自己行为能力的精神病人犯罪的,应当负刑事责任,但是可以从轻或者减轻处罚。"上述规定表明,对责任能力减弱的精神病人犯罪的,只是"可以"而不是"应当"从轻或者减轻处罚。此时需要进一步考查其精神障碍对辨认和控制能力的影响,并根据受影响程度的大小来决定是否从轻或者减轻处罚。精神障碍对行为人行为能力有较大影响的,一般应当从轻、减轻处罚;对于影响较小的,则可以不从轻判处刑罚。在具体审查轻度精神障碍及智障者的刑事责任能力时,可以考查其犯罪动机是否具有现实基础,并结合作案前、作案时以及作案后的表现等来进行综合认定。

【指导案例】李鹏盗窃案①——如何审查智力障碍者的刑事责任能力

2012年6月5日19时许,被告人李鹏到湖北省宜昌市第一医院旁的停车场,用自备钥匙打开被害人周某的赛宝轿车后备箱,盗走后备箱内的稻花香牌小珍品一号白酒2瓶、方盒珍品白酒4瓶(价值人民币336元);同日21时许,李鹏到宜昌市环城南路与沿江大道交界处的中国人保大门旁非机动车道上,用自备钥匙打开被害人范某的黑色桑塔纳2000型轿车后备箱,盗走后备箱内白云边牌15年陈酿白酒2件,共计12瓶(价值人民币2016元)。

本案中,被告人李鹏经司法精神病鉴定为边缘智力(智商值70),那么其刑事责任能力如何认定呢?对此,我们首先需要从医学标准上来分析。根据《中国精神障碍分类与诊断标准》(CCMD-3)的规定,智商值69以下为精神发育迟滞。其中,智商值34以下为极重度和重度精神发育迟滞者,一般被评定为无责任能力;智商值35~49为中度精神发育迟滞者,多属限制责任能力;智商值50~69以下为轻度精神发育迟滞。此外,智商值70~86为边缘智力,其智力明显低于正常人,也就是我们俗称的智力障碍。从精神病医学标准来看,尽管轻度精神发育迟滞以及智力障碍均属精神障碍范畴,但能否认定为限制责任能力人,还需要从法学标准即该智力障碍对其辨认、控制能力的影响大小来分析。从被告人李鹏作案的动机、手段、过程、作案前后的表现等来看,尽管其智力处于边缘水平,但其作案时辨认、控制能力均存在,故鉴定结论认定其具有完全刑事责任能力是适当的。

(1)行为人是否具有明确的犯罪动机与目的。从心理学上来讲,人的行为是由动机支配的,而动机是由需要引起的,没有需要就不可能产生动机。在司法实践中,很多案件就是因为对行为人的作案动机存在疑惑才启动精神病鉴定程序的,故动机是判断犯罪行为人刑事责任能力的重要指标。如果智障者根本不能说明自己作案的原因,或者所说的原因是出于虚幻的需要,正常人无法理解,就会影

---

① 参见严捷、彭军:《被告人李鹏盗窃案——如何审查智力障碍者的刑事责任能力》,载最高人民法院刑事审判第一、二、三、四、五庭主办:《刑事审判参考》(总第96集),法律出版社2014年版,第80—87页。

响到其责任能力的认定。通常认为,智力障碍者只有出于现实动机作案时才有刑事责任能力,即系出于生理、社会、心理等需要而实施犯罪,尽管这种需求不是合理、合法的需求,且未采取正确、恰当的方式满足自己的需求。本案中,被告人李鹏虽然智力偏低,但其实施盗窃犯罪的动机明确,其供述因为没有工作,也没有钱花,就想偷别人的东西卖钱,故其主观上就是为了非法占有他人财物以满足自己的物质需求,可以认定其作案是出于现实动机。

(2)作案前平时的表现。由于在对智力障碍者进行司法精神病鉴定时,往往是一次性测试,难免存在不准确的情况,为此还需要对其作案前平时的一贯表现进行考查。如果行为人平时能够独立劳动,生活基本能够自理,具有一定的社会适应能力,那么就可以认定其具有刑事责任能力。本案中,被告人李鹏平时生活能够自理,尽管没有工作,但其长期混迹于网吧、游戏厅,懂得操作电脑、游戏机,表明其具有责任能力。

(3)作案时和作案后的表现。一方面,需要审查其在作案当时,在选择作案对象时是否具有确定性和针对性;另一方面,还需要重点考查其作案后的表现:①自我保护行为。犯罪后是否采取自我保护行为反映了行为人对自己行为性质和后果的认识,体现了行为人辨认、控制能力的强弱,是衡量其辨认、控制能力的重要依据之一。②对犯罪过程及犯罪后果的认识。严重的智力障碍者归案后对自己的犯罪细节通常不能完整的回忆,对犯罪后果表现出冷漠、无动于衷的态度,甚至会夸大自己的犯罪行为。本案中,被告人李鹏所选择的作案对象明确,而且盗窃汽车后备箱的犯罪手段具备相当的技术含量。他在作案时懂得避开行人,盗窃后迅速逃离现场,而且其将窃得的赃物拿到礼品回收店卖钱时,店主询问赃物来源,他也能编造谎言说是朋友送的。在对其进行司法精神病鉴定时,其称自己计算了一下盗窃金额只有一千多元,最多判刑半年,如果判重了会上诉。从上述表现看,李鹏有自我保护意识,知道自己的行为是犯罪行为,会受到什么样的惩罚,对案件的性质和后果能够正确认识。

三、对于盲人犯罪的,如何适用《刑法》第 19 条从宽处罚的规定

(一)裁判规则

司法实践中,可以参照《中国残疾人实用评定标准(试用)》与《人体损伤程度鉴定标准》均以 0.05 的视力值作为判断"盲"的基准点,当双眼中最好眼的最佳矫正视力低于 0.05 时,就认定被测评人为"盲人"或者"盲目"。在此基础上,还需要坚持法学标准,即通过分析行为人的上述身体缺陷,是否会造成其实施某一犯罪行为时辨认和控制能力明显减弱,进而来决定是否需要对其从轻、减轻或免除处罚。

(二)规则适用

《刑法》第 19 条规定:"又聋又哑的人或者盲人犯罪,可以从轻、减轻或者免除

处罚。"但对于何谓"盲人"并无专门的规定。从普通意义上看,盲人即双目失明的人,但视力并非单纯只是一个有无的问题,而是存在一个序列空间。世界卫生组织 1973 年颁布了《盲和视力损伤的分类标准》,以 0.05 为分界点,规定双眼中视力较好眼的矫正视力低于 0.05 的为"盲"。我国《人体重伤鉴定标准》(1990 年)以及《中国残疾人实用评定标准(试用)》中关于视力障碍的分类,也是参照该标准制定的,将最好眼的矫正视力(又称最佳矫正视力)低于 0.05 的情形作为判断"盲"的基准点。鉴于最佳矫正视力标准所存在的种种缺陷,世界卫生组织在 2003 年制定的《盲及视力损害分级标准》以及 2009 年制定的《盲及视力损害的新标准》中,以"日常生活远视力"取代了"最佳矫正视力",该标准已经被大多数国家接受。同样,我国现行《人体损伤程度鉴定标准》也改变了之前关于视力障碍的分类标准,规定远视力低于 0.05 即为盲。具体到司法实践,我们可以参照上述医学标准来界定"盲人"的含义,即以远视力低于 0.05 作为认定"盲人"的标准。《刑法》第 19 条之所以规定对盲人犯罪可以从宽处罚,主要是考虑丧失视觉功能会给责任能力带来影响。当然,这种影响是就整体上而言的,或者说只是一个医学标准。在某些情况下,上述缺陷并不会影响其实施犯罪时的辨认、控制能力。[①] 为此,我们在具体案件中还需要坚持法学标准,即通过分析行为人的上述身体缺陷,是否会造成其实施某一犯罪行为时辨认和控制能力明显减弱,进而来决定是否需要对其从轻、减轻或免除处罚。

具体而言,我们在适用《刑法》第 19 条对盲人被告人从宽处罚时,应当在全面分析犯罪性质、情节和危害程度的基础上,重点分析"盲人"身份对实施犯罪行为的具体影响。对于被告人实施犯罪行为与其"盲人"身份有直接联系的,应当从宽处罚。如被告人因目盲而违反交通规则横穿马路,导致机动车为避让而发生交通事故,致人重伤或者死亡构成交通肇事罪的,就应比正常人过失犯罪加大从宽幅度。又如,被告人因目盲而丧失劳动能力,没有收入来源,生活困难,实施了盗窃、诈骗、侵占等财产性犯罪的,可以从轻或者减轻处罚,对于犯罪轻微的,可以免除处罚。再如,盲人因认知、交流能力下降,生活中可能受到冷遇或者歧视,其内心往往积蓄了较大的心理压力,甚至性格上较为偏执,比正常人的自尊心更强,一旦受到刺激,容易冲动伤害对方。对于因被害人言语不当而受到盲人被告人伤害的案件,即使不认定被害人有过错,也要考虑到盲人被告人的特别心理状况,予以从轻处罚。同时,盲人被告人也可能实施与"盲人"身份无直接关系的犯罪,即被告人的视力状况对其实施犯罪没有明显影响的情形。在共同犯罪或者有组织犯罪中,这类被告人甚至可能成为犯罪的起意者、策划者和组织者。在此情形下,被告人虽具有"盲人"身份,但不能作为对其从宽处罚的理由。因此,对于被告人系盲

[①] 如成年后失明的人,因对社会已经有所了解,在实施一些智力性犯罪时,其辨认和控制能力并不会受到实质性的影响。

人的案件,并不必然要适用《刑法》第 19 条的从宽处罚规定;对于有必要适用的,也应当综合考虑全案情节,决定是从轻、减轻还是免除处罚。

【指导案例】苏同强、王男敲诈勒索案①——对于盲人犯罪的,如何适用《刑法》第 19 条对其从宽处罚

被告人苏同强和王男经预谋,决定向宾馆、酒店发送具有恐吓内容的电子邮件,以勒索财物。苏同强提供了其冒用"尹跃才"的身份证在吉林省吉林市中国工商银行和中国建设银行所办理的两张银行卡作为接收敲诈所得钱款的账号。王男则使用电脑注册了户名为"boomhello@163.com"的电子邮箱,并于 2006 年 6 月 9 日和 16 日先后通过该邮箱向北京市樱花宾馆和广东省东莞市的新城市酒店发送电子邮件,以爆炸相威胁,各勒索人民币 20 万元,并要求将款汇往苏同强所开账户内。樱花宾馆和新城市酒店接到恐吓电子邮件后即向公安机关报案,二被告人于 2006 年 6 月 23 日被抓获归案。

本案中,经残联指定医院对被告人苏同强的视力状况进行检查后,确定其两眼矫正视力分别为 0.06 和 0.08,评定为"二级低视力"残疾人,并发给了残疾人证书。根据《中国残疾人实用评定标准(试行)》《人体重伤鉴定标准》,其视力均高于 0.05 的"盲人"标准。这证明被告人苏同强在犯罪时的视力状况,按照医学上的标准不属于"盲人",自然也不能认定为《刑法》第 19 条所规定的"盲人"。而且据苏同强供述,其视力状况尽管对生活影响很大,但他可以靠近电脑屏幕操作电脑,甚至在电脑上看电影,这也证明他不属于生活意义上完全失去视力的盲人。据此,法院未认定苏同强系盲人是正确的。此外,即便其视力低于 0.05,可认定为盲人,但是从其实施的犯罪行为来看,也可不从宽处罚。因为他在视力残疾的情况下依旧能够与同案被告人王男共同策划、共同发送电子邮件敲诈勒索他人财物,并冒用他人身份证件在银行开设账户以接收敲诈所得的钱款,这说明其视力残疾并不是促成他犯罪的原因,对其实施犯罪也未构成实质影响。因此,一、二审法院没有就其视力残疾问题对其从宽处罚是适当的。

---

① 参见翟丽佳、张大巍:《苏同强、王男敲诈勒索案——如何理解与认定刑法第十九条规定的"盲人"犯罪》,载最高人民法院刑事审判第一、二、三、四、五庭主办:《刑事审判参考》(总第 59 集),法律出版社 2008 年版,第 38—45 页。

第七章　犯罪形态

一、抢劫出租车案件中犯罪预备与未遂的区分

（一）裁判规则

犯罪预备与犯罪未遂的区别在于，行为人是否已经着手实行犯罪。所谓"着手"，是指行为人开始实行刑法分则所规定的某一犯罪构成要件行为。在具体判断时可以从主、客观两个方面来进行：主观上行为人的犯意已经外化，并通常能够为被害人所感知到；客观上行为人认为时机已经成熟，已经开始使用或利用之前准备的工具、制造的条件，实施构成要件行为，对法益产生了现实的紧迫危险。

（二）规则适用

在抢劫出租车司机案件中，被告人乘坐上出租车后，由于司机警觉或者检查站工作人员发现被告人神情慌张，将其抓获归案的，究竟是犯罪预备还是犯罪未遂，在司法实践中存在争论。一种意见认为，被告人为抢劫准备了工具，选择了犯罪对象后，坐上出租车时就应当属于已经着手实施犯罪，正是由于出现了司机警觉或者检查人员怀疑这种行为人意志以外的原因，才导致了被告人犯罪未得逞。因此，其行为构成抢劫罪未遂。这种意见还进一步提出了认定"着手"的具体标准，即以被告人是否具备直接实施犯罪行为所需时间、空间条件来区分犯罪预备和实行阶段。所谓时间条件，是指行为人已经处于随时可以实施或完成犯罪的状态中；所谓空间条件，是指行为人已经创造出了适合实施犯罪行为所应具备的环境或场合。一般情况下，行为人没有到达犯罪现场就不可能"着手"实施犯罪。因此，具备了实施犯罪的这种空间条件，就可能认定为犯罪未遂。另一种意见认为，根据刑法规定，犯罪预备是指为了犯罪，准备工具、创造条件的行为。而所谓着手实施犯罪，是指行为人已经开始实施刑法分则规定的具体犯罪构成要件中的犯罪行为。在抢劫出租车司机案件中，被告人的行为并未达到"直接"实行具体的抢劫被害人的行为，而是"伺机"来实施，在性质上还属于为实行犯罪创造条件阶段，即犯罪的预备阶段。这种"伺机"状态，对于

被害人(司机)来讲还没有形成直接的威胁,至少被害人还没有感觉到这种威胁的存在,因此无法说明行为人已经实施了刑法分则规定的抢劫犯罪构成要件行为。

笔者同意上述第二种观点。不可否认,犯罪人与被害人在时间、空间上的接近是区分犯罪着手与否的重要特征之一。但是,这一特征仍然要服从于着手行为所具备的主、客观特征。在抢劫出租车司机案件中,被告人与被害人这种时空上的接近还只是着手实施犯罪的条件之一,仅以时空条件来认定"着手"并不科学。在客观上,被告人在车上伺机抢劫的行为仍然属于犯罪"着手"之前"准备工具、创造条件"的预备行为,而不属于抢劫罪构成要件客观方面的侵犯他人身体或劫取他人财物行为。而且,行为人为着手实施犯罪而准备的工具、制造的条件还没有开始使用或利用上,故被告人的这种"伺机"行为并不具有侵害法益的具体危险,而只是一种抽象危险。也就是说,这种"伺机"行为如果不进一步发展为"着手"实行行为,并不会对法益造成现实侵害,故这种行为并不具备着手的客观方面要素特征。从主观上来看,被告人的抢劫犯意并没有明确外化,出租车司机并没有感知作为"乘客"的被告人会对其实施抢劫行为,即使是检查站的检查人员,也只是因为见到被告人神情慌张,并不知道被告人的抢劫意图。此外,被告人本人在当时也并未着手实施抢劫,原因就在于其并不认为着手抢劫的条件已经具备,时机已经成熟,而是在车上继续等待机会,即"伺机"行事。可见,在这个阶段并不具备着手的主观要素特征。

【指导案例】黄斌等抢劫(预备)案①——犯罪预备应如何认定及处理

1998年3月的一天,被告人黄斌邀舒修银去外地抢劫他人钱财,并一同精心策划,准备了杀猪刀、绳子、地图册等作案工具,从湖南省芷江侗族自治县流窜到贵州省铜仁市伺机作案。3月20日晚7时许,黄斌、舒修银在铜仁汽车站以人民币100元的价钱骗租一辆车号为贵D-30×××的豪华夏利出租车前往湖南省新晃侗族自治县,准备在僻静处对出租车司机吴某夫妇实施抢劫。当车行至新晃后,两被告人仍感到没有机会下手,又以人民币50元的价钱要求司机前往新晃县波洲镇。当车行至波洲镇时,由于司机夫妇的警觉,向波洲镇政府报案。黄、舒被抓捕后,对其准备作案工具、图谋抢劫出租车的事实供认不讳。

本案中,两被告人为抢劫他人的出租车而共同策划,准备了杀猪刀、绳子等作案工具,选定了抢劫对象,并且已经接触到了抢劫对象,后者也感受到了有被抢劫的危险,对于这种情形究竟是应认定为犯罪预备还是未遂呢?对此,有观点认为,

---

① 参见汪鸿滨:《黄斌等抢劫(预备)案——犯罪预备应如何认定及处理》,载最高人民法院刑事审判第一庭、第二庭编:《刑事审判参考》(总第22辑),法律出版社2001年版,第10—16页。

由于在出租车封闭、狭小的空间内,从犯罪行为人进入车内那一刻起,被害人的人身和财产法益就已陷入紧迫的危险之中,故只要犯罪行为人进入出租车就应认定为开始着手实施抢劫。笔者认为,对"着手"的认定应当根据主客观标准进行综合判断。本案中,两被告人虽然接触到了抢劫对象,出租车司机尽管已经有所警觉,但并非感受到有即将被侵害的紧迫危险;两被告人将出租车诱骗开往他们的预定路线,该行为仍然只是为实施抢劫寻找更好的时机;更重要的是,两被告人之前准备的一系列用于制服抢劫对象即出租车司机的工具,如杀猪刀、绳子等尚未派上用场,对出租车司机的人身、财产侵害也尚未实际开始,故仍然尚未开始"着手"抢劫,仍然处于在为抢劫做准备的过程当中,后因出租车司机警觉报案而未能得逞。由于两被告人始终没能实施具体的抢劫行为,未对出租车司机的人身及财产构成实际侵害,其犯罪行为被迫停顿在犯罪的预备阶段,故法院认定两被告人是抢劫罪的预备犯,是正确的。

【指导案例】夏洪生抢劫、破坏电力设备案[①]——骗乘出租车欲到目的地抢劫因唯恐被发觉而在中途放弃的,能否认定为抢劫预备阶段的犯罪中止

2007年1月28日,被告人夏洪生伙同张金宝(已判刑)预谋抢劫出租车司机。当日15时许,二被告人携带卡簧刀在黑龙江省五常市山河镇骗乘周喜章驾驶的捷达牌出租车,要求周将车开往五常市朝阳区四合屯。行至五常市杜家镇时,周喜章拒绝前行,要求二被告人下车。二被告人担心立即实施抢劫可能被人发觉,遂下车。

本案中,两被告人骗乘出租车,因出租车司机拒绝驾车前往二人指定的偏僻地点,使得二被告人未能着手实施抢劫,对于该行为的犯罪形态应当如何认定?对此,有观点认为,属于抢劫未遂。理由是,两被告人在准备抢劫过程中,由于出租车司机拒绝驾车前往二人指定的偏僻地点,使得二人未能着手实施抢劫,属于被告人意志以外的原因造成,故应认定为犯罪未遂。笔者认为,该案应当认定为抢劫预备阶段的中止,原因在于"着手"实施犯罪必须是给法益已经带来紧迫的危险。具体到抢劫罪中,只有当犯罪行为人使被害人的人身或财产法益面临现实的紧迫的危险之时,才能认定为抢劫"着手"。而在本案中,行为人以抢劫为目的乘坐出租车,但还未采取任何暴力、胁迫手段,法益所面临危险的急迫性并不明显,故不能认定为已经"着手"。虽然出租车司机拒绝驾车前往行为人指定的偏僻地点,但该因素并不足以阻止两被告人持刀实施抢劫,二被告人仍有实施抢劫之可

---

① 参见唐俊杰:《夏洪生抢劫、破坏电力设备案——骗乘出租车欲到目的地抢劫因唯恐被发觉而在中途放弃的,能否认定为抢劫预备阶段的犯罪中止?为逃匿而劫取但事后予以焚毁的机动车辆能否认入抢劫数额》,载最高人民法院刑事审判第一、二、三、四、五庭主办:《刑事审判参考》(总第76集),法律出版社2011年版,第1—10页。

能性而自动放弃犯罪,应认定为抢劫中止。

二、意图实施两项犯罪但只实施了一个预备行为的,如何认定罪名

(一)裁判规则

在"一颗黑心,两手准备"的案件中,行为人意图实施两个犯罪行为(如"劫财劫色"),但在实施预备行为的过程中(如准备犯罪工具,寻找犯罪对象)即被抓获的,在最终罪名认定时应以其所实施的构成要件行为为依据,未实施的另一起犯罪不予认定。如果因为意志以外原因两个犯罪行为均没有来得及着手实施,则应当按照"择一重罪"的原则定罪处罚,而不能重复评价,将两手准备行为认定为两个罪名并予以数罪并罚。

(二)规则适用

当行为人事先预谋对被害人既实施抢劫行为又实施强奸行为(即所谓"劫财劫色"),并实施了准备工具、制造条件的预备行为,后在尚未实施之时即被抓获的,能否在成立抢劫罪(犯罪预备)的同时构成强奸罪(犯罪预备)呢?笔者认为,答案是否定的。原因在于,根据刑法理论上的禁止重复评价原则,在定罪量刑时禁止对同一犯罪构成事实予以两次或两次以上的法律评价。为此,对同一行为我们不能置于两个或两个以上的犯罪构成当中去同时进行评价。具体到"劫财劫色"的案件当中,基于禁止重复评价原则,如果同一行为既为抢劫罪的预备行为,又为强奸罪的预备行为时,不能被抢劫、强奸的犯罪构成所同时评价,也就是说不能同时成立抢劫罪(犯罪预备)和强奸罪(犯罪预备),而应按照"择一重罪"的原则定罪处罚。从罪质上来看,强奸罪侵犯的客体为人身权,而抢劫罪侵犯的是复杂客体,既包括人身权,又包括财产权,抢劫罪的罪责重于强奸罪;从法定刑设置来看,抢劫罪与强奸罪可处自由刑的幅度相同,但抢劫罪还应当并处财产刑,因而也是抢劫罪重于强奸罪,故对行为人应当以抢劫罪来定罪处罚。当然,如果行为人在为"劫财劫色"准备工具、制造条件之后,在实施"劫财劫色"行为过程中或者行为实施完毕之后被抓获的,则应当同时认定为抢劫罪和强奸罪,而非"择一重罪"来处理。尽管两个犯罪行为在作为手段行为的暴力、胁迫上存在一定的重合与交叉,但是在目的行为上,抢劫罪是劫财行为,而强奸罪是奸淫行为,故此时行为人所实施的"劫财劫色"行为仍然属于两个行为,而并非一个行为,认定为两个犯罪并不违背"禁止重复评价"原则。为此,最高人民法院《关于审理抢劫、抢夺刑事案件适用法律若干问题的意见》规定:"行为人实施伤害、强奸等犯罪行为,在被害人未失去知觉,利用被害人不能反抗、不敢反抗的处境,临时起意劫取他人财物的,应以此前所实施的具体犯罪与抢劫罪实行数罪并罚。"

【指导案例】张正权等抢劫案①——如何正确认定犯罪预备

2006年11月初,被告人张正权、张文普因经济紧张,预谋到偏僻地段对单身女性行人实施抢劫,并购买了尖刀、透明胶带等作案工具。11月6日至9日,张正权、张文普每天晚上携带尖刀和透明胶带窜至浙江省安吉县递铺镇阳光工业园区附近,寻找作案目标,均因未找到合适的作案对象而未果。11月9日晚,张正权、张文普在伺机作案时提出如果遇到漂亮女性,就先抢劫后强奸。11月11日晚,张正权、张文普纠集被告人徐世五参与抢劫作案,提出劫得的钱财三人平分,徐世五同意参与抢劫作案,但表示不参与之后的强奸。当晚,三人寻找作案目标未果。11月12日晚,张正权、张文普、徐世五在寻找作案目标时被公安巡逻队员抓获。

从本案被告人张正权、张文普、徐世五实施的整个行为过程看,其先后购买并携带匕首、透明胶带等作案工具到安吉县递铺镇阳光工业园区附近潜伏,伺机等候作案目标出现的行为应视为刑法意义上的一个行为,虽然可以将三被告人的犯罪预备行为理解为既为实施抢劫罪又为实施强奸罪准备工具、创造条件,但从"禁止重复评价"原则出发,一个行为只能为一个犯罪构成所评价,而不能被两个犯罪构成予以重复评价,在刑法没有明文规定的情况下,不能既认定为抢劫罪的预备,又认定为强奸罪的预备,而应按照"择一重罪"原则定罪处罚。从本案情况看,应当选择抢劫罪对被告人张正权、张文普定罪处罚。原因在于,从犯罪客体来看,强奸罪侵犯的客体为人身权,而抢劫罪既侵犯人身权,又侵犯财产权,抢劫罪要重于强奸罪;从法定刑设置来看,抢劫罪与强奸罪在自由刑的幅度上相同,但抢劫犯罪还应当并处财产刑,因而也要重于强奸罪。此外,从本案实际情况来看,两被告人一系列准备工具、预谋分工、寻找作案目标的行为,对实施抢劫犯罪来说是确定的,而对是否实施强奸犯罪则是附条件的,二人在预谋时商定只有当抢劫对象是漂亮女性才同时实施强奸犯罪,而该条件能否成就具有一定偶然性,因此从犯意确定角度看,以抢劫罪对二被告人定罪处罚也更为准确。

三、以暴力、胁迫手段逼迫他人书写收条的行为,系犯罪既遂还是未遂

(一)裁判规则

抢劫罪侵犯的是复杂客体,从对财产权的侵犯角度来看,认定抢劫罪既遂与否一般应以行为人是否实际控制了他人财产为标准,但在以财产性利益为侵害对象(如逼迫他人书写收条)的场合,应当以行为人是否改变了原有的财产权利义务关系为标准。

---

① 参见杜军燕、陈克娥:《张正权等抢劫案——如何正确认定犯罪预备》,载最高人民法院刑事审判第一、二、三、四、五庭主办:《刑事审判参考》(总第59集),法律出版社2008年版,第26—31页。

(二) 规则适用

从对财产权的侵犯角度来看,对于以有形财物作为犯罪对象的抢劫案件,被害人主要是通过对财物的占有来行使财产权利,一旦被害人丧失了对财物的占有,其财产权就遭到了实际侵害,应当认定为犯罪既遂。故对以有形财物作为抢劫对象的案件,应当以行为人是否实际劫取财物作为判断既、未遂的标准。但对于以财产性利益作为对象的抢劫案件,被害人的财产权并不直接体现为对有形财物的实际占有,而是体现在各种财产权利义务关系上。如果因犯罪行为改变了原有的财产权利义务关系,导致被害人丧失了财产性利益,被害人的财产权就遭到了实际侵害。例如,行为人以暴力、威胁手段,强迫他人将股权转让,登记在自己名下,自股权登记改变之日起即为抢劫既遂。可见,对于以财产性利益为对象的抢劫案件,应当以行为人是否已经改变了原有的财产权利关系作为判断既遂与未遂的标准。在以暴力、胁迫手段逼迫被害人书写收条的场合,行为人拿到收条即侵害了他人的财产权,应认定为既遂。即使被害人此后仍然可以通过诉讼方式主张自己的合法债权,或者通过刑事诉讼程序恢复原有的财产权利义务关系,但如同公安机关追回被抢财物返还给被害人一样,这仅仅属于事后行为,可以在量刑时予以考虑,并不影响抢劫既遂的认定。

【指导案例】习海珠抢劫案[①]——**在拖欠被害人钱款情况下,以暴力、胁迫手段逼迫被害人书写收条的行为,属于犯罪既遂还是未遂**

2009年4月,被害人彭桂根、习金华、彭淑韦合伙经营位于江西省新余市渝水区下村镇的高山选矿厂。2010年4月至5月间,被告人习海珠为迫使彭桂根等人转让该厂,多次指使习小红、习思平,以每去一次每人发50元钱为条件,组织本村部分老人、妇女到厂里,采取关电闸、阻拦货车装货等方式阻碍生产,并对工人进行威胁。2010年11月、2011年4月,彭桂根、习金华、彭淑韦三人先后被迫将该选矿厂以390万元的价格转让给习海珠。习海珠陆续支付了彭桂根人民币222万元,但仍欠彭桂根人民币75万元,彭桂根多次讨要。2011年7月3日21时许,在新余市暨阳五千年娱乐城301包厢内,习海珠指使艾宇刚等人殴打彭桂根,并逼迫彭桂根写下收到习海珠购买高山选矿厂所欠人民币75万元的收条。

本案审理过程中,有观点认为,即便财产性利益可以成为抢劫罪的犯罪对象,本案也应认定为犯罪未遂。理由是:习海珠等人拿到的仅仅是一张收条,该收条违背了民法的意思自治原则,属于无效或可变更、可撤销的行为,彭桂根可以向法

[①] 参见杜曦明、张向东、陶松兵:《习海珠抢劫案——在拖欠被害人钱款情况下,以暴力、胁迫手段逼迫被害人书写收条的行为,应当如何定性？属于犯罪既遂还是未遂?》,载最高人民法院刑事审判第一、二、三、四、五庭主办:《刑事审判参考》(总第102集),法律出版社2016年版,第55—60页。

院提起诉讼请求撤销,进而继续凭原有的欠条向习海珠主张民事权利。笔者认为,被告人习海珠等人以暴力、胁迫手段逼迫彭桂根书写75万元的收条,进而消灭债务的犯罪行为,属于抢劫既遂。原因在于:尽管习海珠等人的暴力行为没有获取实实在在的财物,仅拿到了一张收条。但收条本身却是双方债权债务消灭的主要证明凭证,习海珠拿到彭桂根书写的收条,彭桂根就难以再向习海珠主张原有的75万元债权,这实际上改变了原有的财产权利义务关系,导致彭桂根丧失75万元的债权,应当认定为抢劫罪既遂。即使被害人此后可以通过提起民事诉讼的方式主张自己的合法债权,但能否胜诉并不具有确定性;即使是通过刑事诉讼程序恢复原有的财产权利义务关系,如同公安机关追回赃物一样仅仅属于事后行为,并不影响抢劫既遂的认定。可见,我们不能以被害人可以通过提起民事诉讼或诉诸刑事诉讼来恢复对被抢财物的所有权为由,将这种情形认定为犯罪未遂。

【指导案例】戚道云等抢劫案[①]——为消灭债务采用暴力、胁迫手段抢回欠款凭证的行为应如何定性

1995年10月,被告人戚道云承包的上海金山万安建筑装潢工程公司与江苏省南通市工程承包人施锦良签订《建筑安装工程合同》。合同签订当日,施锦良与被害人倪新昌各出资人民币5万元,作为工程质量保证金,交付给戚道云。后因工程未能如期施工,倪新昌多次向戚道云索要保证金未果。戚道云因无力偿还,遂找被告人张连官商量对策。张连官提出其认识安徽来沪人员王荣,可叫王荣带人将事情"搞定"。戚道云表示同意。1997年9月4日,被告人戚道云、王荣、张连官、沈正元、张水龙合谋以戚道云还款为由,将被害人倪新昌骗至平乐小学内戚道云所在的公司,然后由王荣等人以强制手段向倪索要欠款凭证,以达到消灭债务的目的。次日晚8时许,被害人倪新昌乘出租汽车赶至平乐小学,即被王荣等人强制带至戚道云的办公室,令倪交出欠款凭证,倪不从。王荣等人用玻璃杯敲击倪新昌的脸部,致倪面部2处皮肤裂伤,倪新昌被迫将欠款凭证交出并在由戚道云起草的收到人民币10万元欠款的收条上签字。

法院经审理认为:戚道云与施锦良签订《建筑安装工程合同》后,收取了倪新昌等人人民币10万元质量保证金。后戚道云未依约履行义务,依法应返还倪新昌等人所交纳的质量保证金。为消灭10万元的债务,戚道云纠集了被告人张连官等人,采用暴力、胁迫手段夺取了倪新昌等人的债权凭证,不仅侵害了倪新昌的财产利益,同时也侵害了倪新昌的人身权利。此行为已由经济纠纷转化为刑事犯罪,符合抢劫罪的特征,应以抢劫罪论处。关于本案的犯罪形态问题,经查,戚道云等

[①] 参见王海波:《戚道云等抢劫案——为消灭债务采用暴力、胁迫手段抢回欠款凭证的行为应如何定性》,载最高人民法院刑事审判第一庭、第二庭编:《刑事审判参考》(总第14辑),法律出版社2001年版,第30—35页。

人强行抢回欠条,逼迫倪新昌在事先写好的收条上签字,以消灭债务的犯罪行为,在其实施终了之时,已经当场完成已"归还"10万元债款的全部手续,其犯罪目的已经达到,被害人与被告人原有的财产权利义务关系已经遭到改变,导致被害人丧失了财产性利益,已然齐备了抢劫罪的全部构成要件,故应当认定为犯罪既遂。戚道云在司法机关立案侦查之前一直占有着被害人的财产,后因公安机关侦破案件,才没有使被害人遭受损失,故戚道云的行为构成抢劫罪(既遂)。

四、如何把握转化型抢劫既遂、未遂的区分标准

(一)裁判规则

转化型抢劫是抢劫罪的一种类型,在认定犯罪既、未遂形态时,应当与典型的抢劫罪持同样的标准,而不能以盗窃、诈骗、抢夺行为的既、未遂标准作为认定转化型抢劫的依据。只有在转化型抢劫过程中实际劫得财物,或者已造成他人轻伤以上后果的,才能认定为犯罪既遂;反之,即使转化前的盗窃等行为已经获得财物,但如果因他人抓捕导致财物被追回,也未造成他人轻伤以上后果的,应认定为抢劫未遂。

(二)规则适用

关于转化型抢劫的既未遂标准问题,司法实践中存有争议。一种观点认为,转化型抢劫的既、未遂标准应当以转化前的盗窃等行为的既未遂为依据。如果前行为已经既遂,则在转化为抢劫后应认定为犯罪既遂。因为在犯罪已达既遂状态后,不可能再回转到未遂形态,在行为人已实际控制所盗窃、诈骗、抢夺的财物后,即便因他人抓捕导致财物被追回的,也仅仅属于事后追赃,并不影响犯罪既遂的成立。另一种观点认为,转化型抢劫同样是抢劫,在认定犯罪形态时应当与普通抢劫罪的既、未遂标准保持一致,而不能以盗窃等行为的既、未遂标准作为依据。凡是已经实际劫得财物(而不是窃得、骗得财物),或者已经造成他人轻伤以上结果的,应认定为犯罪既遂;反之,则属于犯罪未遂。笔者认为,上述第二种观点是正确的。原因在于:首先,在转化型抢劫案件中,先前的盗窃等行为只是转化型抢劫当中的一个组成部分,并不具有独立的评价意义,尽管行为人的盗窃等行为已经"得手",但整个犯罪行为并未因此而停止下来,而是处于继续进行当中。故不能以一部分盗窃等行为的既、未遂,作为判断整体转化型抢劫既、未遂的标准。其次,转化型抢劫罪与普通抢劫的主要区别就在于暴力、胁迫行为与占有财物行为的先后顺序上存在差异,在犯罪构成上并无实质区别。为此,在区分转化型抢劫的既、未遂时,也应当适用与普通抢劫相同的既、未遂区分标准,即以是否实际劫得财物,或者有无造成他人轻伤以上后果作为标准。只有具备劫取财物或者造成他人轻伤以上后果两者之一的,才能认定为犯罪既遂;如果行为人并未实际劫得财物,也未造成他人轻伤以上结果,则应认定为抢劫未遂。

【指导案例】谷贵成抢劫案①——如何把握转化抢劫犯罪既遂、未遂的区分标准

2005年8月7日10时许,被告人谷贵成在北京市丰台区丽泽桥东方家园建材城停车场内,用随身携带的改锥撬开车锁,盗窃被害人尹楠格雷牌自行车1辆(经鉴定该车价值人民币80元),在被保安员潘文浩发现后,为抗拒抓捕,用改锥将保安员颈部划伤,后被闻讯赶来的其他群众抓获。经法医鉴定,被害人潘文浩构成轻微伤。

本案中,对于被告人谷贵成在停车场盗窃他人自行车时,被保安员发现后,为抗拒抓捕而将保安员划伤行为的性质,一、二审法院均没有争议,认为依据《刑法》第269条及最高人民法院《关于审理抢劫、抢夺刑事案件适用法律若干问题的意见》第5条"关于转化抢劫的认定"第(3)、(4)项的规定,其行为已转化构成抢劫。本案争议的焦点在于:转化型抢劫行为是否存在未遂状态?被告人谷贵成的行为是构成犯罪既遂还是未遂?对此,笔者认为,应当根据普通抢劫的既、未遂认定标准,审查被告人谷贵成是否实际劫得财物,或者有无造成他人轻伤以上结果。本案中,尽管谷贵成已经窃得自行车,但是由于被人发现而被当场抓获,所盗窃的财物被当场缴获并已发还被害人,其并未实际劫取到财物;同样,在保安员潘文浩抓捕谷贵成的过程中,尽管谷贵成实施暴力抗拒抓捕行为,但仅造成潘文浩轻微伤的后果,根据《关于审理抢劫、抢夺刑事案件适用法律若干问题的意见》第10条"既未劫取财物,又未造成他人人身伤害后果的,属抢劫未遂"的规定,谷贵成的行为不属于劫取财物或者造成他人轻伤以上后果之一的情形,不符合上述规定,故应认定为抢劫未遂。

【指导案例】杨飞飞、徐某抢劫案②——转化型抢劫犯罪是否存在未遂

2007年11月17日21时许,被告人杨飞飞、徐某骑摩托车进入上海南站3号轻轨1号进出口处自行车停车场内,窃走一电动自行车上的电瓶(价值人民币150元),上海南站社保队员吴桂林发现后进行拦截。杨飞飞、徐某为抗拒抓捕,分别用大力钳、拳头对吴桂林实施殴打,杨飞飞挣脱吴的抓捕后逃逸,徐某在逃跑途中被抓获,遗留在现场的摩托车和电瓶被公安机关扣押。吴桂林的伤势经鉴定为轻微伤。

---

① 参见谭劲松:《谷贵成抢劫案——如何把握转化抢劫犯罪既遂未遂的区分标准》,载最高人民法院刑事审判第一、二、三、四、五庭主办:《刑事审判参考》(总第56集),法律出版社2007年版,第15—23页。

② 参见王奕、陆文奕:《杨飞飞、徐某抢劫案——转化型抢劫犯罪是否存在未遂》,载最高人民法院刑事审判第一、二、三、四、五庭主办:《刑事审判参考》(总第79集),法律出版社2011年版,第55—59页。

转化型抢劫罪与普通抢劫罪的主要区别在于暴力、胁迫与占有财物行为的先后顺序不同,而在犯罪构成上并无实质区别,故在既未遂认定标准的选择上也应当保持一致。我们知道,普通抢劫罪的既遂形态以劫取到财物或者造成他人轻伤以上后果作为认定标准,转化型抢劫同样应当以此为标准。如果既未劫取到财物,又未造成他人轻伤以上后果的,应认定为抢劫未遂。需要注意的是,在转化型抢劫罪中,行为人在盗窃等先行为中非法占有他人财物,并不能认定为转化行为中已劫取财物,因为财物所有人或管理人尚在现场,行为人并没有完全控制占有该财物,故从严格意义上来说,先行为也并未达到既遂;而且即使先行为已经既遂,也不能代表整个抢劫行为达到既遂。本案中,杨飞飞、徐某先盗窃了价值人民币150元的电瓶,为抗拒抓捕而实施暴力造成被害人轻微伤,应以抢劫罪定罪处罚。二被告人虽然已经将电瓶拿走,非法占有了该财物,但是在此后的抗拒抓捕过程中,二人逃离现场时将电瓶遗留在了现场,并未实际劫获财物。另外,行为人的暴力行为仅造成被害人轻微伤,未造成他人轻伤以上后果,故对二被告人的行为应认定为抢劫未遂。

五、共同犯罪中犯罪未遂与犯罪中止的认定

(一)裁判规则

1. 部分正犯自动停止犯罪,并阻止其他正犯实施犯罪或者防止犯罪结果发生的,属于中止犯;其他没有自动中止意图与行为的正犯、帮助犯,属于未遂犯。

2. 共同正犯中,部分正犯中止自己的行为,但未阻止其他正犯实施犯罪,由其他共犯的行为直接导致结果发生时,不成立中止犯。

3. 教唆犯、帮助犯欲成立中止犯,除了自动中止自己的教唆、帮助行为之外,还需要有效阻止正犯行为与结果的发生。在多层次雇佣关系中,如果教唆犯对被教唆人再教唆情况知情的,还必须要确保被教唆人能及时有效地通知、说服、制止他人实施犯罪并阻止犯罪结果的发生。

(二)规则适用

1. 在共同犯罪中,当所有的正犯(实行犯)都自动中止犯罪时,均成立中止犯,这一点容易理解。但是如果只有部分实行犯主动放弃犯罪,对其本人及其他未放弃犯罪的实行犯的犯罪形态应当如何来认定,则要复杂得多。对此,笔者认为应当区分以下几种情况:(1)如果共同正犯中部分正犯只是单纯地退出,未采取任何措施阻止其他共犯继续犯罪,以致犯罪结果发生的,或者虽然积极采取措施阻止其他正犯继续犯罪,但最终未能有效阻止犯罪结果发生的,对主动退出者仍然应认定为犯罪既遂。因为根据《刑法》第24条第1款的规定:"在犯罪过程中,自动放弃犯罪或者自动有效地防止犯罪结果发生的,是犯罪中止。"可见,要成立犯罪中止,行为人仅放弃犯罪行为还不够,关键是应当采取积极措施有效地防止犯罪结果的发生,如果未能有效地防止犯罪结果发生,则仍不能成立犯罪中止。故在

共同犯罪的场合,如果单个共同犯罪人,仅仅是消极地放弃个人的实行行为,没有积极阻止其他共同犯罪人的犯罪行为,并有效防止共同犯罪结果的发生,则没有消除自己已经实施的行为与结果之间的因果性,按照"部分实行、全部责任"原则,对退出者仍应当认定为犯罪既遂,而不能认定为中止犯。(2)如果共同正犯中部分人主动放弃犯罪,并成功劝说其他共同实行犯放弃犯罪,犯罪过程不再延续的,致使犯罪结果未发生的,各共同实行犯均成立犯罪中止。该放弃犯罪者虽未能说服他人停止犯罪,但是其自身放弃行为足以避免危害结果发生或者通过自身努力有效避免危害结果发生的,主动放弃者属于犯罪中止,其他共犯则属于犯罪未遂。

2. 教唆犯、帮助犯欲成立中止犯,除了自动中止自己的教唆、帮助行为之外,还需要有效阻止正犯行为与结果的发生。反之,实行犯在着手实施犯罪后自动中止犯罪的,对于教唆犯、帮助犯来说属于意志以外的原因,实行犯是中止犯,教唆犯与帮助犯属于未遂犯。在多层次雇佣关系中,如果教唆犯对被教唆人再教唆情况知情的,还必须要确保被教唆人能及时有效地通知、说服、制止他人实施犯罪并阻止犯罪结果的发生。

【指导案例】韩江维等抢劫、强奸案[①]**——指认被害人住址并多次参与蹲守,但此后主动退出未参与实施抢劫的,是否属于犯罪中止**

2008年11月,被告人韩江维与张立、孙磊共谋抢劫杀害被害人张某。孙磊将张某的租住处指认给韩江维、张立后,三人多次携带尖刀、胶带等工具到张某的租住处准备抢劫。因张某未在家,抢劫未果。同年12月25日晚,韩江维、张立携带尖刀、胶带再次到张某的租住处附近伺机作案。当日23时40分许,张某驾车回到院内停车时,张立持刀将张某逼回车内,并用胶带捆住张某双手,韩江维、张立进入张某家劫得现金人民币4000余元及银行卡、身份证、照相机等物。韩江维、张立逼张某说出银行卡密码后,用张某的银行卡取出现金人民币3900元。随后韩江维、张立用胶带缠住张某的头部,将张某抛入矿井内,致其颈髓损伤导致呼吸衰竭死亡。

本案中,被告人孙磊参与了犯罪预谋,购买了作案工具,并带领同案犯前去指认张某的住处,还多次伙同同案犯至张某住处蹲守,因张某未回家而未得逞。后当两同案犯准备再次抢劫张某时,孙磊主动放弃继续实施抢劫张某的行为,该种放弃行为是否应认定为犯罪中止呢?根据犯罪中止的规定,孙磊要构成犯罪中止,就必须消除其提供的帮助,使其帮助行为与犯罪结果之间断绝因果关系。帮助犯对于正犯的作用可以分为物理帮助和心理帮助。其中,物理帮助是为他人实

---

① 参见方文军:《韩江维等抢劫、强奸案——指认被害人住址并多次参与蹲守,但此后未参与实施抢劫的,是否属于犯罪中止》,载最高人民法院刑事审判第一、二、三、四、五庭主办:《刑事审判参考》(总第84集),法律出版社2012年版,第38—43页。

施犯罪给予帮助,使他人实施犯罪更为容易,如提供资金、作案工具、被害人的住址、电话、作息规律等重要个人信息等;心理帮助是指使他人本有的犯意更加强化,如对意图实施犯罪的人进行言语激励等。本案中,从物理帮助来看,韩江维和张立并不认识张某,更不知道其住址,正是孙磊指认了张某的具体住址,并多次与韩、张二人一起蹲守,才使得韩江维、张立对张某的抢劫得以实施。从心理帮助来看,孙磊参与了预谋,是一种强化共犯犯意的行为。因此,孙磊要构成犯罪中止,就必须消除其所提供的上述帮助。例如,劝说韩、张二人放弃抢劫,或者及时报警使韩、张无法继续实施抢劫。但孙磊只是单纯放弃自己继续犯罪,而未采取任何措施及时阻止同案犯实施犯罪或者有效防止犯罪结果的发生,其帮助行为与同案犯后续的抢劫犯罪结果之间仍然具有因果关系,故应认定构成犯罪既遂。

【指导案例】刘星抢劫案[①]——**在犯罪预备阶段单独停止犯罪,未积极阻止同案犯继续实施犯罪,也未有效防止共同犯罪结果发生的,能否成立犯罪中止**

2011年9月24日中午,薛占全(另案处理)从内蒙古包头市回到巴彦淖尔市乌拉特前旗乌拉山镇,与刘星会合后,薛占全提出以杀人埋尸的手段实施抢劫,刘星表示同意。二人遂驾驶刘星的摩托车先后两次到乌拉山附近寻找埋尸的地点,并将买来作案用的铁锹藏匿于一草丛内,之后返回乌拉山镇又各自购买尖刀一把随身携带。第二日,薛占全又打电话给刘星提出共同实施抢劫的犯意,遭到刘星的拒绝。第三日20时许,薛占全租用被害人刘兰庭的蒙B-S5×××号夏利牌轿车前往张楞社。当车行驶至先锋镇分水村三其社附近时,薛占全找借口要求停车,并和刘兰庭一同下车。在刘兰庭准备上车时,薛占全持随身携带的刀捅刺刘兰庭左肩颈结合处、左肩、左背部、腰部10刀,致刘兰庭左锁骨下动脉破裂引发大出血死亡。

本案中,被告人刘星、薛占全预谋抢劫杀人,二被告人为此一同寻找埋尸地点并购买了作案用工具尖刀,最后由薛占全单独完成杀人抢劫行为,二被告人的行为构成共同犯罪。刘星虽未直接实施抢劫行为,但是基于共同抢劫的犯意,与实行犯薛占全一同寻找埋尸地点、准备犯罪工具。刘星在预备阶段所做的努力,不仅为薛占全的实行行为创造了物质条件,也提供了精神上的动力,并通过薛占全的实行行为与危害结果建立起了因果关系。刘星、薛占全的行为不是相互独立的,而是一个有机统一的整体。根据"部分行为、全部责任"的原则,刘星即使未参与实施犯罪实行行为,但由于没有消除自己已经实施的行为与结果之间的因果性,也不能认定为犯罪中止,其应当对共同犯罪所造成的全部结果承担责任。关

[①] 参见钟彦君、贾东升:《刘星抢劫案——在犯罪预备阶段单独停止犯罪,未积极阻止同案犯继续实施犯罪,也未有效防止共同犯罪结果发生的,能否成立犯罪中止》,载最高人民法院刑事审判第一、二、三、四、五庭主办:《刑事审判参考》(总第96集),法律出版社2014年版,第74—79页。

于刘星的犯罪形态问题,刘星系复杂共同犯罪中的帮助犯,其虽然放弃继续实施犯罪,但未有效阻止实行犯薛占全放弃继续实施犯罪,也未有效防止犯罪结果的发生,薛占全继续实行并完成抢劫行为,故刘星的行为不构成犯罪中止,应认定为抢劫既遂。当然,由于刘星仅参与犯罪预备阶段的准备工作,没有参与后期实施的抢劫杀人犯罪行为,对后期危害结果的发生也持消极态度,参与共同犯罪程度较浅,在共同犯罪中所起作用相对较小,系从犯,依法可对其予以减轻处罚。

六、关于盗窃罪既遂、未遂形态的认定标准问题

(一) 裁判规则

关于盗窃罪的既、未遂标准问题,应当以"控制说"为标准,即只要行为人取得、控制了财物,就属于盗窃既遂。在具体认定时,应当根据财物的性质、形状、体积大小,尤其是被害人对财物的控制状态等进行综合判断。如果财物尚未完全摆脱被害人的控制(如财物仍处于被害人控制的场所内),一般不宜认定为盗窃既遂。需要说明的是,这里的取得控制是相对于被害人而言的,一旦被害人对财物失去了控制,即使被群众发现而处于群众的监视之下,也不影响被窃财物的控制状态。

(二) 规则适用

关于盗窃罪的既、未遂标准,最具代表性的是"失控说"和"控制说"。其中,"失控说"基于法益保护的角度,认为应以财物的所有人或保管人是否丧失对财物的占有为标准,凡是盗窃行为已使财物所有人或保管人实际丧失了对财物的占有控制的,即为盗窃既遂,反之则为盗窃未遂;而"控制说"站在犯罪是否得逞的立场,认为应以盗窃犯是否已获得对被盗财产的实际控制为标准,盗窃犯已实际控制财物的为既遂,反之则为未遂。应当说,上述两种观点均有各自的道理,但"控制说"基本上是通说,也更符合我国刑法关于犯罪既遂的一般规定。针对行为人是否已经"控制"某财物,应当根据所盗窃财物的性质、形状、体积大小、财物所处的环境、被害人对财物占有状态的强弱、行为人的盗窃手段等因素进行综合判断。具体来说:首先,需要考虑财物的体积大小。因为财物体积越小,行为人越容易得手。如盗窃诸如手表、首饰等体积较小的物品,行为人将财物放入口袋、藏在身上、甚至是握在手中就是既遂。反之,就冰箱、电视、电脑等体积较大的财物而言,则需要将其搬出商店、脱离店主的视线范围才能认定为既遂。其次,还需要根据场所的不同来考查被害人对财物占有状态的强弱程度。例如,盗窃工厂财物,如果工厂的出入门口需要经过严格检查(如搜身),盗窃行为人将财物藏于身上,在没出门口之前仍不能认为已经取得实际控制;反之,如果工厂任何人都可以自由出入,则将财物藏在身上即可成立既遂。同样,在商店盗窃的场合,如果是柜台销售的,只要行为人将财物窃出柜台即意味着控制了所窃财物而成立盗窃既遂;而如果是超市型的商店,顾客可以在超市允许的范围内随便拿取商品,行为人只有

将财物窃出收银通道,才能认为已经控制了所窃取的财物,成立盗窃既遂。

较为复杂的是,当盗窃行为发生在特定场所,如保姆在主人家中盗窃主人物品,先将财物置放于一定可控制范围之内,然后再将财物转移实现占有目的,此时判断行为人对财物是否存在事实上的支配和控制,并排除了被害人对财物的占有可能,成为实践中认定的难点。通常认为,在这种场合,物主的控制能力及于该场所内任何地方,里面的任何财物都处于其实际控制之下,物主对这些财物享有事实上的控制权。例如,房主对屋内物品的占有便是典型例证。但现实情况是纷繁复杂的,当房屋内住有客人、雇员或者保姆时,主人对房屋内财物所享有的控制力在某些情况下是有限的,如行为人将财物藏于屋中某个隐蔽之处,可以随时待主人不备将财物带出,此时就很难讲主人对该财物仍享有绝对的控制力了。据此,笔者认为,主人对屋内财物的合理控制范围,仍需要依据社会一般观念,借助财物的形状、性质、被藏匿位置等来分析主人查找到财物的难易程度,从而判断其是否仍然享有控制权。如果财物被藏匿得极其隐蔽,是主人根本想不到的地方,即可认为主人事实上已经失去了对财物的控制。如把主人的戒指藏在自己行李包内,雇主不可能发现;反之,如果藏于电视柜或者衣柜抽屉里,则是基于一般人在通常情况下都会翻找且很容易找到的地方,此时就可理解为主人并没有丧失对财物的占有。

需要注意的是,根据法益侵害说,只有当行为对法益的侵害达到值得科处刑罚处罚的程度时,才具有刑法意义上的实质违法性,故刑法所保护的财产,应当是价值较大的财产。为此,我们在认定财产犯罪的既、未遂形态时,不能单纯地只是考虑行为人是否取得了财物,还必须进一步考虑行为人取得的财物是否达到了一定数额。如果行为人所取得的财物极为低廉时,不应认定为盗窃既遂。例如,甲准备了工具前往银行盗窃,打开保险柜之后发现其中仅 10 元人民币,即使甲将该 10 元人民币取走,也不能认定为甲成立盗窃既遂,而应认定为盗窃未遂。同样,对于多次盗窃、入户盗窃、携带凶器盗窃、扒窃的,不能认为上述情形系行为犯,只要是多次盗窃、入户盗窃、携带凶器盗窃、扒窃的,即使分文未取也成立盗窃既遂。对于上述情形,仍然应当以行为人取得了值得刑法保护的财物作为既遂标准。因此,如果行为人分文未取或者所取得的是不值得刑法保护的物品,仍应认定为盗窃未遂。

【指导案例】申宇盗窃案①——将盗窃的财物藏匿但未转移出犯罪地时即被查获是否属于盗窃既遂

2007 年 2 月 12 日 11 时许,被告人申宇在北京市海淀区羊坊店路联通华盛通

---

① 参见陈兴良、张军、胡云腾主编:《人民法院刑事指导案例裁判要旨通纂》(上下卷·第二版),北京大学出版社 2018 年版,第 1110 页。

信技术有限公司北京分公司库房内,在与北京北奥利康搬家有限责任公司送货员崔晓宝、李鹏办理货物交接手续的过程中,趁崔晓宝、李鹏不备,将二人负责运送的三星SCH-W579型手机一箱(内有三星SCH-W579型手机10部,经鉴定价值人民币55 000元)藏匿于库房内。崔晓宝、李鹏发现手机丢失后报警,民警在库房内起获被盗的手机,并将被告人申宇抓获归案。

本案审理过程中,一审法院认为,被告人申宇在没有他人在场的情况下将涉案手机藏于库房的其他位置后,便已完成盗窃行为,实际控制了手机;而崔晓宝、李鹏作为物流公司的送货员,库房并非他们的控制范围,丢失手机后即丧失了对手机的控制,如不报警寻求公安机关的帮助,其无法重新取得对手机的控制,因此认定被告人窃取手机的行为已经实施完毕并控制了手机,符合盗窃罪既遂的标准。二审法院认为,崔晓宝、李鹏清点发现所送手机丢失一箱后,确认手机不是在运输途中丢失,遂将寻找手机的范围锁定在申宇看管的库房内,并及时报警。在民警到来后,将被盗手机起获。根据认定盗窃罪既遂的"控制说"标准,被告人申宇的窃取行为本身就发生在库房内,申宇只是将财物暂时隐藏在了库房的另外一处,其原本是想等崔晓宝、李鹏离开后,再将手机从库房转移至别处。可见,申宇只是对财物实施了一定的隐藏行为,在财物所有人崔晓宝、李鹏尚未离开之际,还不能说完全对该财物取得了控制,故对其行为应当认定为盗窃未遂。

【指导案例】林燕盗窃案[①]——保姆盗窃主人财物后藏于房间是否构成盗窃既遂

2006年9月8日,被告人林燕通过中介公司介绍,到被害人支某家中担任全职住家保姆,负责打扫卫生和烧饭,被害人家中共聘请3名保姆。同年9月9日和10日,林燕利用打扫卫生之机,先后3次从支某的卧室梳妆台抽屉内,窃得人民币3480元、价值人民币99 800元的各类首饰11件,后将现金及部分首饰藏匿于林燕在一楼的房间写字台抽屉内,其余首饰分装成2小袋藏匿于被害人家中三楼衣帽间的隔板上。9月10日傍晚,保姆李某告知被害人支某,"看到林燕翻过其卧室内的抽屉",支某发现物品被窃遂向林燕询问,并在林燕房间抽屉内找到现金人民币3480元及首饰,但林燕拒不承认其盗窃事实,后支某拨打"110"报警,警察赶到现场后,林燕才交代其盗窃的全部事实,并从衣帽间找出藏匿的首饰。

本案中,被害人支某的住所系一幢三层别墅,衣帽间设在三层,支某对衣帽间的所有物品均有事实上的占有和控制力;虽然林燕对藏于此处的财物进行了必要

---

① 参见刘娟娟、薛美琴:《林燕盗窃案——保姆盗窃主人财物后藏于房间是否构成盗窃既遂》,载最高人民法院刑事审判第一、二、三、四、五庭主办:《刑事审判参考》(总第68集),法律出版社2009年版,第19—25页。

的包装和掩饰,但鉴于衣帽间的用途和位置,支某如果努力查找是不难发现的,故林燕对藏于衣帽间的财物并没有达到事实上的足以排除被害人占有的支配力,因此构成盗窃未遂。那么,对于藏于保姆房间的财物是否构成盗窃既遂?尽管保姆房间确实不同于别墅中的其他地方,在一定程度上可以说是对主人房屋占有力的一种限制。然而,保姆房间毕竟是房屋的组成部分之一,与承租人所享有的独立占有权不同,保姆对该房间所享有的是有限使用权。被告人林燕将窃取的财物放在了保姆房间的写字台抽屉里,而没有放置于其他隐蔽场所或者一般人很难查找的地方。由于被害人对保姆房间具有控制占有力,一旦发现财物丢失,可以自由进入保姆房间进行搜寻。事实上,被害人就是首先找到了保姆房间的现金和首饰。可见,被告人林燕对保姆房内的财物控制并未达到排他性的程度,故仅成立盗窃未遂。

【指导案例】花荣盗窃案[①]——入户盗窃既、未遂形态如何认定以及盗窃过程中群众在户外监视是否意味着被害人未失去对财物的控制

2013年12月7日14时30分许,被告人花荣见上海市永兴路×弄×号82岁独居老人陈雅香家中二楼窗户未关,即踩凳翻窗进入陈雅香家中。陈雅香的邻居尹家耕碰巧看见,遂打电话报警,并与另一名邻居郭云风一起守候在门口。当日14时40分左右,花荣窃得现金人民币377元和价值人民币172元的中华牌香烟3包放于口袋内,从房门走出来后被尹家耕和郭云风抓获。

《刑法修正案(八)》对《刑法》第264条规定的盗窃罪进行了修改,将"入户盗窃"单独规定为盗窃的一种类型,即对于"入户盗窃"即使数额达不到普通盗窃的入罪标准,仍然构成盗窃罪。有观点据此认为,对于入户盗窃,即使未窃得财物也应认定为盗窃既遂。笔者认为,上述观点将犯罪构成标准与既、未遂标准混为一谈。事实上,这是两个不同的标准,在适用时具有严格的先后顺序,即只有先适用犯罪构成标准,在确定犯罪已经成立的前提下,才谈得上再去根据犯罪既遂标准来认定犯罪的具体形态,而不能以犯罪既遂标准直接取代犯罪成立标准。《刑法修正案(八)》尽管降低了入户盗窃行为的构罪标准,但并未修改其既未遂标准,故仍然应当以窃得值得刑法保护的财物作为既遂标准。在认定本案犯罪形态时还需要注意的是,盗窃既、未遂的判断是相对于财物所有人或管理人而言的,当花荣进入被害人家中窃得体积较小的现金和香烟放于口袋内,走出房门后就已经取得对被窃财物的控制,而被害人则失去了对被窃财物的控制。虽然在此过程中被群众发现,后处于群众的监视之下,但并不能等同于被害人对财物的控制,故并不影

---

① 参见沈言:《花荣盗窃案——入户盗窃既未遂形态如何认定以及盗窃过程中群众在户外监视是否意味着被害人未失去对财物的控制》,载最高人民法院刑事审判第一、二、三、四、五庭主办:《刑事审判参考》(总第101集),法律出版社2015年版,第90—95页。

响之前行为人已经取得对被窃财物的控制。

七、盗窃、诈骗银行存单、有价证券等财产凭证的既未遂认定

(一)裁判规则

有价证券一般可分为两类:一类是不记名、不挂失的有价证券,如国库券等。这种证券与货币一样"认券不认人",故窃取了此类证券就意味着非法占有了证券上所记载的财产,到手即为既遂。另一类是记名或可挂失的有价证券,如记名银行存单、汇款单、汇票、本票、支票等,其特点是"既认券又认人"。行为人窃得这种有价证券后,并不意味着已经获得了对该证券所记载财产的完全控制,还需要进一步以权利人的身份去支取财物。如果在冒领以前他人挂失,或者冒名领取时被人发觉的,就属于因意志以外的原因而未能取得财产,应认定为盗窃未遂。

(二)规则适用

作为财产犯罪既遂标志的占有控制,是指财物处于行为人事实上或者法律上的支配、控制之下。可见,占有包括事实上的支配与法律上的支配两种形式。其中,对于事实上的支配状态,比较容易理解和判断,是指物主、管理人等占有、控制、持有财物。而法律上的占有,是指行为人虽然没有在事实上占有财物,但在法律上对财物具有支配力,这种占有形式通常发生在事实占有与所有权分离的情形中。例如,仓库提单、船运提单等物权证明的持有人、不动产名义上的登记人,即使提单上记载的货物或者房产证对应的房产不在权利人的事实占有之下,但由于不动产的名义登记人、仓库提单、货运单的持有人,可以根据法律规定和凭借相关物权证明,对权利凭证上记载的财物进行支配、处分,因此应当认为该动产或者不动产仍然处于权利人的法律占有之中。正是基于财产犯罪中的占有可以是法律上的占有,有观点认为,行为人盗窃他人银行存折、存单并获知密码的,存折上记载的款项就处于行为人的占有控制之中,应当认定为盗窃罪既遂。

笔者认为,上述观点并不妥当。不可否认,如果行为人所窃取的系不记名、不挂失的有价证券,如国库券等,这种证券与货币一样"认券不认人",窃取了此类证券就意味着非法占有了证券上所记载的财产,故到手即为既遂。但如果行为人所窃取的是记名或可挂失的有价证券,如银行存单、汇款单、汇票、本票、支票等,其特点是"既认券又认人"。以银行存折为例,从刑法层面来看,存折上的"存款"具有不同含义:一是指存款人对银行享有的债权;二是存款债权所指向的现金。其中,从法律上来看,存款人享有债权;而存款债权所指向的存款现金,则处于银行的事实占有当中。也就是说,存款人在存款之后,银行享有对存款款项的事实占有,而存款人据此获得了存款的支付请求权。那么,在此之外的其他人,如果窃得他人存折并获知了密码,是否因此而享有对银行的支付请求权,进而对存折上的存款现金存在法律上的占有呢?答案显然是否定的。因为根据存折、银行卡取款的相关规定,存折与银行卡原则上由本人使用,他人只有在本人同意的情况下,才

能使用。而且根据《储蓄管理条例》第 30 条、第 31 条所规定的挂失止付制度,对于记名式的存单、存折可以挂失,储蓄机构受理挂失后,必须立即停止支付该储蓄存款。故存折所有人即使是在丧失存折的情况下,仍然可以通过挂失等手段,排除存折持有人的占有,从而实现对存款债权的重新控制。可见,行为人窃得银行存折、存单之后,仅仅只是一张纸片,并不意味着已经获得了对存单所记载财产的完全控制,还需要进一步以权利人的身份去支取财物。如果在冒领以前他人挂失,或者冒名领取时被人发觉的,就属于因意志以外的原因而未能取得财产,应认定为未遂。

【指导案例】张泽容、屈自强盗窃案[①]——**盗窃定期存单从银行冒名取款的行为如何定性**

2003 年年底的一天,被告人张泽容利用其在刘德彬家当保姆的机会,偷配了刘家的钥匙。2004 年 2 月的一天,张泽容乘刘家无人之机,使用其私配的钥匙进入刘家,将放在卧室柜子里的一张人民币 15 万元的定期存折及身份证复印件盗走。事后,张泽容将此情况告知了被告人屈自强,并让屈自强帮忙取钱,屈自强表示同意,并约定取出钱后二人均分。因为领取大额定期存单需要存款人和取款人的身份证,张泽容便找人伪造了两张身份证,一张为刘德彬的,一张为印有屈自强照片的名为漆荣的身份证。同年 3 月 6 日,屈自强携带存折和两张假身份证来到中国银行大渡口区茄子溪储蓄所,将存折上的人民币 15.2 万元本金及利息共计人民币 154 704 元转为活期存折。随后,屈自强又分别在中国银行马王乡储蓄所等处的自动取款机上将人民币 154 704 元取走。

本案中,被告人屈自强盗窃定期存单,并从银行冒名取款的行为如何定性,取决于张泽容盗窃定期存单在交付屈自强取款前是既遂还是未遂?如果已经既遂,那么屈自强就属于掩饰、隐瞒犯罪所得、犯罪所得收益罪,反之就属于盗窃罪的事中共犯。在盗窃罪的既、未遂标准上,刑法理论与司法实践以"控制说"为通说,即以行为人是否已获得对所盗财物的实际控制为标准。在盗窃记名、可挂失的有价支付凭证情形中,由该种凭证的财产权益实现特点所决定,行为人盗窃这种有价支付凭证后,并不意味着已经获得了对凭证所记载财产的完全控制,行为人还必须到相关机构兑付财产后,才能达到实际非法获取财产的目的,进而构成盗窃罪既遂。在此之前,权利人可以根据挂失止付制度恢复对此类支付凭证的控制。可见,对于记名、可挂失的有价证券,不能把取得凭证作为区别既、未遂的标准。本案中,被告人张泽容盗窃定期存单而尚未将其交付屈自强取出现金之前,其盗窃

[①] 参见邱丽萍:《张泽容、屈自强盗窃案——盗窃定期存单从银行冒名取款的行为如何定性》,载最高人民法院刑事审判第一、二、三、四、五庭主办:《刑事审判参考》(总第 52 集),法律出版社 2007 年版,第 22—28 页。

行为应属盗窃未遂。当屈自强到银行将存款取出以后，才在实际上完全控制被盗财物，构成盗窃既遂。因此，在将定期存单被支取之前，屈自强明知存单是盗窃所得而接受张泽容的提议参与犯罪，帮助取款，属于事中共犯，应以盗窃罪定罪处罚。

【指导案例】詹群忠等诈骗案①——利用手机群发诈骗短信，后因逃避侦查丢弃银行卡而未取出卡内他人所汇款项，能否认定为诈骗罪的未遂形态

2007年7月5日，被告人詹群忠指使詹晓芬、詹益增利用手机短信群发器群发短信，内容为"你好，原账号已更改，汇款请汇，户名薛海英，农业银行955998012915941××××"。被害人黄三义收到上述短信后误以为是朋友向其借款所发，当即向上述银行卡内汇入人民币20万元。詹群忠收到钱款已汇入账户短信通知后，遂与詹晓芬、詹益增持该银行卡至多家商店购买了共计人民币18万余元的黄金饰品，并到ATM机上取款人民币2万元，后将仅剩人民币58元的银行卡予以丢弃。当日，另一被害人徐淑英收到上述诈骗短信后，误以为是客户催要货款所发，向户名薛海英的上述银行卡内汇款人民币9万元，并随即电话通知客户。后徐得知客户未收到钱款，自己受骗，于7月11日向公安机关报案，警方即通知银行冻结其中人民币9万元，现已将人民币9万元发还徐淑英。

本案中，被告人詹群忠等人利用手机群发短信，骗得黄三义20万元后将银行卡丢弃，之后徐淑英又汇入该账户的9万元未被取现或消费，最后通过警方得以追回钱款。对于该9万元是认定为犯罪既遂、未遂，抑或犯罪中止，在审理中存在争议。第一种意见采用"失控说"作为犯罪既遂标准，认为被害人一旦失去对财物的控制，就意味着其财产权益已经遭受侵犯，无论行为人是否实际获得财物，均不影响对结果的认定。第二种意见采用"控制说"作为犯罪既遂标准，认为行为人系主动放弃了对财物的控制，故应认定为犯罪中止。第三种意见采用"失控+控制说"作为犯罪既遂标准，认为在短信类诈骗犯罪中的既遂，不仅要求被害人基于错误认识交付财物，而且该财物须已经为行为人所占有。笔者认为，根据短信诈骗这类新型犯罪的特点，本着罪刑相适应原则的精神，在认定既、未遂形态时，既要考虑被害人因受骗致财物失控，更应考虑行为人对财物是否已经实际掌控和支配。本案中，被告人詹群忠将银行卡丢弃在前，徐淑英将9万元汇入该卡账户在后，詹群忠既然失去了对银行卡的控制，也就失去了对银行卡上钱款的控制，且该银行卡的户名并非被告人詹群忠，其也无法通过银行卡挂失等合法途径恢复对该银行卡的控制。事实上，警方也确实是从银行而不是从被告人詹群忠处追回该9

---

① 参见张竞模、朱伟民、李敏：《詹群忠等诈骗案——利用手机群发诈骗短信，后因逃避侦查丢弃银行卡而未取出卡内他人所汇款项，能否认定为诈骗罪的未遂形态》，载最高人民法院刑事审判第一、二、三、四、五庭主办：《刑事审判参考》（总第76集），法律出版社2011年版，第43—49页。

万元，故对该部分款项应当以诈骗罪未遂形态来认定。

八、抢劫罪八种加重情节是否存在既、未遂问题

(一) 裁判规则

《刑法》第263条后半段规定了抢劫罪的八种加重情形，除了抢劫致人重伤、死亡的情形，显然已经达到既遂的标准，不存在未遂形态外，其余七种加重情节，都存在既未劫得财物又未造成被害人轻伤以上后果的情形，即均存在未遂形态。

(二) 规则适用

《刑法》第263条规定了抢劫罪的八种加重犯情形：入户抢劫的；在公共交通工具上抢劫的；抢劫银行或者其他金融机构的；多次抢劫或者抢劫数额巨大的；抢劫致人重伤、死亡的；冒充军警人员抢劫的；持枪抢劫的；抢劫军用物资或者抢险、救灾、救济物资的。对于这八种加重犯是否存在未遂问题，理论上存在争论。有观点认为，以上八种情节只有成立与否的问题，不存在犯罪未遂的问题。故只要行为人实施了基本的犯罪行为，并存在加重情形或者出现了加重结果，其犯罪即构成既遂，而无论基本犯罪是否达到既遂状态。笔者认为，从未完成犯罪理论来看，在八种加重处罚情节中，除了抢劫致人重伤、死亡的情形，其本身已经达到既遂的标准，不存在未遂形态外，其余七种加重情节，都存在既未劫得财物又未造成被害人轻伤以上后果的情形。也就是说，入户抢劫的，在公共交通工具上抢劫的，抢劫银行或者其他金融机构的，抢劫军用物资或者抢险、救灾、救济物资的，以数额巨大财物为抢劫目标的，这些抢劫行为均有可能由于主客观原因，在着手后犯罪停止在未遂或中止形态上，最终未能达到既遂的状态。在成立上述加重犯的情况下，也存在基本犯罪既遂的加重犯与基本犯未遂的加重犯两种情形。而且，这些加重情节只是法定刑升格的条件，并不是抢劫罪既遂的条件，因此，作为同一罪名的抢劫罪不应只根据加重情节是否具备而改变既遂与未遂的区分标准。

其中，对于"抢劫数额巨大"的加重情节，如果行为人以数额巨大的财物为明确目标实施抢劫，但由于意志以外的原因未能抢到财物也未造成被害人轻伤以上后果的，应同时认定为抢劫数额巨大和犯罪未遂。关于这一点，2016年1月6日最高人民法院发布施行的《关于审理抢劫刑事案件适用法律若干问题的指导意见》第2条第3项规定："抢劫数额以实际抢劫到的财物数额为依据。对以数额巨大的财物为明确目标，由于意志以外的原因，未能抢到财物或实际抢得的财物数额不大的，应同时认定'抢劫数额巨大'和犯罪未遂的情节，根据刑法有关规定，结合未遂犯的处理原则量刑。"此外，关于多次抢劫，如果行为人既有既遂，又有未遂的，应当如何处理？笔者认为，多次抢劫中的次数原则上与每一次是既遂还是未遂没有关系，即犯罪既遂与否不影响"多次抢劫"的成立，但抢劫预备一般不宜计入抢劫次数。关于多次抢劫的既未遂认定，如果行为人实施3次以上抢劫，不论其中每次抢劫的既未遂状态，均属于多次抢劫，至于是否构成多次抢劫的既遂，则

需要考虑是否有 3 次以上的既遂次数,如果有 3 次以上的,则构成多次抢劫的既遂;如果既遂的抢劫行为不足 3 次,加上未遂、中止才达到 3 次的,则属于多次抢劫的未遂。

【指导案例】陈旭东抢劫案①——以数额巨大之财物为明确目标,未能抢到财物或实际抢得的财物数额不大的,能否认定为"抢劫数额巨大"之未遂形态

被告人陈旭东因负债累累,遂与通过 QQ 聊天结识的安徽籍男子刘洪景共谋采用持刀恐吓、言语威胁等手段,向原公司同事邵林海"借钱"。2017 年 1 月 25 日早上,陈旭东及刘洪景携带西瓜刀、折叠刀等工具,由陈旭东驾车在邵林海工作的华汇公司楼下守候。当日 17 时 50 分许,邵林海步行离开华汇公司,陈旭东以顺路送其回家为由将邵林海骗上车子副驾驶位。随后,刘洪景从车后排用左手捂住邵林海嘴巴,右手持折叠刀架在邵林海颈部,陈旭东亦拿出西瓜刀,两人以"烂命一条""弄家人、小孩""把车开到偏远处再谈"等言语进行威胁,提出"借款"人民币 100 万元,邵林海被迫答应。后陈旭东与邵林海到华汇公司邵林海办公室,邵林海通过网银转账给陈旭东人民币 50 万元,并当场给付现金人民币 2 万元,又承诺余款次日交付,陈旭东遂出具人民币 100 万元借条一张。

本案中,被告人陈旭东采用暴力手段劫持被害人邵林海后,明确向其索要 100 万元,但由于意志以外的原因,陈旭东最终仅抢得 52 万元,属于"以数额巨大的财物为明确目标"但未得逞的情形。在既、未遂并存的情况下,当二者分别达到不同量刑幅度时,依照较重的规定处罚;如果达到同一量刑幅度的,应当以既遂犯罪处罚。本案中,无论被告人所针对的目标数额(100 万)还是实际抢得的数额(52 万),均达到了数额巨大的标准。此时,按既遂与未遂处理均属于同一量刑幅度,故对被告人应当以实际数额的既遂论处,即应当认定为抢劫数额巨大之既遂形态。对此,最高人民法院《关于审理抢劫刑事案件适用法律若干问题的指导意见》第 2 条第 3 项亦规定,当行为人以数额巨大的财物为明确目标而未得逞时,只有在"未能抢到财物或实际抢得的财物数额不大"的情况下,才能认定为"抢劫数额巨大"的未遂形态。反之,如果实际抢得的财物同样达到了数额巨大,则不能认定为"抢劫数额巨大"之未遂形态,此时应当按照"抢劫数额巨大"之既遂来处理。对此,法院经审理认为"被告人陈旭东虽抢劫数额巨大,但因意志以外原因部分未能得逞,属抢劫数额巨大未遂,比照既遂予以减轻处罚",并不妥当②,而应直接以抢

---

① 案号:(2017)浙 06 刑初 38 号。
② 因为如果行为人抢劫目标就是 52 万,最终也抢得了 52 万,那么就属于抢劫数额巨大既遂,应当在 10 年以上量刑。而本案中,行为人抢劫目标是 100 万元,最终抢得了 52 万,从社会危害性来看显然更大,按照举重以明轻的当然解释原理,也应当在 10 年以上量刑。而本案却认定为抢劫数额巨大之未遂,并在 10 年以下减轻处罚,显然是不妥当的。

劫数额巨大的既遂论处,无需适用未遂条款减轻处罚。

九、既、未遂并存时如何认定犯罪数额并选择法定刑幅度

(一)裁判规则

数额犯在既、未遂并存的情况下,应当以既遂或未遂数额分别确定法定刑幅度,而不能以既、未遂累计的总数额来确定法定刑幅度;只有在既、未遂数额均未单独构罪但总数额符合定罪条件的情况下,才能根据总数额来确定全案适用的法定刑幅度,并认定全案具有未遂情节。

(二)规则适用

从司法实践来看,在数额犯中容易存在既遂与未遂并存的现象,此时如何来认定犯罪数额进而确定法定刑的幅度?对此,最高人民法院、最高人民检察院在《关于办理诈骗刑事案件具体应用法律若干问题的解释》第6条中规定:"诈骗既有既遂,又有未遂,分别达到不同量刑幅度的,依照处罚较重的规定处罚;达到同一量刑幅度的,以诈骗罪既遂处罚。"此外,最高人民法院、最高人民检察院在《关于办理非法生产、销售烟草专卖品等刑事案件具体应用法律若干问题的解释》第2条第2款中规定:"销售金额和未销售货值金额分别达到不同的法定刑幅度或者均达到同一法定刑幅度的,在处罚较重的法定刑幅度内酌情从重处罚。"从上述规定中可见,在既、未遂并存的情况下,决定法定刑幅度的数额并非全案总数额,而是既遂或者未遂部分的数额。当然,适用上述规定的前提是既遂与未遂部分的数额均独立成罪。如果既、未遂并存但只有一项符合定罪条件的,只能根据单独构罪部分的数额来确定法定刑幅度。比较复杂的情况是,既遂与未遂均未单独构罪但总数额符合构罪条件的,能否作为犯罪处理?对此,《关于办理非法生产、销售烟草专卖品等刑事案件具体应用法律若干问题的解释》第2条作出了规定,伪劣卷烟、雪茄烟等烟草专卖品销售金额未达到5万元(构罪数额),但与未销售货值金额合计达到15万元以上的,以生产、销售伪劣产品罪(未遂)定罪处罚。据此,对于既遂与未遂均未单独构罪但总数额符合定罪条件的,可以累计的犯罪总数额来确定全案适用的法定刑幅度,并认定全案具有未遂情节。

【指导案例】王新明合同诈骗案①——在数额犯中,行为既遂部分与未遂部分并存且分别构成犯罪的,如何准确量刑

2012年7月29日,被告人王新明通过使用伪造的户口簿、身份证,冒充房主王叶芳(被告人之父)身份的方式,在北京市石景山区链家房地产经纪有限公司古

---

① 参见罗鹏飞:《王新明合同诈骗案——在数额犯中,行为既遂部分与未遂部分并存且分别构成犯罪的,如何准确量刑》,载最高人民法院刑事审判第一、二、三、四、五庭主办:《刑事审判参考》(总第100集),法律出版社2015年版,第8—20页。

城公园店,以出售石景山区古城路28号楼×号房屋为由,与被害人徐菁签订房屋买卖合同,约定购房款为人民币100万元,并当场收取徐菁定金1万元。同年8月12日,王新明又收取徐菁支付的购房首付款人民币29万元,并约定余款过户后给付。后双方在办理房产过户手续时,王新明虚假身份被石景山区住建委工作人员发现,余款未取得。

本案中,被告人王新明合同诈骗未遂部分70万元,对应法定刑幅度为10年有期徒刑以上刑罚,结合本案的具体情况(被害人与被告人之间系父子关系),可以对该未遂部分予以减轻处罚,所以未遂部分法定刑幅度应当为3年以上10年以下有期徒刑,与合同诈骗既遂部分30万元所对应的法定刑幅度一致。依照《关于办理诈骗刑事案件具体应用法律若干问题的解释》第5条的规定,以合同诈骗罪既遂30万元的犯罪事实作为基本犯罪构成事实,确定全案适用的法定刑幅度,并确定量刑起点。将未遂部分70万元作为其他增加刑罚量的犯罪事实,在量刑起点的基础上确定基准刑。

第八章 共同犯罪

一、共同盗窃中部分人实施暴力行为，其他人是否也应认定为转化型抢劫

(一) 裁判规则

两人以上共同实施盗窃、诈骗、抢夺犯罪，其中个别人或者部分行为人为窝藏赃物、抗拒抓捕或者毁灭罪证而当场使用暴力或者以暴力相威胁的，对于其余行为人是否以抢劫罪共犯论处，需要审查各行为人之间的共谋内容以及其他人对临时发生的暴力、威胁行为的态度等情况来具体分析判断。

(二) 规则适用

《刑法》第269条规定："犯盗窃、诈骗、抢夺罪，为窝藏赃物、抗拒抓捕或者毁灭罪证而当场使用暴力或者以暴力相威胁的，依照本法第二百六十三条的规定定罪处罚。"当实施盗窃、诈骗、抢夺犯罪行为时，行为人为窝藏赃物、抗拒抓捕或者毁灭罪证而当场使用暴力或者以暴力相威胁的，依照上述规定以抢劫罪定罪处罚，司法认定上基本没有争议。但是，当数人共同实施盗窃、诈骗、抢夺犯罪行为时，如果暴力或威胁行为系其中个别人或者部分人实施的，是否对其他参与作案的人均按抢劫罪定罪处罚，这涉及对共同犯罪与犯罪转化之间关系的把握。笔者认为，对这个问题需要考查各行为人之间的共谋内容，其他人对临时发生的暴力、威胁行为的态度等情况来具体分析判断。

1.各行为人事先明确约定，在盗窃、诈骗、抢夺过程中，如遇到抓捕，将采取暴力、威胁手段予以抗拒；或者各行为人事先虽无明确约定，但均明知有人携带匕首、砍刀、棍棒等犯罪工具，做好了两手准备，各人对遇到抓捕时将采取暴力、威胁手段抗拒的可能性均心知肚明。在此情况下，各行为人事先在主观上已经达成一致认识，如遇他人抓捕或被害人反抗，将相互帮助或联手反击。故当实际发生某人为抗拒抓捕而当场使用暴力或以暴力相威胁的情形时，则所有参与作案的人均转化为抢劫罪，这是典型的共同转化犯罪。

2.事先没有预谋采取暴力、威胁手段，个别行为人在犯罪过程中采取暴力、威胁手段,其他行为人事后才获悉,并参与分赃的情形。对该情形,有意见认为,其他行为人参与分赃实际上是对个别行为人所采取的暴力、威胁手段的事后追认,说明个别行为人采取的暴力、威胁手段并不违背其他人的主观意志,应当均认定构成转化型抢劫罪的共犯。笔者认为,这种情形不宜认定为抢劫罪的共犯。主要理由是:个别行为人在未与其他人事先约定的情况下,临时决定采取暴力、威胁手段,而其他人当时并不知情,该行为实际上属于实行过限,不能认定符合其他人的意志。即使把其他人事后参与分赃理解为对个别人过限行为的追认,但其他人客观上并没有参与实施过限行为,其事后追认与危害结果之间没有因果关系,若对其按共犯处理,则违背了主客观相一致的定罪原则,属于主观归罪。

3.各行为人事先仅约定实施盗窃、诈骗、抢夺犯罪行为,未约定遇抓捕是否反抗,但作案中发现其他个别人采取了暴力、威胁手段的情形。对此,需要根据其他人在发现有人采取暴力、胁迫手段时的表现来认定。如果其他人发现有人采取暴力、威胁手段抗拒抓捕后,均当场实施暴力、威胁行为的,则其他人也均转化为抢劫罪。容易产生争议的是,当其他人发现有人采取暴力、威胁手段时,并没有参与实施暴力、威胁行为的,是否认定为转化型抢劫罪?对此不能一概而论,而应区分以下三种情形来判断。

(1)其他人发现个别人采取暴力、威胁手段抗拒抓捕后,仍停留在现场继续参与盗窃、诈骗或抢夺的,尽管其他人并没有实施暴力、威胁行为,但其行为表明其原有的盗窃犯意已经发生了改变,彼此之间形成新的抢劫犯意。这是因为,在共同犯罪中,各共犯的犯意和行为之间存在一种动态的联络和相互作用,一人临时改变行为,其他共犯了解后可以随即表明自己的态度,改变自己的意图和行为。这样,共同犯罪人在最初共同犯意的基础上,经过调整,如默认、放任或追加同意而达成新的一致。其他人在发现个别人采取了暴力、威胁手段抗拒抓捕后,仍停留在现场积极参与行窃、诈骗或抢夺,表明其主观上对个别人实施的暴力、威胁行为给予追加同意,客观上对实施暴力、威胁行为的人给予精神支持或鼓励,对被害人形成心理压力或恐惧,其继续行窃、诈骗或抢夺行为与他人采取的暴力、威胁手段抗拒抓捕的行为已经融为一体,故在这种情形下留在现场继续实施犯罪的人均应一体转化为抢劫罪。

(2)其他人在发现个别人采取暴力、威胁手段后,当场明确做出反对的意思表示或阻止过限行为发生危害结果。在这种情况下,应认定采取暴力、威胁手段的人属于实行过限,对其他反对或者阻止者不应以抢劫罪的共同犯罪论处。理由是,各共同犯罪人实施盗窃、诈骗、抢夺等先前行为时虽具有共同犯罪故意,但该共同故意并不包含采取暴力、威胁手段的内容,先前行为败露后,个别行为人采取的暴力、威胁行为属于新的犯罪内容,其他犯罪人发现过限行为之后即明确表示反对或阻止,说明共犯人之间没有形成新的犯罪合意,故根据主客观相一致的定罪原则,对明确反对或阻止实施暴力、威胁行为的共犯人,不应认定转化型抢劫罪。

(3) 其他人发现个别人采取了暴力、威胁手段抗拒抓捕后,未予制止便逃离现场的情形。对此,有观点认为,个别行为人实施了超出共谋的犯罪行为,其他共犯虽未参与,但当时已经知情且未予制止,表明主观上对该犯罪行为是认同的,应当对个别人实施的暴力、威胁行为承担刑事责任。笔者认为上述观点并不妥当。主要理由是:共犯人事先未预谋实施暴力、威胁行为,表明本无实施抢劫的犯意,其他人发现个别人采取暴力、威胁手段抗拒抓捕后便逃离现场,表明其他人主观上对个别人的过限行为并未给予追加认同,客观上对实行过限行为人亦未产生精神支持或鼓励,故对逃离现场的人仍应以先前的盗窃、诈骗、抢夺罪定罪处罚,而不能认定为转化型抢劫罪。

【指导案例】王国清等抢劫、故意伤害、盗窃案①**——转化型抢劫罪的法律适用**

2000年7月23日8时许,被告人王国清、李中保、李德玉在北京市海淀区颐和园东宫门售票处商定,由李德玉负责望风,王国清、李中保混入购票的人群中行窃。王国清、李中保窃得游客曹某价值人民币1595元的摩托罗拉牌移动电话机1部,欲逃离现场时被发现。派出所民警袁时光与在场群众张林、何琦即上前抓捕。当袁时光等人追赶王国清等人至颐和园东宫门邮电局附近时,王国清掏出随身携带的尖刀刺破袁时光腹主动脉,致袁时光因急性失血性休克死亡;将张林右臂及左胸刺伤,构成轻伤;将何琦右前胸刺伤,构成轻微伤。

本案中,被告人王国清、李中保、李德玉共同预谋实施盗窃。其中,由李德玉负责望风,王国清、李中保实施具体的盗窃行为,三被告人均应共同对盗窃行为承担刑事责任。但是,王国清、李中保在实施盗窃行为过程中被人发现后,王国清为抗拒抓捕而持尖刀捅刺抓捕人,并致一人死亡、二人受伤。由于本案没有证据证实,三被告人事先明确约定,在盗窃过程中如遇到抓捕,将采取暴力、威胁手段予以抗拒;或者各行为人事先虽无约定,但明知其中有人携带了匕首、砍刀、棍棒等犯罪工具,做好了两手准备,各人对遇到抓捕时将采取暴力、威胁手段抗拒的可能性均心知肚明。此外,在盗窃行为被发现之后,李中保和李德玉并没有对抓捕人使用暴力,故二人与王国清并不具有转化型抢劫的共同故意,亦未与王国清一同实施暴力、胁迫行为,不构成转化型抢劫的共犯。虽然李中保、李德玉利用王国清的暴力行为暂时逃离现场,但单纯的逃离现场并非犯罪行为,同样不应对王国清的暴力行为承担刑事责任。因此,李中保、李德玉的盗窃行为不能与王国清一同转化为抢劫罪,二人只需要承担所犯盗窃罪的刑事责任。

---

① 参见刘树德、刘香:《王国清等抢劫、故意伤害、盗窃案——转化型抢劫罪的法律适用》,载最高人民法院刑事审判第一庭、第二庭编:《刑事审判参考》(总第13辑),法律出版社2001年版,第15—23页。

【指导案例】张某某抢劫、李某某盗窃案①——盗窃共同犯罪中部分共犯因为抗拒抓捕当场实施暴力转化为抢劫罪,其他共犯是否也随之转化

1988年12月4日晚,被告人张某某、李某某伙同张某良(另案处理)携带镰刀在某国道某县境内,乘道路堵车之机,欲共同对被堵车辆行窃。8时许,张某某、张某良登上姜某某驾驶的解放牌汽车,将车上拉运的白糖往下扔,李某某负责在下边捡拾、搬运,共窃得白糖300公斤(价值共计人民币1200元)。当司机姜某某从后视镜上发现有人扒货时,即下车查看,当场抓住张某某。张某某为脱身,用镰刀朝姜某某的脸上砍了一下,经法医鉴定构成轻伤。同时张某良也捡起石头威胁姜某某及前来协助的货主刘某。姜某某及刘某见此情形连忙驾车离开现场,并在一报警点报了案。出警的公安人员赶赴现场后,将正在搬运赃物的张某良抓获,但张某某、李某某逃跑。1999年9月21日、22日,张某某、李某某分别到某县公安局投案。

公诉机关指控认为,被告人李某某伙同张某某、张某良实施盗窃,属共同犯罪。张某某被人抓住后,为了抗拒抓捕而当场使用暴力;张某良为帮助张某某脱逃,也以暴力威胁被害人,这就使犯罪的性质由盗窃罪转化成为抢劫罪。由于三人的行为属共同犯罪,李某某虽然没有当场使用暴力或以暴力相威胁,但亦应以抢劫罪定罪处罚。法院经审理认为,从本案的全过程来看,张某良、张某某先后上车盗窃白糖,李某某在下面路上将扒下的白糖往路边转移,此时三人的行为属共同盗窃。当司机发现有人扒货时,即停车查看,将刚从车上下来的被告人张某某当场抓住。张为了脱身,用随身携带的镰刀将司机的面部砍伤,张某良为帮助张某某脱身,也过来捡起石头威胁司机及货主。至此,张某某、张某良的犯罪性质已经发生了转化。而此时李某某正在距现场几十米远的地方搬运赃物,李某某既没有赶赴现场对被害人使用暴力或者以暴力相威胁,也没有对张某某、张某良使用暴力表示认同的意思表示。显然,对于使用暴力和以暴力相威胁的行为,李某某与张某某、张某良之间既无共同的故意,也无共同的行为,不具备共同犯罪的要件。因此,李某某的行为不符合转化型抢劫罪的特征。

【指导案例】陈万学抢劫、刘永等人盗窃案②——共同盗窃犯罪中转化型抢劫罪的认定

2009年8月11日至12日,被告人陈万学纠集了被告人刘永、庞德永、菅朋亮、

---

① 参见洪冰:《张某某抢劫、李某某盗窃案——盗窃共同犯罪中部分共犯因为抗拒抓捕当场实施暴力转化为抢劫罪,其他共犯是否也随之转化》,载最高人民法院刑事审判第一庭、第二庭编:《刑事审判参考》(总第32辑),法律出版社2003年版,第34—38页。

② 参见聂昭伟、曹敏:《陈万学抢劫、刘永等人盗窃案——共同盗窃犯罪中转化型抢劫罪的认定》,载最高人民法院刑事审判第一、二、三、四、五庭主办:《刑事审判参考》(总第83集),法律出版社2012年版,第42—48页。

决定到浙江省舟山市定海区临城街道洞岙水库铁火尖隧道口附近盗窃堆放在该处用于搭建高压铁塔的铁板。其间,陈万学、庞德永前往铁板堆放现场进行察看,并将一把钢筋钳藏于现场附近。8月13日凌晨3时许,陈万学、刘永、庞德永、菅朋亮按照事先约定,分骑两辆电动三轮车到达铁板堆放处。经察看无人后,陈万学等人取出事先藏在此地的钢筋钳剪断捆扎铁板的钢丝,将铁板搬运至两辆电动三轮车上。工地值班员王国玉发现后,即上前大喊"抓贼",刘永等五人当即骑车逃离现场,陈万学见状则拿起钢筋钳威吓王国玉,并对王说:"再过来,就砸死你。"王国玉见状不敢上前抓捕。随后,陈万学骑车逃离现场。

本案中,被告人刘永等三人不应对陈万学在盗窃过程中针对被害人所实施的威胁行为承担刑事责任,不构成转化型抢劫罪。理由是:第一,四被告人共同商议的只是盗窃,并未对被发现后采取何种措施等进行商量。案发当天凌晨3时许,陈万学、刘永、庞德永、菅朋亮按照事先约定,分骑两辆电动三轮车一起到作案现场,经察看无人后,遂用钢筋钳剪断捆扎铁板的钢丝,将铁板搬运至电动三轮车上。应该说,本案的共同盗窃故意很明显,手段也很确定,就是"偷"而不是"抢"。第二,虽然陈万学事先在盗窃地点藏了一把钢筋钳,并在被人发现后使用钢筋钳进行威胁,但钢筋钳系盗窃工具,与事先携带砍刀、匕首、棍棒等明显用于伤害人身的犯罪工具不同,其他被告人也无法预料到陈万学在遇到抓捕时会使用钢筋钳威胁对方,故该行为属于陈万学个人实行过限,应由其本人承担刑事责任。第三,四被告人在实施盗窃被值班人员发现后,陈万学为抗拒抓捕而当场持钢筋钳进行威胁,事发突然,其他被告人为避免被抓获而本能地跳上电动三轮车逃离现场。由于该三人未继续停留在现场参与共同行窃或以积极的言行配合陈万学,故三人与采取威胁手段抗拒抓捕的陈万学之间并没有形成新的犯罪故意,陈万学的行为属于实行过限,其他被告人对此不应承担责任。综上,法院认定陈万学一人构成转化型抢劫罪,认定刘永、庞德永、菅朋亮三人仅构成盗窃罪,是正确的。

二、有责任能力者与无责任能力者能否成立共同犯罪

(一)裁判规则

《刑法》第25条第1款规定"共同犯罪是指二人以上共同故意犯罪"中的"二人",无需其达到刑事责任年龄、具有刑事责任能力,只要是两个以上"人",均能够在违法性意义上成立共犯;至于是否达到刑事责任年龄、具有刑事责任能力,是否存在违法性认识的可能性、具备期待可能性等,则是在成立共同犯罪之后在有责性阶段进行个别判断的问题。为此,有责任能力者与无责任能力者可以成立共同犯罪。

(二)规则适用

《刑法》第29条第1款后半段规定:"教唆不满十八周岁的人犯罪的,应当从重处罚。"由于教唆犯属于共同犯罪中的一种共犯类型,当被教唆者因为年龄问题

不具有刑事责任能力时,其与教唆者能否成立共同犯罪,并适用上述条款对教唆犯从重处罚呢?这就涉及对《刑法》第25条第1款共同犯罪规定的理解问题。《刑法》第25条第1款规定:"共同犯罪是指二人以上共同故意犯罪。"对于该规定中的"二人",传统刑法理论认为,必须是达到刑事责任年龄、具有刑事责任能力的人。按照上述理解,司法实践中很多情形无法得到妥善处理。以"邀约成年人望风案"为例:15周岁的甲邀请17周岁的乙为其入户盗窃望风。按照通说,因为甲未达刑事责任年龄,乙与甲不成立共同犯罪,结果要么宣告乙无罪(因为欠缺盗窃罪的实行行为),要么认为乙成立盗窃罪的间接正犯。很显然,本案不是乙将甲当作盗窃的"工具"加以利用,反倒是乙被甲作为"工具"加以利用。所以,作为间接正犯处理也不妥当。无罪的结论更不能接受,因为假如乙应邀为已满16周岁的人望风,无疑成立盗窃罪的帮助犯,现在为未达刑事责任年龄的人望风,社会危害性更大,更值得处罚。

为此,笔者认为,这里的"犯罪"并非规范意义上的行为,即并非是指被教唆者的行为一定要符合犯罪构成四要件从而构成犯罪,而是自然意义上的行为。关于这一点,2002年7月24日全国人大常委会法制工作委员会《关于已满十四周岁不满十六周岁的人承担刑事责任范围问题的答复意见》指出,"《刑法》第十七条第二款规定的八种犯罪,是指具体犯罪行为而不是具体罪名"。可见,共同故意"犯罪"并非违法且有责性意义上的犯罪,而是仅指违法性意义上的犯罪,即只要符合构成要件且违法即可,最终是否作为犯罪处罚,还需要在有责性阶段进行个别认定。据此,"邀约成年人望风案"中的问题迎刃而解,即乙与甲在违法性意义上成立共犯,进而认定乙成立盗窃共同犯罪的从犯,甲则因未达刑事责任年龄而宣告无罪。同样,《刑法》第29条第1款所规定的"教唆不满十八周岁的人犯罪的,应当从重处罚",既包括被教唆者达到刑事责任年龄的情形,也包括被教唆者未达到刑事责任年龄的情形。也就是说,只要被教唆者不满18周岁,对于教唆犯均应当适用《刑法》第29条第1款的规定从重处罚。

当然,需要指出的是,尽管被教唆者可以是不满14周岁的未成年人,但也必须是具有一定规范意识的人。以"唆使未成年人盗窃案"为例:母亲甲唆使15周岁的儿子乙出去盗窃以贴补家用。尽管按照通说,甲与乙不成立共同犯罪,甲成立盗窃罪的间接正犯。① 但现在刑法理论一般认为,利用具有独立意思决定能力的未成年人实施犯罪,只要对未成年人不存在胁迫的情形,利用者通常应被评价为教唆犯而不是间接正犯。② 本案中,15周岁的儿子应该具有辨别盗窃行为性质的能力,因此将甲的行为评价为教唆犯可能更为妥当。③ 而且,我国《刑法》第29条第1款后半段明文规定"教唆不满十八周岁的人犯罪的,应当从重处罚",将利用

---

① 参见王作富主编:《刑法》(第五版),中国人民大学出版社2011年版,第123页。
② 参见〔日〕前田雅英:《刑法总论讲义》(第5版),东京大学出版会2011年版,第470—472页。
③ 参见何庆仁:《共犯判断的阶层属性》,载《中国刑事法杂志》2012年第7期,第18—29页。

未成年人犯罪的行为评价为教唆犯也比间接正犯处罚更重。反之,如果是教唆像幼儿或者精神病患者这样完全缺乏规范意识的人犯罪,则应当认定为间接正犯。

【指导案例】胡金秀盗窃案①——教唆未成年人犯罪能否成立共同犯罪

2012年4月9日上午,被告人胡金秀伙同他人经事先预谋窜至浙江省临安市锦城街道六园街81号广场农贸综合市场10-12号摊位前,由被告人胡金秀伙同他人以买菜为名吸引被害人陈宏的注意,教唆未成年人进入摊位内窃得被害人陈宏放在摊位内桌子上的女士拎包1只,内有现金人民币1100元和价值人民币13405元重34.7克的24K黄金项链1条。案发后,被告人胡金秀伙同他人逃至农贸市场门口时,被被害人陈宏抓获并将财物追回。

浙江省临安市人民法院经审理认为,被告人胡金秀以非法占有为目的,伙同他人教唆未成年人秘密窃取他人财物,其行为已构成盗窃罪。本案系共同犯罪。公诉机关指控的罪名成立。据此,以盗窃罪判处被告人胡金秀有期徒刑8个月,并处罚金人民币1000元。

三、承继共同犯罪中如何认定承继者的罪名及刑事责任

(一)裁判规则

在承继的共同犯罪中,由于前行为人先前行为的效果在持续,而且行为人是在明知他人犯罪性质的情况下参与了他人犯罪的后续行为,应与他人以共同犯罪论处。当然,这种承继的共犯人只能对与自己的行为具有因果性的结果承担责任,利用前行为人已经造成的结果不等于后行为人的行为与该结果之间具有因果关系,故其对先前行为已经造成的结果无需承担责任。此外,如果行为人是在不知道他人先前行为性质的情况下,参与后续犯罪,则应结合其主观故意和客观行为来确定其具体罪名。

(二)规则适用

在我国刑法理论中,共同犯罪可以区分为事前通谋的共同犯罪与事前无通谋的共同犯罪。其中,对于各共犯人在着手实行犯罪之前,就犯罪的性质、目标与对象、手段与方法、时间与地点等内容进行了策划安排,此后各行为人按照事先分工分别实施了不同的行为,只要未实行过限,对各行为人均应以同一罪名的共犯定罪处罚。而在事先无通谋的情况下,在他人共同犯罪的过程中,行为人临时起意参与其中的,应当根据行为人是否知道前行为人行为性质等情况,分别定罪:(1)行为人在参与他人后续犯罪行为时,不知道他人前期犯罪行为的具体动机、目的、性质。在这种情况下,由于行为人在主观犯罪故意的内容上与他人并不一致,

---

① 案号:(2013)杭临刑初字第299号。

根据主客观一致的原则,应当结合行为人主观故意的内容和实施的客观行为,确定其具体罪名;(2)行为人虽在事先未与他人形成共同犯意,但其在明知他人犯罪性质的情况下,于事中参与了他人犯罪的后续行为。其行为一方面形成事中对他人犯罪目的的认可和主观故意内容上的沟通,另一方面其客观行为对他人实现犯罪目的起到了积极帮助作用,根据主客观相一致的定罪原则,应与他人以共同犯罪论处,这种情况在刑法理论上称之为"承继的共同犯罪"。所谓"承继的共同犯罪",是指前行为人已经实施了一部分正犯行为之后,在犯罪既遂之前(持续犯除外①),事先无通谋的后行为人以共同实施的意思参与犯罪,并对结果的发生具有原因力的情况。

在承继的共同犯罪中,后行为人对于前行为人之前行为所产生的结果是否承担责任?例如,甲出于劫财目的而对被害人乙实施暴力行为并导致乙重伤或者死亡,丙在此之后参与夺取财物的,是否需要对甲所实施的暴力致人重伤或者死亡结果承担责任?对此,"肯定说"认为,既然后行为人明知前行为人的意图,并利用前行为人已经造成的结果,表明二者之间形成了共同故意,故理应对前行为人所造成的结果承担责任。② "否定说"认为,因果关系的发展具有时间顺序性,在前行为人实施的行为已经造成危害结果之后,后行为人的行为不可能再成为该结果的原因,因而不应对该结果承担责任;而且后行为人虽然了解前行为人的行为及其结果,但这并不表明二者对结果存在共同故意,也不表明该结果由二人共同造成。③ 笔者同意"否定说"的观点,利用前行为人已经造成的结果不等于后行为人的行为与该结果之间具有因果关系,后行为人不应对与自己没有任何因果关系的结果承担责任。需要指出的是,不但对于前行为人所造成的结果,而且对于前行为人已经造成的其他加重情节,后行为人也不应承担刑事责任。例如前行为人使用暴力奸淫妇女之后,后行为人再次强奸同一妇女的,即使其明知前行为人已经强奸了该妇女,仍然只成立普通强奸罪,不构成轮奸。④

【指导案例】侯吉辉、匡家荣、何德权抢劫案⑤——在明知他人抢劫的情况下,于暴力行为结束后参与共同搜取被害人财物的行为如何定罪量刑

被告人侯吉辉曾在被害人家的个体卖肉摊(摊主周陶敏)打过工。2005 年 5

---

① 在持续犯的场合,他人行为已经既遂之后,行为人仍然可以中途加入,成立承继的共同犯罪。如他人在非法拘禁被害人期间,得知真相的行为人一起参与拘禁的,二人构成非法拘禁罪的共同犯。
② 参见〔日〕木村龟二:《刑法总论》,有斐阁1959年版,第408页。
③ 参见〔日〕平野龙一:《刑法总论Ⅱ》,有斐阁1975年版,第382页。
④ 参见聂昭伟:《强奸后未阻止他人继续强奸不构成轮奸》,载《人民司法·案例》2017年第35期,第21—23项。
⑤ 参见高军:《侯吉辉、匡家荣、何德权抢劫案——在明知他人抢劫的情况下,于暴力行为结束后参与共同搜取被害人财物的行为如何定罪量刑》,载最高人民法院刑事审判第一、二、三、四、五庭主办:《刑事审判参考》(总第62集),法律出版社2008年版,第31—43页。

月,侯吉辉碰到被告人匡家荣,经商议决定一起到周陶敏家肉摊打工,以便伺机动手。5月底,侯、匡二人住进了被害人租住的套房,并与同居一室同在周陶敏肉摊打工的被告人何德权相识。其后,侯、匡二人商议拉何入伙,但何表示:你们干的事与我无关,最多我不去报警。6月9日中午,侯、匡二人商量马上要对老板娘动手,侯吉辉在卫生间以窗帘拉不下为由,诱使老板娘(俞彩凤)走到卫生间门口,匡家荣乘机从身后持刀架在老板娘的脖子上,被害人见状大声呼救、反抗,侯吉辉将被害人扑倒并卡住其喉咙,匡家荣见被害人仍在呼救反抗,即持剔骨刀对被害人胸腹部、背部等处刺戳数刀,致俞彩凤当场死亡。何德权在房间内听到客厅中的打斗声渐小后走出房门,见状后何问侯、匡二人:你们把老板娘搞死了?匡家荣随即叫何德权一起到老板娘房间去找钱。三人在被害人家中共找出人民币1000余元,携带以上赃款逃出被害人家。

本案中,被告人何德权显然是在明知侯、匡二人的行为性质、目的及已造成的犯罪后果之情形下,在侯、匡二人抢劫犯罪行为处于持续状态期间,应匡家荣的要求参与了共同搜取被害人家中财物的行为,属于承继的共同犯罪,应当与侯、匡二人构成抢劫罪的共犯。接下来的问题是,如何适用《刑法》第263条的规定对何德权进行量刑。有意见认为,由于何德权的行为系抢劫罪的共犯,故应比照侯、匡二主犯抢劫致人死亡的加重情节,适用《刑法》第263条第(五)项的规定,在十年以上有期徒刑、无期徒刑或者死刑的量刑幅度内对其从轻或减轻处罚。笔者认为,尽管在事先有通谋的情况下,各行为人对最终结果的发生均存在物质或心理上的原因力,故对共同犯罪的后果应共同承担责任,但何德权在案发前与侯、匡二人并没有共同抢劫的通谋,亦未参与对被害人实施的暴力行为,其尽管有利用前行为人已经造成的结果,但并不等于后续行为与该结果之间存在因果关系,当然也就无需对与自己行为没有因果关系的结果承担责任。本案中,由于致人死亡的结果系侯吉辉、匡家荣所为,故该二人构成抢劫罪的结果加重犯,应适用《刑法》第263条第(五)项规定的加重条款;而对于何德权,仅成立普通抢劫罪,不应对其适用"抢劫致人死亡"的加重法定刑。

【指导案例】翟光强等抢劫案[①]**——在他人实施盗窃为抗拒抓捕当场使用暴力的犯罪过程中加入其中的行为如何定性**

2012年12月28日凌晨,被告人胡丛建、孟祥友在黄骅港海防路中铁公司路口北侧,盗窃停在路边王吉春的大货车油箱内柴油时,被大货车司机刘春风、刘光父子发现。胡丛建、孟祥友遂持斧子与刘春风、刘光打斗。后刘春风、刘光将孟祥

---

① 参见章晓瑜、曹永校:《翟光强等抢劫案——在他人实施盗窃为抗拒抓捕当场使用暴力的犯罪过程中加入其中的行为如何定性》,载最高人民法院刑事审判第一、二、三、四、五庭主办:《刑事审判参考》(总第109集),法律出版社2017年版,第40—47页。

友制服并绑在二人驾驶的大货车后侧。胡丛建逃跑,并打电话叫来被告人张帅、翟光强、贾森、井中岩,与王吉春、刘春风、刘光打斗。后胡丛建驾驶轿车,从路西侧绿化带由西向东,冲撞两辆大货车之间的王吉春、刘春风、刘光。翟光强见王吉春跑过来,用斧子猛砍王吉春头部,致王吉春颅脑损伤经抢救无效死亡。刘光也被殴打致轻微伤。

本案被告人翟光强、贾森、张帅、井中岩与被告人胡丛建、孟祥友平时均有盗油行为。此案中,翟光强等四人虽然与胡丛建、孟祥友事先并无盗窃、抢劫的通谋,但明知胡丛建、孟祥友在盗油时被发现,孟祥友被抓获后,而仍支持胡丛建实施抗拒抓捕行为,持自制钢管斧头去劫夺孟祥友,与被告人胡丛建形成解救孟祥友、抗拒抓捕的共同犯罪故意,系事前无通谋的共同犯罪,与孟祥友、胡丛建一起成立转化型抢劫。

四、部分抢劫共犯致人重伤、死亡,未在场共犯对此应否承担责任

(一) 裁判规则

从客观行为来看,抢劫罪本身就包含有暴力行为,而且该暴力行为需要达到足以压制被害人反抗的程度,故对于造成被害人人身伤害、死亡后果的,刑法不再单独予以评价,而仅是作为加重情节来处理;从主观故意来看,抢劫罪本身蕴含着暴力伤害或威胁的故意,对其他共同犯罪人可能使用暴力应当是有预见并予以认可的。因此,在共同抢劫中,部分行为人引起的致人重伤、死亡后果,要求其余未在现场的行为人对此后果承担责任并不违背主、客观相一致原则。

(二) 规则适用

部分抢劫共犯致人重伤、死亡,未在场的共犯应否对此后果承担刑事责任,这涉及如何理解实行过限行为的问题。所谓"实行过限",是指实行犯实施了超出共同犯罪故意的行为,其他共犯针对实行过限行为因没有犯罪的共同故意,故无需就过限行为承担刑事责任。对于实行过限的具体理解,应当把握以下三点:(1)在客观方面,过限行为必须是独立于共同犯罪行为之外的行为,即与共同犯罪行为必须是两个分别受到刑法评价,在法律上具有独立意义的行为;包含于共同犯罪行为之中或者属于共同犯罪行为具体行为方式的,不能认定为过限行为。(2)从主观方面来看,过限行为必须是共同犯罪故意之外的行为。即使某一实行犯临时起意实施了超出预谋范围的行为,但如果其他共同犯罪人事先可以预见或者知悉而未加阻止的,因其主观上系一种放任与认可的态度,故仍须承担刑事责任。(3)共同犯罪行为所造成的过失后果,是从属于共同犯罪行为的,而并非犯罪行为本身,故不属于实行过限行为。

具体到抢劫罪的共同犯罪中来,各共同犯罪人是否应对其他共同犯罪人的暴力行为所造成的人身伤亡这一加重结果承担刑事责任?答案是肯定的。原因在

于：首先，从犯罪客体来看，抢劫罪同时侵犯了被害人的人身权利和财产权利。从犯罪客观要件来看，抢劫罪由两个行为构成，一是作为手段行为的暴力或者暴力胁迫行为，二是作为目的行为的非法占有他人财物行为；只有同时具备此两种行为的，方可构成抢劫罪。为此，行为人在劫取他人财物过程中，使用暴力或者暴力威胁行为对被害人造成人身伤害、死亡后果的，本身就属于抢劫罪的一部分内容，故我国刑法不再单独予以评价，而仅仅是作为抢劫罪的一个量刑情节来处理。可见，抢劫罪中的暴力伤害行为包含在抢劫罪当中，并非一个独立行为，不具备适用实行过限的前提条件。其次，抢劫罪本身就蕴含着暴力伤害或者暴力威胁的故意，而且这种暴力伤害或者暴力威胁正是作为非法劫取他人财物的手段行为而存在的，同时也是构成抢劫罪所必不可少的。在抢劫罪的共同犯罪中，即使部分行为人不希望使用暴力或者仅仅使用暴力威胁手段，但对其他共同犯罪人可能使用暴力应当是能够预见的。因此，要求抢劫罪的共同犯罪人共同对其他共同犯罪人使用暴力造成的伤亡后果承担责任，并不违背主、客观相一致原则。

【指导案例】郭玉林等抢劫案①——在共同抢劫中，部分行为人引起的致人重伤、死亡后果，其余未在现场的行为人应否对此后果承担责任

2001年6月3日晚，被告人郭玉林、王林、李建伏和陈世英在上海一家招待所内合谋，欲行抢劫，其中王、李各携带一把尖刀，陈提出，其认识一名住在光林旅馆的中年男子赵某，身边带有人民币1000多元现金，可对其抢劫，其余三人均表示赞成。四被告人于当晚商定，用陈的一张假身份证另租旅馆，然后由陈以同乡想见赵某叙谈为幌子，将赵某诱至旅馆，采用尼龙绳捆绑、封箱胶带封嘴的手段对其实施抢劫。次日上午，四被告人到附近的长城旅馆开了一间房，购买了作案工具尼龙绳和封箱胶带，陈世英按预谋前去找赵某，其余三人留在房间内等候。稍后，赵某随陈来到长城旅馆房间，王林、李建伏、郭玉林分别对赵某捆绑、封嘴，从赵身上劫得人民币50元和一块光林旅馆财物寄存牌。接着，李建伏和陈世英持该寄存牌前往光林旅馆取财，郭玉林、王林则留在现场负责看管赵某。李、陈离开后，赵某挣脱了捆绑欲逃跑，被郭、王发觉，王取出尖刀朝赵某的胸部等处连刺数刀，继而郭接过王的尖刀也刺赵某数刀。李、陈因没有赵的身份证而取财不成返回长城旅馆，得知了赵某被害的情况，随即拿了赵的身份证，再次前去光林旅馆取财，但仍未得逞。赵某因大失血死亡。

本案审理过程中，被告人郭玉林、王林在抢劫过程中持刀杀害被害人，对于不在现场的被告人李建伏、陈世英是否需要对此承担责任，存在不同意见。否定观

---

① 参见蒋征宇：《郭玉林等抢劫案——在共同抢劫中，部分行为人引起的致人重伤、死亡后果，其余未在现场的行为人应否对此后果承担责任》，载最高人民法院刑事审判第一庭、第二庭编：《刑事审判参考》（总第27辑），法律出版社2002年版，第12—19页。

点认为,四被告人在抢劫共谋中,仅约定了采取捆绑、封嘴这类较轻的暴力手段进行抢劫,并没有商量要杀死被害人。当郭玉林、王林持刀杀害被害人时,李建伏、陈世英已经离开现场去取财物,既没有实施加害行为,也没有对郭、王的加害行为提供任何帮助,甚至不知道晓郭、王会对被害人行凶。李、陈取财不成回到现场时,郭、王的加害行为已经实施完毕,李、陈此时虽然知晓,还拿了被害人的身份证再次去取财,但该行为与被害人死亡结果之间并没有因果关系。故郭玉林、王林持刀对被害人行凶的行为,超出了共同故意范围,属于实行过限,应由实行者本人承担责任。笔者认为,上述观点并不妥当。抢劫罪系一种暴力犯罪,犯罪过程中需要压制住被害人的反抗,其本身即包含致人重伤、死亡的危险。针对发生的重伤、死亡结果,即使部分行为人未直接实施暴力行为,但对死亡结果的发生仍然至少存在过失。在本案中,李建伏、陈世英明知郭玉林、王林身上携有尖刀,在抢劫过程中也看到过二人使用尖刀威胁被害人;而且二被告人在第一次取财不成返回现场后,已知悉了被害人因逃跑、反抗遭郭玉林、王林加害,既未采取救助措施,也未放弃继续犯罪的意思表示,而是拿了被害人的身份证再去取财,积极追求犯罪目的的实现,说明二被告人对郭、王的加害行为是认可的。综上,李建伏、陈世英二被告人应当对该死亡结果承担责任,只是在量刑时有所区分而已。

五、对明显超过共同犯罪故意内容的过限行为如何处理

(一) 裁判规则

1. 在共同正犯的情形中,判定实行过限的关键要看其他实行犯是否知情。如果知情,一般不认定为实行过限,除非其有明确有效的制止行为;如果不知情,则由实行者本人对过限行为承担责任。

2. 在教唆犯的场合中,主要看教唆的内容是否明确。如果明确,以教唆内容为标准判断实行犯是否过限;如果不明确,一般不认定为实行行为过限,除非实行行为明显超出教唆内容的范围。是否"明显超出教唆内容的范围",需要根据个案中的教唆语言、提供的工具等来进行具体判断。

(二) 规则适用

所谓"实行过限",又称"共犯过剩",是指在共同犯罪中,部分正犯实施的行为与结果超出其他正犯、教唆犯、帮助犯故意内容的情形。与其他共犯问题一样,实行过限的核心问题也在于确定各个共犯的归责范围。共同犯罪中有共同正犯、教唆犯、帮助犯等几种情形,每种情形的实行过限都有不同的判定原则。

1. 教唆犯中的实行过限认定。教唆犯是犯意的发起者,没有教唆犯的教唆,就不会有该犯罪行为的发生,特别是使用威胁、强迫、命令等方法的教唆犯,因此,教唆犯在共同犯罪中往往起主要作用。在教唆犯罪的情形中,判定实行行为过限的基本原则是看被教唆人的行为是否超出了教唆的范围。对于教唆故意范围的认定,主要看教唆犯对被教唆人的实行行为有无明确要求,包括从正面明确要求

用什么犯罪手段、达到什么犯罪后果,以及从反面明确禁止实行犯采用什么手段、不得达到什么犯罪结果等。在教唆内容确定的情况下,认定被教唆人的行为是否属于实行过限较为容易,但如果教唆犯的教唆内容较为概括,确定被教唆人的行为是否实行过限就较为困难。尤其是在一些教唆伤害的案件中,教唆者出于教唆伤害他人的故意往往会使用诸如"收拾一顿""整他一顿""弄他""教训"等内涵外延较为模糊的言语,在不同的语言环境中,不同阅历背景的人理解起来往往是有分歧的。对于这种盖然性教唆,实际的危害结果取决于实行行为的具体实施状况,轻伤、重伤甚至死亡的危害结果都可能发生,但无论哪一种结果的出现都是由教唆犯的授意所引起,均可涵盖在教唆犯的故意中。因此,在这种情况下,由于教唆犯的盖然性教唆而使被教唆人产生了犯意,实施了教唆故意涵括内的犯罪行为,一般情况下不应认定为实行过限。

2. 共同正犯中的实行过限认定。在共同正犯的情形下,判定实行行为过限的基本原则是,看其他实行犯对个别实行犯所谓的"过限行为"是否知情。如果共犯中有人实施了原来共同预谋以外的犯罪,其他实行犯对此根本不知情,则判定预谋外的犯罪行为系实行过限行为,由实行者本人对其过限行为和后果承担责任;如果其他实行犯知情,除非其有明确、有效的制止行为,否则一般认为实行犯之间在实施犯罪当场临时达成了犯意沟通,其他人对实行者的行为予以了默认或支持,个别犯罪人的行为不属于实行过限,其行为造成的危害结果由各实行犯共同承担责任。当然,成立过限行为的前提是,过限行为及其结果必须是独立于共同预谋的共同犯罪行为之外的行为,即与共同犯罪行为必须是两个分别受到刑法评价,并在法律上具有独立意义的行为。如果包含在共同犯罪行为之中或者属于共同犯罪行为的具体行为方式,则不能认定为过限行为。

【指导案例】卜玉华、郭臣故意杀人、抢劫案①——共同抢劫中故意杀人案件的认定和处理

2004年8月,被告人卜玉华、郭臣密谋到游柳聪家对游实施抢劫,并为此准备了塑料绳和封口胶。同月25日晚,卜玉华、郭臣约游柳聪到广西南宁市中山路饮酒后,借故让游柳聪将其二人带回游的家中。次日凌晨1时许,卜玉华、郭臣趁游柳聪不备之机,将游按在床上,用事先准备好的塑料绳对游柳聪实施捆绑,并用封口胶缠绕游柳聪的头部封住游柳聪的嘴。此后,卜玉华、郭臣从游柳聪家中搜出现金人民币200元、2张存折、1张银行卡及小灵通等财物,并威逼游柳聪说出存折及银行卡的密码。当日上午,由卜玉华负责在房屋内看守游柳聪,郭臣则持存折及银行卡到柜员机及银行柜台提取游柳聪的存款共计人民币7700元。卜玉华在

---

① 参见魏磊:《卜玉华、郭臣故意杀人、抢劫案——共同抢劫中故意杀人案件的认定和处理》,载最高人民法院刑事审判第一、二、三、四、五庭主办:《刑事审判参考》(总第69集),法律出版社2009年版,第15—23页。

得知郭臣已提取游柳聪的存款后,因害怕事情败露,即产生杀人灭口之歹念,就用枕头捂住游柳聪面部,致游柳聪窒息死亡。

本案中,郭臣与卜玉华二人对于抢劫后是否杀人灭口从未达成一致意见。郭臣对于卜玉华杀人灭口的提议明确表示反对,并在外出取款期间再次向卜玉华强调不要杀害游柳聪,其在主观上始终对游柳聪的死亡结果持既不希望也不放任,而是明确的否定态度,与卜玉华的杀人灭口意图相悖,其二人在故意杀人的环节上没有形成共同犯罪故意。此外,尽管郭臣预先知晓卜玉华意欲抢劫后杀人灭口,但卜玉华系在其不在场的情况下独立实施了杀人行为,郭臣完全没有参与实施,对游柳聪的死亡不知情。卜玉华的杀人行为系在超出共同抢劫故意之外独立实施的,属于实行过限。假设郭臣在卜玉华实施杀人行为时在场旁观,既不予劝阻,也未予协助,则因其预知卜玉华的杀人意图,并对卜玉华的杀人行为采取了容忍的态度,虽未亲手实施杀人行为,也应与卜玉华构成故意杀人罪的共犯,对游柳聪的死亡承担相应的刑事责任。综上所述,郭臣没有与卜玉华共同杀害游柳聪的故意,也未参与实施杀害游柳聪的行为,游柳聪的死亡系卜玉华的实行过限行为所致。根据罪责自负原则,当由卜玉华独自承担杀害游柳聪的刑事责任。

六、事前明知但无通谋,事后包庇、掩饰、隐瞒的,能否以共犯论处

(一)裁判规则

刑法上的"通谋"不同于单向的"明知",而是要求本犯与下游包庇、窝藏、掩饰者之间存在一种双向沟通。一方虽然明知他人将实施上游犯罪,但事先并未与他人针对同一犯罪进行犯意交流或犯罪策划、分工等的合谋行为,即使事后针对上游犯罪实施了包庇、掩饰、隐瞒等行为,也不能认定为其与本犯有通谋,而只能以各自的犯罪来认定。

(二)规则适用

对于仅参与共谋而没有着手实施犯罪实行行为的,或者所实施的是其他犯罪的实行行为,应该如何定罪处罚?对此,我国刑法及相关司法解释均进行了明确规定。《刑法》第310条第3款规定:"犯前款罪,事前通谋的,以共同犯罪论处。"同样,《刑法》第156条①和第349条②等也有类似规定。虽然《刑法》第312条没有这样的规定,但是最高人民检察院1995年2月13日发布的《关于事先与犯罪分子有通谋,事后对赃物予以窝藏或者代为销售或者收买的,应如何适用法律的问

---

① 《刑法》第156条规定:"与走私罪犯通谋,为其提供贷款、资金、帐号、发票、证明,或者为其提供运输、保管、邮寄或者其他方便的,以走私罪的共犯论处。"
② 《刑法》第349条第3款规定:"犯前两款罪,事先通谋的,以走私、贩卖、运输、制造毒品罪的共犯论处。"

题的批复》规定"与盗窃、诈骗、抢劫、抢夺、贪污、敲诈勒索等其他犯罪分子事前通谋,事后对犯罪分子所得赃物予以窝藏、代为销售或者收买的,应按犯罪共犯追究刑事责任。事前未通谋,事后明知是犯罪赃物而予以窝藏、代为销售或者收买的,应按窝赃、销赃罪追究刑事责任"。此外,2015 年 5 月 29 日最高人民法院发布的《关于审理掩饰、隐瞒犯罪所得、犯罪所得收益刑事案件适用法律若干问题的解释》第 5 条规定:"事前与盗窃、抢劫、诈骗、抢夺等犯罪分子通谋,掩饰、隐瞒犯罪所得及其产生的收益的,以盗窃、抢劫、诈骗、抢夺等犯罪的共犯论处。"这就基本上确立了"事前通谋"在盗窃、诈骗、抢劫、贪污、敲诈勒索等共同犯罪成立中的规范意义。

所谓"通谋",通常是用来描述共同犯罪中共犯具备共同犯意的一个专用字眼,旨在揭示共犯之间具有共同的主观故意。针对"通谋"这一规范要素的含义,陈兴良教授指出"二人以上通过交流犯罪思想而形成共同犯罪故意,这种思想交流已经发生了人与人之间的社会关系,因而已经属于行为的范畴,而不仅仅是思想的范畴。在二人以上犯罪思想交流的基础上,往往对犯罪进行谋划、商议,决定共同实施犯罪,就是刑法上的共谋"①。基于刑法用语本身具备一定的统一性与规范性,对"通谋"一词的应然性含义还可以从其他解释中找到答案。我国《刑法》第 156 条规定:"与走私罪犯通谋……以走私罪的共犯论处。"对此处"通谋"的理解,全国人大常委会法工委刑法室进行了较为具体的解释,指出"通谋是指行为人与走私罪犯有共同的走私犯罪故意,事前与走私罪犯共同商议,制定走私计划以及进行走私分工等活动"②。据此,笔者认为,刑法上的"通谋"不同于单向的"明知",而是要求本犯与下游包庇、窝藏、掩饰者之间存在一种双向沟通。一方虽然明知他人将实施上游犯罪,但事先并未与他人针对同一犯罪进行犯意交流或犯罪策划、分工等的合谋行为,即使事后针对上游犯罪实施了包庇、掩饰、隐瞒等行为,也不能认定为与本犯有通谋,而只能以各自的犯罪来认定。

【指导案例】陈家鸣等盗窃、销赃案③——如何认定事前通谋的盗窃共犯

1.1997 年 10 月,被告人经俊杰因负债产生盗窃汽车出卖还债的歹念,并通过被告人经俊义向在外地的被告人陈家鸣打探。得知陈能卖车后,经俊杰、经俊义窃得大发牌汽车两辆,共价值人民币 32 000 元,开往沈阳交由陈家鸣销赃。

2.1998 年 1 月份,被告人陈家鸣的沈阳朋友得知陈能弄到便宜汽车,便托其购买 2 辆黑色桑塔纳 2000 型轿车。陈用电话与经俊义联系,提出要两辆黑色桑塔纳轿车。经俊杰、经俊义于 1 月 22 日晚窃得价值人民币 147 200 元的黑色桑塔纳

---

① 陈兴良:《共同犯罪论》,中国人民大学出版社 2006 年版,第 74 页。
② 李淳、王尚新主编:《中国刑法修订的背景与适用》,法律出版社 1998 年版,第 172 页。
③ 参见汪滨:《陈家鸣等盗窃、销赃案——如何认定事前通谋的盗窃共犯》,载最高人民法院刑事审判第一庭、刑二庭编:《刑事审判参考》(总第 33 集),法律出版社 2003 年版,第 16—33 页。

轿车1辆。经氏兄弟让陈家鸣验车,并欲告知此车来源,陈阻止并言明"别告我车是怎么来的,我只管卖车"。

3. 在逃的经俊杰认为陈家鸣有汽车销路,又分别于1998年2月23日、26日窃得价值人民币26 000元的大发牌汽车、价值人民币11万元的灰色桑塔纳轿车各1辆,交由陈家鸣销赃。

本案被告人经俊杰、经俊义先后实施多起盗窃行为,所盗汽车均卖给被告人陈家鸣,对于陈家鸣能否认定为盗窃共犯?笔者认为,对于事后销赃行为能否认定为盗窃罪,关键在于事先有无通谋。在盗窃犯罪中的"事先通谋",通常表现为在盗窃行为实施之前或者在盗窃行为实行完毕之前,销赃犯与盗窃犯之间形成了"你盗我销"的意思联络,使得销赃犯为盗窃犯的盗窃行为增加了动力,二者之间建立起了因果性,由此对销赃犯应以盗窃罪共犯论处。需要指出的是,对于事先通谋、事后销赃的共犯来说,并不要求其对盗窃的时间、地点、对象等具体情节了解或参与共谋,只要其与盗窃犯共谋了特定的盗窃罪行为,并事后进行销赃的,双方之间就形成了"事先通谋",与盗窃犯成立共同犯罪。反之,如果针对某起特定的盗窃犯罪,销赃人仅仅知道他人可能要盗窃,但事先并未与之形成意思联络、经事先商量为其销赃的,对销赃人不能认定为盗窃罪共犯。具体到本案中,在第1起和第3起盗窃之前,陈家鸣并没有与经俊杰、经俊义联络,告知二人由其负责销赃,因此在该两起犯罪中不构成盗窃罪的共犯。而在第2起犯罪中,陈家鸣明知经氏兄弟不可能通过正当途径获汽车,却要经氏兄弟为其提供2辆桑塔纳轿车,实际上就是让经氏兄弟去盗窃汽车,以便自己从销赃中获利,故经氏兄弟第2起盗窃的犯意系由陈家鸣所引起,尽管陈家鸣在提车时,不让经氏兄弟言明车的来源,但这并不影响事先通谋的形成,故对陈家鸣该起犯罪应以盗窃罪的共犯论处。

七、概括故意下的共同犯罪,如何确定各行为人承担责任的范围

(一)裁判规则

在盗窃、抢劫等财产犯罪中,行为人对结果往往持一种概括故意,即抱着"能偷(抢)什么是什么,能偷(抢)多少是多少"的心态。在这种情况下,不论最终盗得或抢得多少价值的财物,均在其故意范围之内。同样,在共同盗窃、抢劫中,各行为人如果在预谋时持一种概括故意,那么各行为人均应对全部结果承担刑事责任。

(二)规则适用

根据故意认识内容的确定程度不同,可以将故意分为确定故意和不确定故意。作为不确定故意的一种,概括的故意是指行为人明知自己的行为会发生危害社会的结果,只是对侵害范围与侵害性质的认识尚不明确,而希望或者放任结果发生的心理态度。概括故意认识内容的不确定性表现在以下三个方面:一是侵害行为的性质不明确。例如,某人在闹市区向人群中投掷炸弹,虽知一定会有人伤

亡,但究竟是死亡还是伤害,行为人无法确定。二是侵害范围不明确。例如,上述情况下,炸弹爆炸将死伤多少人,行为人对此缺少明确的认识。三是侵害对象不明确。例如,上述情况下,炸弹爆炸到底是炸死甲,还是炸死乙,行为人同样没有明确的认识。可见,"概括"是指行为人对侵害的范围与性质只有一个大体的了解,这一基本认识是认定概括故意的关键。从司法实践来看,某些犯罪的故意通常是概括故意。如危害公共安全罪中,行为人尽管认识到结果会发生,但是对于行为对象的数量以及具体哪个行为对象会被侵害是不确定的。同样,在盗窃、抢劫等财产犯罪中,行为人对结果往往也是持一种概括故意,即抱着"能偷(抢)什么是什么,能偷(抢)多少是多少"的心态。在这种情况下,不论最终盗得或抢得多少价值的财物均在其故意范围之内。

同样,在行为人与他人预谋共同盗窃的案件中,预谋盗窃对象的范围往往是不确定的,行为人与其他同案犯对于犯罪结果所持有的往往是一种概括故意的心态。也就是说,行为人虽然明知自己的行为会导致他人财物被盗结果的发生,但是对于自己与同案犯的盗窃行为会偷到什么财物,偷到多少财物,具体实施几次盗窃行为等内容,在认识上均处于不确定的状态。在这种概括故意支配下,即使行为人仅仅参与了共谋,并未参与着手实施盗窃行为,仍然需要对同案犯的全部盗窃行为承担相应责任。这种情形在刑法理论上称之为"共谋共同正犯",其是指二人以上共谋实行某种犯罪行为,但只有一部分人基于共同的意思实行了犯罪,没有直接实行犯罪的共谋人与实行了犯罪的人,一起构成所共谋之犯罪的共同正犯①,均应对全部罪行承担责任。为此,在行为人参与其他同案犯盗窃的预谋,并且对盗窃内容持概括故意的情况下,虽然其在共同实施第一起盗窃后离开,没有继续参与同伙所实施的第二起盗窃,但由于事先预谋属于概括性故意,其他同案犯盗窃财物的数量、盗窃行为的次数均属于概括故意的内容,故需要对整个盗窃活动承担责任。当然,作为例外,如果各被告人在事先预谋时具有确定故意,即针对某一具体财物实施盗窃,那么如果同案犯盗窃其他财物的,行为人就无需承担责任。同样,如果行为人在第一次盗窃后,明确提出不再盗窃,那么也仅以第一次盗窃已经得手的财物为限承担责任。

【指导案例】翟高生、杨永涛等盗窃、抢劫案②——共同预谋并实施盗窃后离开,对同伙的二次盗窃行为是否担责

被告人翟高生、杨永涛、程龙喜、王杰经合谋和踩点于2011年7月26日凌晨1

---

① 参见高铭暄、马克昌主编:《刑法学》(第4版),北京大学出版社、高等教育出版社2010年版,第177页。

② 参见范凯、诸佳英:《翟高生、杨永涛等盗窃、抢劫案——共同预谋并实施盗窃后离开,对同伙的二次盗窃行为是否担责》,载最高人民法院刑事审判第一、二、三、四、五庭主办:《刑事审判参考》(总第111集),法律出版社2018年版,第70—76页。

时许,采用翻墙、撬窗等手法,先后两次进入无锡凯尔科技有限公司仓库内窃得各种型号的手机摄像头共计 73 750 个,赃物价值人民币 250 余万元。其中,四被告人窃得摄像头 2 万余只,在驾车返回途中,杨永涛因故中途下车离开,另三人待其下车后商议返回仓库盗窃剩余摄像头,又窃得 5 万余只后返回苏州。窃后,由杨永涛负责联系销赃,获赃款人民币 18 万余元由四被告人共同瓜分。

本案中,被告人杨永涛作为犯意的提出者,能明确认识到其行为会造成他人财物损失的后果,但是对造成多大的损失并不明确,因为具体盗窃的数量、财物总价值是难以事先确定的,即杨永涛具有对危害结果的范围认识不明确的概括故意。从客观上来说,虽然杨永涛没有直接参加第二次盗窃,但由于其在被盗公司工作过,对公司产品价值、存放地点、安全保卫等环境较为熟悉,并在实施合谋时将上述情况告诉翟高生等人,故其在第一次盗窃中所起作用十分重要,客观上也为第二次实施盗窃提供了极大的便利,没有其在先的组织策划行为,后一次盗窃行为完成的可能性较小,其行为与第二次盗窃结果之间存在因果关系。此外,杨永涛对第二次盗窃行为,不仅没有排斥之意,反而在第二次盗窃得手后负责联系销赃,使盗窃获利的目的得以实现。因此,杨永涛对于翟高生等人的第二次盗窃行为虽没有明确、具体的认识,但该盗窃行为完全包含在其实施盗窃的概括故意之中,而非实行过限行为,其应当对此承担责任。当然,作为例外,如果杨永涛在第一次盗窃后,明确提出不再盗窃,那么其仅需以第一次盗窃已经得手的财物为限承担责任。

八、公司化运作的电信诈骗集团中各行为人刑事责任的区分

(一)裁判规则

在公司化运作的电信诈骗集团中,各成员分工协作,共享诈骗利益,各成员所实施的诈骗行为均系公司诈骗犯罪整体的组成部分,故均应对公司的全部犯罪数额承担责任。在区分集团成员在共同犯罪中的地位、作用时,应当综合各成员的入职时间、在公司中的地位、所扮演的角色以及获利情况等来进行综合判断。

(二)规则适用

从司法实践来看,电信诈骗犯罪大多是团伙犯罪,目前此类犯罪正逐步走向"公司化"运行、"层级化"管理、"流程化"操作。最上层的首要分子负责"公司"整体运作;策划组则负责策划诈骗流程;办卡组负责大量收购他人身份信息办理银行卡;话务组则具体拨打诈骗电话,引诱受害人上当;诈骗得手后,再由转账取款组通过网上银行、ATM 机将赃款转账、化整为零后取现,再汇到犯罪集团的账户上。此类团伙的各小组之间往往相互独立、相互分散,采取一对一单线联系,下一层级的犯罪分子往往只知道自己的"上线",对公司整体情况一无所知。对电信诈骗集团各成员的刑事责任认定时,由于犯罪公司的管理人员,以及负责整个公司

财务、内勤等工作的人员,其行为维持着整个诈骗集团的运转,故均应对集团全部诈骗数额承担刑事责任。对于在公司中扮演不同角色具体实施诈骗行为的其余被告人,虽然仅参与了部分环节,但也应当对整个公司的诈骗数额承担刑事责任。原因在于:(1)公司化运作的犯罪集团是一个组织严密、结构完整的整体,任何一个环节都是整体当中的一部分。公司实行分组只是为了提高诈骗的效率,同时也便于管理,各组均在公司的统一领导、指挥之下参与犯罪,故分组并不影响对公司犯罪行为整体性的认定。(2)从客观上来看,各成员间相互配合,实施了共同诈骗行为,体现了公司行动的整体性和目标的一致性;从主观上来看,扮演不同角色的各被告人明知自己并非在单独实施犯罪,而是参与流水线诈骗作业,与他人共同配合实施电信诈骗行为,具有共同诈骗的故意。(3)诈骗成员共享诈骗利益,各成员诈骗所得按公司制定的分配比例分给扮演不同角色的成员。由此可见,各被告人实施的诈骗行为均系公司诈骗犯罪的组成部分,行为性质相同,目标一致,故不论"工作业绩"如何,均应对公司的全部犯罪数额承担刑事责任。

在此基础上,我们还需要进一步区分各被告人在共同犯罪中的地位、作用,才能使每一个成员罚当其罪。其中,对于公司的实际负责人以及管理人员,其对维持公司运转起着重要的作用,理所当然属于主犯。对于其他虽然参与公司整体活动,但作用较小、地位较低的成员,如内勤人员、保卫人员等,则可以认定为从犯。从司法实践来看,在电信诈骗案件的各类分组当中,"话务组"所起的作用十分关键,同时也是诈骗集团的主体部分,但该组成员在共同犯罪中所起的作用仍然存在主次之分。在"话务组"当中,所采取的基本模式通常是分角色与被害人接触,各角色环环相扣,直至被害人受骗上当。因此,当区分这些行为人在共同犯罪中的地位、作用时,所扮演的角色是一个重要的考量因素。通常来说,越接近诈骗链条末端的角色对诈骗技巧要求越高,对被害人施加的影响越大,诈骗成功率也越高。同时,能够扮演高端的角色也一定程度上说明行为人的诈骗技巧、内部影响力相对于其他人员来说要高人一等。除此之外,还要结合各诈骗成员的入职时间、在公司中的地位及获利情况进行综合判断。对于入职越早,在诈骗中扮演角色越高端,且获利较多的,应当认定为主犯。而对于仅参与诈骗的试探和引导活动,参与程度较低,骗取被害人信任的成功率也较低,且获利较少的被告人,在共同犯罪中起次要作用,应认定为从犯。

【指导案例】范裕榔等诈骗案[①]——公司化运作的犯罪集团中各行为人刑事责任的区分

2009年6月,被告人范裕榔到广东奇盛公司从事电信诈骗活动。奇盛公司以

[①] 参见蒋小美:《范裕榔等诈骗案——公司化运作的犯罪集团中各行为人刑事责任的区分》,载最高人民法院刑事审判第一、二、三、四、五庭主办:《刑事审判参考》(总第96集),法律出版社2014年版,第88—93页。

电话推销茶叶为名，先后纠集40余名我国台湾地区居民和40余名大陆女子，并将上述人员分成A、B、C三组，从事电信诈骗活动，由公司统一安排食宿。范裕榔等人从我国台湾地区不法分子处购得大量我国台湾地区居民信息资料，由简铭助整理打印后分发给各组人员。黄剑梅等被告人冒充我国台湾地区某医院护士，按照简铭助提供的信息资料拨打电话，告知被害人有人冒用其身份在医院办理保险等业务。取得被害人的初步信任后即提出可帮助报警。随后假扮巡警、警员的郭志航、钟易伦等被告人在电话中称有人冒用被害人的身份开立了涉嫌洗钱及诈骗的账户，需交警察队长处理。假扮警察队长的谢汶融等被告人则声称被害人的合法账户即将被冻结，要求被害人积极配合检察官的调查，否则可能被收押。待被害人相信上述虚构的事实后，王俊权等被告人即以检察官的身份要求被害人将账户中的资金提出，交由司法机关保管，待查明真相后返还。被害人接受该建议后，王俊权等人便要求被害人将提出的现金交给冒充司法工作人员的当地不法分子或者汇入指定账户。范裕榔等43名被告人使用上述诈骗方式，先后骗取陈张阿凉等19名我国台湾地区被害人款项共计折合人民币768.0225万元。

本案中，被告人范裕榔等人采取公司化运作模式，组建犯罪集团实施诈骗，各被告人环环相扣，参与流水线诈骗作业，诈骗所得按公司制定的分配比例分给扮演不同角色的成员。其中，范裕榔系奇盛公司负责人，简铭助负责文件收发等工作，二被告人的行为维持着整个诈骗集团的运转，故均应对集团全部诈骗数额承担刑事责任。问题在于，其中40名扮演不同角色具体实施诈骗行为的被告人，是仅对其诈骗成功的数额负责，还是应当对全案诈骗数额承担刑事责任？经查，涉案公司尽管实行分组模式，实行统一管理，但在实施诈骗过程中三组成员相互配合，共享诈骗利益，故所有成员均应对奇盛公司的整体犯罪行为承担刑事责任。关于各被告人在共同犯罪中的作用和地位问题，范裕榔是奇盛公司的实际负责人，简铭助是公司的管理人员，二被告人对维持公司运转起着重要作用，应当认定为主犯。谢汶融等9名被告人入职较早，在诈骗中扮演警察队长、检察官等高端角色，施骗技巧复杂，以被害人会被收押、银行账户会被司法机关冻结等事由，要求被害人配合调查工作，进而转移资金，系骗取被害人财产的关键角色，在诈骗中起主导作用，且获利较多，应当认定为主犯。黄剑梅等12名被告人扮演医院工作人员角色，钟易伦等19名被告人扮演警员角色，该31名被告人仅参与诈骗的试探和引导活动，参与程度较低，骗取被害人信任的成功率也较低，且获利较少，在共同犯罪中起次要作用，均可以认定为从犯。

九、无身份者与有身份者共同实施犯罪时如何定性

（一）裁判规则

针对共犯与身份的关系问题，应当采用"以身份犯说为主，以主犯决定说为

辅"的原则来确定罪名。具体来说,在真正身份犯场合,无身份者与有身份者共同实施犯罪,并利用了有身份者之身份的,对无身份者按照真正身份犯的共犯处理;对于具有不同身份的人共同实施犯罪,并利用了各自身份的,按照主犯的犯罪性质来定罪;如果各共同犯罪人在共同犯罪中的地位、作用相当,难以区分主从犯,其中有共犯系国家工作人员的,可以《刑法》分则第八章贪污贿赂罪的罪名来定罪处罚。

(二)规则适用

针对共犯与身份的关系问题,我国刑法理论与实务界经历了由最初的"主犯决定说",到"身份犯说",再到"以身份犯说为主,以主犯决定说为辅"的转变过程。

1."主犯决定说"。该说认为应当根据主犯的基本特征来定罪,如果主犯是有身份的,按身份犯来定罪;主犯无身份的,则以无身份者所犯之罪来定罪。"主犯决定说"的法律依据是"两高"于1985年7月18日发布的《关于当前办理经济犯罪案件中具体应用法律的若干问题的解答(试行)》(已废止),该文件指出,"内外勾结进行贪污或者盗窃活动的共同犯罪……应按其共同犯罪的基本特征定罪。共同犯罪的基本特征一般是由主犯犯罪的基本特征决定的"。"主犯决定说"虽然有一定的合理性,但是其缺陷亦非常明显,因为主犯和从犯是以行为人在共同犯罪中的作用来划分的,解决的是量刑问题,而非定罪问题,将其作为解决共同犯罪定罪问题的前提颠倒了定罪与量刑两个问题的顺序,属于本末倒置;而且,在主犯为二人以上,且有身份者与无身份者均为主犯时,亦无法以此标准来定罪。

2."身份犯说"。如前所述,由于"主犯决定说"存在将定罪与量刑本末倒置的问题,而且无法解决有身份者与无身份者同为主犯时如何定罪的问题,故"身份犯说"应运而生。"身份犯说"存在的理由还在于:(1)我国刑法分则所规定的身份犯是针对正犯(即实行犯)而言的,至于帮助犯与教唆犯,并不需要具有特殊身份。如在强奸罪中,奸淫行为只能由具有男性身份的主体来完成,妇女无法单独实施实行行为,但是完全可以以帮助犯、教唆犯的形式参与共同犯罪。(2)我国《刑法》第29条第1款关于教唆犯的规定所采用的就是"身份犯说",其规定"教唆他人犯罪的,应当按照他在共同犯罪中所起的作用处罚"。故当被教唆人所实施的系真正的身份犯时,按照被教唆者所实施的身份犯来对教唆犯进行定罪。(3)对共同身份犯罪而言,毕竟只有通过有身份者的特殊身份才能完成,身份者的犯罪特征对整个共同犯罪的性质具有决定作用。综上,"身份犯说"较之"主犯决定说"更具优势。为此,全国人大常委会1988年1月21日发布的《关于惩治贪污罪贿赂罪的补充规定》抛弃了"主犯决定说",确立了以有身份者的犯罪特征作为定罪依据的新立场。该补充规定第1条第2款明确:"与国家工作人员、集体经济组织工作人员或者其他经手管理公共财物的人员勾结,伙同贪污的,以共犯论处。"据此,对于无身份者与有身份者共同犯罪的,不再以主犯的性质来认定犯罪,而应以具有身份者所犯之罪对各共同犯罪人定罪处罚。

3. 以"身份犯说"为主，以"主犯决定说"为辅。"身份犯说"并非无懈可击，同样存在缺陷，那就是在共同犯罪中，当两个以上犯罪人均具有身份，且利用了各自身份带来的职务便利时，究竟依何人的身份来定罪不无问题。为此，理论与实务界修改了"身份犯说"的观点，认为应当以"身份犯说"为主，以"主犯决定说"为辅来认定犯罪。即对于无身份者与有身份者共同犯罪的，以具有身份者所犯之罪对各共同犯罪人定罪处罚；而对于数个有身份之人共同犯罪的，依照主犯的犯罪性质来定罪。对此，最高人民法院于2000年6月30日发布的《关于审理贪污、职务侵占案件如何认定共同犯罪几个问题的解释》第1条规定："行为人与国家工作人员勾结，利用国家工作人员的职务便利，共同侵吞、窃取、骗取或者以其他手段非法占有公共财物的，以贪污罪共犯论处。"第2条规定："行为人与公司、企业或者其他单位的人员勾结，利用公司、企业或者其他单位人员的职务便利，共同将该单位财物非法占为己有，数额较大的，以职务侵占罪共犯论处。"第3条规定："公司、企业或者其他单位中，不具有国家工作人员身份的人与国家工作人员勾结，分别利用各自的职务便利，共同将本单位财物非法占为己有的，按照主犯的犯罪性质定罪。"

上述解释仍然存在问题，即如果不同职务的共同犯罪人在共同犯罪中的地位、作用相当，难以区分主从犯的，如何来定罪处罚？对此，最高人民法院于2003年11月13日发布的《全国法院审理经济犯罪案件工作座谈会纪要》指出，"对于在公司、企业或者其他单位中，非国家工作人员与国家工作人员勾结，分别利用各自的职务便利，共同将本单位财物非法占有的，应当尽量区分主从犯，按照主犯的犯罪性质定罪。司法实践中，如果根据案件的实际情况，各共同犯罪人在共同犯罪中的地位、作用相当，难以区分主从犯的，可以贪污罪定罪处罚"。

【指导案例】白燎宇等盗窃案[①]——银行职员利用所掌握信息猜配客户信用卡密码，将资金占为己有的行为如何定性

2005年9月，被告人刘级德在互联网上结识了广东发展银行信用卡中心工作人员白燎宇，白燎宇提出其存有大量"广发卡"客户的卡号、身份证号码、有效期等信息。刘级德随即教唆白燎宇使用上述信息猜配客户信用卡密码，再由刘级德负责从中窃取客户资金，所得赃款两人四六分成。此后，刘级德指使被告人韩菲菲、吴孟梦使用非法购得的他人身份证，分别在不同银行以他人名义开设账户专用于转移赃款。2005年10月至11月间，白燎宇利用其工作中所掌握的广发卡客户信息（包括卡号、身份证号码、生日等）进行密码猜配，成功地猜配出50余名广发卡

---

① 参见聂昭伟：《银行职员猜配客户密码占有信用卡资金如何定性》，载《人民法院报》2012年11月22日第7版。

客户的密码,并将上述信息陆续告诉刘级德。此后,刘级德利用上述信用卡信息使用广发卡内资金进行在线支付,采用先向网络商家购买虚拟设备,后又以卖家身份在网上向商家低价倾销的方式,指使商家将现金汇入其银行账户,先后共从客户信用卡盗窃资金人民币43万元。

本案中,行为人侵害的是信用卡内资金。在不掌握他人信用卡的情形中,行为人欲达到上述目的,首先需要掌握信用卡的相关信息及密码;其次,还需要通过网上交易的方式才能实现对客户信用卡内资金的侵占。由于职务侵占罪与盗窃罪区分的关键在于,行为人在实施上述行为的过程是否利用了职务便利。本案中,首先,那些为占有信用卡上资金所必需的信息,一部分(包括卡号、身份证号码、生日等信息)是被告人在履行职务过程中直接获得的,但信用卡密码是客户自己设定的,只有客户本人知道,白燎宇在其职权范围内无法获得。本案的事实也证明了这一点,52张客户信用卡的密码,被告人是通过猜配的方式获得的。其次,信用卡信息与信用卡是两个不同的概念,行为人拥有信用卡后,就可以凭密码到银行或ATM柜员机上直接占有卡上资金。而行为人如果仅仅获得包括密码在内的信用卡信息,则无法通过上述方式直接占有客户资金。正因为如此,白燎宇不得不将其所掌握的信用卡信息及密码告知刘级德,由刘级德凭借这些信息,使用广发卡进行在线支付,在淘宝网等网站上采用向网络商家购买虚拟设备,同时又以卖家的身份在网上向商家低价倾销等手段,指使商家将现金汇入其掌控的银行账户,进而非法占有客户信用卡内的资金。由于白燎宇不仅在其职权范围内并不掌握信用卡密码,而且通过网上交易转移信用卡上资金的行为与其职权更是毫无关系。因此,法院认定本案行为人侵占客户信用卡上资金并非利用职务便利的结果,而是通过秘密窃取的方式实现的,只能以盗窃罪论处是正确的。

【指导案例】高金有盗窃案①——外部人员与银行工作人员勾结窃取银行现金的行为如何定性

1998年7月初,中国人民银行陕西省铜川市分行业务部出纳申玉生(在逃),多次找被告人高金有商议盗窃申与另一出纳共同管理的保险柜内的现金,高最终表示同意。7月23日上午10时许,申玉生将高金有带至业务部熟悉地形,并告知了存放现金的保险柜和开启保险柜的另一把钥匙的存放地点。7月27日晚,申玉生告知高金有其近日将提款人民币40万元存放保险柜的情况,并详细告诉高金有作案的时间、步骤、开启保险柜的方法及进出路线等。7月30日上午7时,申玉生将高金有带进该行业务部套间,藏在自己保管的大壁柜内。10时40分,申玉生

---

① 参见张军审编:《高金有盗窃案——外部人员与银行工作人员勾结盗取银行现金的行为如何定性》,载最高人民法院刑事审判第一庭编:《刑事审判参考》(总第7辑),法律出版社2000年版,第30—36页。

乘其他工作人员外出吃饭离开办公室之际,打开壁柜将自己保管的保险柜钥匙交给高金有,并告知人都走了,自己即离开业务部去吃饭。高金有撬开另一出纳员的办公桌抽屉,取出钥匙,打开保险柜将人民币30万元装入旅行袋里,又在办公室将申玉生等人的办公桌撬开,然后从后窗翻出办公室逃离现场。

本案中,被告人高金有虽然利用同伙的职务之便熟悉了作案现场的环境,掌握了打开保险柜的另一把钥匙存放处,以及巨额现金存放的具体部位。但是高金有撬开另一出纳员的办公桌抽屉窃取钥匙,以及用两把钥匙打开保险柜,窃走巨额现金的行为,虽与利用同伙的职务之便有联系,但仅仅利用其同伙的职务便利,尚不能顺利地窃走存放在同伙与他人共同保管的保险柜内的巨额现金。高金有撬开办公桌、窃取钥匙、窃走现金的行为过程,不是其同伙的职务行为,也不在其同伙职务所及范围之内,与其同伙的职务无关。据此,法院经审理认为,申玉生虽为业务部出纳,也掌管着另一把保险柜钥匙,作案前进行了周密的准备,将高带进业务部藏匿,将其他工作人员叫出去吃饭,是利用职务之便为高金有实施盗窃提供和创造条件;但是,仅以其个人职务便利尚不足以与高共同侵吞这笔巨额公款,因而不能以申玉生的身份和行为确定本案的性质。由于本案被告人高金有并不具有国家工作人员的身份,故对其应当以盗窃罪来认定。

第九章　单位犯罪

某一行为能否构成单位犯罪必须以刑法明文规定为前提

(一) 裁判规则

1. 构成单位犯罪必须以刑法明文规定为前提，只有法律规定单位应负刑事责任的情形才可能构成单位犯罪。对于那些虽然以单位名义、按照单位意志决定而实施的犯罪，但刑法并未规定单位应负刑事责任的，如单位实施的贷款诈骗行为、盗窃行为等，不能以单位犯罪论处。

2. 对于以单位名义、按照单位意志实施的犯罪，即使刑法没有规定单位可以成为行为主体，仍然可以对其中组织、策划、实施该行为的个人应当依法追究刑事责任。但是，如果对单位可以其他的罪名来认定，则对该自然人的罪名也应做同一认定。

(二) 规则适用

根据《刑法》第30条的规定，只有法律规定为单位犯罪的，才构成单位犯罪。从司法实践来看，单位犯罪通常以谋取经济利益为目的，如生产、销售伪劣商品，走私、扰乱市场秩序等。对于这些犯罪，立法机关已经在《刑法》分则中作出了明确规定。而对于没有规定的其他谋利型犯罪，如盗窃、诈骗罪等[①]，则不应以这些罪名来追究单位的刑事责任，也不能追究单位中直接负责的主管人员和其他直接责任人员的刑事责任，否则就违反了罪刑法定原则。此外，对于单位组织实施的其他非图利性案件（如故意杀人），鉴于单位并不直接占有由此产生的经济利益，而且通过非刑罚手段进行调整不能起到惩治和预防的目的，故应当按照《刑法》关于自然人犯罪的规定追究有关人员的刑事责任。事实上，参与单位组织实施非图

---

① 需要说明的是，《刑法》分则没有规定单位盗窃、诈骗等其他图利性危害行为构成单位犯罪，并非是立法的疏漏，而是由于这些危害行为通过民事、行政手段同样能达到惩治和预防的目的。如单位组织实施的盗窃电力案件，按照《电力法》第71条的规定，对窃电单位"处应缴电费五倍以下的罚款"，可以达到惩治和预防此类行为的目的。而且，由于该类行为所产生的非法所得均归单位所有，如果按照自然人犯罪追究直接负责的主管人员和其他直接责任人员的刑事责任，难以做到罪刑相适应。

利性犯罪的自然人，均明知其行为会发生危害社会的后果，实质上是自然人之间的共同犯罪，以自然人犯罪来追究刑事责任并不违背罪刑法定和罪责自负原则。需要指出的是，对于单位组织实施的犯罪行为追究个人责任，是以该单位行为不符合其他单位犯罪构成要件为前提的。如果符合其他单位犯罪构成要件的，应当认定为单位犯罪，对其中的责任人员也应以该罪来认定。如单位组织实施的贷款诈骗行为，根据《刑法》第193条的规定，单位不构成贷款诈骗罪，故不能以贷款诈骗罪追究单位的刑事责任，也不能以该罪来追究单位中直接负责的主管人员和其他直接责任人员的刑事责任。但是，单位贷款诈骗行为基本上都是单位利用签订、履行借款合同实施的，符合合同诈骗罪的构成特征，对于单位在签订、履行借款合同过程中，骗取金融机构钱款，数额较大的，完全符合《刑法》第224条规定的合同诈骗罪构成要件，对于单位和相关责任人员均应当以该罪来定罪处罚。

【指导案例】马汝方等贷款诈骗、违法发放贷款、挪用资金案①——单位与自然人共同诈骗银行贷款的如何定罪处罚

1997年9月，时任明华公司法定代表人兼总经理的马汝方，在明知明华公司所属子公司"硬视兄弟公司""硬视多媒体公司"不具备高额贷款和提供担保的条件的情况下，为获取银行高额贷款，指使明华公司财务负责人徐光采取变造、虚构两家公司的营业执照、财务报表等贷款证明文件的手段，分别以该两家公司为借款人和保证人，从中国民生银行骗取贷款人民币500万元，均用于明华公司的债务及其他事务。1997年11月，马汝方在明知明华公司不具备高额贷款及担保能力的情况下，为获取高额贷款，指使该公司财务徐光变造马凤仙提供的"明珠制衣厂""今捷易通公司"的营业执照，分别以上述两家公司为借款人和保证人，从中国民生银行骗取贷款人民币共计人民币800万元，该贷款用于明华公司的债务及其他事务支出。

根据共同犯罪原理，个人与单位可以成立共同犯罪。本案中，被告人马凤仙以个人身份与被告单位负责人员徐光进行配合，使得明华公司成功骗取到银行的贷款，应认定马凤仙个人与明华公司构成共同犯罪。问题在于，刑法未将单位规定为贷款诈骗罪的主体。根据最高人民法院2001年1月21日发布的《全国法院审理金融犯罪案件工作座谈会纪要》的有关要求，对单位实施的贷款诈骗行为不能以贷款诈骗罪定罪处罚，也不能以贷款诈骗罪追究直接负责的主管人员和其他直接责任人员的刑事责任。对于单位以非法占有为目的，利用签订、履行借款合同诈骗银行或其他金融机构贷款，符合《刑法》第224条规定的合同诈骗罪的构成

---

① 参见邓钢、康瑛：《马汝方等贷款诈骗、违法发放贷款、挪用资金案——单位与自然人共同实施贷款诈骗行为的罪名适用》，载最高人民法院刑事审判第一庭、第二庭编：《刑事审判参考》（总第39集），法律出版社2005年版，第1—10页。

要件的,应以合同诈骗罪定罪处罚。这就意味着,从被告单位明华公司的角度出发,应以合同诈骗罪定罪处罚;然而,从自然人马凤仙的角度出发,本案应认定为贷款诈骗罪。这样一来,就存在一个罪名选择的问题。对此,可以参照最高人民法院 2000 年 6 月 30 日发布的《关于审理贪污、职务侵占案件如何认定共同犯罪几个问题的解释》的有关规定,对于两个特殊主体身份的人利用各自的身份共同犯罪,可以根据主犯的犯罪性质来认定罪名。在本案贷款诈骗过程中,明华公司负责人马汝方从犯罪起意到具体实施均起到主要作用,故明华公司属于共同犯罪中的主犯,而明华公司只能构成合同诈骗罪,故对作为单位犯罪共犯的马凤仙个人,也应当按照合同诈骗罪来认定。

【指导案例】市政公司窃热案[①]

山西省太原市供热站的技术人员,一连三个冬天都在纳闷:锅炉昼夜不停地加油烧,可供暖区内的 13 幢宿舍楼居民总反映温度达不到采暖标准,不少人为此拒交取暖费。难道有人偷热不成? 2001 年 11 月 8 日,供热站发现:担负市政工程公司(以下简称"市政公司")4 幢宿舍楼供暖任务的该公司燃油锅炉已经 3 天没点火了,便派人到住户家察访,结果却发现这 4 幢楼、约一万多平米的住户家中,暖气都是热的,有的温度达到 20℃ 以上。据此得知,这 4 幢楼全在窃热。供热站报案后,市公安局杏花岭分局刑警大队传讯了市政工程公司有关人员,被传讯者承认他们早在 1999 年便擅自接通供热站上下主管道窃热的事实。刑警们检查地下室,果然看见一条管道像大蟒蛇一样紧紧咬住供热站的主管道,当即拍照取下窃热证据。最后查实,太原市市政公司从 1999 年冬天起就偷接供热站管道为其宿舍楼供热,总价值约人民币 200 万元。然而,公安机关经审查后认为,市政公司的做法虽属盗窃行为,但由于我国刑法中盗窃罪没有规定单位犯罪条款,故决定不予立案。

上述市政公司的窃热行为是否构成犯罪? 有观点认为,从罪刑法定原则的规定来看,如果法律没有规定为犯罪,就不得对其定罪量刑。虽然市政公司的窃热行为符合盗窃罪的构成要件,但由于本案中犯罪主体是单位,而不是自然人,而我国刑法中没有规定单位可以成为盗窃罪的主体,因此就不能对市政公司的窃热行为定罪处刑,同时也不能对单位中直接负责的主管人员和直接责任人员以盗窃罪追究刑事责任。笔者认为,《刑法》第 30 条前半段规定:"法律规定为单位犯罪的,应当负刑事责任。"该条的意思是说法律规定单位能成为犯罪主体的,就可以追究单位的刑事责任;而当法律没有规定单位可以成为犯罪主体的,那么就不能追究

[①] 参见《法制日报》2001 年 12 月 26 日第 1 版。转引自陈军:《由"单位组织实施盗窃行为"引起的法律思考》,载《宿州教育学院学报》2003 年 3 月第 6 卷第 1 期,第 92—94 页。

单位的刑事责任。因此，尽管法律没有规定单位可以成为盗窃罪的主体，不能追究单位本身的刑事责任，但是我们并不能从该条中推出单位中负责的主管人员和其他直接责任人员也不需要承担刑事责任。如果自然人的行为完全符合具体犯罪构成要件的，就可以追究自然人的刑事责任。而且从本质上来看，单位实施的犯罪行为必然是由其内部的自然人具体实施的，任何单位犯罪都是包括自然人犯罪内容的，在单位犯罪的情况下，作为自然人犯罪的各项构成要件都是齐备的，故对实施单位盗窃的直接责任人员可以直接按照自然人盗窃罪的条文处罚。

第十章 死　刑

一、抢劫罪死刑的具体适用

(一) 裁判规则

抢劫罪虽然同时侵犯了公民的人身与财产权利,但是在决定死刑适用时主要考虑对人身权利的侵害程度,然后再适当考虑行为人的犯罪动机、主观恶性及人身危险性。针对共同抢劫致一人死亡的情形,原则上不应同时判处两名被告人死刑,而应当综合判定各被告人在共同犯罪中的地位、作用,尽可能区分罪责大小,并对其中地位、作用最为突出,罪责最为严重者判处死刑。

(二) 规则适用

抢劫罪是一种严重危害社会治安的犯罪,既侵犯了公民的人身权利,又侵犯了财产权利,历来都属于从严打击的对象。由于人身权利的价值高于财产权利,故在对抢劫罪是否适用死刑时,主要是看行为人是否造成被害人死亡或者严重残疾。如果抢劫行为只造成被害人财产损失而未危害被害人的生命权和健康权的,不属于危害后果特别严重的情形,通常不应适用死刑。反之,对于抢劫杀人案件,不仅侵犯了公民的财产权,还侵犯了公民的人身权尤其是生命权,与其他杀人案件相比性质更为严重。因为杀人案件往往是由民间矛盾(如婚姻家庭矛盾、邻里纠纷、同事或同学之间的矛盾)激化而引发,是犯罪对象特定,被害人对案件的引发通常也会存在一定责任甚至是过错;而抢劫杀人的目的是图财害命,被害人通常不具有任何过错,犯罪对象也往往具有不特定性,属于严重危害社会治安的犯罪,在死刑政策的把握上要体现严厉性。具体来说,如果预谋先杀人再劫财或者为制服被害人反抗而杀人,即使未致人死亡,但故意致被害人严重残疾,丧失劳动能力甚至生活不能自理的,一般也要从重处刑;反之,如果抢劫中未致人死亡或者严重残疾,或者系过失致人死亡的,即使抢劫数额特别巨大,原则上也不判处死刑立即执行。

除了重点考查犯罪后果之外,抢劫罪死刑适用还应当综合考虑其他情节。首先,要考查行为人的犯罪动机。对于抢劫动机卑劣,如抢劫自己的雇主、嫖娼后抢劫卖淫女等,可以酌定从重处罚;反之,如果是为了给亲人治病而拦路抢劫,则可以酌定从宽处罚。其次,要考查抢劫行为的犯罪对象,如以盲聋哑人、老人、儿童、孕妇为抢劫对象的,可以酌定从重处罚;特别是抢劫并杀害孕妇的,应当予以严惩。再次,要考查抢劫的犯罪手段,如果作案手段凶残,抢劫杀人后分尸、碎尸、抛尸,说明社会危害性和主观恶性较大,量刑时要体现严厉性。最后,还需要考查行为人的主观恶性和人身危险性。如果被告人系累犯的,而且前罪也是严重暴力性犯罪,一般可以考虑判处死刑。对于曾被劳动教养或者多次行政拘留的,或者在缓刑、假释考验期内犯新罪的,或者在暂予监外执行期间内犯新罪的,虽不构成累犯,也体现了被告人的主观恶性和人身危险性较大,在判处刑罚时应从严从重。

对于两名以上被告人共同抢劫致死一名被害人的案件,除犯罪手段特别残忍、情节及后果特别严重、社会影响特别恶劣、严重危害社会治安的外,一般不应同时判处两名以上被告人死刑,而应当详细分析各被告人的地位与作用,认真分清罪责大小,一般只对作用最突出、罪责最为严重的主犯判处死刑立即执行。如果罪责最严重的主犯因具有其他法定情节(如系未成年人或者具有自首、立功等法定从宽处罚情节)而不判处死刑立即执行的,不能将其他作用、地位较低的主犯判处死刑立即执行。具体来说,可以从以下几个方面来进行判断:

(1)考察行为人的犯罪动机。如抢劫自己的雇主、嫖娼后抢劫卖淫女等情形,被告人的动机卑劣,主观恶性相对较深,可以酌定从重处罚;反之,如果是为了给亲人治病而拦路抢劫,则可以酌定从宽处罚。

(2)考察犯意的产生与预谋。一般而言,提出犯意的被告人会积极参与犯罪,且对共同犯罪行为具有一定的控制力,故罪责相对突出。如果起意者又直接参与实施抢劫和杀人行为的,即使在实行阶段的作用小于其他被告人,也可以认定其罪责较大。当然,如果起意者提出抢劫犯意后,其他共犯一拍即合,积极参与预谋和实施抢劫行为,特别是起意者在预谋时明确表示只劫财不杀人,实行阶段由其他共犯实施杀人灭口行为的,则其他被告人的罪责大于起意者。

(3)考察犯罪准备的情况。一般来说,积极准备犯罪工具、物色作案对象、策划犯罪路线、实施踩点等行为的被告人罪责相对较大。

(4)考察抢劫行为的犯罪对象。如以盲聋哑人、老人、儿童、孕妇为抢劫对象的,可以酌定从重处罚。

(5)考察犯罪实行行为。如果各被告人均积极动手杀人,捅刺刀数多的、捅刺要害部位的、对造成被害人死亡结果所起作用较大的罪责也相应较大;明显有节制的、打击或者捅刺非要害部位的罪责要小。如果二人以上作用相当的,则先实施行为的被告人罪责较大。

(6)考察案后抛尸、毁灭罪证以及赃款赃物的处理情况等行为。一般来说,作案后提议破坏案发现场、毁灭尸体及作案工具等罪证,并积极实施的,其罪责相对较大;对赃款赃物的分配具有决定权或者分得较多赃款赃物的被告人,某种程度上也说明其在共同犯罪中的地位高、作用大。

（7）考察参与犯罪的积极程度。一般来说，主动参加、纠集他人参与犯罪、全程参与、积极实施、直接行凶的被告人罪责相对较大。而听从他人指挥实施犯罪的，可认定为罪责相对较小。

（8）适当考察案外的一些因素。例如被告人的性别、年龄及成长经历，是否有犯罪前科，是否更熟悉作案地点及周边情况，被告人之间的相互关系等，这些因素可以从侧面说明哪个被告人的犯意更坚决，在犯罪过程中的主导性更强，也可用于区分各被告人的地位作用、罪责轻重。

（9）考察犯罪后的表现。作案后有自首、立功、认罪悔罪、积极赔偿、主动施救、取得被害人谅解等情节的被告人，罪责比没有这些情节的被告人相对要小。

【指导案例】金义祥抢劫案①——抢劫致人重伤应如何量刑

被告人金义祥因结婚欠外债和父亲治病要钱，遂产生抢劫歹念。1999年10月18日8时许，金义祥准备红砖一块，购买美工刀一把，到曾做过油漆活的建湖县司法局家属区伺机作案。当日10时30分左右，金义祥见一中年妇女来到该家属区，即尾随至301室敲门，该室女主人慎励丽开门后，金义祥声称"某科长叫我送东西给你"，把用报纸包着的红砖作为礼物送给慎，当慎接过此物时，金义祥拔出美工刀对慎进行威胁，同时对慎进行殴打，并叫其交出钱物，慎与其搏斗并呼救。金义祥怕罪行败露，用电话机、VCD话筒、花露水瓶猛击慎励丽的头、面部，又用花露水瓶的半截残端连续戳击慎的面部，致慎头、面部、手部多处创伤，大量失血，金义祥还用电话线勒慎的颈部。慎励丽因大量出血和颈部被勒两次昏迷。金义祥见慎励丽昏迷失去反抗能力后当场劫得钱包一只，内有现金人民币62元，后逃离现场。慎励丽后被送医院经抢救脱险。经鉴定：慎励丽脑挫伤，蛛网膜下腔出血，头面部、左上肢多处软组织裂伤，失血性休克，其损伤程度为重伤。

《刑法》第48条第1款后半段规定："对于应当判处死刑的犯罪分子，如果不是必须立即执行的，可以判处死刑同时宣告缓期二年执行。"死缓制度的设立，是对死刑在实际执行上的限制性规定，从而使一部分罪该处死但不是必须立即执行的犯罪分子有一个改过自新的机会，同时减少了死刑的实际适用，是我国"少杀、慎杀"刑事政策的具体体现。从司法实践来看，所谓"不是必须立即执行"死刑的，在大部分情况下是因为其犯罪的社会危害性同必须立即执行死刑的社会危害性有程度上的差别。从对人身伤害的角度来看，以故意伤害罪的刑事责任为例，立法规定故意伤害致人重伤的处3年以上10年以下有期徒刑；对以特别残忍手段致人重伤造成严重残疾的，处10年以上有期徒刑、无期徒刑或者死刑。因此，在故意伤害罪中，只有以特别残忍手段致被害人重伤造成严重残疾的，才可认为是达到了罪行极其严重的程

---

① 转引自祝铭山主编：《抢劫罪》，中国法制出版社2004年版，第241—249页。

度,也才能对被告人适用死刑。对如何判定"严重残疾",最高人民法院 1999 年在《全国法院维护农村稳定刑事审判工作座谈会纪要》中指出,参照 1996 年国家技术监督局颁布的《职工工伤与职业病致残程度鉴定标准》,是指下列情形之一的:被害人身体器官大部缺损、器官明显畸形、身体器官有中等功能障碍、造成严重并发症,等等。本案被害人慎励丽的损伤(包括面部损伤)程度尚不属严重残疾;加之考虑其虽属重伤,经治疗仍留有一些后遗症,但从总体看身体状况恢复较好,认定金义祥犯罪后果不是特别严重是有依据的。综合考虑金义祥犯罪后果尚不属特别严重,加之其系初犯,认罪态度较好,此案尚不属需要判处死刑立即执行的情形。

【指导案例】郭光伟、李涛抢劫案[①]——共同致一人死亡的案件中,如何认定罪责最严重的主犯

被告人郭光伟、李涛因犯罪在同一劳改场所服刑时认识,刑满释放后二人亦有联系。2014 年 7 月 26 日,李涛从湖北省荆门市来到宜昌市猇亭区与郭光伟见面,二人多次预谋实施抢劫,并购买了手套、绳子等作案工具。同月 29 日,二人拦下被害人周晓林驾驶的出租车,谎称去三峡机场,郭光伟上车后坐在后排,李涛则坐在副驾驶座。当周晓林驾驶车辆行至猇亭区逢桥路延伸段时,郭光伟声称喝醉酒要呕吐,要周停车。周晓林停车后,郭光伟立即用绳子套住周晓林的颈部,因周极力反抗,致使绳子滑落。李涛将绳子拾起套住周的颈部后递给郭光伟。郭光伟接过绳子猛勒周晓林的颈部,李涛则捂住周晓林的嘴,共同致周晓林死亡。作案后,郭光伟驾驶该车与李涛沿 318 国道往荆州方向逃跑,行驶至宜昌市高新区白洋镇雅畈村路段时,车辆因故障熄火,二人弃车逃跑。

本案中,被告人郭光伟和李涛均积极实施抢劫致死的犯罪行为,均系主犯,但从犯罪预谋、准备工具、具体实施等阶段综合判断,郭光伟的地位、作用要略大于李涛,罪责更为严重:(1)二被告人虽共同预谋抢劫,但郭光伟提议抢劫黑出租车并杀死被害人,李涛表示同意,郭光伟的罪责略大于李涛。(2)在二被告人准备实施抢劫前,郭光伟提议购买作案工具绳子和手套,李涛随之共同购买,郭光伟在准备作案工具的环节罪责大于李涛。(3)在具体抢劫杀人过程中,郭光伟实施了持绳子勒死被害人的最主要行为,李涛实施了将绳子套入被害人脖子并捂住被害人口鼻的行为。相对而言,在致死被害人上郭广伟的作用更为突出,罪责大于李涛。(4)从其他因素看,案发时郭光伟的年龄是 32 岁,李涛是 25 岁,郭光伟的社会阅历和成长经历较李涛丰富;案发时从荆门来到郭光伟的工作地宜昌市猇亭区,选择以该地为作案地点,而郭光伟更熟悉猇亭的基本情况等。从常理推断,这些因

[①] 参见裴宇、张剑:《郭光伟、李涛抢劫案——共同致一人死亡的案件中,如何认定罪责最严重的主犯》,载最高人民法院刑事审判第一、二、三、四、五庭主办:《刑事审判参考》(总第 112 集),法律出版社 2018 年版,第 30—36 页。

素也会导致郭光伟在犯罪过程中的主导性更强,罪责相对更大。综上,在本案只造成一人死亡的情况下,综合共同犯罪的具体情节,可以认定郭光伟的罪责要大于李涛。最高人民法院依法核准郭光伟死刑,改判李涛死缓,限制减刑是适当的。

二、对未成年人如何适用《刑法》第49条和第17条之规定

(一)裁判规则

一般而言,除另有法定或酌定从重处罚情节以外,即使罪行极其严重,对未成年人通常也不适用处无期徒刑;但如果未成年被告人另有一个或多个法定从重处罚情节的,对其可以适用无期徒刑。

(二)规则适用

未成年犯罪人,是指已满14周岁不满18周岁的犯罪人。对于未成年犯罪人,根据我国《刑法》第17条第3款的规定,已满14周岁不满18周岁的人犯罪,应当从轻或者减轻处罚,根据《刑法》第49条的进一步规定,犯罪的时候不满18周岁的人不适用死刑,根据《刑法》第49条的规定,对未成年犯罪人是不能适用死刑的,既不能判处死刑立即执行,也不能判处死刑缓期二年执行。因此,在司法实践当中,对于罪行极其严重的未成年犯罪人便不能处以死刑(包括死缓),那么能否判处无期徒刑呢?对此,有人认为,对于那些罪刑极其严重的未成年人被告人,根据《刑法》第49条的规定不适用死刑。同时,根据《刑法》第17条"已满十四周岁不满十八周岁的人犯罪,应当从轻或减轻处罚"的规定,故对上述人员也不能判处无期徒刑。笔者认为,上述理解是错误的。上述《刑法》第17条的规定体现了法律对身体、智力尚未完全发育成熟的未成年人予以特殊保护的立法精神,而《刑法》第49条中关于"犯罪的时候不满十八周岁的人……不适用死刑",正是这一立法精神的具体体现。因此,对于已满14周岁不满18周岁的未成年人实施的犯罪行为,如果论罪依法应当判处法定最高刑,而该罪的法定最高刑是死刑的,则不能判处死刑(包括死缓刑),但是依法可以判处无期徒刑。具体来说,对罪行极其严重的未成年被告人,因其根据《刑法》第17条规定属应当从轻、减轻处罚的情形,故除了其另有法定或酌定从重情节外,一般不判处无期徒刑;但如果其具有法定或酌定从重情节的,可以判处无期徒刑。

【指导案例】扎西达娃等抢劫案[①]——对罪行极其严重的未成年犯罪人能否判处无期徒刑

2000年9月23日15时许,被告人扎西达娃、索朗扎西、尼玛扎西、次仁格桑

[①] 参见周峰:《扎西达娃等抢劫案——对罪行极其严重的未成年犯罪人能否判处无期徒刑》,载最高人民法院刑事审判第一庭、第二庭编:《刑事审判参考》(总第26辑),法律出版社2002年版,第57—63页。

(均系未成年人)预谋抢劫西藏自治区勘探集团公司退休职工翁俊兴的钱财。之后,扎西达娃安排次仁格桑去翁俊兴的住房周围察看情况兼望风,自己则伙同索朗扎西、尼玛扎西借故进入翁俊兴的住处。当听到次仁格桑按约定发出附近无人的信号后,扎西达娃又让索朗扎西将次仁格桑也叫进屋里。扎西达娃随即按原定计划从背后用手勒住翁俊兴的脖子,尼玛扎西则持事先准备好的石块击打翁俊兴的额部、脸部,后二人又共同将翁俊兴摁倒在床上,使其不能反抗。索朗扎西、次仁格桑则在屋里四处搜寻财物,翁俊兴大声呼救,索朗扎西便拿起铁锹砍砸翁俊兴的手,并将匕首递给了扎西达娃,扎西达娃用匕首架在翁俊兴的脖颈处进行威胁,但翁俊兴仍高声呼救。扎西达娃询问他人要不要把翁俊兴杀掉,尼玛扎西等人惟恐事情败露,便示意扎西达娃下手杀死翁俊兴。于是,扎西达娃用匕首朝翁俊兴的颈部、胸部、腹部等处连捅7刀致其死亡。

本案扎西达娃等四名未成年被告人经共同预谋后入室抢劫,在抢劫过程中将被害人杀死,且抢劫数额巨大,犯罪手段残忍,情节十分恶劣,后果极其严重,同时具有上述多项从重情节,属罪行极其严重的犯罪分子,如果本案的被告人是成年人的话,对主犯等依法应当适用死刑。但本案的被告人均系未成年人,依照《刑法》第49条之规定,不能适用死刑(包括死缓)。这样一来对本案被告人的量刑就只能在10年以上有期徒刑或者无期徒刑的量刑幅度内选择。那么,对本案被告人是否可以判处无期徒刑呢?对此,持否定论者认为,《刑法》第17条第3款同时规定:已满14周岁不满18周岁的人犯罪,应当从轻或减轻处罚。此处规定的是"应当"而不是"可以",没有自由斟酌的余地,故只能选择判处有期徒刑。笔者认为,上述观点是不妥当的。因为如果认为对未成年人只能判处有期徒刑,则等于对未成年人既不能适用死刑,也不能适用无期徒刑,那么立法就应当直接规定对未成年人不适用死刑和无期徒刑,这显然不合乎立法原意。事实上,《刑法》第49条与第17条系互相包容关系,二者从不同角度来体现对未成年人犯罪从宽处罚的精神。其中,《刑法》第49条规定对未成年罪犯不适用死刑,已经体现了第17条对其从宽的刑事政策。同样,适用《刑法》第17条第3款对未成年人犯罪应当从轻或减轻处罚的规定,也体现了对未成年人不适用死刑的内容。因此,在具体案件中,上述两个条款可以同时引用,并不违背"禁止重复评价"原则。当然,对未成年被告人一般不判处无期徒刑。但对于那些罪行极其严重,同时又具有一个或多个法定从重处罚情节的未成年犯罪人,仍可以适用无期徒刑。就本案而言,被告人索朗扎西、尼玛扎西在共同犯罪中虽起主要作用,且对造成被害人死亡负有共同责任,但较之扎西达娃要轻,故法院以抢劫罪分别判处被告人索朗扎西、尼玛扎西15年有期徒刑,判处扎西达娃无期徒刑是适当的。

第十一章 累 犯

一、如何理解累犯制度、数罪并罚制度中的"刑罚执行完毕"

（一）裁判规则

一般累犯的成立要求再次犯罪的时间是在刑罚执行完毕后5年以内，这里的"刑罚"是指"有期徒刑以上刑罚"，而不包括附加刑。与之不同的是，数罪并罚制度同样要求是在"刑罚执行完毕以前"发现漏罪或者又犯新罪，但这里的"刑罚"是指包括主刑和附加刑在内的所有刑罚。

（二）规则适用

被判处刑罚的犯罪人，在刑罚执行完毕或者赦免以后的一定时期内再犯新罪，反映了犯罪人更大的人身危险性，应当对其从重处罚。对此，我国《刑法》第65条第1款规定："被判处有期徒刑以上刑罚的犯罪分子，刑罚执行完毕或者赦免以后，在五年以内再犯应当判处有期徒刑以上刑罚之罪的，是累犯，应当从重处罚，但是过失犯罪和不满十八周岁的人犯罪除外。"此谓刑法当中的一般累犯。根据上述规定，成立一般累犯的条件之一是，前罪被判处的刑罚与后罪应当判处的刑罚均是"有期徒刑以上刑罚"，而且前罪所判处的"有期徒刑以上刑罚"已经执行完毕。可见，该条当中的"刑罚执行完毕"应当是指"有期徒刑以上刑罚"，而不能扩大解释为包括"主刑和附加刑在内"的所有刑罚。

此外，根据《刑法》第70条、第71条的规定，在判决宣告后发现漏罪或者又犯新罪的并罚制度中，同样要求是在"刑罚执行完毕以前"。那么，这里的"刑罚"是否同累犯制度一样，是指"有期徒刑以上刑罚"呢？对此，答案是否定的。因为在数罪并罚制度中，对犯罪分子并没有"被判处有期徒刑以上刑罚"之类的限制性规定，故这里的刑罚应当包括主刑和附加刑在内的所有刑罚。只要后罪是在前罪被判处的刑罚（包括主刑和附加刑）执行完毕之前的，在对后罪作出判决时，均应当适用数罪并罚制度。只有后罪是在前罪被判处的所有刑罚（包括主刑和附加刑）都执行完毕之后，对后罪判决时才无需适用数罪并罚制度。关于这一点，也可以从最高人民法院相关司法解释中找到答案。最高人民法院发布的《关于在附加剥夺政治权利执行期间重新犯罪的被告人是否适用数罪并罚问题的批复》(1994年)指出:"对被判处有期徒刑的罪犯,主刑已执行完毕,在执行附加刑剥夺政治权利期间又重新犯罪,如果所犯新罪无须判处附加刑剥夺政治权利的,应当按照《中华人民共和国刑法》第六十四条第二款①、第六十六条的规定,在对被告人所犯新罪作出判决时,将新罪所判处的刑罚和前罪没有执行完毕的附加刑剥夺政治权利,按照数罪并罚原则,决定执行的刑罚,即在新罪所判处的刑罚执行完毕以后,继续执行前罪没有执行完毕的附加刑剥夺政治权利。"

【指导案例】买买提盗窃案②——如何理解累犯制度、数罪并罚制度中的"刑罚执行完毕"

1998年3月,被告人鄂尔古丽·买买提因犯盗窃罪被判处有期徒刑1年6个月,并处罚金人民币1000元(未执行)。1999年4月15日,刑满释放。2000年5月20日,被告人鄂尔古丽·买买提在北京动物园售票处前,乘被害人不备,从被害人的左裤兜内窃得人民币1100元,后被抓获。

本案中,被告人鄂尔古丽·买买提是在前罪主刑执行完毕,但附加刑罚金执行完毕之前又犯应当判处有期徒刑以上刑罚之罪,是否应当认定为累犯?对此,我们应当从《刑法》第69条所规定的一般累犯的成立条件来进行分析。本案被告人所犯两罪均为盗窃罪,而且根据刑法分则的规定,后罪应当判处的刑罚为有期徒刑以上,能否成立累犯关键在于前罪是否执行完毕。因为被告人在1998年3月,因犯盗窃罪被判处有期徒刑1年6个月,并处罚金人民币1000元。其中有期徒刑尽管在1999年4月15日执行完毕,但附加刑罚金人民币1000元一直没有执行,这种情形是否属于"刑罚执行完毕"呢?笔者认为,《刑法》第65条中所规定的"刑罚执行完毕"仅仅是指主刑执行完毕,不包括附加刑是否执行完毕,因为在"刑罚执行完毕"之前有"被判处有期徒刑以上刑罚"的限定。为此,被告人鄂尔古丽·买买提所犯后罪发生在前罪刑罚执行完毕5年以内,符合累犯成立的第三个条件,应当认定为累犯,并从重处罚。

【指导案例】秋立新盗窃案③

被告人秋立新,39岁,北京人,曾因犯盗窃罪于1995年6月8日被判处有期

---

① 经2015年8月29日通过的《中华人民共和国刑法修正案(九)》修正,原《刑法》第69条第2款改为第3款。
② 参见陈兴良、张军、胡云腾主编:《人民法院刑事指导案例裁判要旨通纂》(上下卷·第二版),北京大学出版社2018年版,第1104页。
③ 参见陈兴良、张军、胡云腾主编:《人民法院刑事指导案例裁判要旨通纂》(上下卷·第二版),北京大学出版社2018年版,第1121页。

徒刑8年,服刑期间因犯脱逃罪被判处有期徒刑3年、犯盗窃罪被判处有期徒刑1年,与原判刑期残刑6年14天、剥夺政治权利1年并罚,决定执行有期徒刑9年,剥夺政治权利1年;经减刑于2004年12月6日释放;于2005年5月27日因本案被逮捕。2005年5月20日上午,秋立新在北京市朝阳区垡头乡陶庄早市的20号摊位内,趁无人之机,窃得摊主李洪芳的挎包一个,内有人民币2142元、手机两部等财物。被告人秋立新被当场抓获。

本案中,被告人秋立新所犯前罪主刑已经执行完毕,附加刑执行完毕之前又犯新罪,是否应当实行数罪并罚呢？对此,我国《刑法》第71条规定:"判决宣告以后,刑罚执行完毕以前,被判刑的犯罪分子又犯罪的,应当对新犯的罪作出判决,把前罪没有执行的刑罚和后罪所判处的刑罚,依照本法第六十九条的规定,决定执行的刑罚。"1994年5月16日最高人民法院发布的《关于在附加剥夺政治权利执行期间重新犯罪的被告人是否适用数罪并罚问题的批复》指出:"对被判处有期徒刑的罪犯,主刑已执行完毕,在执行附加剥夺政治权利期间又重新犯罪,如果所犯新罪无须判处附加刑剥夺政治权利的,应当按照《中华人民共和国刑法》第六十四条第二款①、第六十六条的规定,在对被告人所犯新罪作出判决时,将新罪所判处的刑罚和前罪没有执行完毕的附加刑剥夺政治权利,按照数罪并罚原则,决定执行的刑罚,即在新罪所判处的刑罚执行完毕以后,继续执行前罪没有执行完毕的附加刑剥夺政治权利。"据此,《刑法》第71条中所规定的"刑罚执行完毕以前"中的"刑罚"包括主刑和附加刑在内。本案中,被告人秋立新的宣告刑是有期徒刑9年,剥夺政治权利1年,其主刑于2004年12月6日执行完毕,次日开始执行1年的剥夺政治权利。在此期间,即2005年5月20日,秋立新前罪的附加刑尚未执行完毕,其又实施了新罪,应当根据《刑法》第71条的规定,对其前后两罪实行数罪并罚。

二、在假释考验期间直至期满后连续犯罪的是否应撤销假释并构成累犯

(一)裁判规则

对于被假释的犯罪分子,如果在假释考验期满后才发现该罪犯在假释考验期内又犯新罪,对尚未超过追诉时效期限的,应当撤销假释,把前罪没有执行的刑罚和后罪所判处的刑罚,按照数罪并罚的规定,决定执行的刑罚。同样,对于罪犯假释考验期间直至期满后连续实施新的犯罪行为的,基于罪犯是在假释考验期内就已开始犯新罪这一事实,应当撤销假释,按照《刑法》第71条实行并罚。

---

① 经2015年8月29日通过的《中华人民共和国刑法修正案(九)》修正,原《刑法》第69条第2款改为第3款。

(二) 规则适用

假释是对服刑期间表现良好的罪犯附条件的提前释放。这里的"附条件"主要是在裁定假释的同时,对被假释的罪犯依法设定假释考验期限,要求犯罪分子在考验期内必须严格遵守有关法律、行政法规以及公安部门有关假释的监督管理规定,服从公安机关的监督。如果其在假释考验期内没有违反法律、行政法规以及公安部门有关假释的监督管理规定的行为,就认为原判刑罚已经执行完毕。反之,就应当对其撤销假释,收监执行原判未执行完毕的刑罚。此外,在考验期内如果发现漏罪的,应当撤销假释,将漏罪与原判未执行完毕的刑罚予以并罚;而如果被假释的犯罪分子在假释考验期内又重新犯罪的,则无论在何时发现,均应当撤销假释,对其犯的新罪作出判决并与前罪未执行的余刑实行并罚。司法实践中,由于假释监督有时不能真正到位,导致被假释的罪犯在考验期内违反假释的相关规定,甚至再次实施了犯罪行为,而且上述行为在假释考验期间内并未被及时发现和掌握,直至假释期满后才被发现。对于这种情形是否应当撤销假释,最高人民法院曾在 1985 年 8 月 21 日发布的《审判严重刑事犯罪案件中具体应用法律的若干问题的答复(三)》[①]中规定,对于被假释的犯罪分子,如果在假释考验期满后,才发现该罪犯在假释考验期内又犯新罪,对尚未超过追诉时效期限的,也应当依照 1979 年《刑法》第 75 条的有关规定,撤销假释,把前罪没有执行的刑罚和后罪所判处的刑罚,按照 1979 年《刑法》第 64 条的规定,决定执行的刑罚。同样,对于罪犯在假释考验期间直至期满后连续实施新的犯罪行为的,基于罪犯是在假释考验期内就已开始犯新罪这一事实,根据《刑法》第 86 条对假释考验期间又犯新罪的处理原则,应当撤销假释,按照《刑法》第 71 条实行并罚。

【指导案例】丁立军强奸、抢劫、盗窃案[②]**——在假释考验期间直至期满后连续实施犯罪是否应撤销假释并构成累犯**

被告人丁立军曾因强奸罪被判处有期徒刑 9 年,1997 年 9 月 5 日被假释,假释考验期至 1999 年 5 月 2 日。在 1998 年 6 月至 1999 年 4 月假释期间,丁立军携带匕首、手电筒等作案工具,先后入户强奸作案近 40 起,对代某某等 32 名妇女实施强奸。在入户强奸作案的同时,丁立军还抢劫作案 5 起,盗窃作案 1 起,劫得金耳环等物品,价值人民币 970 余元,窃得电视机 1 台,价值人民币 200 余元。另查明,丁立军于 1999 年 4 月至 2001 年 7 月期间,携带匕首、手电筒等作案工具,采取翻墙入院、破门入室等手段,盗窃作案 14 起,窃得财物价值合计人民币 16 600

[①] 该答复虽然已经于 2013 年 1 月 18 日失效,但是在新的替代性规定出台之外,其精神仍然可以参照适用。

[②] 参见谢萍:《丁立军强奸、抢劫、盗窃案——在假释考验期间直至期满后连续实施犯罪是否应撤销假释并构成累犯》,载最高人民法院刑事审判第一庭、第二庭编:《刑事审判参考》(总第 28 辑),法律出版社 2002 年版,第 37—42 页。

余元。

本案被告人丁立军在假释考验期间多次实施强奸行为,又犯有抢劫、盗窃罪,假释期满2年后才被抓获。其间,被告人一直不断地实施新的犯罪。假释是附条件的提前释放,罪犯在考验期内必须严格遵守相关规定,如果罪犯在考验期内犯新罪,不论其犯罪行为连续与否,也不论是在何时被发现,只要有一项罪行是在假释考验期内实施,而且该罪行未超过追诉时效,就应当撤销其假释,实行数罪并罚。为此,尽管被告人的大部分犯罪行为是在假释考验期满后实施的,但是基于其是在假释考验期内就已开始犯新罪这一事实,根据《刑法》第86条对假释考验期间又犯新罪的处理原则,应当撤销假释,按照《刑法》第71条实行数罪并罚。此外,根据《刑法》第65条规定,累犯是指"被判处有期徒刑以上刑罚的犯罪分子,刑罚执行完毕或者赦免以后,在五年以内再犯应当判处有期徒刑以上刑罚之罪的"。本案中,被告人丁立军假释考验期满前后均又犯新罪,且其连续犯罪中有一部分罪行是在假释考验期内所犯,对此应首先依法撤销假释,其前罪的余刑仍须执行,而并非前罪的"刑罚已经执行完毕",不符合累犯的构成要求,故不应以累犯论处。

三、对累犯"再犯应当判处有期徒刑以上刑罚之罪"要件的理解

(一)裁判规则

刑法中的累犯不同于犯罪学上的累犯,并非一个单纯的事实概念,而是事实概念与法律评价的统一体。因此,累犯规定中的"再犯应当判处有期徒刑以上之罪"必须是依法应予追究刑事责任之罪。如果被告人刑满释放后所实施的第一起犯罪已经过了追诉时效,依法不应再追究刑事责任,尽管其在刑罚执行完毕5年以后又实施其他犯罪并需要追究刑事责任,仍然不能认定为"再犯应当判处有期徒刑以上之罪"。

(二)规则适用

依照《刑法》第65条之规定,一般累犯是指被判处有期徒刑以上刑罚的犯罪分子,刑罚执行完毕或者赦免以后,在5年以内再犯应当判处有期徒刑以上刑罚之罪的。对于行为人在前罪刑罚执行完毕以后再犯多个应当判处有期徒刑以上刑罚之罪,其中既有发生在5年以内的,亦有发生在5年之外的情形,如果5年以内所犯之罪已经超过了追诉时效,根据《刑法》第89条第1款关于"犯罪行为有连续或者继续状态的,从犯罪行为终了之日起计算"的规定,除非该犯罪与5年以外的犯罪属于连续犯,否则就不能追究行为人在5年以内之罪的刑事责任。所谓"连续犯",是指基于同一或者概括的犯罪故意,连续实施数个独立的同一性质的犯罪行为,触犯同一罪名的情形。其中,所谓同一的犯罪故意,是指行为人具有数次实施同一犯罪的故意;所谓概括的犯罪故意,是指行为人主观上具有只要有条件就实施特定犯罪的故意。为此,在具体判断数个犯罪行为之间是否存在连续关

系时,关键在于行为人所实施的数个犯罪行为之间是否具有主观故意上的连续关系。在这种连续关系中,行为人在开始实施第一个犯罪行为时,就有连续实施数个犯罪行为的犯罪意图,或者是为完成一个预定的犯罪计划,或者是为实现一个总的目标,或者是预见到了总的犯罪结果,这是连续犯与同种数罪的主要区别所在。除此之外,对于是否具有连续性,还应当从客观方面进行判断,即通过分析客观行为实施的时间、地点、对象、方式、性质等来判断是否具有连续性。

对于刑罚执行完毕以后,在5年以内再犯应当判处有期徒刑以上刑罚之罪,但该罪已过追诉时效的情形,能否认定为累犯呢?有观点认为,只要是该犯罪发生在其刑罚执行完毕以后5年以内,依法应当判处有期徒刑,符合法律规定的累犯要件,就应当认定为累犯。尽管由于过了追诉期限,对其该起犯罪不再追究刑事责任,但对累犯的认定并不构成障碍,因为追诉时效仅仅是相对于责任追究而言,犯罪行为并不因为过了追诉时效而不复存在,或者不再属于犯罪。这里就存在这样一个问题,即对于《刑法》第65条关于累犯构成规定中的"再犯应当判处有期徒刑以上刑罚之罪"应作何种理解?"再犯应当判处有期徒刑以上刑罚之罪",仅仅是一个单纯的事实要件,还是兼及法律评价和刑事追究的复合要件?笔者认为,累犯是刑法基于再次犯罪行为及改造需要对犯罪人作出的更为严重的否定评价,它不同于犯罪学上的累犯,其不仅仅是一个单纯的事实概念,而是事实概念与法律评价的统一体。因此,刑法规定的前罪"被判处有期徒刑以上刑罚"必须是已经被判处有期徒刑且得到执行,如果前罪虽被判处有期徒刑但是宣告缓刑,在缓刑考验期满后又犯新罪的,不构成累犯;同样,后罪"应当判处有期徒刑以上之罪"也必须是依法应予追究刑事责任之罪,否则,累犯制度中的从重处罚规定将无从落实,累犯制度也就失去了存在的意义。为此,如果被告人刑满释放后所实施的第一起犯罪已经过了追诉时效,依法不应再追究刑事责任,尽管其在刑罚执行完毕5年以后又实施其他犯罪并需要追究刑事责任,仍然不能认定为"再犯应当判处有期徒刑以上刑罚之罪"。

【指导案例】南昌洙、南昌男盗窃案[①]**——对累犯"再犯应当判处有期徒刑以上刑罚之罪"要件的理解**

被告人南昌洙,曾因犯盗窃罪被判处有期徒刑2年6个月,1997年2月3日刑满释放;因涉嫌犯盗窃罪,于2003年9月11日被逮捕。被告人南昌男,因涉嫌犯盗窃罪于2003年9月11日被逮捕。吉林省龙井市人民检察院指控被告人南昌洙、南昌男犯盗窃罪,向龙井市人民法院提起公诉。起诉书认为,南昌洙在刑满释放后5年内再犯应判处有期徒刑以上刑罚之罪,系累犯,应从重处罚。法院经公

---

① 参见金镒珠、金杰:《南昌洙、南昌男盗窃案——对累犯"再犯应当判处有期徒刑以上刑罚之罪"要件的理解》,载最高人民法院刑一庭、刑二庭编:《刑事审判参考》(总第35集),法律出版社2004年版,第49—54页。

开审理查明:1998年3月,南昌洙、南昌男在龙井市开山屯镇光新村盗窃一头耕牛,价值人民币2500元。销赃后,赃款由二被告人挥霍。2003年8月8日,南昌洙、南昌男在龙井市东盛涌镇长南村附近盗窃4头耕牛,共计价值人民币6800元。销赃时被公安人员抓获。

本案被告人南昌洙伙同南昌男于1998年3月盗窃他人耕牛,价值人民币2500元,按照当时盗窃罪数额较大的规定,已构成盗窃罪,对应的法定最高刑为3年有期徒刑,追诉时效为5年,即到2003年3月止。而被告人南昌洙直至2003年8月才被立案侦查,且在此之前并不存在可导致追诉期限延长的法定事由,故就该起盗窃行为而言,明显已过追诉期限。那么,能否以南昌洙2003年8月又实施盗窃行为属于连续犯为由,依照《刑法》第89条第1款关于"犯罪行为有连续或者继续状态的,从犯罪行为终了之日起计算"的规定,对其1998年3月所实施盗窃行为的追诉时效自2003年8月新罪实施终了之日起算,追究其前罪的刑事责任呢?对此,答案是否定的。被告人南昌洙前后两个盗窃行为虽均独立构成盗窃罪,但该两个行为时间间隔在5年以上,很难认定其在实施前次盗窃行为时,对5年之后再次实施的盗窃行为已经具有主观上的连续故意,因此,不应将其实施的两次盗窃行为作为连续犯罪,不能以犯后罪为由重新起算其前罪的追诉期限。本案被告人南昌洙刑满释放后所实施的第一起盗窃行为,由于已经过了追诉时效,依法不应再追究其刑事责任,不能认定为"再犯应当判处有期徒刑以上刑罚之罪";第二起盗窃行为是在刑罚执行完毕5年以后所实施的,也不符合累犯的法定期限要件。因此,对被告人南昌洙不能认定为累犯。

四、前次犯罪跨越18周岁且被判处有期徒刑的能否构成累犯

(一) 裁判规则

对于在18周岁前后实施数罪或持续性的犯罪行为(包括连续犯、继续犯等情形),如果18周岁后实施的故意犯罪不是应当判处有期徒刑以上刑罚的,不构成累犯;如果18周岁后实施的故意犯罪处于可能判处有期徒刑临界点的,在前罪判处的刑罚执行完毕或者赦免以后5年内,再故意犯应当判处有期徒刑以上刑罚之罪的,一般不认定为累犯。

(二) 规则适用

从《刑法》第65条第1款规定来看,构成一般累犯需要符合罪质(即前后罪均为故意犯罪)、刑度(即前后罪均被判处有期徒刑以上刑罚)、时间条件(即刑罚执行完毕后5年以内)三个方面的要求。同时,为体现对未成年犯罪人的特殊保护,即使符合构成一般累犯所要求的上述条件,如果前罪系不满18周岁时实施的,也不能认定为累犯。那么,当被告人所犯前罪跨越了18周岁年龄段,宣告刑或数罪并罚合并决定执行的刑罚系有期徒刑时,对被告人能否认定为累犯呢?我们认为

不能一概而论,既不能因为前罪中有18周岁前实施的犯罪,就一概认为不构成累犯,也不能完全不考虑18周岁前后数罪的罪质及应判处的刑罚,只根据宣告刑或合并执行的刑罚是否是有期徒刑以上刑罚,来认定是否构成累犯,而应当坚持《刑法》第65条第1款体现的对未成年人犯罪尽量从宽处罚的精神,以18周岁后实施的犯罪的罪质及应判处的刑罚为侧重点来进行分析判断。当行为人18周岁前后所实施的为异种数罪(以下均为故意犯罪)时,如果在18周岁之前的犯罪被判处有期徒刑,但是在18周岁之后的犯罪被判处拘役,尽管合并执行的刑罚系有期徒刑,但仍然不能认定其构成累犯。当18周岁前后实施的数罪为同种数罪或连续犯时,即使最终判处的刑罚不能体现每起犯罪独立的宣告刑,也可以根据其数罪情节分别对应的量刑幅度,确定18周岁后实施的犯罪是否应当判处有期徒刑以上刑罚。如果应当判处有期徒刑的,在其他条件也符合的情况下,可以认定被告人系累犯。如果综合考虑被告人18周岁前后所实施的全部罪行而对其判处有期徒刑,但单独考虑18周岁后实施的部分犯罪行为的性质、情节,或者被告人具有自首、立功、从犯等从轻、减轻处罚情节,处于可判处有期徒刑与拘役或者管制、单处罚金等刑罚的临界点的,那么,从存疑有利于被告人及特殊保护未成年人的原则考虑,一般不宜认定为累犯;只有当行为人18周岁后实施的部分犯罪行为确定无疑被判处有期徒刑时,才能认定为构成累犯。

【指导案例】被告人钟某抢劫案①——被告人前次犯罪跨越18周岁且被判处有期徒刑,在刑罚执行完毕后5年内再犯应当判处有期徒刑以上刑罚之罪的,是否构成累犯

2012年1月11日22时许,被告人钟某至吴江经济技术开发区城南花苑X号住房门前的小巷子内,采用卡脖子、拳打脚踢等手段,劫取被害人石媛媛现金人民币400余元及总价值人民币420元的数码相机、MP4、挎包及钱包等财物,并致石媛媛轻微伤。案发后,公安机关追回全部赃款(物),并已发还给石媛媛。归案后,钟某如实供述了自己的犯罪事实。另查明,被告人钟某于2009年2月至2009年9月间(作案时已满16周岁不满18周岁),在吴江市平望镇、横扇镇等地,先后盗窃作案7起,窃得财物共计人民币3580元;于2010年7月8日(作案时已满18周岁)在吴江市平望镇入户窃得其伯父钟某某现金人民币2280元。吴江市人民法院于2010年12月6日以盗窃罪判处被告人钟某有期徒刑9个月,并处罚金人民币1000元,2011年4月17日刑满释放。

本案中,被告人钟某2010年7月8日(作案时已满18周岁)在吴江市平望镇

---

① 参见彭锐、沈丽:《钟某抢劫案——被告人前次犯罪跨越十八周岁且被判处有期徒刑,在刑罚执行完毕后五年内再犯应当判处有期徒刑以上刑罚之罪的,是否构成累犯》,载最高人民法院刑事审判第一、二、三、四、五庭主办:《刑事审判参考》(总第108集),法律出版社2017年版,第59—62页。

入户盗窃现金人民币2280元(即前罪中第8起盗窃);钟某还于2009年2月至2009年9月间(作案时已满16周岁不满18周岁),先后盗窃作案7起,窃得财物共计人民币3580元,法院综合考虑盗窃事实、情节,判处钟某有期徒刑9个月。本案审理时最高人民法院于2010年发布的《人民法院量刑指导意见(试行)》规定,构成盗窃罪,达到数额较大起点的,可以在3个月拘役至6个月有期徒刑幅度内确定量刑起点。就第8起盗窃犯罪而言,钟某具有全部退赃、自愿认罪、盗窃亲属财物等从轻情节,以及入户盗窃等从重情节,钟某应判处的刑罚为有期徒刑或者拘役6个月以下。鉴于钟某实施的多起盗窃跨越18周岁年龄段,而18周岁后实施的盗窃犯罪应判处的刑罚处于有期徒刑与拘役的临界点,不是必然应当判处有期徒刑。因此,法院从《刑法》第65条排除不满18周岁的人构成累犯的精神出发,在审理其后犯抢劫罪时,未认定钟某构成累犯是适当的。

第十二章 缓 刑

一、刑罚执行期间发现漏罪,判决作出时原判刑罚已执行完毕的如何处理

(一)裁判规则

在前判"判决宣告以后,刑罚执行完毕以前"发现漏罪的,即使漏罪判决作出时前罪原判刑罚已经执行完毕,仍然应当适用数罪并罚,而在此时间节点之外发现漏罪的则只能就漏罪单独进行追诉。"发现"漏罪不仅要求侦查机关对犯罪事实已经立案侦查,还要求已经将服刑犯明确为犯罪嫌疑人。

(二)规则适用

关于漏罪数罪并罚,《刑法》第70条规定:"判决宣告以后,刑罚执行完毕以前,发现被判刑的犯罪分子在判决宣告以前还有其他罪没有判决的,应当对新发现的罪作出判决,把前后两个判决所判处的刑罚,依照本法第六十九条的规定,决定执行的刑罚。已经执行的刑期,应当计算在新判决决定的刑期以内。"在理解与适用该条款时需要注意以下几个问题:

1. 关于发现漏罪的时间节点,要求必须是在前罪"判决宣告以后,刑罚执行完毕以前"发现漏罪,只有在此期间发现漏罪的才适用数罪并罚,否则就只能就漏罪单独进行追诉。由于撤销漏罪判决需要针对特定的服刑犯进行,这就要求公安机关在立案之时不仅发现了犯罪事实,而且确定了犯罪嫌疑人。如果仅仅是因为"发现"了犯罪事实而立案,但尚未确定犯罪嫌疑人的,此时撤销服刑犯的缓刑判决就无从谈起,故仍不能称之为漏罪并罚中的"发现"。对于自诉案件而言,法院受理之后,经过初步审查确定服刑犯实施了相关犯罪行为的,可以认为是"发现"漏罪。由上可见,司法机关"发现"漏罪在程序上要求已经立案,在证明程度上要求犯罪事实与犯罪嫌疑人均已经被发现。

2. 关于"发现"的主体,通常是侦查机关,自诉案件中也可以是法院。根据《刑

事诉讼法》第 109 条①、第 110 条②之规定,关于漏罪的发现,包括通过司法机关侦查、他人报案、举报、控告或犯罪分子自首等途径。可见,"发现"漏罪的主体通常要求是侦查机关。如果是自诉案件,"发现"的主体也可以是法院。故如果仅仅是有相关单位或者个人发现犯罪事实,不报案、举报、控告的,则无法进入刑事追诉程序从而"发现"漏罪,并对漏罪的服刑犯进行处罚,因此不会产生数罪并罚的效果。

3. 由于"发现"漏罪并予以立案只是启动了刑事追诉程序,此后还需要通过进一步侦查,并经起诉、审判之后,才能对前罪服刑犯、漏罪被告人进行定罪处罚。有观点认为,尽管漏罪的发现时间是在刑罚执行完毕之前,但如果在对漏罪判决之前,前罪刑罚已经执行完毕的,就不能再适用数罪并罚制度。我们认为,这一观点并不妥当。因为根据《刑法》第 70 条的规定,发现漏罪的时间范围仅要求"判决宣告以后,刑罚执行完毕以前",除此之外并没有其他任何时间上的限制。因此,不能因为司法机关诉讼过程的长短、宣判时间的不同而产生不同的适用结果。否则,就会使《刑法》第 70 条的适用处于不确定状态。而且,由于数罪并罚能给被告人的刑罚带来一定"折扣优惠",故如果仅仅因为诉讼过程过长而对被告人不适用并罚制度,对被告人来说也不公平。

【指导案例】沈青鼠、王威盗窃案③——刑罚执行期间发现漏罪,判决作出时原判刑罚已经执行完毕的情况如何处理

被告人沈青鼠、王威因犯盗窃罪于 2012 年 4 月 24 日被分别判处有期徒刑 7 个月并处罚金人民币 1000 元、有期徒刑 1 年并处罚金人民币 1000 元。沈青鼠的刑期自 2011 年 12 月 29 日起至 2012 年 7 月 28 日止;王威的刑期自 2011 年 12 月 29 日起至 2012 年 12 月 28 日止。服刑期间,公安机关发现,2011 年 10 月 15 日中午 12 时许,两被告人至上海市金山区朱泾镇亭枫公路 2640 号上海宝日机械公司办公大楼底楼,窃得被害人林国红诺基亚 E71 型手机及诺基亚 N81 型手机各一部,价值人民币 300 元的卡努牌棕色单肩包一个,现金人民币 500 元,共计价值人民币 2216 元。2012 年 5 月 14 日,公安机关对本案进行立案,并于同年 6 月 4 日将

---

① 《刑事诉讼法》第 109 条规定:"公安机关或者人民检察院发现犯罪事实或者犯罪嫌疑人,应当按照管辖范围,立案侦查。"

② 《刑事诉讼法》第 110 条规定:"任何单位和个人发现有犯罪事实或者犯罪嫌疑人,有权利也有义务向公安机关、人民检察院或者人民法院报案或者举报。被害人对侵犯其人身、财产权利的犯罪事实或者犯罪嫌疑人,有权向公安机关、人民检察院或者人民法院报案或者控告。公安机关、人民检察院或者人民法院对于报案、控告、举报,都应当接受……犯罪人向公安机关、人民检察院或者人民法院自首的,适用第三款规定。"

③ 参见沈磊、舒平锋:《沈青鼠、王威盗窃案——刑罚执行期间发现漏罪,判决作出时原判刑罚已经执行完毕的情况如何处理》,载最高人民法院刑事审判第一、二、三、四、五庭主办:《刑事审判参考》(总第 100 集),法律出版社 2015 年版,第 52—56 页。

正在服刑中的上述二被告人押解回金山区进行审查。

本案存在一定特殊性,即被告人沈青鼠、王威的前罪与新发现的罪均系共同犯罪,但沈青鼠在本院判决时前判刑罚已经执行完毕,而王威尚在服刑中。对于尚在服刑中的王威应当适用漏罪数罪并罚不存在异议,但对于前判刑罚已经执行完毕的沈青鼠是否也适用漏罪数罪并罚?如前所述,要适用漏罪数罪并罚:一是符合发现漏罪的时间节点要求;二是符合发现漏罪的相应程序及证明程度要求。本案中存在四个时间节点:一是沈青鼠服刑期满时间,即自2011年12月29日起至2012年7月28日止。二是本案立案时间,即2012年5月14日,被害人林国红向公安机关报案并立案。三是公安机关立案后,通过技术侦查手段,确定沈青鼠、王威有重大作案嫌疑,于2012年6月4日将正在服刑中的两被告人押回审查,两人均于当日如实供述了本案盗窃事实。四是2012年9月5日,法院对本案进行了审理。在上述四个时间节点中,第三个时间节点比较符合发现漏罪的标准与要求,因为此时公安机关不仅已经立案,而且根据相应证据已经明确两人为犯罪嫌疑人。同时,由于该时间节点在沈青鼠前判执行期间,符合漏罪数罪并罚的时间节点要求,故对沈青鼠的漏罪应当依法数罪并罚。需要指出的是,漏罪数罪并罚只要求漏罪是在判决宣告以后,刑罚执行完毕以前发现即可,不论漏罪判决作出时前罪原判刑罚是否已经执行完毕,均应当对被告人实行数罪并罚。

【指导案例】王雲盗窃案[①]**——刑罚执行期间发现漏罪,判决作出时原判刑罚已执行完毕的情况如何处理**

被告人王雲,男,1994年5月2日出生,农民。2013年11月6日因犯盗窃罪被处有期徒刑6个月,并处罚金人民币5000元(刑期自2013年8月17日起至2014年2月16日止),2014年2月16日刑满释放。

1. 2013年5月22日凌晨3时许,被告人王雲来到浙江省台州市黄岩区东城街道桔乡大道金色港湾酒店,从洗碗间溜门进入酒店一楼,在一楼吧台柜子里窃得现金人民币1500元、总价值为人民币252元的硬壳中华香烟6包、总价值为人民币140元的软壳中华香烟2包、总价值为人民币480元的华为手机3部。

2. 2013年5月24日凌晨3时许,王雲又来到金色港湾酒店,从酒店厨房窗户爬窗进入酒店二楼,在二楼酒水间窃得总价值人民币1344元的硬壳中华香烟32包、总价值人民币490元的软壳中华香烟7包。

另查明,2013年5月24日,公安机关对本案进行刑事立案。2014年2月12日,公安机关通过侦查明确王雲为犯罪嫌疑人。2014年2月16日,王雲被公安机

---

① 参见王永兴:《王雲盗窃案——刑罚执行期间发现漏罪,判决作出时原判刑罚已执行完毕的情况如何处理》,载最高人民法院刑事审判第一、二、三、四、五庭主办:《刑事审判参考》(总第100集),法律出版社2015年版,第57—60页。

关传唤到案。

本案中,被告人王雲前罪刑期自2013年8月17日起至2014年2月16日止。王雲于2014年2月16日刑满释放后被公安机关传唤到案。另外,2013年5月24日公安机关对本案进行刑事立案,2014年2月12日公安机关通过侦查明确王雲为本案犯罪嫌疑人。因此,本案发现漏罪的时间应确定为2014年2月12日。尽管本案被告人的漏罪是在前罪刑罚执行完毕以前发现,但是由于刑事诉讼过程需要一定时间,在对漏罪作出判决时,前罪原判刑罚已执行完毕。根据《刑法》第70条的规定,发现漏罪的时间范围仅明确要求"判决宣告以后,刑罚执行完毕以前",除此之外并没有其他限制。因此,无论漏罪判决作出时前罪刑罚是否已经执行完毕,均应依法将前罪刑罚与漏罪刑罚实行并罚,而不能因诉讼过程的长短、宣判时间的不同而产生不同的适用结果。

二、撤销缓刑案件的管辖、审理和羁押时间的折抵

(一)裁判规则

1. 被宣告缓刑的犯罪分子,在缓刑考验期限内因再犯新罪或者被发现判决宣告以前还有其他罪没有判决,应当撤销缓刑的,一般应由审判新罪的人民法院在审判新罪时,对原判决、裁定宣告的缓刑予以撤销。

2. 被宣告缓刑的犯罪分子,在缓刑考验期内违反法律、行政法规或者国务院公安部门有关缓刑的监督管理规定,情节严重,依法应当撤销缓刑的,管辖权在原作出缓刑裁判的人民法院,程序的启动权在同级执行机关,程序启动的标志为公安机关提出的撤销缓刑建议书。

(二)规则适用

1. 关于撤销缓刑案件的管辖与审理问题。根据《刑法》第77条的规定,被宣告缓刑的犯罪分子,在缓刑考验期限内有下列三种情形之一的,应当撤销缓刑,执行原判刑罚:①犯新罪;②发现判决宣告以前还有其他罪没有判决的;③违反法律、行政法规或者国务院公安部门有关缓刑的监督管理规定,情节严重的。那么,由谁通过何种程序来撤销缓刑呢?对此,最高人民法院2012年12月20日发布的《关于适用〈中华人民共和国刑事诉讼法〉的解释》第457条作了规定:(1)被宣告缓刑的犯罪分子,在缓刑考验期限内因再犯新罪或者被发现判决宣告以前还有其他罪没有判决,应当撤销缓刑的,由审判新罪的法院在审判新罪时,对原判决、裁定宣告的缓刑予以撤销。由审判新罪的法院来撤销缓刑,有可能会出现下级法院撤销上级法院缓刑裁决的情况。那么,这种情形是否会损害到上级法院的司法权威呢?笔者认为,答案是否定的。因为对新罪与漏罪的审判并不会涉及原判证据与事实、定罪与量刑,只是因为原判以后出现的新情况而改变原判刑罚的执行方式。因此,审判新罪的法院在宣告新罪判决的同时,可以径行依法撤销原判的缓

刑宣告。(2)被宣告缓刑的犯罪分子,在缓刑考验期内违反有关法律、行政法规或者国务院公安部门有关缓刑的监督管理规定及其他情形,应当依法撤销缓刑的,原作出缓刑裁判的法院应当自收到执行机关提出的撤销缓刑建议书之日起1个月内依法作出裁定。也就是说,这种情况下撤销缓刑,管辖权在原作出缓刑裁判的法院,程序的启动权在同级执行机关,程序启动标志为提出的撤销缓刑建议书。

2. 关于撤销缓刑案件的数罪并罚和先行羁押期间的折抵问题。由于缓刑判决宣告之前犯罪分子有可能已被先行羁押,同时犯罪分子在缓刑考验期内因违反法律、行政法规或者有关缓刑监督管理规定的,在被撤销缓刑之前也有可能被先行行政拘留,或者因涉嫌再犯新罪或者发现漏罪被先行羁押。那么,上述先行羁押的期间如何从撤销缓刑后实际执行的刑期中予以折抵扣除呢? 笔者认为:(1)被宣告缓刑的犯罪分子在缓刑考验期内因再犯新罪或者发现漏罪依法被撤销缓刑的,首先应按照《刑法》第77条第1款的规定,对新罪或漏罪作出判决,再与前罪判决的刑期依照《刑法》第69条关于数罪并罚的规定确定应当实际执行的刑期。根据最高人民法院《关于撤销缓刑时罪犯在宣告缓刑前羁押的时间能否折抵刑期问题的批复》规定:"根据刑法第七十七条的规定,对被宣告缓刑的犯罪分子撤销缓刑执行原判刑罚的,对其在宣告缓刑前羁押的时间应当折抵刑期。"虽然该批复针对的是"执行原判刑罚"的情形,但其司法精神对数罪并罚的情形仍可适用。故在并罚之后需要再将因前罪被先行羁押的时间和因新罪被先行羁押的时间一并从最后宣告的刑罚中予以折抵扣除。(2)被宣告缓刑的犯罪分子在缓刑考验期内因违反法律、行政法规或者有关缓刑监督管理规定等情形而被撤销缓刑的,一般只应将因前罪被先行羁押的时间从撤销缓刑执行原判刑期中予以折抵扣除。因为缓刑犯因这种情形而被采取行政强制措施或行政处罚而羁押的时间,针对的是另一个行为,不能从撤销缓刑后实际执行的刑期中予以折抵。

【指导案例】王园被撤销缓刑案[①]——**撤销缓刑案件的管辖、审理和羁押时间折抵**

罪犯王园,曾因涉嫌犯抢劫罪于2001年4月22日被刑事拘留,同年4月29日被逮捕,8月10日被取保候审。2001年8月10日,四川省泸州市纳溪区人民法院认定王园犯抢劫罪,判处有期徒刑2年,缓刑3年,并处罚金500元。该判决已发生法律效力并交付执行。在缓刑考验期内,王园又因涉嫌犯盗窃罪,于2002年3月20日被刑事拘留。缓刑执行机关于2002年4月17日向法院提出,王园在2001年10月至12月期间先后7次参与高洋、先永忠等人进行的盗窃活动,盗窃物资价值人民币三千余元。2002年3月参与付朝洋等人抢夺学生财物两次,其行为

---

① 参见汪鸿滨:《王园被撤销缓刑案——撤销缓刑案件的管辖、审理和羁押时间折抵》,载最高人民法院刑事审判第一庭、第二庭编:《刑事审判参考》(总第32辑),法律出版社2003年版,第1—6页。

虽不构成新的犯罪，但违反了有关行政管理法规，情节严重，应依法撤销对罪犯王园的缓刑，并提交了撤销对罪犯王园缓刑的建议书。

就本案而言，罪犯王园在缓刑考验期内所实施的行为，虽系犯罪行为，但由于其未达到法定的刑事责任年龄，依法不负刑事责任，因此，公诉机关对其行为只能依法不起诉。从实际运作上看，本案不能适用上述第(1)种情形，而只能适用上述第(2)种情形，即不属于在缓刑考验期内因犯新罪而撤销缓刑，而属于因违反法律、行政法规，从而撤销其缓刑的情形。由于王园在缓刑考验期内所犯新罪(盗窃罪)并未被判处刑罚，故王园因涉嫌盗窃而被依法羁押的时间，不能从撤销缓刑后原行为所要实际执行的刑期中予以折抵。

【指导案例】代海业盗窃案①——缓刑考验期内犯新罪如何数罪并罚

被告人代海业，男，1973年4月26日出生。2008年8月26日因犯滥伐林木罪被判处有期徒刑1年，缓刑1年，并处罚金人民币5000元，2009年9月5日因涉嫌盗窃罪被逮捕。河南省信阳狮河区人民法院经公开审理查明：2009年5月13日22时许，被告人代海业在信阳市狮河区董家河桥头路口电话亭旁，将王启明的红色三菱125摩托车盗走。经鉴定，该车价值人民币2668元。

在本案审理过程中，对于被告人代海业在缓刑考验期内犯新罪如何实行数罪并罚，有观点认为，此情形属于刑罚执行完毕以前又犯新罪的，根据《刑法》第71条规定的数罪并罚原则，应当先将被告人代海业犯滥伐林木罪所判处的刑罚扣除宣告缓刑前先行羁押的时间后，再与其因犯盗窃罪所判处的刑罚依照《刑法》第69条的规定决定执行的刑罚。笔者认为，上述观点是不正确的。缓刑的实质是暂缓刑罚的执行，如果犯罪分子在缓刑考验期内未发生撤销缓刑的法定情形，原判刑罚将不再执行，因此，在缓刑考验期间根本不存在刑罚执行问题。此外，审判前的羁押时间也不同于已执行刑期。审判前的羁押是判决交付执行前，办案机关为确保刑事诉讼活动的顺利进行，针对犯罪嫌疑人、被告人而采取的人身强制措施，属于程序性措施；而徒刑执行发生在判决确定之后，属于实体处分措施。综上可见，缓刑考验期间不同于刑罚执行期间，羁押时间也不同于已执行刑期，由于《刑法》第71条适用的前提是"判决宣告以后，刑罚执行完毕以前"，而本案不存在刑罚执行的问题，故不能适用该条款来予以并罚，而应当根据《刑法》第77条第1款的规定，将滥伐林木罪和盗窃罪直接依照《刑法》第69条的规定决定执行的刑罚。对于代海业因犯滥伐林木罪被先行羁押的时间，应当在数罪并罚决定执行的刑罚之

---

① 参见丛媛、王春岭：《代海业盗窃案——缓刑考验期内犯新罪如何数罪并罚》，载最高人民法院刑事审判第一、二、三、四、五庭主办：《刑事审判参考》(总第76集)，法律出版社2011年版，第37—42页。

后予以折抵。

三、审判新罪的法院能否同时撤销先前宣告的数个缓刑

(一) 裁判规则

缓刑是有条件地不执行所判刑罚,如果行为人在缓刑期间重新犯罪的,审判新罪的法院可以直接撤销其他法院(包括上级法院)先前作出的缓刑判决,而无须启动审判监督程序来纠正已经作出的错误缓刑宣告判决。

(二) 规则适用

缓刑是一项有条件地不执行所判刑罚的制度,《刑法》第72条规定了缓刑的适用条件,第77条规定了应当撤销缓刑的三种情形,则是不具备缓刑适用条件的表现。其中,在缓刑考验期内犯新罪或者发现漏罪是两种常见的撤销缓刑情形。《刑法》第77条第1款规定:"被宣告缓刑的犯罪分子,在缓刑考验期限内犯新罪或者发现判决宣告以前还有其他罪没有判决的,应当撤销缓刑,对新犯的罪或者新发现的罪作出判决,把前罪和后罪所判处的刑罚,依照本法第六十九条的规定,决定执行的刑罚。"撤销缓刑意味着原判适用缓刑不当,尤其是在判决宣告缓刑后,发现宣告前有漏罪的情况下,先前所作出的判决宣告本身是建立在未能全面掌握前科事实基础之上的。从诉讼理论来说,这个错误的缓刑宣告需要通过审判监督程序来纠正。然而,如果缓刑判决所针对的案件在犯罪事实认定以及定罪量刑上并不存在问题,裁判"瑕疵"仅在于行为人不具备缓刑适用条件或者根本违背缓刑适用条件时,法律为司法机关预设了一条快速高效的救济途径,即直接撤销缓刑(即使是上级法院作出的缓刑判决,也可以直接予以撤销),而无须启动审判监督程序。也就是说,"发现漏罪撤销缓刑"的规定本身,就蕴含着不需通过审判监督程序来纠正已经作出的错误缓刑宣告判决的内涵。

【指导案例】徐通等盗窃案①——先前宣告的数个缓刑均符合撤销条件的,审判新罪的人民法院可以同时撤销缓刑

2006年12月至2007年3月,被告人徐通、吴栋良、季思亮、殷进华与他人在江苏省无锡市锡山区、崇安区、北塘区等地实施盗窃,其中徐通、吴栋良参与盗窃6次,物品价值人民币231 129.34元;季思亮、殷进华参与盗窃2次,物品价值人民币224 318.34元;被告人李先平明知价值人民币16 780元的物品系赃物,仍予以收购。另查明:(1)2005年2月5日,被告人殷进华因犯交通肇事罪被大丰市人民法院判处有期徒刑2年6个月,缓刑3年,缓刑考验期自2005年2月至2008年2

---

① 参见范莉、赵晓燕:《徐通等盗窃案——先前宣告的数个缓刑均符合撤销条件的,审判新罪的人民法院可以同时撤销缓刑》,载最高人民法院刑事审判第一、二、三、四、五庭主办:《刑事审判参考》(总第65集),法律出版社2009年版,第31—37页。

月。(2)2007年3月28日,被告人殷进华因犯盗窃罪被建湖县人民法院判处有期徒刑3年,缓刑4年,缓刑考验期限自2007年4月至2011年4月。

本案被告人殷进华隐瞒的交通肇事犯罪事实,虽然在第一次盗窃罪宣告之前已作出判决,但这个被隐瞒、未为判决所知悉的罪行发生在缓刑判决宣告之前,对缓刑的作出本来应当起到阻碍作用,而事实上却未能阻碍缓刑的适用,在本质上相当于缓刑适用中的"漏罪"。为此,针对这种相当于"漏罪"的被隐瞒的"前罪",应当成为缓刑撤销的原因。在法律明确规定有撤销缓刑救济程序的前提下,对于第一次盗窃罪错误适用缓刑的判决不再需要启动审判监督程序来纠正。为此,法院经审理认为,被告人殷进华在犯交通肇事罪缓刑考验期内犯盗窃罪,应当撤销缓刑,实行数罪并罚;其在犯盗窃罪缓刑考验期内发现判决宣告以前还有其他犯罪没有判决,应当撤销缓刑,实行数罪并罚是适当的。

第十三章 自首与立功

一、取保候审期间逃跑,后再归案并如实供述的,能否认定为自首

(一)裁判规则

犯罪嫌疑人、被告人被抓获后在取保候审期间潜逃,后再主动投案的,不能认定为自动投案。但如果在取保候审期间因为犯新罪而逃跑,后主动投案的,虽对取保候审之罪不能认定为自动投案,但对新罪可以认定为自动投案;此外,如果是在自动投案后被取保候审期间逃跑,又再次投案的,也可以认定为自动投案。

(二)规则适用

1. 犯罪嫌疑人、被告人在被采取取保候审强制措施之后潜逃,后再归案的,不能认定为投案自首。理由如下:(1)根据最高人民法院1998年4月6日发布的《关于处理自首和立功具体应用法律若干问题的解释》第1条之规定,自动投案的时间节点是在尚未受到讯问、未被采取强制措施之前。取保候审是对未被羁押的犯罪嫌疑人、被告人,责令其提出保证人或者缴纳保证金,保证随传随到的一种刑事强制措施。在已经被采取取保候审强制措施的情况下,逃跑后再主动归案的,不符合自动投案的时间节点要求,不能认定为自首。(2)自首的本质是犯罪嫌疑人犯罪后主动将自己交付国家机关追诉,使犯罪得以及时侦破和审判,从而达到节约司法资源的效果。犯罪嫌疑人在取保候审期间逃跑的,严重妨碍了刑事诉讼活动的正常进行,使得司法机关不得不又花费大量人力、物力去抓捕,浪费了司法资源,与自首制度的本质完全背离。(3)在取保候审期间逃跑本身就违反了关于取保候审的法律规定,本来就应当受到进一步的惩罚,如果将潜逃后再归案的行为认定为自动投案,那么犯罪嫌疑人因其不法行为不仅没有受到惩罚,反而获得了法律上的奖励,等于是在鼓励犯罪人实施违法行为,这不仅对其他没有脱逃、主动遵守取保候审相关规定的犯罪嫌疑人而言是一种不公平待遇,还有可能引发更多的脱逃行为,故对这种情形不能认定为自首。当然,取保候审期间因为犯新罪而逃跑,不成立自首是针对被采取取保候审的前罪而言的。对于新罪,由于行为人在逃跑之时并未被立案,也没有因此受到讯问或者被采取强制措施,故其投案

行为符合自动投案的时间节点要求,而且该行为在客观上也节约了司法资源,体现了认罪悔罪的态度,故对新罪应当认定为自首。

2. 犯罪后自动投案并如实供述自己罪行,构成自首,但这个结论并非是不可逆转的。因为从刑事诉讼过程来看,一个案件要经过立案、侦查、起诉、审判等多个程序,投案行为能否认定为自首,最终需要由审判机关来认定,故在宣判之前行为人的一系列表现,均会影响到自首的成立。行为人自动投案并如实供述自己的罪行,该行为必须延续到一审阶段,才能最终获得自首的认定。对此,根据《关于处理自首和立功具体应用法律若干问题的解释》第1条的规定,犯罪嫌疑人自动投案后又逃跑的,不能认定为自首;犯罪嫌疑人自动投案并如实供述自己罪行后又翻供,在一审判决前仍不能如实供述的,也不能认定为自首。其原因就在于这两种情形分别以逃跑行为和翻供行为否定了此前的投案自首行为。需要指出的是,《关于处理自首和立功具体应用法律若干问题的解释》第1条规定的"自动投案后又逃跑的,不能认定为自首",应当是指"自动投案后又逃跑,最终是被抓获归案"的情形,而不包括"自动投案后又逃跑,后自己再次投案"的情形。因为行为人再次投案是对其逃跑行为的纠正,使其又恢复到逃跑之前置于司法机关控制之下,等待法律制裁的状态,符合自首的"主动、自愿性"要求,因而应当认定为自首。

【指导案例】王裕昌、严炎开等抢劫案①——犯罪后自首,被取保候审后潜逃,又再次投案的,仍应认定为自首

1999年11月24日凌晨,被告人王裕昌、严炎开伙同多名同案犯,在江西省莲花县六市乡路段,拦住被害人洪文辉驾驶的货车,劫得洪文辉的现金人民币330元。另查明:(1)王裕昌于1999年12月19日到莲花县公安局投案,同日被取保候审。因王裕昌在取保候审期间经依法传唤无故拒不到案,公安机关遂对其进行网上追逃。2010年8月8日,王裕昌被广东警方抓获。(2)严炎开于2000年12月11日向莲花县公安局投案,同日被取保候审。因严炎开在取保候审期间经依法传唤无故拒不到案,公安机关遂对其进行网上追逃。2010年10月18日,严炎开再次向莲花县公安局投案。

本案中,被告人王裕昌自首并被取保候审后潜逃,最终被抓获归案,王裕昌的逃跑行为否定了已经具备的"自动投案"要件,说明其不愿将自己继续置于司法机关控制之下,不愿接受法律制裁,体现不出悔罪态度,也没有节约司法资源,不构成自首。被告人严炎开投案自首并被取保候审后潜逃,虽然否定了之前的投案自首行为,但其第二次投案的行为,是对其逃跑行为的纠正,使其又恢复到逃跑之前

---

① 参见张军、黄尔梅主编:《最高人民法院自首、立功司法解释:案例指导与理解适用》,法律出版社2012年版,第91—95页。

置于司法机关控制之下,等待法律制裁的状态,符合自首的"主动、自愿性"要求,因而应当认定为自首。

二、行为人供述的罪行与采取强制措施的罪行不同的,能否认定自动投案

(一)裁判规则

被采取强制措施的犯罪嫌疑人或者被告人,其所供述的罪行与采取强制措施罪名不同的,能否认定为"自动投案",取决于司法机关是否已经掌握该罪行,而与司法机关采取强制措施所针对的罪名没有直接关系。

(二)规则适用

在行为人犯有数罪并案或先后处理的情况下,针对其中某一或部分证据较充分的罪名,公安机关仅以该罪名对行为人采取强制措施,行为人之后主动交代另外罪行的,对另外交代的罪行能否认定为余罪自首?对此,需要根据刑法中自首的相关规定来进行判断。《刑法》第67条第2款规定:"被采取强制措施的犯罪嫌疑人、被告人和正在服刑的罪犯,如实供述司法机关还未掌握的本人其他罪行的,以自首论。"从该规定可以看出,已经被采取强制措施的犯罪嫌疑人或者被告人,其所供罪行能否认定为"自动投案",取决于司法机关是否已经掌握了该罪行,而与司法机关采取强制措施所针对的罪名没有关系。如果所供述的系司法机关尚未掌握的其他罪行,可以自首论;反之,如果其所供述的罪已经被司法机关所掌握,即使与立案、侦查过程中采取强制措施的罪名不同,也不能认定为自首。

【指导案例】黄光故意杀人、诈骗案[①]——打电话报警但未承认自己实施犯罪行为的能否认定为自首

1. 诈骗事实。2009年9月至2011年12月间,被告人黄光谎称能帮助龙利源承包电站周边林木、向电站供应沙石和办理建筑企业资质证书,先后以需支付承包款、办事费、押金等名义骗取龙利源钱款共计人民币135.5万元。

2. 故意杀人事实。2011年12月23日,龙利源与生意伙伴黄文一起到广东省阳春市八甲镇八甲火锅城就餐,等餐期间,黄光借故离开,到其轿车上取出事先准备的一包片状大茶药(有剧毒)放入火锅内。猫肉火锅端上桌后,龙利源、黄文和黄光开始食用。龙利源、黄文喝过汤后说有苦味,黄光即谎称系所配药材过多所致,还食用少量猫肉和火锅汤以遮掩真相。稍后,龙利源、黄文、黄光均出现中毒症状,被送到镇卫生院进行治疗和抢救。在医院期间,黄光打电话报警,但隐瞒了

---

① 参见陆建红:《黄光故意杀人、诈骗案——打电话报警但未承认自己实施犯罪行为的是否认定为自首以及如何审查判断经鉴定属于被害人真实签名的保证书等书证的真实性》,载最高人民法院刑事审判第一、二、三、四、五庭主办:《刑事审判参考》(总第101集),法律出版社2015年版,第72—79页。

其投放大茶药的事实。龙利源经抢救无效于当日下午死亡。

本案中,被告人黄光犯涉嫌诈骗罪和故意杀人罪,公安机关虽然以诈骗罪立案并拘留黄光,但实际上已经掌握了黄光实施了投毒杀人行为的相当证据:(1)公安机关一直是围绕投毒案件开展前期调查的,这从刑拘之前对黄光的几次询问笔录中可以看出。(2)在黄光供述投毒杀人罪行之前,侦查机关从火锅店业主及一同食用猫汤的黄文处获悉,龙利源在抢救期间情绪激动并用手指着黄光;黄光当天行为反常,并在厨房进出频繁。警方还在火锅城厨房消毒柜顶上提取了剩余的大茶药片。同时,证人提交了龙利源与黄光有经济往来的相关票据,据此确定黄光有投毒的重大作案嫌疑。(3)公安机关之所以未以故意杀人罪而以诈骗罪立案并拘留黄光,一方面由于黄光犯诈骗罪的证据已经收集得比较充分,而诈骗罪正是黄光故意杀人罪的前因;另一方面公安机关已将相关物证送检,但检验报告未出正式结果。为了防止黄光毁灭证据、逃跑,故先以诈骗罪立案侦查。综上,黄光在被以诈骗罪立案并被刑事拘留后交代的投毒杀人犯罪,不属于交代公安机关尚未掌握的犯罪事实,依法不成立自首。

三、如何认定自首情节中的"明知他人报案而在现场等待"

(一)裁判规则

认定行为人作案后留在现场等待抓捕成立自动投案,需要同时具备以下三个条件:一是明知他人已经报案或者根据一般常识判断,知道他人可能已经报案;二是作案后留在现场系其主动选择,而非客观上的迫不得已;三是留在现场具有特定目的即为了"等待抓捕"。

(二)规则适用

司法实践中,犯罪嫌疑人作案后,为了防止被抓捕,通常会立即离开案发现场这块是非之地。但是一些情况下,犯罪嫌疑人为了减轻罪责而选择投案自首,也会选择留在现场等候抓捕。对此,最高人民法院2010年12月22日发布的《关于处理自首和立功若干具体问题的意见》第1条明确规定"明知他人报案而在现场等待,抓捕时无拒捕行为,供认犯罪事实的",应当视为"自动投案"。而在另外一些情况下,犯罪嫌疑人留在现场并非为了等待抓捕,而是因为无法离开,或者为了毁灭证据、继续作案、观察四周情况等而不愿离开,后在该现场被公安机关抓获归案。在这种情形中,犯罪嫌疑人及其辩护人通常会运用该条款来进行辩护,辩称已经"明知他人报案而留在现场等待抓捕",应认定为投案自首,由此需要对该条款作一个正确理解。笔者认为,根据《关于处理自首和立功若干具体问题的意见》的规定,并非所有留在现场被抓捕的行为都成立现场待捕型自首。这种情形要成立自首,需要具备以下三个条件。

1.必须要明知他人已经报案。根据明知程度的不同,明知包括"确切明知"和

"推定明知"两种情形。所谓"确切明知",是指对明知的内容有明确的、非常清楚的认识,如作案后看到或者听到他人报案,而在现场等待的,属于"确切的明知"。另一种是行为人虽然没有看到或者听到他人报案,但根据当时情况有理由相信他人已经或者将要报案的,属于"推定明知"。例如,行为人交通肇事后留在现场,事故现场有多人在参与抢救,尽管没有人明确告知要去报警,或者虽有人打电话但无法听见电话的内容,但依照一般常识判断,他人完全有可能已经或者正在报警,其仍然选择留在现场的,此种情形也属于"明知他人已经报案"。

2. 犯罪嫌疑人作案后留在现场系其主动选择,而非客观上的迫不得已。也就是说,犯罪嫌疑人在明知他人报案的情况下有机会逃走而未逃走,即"能逃而不逃",这种情形体现了其自愿、主动将自己交付法律制裁的意图。犯罪嫌疑人留在现场的原因很多,一些情况下犯罪嫌疑人作案后在客观上没有受到强力控制,完全可以成功逃匿,但是其为了减轻自己罪责而自愿主动选择留在现场等待投案自首;但是在另一些情形中,犯罪嫌疑人在主观上并非自愿,而是一种迫不得已的选择。如作案后遭到被害人阻拦或者群众围堵等客观原因,而难以离开现场;或者因为受伤、醉酒、突发疾病等自身原因而无法离开现场。为此,在具体认定时,首先需要从客观上来分析行为人在当时的情况下是否有条件逃走。如果行为人因为受伤、意识不清、被群众包围等客观因素而不得不留在现场,并非能够自由选择是否留在现场,则不能认定为自首。其次还需要从主观上来判断行为人不选择逃走的原因和目的是什么,如果滞留现场是为了寻找继续作案的机会而非等待抓捕,同样不能认定为自首。只有在客观上有机会逃走而未逃走,留在现场等待抓捕,主动、自愿地将自己交给司法机关控制的,才能认定为自首。

3. 犯罪嫌疑人作案后留在现场需具有特定目的,即为了"等待抓捕"。对于"在现场等待",立法本意是作案后本来没有必要留在原处,但为了等待司法机关抓捕,接受司法机关的处理而留在现场,即留在现场要具有等待司法机关抓捕的特定目的性。如果犯罪嫌疑人作案后知道他人已经报案,但其滞留现场并非为了等待抓捕,而是为了清理犯罪现场,或者是为了寻找作案机会以便进一步实施犯罪,而被抓获的不属于"在现场等待"。

【指导案例】尚娟盗窃案[①]——明知他人报案而留在现场,抓捕时亦无拒捕行为,且如实供认犯罪事实的,是否构成自首

被告人尚娟系北京市西城区月坛北小街六星椒火锅城服务员。2011年9月2日23时,饭店仅有尚娟和收银员张丹上班。尚娟趁张丹去后厨备菜之机,从张丹放在吧台内的挎包里窃取人民币1300元。次日,张丹发现后询问尚娟,尚娟矢口

---

① 参见江伟:《尚娟盗窃案——明知他人报案而留在现场,抓捕时亦无拒捕行为,且如实供认犯罪事实的,是否构成自首》,载最高人民法院刑事审判第一、二、三、四、五庭主办:《刑事审判参考》(总第86集),法律出版社2013年版,第55—58页。

否认行窃事实。饭店经理让张丹当着尚娟的面报警,并安排张丹一直陪同尚娟在饭店大堂后面的员工宿舍内等待警察。在此过程中,尚娟承认了盗窃事实。后民警赶到,将尚娟带至派出所,并在派出所将尚娟随身携带的赃款人民币1300元返还张丹。

本案中,被告人尚娟在明知他人报警之后,一直留在现场等待民警。此时,尚娟的犯罪行为已经败露,尽管其没有实施逃走的行为,也没有受到人身强制,但是饭店经理安排张丹一直陪同其留在饭店的员工宿舍内等待民警,就是为了防止其逃走。因此,尚娟只能待在现场,客观上不具备逃走的条件,不是"能逃而不逃",不应认定为自首。需要指出的是,"明知他人报案而在现场等待"中的"现场",不仅包括作案现场,而且包括作案现场以外的其他场合,如果犯罪嫌疑人明知他人报案,而自愿等待抓捕,且无拒捕行为,如实供述罪行的,同样体现了犯罪嫌疑人的主动性和自愿性,也应当认定为自首。因此,被告人尚娟不构成自首的理由不在于其等待民警的场所不是作案现场,而在于其客观上无法逃走。

四、经电话通知、传唤到案的能否认定为"自动投案"

(一)裁判规则

从"自动投案"的实质要件以及相关法律规定来看,经电话通知或传唤到案的行为不应一概排除在"自动投案"之外。如果司法机关尚未确立犯罪嫌疑人,此时犯罪嫌疑人经电话通知、传唤到案接受调查询问的,应认定为自动投案。如果司法机关已经确定了犯罪嫌疑人,行为人接到电话通知或传唤后到案的,能否成立自动投案取决于其以何种身份到案。

(二)规则适用

1. 从"自动投案"的实质要件来看,不应将经电话通知或传唤到案的行为一概排除在"自动投案"之外。自动投案的本质是犯罪嫌疑人犯罪之后,在具有人身自由的状态下,自愿、主动将自己置于司法机关或者有关组织的控制之下,并进一步接受法律的审查与制裁。在经电话通知或传唤情形中,行为人在接到公安机关的电话通知或传唤时,其犯罪事实可能尚未被司法机关发觉,也有可能已经被发觉。但无论何种情形,犯罪嫌疑人在接到电话通知或传唤之时,其人身尚处于自由状态,因此自主选择的余地很大:既可以选择到案,也可以选择拒绝前往,还可以选择潜逃外地。在这种情形下,犯罪嫌疑人放弃其他选择而自愿归案,表明其具有到案的自愿性和主动性。只要其在投案心理的支配下,以犯罪嫌疑人而非证人或者被害人的身份前往司法机关,均符合自动投案的本质特征,应认定为自动投案。况且,《关于处理自首和立功具体应用法律若干问题的解释》对于"犯罪后逃跑,在被通缉、追捕过程中,主动投案的"以及"公安机关通知犯罪嫌疑人的亲友,或者亲友主动报案后,将犯罪嫌疑人送去投案的",均视为自动投案。而犯罪嫌疑人在经侦查机关电话通知、传唤后即主动归案的，无论是在主观恶性还是在社会危害性等方面都要轻得多，根据"举重以明轻"的刑法当然解释原理，也应当认定为"自动投案"。

2. 从相关法律规定来看，不应将经电话通知或传唤到案的行为一概排除在"自动投案"之外。根据《关于处理自首和立功具体应用法律若干问题的解释》第1条的规定，自动投案，是指犯罪事实或者犯罪嫌疑人未被司法机关发觉或虽被发觉，但犯罪嫌疑人尚未受到讯问、未被采取强制措施时，主动、直接向公安机关、人民检察院或者人民法院投案。可见，在认定"自动投案"过程中，主要是判断行为人在投案之时是否"已经受到讯问或者已被采取强制措施"。《刑事诉讼法》第119条规定"对不需要逮捕、拘留的犯罪嫌疑人，可以传唤到犯罪嫌疑人所在市、县内的指定地点或者到他的住处进行讯问"。上述规定明确了传唤与讯问、拘留、逮捕的关系：一方面，讯问只有在传唤到案后才能进行，表明犯罪嫌疑人在到案之前是尚未受到讯问的；另一方面，犯罪嫌疑人在被传唤时并未被采取逮捕、拘留两种强制措施，意味着传唤既非逮捕亦非拘留。此外，传唤与作为强制措施的拘传尽管只有一字之差，但根据《刑事诉讼法》的规定，二者在归案的主动性上完全不同。其中，拘传是司法机关强制犯罪嫌疑人到案接受讯问的一种强制措施，通常情况下适用于经传唤无正当理由拒不到案的犯罪嫌疑人，强调的是归案的被动性，可以使用械具；而传唤只是一种通知，其实质是犯罪嫌疑人自行按照侦查人员指定的时间，到达指定的地点接受讯问，不使用械具，它强调的是被传唤人到案的自觉性，并非一种强制措施。

3. 经电话通知或传唤到案的能否认定为"自动投案"，应结合案件情况进行具体分析。

其一，司法机关尚未掌握任何犯罪证据，亦未确定犯罪嫌疑人，仅电话通知行为人到案进行一般性排查，行为人主动到案的，不仅符合《关于处理自首和立功具体应用法律若干问题的解释》第1条规定的"罪行未被司法机关发觉，仅因形迹可疑被有关组织或者司法机关盘问、教育后，主动交代自己的罪行"情形，同时也符合《关于处理自首和立功若干问题的意见》第1条"在司法机关未确定犯罪嫌疑人，尚在一般性排查询问时主动交代自己罪行的"的规定，依法应当认定为"自动投案"。

其二，司法机关虽掌握了个别证据或者线索，但尚不符合立案条件，在初查过程中以电话通知、传唤的形式让犯罪嫌疑人到案接受调查询问的，如何处理？《公安机关办理刑事案件程序规定》(2012年)第171条第3款规定："初查过程中，公安机关可以依照有关法律和规定采取询问、查询、勘验、鉴定和调取证据材料等不限制被调查对象人身、财产权利的措施。"第189条进一步强调"公安机关侦查犯罪，应当严格依照法律规定的条件和程序采取强制措施和侦查措施，严禁在没有证据的情况下，仅凭怀疑就对犯罪嫌疑人采取强制措施和侦查措施"。可见，在初查过程中，侦查机关虽然可以接触被查对象，向其了解情况，但这种行为在性质上系询问而非讯问，且这是以被查对象自愿为前提的，侦查机关不得采取任何强制措施。犯罪嫌疑人在具有人身自由的状态下，接到电话通知后主动到案并如实陈述自己罪行，表明其主动将自己置于司法机关控制之下，愿意接受法律制裁，符合自动投案的本质精神，应当认定为"自动投案"。

其三，司法机关已经掌握较为充分的证据，并确定了犯罪嫌疑人，行为人接到电话通知或传唤后到案能否构成自动投案，需要根据自动投案的本质特征来进行具体分析。首先，需要考查犯罪嫌疑人在投案之时人身是否受到控制。司法实践中，大多数被传唤的犯罪嫌疑人并不是由其接到传唤通知后自行到案，而是侦查人员携带传唤通知书直接找到被传唤人，并将其带至公安机关进行讯问，犯罪嫌疑人面对这种传唤没有选择的余地，只能被动归案，故不能认定为自动投案。其次，还需要分析犯罪嫌疑人是否具有投案的心理。司法实践中，公安机关在掌握了犯罪嫌疑人的犯罪事实后，有时为了防止打草惊蛇，出于抓捕策略的需要，在电话通知犯罪嫌疑人时往往会编造一些理由，以其他名义让其到案。对于此种情形，尽管从形式上看符合"自动投案"的主动自愿性特征，但其到案并非抱着到公安机关讲清楚自己犯罪事实，进而将自己置于司法机关控制之下的投案心理，而是认为司法机关在向其调查与自己犯罪无关的其他事情，调查之后不会被采取强制措施，不会丧失人身自由，对这样的到案行为不能认定为自动投案。当然，如果司法机关在电话通知或传唤时，已经明确告知行为人因其犯罪而需到司法机关接受调查，行为人原本可以拒绝前往甚至潜逃，但其仍然选择前往司法机关，表明其抱着将自己置于司法机关控制之下的投案心理，应当认定为"自动投案"。

【指导案例】王春明盗窃案①——犯罪嫌疑人被公安机关传唤到案后，如实供述自己罪行的，能否认定为自首

2004年3月某天晚上10时许，被告人王春明在山东省青州市造纸厂路口西鑫胜配货站门前，盗窃田永忠停放在此处的海陵二轮摩托车1辆，经鉴定该车价值人民币1960元。同年5月份，王春明在得知该车车主是田永忠后，向田永忠索要人民币500元现金后将摩托车退还给了田永忠。同年5月14日，王春明被传唤到公安机关后，主动交代了上述犯罪事实。

司法实践中，经常遇到公安机关根据被害人的举报，认为犯罪嫌疑人可能构成犯罪，但对犯罪嫌疑人尚未进行讯问，也未采取强制措施，而是用打电话或者捎口信的形式传唤犯罪嫌疑人到案，其到案后即如实交代了自己的犯罪行为。这种

---

① 参见王学堂：《王春明盗窃案——犯罪嫌疑人被公安机关传唤到案后，如实供述自己的罪行的，能否认定为自首》，载最高人民法院刑事审判第一庭、第二庭编：《刑事审判参考》（总第45集），法律出版社2006年版，第15—17页。

情况是否应认定为自首,关键在于犯罪嫌疑人经传唤到案是否属于自动投案。根据《关于处理自首和立功具体应用法律若干问题的解释》第 1 条的规定,自动投案,是指犯罪事实或者犯罪嫌疑人尚未被司法机关发觉,或者虽被发觉,但犯罪嫌疑人尚未受到讯问、未被采取强制措施时,主动、直接向司法机关投案。犯罪嫌疑人经公安机关口头传唤到案的情况,符合上述解释的规定,应视为自动投案。主要原因为:其一,传唤不属于强制措施。传唤是使用传票通知犯罪嫌疑人在指定的时间自行到指定的地点接受讯问的诉讼行为,它强调被传唤人到案的自觉性,且传唤不得使用械具,法律并未将传唤包括在强制措施之内。其二,经传唤归案的犯罪嫌疑人具有归案的自愿性和主动性。犯罪嫌疑人经传唤后,自主选择的余地还是很大的,其既可以选择归案,也可拒不到案甚至逃离,而其能主动归案,就表明其有认罪悔改、接受惩罚的主观目的,即具有归案的自愿性和主动性。因此,犯罪嫌疑人被公安机关口头或电话传唤后直接到案,并如实供述自己的罪行的,应当认定为自首。

【指导案例】徐凤抢劫案①——公安机关确定犯罪嫌疑人并以其他名义通知其到案后,如实供述犯罪事实,但一审判决前翻供的,不认定为自首

2010 年 10 月 20 日 16 时许,被告人徐凤携带放有安眠药的蛋挞至上海市虹口区天宝西路 241 弄,冒充社区干部送温暖,进入被害人葛兰芬家中与葛兰芬闲聊,诱骗葛兰芬食用其携带的蛋挞。葛兰芬食用后不久即入睡,徐凤趁机取下葛贴身放置的钱包逃逸。包内有人民币 3100 元、价值共计人民币 2596 元的铂金 PT900 戒指一枚和 18K 黄金嵌翡翠戒指一枚等财物。2010 年 11 月 7 日,公安机关在现场提取到徐凤的唾液样品,遂通知徐凤到公安机关接受尿样检查,徐凤到公安机关后主动供述了上述事实。

针对何为自动投案,根据《关于处理自首和立功具体应用法律若干问题的解释》第 1 条的规定,自动投案是指,犯罪事实或者犯罪嫌疑人未被司法机关发觉,或者虽被发觉,但犯罪嫌疑人尚未受到讯问、未被采取强制措施时,主动、直接向公安机关、人民检察院或者人民法院投案。本案中,被告人徐凤之所以去公安机关,并非因其主观上有认罪、悔罪意愿,而是在公安机关掌握一定证据,将其确定为犯罪嫌疑人,并以吸毒人员需要定期尿检为名通知其到公安机关接受检测的。吸毒人员定期接受尿检,是公安机关管理吸毒人员的一项重要措施,具有一定的强制性。徐凤吸毒的情况之前已被公安机关掌握,并已被列入统一管控的对象。因此,徐凤接到接受尿检通知后前往公安机关的行为,是履行吸毒人员的应尽义

---

① 参见冉容:《徐凤抢劫案——公安机关确定犯罪嫌疑人并以其他名义通知其到案后,如实供述犯罪事实,但一审判决前翻供的,不认定为自首》,载最高人民法院刑事审判第一、二、三、四、五庭主办:《刑事审判参考》(总第 86 集),法律出版社 2013 年版,第 25—34 页。

务。徐凤接到通知后到达公安机关接受尿检前,并不知晓其犯罪事实已经暴露,其自行前往公安机关的目的是接受尿检,并非是因犯罪后萌生了悔罪心理,也没有接受法律惩罚的意愿。因此,徐凤前往公安机关的行为没有体现出其主观上有投案的主动性和自愿性,不能认定为自动投案。

五、在一般性排查中就如实交代罪行能否认定为"自动投案"

(一)裁判规则

司法机关尚未掌握行为人犯罪的任何证据线索,主要是基于行为人的衣着、言行、举止、神态等反常情况,依据工作经验甚至是直觉,判断行为人可能存在违法犯罪行为,在盘问过程中行为人主动交代自己罪行的,应认定为自动投案。但如果司法机关在行为人身上、随身携带的物品、驾乘的交通工具等处发现与犯罪有关的物品的,则不能认定为自动投案。

(二)规则适用

关于经询问而交代犯罪事实的行为,《关于处理自首和立功具体应用法律若干问题的解释》明确区分了"形迹可疑"和"犯罪嫌疑"两种情形。其中,行为人如果仅仅因为形迹可疑,被司法机关盘问、教育后,主动交代自己罪行的,应当认定为自动投案。所谓"形迹可疑",其实质是司法机关或有关组织尚未掌握行为人犯罪的任何线索、证据,或者所掌握的证据线索尚不足以确定犯罪嫌疑人,而主要是基于行为人当时不正常的衣着、言行、举止、神态等情况,依据常识、常理、常情和工作经验,有时甚至是直觉所形成的推测,判断行为人可能存在违法犯罪行为。这种情形的特点是,可疑是非具体的、泛化的、无客观根据的,无法将行为人与某一具体案件联系起来,而只是有关人员根据经验和直觉来作出判断。在公路、水路、铁路、民航等部门的日常检查中,常能发现这种形迹可疑的人,不少案件就是通过这种检查、盘问获得侦破的。除此之外,"形迹可疑"还经常发生在这样一些场合中,即案件发生后,公安机关在询问排查过程中,并未掌握行为人实施犯罪事实的任何证据,仅仅是因为行为人与被害人之间存在特定关系,或者最后接触过被害人,从而决定将行为人传唤到案进行一般性排查询问,公安机关传唤到案排查的还有其他人员,由于当时公安机关尚未将其确定为犯罪嫌疑人,如果行为人拒不交代的,公安机关不能对其采取强制措施。在这种情况下,行为人主动交代了犯罪事实,应当认定为投案自首。

反之,如果侦查人员从行为人身边或者住处发现"与犯罪有关的物品",如毒品、枪支等违禁品或者来路不明的赃物等违法物品,沾有血迹的衣物等犯罪证据,或者目击证人直接指认行为人作案,从而在行为人与具体案件之间建立起直接、明确、紧密的联系时,由于当时已有一定的证据指向行为人,其具有较其他排查对象更高的作案嫌疑,此时行为人就"升级"为犯罪嫌疑人,而不再仅仅是形迹可疑了。因为对于侦查机关来讲,案件侦查到这个程度,就可以对其采取强制措施或者进行讯问了。此后行为人再作交代的,其供述罪行的行为是在证据面前被迫作出的无奈之举,属于被迫交代,无从体现投案的主动性,不能认定为自首。对此,根据最高人民法院《关于处理自首和立功若干具体问题的意见》第 1 条的规定,罪行未被有关部门、司法机关发觉,仅因形迹可疑被盘问、教育后,主动交代了犯罪事实的,应当视为自动投案,但有关部门、司法机关在其身上、随身携带的物品、驾乘的交通工具等处发现与犯罪有关的物品的,不能认定为自动投案。可见,该规定对"形迹可疑"型自首的成立条件作了严格的限定,行为人尽管是因形迹可疑被盘问、教育而交代犯罪事实,但只要在其随身物品或者和其人身紧密相关的场所搜出与犯罪有关的物品,即使是在上述物品被搜出之前交代,也不能认定为自动投案。①

需要指出的是,"与犯罪有关的物品"能够在行为人与具体案件之间建立起直接联系,但这种联系只要足以令人合理怀疑行为人实施了与该物品有关的犯罪即可,而不需要明确指向某一具体、特定的犯罪事实。例如,公安民警在例行检查时,发现行为人神色慌张、形迹可疑,遂对其进行盘问,发现其随身携带的尖刀上有疑似血迹,此人难以自圆其说,遂交代了其持刀抢劫杀人的犯罪事实。虽然公安民警并不掌握相关抢劫犯罪的事实,带血尖刀也并不能将行为人与其实施的抢劫犯罪联系起来,但足以怀疑其涉嫌与杀人有关的犯罪,仍属于"与犯罪有关的物品"。再如,行为人抢劫被害人并穿走被害人的夹克,逃跑途中因神色慌张被民警盘查,遂交代了犯罪事实。虽然其身上穿着被害人的夹克,但该夹克并无可疑之处,不能将行为人与其抢劫犯罪联系在一起,不属于"与犯罪有关的物品"。但如果被害人在行为人抢劫后已报案,并将行为人穿走的夹克特征向公安人员作了具体详细的描述,公安人员据此将行为人作为犯罪嫌疑人进行盘问的,应当认定该夹克是"与犯罪有关的物品"。此种情况下,即使行为人随即供述了犯罪事实,也不能视为自首。

【指导案例】张某等抢劫、盗窃案②——接受公安人员盘问时,当场被搜出与犯罪有关的物品后,才交代犯罪事实的,不视为自动投案

2006 年 4 月 7 日凌晨,被告人张某、刘某、李某携带作案工具,以租车为名,骗乘由被害人黄镇岳驾驶的车牌号为苏 F-Q1041 的出租车。当车行至偏僻处,张某

---

① 例如,公安机关设卡例行检查时发现某人神色慌张、形迹可疑,遂对其进行盘问,此人即交代了运输毒品的犯罪事实,公安人员随即在其随身携带的行李箱内查获毒品,对于这种情况,不能认定为自首。当然,如果与犯罪有关的物品是通过正常工作方法难以发现的,如某人运输毒品时发现前方不远处有检查站,即将毒品埋在路边,该人在检查站因神色慌张而被盘问,即交代了犯罪事实并带领公安人员找到了埋藏的毒品,此时的主动交代对确定犯罪嫌疑人就具有实质意义,可以认定为自动投案。

② 参见何东青、杜开林、顾峰峰:《张某等抢劫、盗窃案——接受公安人员盘问时,当场被搜出与犯罪有关的物品后,才交代犯罪事实的,不视为自动投案》,载最高人民法院刑事审判第一、二、三、四、五庭主办:《刑事审判参考》(总第 80 集),法律出版社 2011 年版,第 52—61 页。

要求黄镇岳停车,并用电线勒黄的颈部,刘某掏出剪刀,威逼黄交出财物。黄镇岳呼救并反抗,张某用电线猛勒黄的颈部,李某抱住黄镇岳双腿,刘某用剪刀捅刺黄的颈部。其间,刘某误将张某、李某二人的手捅伤。三被告人从黄镇岳身上劫得现金人民币460.20元、诺基亚手机一部后逃离现场。案发后,群众听见现场传来呼救声,循声看见有三人从出租车内下车向南逃窜,即报案,公安人员迅速展开侦查。当日凌晨2时40分许,在距案发地南约1.5公里处的通启大桥上,负责走访排查的公安人员发现该三名被告人深夜携带行李在路上行走,其中一人头发潮湿,形迹可疑,遂拦截盘问,并在李某身上搜得诺基亚手机一部,三人均不能说清该手机号码。与此同时,公安人员发现张某右手始终缩在衣袖里,强行将其右手拉出,发现其右手缠有纱布、正在滴血,问其因何受伤,其即供述了抢劫出租车的犯罪事实。

本案审理过程中,检察机关以被告人张某、刘某、李某犯抢劫罪,向江苏省南通市中级人民法院提起公诉。公诉机关认为,三被告人因形迹可疑被公安人员盘问时,主动交代了犯罪事实,系自首。三被告人及其辩护人亦认为,三被告人具有自首情节,应当从宽处罚。但是,法院经审理认为,案发后,公安机关已经掌握犯罪嫌疑人为三人,并将其三人纳入重点排查范围,案发后不久即在案发地不远处发现三被告人,并拦截盘问,但三人没有主动交代自己的犯罪事实;当侦查人员从李某身上搜得来路不明的手机,发现张某右手缠着纱布且正滴血时,已能初步认定三被告人有抢劫重大嫌疑,而不再是"形迹可疑",故三被告人的行为不符合自首的法定构成要件,不能视为自首。

【指导案例】刘长华抢劫案①——如何判断行为人是属于"形迹可疑"还是"犯罪嫌疑"

2008年3月18日23时许,被告人刘长华携带水果刀、手电筒及手套等工具窜至广东省珠海市香洲区兰埔村一出租屋,以嫖宿为由,在与被害人刘小兰发生性关系后,趁刘不备,用拳头猛击刘小兰的头部,欲将刘打昏后劫取财物。因刘小兰呼救,刘长华随即逃跑,刘小兰的朋友马卫尾随追赶。巡逻民警认为刘长华形迹可疑,即上前拦截,抓住刘,从刘的身上搜出手电筒一支、手套一双、水果刀一把,并将刘带回珠海市公安局前山派出所调查。在后追赶的马卫见状随即返回,没有前往公安机关作证,刘小兰亦未报案。刘长华被民警带至派出所后,在第一次接受民警询问时不承认抢劫的犯罪事实,第二次接受民警询问时开始交代抢劫的犯罪事实。同日14时,侦查人员在刘长华的指认下,到前山兰埔旧村一出租屋找到

---

① 参见谢志刚、姚文强:《刘长华抢劫案——如何判断行为人是属于"形迹可疑"还是"犯罪嫌疑"》,载最高人民法院刑事审判第一、二、三、四、五庭主办:《刑事审判参考》(总第80集),法律出版社2011年版,第69—75页。

刘小兰协助调查。

本案中,因被害人刘小兰系卖淫女,在被刘长华抢劫后因害怕暴露卖淫违法行为会遭致治安拘留而不敢报警;同样,其朋友马卫在追赶刘长华过程中见巡逻民警将刘长华截停后,亦不愿意上前指认刘长华实施了抢劫行为,而是直接返回住处。在没有被害人刘小兰报案和证人马卫指认的情况下,巡逻民警在当时并不知道已经发生了抢劫行为,更不知道被告人实施了抢劫行为。巡逻民警仅仅因为刘长华深夜被他人追赶,认为其形迹可疑而将其截停。虽然从其身上查获了手电筒、手套、水果刀等工具,对其可能实施犯罪产生了一定怀疑并将其带至派出所继续调查,但这些物品也可以作为正常生活用品予以解释。其中水果刀是折叠水果刀,并非管制刀具,行为人可以解释为随身携带用于削水果之用,手电筒是晚上走夜路常备之物,而后面有人追赶也可以解释是被人追抢或追打。因此,仅凭借查获的这些物品难以将刘长华与具体的抢劫案件之间建立起直接、明确、紧密的联系。从侦查机关对刘长华采取留置盘问措施以及所作的是询问笔录而非讯问笔录也可以看出,民警只是感觉刘长华系形迹可疑而非犯罪嫌疑。故刘长华在民警盘查过程中主动如实供述抢劫罪行,并带领侦查人员寻找刘小兰配合调查,其归案具有自动性,应认定为投案自首。

六、向被害人投案的行为能否认定为投案自首

(一)裁判规则

成立自首要求行为人必须接受国家的审查和裁判,故行为人作案后如果抱着"私了"目的向被害人承认犯罪事实的,不成立自动投案;但如果行为人虽然表示不希望被举报,但同时表示如果被害人举报也可以接受的,则表明其愿意接受法律制裁,可以成立自动投案。

(二)规则适用

被告人作案后向被害人承认犯罪事实的,一般不能认定为自首。理由如下:

1. 成立自首要求行为人必须接受国家的审查和裁判。根据1984年4月16日"两高一部"发布的《关于当前处理自首和有关问题具体应用法律的解答》的规定,成立自首要求具备三个要件:①自动投案;②如实交代自己的罪行;③接受审查和裁判。1997年《刑法》第67条第1款尽管将"三要件"修改为"两要件",即犯罪后能够自动投案与如实供述自己的罪行,删掉了"接受审查和裁判"这一要件,但并不表示不再需要"接受审查和裁判"供述要件。因为自动投案并如实供述自己的罪行,引起的法律后果就是审查和裁判。可见,该要件当然蕴含在自动投案、如实供述自己的罪行这两个条件之中。对此,根据最高人民法院《关于处理自首和立功具体应用法律若干问题的解释》第1条的规定,犯罪嫌疑人自动投案并如实供述自己的罪行后又翻供的,不能认定为自首,但在一审判决前又能如实供述的,应

当认定为自首。这一规定体现的就是构成自首需要犯罪行为人"接受审查和裁判"。综上，虽然现行刑法没有把"接受审查和裁判"表述为自首的条件，但是该要件仍然是构成自首的本质要求。因此，对被告人的行为是否认定为自首，不能仅以向被害人承认作案为判断条件，还必须判断其主观上是否愿意接受国家的审查和裁判。

2. 关于投案的对象。根据《关于处理自首和立功具体应用法律若干问题的解释》第1条的规定，自动投案，是指犯罪事实或者犯罪嫌疑人未被司法机关发觉，或者虽被发觉，但犯罪嫌疑人尚未受到讯问、未被采取强制措施时，主动、直接向公安机关、人民检察院或者人民法院投案。犯罪嫌疑人向所在单位、城乡基层组织或者其他有关负责人员投案的，应当视为自动投案。据此规定，投案的对象除司法机关外，也可以是犯罪嫌疑人的"所在单位、城乡基层组织或者其他有关负责人员"，因为向这些机关或个人投案最终必将会被移送到司法机关处理。对于行为人向被害人投案的情形，刑法和《关于处理自首和立功具体应用法律若干问题的解释》未作规定，对此需要具体分析。行为人向被害人承认作案的，通常有三种情况：(1)行为人同时表示其愿意接受法律制裁；(2)行为人表示不希望被举报，但如果被害人举报，行为人仍然接受；(3)行为人向被害人承认作案，但目的只是希望"私了"，使被害人不报案。其中，对于自诉案件，由于只有被害人向司法机关提出控告，司法机关才能追究行为人的刑事责任，亦即被害人有权决定是否将行为人交付司法机关"审查和裁判"。如果行为人向被害人投案并同意接受因被害人告诉而将移送司法处理的，从表现形式上虽然不同于我国刑法规定的自首，但在实质上具有与自首相同的效果，对于这种情形应当在量刑时予以从宽处理。对于公诉案件，由于此类案件的追诉权只能由国家行使，被害人的相关行为只是对启动犯罪追诉程序产生条件作用。因此，如果行为人对于经由被害人移送司法机关接受审查和裁判并不抵触或拒绝，与其直接到司法机关投案无异，符合自首条件的实质，可以视为自首。此外，无论是自诉案件还是公诉案件，如果行为人是抱着"私了"的目的找到被害人的，不能成立自首。

【指导案例】周建龙盗窃案①——向被害人投案的行为是否认定为自首

被告人周建龙于2005年8月间，先后4次到邻居陆家窃得人民币7000余元。2005年8月25—26日，周在被害人陆家，向陆妻子承认自己盗窃犯罪的事实，并写了基本内容为"借沈秀英8200元"的借条及承诺以工资还款的保证书。同年8月29日，陆向江苏省江阴市月城派出所报案并提供了周向其承认盗窃事实及书写保证书等情况。同年10月23日周建龙向被害人沈秀英支付人民币800元。同

---

① 参见张亚静：《周建龙盗窃案——向被害人投案的行为是否认定为自首》，载最高人民法院刑事审判第一、二、三、四、五庭主办：《刑事审判参考》(总第55集)，法律出版社2007年版，第41—49页。

年11月19日周被传唤至江阴市月城派出所,经审讯,其交代了盗窃犯罪的事实。

本案中,被告人周建龙向被害人承认自己的盗窃事实,并向被害人书写"借条"及"还款保证书",后归还部分赃款的这一行为,不能说明其主观上愿意接受因被害人报案而引起的司法处理,而是反映出其存在不愿意"接受审查和裁判",与被害人"私了"的心态。因此,周建龙的行为缺乏自愿"接受审查和裁判"的自首本质特征,不能认定为自首。虽然不能认定为自首,但周建龙向被害人承认作案并退还部分赃款的行为,毕竟是一种程度很深的悔罪行为,反映了行为人主观恶性较轻,而且对于司法机关及时破案、节省司法资源在客观上也具有积极意义,所以,对其在量刑时从轻处理,符合罪责刑相适应的原则,也是贯彻宽严相济刑事政策的要求所在。

七、行政拘留期间交代犯罪行为,能否认定自首

(一) 裁判规则

犯罪嫌疑人在行政拘留期间交代犯罪行为的,通常不能认定为自首。但如果行政拘留仅仅是针对犯罪嫌疑人特定的行政违法行为,而行为人主动交代的犯罪事实与特定行政违法行为没有关联,且尚未被侦查机关掌握的,仍然可以认定为自首。

(二) 规则适用

根据《刑法》第67条的规定,自首包括"一般自首"和"余罪自首"两种情形。其中,"一般自首"中的自动投案,根据《关于处理自首和立功具体应用法律若干问题的解释》之规定,是指犯罪事实或者犯罪嫌疑人未被司法机关发觉,或者虽然被发觉,但犯罪嫌疑人尚未受到讯问、未被采取强制措施前,主动、直接向公安机关、人民检察院或者人民法院投案。可见,当侦查机关已经确定某人为犯罪嫌疑人时,行为人只有在其人身未受到控制的情况下主动归案,才能认定为自动投案。这里的"人身受到控制"并不仅限于被采取刑事强制措施,只要行为人的人身自由已经被实际控制,并且这种控制措施服务于刑事侦查活动的,均属于人身已经被控制。为此,行为人在行政拘留期间交代犯罪行为的,通常情况下不能认定为自首。需要指出的是,上述结论并不具有绝对的意义,即并不是所有刑事案件的犯罪嫌疑人在被采取非刑事强制措施期间交代犯罪事实的,均不能认定为自首。因为行政拘留等非刑事强制措施与刑事侦查活动仍然存在质的区别,如果行政拘留仅仅是针对特定的行政违法行为,行为人在被行政拘留期间,主动交代侦查机关尚未掌握的犯罪事实,或者交代侦查机关尚未掌握的其他非同种犯罪事实,符合自首条件的,仍然应当认定为自首。也就是说,行为人因为行政拘留而使人身自由受到实际控制,只有当这种控制措施服务于刑事侦查活动时,才属于自首认定当中的人身已经被控制,进而不能认定为自首。

【指导案例】沈利潮抢劫案①——行政拘留期间交代犯罪行为的能否认定自首

2006年9月8日,被告人沈利潮得知开废品收购站的周荣富、周阿菊夫妇为收购废品,备有充足资金,遂以卖铜为由,将周荣富骗至一空房内,采用木棍击打头部等手段,致周荣富颅骨骨折并严重颅脑损伤死亡,劫得周的诺基亚6020型手机一部、银行存折一本。接着,沈又诱骗周荣富之妻周阿菊将存折上的存款和废品收购站内的现金取出后,带周阿菊至上述空房内,用木棍击打周阿菊头部,致其颅骨骨折并颅脑损伤死亡,劫得周阿菊所带现金人民币40 925元。案发后,警方通过技侦手段和对周荣富相关联系人的调查,发现沈利潮与周荣富曾同时在案发现场出现过,认定沈有作案嫌疑,随即通知沈到侦查机关接受询问。沈利潮无法讲清其在9月8日的行踪,也不交代其犯罪行为。在调查中,警方发现沈利潮有赌博的违法行为,即对其处以行政拘留10天的处罚。在行政拘留期间,公安机关进一步采取侦查措施,促使沈利潮于9月20日以自首书的形式向警方承认了犯罪事实,并提供了亲笔所画的埋尸现场图。当晚,警方在其供述的地点挖掘出两被害人的尸体,并在沈利潮家中起获了赃款赃物。

本案中,尽管被告人沈利潮在未被侦查机关采取刑事强制措施之前,主动递交了自首书,交代了自己的犯罪事实,表面看来似乎符合自首的要件,但从案件的侦破过程来看,其是在侦查机关掌握了一定犯罪证据并将其确定为犯罪嫌疑人,在以侦破案件为目的对其进行行政拘留的情况下才交代出犯罪事实的,已经丧失了自动投案的时空条件,不能认定为自首。具体来说:(1)从时间上看,侦查机关于9月9日接到报案后,通过技侦手段发现沈利潮与被害人9月8日在同一时间、同一地点出现过,进而认定沈利潮具有作案嫌疑,即通知其到侦查机关接受调查,但沈讲不清自己在案发时间段的活动情况,遂被确定为具有重大作案嫌疑,已不属于因形迹可疑被盘问的情形。而沈利潮直到9月20日才递交自首书,在此之前侦查机关通过侦查手段早已将其确定为犯罪嫌疑人,并对其进行了讯问。(2)从空间上看,侦查机关以沈利潮有赌博违法行为为由将其行政拘留,沈利潮的人身已经受到控制,丧失了自动投案的空间条件。侦查机关之所以未采取刑事强制措施,并非是因为没有掌握其犯罪事实,而是沈利潮到派出所接受询问时拒不交代抢劫犯罪事实,才依据其赌博行为先对其人身进行控制,这实际上是一种侦查的策略和方式,目的是为了争取时间,开展进一步的侦查活动,防止犯罪嫌疑人脱逃,以收集更有力的证据。

---

① 参见秦鹏:《沈利潮抢劫案——行政拘留期间交代犯罪行为的能否认定自首》,载最高人民法院刑事审判第一、二、三、四、五庭主办:《刑事审判参考》(总第59集),法律出版社2008年版,第32—37页。

八、如何理解和认定"如实供述主要犯罪事实"的内容与时间

(一)裁判规则

"如实供述主要犯罪事实"的内容,包括能够决定犯罪行为性质以及对量刑有重大影响的事实与情节。如果司法机关事先已经掌握犯罪嫌疑人主要犯罪事实的,要求一到案即供述;反之,只要是在司法机关掌握之前能够交代的,均可认定为如实供述。犯罪嫌疑人如实供述后又翻供的,只要其在一审宣判前又能如实供述,仍然可以认定为自首。

(二)规则适用

1. 司法实践中,犯罪嫌疑人投案后,对于只供述部分犯罪事实的情形能否成立自首,取决于其所供犯罪事实部分是否为"主要犯罪事实"。"主要犯罪事实"既包括定罪事实,也包括量刑事实,一般是指能够决定犯罪嫌疑人行为性质的事实与情节,以及对量刑有重大影响的事实与情节。其中,与定性相关的事实情节主要是指犯罪构成的要件事实,而影响量刑的重要事实或情节则是指足以影响对犯罪嫌疑人是否适用更高档次法定刑的事实或情节,以及在总体危害程度上比其他部分事实、情节更大的事实、情节。其中,在数额犯中认定起来比较简单,可以将犯罪嫌疑人如实供述的犯罪数额与其未供述的数额进行比较。如果其供述的数额超过未供述的数额,可以认定为如实供述了主要犯罪事实,反之则不认定。而对于情节犯,则要根据情节的危害程度、对量刑的影响程度来加以综合判断。例如,行为人伙同他人共同殴打被害人致死,行为人本人持刀捅刺被害人数刀,系被害人死亡的直接致害人。行为人投案后,虽然供述了殴打被害人的事实,但是未供述其持刀捅刺被害人的事实,该量刑情节对行为人量刑幅度具有重大影响,其故意隐瞒该重要事实,不能认定为自首。

而在共同犯罪中,犯罪嫌疑人除如实供述自己的罪行以外,还应当供述所知的同案犯,主犯则应当供述所知其他同案犯的共同犯罪事实,才能认定为自首。在共同犯罪案件中,行为人在共同犯罪中所处的地位、所起的作用和参与犯罪的程度不同,成立自首所要求的"如实供述自己罪行"的范围也是不同的。就实行犯而言,有单独实行犯和共同实行犯之分。其中,单独实行犯是指行为人一人实施刑法分则规定的某个行为。因此,其所知道的同案犯主要是教唆犯或者帮助犯,在其自动投案后,如实供述了自己直接实施的犯罪行为,并交代其所知道的教唆犯或者帮助犯的犯罪行为,就应当认定为自首。但对于共同实行犯而言,在其自动投案后如实供述自己罪行时,必然要涉及与其一起实施犯罪的同案犯的犯罪行为。因此,共同实行犯若成立自首,不仅要求其在自动投案后,如实供述自己直接实施的犯罪行为,还要求其应如实供述与其共同实施犯罪的其他实行犯。否则,这种供述就是不彻底的、不如实的,不构成自首。

2. 关于犯罪嫌疑人自动投案后,在何时、何种情况下供述才能认定为"如实供

述",不能一概而论,而应当根据自首的精神实质来区分情况对待。自首制度的最大价值在于鼓励犯罪嫌疑人及时归案,认罪服法,从而节约司法资源,提高办案效率。在司法机关已经掌握犯罪嫌疑人犯罪事实的情况下,犯罪嫌疑人能够主动投案,节约了司法机关对其进行抓捕所要耗费的司法资源,因此认定为自首情节。在这种情况下,要求其投案后在第一次接受讯问时就应当如实供述,如果其为逃避法律处罚而故意避重就轻,隐瞒或者虚构主要犯罪事实,以及重大量刑情节,就表明其仍然抱着侥幸心理,不能认定为自首。当然,司法实践中仍然存在一些复杂情形,犯罪嫌疑人并非故意虚假供述,而是因为客观原因,如因时间所限,第一次讯问未能完成对所有犯罪事实的讯问,或者是公安人员在讯问时没有针对性的提问,使得其未能供述主要犯罪事实,如果其是真心悔罪而不是试图抵赖,仍然可以认定为如实供述。另一种情形是,司法机关当时并未掌握犯罪嫌疑人的主要犯罪事实,那么其如实交代对于公安机关破案具有重要意义,第一次供述虽然没有但后来如实供述了自己主要犯罪事实的,由于案件的最终侦破主要还是依靠犯罪嫌疑人的供述,故其供述为节约司法资源、侦破和证实案件起到了关键作用,而且也反映出犯罪嫌疑人认罪悔罪的态度,应当认定为自首。对此,《关于处理自首和立功若干具体问题的意见》第2条第3款规定:"犯罪嫌疑人自动投案时虽然没有交代自己的主要犯罪事实,但在司法机关掌握其主要犯罪事实之前主动交代的,应认定为如实供述自己的罪行。"

此外,从司法实践来看,犯罪嫌疑人自动投案并如实供述了自己犯罪事实之后,还存在思想反复后又翻供的情形。这种情况说明其不愿意接受法律制裁,不能认定为自首。但是,如果在一审宣判前又能如实供述的,说明其再一次悔过自新,法律对此采取宽容的态度,仍然可以认定为自首。此后,即使在二审期间又翻供的,由于一审期间如实供述,相关证据已经固定,定案证据也不容易受二审期间翻供的影响,而且二审法院受上诉不加刑原则的制约,不能加重对被告人的量刑,即使不认定自首也没有实际意义,故仍然应当认定为自首。反之,如果在一审期间翻供,到了二审期间才如实供述的,不能认定为自首,否则容易使犯罪嫌疑人产生侥幸心理,在诉讼前期极力推卸自己的罪责,直到二审推卸不掉才被迫如实供述。

【指导案例】杜祖斌、周起才抢劫案[①]**——自动投案后没有如实供述同案犯的,不能认定为自首**

2002年3月29日,被告人杜祖斌、周起才共谋抢劫出租车司机。31日晚8时许,二被告人搭乘刘建光驾驶的红色夏利出租车,谎称去军埠口水库附近找个朋

[①] 参见杨金华:《杜祖斌、周起才抢劫案——自动投案后没有如实供述同案犯是否构成自首》,载最高人民法院刑事审判第一庭、第二庭编:《刑事审判参考》(总第33集),法律出版社2003年版,第34—40页。

友。当车行至潍城区军埠口镇水库路南首"华鸢酒店"门前时,司机刘建光借故将车停在路边,杜祖斌即掏出匕首威逼刘建光继续往前开。刘见状敲开车门欲脱身时,杜祖斌揪住刘的衣服,周起才抓住刘的头发,将其拽回到车座上,二被告人遂用匕首朝刘建光腹部、背部等处连捅数刀,抢走其价值人民币458元的爱立信T18手机一部。案发后,二被告人逃离现场。2002年4月1日凌晨3时,杜祖斌在潍坊市坊子老火车站附近一电话亭打"110"投案,并在此等候公安人员将其抓获归案。在公安机关接受讯问时,杜祖斌交代了犯罪经过,但谎称同案犯是一东北青年。

本案被告人杜祖斌、周起才共同策划并实施了抢劫,杜祖斌自动投案后要如实供述自己罪行,就必然要交代与其一起策划、实施抢劫的同案犯周起才。然而,杜祖斌在自动投案后,在供述主要犯罪事实过程中,对与其一起策划、实施抢劫犯罪的同案犯予以包庇,谎称是一名东北青年,故意给公安机关抓获同案犯制造障碍,转移公安机关的侦查视线。其行为不属于"如实供述自己的罪行",不能认定为自首。当然,杜祖斌在作案后并没有隐匿或者逃跑,在公安机关并不掌握其犯罪事实的情况下,打电话报告公安机关,并等候公安机关将其抓获,该行为符合"自动投案"的要求,反映出杜祖斌具有一定的悔罪表现,也给公安机关侦破案件提供了帮助,在量刑时可以酌情予以考虑。

【指导案例】徐凤抢劫案①——公安机关确定犯罪嫌疑人并以其他名义通知其到案后,如实供述犯罪事实,但一审判决前翻供的,不认定为自首

2010年10月20日16时许,被告人徐凤携带放有安眠药的蛋挞至上海市虹口区天宝西路241弄,冒充社区干部送温暖,进入被害人葛兰芬家中与葛兰芬闲聊,诱骗葛兰芬食用其携带的蛋挞。葛兰芬食用后不久即入睡,徐凤趁机取下葛贴身放置的钱包逃逸。包内有人民币100元、价值合计人民币2596元的铂金PT900戒指一枚和18K黄金嵌翡翠戒指一枚等财物。2010年11月7日,公安机关在现场提取到徐凤的唾液样品,遂通知徐凤到公安机关接受尿样检查,徐凤到公安机关后主动供述了上述事实。

本案中,被告人徐凤在一、二审庭审时翻供,但在二审庭审最后陈述阶段又恢复如实供述,是否还认定为如实供述?根据《关于处理自首和立功具体应用法律若干问题的解释》第1条的规定,如实供述自己的罪行,是指犯罪嫌疑人自动投案后,如实交代自己的主要犯罪事实,犯罪嫌疑人自动投案并如实供述自己的罪行

---

① 参见冉容:《徐凤抢劫案——公安机关确定犯罪嫌疑人并以其他名义通知其到案后,如实供述犯罪事实,但一审判决前翻供的,不认定为自首》,载最高人民法院刑事审判第一、二、三、四、五庭主办:《刑事审判参考》(总第86集),法律出版社2013年版,第25—34页。

后又翻供的,不能认定为自首,但在一审判决前又能如实供述的,应当认定为自首。据此,如果被告人自动投案后在第一次供述中没有如实供述,而是在侦查机关通过侦查后才促使行为人供述的,这样的供述既不能体现行为人主观上有认罪悔罪的主动性和自愿性,也没有达到节约司法资源的效果。无论其后供述真假,均不能认定自首。如果其最初供述属实,但在一审判决前的过程中有过翻供,只要其在一审判决前恢复如实供述,就不影响自首的成立,但如果在一审判决时还未恢复如实供述的,仍不能认定为自首。当然,《关于处理自首和立功具体应用法律若干问题的解释》要求被告人到案后第一次被讯问时即如实供述,是针对司法机关已经掌握了犯罪事实而言的,如果司法机关当时并未掌握其主要犯罪事实,犯罪嫌疑人主动投案时虽然没有但后来如实供述自己主要犯罪事实的,由于案件的最终侦破还是依靠犯罪嫌疑人的供述,故其供述为节约司法资源、侦破和证实案件起到了关键作用,同时也反映出犯罪嫌疑人认罪悔罪的态度,人身危险性进一步减小,应当认定为自首。① 本案被告人徐凤归案前,公安机关已经展开了一定程度的侦查,取得了犯罪嫌疑人留在现场的唾液样本,进行了 DNA 鉴定,并与吸毒人员 DNA 样本数据库进行了比对,确定了徐凤系犯罪嫌疑人,因此要成立自首要求其归案后第一次即应当如实供述。尽管徐凤归案后,在侦查、起诉阶段一直如实供述主要犯罪事实,但在一审庭审时,对在被害人葛兰芬食用的蛋挞中是否预先投放过安眠药这一定罪事实翻供,且在一审判决前未恢复如实供述,故不应认定为自首。

九、余罪自首中如何认定"司法机关尚未掌握的不同种罪行"

(一)裁判规则

余罪自首要求供述司法机关尚未掌握的罪行,即办案机关没有证据线索合理怀疑被采取强制措施的犯罪嫌疑人、被告人或者服刑罪犯还犯有其他罪行。但如果上述人员供述的罪行与司法机关已经掌握的罪行罪名相同,或者属于同一选择性罪名,或者在法律、事实上存在密切关联的,均不构成余罪自首。

(二)规则适用

1.《关于处理自首和立功具体应用法律若干问题的解释》第 2 条规定:"根据刑法第六十七条第二款的规定,被采取强制措施的犯罪嫌疑人、被告人和已宣判的罪犯,如实供述司法机关尚未掌握的罪行,与司法机关已掌握的或者判决确定的罪行属不同种罪行的,以自首论。"对于哪些罪行属于同种罪行,根据《关于处理自首和立功若干具体问题的意见》的规定,犯罪嫌疑人、被告人在被

---

① 对此,《关于处理自首和立功若干具体问题的意见》第 2 条规定:"犯罪嫌疑人自动投案时虽然没有交代自己的主要犯罪事实,但在司法机关掌握其主要犯罪事实之前主动交代的,应认定为如实供述自己的罪行。"

采取强制措施期间如实供述本人其他罪行,该罪行与司法机关已掌握的罪行属同种罪行还是不同种罪行,一般应以罪名区分。虽然如实供述的其他罪行的罪名与司法机关已掌握犯罪的罪名不同,但如实供述的其他犯罪与司法机关已掌握的犯罪属选择性罪名或者在法律、事实上密切关联,应认定为同种罪行。根据《关于处理自首和立功若干具体问题的意见》的上述规定,"同种罪行"包括三种情况:罪名相同的罪行、属于同一选择性罪名的罪行以及法律或者事实上密切关联的罪行。在这里,关键是如何来理解"法律或者事实上密切关联的罪行"。其中,在法律上有密切关联的犯罪,是指不同犯罪的构成要件有交叉或者不同犯罪之间存在对合(对向)关系、因果关系、目的关系、条件关系等牵连关系。① 在事实上有密切关联的犯罪,是指不同犯罪之间在犯罪的时间、地点、方法(手段)、对象、结果等客观事实特征方面存在密切联系。② 需要指出的是,这里的关联性要求必须是"密切"关联,其中法律上密切关联是指已掌握的犯罪的构成要件中包含着易于构成其他犯罪的情形。③ 事实上密切关联,是指已掌握的犯罪与未掌握的犯罪之间存在手段与目的等关系,且易结合发生的情形。如果两罪之间尽管有一定的联系,但是这种联系并不常见,则不属于"在法律、事实上密切关联"。

法律或者事实上密切关联的罪行之所以属于应当如实供述的范围,是因为《刑事诉讼法》第120条第1款后半段规定:"犯罪嫌疑人对侦查人员的提问,应当如实回答。但是对与本案无关的问题,有拒绝回答的权利。"可见,侦查人员的提问,只要与其所实施的犯罪事实有关,如起因、动机、时间、地点、目的、方法(手段)、结果等均是犯罪自然发展过程中的要素,犯罪嫌疑人均有如实回答的义务。如果涉及其中任何一个要素的行为单独构成另一犯罪,就应当认定涉嫌的两个犯罪在法律、事实上有密切关联,作案人均有如实交代的义务。质言之,这几个不同的犯罪实质上是同一犯罪过程中连续实施、衔接紧密的不同部分,犯罪嫌疑人、被告人在供述司法机关已经掌握的部分时,有义务供述同一犯罪过程中密切关联的其他部分。由于行为人供述与其所涉嫌犯罪在法律、事实上密切关联的其他犯罪

---

① 例如,行贿罪和受贿罪,收买被拐卖的妇女、儿童罪与拐卖妇女、儿童罪,洗钱罪与毒品犯罪、黑社会性质组织犯罪等上游犯罪,掩饰、隐瞒犯罪所得、犯罪所得收益罪与为获得赃物而实施的抢劫罪、盗窃罪等犯罪,窝藏、包庇罪与被窝藏、包庇的行为人之前所犯的罪等。

② 如某人用炸药报复杀人,其因故意杀人被捕后,主动供述了其购买了较大数量硝酸铵等原料制造炸药的行为,该行为又构成非法制造爆炸物罪,与司法机关此前掌握的故意杀人罪不是同一罪名,但因其在供述故意杀人犯罪事实时,必须如实供述作为犯罪工具的爆炸物的来源,因而,其所触犯的两个罪名在事实上有紧密关联,其主动供述制造炸药的行为不能认定为自首。

③ 如因受贿被采取强制措施后,又交代因受贿为他人谋取利益的行为而构成的滥用职权罪。因受贿罪的构成要件之一是行为人"为他人谋取利益",所以交代"为他人谋取利益"的行为而另构成的滥用职权罪,应当认定为与受贿罪属同种罪行。

是履行如实供述的义务,故不应认定为自首。① 需要指出的是,尽管行为人主动供述与司法机关已掌握的犯罪在法律、事实上密切关联的其他犯罪不构成自首,也不属于余罪坦白,但其主动供述的行为,仍然在一定程度上体现了其认罪、悔罪的主动性,客观上节约了司法资源,与余罪坦白的效果大体相当②,也可以酌情从轻处罚。

2. 根据刑法、《关于处理自首和立功具体应用法律若干问题的解释》及《关于处理自首和立功若干具体问题的意见》的规定,成立"余罪自首"要求行为人所如实交代的其他不同种罪行,必须是司法机关尚未掌握的罪行。所谓"尚未掌握",一般是指司法机关还未有一定的客观线索、证据合理怀疑被采取强制措施的犯罪嫌疑人、被告人和正在服刑的罪犯还犯有其他罪行。同时,"司法机关"也不能简单理解,即不仅仅是指正在侦查、起诉、审判的司法机关,还完全可能包括其他的司法机关。因此,这里"司法机关"的外延应当根据具体案情具体分析。具体而言,如果犯罪嫌疑人或被告人先行实施的犯罪行为虽已被其他司法机关掌握,但因地处偏僻、路途遥远或通讯不便等原因,客观上使正在对现行犯罪进行侦查、起诉和审判的司法机关,难以发现该现行发生的犯罪事实的,可以将该现行实施的犯罪视为司法机关尚未掌握的罪行,这时的司法机关其实是指直接办案的司法机关。但如果该罪行已被通缉,一般应以该司法机关是否在通缉令发布范围内作出判断,不在通缉令发布范围内的,应当认定为还未掌握,在通缉令发布范围内的,应视为已掌握;如果该罪行已录入全国公安信息网络在逃人员信息数据库,应视为已掌握。

需要指出的是,由于"余罪自首"缺乏主动投案要件,故对于"司法机关尚未掌握"这一要件应从严把握,防止有些负案在逃的犯罪分子因现行犯罪被抓获时故意隐瞒身份,在讯问过程中再交代真实身份,从而获取"自首"从宽处罚的优待。此外,上述规定针对的是行为人身份信息明确的情形。如果行为人身份不明确,即便已对其进行网上通缉,也无法将余罪与该行为人对应起来的,此时就不能简单适用上述标准,而应当具体分析司法机关有无掌握其余罪的条件与可能。对于司法机关无任何线索查证行为人真实身份的,如果行为人因实施其他犯罪到案后如实交代真实身份信息及所犯余罪,可以认定为余罪自首;如果司法机关有明确、清晰的身份查证线索,则不宜认定为余罪自首。

---

① 例如,被告人以伪造公司印章的手段进行合同诈骗,后因涉嫌合同诈骗罪被抓获后供述其使用伪造公司印章的犯罪事实,不应当认定为自首。从犯罪构成来看,被告人的行为分别构成伪造印章罪、合同诈骗罪,虽然合同诈骗罪与被告人归案时涉嫌的伪造印章罪罪名不同,且被告人归案时公安机关只掌握了其合同诈骗的罪行,但依照法律规定,被告人对其涉嫌的合同诈骗罪的全部犯罪事实都有如实供述的义务,包括其伪造公司印章的手段。

② 最高人民法院《关于处理自首和立功具体应用法律若干问题的解释》第4条规定:"被采取强制措施的犯罪嫌疑人、被告人和已宣判的罪犯,如实供述司法机关尚未掌握的罪行,与司法机关已掌握的或者判决确定的罪行属同种罪行的,可以酌情从轻处罚;如实供述的同种罪行较重的,一般应当从轻处罚。"

【指导案例】张春亭故意杀人、盗窃案①——交代司法机关尚未掌握的案发起因构成其他犯罪的，是否属于自首

2002年年初，被告人张春亭与长岭农行守库员孙宝军密谋盗窃该行金库，并由孙事先盗得金库钥匙和密码。2002年5月23日，长岭农行进行内部装修，监控设备均被拆除。二人见时机成熟，即约定当晚动手。当日22时许，张春亭潜入长岭农行办公楼院内，按事先约定在二楼窗台处拿到孙宝军所放的金库钥匙和写有密码的字条进入金库，窃得现金人民币150万元后逃离现场。后张春亭未按约定分给孙宝军70万元，先后仅分给孙30万元赃款。孙宝军一直向张春亭索要剩余的40万元。因张春亭使用赃款投资建厂亏损，已无力给付孙宝军剩余的40万元，又恐孙将盗窃长岭农行金库之事泄露，遂产生杀人灭口之念。2009年10月22日14时许，张春亭以支付余款为由，驾驶尼桑轿车搭载孙外出，当行至吉林省长岭县长岭镇龙凤村附近时，趁孙宝军下车小便之机，张春亭用事先备好的绳索紧勒孙的颈部，致其机械性窒息死亡。

本案被告人张春亭因涉嫌故意杀人罪被刑事拘留后，交代了杀害孙宝军的犯罪事实以及伙同孙宝军盗窃长岭农行金库的犯罪事实。在张春亭交代其杀人犯罪事实之前，公安机关根据对其故意杀人犯罪调查取证的情况，了解到张春亭与孙宝军之间有异常债务关系，但并未掌握张春亭杀害孙宝军的起因，特别是张春亭伙同孙宝军盗窃长岭农行金库的事实。而"长岭农行金库被盗案"案发后，公安机关即立案侦查，但未能获取有价值的线索，没有将张春亭锁定为犯罪嫌疑人，案件一直悬而未破。故张春亭主动交代盗窃长岭银行金库的事实，属于司法机关尚未掌握的罪行，符合认定余罪自首的第一个条件。本案中，张春亭实施的盗窃犯罪与故意杀人犯罪客观上具有一定关联，正是因盗窃后分赃不均引发的矛盾，导致张春亭产生杀害孙宝军的动机。盗窃罪是故意杀人罪的前因，两者之间具有一定的因果联系。但是，张春亭实施的盗窃罪与故意杀人罪是相对独立的两个犯罪，盗窃罪并不必然导致故意杀人罪的发生，类似案件在司法实践中也并不多见，司法机关掌握其故意杀人罪并不必然能够推断或知晓其曾实施盗窃罪，故不属于《关于处理自首和立功若干具体问题的意见》所规定的"在法律、事实上密切关联"的情形，应当认定为不同种罪行。张春亭在可以隐瞒或编造杀害孙宝军起因的情况下如实交代故意杀人罪的案发起因，使"长岭农行金库被盗案"在案发7年后得以侦破。故对张春亭所犯盗窃罪，应当认定为自首。

---

① 参见曾广东、姜远亮：《张春亭故意杀人、盗窃案——交代司法机关尚未掌握的案发起因构成其他犯罪的，是否属于自首》，载最高人民法院刑事审判第一、二、三、四、五庭主办：《刑事审判参考》（总第81集），法律出版社2012年版，第20—25页。

【指导案例】汪某故意杀人、敲诈勒索案①——如实供述的罪行与司法机关已经掌握的罪行在事实上密切关联的,不构成自首

2009年7月至8月期间,被告人汪某租房经营服装店,后因生意不景气等原因而将服装店转让给被害人云某。同年9月21日晚,汪某与云某因琐事发生争吵、厮打。厮打过程中,汪某用云某身上的挎包带勒云某的颈部,致云某窒息死亡后,将云某的尸体抛入附近下水道内。同月23日,汪某持云某的身份证以云某名义到银行办理一张储蓄卡。24日汪某用云某的手机号码通过打电话并发短信的方式要求云某家属向云某的账户汇入人民币13万元,否则就会揭露云某的隐私,甚至对云某实施伤害行为。25日,因云某亲属向公安机关报案,汪某最终未得逞。另查明:2009年10月2日,公安机关经调查得知,案发当晚云某和汪某一起喝酒、吃饭后失踪,通过调取云某账户的开户行监控录像并组织人员进行辨认确定开户人是汪某,从而确定汪某有重大作案嫌疑。次日中午,公安机关派员找汪某了解情况,汪某没有交代犯罪事实。当日晚上,公安机关围绕云某银行卡开户情况再次询问汪某时,汪某才交代故意杀人、敲诈勒索的犯罪事实,并带领公安人员找到被害人尸体。

本案被告人汪某供述的故意杀人罪行与公安机关已经掌握的敲诈勒索罪行,既不存在罪名交叉关系,也不存在对合、因果、目的、条件等密切的法律关系,因此,汪某的故意杀人罪与其所犯的敲诈勒索罪不具有法律上的关联。然而,汪某所犯的两个罪行在事实上存在密切关联。公安机关在调查过程中,发现被告人使用被害人的身份证开立敲诈勒索账户。通常情况下,公民身份证往往与其本人人身紧密相随,被告人所使用的身份证从何而来,云某为何将自己的身份证交给汪某,云某本人身在何处等,这些事实都是汪某在交代敲诈勒索犯罪时必须交代的内容。如果其不交代在敲诈勒索前实施的故意杀人罪行,其后所实施的敲诈勒索事实就不完整、不清楚。因此,汪某连续实施的两个犯罪行为前后衔接、紧密联系,构成一个完整的犯罪过程,故不构成余罪自首。本案被告人汪某尽管犯罪情节恶劣,后果严重,但其主动如实供述的故意杀人罪行比公安机关之前掌握的敲诈勒索罪行更为严重,犯罪后认罪态度尚可,加之案件起因上不能完全排除汪某因为索要欠款不成而杀害被害人的可能性,一审和复核审法院对汪某以故意杀人罪判处死刑,缓期2年执行,剥夺政治权利终身;以敲诈勒索罪判处有期徒刑3年;数罪并罚决定执行死刑,缓期2年执行,剥夺政治权利终身的处罚是适当的。

---

① 参见余淼、仲佳:《汪某故意杀人、敲诈勒索案——如实供述的罪行与司法机关已经掌握的罪行在事实上密切关联的,不构成自首》,载最高人民法院刑事审判第一、二、三、四、五庭主办:《刑事审判参考》(总第84集),法律出版社2012年版,第17—22页。

【指导案例】何荣华强奸、盗窃案①——如何理解"如实供述司法机关还未掌握的本人其他罪行"

1. 强奸部分

1998年10月12日晚8时许,被告人何荣华伙同同村的童冬喜(已判刑),将童冬喜前一天刚结识的女青年胡某某从江山火车站旅社带出,后在王天仙饭店吃夜宵并喝酒,使胡某某喝醉。当晚12时许,何荣华与童冬喜将胡强行挟持到童冬喜家中,趁胡某某醉酒躺倒在童冬喜房内地毯上之机,先后对胡某某实施了数次奸淫。

2. 盗窃部分

2004年11月29日至2006年3月下旬,被告人何荣华单独或伙同他人在杭州市余杭区、江山市清湖镇盗窃作案5次,窃得财物价值共计人民币4万余元。

被告人何荣华1998年10月伙同童冬喜强奸作案后即化名"周华才""周红伟"潜逃在外。江山市公安局经侦查,查明何荣华涉嫌共同强奸犯罪,遂签发逮捕证对其进行网上通缉,网上通缉资料中附有何荣华的基本情况及照片等详细信息。被告人何荣华外逃期间并伙同其同乡徐以友等人共同盗窃作案,徐以友对何荣华的身份及涉嫌1998年的强奸案等情况均知悉。2006年3月23日,杭州市公安局抓获涉嫌盗窃罪的徐以友等人,并通知掌握徐以友伙同"周华才"等盗窃犯罪事实的江山市公安局。江山市公安局在杭州又抓获了"周华才",在对涉嫌盗窃罪的"周华才"审讯时,发现"周华才"无法对其所述的身份情况自圆其说,后"周华才"主动交代其真名为何荣华及于1998年伙同童冬喜实施强奸的犯罪事实。同日,徐以友亦向江山市公安局交代了"周华才"系何荣华的化名及何荣华涉嫌强奸的相关情况。

本案中,被告人何荣华系已被采取强制措施的犯罪嫌疑人,符合"余罪自首"的主体特征,其对公安机关所主动交代的强奸罪行,对于盗窃罪行而言,属于不同种罪行,分歧的关键在于,其所犯的强奸罪行是否属于"司法机关还未掌握"的本人其他罪行。笔者认为,根据本案事实,被告人何荣华的强奸犯罪事实不能认为未被司法机关所掌握。理由在于:一是江山市公安局于1998年经审查即已查明何荣华涉嫌共同强奸犯罪,并且签发了逮捕证对何荣华进行网上通缉,网上通缉资料中附有何荣华的基本情况及照片等详细信息;二是何荣华因涉嫌盗窃被抓获时用的虽然是化名"周华才",但与其共同盗窃作案的徐以友对何荣华的身份情况及涉嫌强奸的犯罪事实等均知悉,并且徐以友也在盗窃归案后交代了何荣华的真实身份及其涉嫌强奸的事实;三是江山市公安局在何荣华因盗窃归案后,经过审讯,发现何荣华对其以化名"周华才"的身份难以自圆其说,已经引起注意并开始核

---

① 参见金朝文:《何荣华强奸、盗窃案——如何理解"如实供述司法机关还未掌握的本人其他罪行"》,载最高人民法院刑事审判第一、二、三、四、五庭主办:《刑事审判参考》(总第52集),法律出版社2007年版,第16—21页。

实。在这种情况下,即使何荣华不主动交代,由于网上通缉资料齐全及同案人徐以友的如实交代,侦查机关仍然能够很快查实何荣华尚有强奸的犯罪事实。当然,不认定何荣华构成自首,不等于不能对其从轻处罚。在没有法定从重情节的情况下,对这种如实坦白余罪的犯罪分子从轻处罚,有利于鼓励犯罪分子主动配合司法机关工作,及时破案,降低侦查成本,也有利于罪犯的真正悔过、改造。

十、行为人对其主观心态进行辩解是否影响自首的成立

(一)裁判规则

被告人在对犯罪行为性质进行辩解时,往往需要针对主观要件来进行。为充分保障被告人的辩护权,只要其如实供述了客观要件事实,司法机关据此能够认定主观心态的,被告人针对主观心态如何进行辩解不影响如实供述的认定。但如果被告人的供述是认定其主观心态的主要证据,则要求其对主观心态进行如实供述。如果其供述的内容与司法机关最后认定的不一致,就不能认定为如实供述。

(二)规则适用

构成自首,要求行为人到案后如实供述自己的主要犯罪事实。如果行为人只交代自己次要的犯罪事实而回避主要犯罪事实的,则不能认定为"如实供述"。那么,何为"主要犯罪事实"?笔者认为,主要犯罪事实首先是指犯罪构成事实,因为犯罪构成事实是认定犯罪所必须具备的事实。在犯罪构成事实中,尽管客观要件事实(危害行为、危害结果、行为的时间、地点、方法等)是定罪的基础,但主观要件事实同样对区分罪与非罪、一罪与数罪、轻罪与重罪具有重要意义,故行为人主观心态也属于"主要犯罪事实"。有观点认为,如实供述自己的罪行(主要犯罪事实)是指如实供述自己犯罪的客观行为,并不要求如实供述作案时的主观心态(罪过),因为主观心态可以通过行为人的客观行为以及在案证据来进行认定。笔者认为,上述观点是不妥当的。不可否认,司法机关在很多时候确实可以通过客观行为来认定主观心态,但在另外一些情况下,行为人的供述是认定行为人主观心态的重要证据,甚至是唯一证据。此时行为人是否如实供述其主观心态必然会影响到整个案件事实与性质的认定,故如实供述的内容应当包含主观心态在内。

我们在判断犯罪行为人对主观心态是否属于"如实供述"时,应当以在案证据认定的事实为标准。如前所述,行为人的主观心态可以通过其客观行为以及其他相关证据反映出来。故如果行为人对主观心态的供述与通过客观行为反应出来的情况不符,那么就属于没有如实供述,不能成立自首。例如,行为人承认其罪过形式是故意,但辩称只是伤害故意,而没有杀人故意。对这种将重罪故意辩解为轻罪故意的情形,可以根据行为人和被害人的关系(是否有矛盾,矛盾大小)、行为人作案时的行为表现(是否扬言杀人,是否追杀)、被害人的创口部位(要害部位还是非要害部位)、创口数量(多处创口,还是一处创口)、行为人作案后的态度(是否有抢救被害人的行为)等在案证据证实的情节来进行判断。若在案证据足以认定

行为人实施的是重罪故意行为,则行为人的辩解不能成立;反之,在证据不足的案件中,若在案证据不能认定行为人实施了重罪故意行为,或者不能排除其有实施轻罪故意行为可能的,在这种情况下由于根本无法证明行为人的主观心态到底是什么,那么也就无法判断行为人的辩解是否成立,就只能认定其辩解成立,构成自首。

需要指出的是,根据最高人民法院2004年3月26日发布的《关于被告人对行为性质的辩解是否影响自首成立问题的批复》的规定,对行为性质的辩解不影响自首的成立。然而,该批复所规定的对自己行为性质进行辩解,必须是在行为人已经"如实供述自己的罪行"(包括如实供述自己主观心态在内)的前提下,仅仅是对法律适用方面进行辩解,而不是对犯罪事实本身予以否定。可见,对主观心态的辩解与对行为性质的辩解是两个不同层次的问题。前者是对犯罪主要事实进行辩解,而后者是在如实供述犯罪基本要件事实的基础上,对整个行为在法律上的性质进行辩解。由于有关自首的法律规定只强调犯罪嫌疑人把自己的行为事实如实交代,至于行为人对于自己的行为是否构成犯罪,是否对自己的行为有正确的法律认识,并不影响自首的认定。当然,从司法实践来看,行为人在对行为性质进行辩解时,不可避免地会涉及自己的主观心态。为充分保障被告人的辩护权,通常情况下,主要犯罪事实主要还是指客观事实,即有无预谋、预谋内容、犯罪参与人及实施犯罪的过程等,只要其交代的上述事实与最终认定的事实基本一致,就应认定犯罪分子已作如实供述。至于其辩称主观上没有实施此犯罪行为的故意或自认为其行为不构成犯罪,或强调实施该行为的各种主客观原因等,通常可以归之于对其行为的一种合法辩解,是正常行使辩护权的一种表现。

【指导案例】董保卫、李志林等盗窃、收购赃物案[①]——投案动机和目的是否影响自首成立

2003年9月1日1时许,被告人董保卫、董曙光等人在被告人李志林的协助下进入位于北京市朝阳区的北京市制动密封材料厂行窃。在将该厂库房大门上的挂锁破坏后,被告人董保卫、董曙光等人窃走锻钢毛坯8.8吨(价值人民币5.544万元)。被告人卢启学在明知上述物品系赃物的情况下,仍以人民币1.1万元的价格予以收购并转卖。案发后,公安机关追缴被告人李志林分得的赃款人民币1500元。被告人董曙光在犯罪后,因只分得少部分赃款,又听说举报能领奖金,即向被盗单位举报了其与他人盗窃该单位物品的情况,并由被盗单位的人员带至公安机关报案。诉讼过程中,董承认其参与盗窃活动,但辩称其不明知是去实施盗窃。

---

① 参见方炯、谭劲松:《董保卫、李志林等盗窃、收购赃物案——投案动机和目的是否影响自首成立》,载最高人民法院刑事审判第一、二、三、四、五庭主办:《刑事审判参考》(总第48集),法律出版社2006年版,第23—29页。

本案中，被告人董曙光因为只分得少部分赃款，又听说举报能领取奖金，遂到被盗单位举报，但在举报的同时，并没有隐瞒自己在犯罪过程中的作用，如实交代了案件经过，也没有逃避可能的司法审查。尽管其投案的动机是为获取有关奖赏，并且辩称主观上不明知是去实施盗窃，但其举报并接受审查的行为，在客观上产生协助公安机关破获此案的结果，提高了破案效率，节约了司法成本，符合自首的有关立法精神。因此，应认定其行为为主动投案。董曙光归案后对整个盗窃过程及其在盗窃过程中的行为并未隐瞒或推诿，尽管其否定了具有明知共同盗窃的主观故意，但此种行为属于对犯罪行为性质的辩解，是其正常行使辩护权的表现，仍属于如实供述自己的罪行。依据相关司法解释的规定，不影响自首的成立。

十一、对影响量刑升格的次要事实翻供是否影响自首的认定

（一）裁判规则

在认定被告人是否如实供述主要犯罪事实时，需要比较如实供述部分与未如实供述部分的严重程度。如果未如实供述部分会影响到法定刑档次的选择，应认定其未如实供述主要犯罪事实。作为例外，针对数额犯，只要如实交代的犯罪数额多于未交代的犯罪数额，即使未如实供述的数额会影响到量刑档次的选择，也不影响如实供述主要犯罪事实的认定。

（二）规则适用

根据《关于处理自首和立功具体应用法律若干问题的解释》第1条的规定，如实供述自己的罪行，是指犯罪嫌疑人自动投案后，如实交代自己的主要犯罪事实。犯罪嫌疑人自动投案并如实供述自己的罪行后又翻供的，不能认定为自首，但在一审判决前又能如实供述的，应当认定为自首。《关于处理自首和立功若干具体问题的意见》第2条第2、3款进一步明确规定："犯罪嫌疑人多次实施同种罪行的，应当综合考虑已交代的犯罪事实与未交代的犯罪事实的危害程度，决定是否认定为如实供述主要犯罪事实。虽然投案后没有交代全部犯罪事实，但如实交代的犯罪情节重于未交代的犯罪情节，或者如实交代的犯罪数额多于未交代的犯罪数额，一般应认定为如实供述自己的主要犯罪事实。无法区分已交代的与未交代的犯罪情节的严重程度，或者已交代的犯罪数额与未交代的犯罪数额相当，一般不认定为如实供述自己的主要犯罪事实。"据此，认定为"如实供述主要犯罪事实"，应当采取以下标准：

（1）主要犯罪事实首先包括定罪事实，定罪事实容易理解，即关系到行为是否构成犯罪，构成何种犯罪的事实与情节。如果犯罪嫌疑人对上述定罪事实予以否认，或者避重就轻的，不能认定为如实供述主要犯罪事实。例如，行为人虽然承认被害人的死亡与自己的行为有关，但否认是自己持木棍击打被害人头部致死，谎称是被害人在后退过程中绊倒摔死，由于该事实涉及认定故意杀人罪还是过失致人死亡罪，属于定罪事实，故不能认定为如实供述自己主要犯罪事实。再如，犯罪

嫌疑人开枪将被害人打死后投案,谎称系枪支走火致死,由于其隐瞒了持枪杀人这一对定罪量刑具有决定性影响的犯罪情节,同样不能认定为如实供述主要犯罪事实。

(2)主要犯罪事实还包括重大量刑事实。在认定重大量刑事实时,需要比较如实供述部分与未如实供述部分的重要程度。其中,对于数额犯来说,判断的标准比较简单,只要如实交代的犯罪数额多于未交代的犯罪数额,一般应认定为如实供述自己的主要犯罪事实。司法实践中有观点认为,根据《关于处理自首和立功若干具体问题的意见》第2条关于如实供述的规定,犯罪嫌疑人供述的身份等情况与真实情况虽有差别,但不影响定罪量刑的,应认定为如实供述自己的罪行。犯罪嫌疑人自动投案后隐瞒自己的真实身份等情况,影响对其定罪量刑的,不能认定为如实供述自己的罪行。可见,这种观点以是否会影响到"定罪量刑"为标准,认为所谓"对量刑有重大影响的事实、情节",是指"决定着对犯罪嫌疑人应适用的法定刑档次是否升格的情节",将影响法定刑升格的情节作为主要犯罪事实。笔者认为,上述观点主要适用于情节犯的情形。对于数额犯,《关于处理自首和立功若干具体问题的意见》已经明确"如实交代的犯罪数额多于未交代的犯罪数额,一般应认定为如实供述自己的主要犯罪事实",故如果犯罪嫌疑人仅仅是对少部分数额翻供,即使最后可能会影响到法定刑的升格,也不影响如实供述主要犯罪事实的认定。

【指导案例】谢齐勇盗窃案[①]**——自动投案但对影响量刑升格的次要事实翻供的,是否影响自首的认定**

2010年2月,被告人谢齐勇先后盗窃作案三起,窃得财物合计价值人民币10 500元。具体如下:(1)2010年2月5日,被告人谢齐勇翻墙撬锁进入被害人李翠竹家中,窃得笔记本电脑一台等物,合计价值人民币6500元。(2)2010年2月10日,被告人谢齐勇撬锁进入被害人许民家中,窃得黄金项链一条,赃物价值人民币3000元。(3)2010年2月11日,被告人谢齐勇翻墙撬锁潜入被害人周志家中,窃得现金人民币1000元。

另查明,被告人谢齐勇于2010年2月17日主动到公安机关投案,并如实供述了上述三起盗窃犯罪事实。一审庭审中,谢齐勇仅供述了第一、二起盗窃(窃得赃物合计价值人民币9500元),辩称未实施第三起盗窃(窃得现金人民币1000元,当地对盗窃罪确定的"数额巨大"标准为1万元以上)。

本案中,被告人谢齐勇盗窃三起,窃得财物价值人民币10 500元,本案的法定

---

① 参见张军、黄尔梅主编:《最高人民法院自首、立功司法解释:案例指导与理解适用》,法律出版社2012年版,第115—120页。

刑幅度应在 3 年以上 10 年以下有期徒刑。但谢齐勇在一审庭审中对部分事实翻供，辩称未实施第三起盗窃，这就会影响到其中 1000 元数额的认定，进而影响到法定刑档次的选择。由于盗窃罪属于典型的数额犯，根据《关于处理自首和立功若干具体问题的意见》的规定应当以供述数额的多少来认定是否属于如实供述主要犯罪事实。谢齐勇在庭审中如实供述的数额为 9500 元，未供述的数额为 1000 元，两相比较，如实供述的数额远远超出了未供述的数额。虽然未供述的数额会影响到法定刑的升格，但仍然应当认定为如实供述主要犯罪事实。此外，需要指出的是，被告人的供述是否如实，只能以法院最终认定的事实为依据。如果行为人对部分事实翻供之后，该部分事实因证据不足无法认定，就不能认为属于不如实供述，而应认定为如实供述了全部犯罪事实。

十二、为了解案情前往公安机关被抓获的能否认定为自动投案

（一）裁判规则

成立自动投案要求行为人前往司法机关的目的是投案，即将自己置于司法机关的控制之下；如果并非出于上述目的，而是出于打探案情等其他目的前往司法机关的，由于其并没有接受审查和裁判的意图，主观上不具有投案心理，不属于投案行为。

（二）规则适用

根据 1984 年 4 月 16 日最高人民法院、最高人民检察院、公安部发布的《关于当前处理自首和有关问题具体应用法律的解答》的规定，对于犯罪分子作案后，同时具备自动投案、如实供述自己罪行、并接受审查和裁判这三个条件的，都认为是自首。修订后的 1997 年《刑法》第 67 条第 1 款前半段规定："犯罪以后自动投案，如实供述自己罪行的，是自首。"可见，修订后的刑法将"三要件"修改为"两要件"，删掉了"接受国家审查和裁判"这一要件，但这并不表示不再需要"接受国家审查和裁判"，而是因为自动投案、如实供述自己罪行，引起的法律后果就是国家审查和裁判。可见，该要件当然蕴含在自动投案、如实供述自己罪行这两个条件之中。对此，最高人民法院在 1998 年 5 月 9 日发布施行的《关于处理自首和立功具体应用法律若干问题的解释》第 1 条明确规定"犯罪嫌疑人自动投案后又逃跑的，不能认定为自首"。这一规定体现的就是构成自首需要犯罪嫌疑人投案后进一步"接受审查与裁判"；该条还进一步规定"犯罪嫌疑人自动投案并如实供述自己的罪行后又翻供的，不能认定为自首；但在一审判决前又能如实供述的，应当认定自首"。这一规定体现的同样是要求犯罪行为人"接受审查和裁判"。可见，成立自动投案要求行为人犯罪后主动将自己置于司法机关的管辖之下，也就是说行为人前往司法机关的目的是投案。当然，自动投案的成立，不要求行为人一到案即供述具体的犯罪事实、情节和性质，只要行为人对司法机关工作人员说："我来投案，我来自首"，或者"我杀人了，来投案"等，都可以认定为自动投案。

反之，如果行为人并非为了将自己置于司法机关的控制之下，而是出于打探案情等其他目的前往司法机关，由于其并没有接受司法机关审查和裁判的意图，在主观上不具有投案目的，故不属于投案行为。即使其在司法机关询问过程中如实供述的，也不能认定为投案自首。同样，如果行为人明知自己系犯罪嫌疑人，却以被害人、证人或者其他身份报案，并极力否认或者未承认自己的犯罪行为，由于行为人未向司法机关承认自己实施了犯罪，故并不是典型意义上的"投案"，而仅仅是"报案"，说明其当时对于是否投案，是否将自己置于司法机关控制之下还处在犹豫当中。但如果其在电话报案时明知司法机关即将赶到现场展开调查，仍然留在原地等候或者能够如实告知司法机关自己所在位置，甚至是主动前往司法机关报案，且在司法机关对其进行询问时，特别是在第一次询问时，能够如实供述自己主要犯罪事实，对重要犯罪情节没有隐瞒或虚构的，说明其心态已经由报案时的不愿承认自己的罪行，转化为在司法机关调查时自愿承认自己的罪行，一定程度上体现了投案的主动性和自愿性，可以视为主动投案。对此，最高人民法院《关于处理自首和立功具体应用法律若干问题的解释》在第1条中规定"犯罪后主动报案，虽未表明自己是作案人，但没有逃离现场，在司法机关询问时交代自己罪行的"也应当视为自动投案。当然，如果其报案后在司法机关赶到前逃跑的，或者报案时未告知自己所处位置的，或者在司法机关询问时未如实供述自己主要犯罪事实的，均表明行为人不愿将自己置于司法机关的控制之下，不愿接受法律的制裁，不能认定为自动投案。

【指导案例】张俊等敲诈勒索案①——去公安机关打探案情被抓获不算自动投案

2017年6月3日早上，王武平将赌博输钱一事告知潘斌（另案处理），潘斌认为对方可能"出老千"，就联系被告人张俊帮忙去赌场抓"出老千"的人。当日13时左右，张俊纠集被告人余国庆、王俊、韩昌雄、陈立华、汤义冰、曾祥亮等人驾车前往赌场，对参赌人员熊良辉实施殴打，对在场人员说"你们打假牌的人可恨，我要打断你们的手"等话进行威胁、恐吓，并将熊良辉、赵勇等人带至一宾馆房间内进行看守，要求刘国军等人退赔15万元现金，否则不让他们离开宾馆。熊良辉、赵勇等人被逼无奈只好通过手机微信、银行转账等方式向张俊等人支付人民币119 900元钱。另查明，汉阴县公安局城关派出所接到"110"报警后赶至现场宾馆，将在宾馆的韩昌雄、熊良辉、赵勇、张钰堂等人带到城关派出所进行调查，初步掌握张俊涉嫌的犯罪事实。后张俊到城关派出所询问韩昌雄等人案件进展情况时，被认识张俊的城关派出所民警陈向、谢军依法口头传唤并进行调查，但张俊

---

① 参见张晔、聂昭伟：《去公安机关打探案情被抓获不算自动投案》，载《人民司法·案例》2019年第17期，第50—52页。

并未如实供述自己的犯罪事实。

本案中,根据公安机关出具的"破案经过",汉阴县公安局民警对同案犯张钰堂进行了讯问,初步掌握了张俊的犯罪事实。后张俊到达城关派出所了解韩昌雄等人案件进展情况时,被认识张俊的民警陈向、谢军依法口头传唤并进行调查,并进一步将张俊带至办案区进行讯问。张俊一开始并没有如实供述自己的主要犯罪事实,隐瞒了其通过威吓、控制对方人身自由的方式,让被害人赔偿15万元等关键犯罪事实。张俊明知自己系犯罪嫌疑人,但其前往公安机关时并非以犯罪嫌疑人的身份主动投案,而是以与案件无关人员的身份来打听案情,在被司法机关发现并控制后亦未如实供述自己主要犯罪事实,故其没有接受国家审查和裁判的意愿,二审法院依法将其到案行为不认定为投案自首是正确的。

十三、揭发型立功中"他人犯罪行为"应当如何认定

(一)裁判规则

认定揭发他人犯罪行为构成立功,要求行为人所揭发的他人犯罪行为与其本人不存在事实或法律上的关联。如果行为人揭发的犯罪行为属于其本人参与的共同犯罪,或者与其本人的犯罪之间具有对合关系,或者属于连累犯与基本犯中的他人犯罪行为,均不成立立功。

(二)规则适用

根据《刑法》第68条第1款和《关于处理自首和立功具体应用法律若干问题的解释》第5条的规定,犯罪分子到案后有揭发他人犯罪行为经查证属实的,应当认定为立功。可见,成立揭发型立功,关键在于犯罪分子所揭发的必须是"他人犯罪行为",而不能是本人犯罪行为。从司法实践来看,对于揭发与本人犯罪行为没有任何关系的他人犯罪行为,认定为立功自然没有问题。但是当行为人所揭发的他人犯罪行为与本人犯罪行为具有某种关联性时,是否属于揭发"他人犯罪行为",则存在争议。从刑法规定来看,具有关联性质的他人犯罪行为主要包括,共同犯罪中的他人犯罪行为、具有对合关系犯罪中的他人犯罪行为以及连累犯与基本犯中的他人犯罪行为。

1. 共同犯罪中的他人犯罪行为。对于共同犯罪,虽然本人与他人所实施的具体行为会因为分工的不同有所区别,但二者在主观上存在共同的犯罪故意,客观上也视为一体的共同犯罪行为,二者被纳入到同一犯罪构成中予以评价,因此本人到案后应当如实供述的犯罪行为,既包括本人参与的犯罪行为,也包括同案犯的共同犯罪行为,揭发同案犯的共同犯罪事实属于如实供述的范畴,不能认定为立功。也就是说,共同犯罪人只有揭发同案犯共同犯罪以外的其他犯罪时,才能认定为立功。司法实践中比较复杂的情形是,共同犯罪人超出共同犯罪故意的范围,实施了其他犯罪行为,即实行过限行为。从刑法理论以及刑事责任的追究来

看,其他共同犯罪人对于他人实施的过限行为不承担罪责。那么,其他共同犯罪人检举揭发同案犯所实施的过限行为是否属于"检举揭发共同犯罪以外的其他犯罪"呢?笔者认为,不能单纯地因为共同犯罪所触犯的罪名与实行过限行为所触犯的罪名不同,就认定实行过限行为属于"检举揭发共同犯罪以外的其他犯罪"。实行过限行为尽管在罪责上由过限行为实施人自己承担,但并不能因此就认为过限行为是游离于共同犯罪行为之外的完全独立的行为。过限行为与共同犯罪行为之间在因果关系上存在紧密的事实关联。过限行为虽然由过限行为人单独实施,但却是在共同犯罪实施过程中或实施之后才发生的,属于与共同犯罪有密切联系的关联犯罪,而不是共同犯罪以外的其他犯罪。对此,可以参照最高人民法院《关于处理自首和立功若干具体问题的意见》第3条的规定,被告人"如实供述的其他犯罪与司法机关已掌握的犯罪属选择性罪名或者在法律、事实上密切关联,如因受贿被采取强制措施后,又交代因受贿为他人谋取利益行为,构成滥用职权罪的,应认定为同种罪行"。

2. 具有对合关系的犯罪中的他人犯罪行为。所谓具有对合关系的犯罪,是指双方主体各自实施的犯罪行为之间存在对应关系,共同促进双方犯罪行为的完成,缺少一方的犯罪行为,另一方的犯罪行为就无法实施或者完成。如重婚罪、非法买卖制毒物品罪、行贿罪与受贿罪、非法出售增值税专用发票罪与非法购买增值税专用发票罪。对于存在对合关系的犯罪而言,由于一方犯罪的实施或者完成以另一方的对应行为为条件,一方犯罪的构成要件相互涵摄了另一方的犯罪行为,任何一方在如实供述本人犯罪事实时也必然涉及对应方的犯罪行为,故揭发对应方的犯罪行为并未超出其如实供述的范围,不存在揭发他人犯罪的问题。如行贿人在交代行贿事实时必然要涉及受贿人的受贿事实,其行为当然不构成立功。

3. 连累犯与基本犯中的他人犯罪行为。连累犯是指以基本犯的相关人或物为犯罪对象的一种事后帮助型犯罪。连累犯以基本犯的存在为前提,没有基本犯,也就没有连累犯。但是连累犯又不同于共同犯罪,其与基本犯既不存在共同的犯罪行为,也不存在共同的犯罪故意。① 那么,连累犯与基本犯相互揭发是否属于揭发"他人犯罪行为",进而构成立功呢?笔者认为,不能一概而论,应当区分不同情况进行认定:

(1)基本犯揭发连累犯的情形。由于连累犯是通过对基本犯提供销赃、窝藏、包庇等事后帮助行为,帮助基本犯的犯罪分子或者逃避法律制裁,或者利用其犯罪所得、维持其不法状态,故连累犯与基本犯之间的关联性体现在连累犯对基本犯的事后帮助上。从司法实践来看,基本犯在实施犯罪以后,为了防止被抓获,保

---

① 当然,如果连累犯与基本犯事前通谋,则超出了事后帮助的范围,应将连累犯以基本犯的共犯论处。

护其犯罪行为所获得的犯罪成果不被缴获，往往会进行一系列的事后行为，如将赃物进行销售，寻求他人对其提供资助、帮助其逃匿等。对于基本犯实施这些事后行为的情形，由于是在一个犯罪故意的支配下实施的，客观上一般不会侵犯到新的法益，而且立法者在确立基本犯的法定刑时，就已经将这些事后行为一并考虑进去了，作为不可罚的事后行为对待，不再另行定罪处罚。① 从这个意义上讲，事后行为已经纳入到基本犯的犯罪行为体系中，故基本犯在如实供述其基本犯罪行为的同时，应当一并如实供述不可罚的事后行为，即对于其犯罪所得的赃物以及本人犯罪后的去向等问题有如实供述的义务。

（2）连累犯揭发基本犯的情形。对于连累犯揭发基本犯，能否认定为揭发型立功，需要根据连累犯的犯罪构成是否能够涵盖基本犯的犯罪行为来进行判断。从刑法所规定的各种连累犯的犯罪构成来看，无论是窝藏、包庇罪、洗钱罪，还是掩饰、隐瞒犯罪所得、犯罪所得收益罪、包庇毒品犯罪分子罪等，主观上都要求行为人明知行为对象系"犯罪的人""犯罪分子"或者"犯罪所得及其产生的收益"。但从刑法规定的情况来看，这种作为主观要件的明知包括确定明知和概括明知两种情况。第一种情形是确定明知，即连累犯对基本犯的具体犯罪行为性质具有明确的认识。如洗钱罪，《刑法》第 191 条明确规定，行为人主观上必须"明知是毒品犯罪、黑社会性质的组织犯罪、恐怖活动犯罪、走私犯罪、贪污贿赂犯罪、破坏金融管理秩序犯罪、金融诈骗犯罪的所得及其产生的收益"，才能构成本罪。再如，包庇黑社会性质组织罪，拒绝提供间谍犯罪证据罪，包庇毒品犯罪分子罪，窝藏、转移、隐瞒毒赃罪等，也属于这类连累犯。对于上述情形中的连累犯而言，由于连累犯的犯罪构成已经包含了基本犯的具体犯罪行为，那么连累犯在如实供述其犯罪事实时就应当一并供述其所知的基本犯的具体犯罪事实，故其揭发基本犯的具体犯罪事实就属于如实供述的范围，而不属于揭发"他人犯罪行为"，不能认定为立功。第二种情形是概括明知。即连累犯主观上只需对行为对象具有概括性的认识，无须对基本犯的具体犯罪行为有明确的认识。对于窝藏、包庇罪等连累犯而言，只要求行为人主观上明知系"犯罪的人""犯罪分子"或"犯罪所得及其产生的收益"即可，不需要对基本犯的具体犯罪行为有明确的认识。同样，掩饰、隐瞒犯罪所得、犯罪所得收益罪、帮助犯罪分子逃避处罚罪等，也属于此类连累犯。由于这类连累犯的犯罪构成并不能涵摄基本犯的具体犯罪行为，故并无如实供述基本犯的具体犯罪行为的义务。对于这类连累犯而言，揭发基本犯的具体犯罪行为就超出了其如实供述的范围，属于揭发"他人犯罪行为"，应当认定为立功。

---

① 作为例外，如果基本犯所针对的犯罪对象系违禁品，如枪支、毒品，那么其进一步实施贩卖的行为，则进一步侵害了另外一种法益，此时基本犯的法定刑已经无法涵盖，不能作为不可罚的事后行为处理，而应当与基本犯进行并罚。

【指导案例】吴灵玉等抢劫、盗窃、窝藏案①——揭发型立功中"他人犯罪行为"的认定

被告人吴灵玉、杨代国、张福伟、史雷超预谋抢劫,2005年7月29日13时许,四被告人在北京市丰台区世界公园西墙外发现一辆停在路边的面包车,按照吴灵玉的安排,四被告人对面包车内的被害人任峰、段秀桃进行抢劫。其间,被告人吴灵玉持随身携带的尖刀猛扎任峰胸部、腿部及腕部数刀,造成任峰右肺上叶贯通创,致急性失血性休克死亡。被告人同海潮明知吴灵玉、杨代国、张福伟、史雷超系犯罪后潜逃,为四被告人提供隐藏处所,帮助逃匿。被告人同海潮于2005年7月20日13时许,在北京市丰台区郑常庄"家世界"超市停车场,盗窃他人电动自行车一辆,该车价值人民币1090元。同海潮于2005年8月5日因涉嫌窝藏赃物被公安机关传唤后,揭发了公安机关不掌握的吴灵玉等人抢劫犯罪的事实。

本案审理中,争议的焦点在于作为窝藏犯的同海潮揭发被窝藏的抢劫犯吴灵玉等人的抢劫犯罪行为,是否构成立功。对此,一种观点认为,对于揭发与本人犯罪行为有关的他人犯罪行为的,由于在如实供述本人犯罪行为时都会涉及他人的犯罪行为,因此不应认定为立功。同海潮在如实供述其窝藏行为时,也应一并供述被窝藏人吴灵玉等人的犯罪行为,其揭发吴灵玉等人的抢劫犯罪行为不能认定为立功。另一种观点认为,对于窝藏罪而言,窝藏人主观上仅需明知对方系"犯罪的人"即可,无须对被窝藏人的具体犯罪行为具有明确的认识。因此,作为窝藏犯的同海潮揭发吴灵玉等人的具体抢劫犯罪行为的,超出了如实供述的范围,应当认定为立功。笔者同意第二种观点,认为被告人同海潮系窝藏犯,其只需如实供述明知吴灵玉等被告人系犯罪人即可,至于吴灵玉等人所犯何罪,则在所不论,其揭发吴灵玉等人的具体抢劫犯罪行为超出了如实供述的范围,系"揭发他人犯罪行为",应当认定为立功。

【指导案例】张才文等抢劫、盗窃案②——检举本人与他人共同盗窃中他人超出犯意致人死亡的行为是否构成立功

(……盗窃、抢劫具体事实略)

另经审理查明,在本案一审审理期间,被告人张才文检举在2001年夏天的一个晚上,其伙同杨有军、梁绍兵、刘运林在河北省献县子牙河新大桥南头一住处屋

---

① 参见罗鹏飞、许秀:《吴灵玉等抢劫、盗窃、窝藏案——揭发型立功中"他人犯罪行为"的认定》,载最高人民法院刑事审判第一、二、三、四、五庭主办:《刑事审判参考》(总第63集),法律出版社2008年版,第33—41页。

② 参见白继明:《张才文等抢劫、盗窃案——检举本人与他人共同盗窃中他人超出犯意致人死亡的行为是否构成立功》,载最高人民法院刑事审判第一、二、三、四、五庭主办:《刑事审判参考》(总第112集),法律出版社2018年版,第37—48页。

内实施盗窃过程中,杨有军使用铁棍打死一个老人李树新的事实。经公安机关补充侦查后查证属实,河北方面将3名案犯抓获归案,作另案处理。

本案中,被告人张才文归案后,主动供述了其伙同杨有军等人在实施盗窃过程中,杨有军当场使用暴力致人死亡的犯罪事实。张才文如实供述司法机关尚未掌握的其本人伙同他人所犯罪行,虽经查证属实,但与司法机关先前掌握的其单独盗窃犯罪事实系同种罪行,故属于坦白行为,不能认定为立功。虽然张才文还检举揭发杨有军在共同犯罪中超出共同犯意,实施了致人死亡的行为,但该行为与张才文、杨有军等人共同盗窃犯罪事实存在密切关联,不属于揭发同案犯共同犯罪以外的其他犯罪,也不属于协助司法机关抓捕同案犯的行为,故不能认定具有立功情节。

十四、归案后规劝同案犯投案自首能否认定为有立功表现

(一) 裁判规则

与"带领公安机关抓获同案犯"的行为相比,规劝同案犯自首具有更好的作用和效果,不仅可以节约司法机关的抓捕成本,同时也有利于促使在逃犯罪嫌疑人悔罪服法,应当认定为具有立功表现。具体来说,这种情形既可归属于"协助司法机关抓捕其他犯罪嫌疑人",也可归属于"其他有利于国家和社会的突出表现"。

(二) 规则适用

在司法实践中,犯罪分子通过自身言语、信件、电话甚至委托他人等方式规劝其他犯罪嫌疑人(包括同案犯)投案自首的情况屡见不鲜,刑法理论与实务界对该类行为的认定和法律适用颇有争议。"否定说"认为,《关于处理自首和立功若干具体问题的意见》第5条中明确规定了以下行为属于"协助司法机关抓捕其他犯罪嫌疑人":(1)按照司法机关的安排,以打电话、发信息等方式将其他犯罪嫌疑人(包括同案犯)约至指定地点的;(2)按照司法机关的安排,当场指认、辨认其他犯罪嫌疑人(包括同案犯)的;(3)带领侦查人员抓获其他犯罪嫌疑人(包括同案犯)的;(4)提供司法机关尚未掌握的其他案件犯罪嫌疑人的联络方式、藏匿地址的;等等。规劝同案犯投案的行为不在以上情形之列,不能认定为立功。而且根据"禁止双重评价"原理,若将规劝他人自首行为认定为立功,则规劝他人自首的犯罪嫌疑人构成立功,而投案自首的犯罪嫌疑人构成自首,对于同一事项既有人成立自首又有人构成立功,有违"禁止双重评价"原则。"肯定说"认为,被告人规劝同案犯投案的行为实际上超过了协助抓捕犯罪嫌疑人所达到的社会效果,认定为立功,完全符合刑法规定立功制度的宗旨。

笔者同意上述第二种观点。《刑法》设置立功制度的目的是鼓励犯罪分子揭发他人犯罪行为或帮助司法机关使得其他犯罪嫌疑人及时归案,以体现打击犯罪的及时性、有效性,最终有利于国家、社会和人民群众的利益。根据《关于处理自

首和立功若干具体问题的意见》规定,"带领侦查人员抓获其他犯罪嫌疑人(包括同案犯)"的行为构成立功。与之相比,规劝同案犯自首不但具有同样的效果,而且因无需司法机关投入抓捕所要付出的人力、物力,故能更好地节约司法资源。此外,规劝自首行为还有利于促使在逃犯罪嫌疑人悔罪服法,人身危险性得以消除。可见,从产生的作用和效果来看,规劝自首行为都明显超过了《关于处理自首和立功若干具体问题的意见》所规定的协助抓捕行为。因此,刑法应对此作出肯定性评价,对此类立功者应在量刑上予以充分的体现。那么,这种情形究竟是属于"协助抓捕"的情形,还是属于"其他有利于国家和社会的突出表现"呢?笔者认为,可以将规劝他人自首的行为认定为"协助司法机关抓捕其他犯罪嫌疑人"。

对于规劝同案犯归案行为能否认定为立功,《关于处理自首和立功若干具体问题的意见》并没有明确规定,但《关于处理自首和立功若干具体问题的意见》在列举了四种"协助抓捕"行为之后的"等等",表示列举未穷尽,还可以包含其他协助抓捕的方式。有观点认为,《关于处理自首和立功若干具体问题的意见》既然规定的是"抓捕"就应当是司法机关去"抓获"来而不是犯罪嫌疑人自己来投案。笔者认为,《关于处理自首和立功若干具体问题的意见》之所以使用"抓捕"的字眼,其应当是一种概括式、归纳式的用词,其意就是要协助司法机关让其他犯罪嫌疑人(包括同案犯)"归案"。这种抓捕,不应当局限于"司法机关主动抓捕"等具体抓捕方式,而强调的是"归案"这种效果。为此,我们不能拘泥于条文上的字面含义,而应适当作扩张解释,将"抓捕犯罪嫌疑人"的含义扩大到"使犯罪嫌疑人归案"的意思,即"协助抓捕"的外延应涵盖协助司法机关规劝其他犯罪嫌疑人自首之行为。当然,并不是所有规劝他人自首的行为都构成立功,如果规劝行为与他人自首行为之间没有直接因果关系,则不能认定为立功。这里的直接因果关系是指行为人的规劝行为直接、彻底地说服了被规劝的犯罪嫌疑人,投案自首完全或主要建立于行为人的劝说基础上,应当认定行为人的行为构成立功。如果在规劝之前,被规劝的犯罪嫌疑人已经具有主动投案的意思,在这种情况下,虽然行为人有规劝行为,却不能认定立功。规劝同案犯投案的行为,能够节约司法机关的抓捕成本,较快地查明犯罪事实,提高办案效率,当然可以认定为"其他有利于国家和社会的突出表现"。

需要指出的是,规劝者构成立功而被规劝者成立自首并不违背"禁止双重评价"原则。"禁止双重评价"原则除了强调针对同一事项之外,还有一个不言自明的前提即针对同一人进行。因为同一事项针对不同的人意味着不同含义,由此分别作出不同法律评价是完全正常的。需要注意的是,并不是所有规劝他人自首的行为都构成立功,如果规劝行为与他人自首行为之间没有直接因果关系,则不能认定为立功。这里的直接因果关系是指行为人的规劝行为直接、彻底地说服了被规劝的犯罪嫌疑人,投案自首完全或主要建立在行为人的劝说基础上,应当认定行为人的行为构成立功。如果在规劝之前,被规劝的犯罪嫌疑人已经具有主动投案的意思,在这种情况下,虽然行为人有规劝行为,却不能认定立功。

【指导案例】陆骅、茅顺君、石国伟抢劫案①——带领侦查人员抓捕同案犯未果后电话劝说自首的是否属于有立功表现

被告人陆骅伙同被告人茅顺君、石国伟预谋抢劫。2004年11月12日23时许,三人共同至上海市西藏南路大吉路口,对途经该处的陈晓龙、陈逢华、陶泽林、沈柳捷、王瑛等人进行殴打和威胁,后强行将四人带至本市西林后路100弄8号门口,陶泽林在途中逃走报警。在西林后路100弄8号门口,陆、茅、石又将上述四人逼至附近的公共厕所内,采用殴打、胁迫等手段,劫得陈逢华价值人民币2460元的手机两部。后三名被告人逃逸,逃跑途中茅顺君被公安人员抓获,并协助公安机关抓获陆骅。被告人陆骅到案后于2004年11月12日带领公安人员至石国伟家抓捕石,因石不在家,陆骅电话告知石国伟,抢劫案已被公安机关侦破,并叫石至公安机关自首,石国伟于次日投案自首。

法院经审理认为,被告人陆骅、茅顺君、石国伟以非法占有为目的,当场使用暴力、胁迫手段劫取他人财物,其行为均已构成抢劫罪,应依法惩处。陆骅到案后协助公安机关抓获了同案犯石国伟,符合最高人民法院《关于处理自首和立功具体应用法律若干问题的解释》的规定,有立功表现,辩护人提出陆骅有立功表现应依法从轻处罚的辩护意见予以采纳。茅顺君到案后协助公安机关抓获了同案犯陆骅,有立功表现,依法从轻处罚。石国伟有自首情节,依法从轻处罚。法院依照相关法律之规定,于2005年4月30日判决如下:(1)被告人陆骅犯抢劫罪,判处有期徒刑6个月,罚金人民币500元。(2)被告人茅顺君犯抢劫罪,判处拘役6个月,罚金人民币500元。(3)被告人石国伟犯抢劫罪,判处拘役4个月,宣告缓刑4个月,罚金人民币500元。(4)追缴赃款、赃物发还各被害人。判决后,三被告人均未上诉,检察机关亦未抗诉,判决发生法律效力。

【指导案例】王某等抢劫案②——规劝同案犯自首行为能否认定为有立功表现

被告人王某、金某、姜某等人系汤某"小弟",平时跟随汤某混社会。2009年3月28日晚8时许,王某等3人受汤某纠集参与了一起故意伤害犯罪。案发后,汤某主动到公安机关投案自首,应公安机关要求,汤某规劝同案在逃人员王某、金某、姜某等3人投案自首。王某等3人听从了"大哥"汤某的规劝,陆续到公安机

---

① 参见张华:《陆骅、茅顺君、石国伟抢劫案——带领侦查人员抓捕同案犯未果后电话劝说自首的是否属于有立功表现》,载最高人民法院刑事审判第一庭、第二庭编:《刑事审判参考》(总第42集),法律出版社2005年版,第32—36页。

② 参见聂昭伟:《规劝同案犯自首能否认定为有立功表现》,载《人民法院报》2011年8月11日第7版。

关投案自首。

本案中,由于被告人王某等3人系汤某"小弟",汤某的劝说行为对于3人的到案确实起到了积极作用,3人在听从汤某的劝说之后于次日投案。因此,汤某劝说自首的行为与王某等三人的自动投案之间存在因果关系,符合立功的实质精神,应认定为有立功表现。至于王某等3人的行为成立自首则是另一层面评判的问题,不影响汤某具有立功表现的认定。

十五、协助抓获盗窃同案犯,后因抢劫罪判处死缓,能否认定重大立功

(一)裁判规则

当犯罪分子在实施协助抓捕行为时,其所揭发的犯罪事实或者侦查机关已经掌握的犯罪事实可能判处无期徒刑以上刑罚的,可以认定协助抓获重大犯罪嫌疑人,构成重大立功。如果是根据抓捕之后查明的其他犯罪事实才确定为重大犯罪嫌疑人的,不属于协助抓获"重大犯罪嫌疑人",不构成重大立功。

(二)规则适用

根据《关于处理自首和立功具体应用法律若干问题的解释》第5条、第7条的规定,犯罪分子到案后协助司法机关抓捕其他犯罪嫌疑人、重大犯罪嫌疑人(均包括同案犯)的分别构成立功、重大立功。重大犯罪嫌疑人,一般是指可能被判处无期徒刑以上刑罚或者案件在本省、自治区、直辖市或者全国范围内有较大影响等情形。根据最高人民法院、最高人民检察院2009年3月12日发布的《关于办理职务犯罪案件认定自首、立功等量刑情节若干问题的意见》的进一步明确规定,可能被判处无期徒刑以上刑罚,是指根据犯罪行为的事实、情节可能判处无期徒刑以上刑罚。案件已经判决的,以实际判处的刑罚为准。但是,根据犯罪行为的事实、情节应当判处无期徒刑以上刑罚,因被判刑人有法定情节经依法从轻、减轻处罚后判处有期徒刑的,应当认定为重大立功。虽然上述司法解释对如何认定"重大犯罪嫌疑人"的规定已比较全面、清楚,但对于被告人协助抓获轻罪同案犯,后经公安机关进一步侦查发现该同案犯还犯有重罪,并因该重罪而被判处无期以上刑罚的,能否认定为重大立功则存在较大争议。第一种意见认为,应当认定为协助抓捕重大犯罪嫌疑人,构成重大立功。从《关于处理自首和立功具体应用法律若干问题的解释》《关于处理自首和立功若干具体问题的意见》的规定分析,协助抓捕犯罪嫌疑人构成立功只要看客观结果,即只需考虑在客观结果上被抓捕的犯罪嫌疑人是否属于"重大犯罪嫌疑人"。第二种意见认为,不应当认定为协助抓捕重大犯罪嫌疑人,不构成重大立功。虽然《关于处理自首和立功具体应用法律若干问题的解释》《关于处理自首和立功若干具体问题的意见》没有从主观方面对立功予以条件限制,但是司法实践中对立功的把握仍应坚持主、客观相统一原则,不应当只考虑客观结果,而忽视主观条件,且对犯罪嫌疑人的认定应当以立功当时

为准。

笔者同意第二种意见。首先，主、客观相统一原则是我国刑事立法与司法的基本原则，立功制度也必须坚持这一原则。虽然认罪、悔罪态度不在立功的要求之列，但要求犯罪分子必须是有意识地为减轻罪责而实施立功行为。犯罪分子无意间透露了他人的犯罪线索，或者在不能控制自己的意志时碰巧阻止了他人的犯罪行为，都不能认定为立功；而且，从意志因素分析，犯罪分子对立功内容必须持不反对态度。其次，对"重大犯罪嫌疑人"的认定还应当要求有一定的时间限制。从司法实践来看，从协助抓捕犯罪嫌疑人到最终查实该起犯罪事实通常会有一个时间段，那么认定是否属于"重大犯罪嫌疑人"，是以协助抓捕时司法机关即可确定的犯罪事实为依据，还是以最终查明的犯罪事实为依据呢？例如，犯罪分子甲协助抓捕乙时，甲仅揭发了乙的盗窃犯罪事实，但在抓捕乙之后，公安机关通过进一步侦查，发现乙还有抢劫杀人事实，后乙因该抢劫杀人事实而被判处死刑，能否认定甲协助抓捕了重大犯罪嫌疑人进而构成重大立功呢？笔者认为，认定是否属于重大犯罪嫌疑人应当有一定的时间要求，即应当以实施协助抓捕行为时犯罪分子所揭发的犯罪事实或者侦查机关所掌握的犯罪事实为依据。犯罪分子协助抓捕其他犯罪嫌疑人时，根据其所揭发的或者侦查机关已经掌握的犯罪事实可能判处无期徒刑以上刑罚的，应认定该犯罪分子为重大犯罪嫌疑人；虽然尚不能明确能否判处无期徒刑以上刑罚，但根据已经掌握的犯罪线索，通过继续侦查所查证的犯罪事实，确定可能判处无期徒刑以上刑罚的，也可以认定为重大犯罪嫌疑人；但是，如果根据当时犯罪分子揭发的或者侦查机关已经掌握的犯罪事实不能确定为重大犯罪嫌疑人，而是根据抓捕之后查明的其他犯罪事实才确定其为重大犯罪嫌疑人的，不属于"重大犯罪嫌疑人"，不构成重大立功。

【指导案例】张令、樊业勇抢劫、盗窃案①——协助抓获盗窃同案犯，该同案犯因抢劫罪被判处死缓，能否认定为重大立功

1. 抢劫事实。2008年6月18日晚，被告人张令、樊业勇从陈显定处劫取人民币100元、手机一部及价值人民币4480元的摩托车一辆；同年7月3日，张令、樊业勇共谋对陈贤权实施抢劫，樊业勇持刀划破陈贤权的面部，张令则持双刃匕首朝陈贤权的腹部等处捅刺数刀，致陈死亡。两人从陈贤权处劫取现金人民币90元、联想牌手机一部、银钢牌摩托车一辆（两件价值合计人民币5070元）。

2. 盗窃事实。2008年4月1日至7月4日，被告人张令、樊业勇共同盗窃了李美贵价值人民币4760元的摩托车、喻发清价值人民币2496元的摩托车、宁三青价值人民币4160元的摩托车、宋永腊价值人民币3000元的摩托车各一辆。张令单

---

① 参见夏伟、陈霞：《张令、樊业勇抢劫、盗窃案——协助抓获盗窃同案犯，该同案犯因抢劫罪被判处死缓，能否认定为重大立功》，载最高人民法院刑事审判第一、二、三、四、五庭主办：《刑事审判参考》（总第73集），法律出版社2010年版，第36—43页。

独盗窃了王旭升价值人民币 1900 元的摩托车、匡后学价值人民币 3800 元的摩托车各一辆。

2008 年 7 月 4 日,被告人张令因实施盗窃被群众抓获移交公安机关后,供述了其伙同樊业勇实施盗窃的事实并协助公安机关抓获了樊业勇。

首先,从立功主观方面来看,本案被告人张令虽明知樊业勇曾与其共同抢劫杀人,罪行重大,但在自己因盗窃被抓获的情况下,对自己与樊业勇的抢劫犯罪事实均没有交代,可见其主观上并不希望他们犯下的抢劫事实被司法机关发现,也并不希望公安机关将樊业勇作为重大犯罪嫌疑人抓获,其对司法机关抓获樊业勇之后所查证的抢劫犯罪事实在内心意志上持反对心态,故其行为在主观上不符合重大立功的要求。其次,从认定"重大犯罪嫌疑人"的时间要求上来看,应当以实施协助抓捕行为时犯罪分子所揭发的犯罪事实或者侦查机关所掌握的犯罪事实为依据。只有当犯罪分子协助抓捕其他犯罪嫌疑人时,根据犯罪分子揭发的犯罪事实或者侦查机关已经掌握的犯罪事实可能判处无期徒刑以上刑罚的,才能认定该犯罪分子为重大犯罪嫌疑人。在被告人张令协助抓捕同案犯樊业勇时,樊业勇仅为盗窃犯罪的犯罪嫌疑人,公安机关是通过继续侦查所查证的犯罪事实,发现还有其他抢劫犯罪事实,虽然该抢劫犯罪可能判处无期徒刑以上刑罚,但不属于《关于处理自首和立功具体应用法律若干问题的解释》第 7 条中的"重大犯罪嫌疑人",依法不能认定为重大立功。

十六、主动交代同案犯的关押场所并予以指认构成立功

(一) 裁判规则

犯罪分子提供同案犯姓名、住址、体貌特征等基本情况,或者提供犯罪前、犯罪中掌握、使用的同案犯联络方式、藏匿地址,司法机关据此抓捕同案犯的,不能认定为协助司法机关抓捕同案犯。但如果提供了司法机关在当时通过正常工作程序无法掌握的线索,而司法机关正是通过该线索将同案犯抓获归案的,构成立功。

(二) 规则适用

被告人归案后主动交代同案犯的关押场所并进行指认的,能否构成立功,这涉及如何理解共同犯罪被告人应当如实供述的同案犯信息的范围。对此,根据《关于处理自首和立功具体应用法律若干问题的解释》第 1 条的规定,共同犯罪案件中的犯罪嫌疑人,除如实供述自己的罪行,还应当供述所知的同案犯,主犯则应当供述所知其他同案犯的共同犯罪事实,才能认定为自首。所谓"供述所知的同案犯",包括同案犯在共同犯罪中的具体表现、地位和作用以及姓名、住址、联系方式等身份情况。由于这些内容对司法机关抓捕同案犯可能会起到协助作用,这就涉及"协助司法机关抓捕其他犯罪嫌疑人"与"如实供述"的区分问题。

针对这一问题,《关于处理自首和立功若干具体问题的意见》第5条第2款规定:"犯罪分子提供同案犯姓名、住址、体貌特征等基本情况,或者提供犯罪前、犯罪中掌握、使用的同案犯联络方式、藏匿地址,司法机关据此抓捕同案犯的,不能认定为协助司法机关抓捕同案犯。"同时规定,具有下列行为之一,使司法机关抓获其他犯罪嫌疑人的,属于"协助司法机关抓捕其他犯罪嫌疑人":(1)按照司法机关的安排,以打电话、发信息等方式将其他犯罪嫌疑人(包括同案犯)约至指定地点的;(2)按照司法机关的安排,当场指认、辨认其他犯罪嫌疑人(包括同案犯)的;(3)带领侦查人员抓获其他犯罪嫌疑人(包括同案犯)的;(4)提供司法机关尚未掌握的其他案件犯罪嫌疑人的联络方式、藏匿地址的;等等。此外,2008年12月1日最高人民法院发布的《全国部分法院审理毒品犯罪案件工作座谈会纪要》第7条第1款指出:"共同犯罪中同案犯的基本情况,包括同案犯姓名、住址、体貌特征、联络方式等信息,属于被告人应当供述的范围。公安机关根据被告人供述抓获同案犯的,不应认定其有立功表现。被告人在公安机关抓获同案犯过程中确实起到协助作用的,例如,经被告人现场指认、辨认抓获了同案犯;被告人带领公安人员抓获了同案犯;被告人提供了不为有关机关掌握或者有关机关按照正常工作程序无法掌握的同案犯藏匿的线索,有关机关据此抓获了同案犯;被告人交代了与同案犯的联系方式,又按要求与对方联络,积极协助公安机关抓获了同案犯等,属于协助司法机关抓获同案犯,应认定为立功。"根据上述规定,对于司法机关根据被告人的供述抓获同案犯的,能否认定其有立功表现,可以区分以下情形来进行具体分析:

1. 被告人自首时交代同案犯的姓名或绰号、性别、年龄、体貌特征、住址、籍贯、联系电话、QQ号等个人信息的,属于其应当供述的范围。公安机关根据被告人交代的同案犯上述基本信息抓获同案犯的,不能认定被告人有立功表现。

2. 被告人自首时提供了同案犯的可能藏匿地等线索,而该线索是司法机关通过正常工作程序能够掌握的,也不能认定被告人有立功表现。例如,被告人交代了同案犯的手机号,并称同案犯可能藏匿于某处。后公安机关通过技术侦查手段确定了同案犯所处的具体位置,并将该同案犯抓获归案。在这种情形中,虽然被告人交代的同案犯的藏匿地点与公安机关实际抓获该同案犯的地点相同,但通过技术侦查手段确定犯罪嫌疑人的位置属于公安机关的正常工作范围,即使被告人不交代同案犯可能藏匿的地点,公安机关也可以通过该正常工作程序抓获同案犯。而公安机关客观上也是通过这种途径抓获同案犯的,故在这种情形下不能认定被告人有立功表现。

3. 被告人归案后交代了同案犯的罪行和基本信息,又提供了司法机关通过正常工作程序无法掌握的有关同案犯的线索,而司法机关正是通过该线索将同案犯抓获归案的,那么,不论被告人是否带领公安机关前往现场抓捕,都应当认定其行为对司法机关抓获同案犯起到了协助作用,构成立功。需要指出的是,判断被告人提供的同案犯信息是否属于司法机关通过正常工作程序能够掌握的范围,应当立足于已然事实,而不能以司法机关将来可能通过其他途径掌握同案犯的线索为由,否认被告人的行为客观上所起的必要协助作用。

【指导案例】被告人胡国栋抢劫案①——自首后主动交代获悉的同案犯的关押场所并予以指认的,构成立功

2008年10月8日20时许,被告人胡国栋伙同同案被告人蒋桃及王焱(另案处理)在浙江省宁波市镇海区骆驼街道华丰花园内,撬锁窃得停放在该小区21幢楼下的一辆绿色蒲公英牌电动自行车,价值人民币1430元(当地定罪数额标准是2000元)。胡国栋、蒋桃在逃离途中被抓获。后胡国栋主动向公安机关交代:2008年9月28日晚,其伙同蒋桃、王焱等8人经事先预谋,携带斧头、砍刀等工具到宁波市镇海区蛟川街道"万里一族"网吧,采用拳打脚踢、搜身等手段劫得被害人孙恒林的钱夹,内有现金人民币500余元、银行卡、身份证等物。另查明:2008年11月下旬,被告人胡国栋与曾经共同盗窃的同伙张华胜关押在镇海区看守所1号监区,胡国栋从张华胜处获悉2008年9月28日与其共同实施抢劫的"平头"(王焱的绰号)被关押在镇海区看守所2号监区。2009年1月4日,胡国栋接受公安机关讯问时揭发了"平头"已被关押在同一看守所的情况。同月8日,胡国栋在公安人员的组织下对照片进行混合辨认,指认王焱即"平头"。次日,同案被告人蒋桃亦指认王焱即参与抢劫犯罪的"平头"。同月12日,经公安机关讯问,王焱供述了其与胡国栋、蒋桃等8人在镇海区蛟川街道"万里一族"网吧门口抢劫一男子的事实。

浙江省宁波市镇海区人民法院认为,被告人胡国栋检举同案犯王焱的行为不符合有关立功的法律规定,不构成立功。一审宣判后,检察机关提出抗诉,认为被告人胡国栋在羁押期间向公安机关检举曾与其一起抢劫的"平头"关押在同一看守所的2号监区;并经混合辨认照片,指认王焱即"平头",王焱在接受讯问时供认了伙同胡国栋抢劫的事实。胡国栋具有立功表现,原判未予认定存在不当。宁波市中级人民法院经二审审理认为,原审被告人胡国栋向公安机关揭发同案犯王焱参与共同抢劫的犯罪事实,并协助公安机关辨认犯罪分子,使王焱的抢劫犯罪事实得以查获,其行为依法可以认定为立功。原判对原审被告人胡国栋揭发同案犯的抢劫罪未认定为立功存在不当,予以纠正。

---

① 参见竹莹莹、徐晓峰、吴伟民:《胡国栋抢劫案——自首后主动交代获悉的同案犯的关押场所并予以指认的,构成立功》,载最高人民法院刑事审判第一、二、三、四、五庭主办:《刑事审判参考》(总第80集),法律出版社2011年版,第123—129页。

十七、归案后提供同案犯藏匿地点或者逃跑方向能否构成立功

(一)裁判规则

认定被告人提供同案犯的藏匿线索或者逃跑方向构成立功,不仅要求该线索系有关机关事先并不掌握的被告人共同犯罪之外的事实,还要求线索内容具体明确,对抓获同案犯起到了实质作用,并产生同案犯被抓获的实际效果。

(二)规则适用

在共同犯罪案件中,先到案的犯罪分子协助公安机关抓捕在逃的同案犯,是获得立功的重要途径。根据《关于处理自首和立功具体应用法律若干问题的解释》《关于处理自首和立功若干具体问题的意见》《全国部分法院审理毒品犯罪案件工作座谈会纪要》等规定,认定被告人提供同案犯的藏匿线索是否构成立功,可以从以下几个方面进行把握。

1.被告人提供的线索是否属于其应当如实供述的共同犯罪事实。根据《关于处理自首和立功若干具体问题的意见》第5条的规定,共同犯罪案件中的犯罪嫌疑人,除如实供述自己的罪行之外,还应当供述所知的同案犯的相关信息,包括同案犯的姓名、性别、年龄、住址等个人信息。上述内容属于被告人应当如实交代的范围,公安机关根据被告人所交代的上述信息抓获同案犯的,不能认定为被告人有立功表现。此外,为司法机关提供线索抓获同案犯构成立功,还要求行为人所提供的信息必须是"他人的犯罪事实",而不能是自己的犯罪事实,亦不能是共同的犯罪事实。只有在检举揭发与本人犯罪事实无关的他人犯罪事实的情况下,也就是说犯罪人所交代的事实超出了"如实供述自己的罪行"的范围,才可能属于揭发他人犯罪行为,进而认定为立功。以被告人归案后交代同案犯逃跑方向为例,如果各被告人事先预谋作案后的逃跑线路,那么归案后交代同案犯逃跑方向就属于共同犯罪的内容,其对此就负有如实供述的义务。在这种情况下,被告人交代同案犯的逃跑方向并没有超出"如实供述自己罪行"的范围,其行为只是一种坦白,而不是揭发他人犯罪行为,依法不能认定为立功。

2.被告人提供的同案犯的藏匿信息应当是具体的,而不是抽象、模糊的。如果被告人所提供的仅仅只是一个大概的藏匿方位,如藏在某一个城市或者某个街区,仅是为抓捕提供方向,公安机关后来通过具体排查、技术侦查或者其他途径才抓获同案犯的,不能认定为立功。

3.被告人提供的线索对抓获同案犯起到了实质作用。也就是说,被告人提供信息的行为与抓获同案犯之间具有因果关系,公安机关正是借助于被告人的信息,才得以及时抓获同案犯;如果没有被告人提供的信息,则难以抓获同案犯。

4.针对被告人所提供的信息,有关机关按照正常工作程序无法掌握。如果有关机关事先已经掌握或者按照正常工作程序能够掌握该信息,就说明被告人未真正起到协助作用。

5.有同案犯被抓获的实际结果。被告人虽然提供了同案犯的具体藏匿线索,但司法机关按照该线索未能将同案犯抓获的,不能认定为立功。只有同案犯已经被抓捕归案的,才有立功成立与否的问题。

【指导案例】韩传记等抢劫案①——提供同案犯的藏匿地点,但对抓捕同案犯未起到实质作用的,是否构成立功

2006年12月初,被告人韩传记、王广涛、王克明、张立胜预谋抢劫被害人李玲。后四人准备了绳子、胶带和匕首等作案工具。为防止被害人报案,韩传记提出作案后杀人灭口。12月11日14时许,韩传记以借路由器为名给李玲打电话,谎称委托张立胜到李家取路由器,骗取了李玲的信任。后王广涛等三人携带作案工具到李玲家,骗开房门后,用绳子、胶带捆住李玲的手、脚,并用胶带缠住李玲的嘴巴、眼睛,在房间内翻得一台笔记本电脑、一个金浪牌路由器、一部摩托罗拉牌V3型手机等物品。因翻找现金未果,王广涛扼掐李玲的颈部,王克明、张立胜按住李的双腿,逼问李玲现金存放地点。后王广涛又指使王克明、张立胜先后扼掐李玲的颈部,致李窒息死亡。王广涛归案后供述了同案被告人王克明、张立胜藏匿的大致方位。

本案中,被告人王广涛被抓获后供述了王克明、张立胜在苏州市的大致藏匿位置。公安人员出具情况说明证实,王广涛归案后确实提供了同案被告人王克明、张立胜在苏州的大致藏匿位置,在押解王广涛返回濮阳的途中,王也接了几个电话,说到高架桥、站牌等地点,但该地点并不明确,公安机关并未因此迅速抓获同案被告人,后在苏州抓获王克明、张立胜主要依靠的是技术手段。在韩传记供述之前,公安人员已经分赴苏州、商丘等地抓捕,之所以能在火车行经商丘车站时抓获王广涛,就是根据技术侦查手段获悉了王的行踪,而且在抓获王之前已经派人到苏州抓捕,并掌握了王克明、张立胜在苏州的大致藏匿方位,锁定了相关手机号码和排查区域,由此展开围堵、排查。王广涛归案后如实供述同案被告人藏匿地点的行为客观上缩小了排查范围,加快了抓捕进度,但依据现有的侦查技术,即使王广涛不供述也会抓住王克明和张立胜,只是时间早晚的问题。故王广涛提供的线索对于抓捕同案犯未起到必要的实质作用,不符合《关于处理自首和立功具体应用法律若干问题的解释》第7条规定的"协助司法机关抓捕其他重大犯罪嫌疑人(包括同案犯)"的情形,不构成重大立功。

---

① 参见李晓光、任能能:《韩传记等抢劫案——提供同案犯的藏匿地点,但对抓捕同案犯未起到实质作用的,是否构成立功》,载最高人民法院刑事审判第一、二、三、四、五庭主办:《刑事审判参考》(总第81集),法律出版社2012年版,第33—40页。

【指导案例】张东海等绑架、故意杀人、抢劫、盗窃案①——归案后交代同案犯的逃跑方向是否当然构成立功

2006年8月9日,被告人项兆友、项修金、张东海了解到当地企业主即被害人严保龙的有关情况后,商定绑架严保龙,由项修金提供严保龙行踪,张东海、项兆友实施绑架,此后准备了作案工具枪支、刀具以及绳子、胶带,还就作案后逃跑方向与路线进行了商定。8月中旬,张东海又纠集来被告人王全国。同月29日17时许,张东海、项兆友、王全国乘汽车跟踪严保龙,项兆友故意用车碰撞严保龙汽车车尾,停车后以修车为名,趁机坐上严保龙的轿车。上车后张东海即持枪,王全国一手持刀、一手勒颈,欲劫持控制严保龙。因严竭力反抗,项兆友指使开枪,张东海即朝严头部连开数枪,致其因颅脑损伤而当场死亡。(其他犯罪事实略)

另查明,被告人项兆友被抓获后交代张东海化名"张鑫",已逃往浙江省三门县方向。公安民警以姓名"张鑫"为条件,不间断查询公安旅业系统,于次日凌晨3时15分许,发现有人持"张鑫"身份证于当晚8时30分入住三门县健跳镇紫云宾馆。公安民警即赶往该宾馆,经组织宾馆服务员确认将张东海抓获。张东海还交代"石头"真名叫王全国,公安民警通过对旅馆信息查询,发现王全国住在健跳镇青青小宾馆202室,随后在该处将王抓获。

首先,被告人张东海提供了同案被告人"石头"的真实姓名叫王全国,公安机关通过对王全国的旅馆住宿信息查询,确定王的所在位置,并抓获王全国。由于交代同案被告的姓名属于应当如实供述的范围,对同案犯真实姓名的供述不构成立功。其次,由于各被告人事先预谋作案后逃跑线路,故项兆友归案后交代张东海逃跑方向属于共同犯罪的内容,其对此负有如实供述的义务。因此,项兆友的这一交代并没有超出"如实供述自己罪行"的范围,只是一种坦白,不属于揭发他人犯罪行为,依法不能认定为立功。最后,项兆友向公安机关提供了同案被告人张东海等人的逃跑方向,但其交代的内容并不具体、详细、确定,公安机关仅仅根据这一线索显然无法直接抓获同案犯。且在抓捕同案犯的过程中,项兆友也并没有实施任何协助行为,其既没有带领公安人员前往抓获,也没有到抓获现场对同案人进行指认、辨认。因此,尽管项兆友交代了不为司法机关所掌握同案犯的信息,但是该信息对于抓获同案犯没有起到明显的必要作用,不能认定为有立功表现。事实上,公安人员是通过旅业信息系统查询,确定在逃犯住宿的宾馆,再通过宾馆服务员的确认,进而将在逃同案犯抓获。可见,对于抓获同案犯来说,起实质性作用的是公安机关的行为,项兆友提供同案犯逃跑方向对于整个抓捕行为来讲,并没有起到实质性作用,不能认定为有立功表现。

---

① 参见聂昭伟:《张东海绑架、故意杀人、抢劫、盗窃,项兆友绑架,王全国绑架、抢劫,项修金绑架案——归案后交代同案犯的逃跑方向是否当然构成立功》,载《案例指导》2008年第4期。

十八、积极救助同监室自杀人员能否认定为立功

（一）裁判规则

《刑法》第78条规定"舍己救人"构成立功，在同监室人员实施自杀时实施救助的行为，虽然没有也不需要"舍己"，但实施"救人"属于有益于国家和社会的行为，而且也表明行为人的人身危险性有所降低，可以认定为具有立功情节。

（二）规则适用

立功在本质上是体现犯罪分子人身危险性减小，且有益于社会的行为。为此，立功不以检举、揭发与犯罪有关的行为为限，还包括日常生产、生活中做出的有益于国家和社会的突出表现。对此，1998年最高人民法院《关于处理自首和立功具体应用法律若干问题的解释》第5条，将《刑法》第68条的内涵扩展到了"具有其他有利于国家和社会的突出表现"。此外，《刑法》第78条在减刑的条件中规定，被判处管制、拘役、有期徒刑、无期徒刑的犯罪分子，在执行期间，如果认真遵守监规，接受教育改造，确有悔改表现的，或者有立功表现的，可以减刑；有下列重大立功表现之一的，应当减刑：(1)阻止他人重大犯罪活动的；(2)检举监狱内外重大犯罪活动，经查证属实的；(3)有发明创造或者重大技术革新的；(4)在日常生产、生活中舍己救人的；(5)在抗御自然灾害或者排除重大事故中，有突出表现的；(6)对国家和社会有其他重大贡献的。此处的立功情形虽然被规定在减刑制度当中，理论界称之为"减刑立功"，但是与《刑法》第68条所规定的"量刑立功"在本质上是一样的，均体现了人身危险性降低和社会效用两方面的功能，所不同的只是前者适用于审判阶段，后者适用于执行阶段。那么，对于犯罪人没有"舍己"但"救人"的行为能否构成立功呢？我们认为，答案是肯定的。根据《刑法》第78条第1款的规定，"舍己救人"之所以属于立功，是因为挽救他人生命属于有益于国家和社会的行为，故"舍己救人"的重点在于"救人"而并非"舍己"，行为人在"救人"时是否"舍己"不影响立功的认定。当然，也并非所有的救助行为都可以认定为立功，而应当从被救助人的伤势、急迫程度、行为效果等方面进行考量，强调是有利于国家和社会的突出表现。尤其是救助行为的效果，即要求构成立功的救助行为必须是被救助人员的危险程度很高，而救助行为对降低该危险程度起到了直接积极作用。

【指导案例】刘哲骏等诈骗案[①]——积极救助同监室自杀人员的能否认定为立功

2011年1月27日，被告人舒某与刘哲骏共谋骗取被害人杨某的星空棋牌游

[①] 参见殷一村、徐丽娟：《刘哲骏等诈骗案——积极救助同监室自杀人员的能否认定为立功》，载最高人民法院刑事审判第一、二、三、四、五庭主办：《刑事审判参考》（总第111集），法律出版社2018年版，第85—91页。

戏银子。当日17时许,刘哲骏来到事先与杨某约好的网吧,谎称自己是要收购游戏银子的人,让杨某登陆星空棋牌游戏账号,将游戏银子划入舒某的网上账户。随后,杨某将13800万游戏银子(经鉴定价值人民币5943元)划入舒某的星空棋牌游戏账号内。另查明,2012年12月10日,刘哲骏发现与其羁押在同一监室的在押人员黎某切割右手腕自杀后,立即通过警报器报告值班室,同时协同他人按住黎右手腕,并用毛巾扎住黎右手小臂进行施救。后黎某被送往医院治疗,经诊断其右手腕桡动脉断裂,呈失血性休克状态,送诊及时。

本案中,医院相关的《门诊病历记录》等证据证实,被救助人的伤势情况比较严重而且比较危急,而监控录像及相关证人证言表明,被告人刘哲骏发现同监犯自杀后实施了以下具体行为:及时按铃报警,并协助按住被救助人右手腕,用毛巾扎住右手臂进行施救。主治医师的《情况说明》也证实,被救助人送诊及时,且认可了刘哲骏的上述行为对及时救助起到了较大的帮助作用,确定了救助行为的实际效用,故法院认定刘俊具有立功情节是正确的。

第十四章 数罪并罚

一、刑罚执行期间发现漏罪，判决作出时原判刑罚已执行完毕，应如何处理

（一）裁判规则

刑罚执行期间发现漏罪，"发现"的主体通常是侦查机关，自诉案件中也可以是法院。司法机关发现漏罪的时间节点，一般应当以刑事立案时间为发现时间；但如果在立案时尚未确定该犯罪事实系何人所为，则需要以经进一步侦查确定犯罪嫌疑人后，才能作为"发现"的时间节点。只要漏罪是在刑罚执行完毕之前发现，即使在漏罪判决之前前罪刑罚已经执行完毕，仍然应当适用数罪并罚制度。

（二）规则适用

《刑法》第70条规定："判决宣告以后，刑罚执行完毕以前，发现被判刑的犯罪分子在判决宣告以前还有其他罪没有判决的，应当对新发现的罪作出判决，把前后两个判决所判处的刑罚，依照本法第六十九条的规定，决定执行的刑罚。已经执行的刑期，应当计算在新判决决定的刑期以内。"该条是关于判决宣告后发现漏罪数罪并罚的规定，在理解与适用时需要把握两个关键点：一是发现漏罪的时间节点要求，二是对发现漏罪的"发现"含义的理解。关于第一个问题，上述规定实际上已经明确，即要求发现漏罪的时间节点必须是在前判"判决宣告以后，刑罚执行完毕以前"，只有在此期间发现漏罪的才适用数罪并罚，否则就只能就漏罪单独进行追诉。对于漏罪数罪并罚中"发现"漏罪的理解，实践中存在多种观点。笔者认为，"发现"应当是指侦查机关对犯罪事实已立案侦查，并有相关证据证明服刑犯实施了犯罪事实，即将服刑犯明确为犯罪嫌疑人，但不要求法院作出有罪判决。具体来说，包括如下几个方面的内容。

1. "发现"的主体通常是侦查机关，自诉案件中也可以是法院。关于漏罪的发

现途径,根据《刑事诉讼法》第 109 条、第 110 条之规定①,包括通过公安机关或检察机关侦查、他人报案、举报、控告或犯罪分子自首等途径。可见,"发现"漏罪的主体通常是侦查机关。当然,如果是自诉案件,"发现"的主体也可以是法院。故如果仅仅是有相关单位或者个人发现犯罪事实,而不报案、举报、控告,则无法进入刑事追诉程序从而"发现"漏罪,并对前罪的服刑犯进行处罚,因此不会产生数罪并罚的效果。

2. 关于司法机关发现漏罪的时间节点,一般情形下应当以刑事立案时间为发现时间。公安机关进行刑事立案时,一般已初步掌握了犯罪嫌疑人的基本情况;但是在有些案件中,公安机关一开始仅仅"发现"了犯罪事实(如在某处发现了被害人尸体,经鉴定系他杀),但缺少明确的犯罪嫌疑人。此时尽管已经立案,但仅表明有人实施了犯罪行为需要追究刑事责任,由于尚未确定该犯罪事实系何人所为,故仍不能称之为漏罪并罚中的"发现"。在这种情形下,公安机关只有通过一定调查,掌握相关证据证明相关犯罪事实系服刑犯实施的,才达到"发现"漏罪的程度要求。对于自诉案件而言,法院受理之后,经过初步审查确定服刑犯实施了相关犯罪行为的,可以认为是"发现"漏罪。由上可见,司法机关"发现"漏罪不仅要求已经立案,还要求犯罪事实与犯罪嫌疑人均已经被发现。

3. 由于"发现"漏罪只是刑事追诉的初步阶段,尚需通过进一步侦查,并经起诉、审判后,才能对前罪服刑犯、漏罪被告人进行定罪处罚。有观点认为,虽然漏罪的发现时间是在刑罚执行完毕之前,但是如果在漏罪判决之前,前罪刑罚已经执行完毕的,就不能再适用数罪并罚。笔者认为,这一观点并不恰当。因为根据《刑法》第 70 条的规定,发现漏罪的时间范围仅要求在"判决宣告以后,刑罚执行完毕以前",除此之外并没有其他任何限制。因此,不能因诉讼过程的长短、宣判时间的不同而产生不同的适用结果。否则,就会导致数罪并罚的适用因漏罪侦查进程、宣判时间的长短差异而产生错乱,并使得《刑法》第 70 条的适用处于不确定状态。

【指导案例】沈青鼠、王威盗窃案②——刑罚执行期间发现漏罪,判决作出时原判刑罚已经执行完毕的情况如何处理

被告人沈青鼠、王威因犯盗窃罪于 2012 年 4 月 24 日被分别判处有期徒刑 7

---

① 《刑事诉讼法》第 109 条规定:"公安机关或者人民检察院发现犯罪事实或者犯罪嫌疑人,应当按照管辖范围,立案侦查。"第 110 条规定:"任何单位和个人发现有犯罪事实或者犯罪嫌疑人,有权利也有义务向公安机关、人民检察院或者人民法院报案或者举报。被害人对侵犯其人身、财产权利的犯罪事实或者犯罪嫌疑人,有权向公安机关、人民检察院或者人民法院报案或者控告。公安机关、人民检察院或者人民法院对于报案、控告、举报,都应当接受……犯罪人向公安机关、人民检察院或者人民法院自首的,适用第三款规定。"

② 参见沈磊、舒平锋:《沈青鼠、王威盗窃案——刑罚执行期间发现漏罪,判决作出时原判刑罚已经执行完毕的情况如何处理》,载最高人民法院刑事审判第一、二、三、四、五庭主办:《刑事审判参考》(总第 100 集),法律出版社 2015 年版,第 52—56 页。

个月、有期徒刑1年,均并处罚金1000元。沈青鼠的刑期自2011年12月29日起至2012年7月28日止;王威的刑期自2011年12月29日起至2012年12月28日止。服刑期间发现,2011年10月15日中午12时许,两被告人至上海市金山区朱泾镇亭枫公路2640号上海宝日机械公司办公大楼底楼,窃得被害人林国红手机两部、单肩包一个,现金人民币500元,共计价值人民币2216元。公安机关于2012年5月14日对本案进行立案,并于同年6月4日将正在服刑中的上述二被告人押解回金山区进行审查。

本案存在一定特殊性,即被告人沈青鼠、王威的前罪与新发现的漏罪均系共同犯罪,但沈青鼠在本院判决时前判刑罚已经执行完毕,而王威尚在服刑中。对于尚在服刑中的王威应当适用漏罪数罪并罚没有问题,关键在于对前判刑罚已经执行完毕的沈青鼠是否也要适用漏罪数罪并罚。本案中存在四个时间节点:一是沈青鼠服刑期满时间,即2012年7月28日。二是本案立案时间,即2012年5月14日,被害人向公安机关报案,公安机关对本案进行立案。三是公安机关在对本案立案后,通过技术侦查手段确定两被告人有重大作案嫌疑,遂于2012年6月4日将两人押解回上海市金山区审查,两人均于当日如实供述了本案盗窃事实。四是本案审理时间,即2012年9月5日,金山区人民法院对本案进行了审理。根据上述对发现漏罪含义的理解,第三个时间节点比较符合发现漏罪的标准与要求,因为此时公安机关不仅已经立案,而且已经有被害人陈述、被告人供述及通过相应技术侦查取得的证据等,可以认定两被告人实施了本案盗窃行为,即可以确定两人为犯罪嫌疑人。同时,由于该时间节点在沈青鼠前判执行期间,符合漏罪数罪并罚的时间节点要求,故对于沈青鼠应当依法适用漏罪数罪并罚。

【指导案例】王雲盗窃案[①]**——刑罚执行期间发现漏罪,判决作出时原判刑罚已执行完毕的情况如何处理**

2013年5月22日凌晨3时许,被告人王雲来到台州市黄岩区东城街道桔乡大道金色港湾酒店,从洗碗间溜门进入酒店一楼,在一楼吧台柜子里窃得现金人民币1500元、总价值为人民币252元的硬壳中华香烟6包、总价值为人民币140元的软壳中华香烟2包、总价值为人民币480元的华为手机3部。同月24日凌晨3时许,王雲又来到金色港湾酒店,从酒店厨房窗户爬窗进入酒店二楼,在二楼酒水间窃得总价值人民币1344元的硬壳中华香烟32包,总价值人民币490元的软壳中华香烟7包。

另查明,2013年5月24日,公安机关对本案进行刑事立案。2014年2月12

---

① 参见王永兴:《王雲盗窃案——刑罚执行期间发现漏罪,判决作出时原判刑罚已执行完毕的情况如何处理》,载最高人民法院刑事审判第一、二、三、四、五庭主办:《刑事审判参考》(总第100集),法律出版社2015年版,第57—60页。

日,公安机关通过侦查明确王雲为犯罪嫌疑人。2014年2月16日,王雲被公安机关传唤到案。

本案中,被告人王雲前罪刑期自2013年8月17日起至2014年2月16日止。王雲于2014年2月16日刑满释放后被公安机关传唤到案。另外,2013年5月24日公安机关对本案进行刑事立案,2014年2月12日公安机关通过侦查明确王雲为本案犯罪嫌疑人。因此,本案发现漏罪的时间应确定为2014年2月12日。尽管本案被告人的漏罪是在前罪刑罚执行完毕以前发现,但根据《刑法》第70条的规定,发现漏罪的时间范围仅明确要求在"判决宣告以后,刑罚执行完毕以前",除此之外并没有其他任何适用时间上的限制,也没有其他限制性规定。因此,在判决宣告以后,刑罚执行完毕以前,发现漏罪,无论漏罪判决作出时前罪原判刑罚是否已执行完毕,均应依法实行数罪并罚。

【指导案例】朱韩英、郭东云诈骗案①——刑罚执行完毕后对以前未能依法并案处理的犯罪行为如何裁判

被告人朱韩英,因犯诈骗罪于2013年5月24日被判处有期徒刑4年,并处罚金5万元,2015年11月6日刑满释放;因本案于2016年1月1日被逮捕。

被告人郭东云,因犯诈骗罪于2013年5月24日被判处有期徒刑4年,并处罚金5万元,2015年12月17日刑满释放;因本案于2016年5月10日被逮捕。

法院经公开审理查明:2012年8月25日上午,被告人朱韩英、郭东云及杨桐军、王忠华(均另案处理)乘坐由王忠华驾驶的郭东云的银白色长城C30轿车,从永州市祁阳县前往衡南县洪山镇实施诈骗。在该镇豆塘村野鸡组路段,四人以"丢钱、捡钱、分钱"的方式骗得被害人王承莲现金人民币2800元和一张邮政银行存折及存折密码,并将存折内人民币63 000元支取。

本案中,被告人朱韩英、郭东云因犯诈骗罪于2013年5月24日分别被判处刑罚。在两人刑罚执行完毕后,司法机关对两人于2012年8月所犯漏罪即另外的诈骗犯罪事实进行侦查、起诉和审判。对于这种在刑罚执行完毕后,发现被告人在判决宣告以前还有其他犯罪没有判决的情形,应当就漏罪单独进行定罪处罚。原因在于:首先,《刑法》第70条规定:"判决宣告以后,刑罚执行完毕以前,发现被判刑的犯罪分子在判决宣告以前还有其他罪没有判决的,应当对新发现的罪作出判决,把前后两个判决所判处的刑罚,依照本法第六十九条的规定,决定执行的刑罚。已经执行的刑期,应当计算在新判决决定的刑期以内。"据此,适用《刑法》第

---

① 参见匡梓精:《朱韩英、郭东云诈骗案——刑罚执行完毕后对以前未能依法并案处理的犯罪行为如何裁判》,载最高人民法院刑事审判第一、二、三、四、五庭主办:《刑事审判参考》(总第111集),法律出版社2018年版,第92—99页。

70条进行数罪并罚的时间条件是在"判决宣告以后,刑罚执行完毕以前"发现漏罪,不包括在刑罚执行完毕以后,才发现漏罪的情形。其次,漏罪产生的原因与被告人供述不完整有很大的关系。如果被告人在其前罪的诉讼期间能够如实交代所有犯罪事实,自然可以享受数罪并罚带来的"刑期折扣"利益。相对于在刑罚执行完毕前又发现漏罪的犯罪人来说,刑罚执行完毕后才发现漏罪的犯罪人,其已经经过一定时期的改造,仍然存在侥幸心理,没有如实交代所有犯罪事实以逃避刑罚,相当于放弃了如实供述所带来的数罪并罚的利益,不实行数罪并罚更符合刑法的立法精神,也有利于促进犯罪行为人主动坦白其他罪行。

二、剥夺政治权利执行期间重新犯罪的,如何计算未执行完毕的刑期

(一)裁判规则

被告人在前罪附加剥夺政治权利执行期间,因重新犯罪而被羁押后,前罪尚未执行完毕的附加剥夺政治权利的执行应当予以中止。在新罪所判处的刑罚执行完毕以后,应当以被告人因后罪被羁押之日作为前罪附加剥夺政治权利的中止时间,继续执行前罪没有执行完毕的附加刑剥夺政治权利。

(二)规则解读

针对被判处有期徒刑的罪犯,主刑已执行完毕,在执行附加刑剥夺政治权利期间又犯新罪的是否数罪并罚问题,最高人民法院《关于在附加剥夺政治权利执行期间重新犯罪的被告人是否适用数罪并罚问题的批复》(1994年)规定:"对被判处有期徒刑的罪犯,主刑已执行完毕,在执行附加刑剥夺政治权利期间又重新犯罪,如果所犯新罪无须判处附加剥夺政治权利的,应当按照《中华人民共和国刑法》第六十四条第二款、第六十六条的规定,在对被告人所犯新罪作出判决时,将新罪所判处的刑罚和前罪没有执行完毕的附加刑剥夺政治权利,按照数罪并罚原则,决定执行的刑罚,即在新罪所判处的刑罚执行完毕以后,继续执行前罪没有执行完毕的附加刑剥夺政治权利。"但这一司法解释是针对1979年《刑法》所作的,能否适用于现行刑法?对于如何准确计算前罪尚未执行完毕的剥夺政治权利的刑期,尤其是在被告人因重新犯罪被羁押后,前罪尚未执行完毕的剥夺政治权利的执行是否中止?上述批复均没有涉及。对此,笔者认为,在确定前罪剥夺政治权利中止时间时应当重点考虑以下两个因素:一是要保证前罪与新罪剥夺政治权利的连续性,既要避免出现间隙又要防止出现重叠;二是要有利于维护判决的稳定性和权威性。为此,最高人民法院发布施行的《关于在执行附加刑剥夺政治权利期间犯新罪应如何处理的批复》(2009年)第2条中规定:"前罪尚未执行完毕的附加刑剥夺政治权利的刑期从新罪的主刑有期徒刑执行之日起停止计算,并依照刑法第五十八条规定从新罪的主刑有期徒刑执行完毕之日或者假释之日起继续计算;附加刑剥夺政治权利的效力施用于新罪的主刑执行期间。"据此,对于前罪尚未执行完毕的剥夺政治权利何时中止,应当以被告人是否因犯新罪而被羁

押予以区别对待：

1.被告人因重新犯罪被羁押的，前罪尚未执行完毕的剥夺政治权利的期限应当从羁押之日起停止计算。原因在于：(1)剥夺政治权利的执行，由罪犯居住地县级公安机关指定派出所执行，因此，罪犯在因犯新罪被羁押后，原执行机关实际上难以对其继续执行前罪附加刑剥夺政治权利，前罪的剥夺政治权利有必要停止计算。(2)根据《刑法》第47条的规定，有期徒刑的刑期从判决执行之日起计算，判决执行前先行羁押的，羁押1日折抵刑期1日。可见，新罪所判处有期徒刑的刑期实际上从羁押之日起算。在后罪被判处附加剥夺政治权利的情况下，由于剥夺政治权利的效力当然施用于主刑执行期间，那么后罪被告人的政治权利从被羁押之日起同样被剥夺。如果不中止前罪剥夺政治权利的执行，在数罪并罚时就会出现剥夺政治权利期限的重叠，导致被告人剥夺政治权利实际刑期的缩短。(3)在后罪羁押之日将前罪剥夺政治权利期限停止计算之后，后罪剥夺政治权利的执行期间更便于计算，并与后罪主刑执行期间保持一致。

2.被告人重新犯罪后未被羁押的，应当将一审判决作出之日作为前罪尚未执行完毕的剥夺政治权利停止计算的时间点，从而确定尚未执行完毕的刑期。反之，如果将判决生效时间作为前罪剥夺政治权利的停止计算时间，由于一审判决时无法知道是否将经过二审程序和二审宣判时间，也就无法确定判决生效的时间，进而无法确定前罪尚未执行完毕的剥夺政治权利的刑期。而且，如果以二审生效判决的时间作为前罪剥夺政治权利的停止计算时间，就会造成一、二审仅因为判决时前罪尚未执行的剥夺政治权利刑期的不同而作出不同的判决，不利于维护判决的稳定性和权威性。

【指导案例】焦军盗窃案[①]——剥夺政治权利执行期间重新犯罪如何计算未执行完毕的剥夺政治权利的刑期

被告人焦军，于1998年3月12日，因犯盗窃罪被判处有期徒刑10年，剥夺政治权利2年，2005年9月1日刑满释放。2005年10月8日15时许，被告人焦军在北京市顺义区香饼居饭店经理室内，窃走王某的小灵通电话一部，后以人民币100元的价格销售(其余盗窃事实略)。因涉嫌犯盗窃罪，于2006年6月16日被逮捕。

本案中，被告人焦军于2005年9月1日刑满释放后，依照《刑法》第58条第1款的规定，附加剥夺政治权利的刑期，从有期徒刑执行完毕之日起计算，即从2005年9月1日起开始执行附加刑剥夺政治权利2年，2007年8月31日执行期满。焦军于2006年5月12日因重新犯盗窃罪被羁押，前罪附加刑剥夺政治权利的中止

---

① 参见王立新、罗鹏飞：《焦军盗窃案——剥夺政治权利执行期间重新犯罪如何计算未执行完毕的剥夺政治权利的刑期》，载最高人民法院刑事审判第一、二、三、四、五庭主办：《刑事审判参考》（总第56集），法律出版社2007年版，第24—30页。

时间应当是 2006 年 5 月 12 日,且焦军此后一直处于被羁押的状态,故还剩余 1 年 3 个月 19 天未执行。因此,法院于 2006 年 12 月 8 日判决被告人焦军犯盗窃罪,判处有期徒刑 4 年 6 个月,并处罚金人民币 5000 元,与原犯盗窃罪未执行完毕的剥夺政治权利 1 年 3 个月 19 天并罚,决定执行有期徒刑 4 年 6 个月,并处罚金人民币 5000 元,剥夺政治权利 1 年 3 个月 19 天。

三、暂予监外执行期满后发现在考验期内又犯新罪是否应当数罪并罚

(一) 裁判规则

缓刑、假释是基于罪犯人身危险性小或者改造良好而给予的一种鼓励性措施,只要罪犯在考验期限内表现良好,原判刑罚或者剩余刑罚就不再执行。但如果在考验期内又犯新罪的,无论何时发现都应当撤销缓刑或者假释,实行数罪并罚。而暂予监外执行并非是对服刑罪犯的一种鼓励性措施,而是监狱机关对不适宜继续关押在监狱中的服刑人员采取的一项刑罚变通执行方式,期满应当视为刑罚已经执行完毕,故在暂予监外执行期间犯新罪,但新罪是在暂予监外执行期限届满后才被发现的,由于其刑罚已经执行完毕,不存在前罪没有执行的刑罚问题,故无须进行数罪并罚。

(二) 规则适用

暂予监外执行期间犯新罪,但新罪是在暂予监外执行期限届满后才被发现的,是否应当数罪并罚?对此存在两种意见。第一种意见认为,应当按照《刑法》第 71 条的规定,实行数罪并罚。理由是:根据《刑法》第 71 条的规定,判决宣告以后,刑罚执行完毕以前,被判刑的犯罪分子又犯罪的,应当对新犯的罪作出判决,把前罪没有执行的刑罚和后罪所判处的刑罚,依照《刑法》第 69 条的规定,决定执行的刑罚。因此,只要是在刑罚执行完毕以前犯了新罪,都应当对新罪作出判决,并按照《刑法》第 71 条的规定进行数罪并罚。第二种意见认为,暂予监外执行期满应当视为刑罚已经执行完毕,无须进行数罪并罚。

笔者同意第二种意见,具体理由如下。

由于暂予监外执行使得服刑罪犯恢复了自由,这一点与缓刑、假释的罪犯相类似,导致容易将其与缓刑、假释的法律效果相混淆。缓刑、假释是基于罪犯人身危险性小或者改造良好而给予的一种鼓励性措施。只要被判缓刑或者被假释的罪犯在缓刑或假释考验期限内表现良好,原判刑罚或者剩余刑罚就不再执行。但如果在考验期内又犯新罪,则无论是在考验期内还是在考验期满后发现该新罪,都应当撤销缓刑或者假释,实行数罪并罚。因为缓刑、假释的制度设定与适用均是以服刑人员人身危险性的降低为基础的,被判缓刑、假释的罪犯在缓刑、假释考验期再犯新罪,说明其人身危险性并未降低到对社会无威胁的程度,这就从实质上消灭了对其适用缓刑、假释的条件,因而对其撤销缓刑、假释符合法理。然而,与缓刑、假释的考验期不同,监外执行并非对服刑罪犯的一种鼓励性措施,而是监

狱机关对不适宜继续关押在监狱中的服刑人员采取的一项体现人道主义精神的刑罚变通执行方式。按照我国《刑事诉讼法》第265条的规定,被判处有期徒刑或者拘役的罪犯,如有严重疾病需要保外就医、怀孕或者正在哺乳自己婴儿的妇女,可以暂予监外执行;对被判处有期徒刑或者拘役,生活不能自理,适用暂予监外执行不致危害社会的罪犯,也可以暂予监外执行。可见,缓刑、假释的考验期属于对原判刑罚附条件的不执行,而暂予监外执行则是监禁刑执行的一种变通方式,只是执行的场所有所改变,其实质仍然是对罪犯监禁刑的执行过程,而且罪犯的刑期不因执行场所、执行方式的变更而中断,依然连续计算。① 为此,即使服刑罪犯在暂予监外执行期间重新犯罪,如果是在暂予监外执行期届满后才发现新罪的,由于暂予监外执行属于刑罚的一种执行方式,故其刑罚已经执行完毕,没有可以并罚的余刑,不存在前罪没有执行的刑罚问题,不能适用《刑法》第71条实行数罪并罚,而只须单独对所犯新罪定罪且在法定刑幅度内酌情从重处罚即可。

【指导案例】田友兵敲诈勒索案②——暂予监外执行期满后发现在暂予监外执行期间犯新罪的,是否应当数罪并罚

被告人田友兵,2005年6月因犯聚众斗殴罪被判处有期徒刑3年(先行羁押日期折抵后,刑期自2005年6月17日起至2008年3月6日止),2007年7月13日被暂予监外执行,2008年5月13日因涉嫌犯敲诈勒索罪被逮捕。检察机关以被告人田友兵犯敲诈勒索罪提起公诉,法院经公开审理查明:2007年8月14日,被告人田友兵伙同郭鹏飞(在逃)、赵海江(另案处理)、张玮琳(另案处理)等人,以寿光市联盟化工集团新丰淀粉有限公司职工刘强欺负徐玉婷为由,采用殴打、恐吓、关押看管等手段,逼迫被害人刘强交纳人民币1万元,刘强于次日交给田友兵人民币5000元后被放回。2008年4月,田友兵被公安机关抓获归案。

就本案而言,2008年3月6日,被告人田友兵犯聚众斗殴罪的暂予监外执行期届满,其刑罚执行完毕,也就是说,田友兵已完全承担了其前罪而产生的刑事责任。为此,虽然田友兵在刑罚执行完毕之前又犯新罪,但在新罪判决时,前罪已经执行完毕,没有可以并罚的余刑,不存在前罪没有执行的刑罚问题。因此,对本案被告人不能适用《刑法》第71条实行并罚。当然,本案被告人田友兵在服刑期间

---

① 对此,最高人民法院研究室《关于监外执行的罪犯重新犯罪的时间是否计入服刑期问题的答复》(1990年)指出,《被准予监外执行之日起至新罪后新判决执行前这段时间,应视为所服前罪判决的刑期。由此答复可知,只要暂予监外执行没有终止,暂予监外执行期就应计入刑罚执行期,不管是否发现暂予监外执行期间罪犯犯新罪。此答复虽然已经失效,但在新的替代性规定出台之前,其精神仍然可以参照适用。

② 参见罗莹:《田友兵敲诈勒索案——暂予监外执行期满后发现在暂予监外执行期间犯新罪的,不应当数罪并罚》,载最高人民法院刑事审判第一、二、三、四、五庭主办:《刑事审判参考》(总第87集),法律出版社2013年版,第55—59页。

又犯新罪,表明其在社会改造期间,主观恶性依然很深,社会危害性依然很大,应予严惩,因此,在对田友兵单独以敲诈勒索罪定罪量刑时,可将其在暂予监外执行期间再犯新罪作为酌定从重处罚情节,充分体现宽严相济的刑事政策。

四、保外就医期间或期满后重新犯罪的,如何计算前罪未执行的刑罚

(一)裁判规则

缓刑、假释是附条件的不执行原判刑罚,而保外就医是刑期持续计算,即罪犯在监外治疗疾病的期间计入刑罚执行期间。对于行为人在保外就医期间重新犯罪的,在确定前罪未执行刑罚的基准日时,应当以犯罪之日为起算未执行刑期的时点,而不应以司法机关发现犯罪之日、罪犯被抓获之日、采取强制措施之日或新罪判决之日为时点;对于保外就医期满后未收监又重新犯罪的,其前罪的余刑应从保外就医期限届满第二日起计算至前罪刑满之日为止。

(二)规则适用

保外就医是罪犯因患有严重疾病等,根据国家相关法律和政策,经司法机关批准让其取保监外医治的执行方法,属于监外执行的一种。与缓刑、假释附条件不执行原判刑罚不同,保外就医是一种特殊的刑罚执行方式,故刑期持续计算,即罪犯在监外治疗疾病的期间计入刑罚执行期间。那么,对于保外就医的期间,在何种情况下不应计入刑罚执行期间呢?首先,对于保外就医期间已经届满,但未归监的期间,不应计入刑罚执行期间。对此,1994年6月18日最高法院发布的《关于服刑罪犯保外就医期限届满后未归监又重新犯罪应如何计算前罪余刑问题的答复》曾作出明确的规定:"服刑罪犯经批准保外就医期应计入执行期,保外就医期限届满后未归监的时间不得计入执行期;又重新犯罪的,其前罪的余刑应从保外就医期限届满第二日起计算至前罪刑满之日为止。"

除此之外,对于保外就医期间违反相关监管规定脱管、脱逃的,脱管、脱逃期间不计入执行刑期。对此,《刑事诉讼法》第268条规定:"对暂予监外执行的罪犯,有下列情形之一的,应当及时收监:(一)发现不符合暂予监外执行条件的;(二)严重违反有关暂予监外执行监督管理规定的;(三)暂予监外执行的情形消失后,罪犯刑期未满的……不符合暂予监外执行条件的罪犯通过贿赂等非法手段被暂予监外执行的,在监外执行的期间不计入执行刑期。罪犯在暂予监外执行期间脱逃的,脱逃的期间不计入执行刑期。"根据上述规定保外就医期间重新犯罪的(作为违反保外就医规定的最严重情形),应当及时收监,再适用《刑法》第71条,以"先减后并"的刑期计算原则来进行数罪并罚,即"应当对新犯的罪作出判决,把前罪没有执行的刑罚和后罪所判处的刑罚,依照刑法第六十九条的规定,决定执行的刑罚",这一点没有异议,但对于在保外就医期间又犯新罪的,应如何计算保外就医尚未执行的刑期,目前尚无明确的规定。

对此,笔者认为,应当以犯罪之日作为确定前罪未执行刑罚的基准日,而不应

以司法机关发现犯罪之日、罪犯被抓获之日、采取强制措施之日或新罪判决之日为时点。原因在于：(1) 从罪犯的人身危险性来看，保外就医作为监外执行的一种方式，是对没有社会危险性但患有严重疾病的罪犯的一种特殊待遇。在保外就医过程中，如果该罪犯重新犯罪，则表明其具有严重的人身危险性，丧失了继续保外就医的法定资格条件，依法应立即收监执行，故应以犯罪之日为基准计算前罪未执行刑罚的时间。(2) 从相关法律规定来看，根据《罪犯保外就医执行办法》(1990年) 曾规定，保外就医罪犯未经公安机关批准擅自外出期间不计入执行刑期。暂予监外执行过程中再次犯罪远比擅自外出的性质更为严重，举轻以明重，再次犯罪之后的期间当然也不应计入执行刑期。(3) 从法律与社会效果来看，由于保外就医是暂予监外执行方式，罪犯实际上获得行动的自由。如果以抓获之日、采取强制措施之日甚至是新罪判决之日等为基准，来计算未执行的刑罚，就意味着案发越晚、被抓获越晚、被判决越晚，所迟延的时间均被计入前罪执行的期间，罪犯反而会因此而受益，这等于是在鼓励罪犯再犯新罪后不要及时归案，显然不符合法律的精神。当然，由于《刑法》第 71 条数罪并罚的前提不仅要求罪犯又犯新罪，而且要求罪犯又犯新罪的时间、发现新罪的时间均在前罪刑罚执行完毕之前。如果罪犯在保外就医期间又犯新罪，直到暂予监外执行完毕后才发现的，则无须数罪并罚，只须单独对所犯新罪定罪处罚即可。

【指导案例】吴孔成盗窃案[①]——保外就医期间重新犯罪的如何计算前罪未执行的刑罚

被告人吴孔成，1992 年 9 月因犯抢劫罪被判处有期徒刑 14 年 (刑期自 1992 年 4 月 16 日起至 2006 年 4 月 15 日止)，1993 年 7 月经劳改局批准保外就医。因涉嫌犯盗窃罪于 2005 年 4 月 29 日被羁押，同年 6 月 3 日被逮捕。法院经公开审理查明：1995 年 4 月 25 日凌晨，被告人吴孔成伙同黄真福、王守江、黄东志、陈宏海 (另案处理) 等人，携带撬棒等工具撬锁进入双龙商场等地，窃得现金人民币 1900 余元，赃物合计价值人民币 5000 余元。当日上午，被告人吴孔成与王守江、黄东志、李代田 (另案处理) 合谋盗窃张渚镇迎春新村 15 幢×室秦奋勇家的财物。后被告人吴孔成伙同王守江、黄东志，携带撬棒等工具，撬锁入室，窃得现金人民币 9 万余元，赃物合计价值人民币 6885 元。

江苏省宜兴市人民法院认为，被告人吴孔成以非法占有为目的，合伙盗窃他人财物合计人民币 10.3 万余元，数额特别巨大，其行为已构成盗窃罪。被告人吴孔成因犯抢劫罪被判处有期徒刑 14 年，1993 年 7 月经批准保外就医，在保外就医

---

① 参见范莉、华栋：《吴孔成盗窃案——保外就医期间重新犯罪的如何计算前罪未执行的刑罚》，载最高人民法院刑事审判第一、二、三、四、五庭主办：《刑事审判参考》(总第 62 集)，法律出版社 2008 年版，第 49—53 页。

期间,未经批准擅自外出,参与盗窃犯罪,其擅自外出期间不计入刑罚执行期,故应将前罪没有执行的刑罚和后罪所判处的刑罚实行并罚。依照《刑法》第264条、第25条第1款、第71条、第69条、第56条第1款、第64条的规定,判决被告人吴孔成犯盗窃罪,判处有期徒刑12年,并处罚金人民币1万元,剥夺政治权利3年;连同前罪尚未执行完毕的有期徒刑10年11个月21天,决定执行有期徒刑20年,并处罚金人民币1万元,剥夺政治权利3年。

【指导案例】潘光荣、赖铭有抢劫案[①]**——保外就医期限届满后未归监又重新犯罪的应如何计算余刑**

被告人潘光荣,1990年4月22日因犯抢劫罪被判处无期徒刑,剥夺政治权利终身,判决生效后在A监狱服刑。1993年7月3日减刑为19年,剥夺政治权利5年;1995年减刑1年9个月,剥夺政治权利5年不变(服刑期至2010年10月2日止)。A监狱报广西壮族自治区劳改局于1996年11月6日获得批准,1996年11月29日给潘光荣办理了监外执行(保外就医)1年的手续,2000年8月16日,监狱管理局要求对潘光荣收监检查病情,A监狱多次联系潘光荣的保证人及去潘光荣居住地均未找到潘光荣本人。2012年3月29日潘光荣因本案被刑事拘留,同年5月3日被逮捕。

另查明,被告人潘光荣与赖铭有曾在同一监狱服刑而相识。2012年2月,潘、赖共谋抢劫,并准备了电话卡、铁铲等作案工具。同月29日9时许,潘、赖以出去玩为由将北海市一保健城的足疗按摩师张燕诱骗上了赖驾驶的华普小轿车。之后,赖驾驶该车,潘驾驶其租来的海马小轿车,三人来到一练车场停车后,潘进入赖驾驶的小轿车内。潘、赖以殴打、威胁等手段共同劫取了张燕的银行卡两张,威逼张燕说出银行卡密码后,潘、赖合力将张燕掐死,并将张燕的尸体移到潘驾驶的海马小轿车上。

本案中,A监狱于1996年对潘光荣办理的保外就医1年,是依法定程序报省级监狱管理部门批准的,合法有效,故该1年的保外就医期间应计入刑罚执行期间。但对于其保外就医期满后的时间不应计入已执行刑期。对此,1994年6月18日最高人民法院发布的《关于服刑罪犯保外就医期限届满后未归监又重新犯罪应如何计算前罪余刑问题的答复》曾作出明确的规定:"服刑罪犯经批准保外就医期应计入执行期,保外就医期限届满后未归监的时间不得计入执行期;又重新犯罪的,其前罪的余刑应从保外就医期限届满第二日起计算至前罪刑满之日为止。"该答复虽然已于2013年1月18日被废止,但在本案的处理中仍可以参照《关于服刑

[①] 参见杨华:《潘光荣、赖铭有抢劫案——保外就医期限届满后未归监又重新犯罪的应如何计算余刑》,载最高人民法院刑事审判第一、二、三、四、五庭主办:《刑事审判参考》(总第105集),法律出版社2016年版,第73—80页。

罪犯保外就医期限届满后未归监又重新犯罪应如何计算前罪余刑问题的答复》的精神。本案中,虽然 A 监狱于 1996 年 11 月 6 日批准潘光荣保外就医,但卷内证据显示,1996 年 11 月 29 日潘光荣才实际办理保外就医手续出监,1996 年 11 月 6 日至 11 月 29 日期间仍属于在监内服刑期间,因此潘光荣的余刑应该从 1996 年 11 月 29 日至 1997 年 11 月 28 日 1 年期满后的第二日,即 1997 年 11 月 29 日开始计算。

第十五章　减刑与假释

一、无期徒刑减为有期徒刑后在执行期间发现漏罪，原减刑裁定减去的刑期以及减为有期徒刑后已经执行的刑期如何处理

（一）裁判规则

无期徒刑减为有期徒刑后，在执行期间发现漏罪的，应当将前一判决所确定的无期徒刑刑罚与对漏罪所判刑罚依照"吸收原则"进行并罚后，确定其最终执行的刑罚为无期徒刑。先前的减刑裁定无需撤销，经减刑裁定减去的刑期以及减为有期徒刑之后已经执行的刑期均不计算在内，但在执行第二个无期徒刑过程中，在再次减刑时应当考虑减刑裁定减去的刑期，并扣除第一次无期徒刑减为有期徒刑之后至漏罪判决之间已经执行的刑期。

（二）规则适用

从司法实践来看，由于减刑、假释等刑罚执行制度的存在，判处无期徒刑的罪犯并不需要"牢底坐穿"。在无期徒刑减为有期徒刑或者被假释之后，刑罚执行完毕之前，行为人发现漏罪的情形并不少见。这种情形如果发生在假释考验期内，根据《刑法》第86条之规定，可以直接撤销假释实行数罪并罚。然而，对于裁定减刑后出现漏罪的情形，我国数罪并罚制度缺乏相关的规定，导致实践中对于减刑裁定是否需要撤销，漏罪刑罚是与减刑后还是减刑前的原判刑罚并罚等问题争议较大。笔者认为，应当将前一判决所确定的无期徒刑刑罚与对漏罪所判刑罚依照"吸收原则"进行并罚后，确定其最终执行的刑罚为无期徒刑。先前的减刑裁定无需撤销，经减刑裁定减去的刑期以及减为有期徒刑之后已经执行的刑期均不计算在内，但在执行第二个无期徒刑过程中，在再次减刑时应当考虑减刑裁定减去的刑期，并扣除第一次无期徒刑减为有期徒刑之后至漏罪判决之间已经执行的刑期。理由分析如下。

1.《刑法》第70条关于数罪并罚规定中的"前后两个判决"，是指前罪判决和漏罪判决，不包括减刑裁定。

在刑罚执行期间，法院会因罪犯表现良好而对其作出减刑裁定。这样当发现

漏罪并作出判决之后,就会同时存在三份裁判文书,即前罪的第一份判决、减刑裁定及新发现漏罪的判决。此时,《刑法》第70条数罪并罚规定中的"前后两个判决",尤其是"前一个判决"只能是前罪判决书,而非减刑裁定。理由如下:(1)从刑法条文的字面用语来看,《刑法》第70条准确表述是"前后两个判决所判处的刑罚",这一界定强调了该刑罚应当由"判决"确定,而非"裁定"确定。(2)"判决"发生在审判阶段,针对的对象主要是犯罪行为本身,主要是为了通过刑罚的运用惩戒犯罪,更多地体现刑罚的报应功能;而"减刑裁定"处于执行阶段,所依据的事由主要是罪犯人身危险性的减小,所针对的对象主要是犯罪行为人,更多地体现刑罚的教育、改造功能。数罪并罚发生于审判阶段而非执行阶段,针对的对象系数个犯罪行为而非行为人,其目的更多的是惩戒而非教育、改造犯罪行为人。因此,《刑法》第70条关于数罪并罚的规定针对的是前后两项犯罪所作的判决,而非针对犯罪行为人的减刑裁定。(3)根据《关于罪犯因漏罪、新罪数罪并罚时原减刑裁定应如何处理的意见》的规定,"罪犯被裁定减刑后,因被发现漏罪或者又犯新罪而依法进行数罪并罚时,经减刑裁定减去的刑期不计入已经执行的刑期"。之所以不将减刑裁定减去的刑罚计入新的判决当中,主要是因为罪犯在服刑期间隐瞒漏罪事实或者重新犯罪,说明其并未真心悔过。如此规定体现了对减刑犯在执行过程中发现新增罪行从严处罚的精神,同时也可以敦促犯罪行为人及早供述出自己的余罪,并避免重新犯罪。

2. 经减刑裁定减去的刑期以及无期徒刑减为有期徒刑后已被执行的刑期,这是刑罚执行中的问题,在数罪并罚后的新判决中无法体现,只能放到新判决执行过程中去考虑。

由于《刑法》第70条"前后两个判决所判处的刑罚"是指前罪判决和漏罪判决,不包括减刑裁定,这样一来,经减刑裁定减去的刑期在数罪并罚后的新判决中无法体现,等于是变相否定了减刑裁定的法律效力。更为突出的是,当前罪刑罚系死缓或者无期徒刑,后减为有期徒刑并即将服刑完毕的情况下,对于已经执行的较长刑期,在并罚后的新判决中无法扣除,这对于服刑人员来说显然不公平,也不利于调动服刑人员的改造积极性。为了解决上述问题,最高人民法院通过两个司法文件,明确可以将上述因素放入到新判决执行过程中去考虑。这样就可以做到既严格依法,又有利于保障罪犯合法权益,有利于对罪犯的教育、感化和挽救。其中,针对减刑裁定减去的刑期,根据《关于罪犯因漏罪、新罪数罪并罚时原减刑裁定应如何处理的意见》的规定,在此后对因漏罪数罪并罚的罪犯依法减刑,决定减刑的频次、幅度时,应当对其原经减刑裁定减去的刑期酌予考虑。另一方面,对于前罪判决系无期徒刑,被减为有期徒刑后已执行刑期的扣除问题,最高人民法院于2007年8月11日在《关于刘文占减刑一案的答复》中明确指出,罪犯刘文占犯盗窃罪被判处无期徒刑,减为有期徒刑18年之后,发现其在判决宣告之前犯有强奸罪、抢劫罪。沧州市中级人民法院作出新的判决,对刘文占以强奸罪、抢劫罪分别定罪量刑,数罪并罚,决定对罪犯刘文占执行无期徒刑是正确的。现监狱报请为罪犯刘文占减刑,你院在计算刑期时,应将罪犯刘文占第一次减为有期徒刑18年之后至漏罪判决之间已经执行的刑期予以扣除。

(三) 案例参考

【指导案例】岳德分盗窃案①——无期徒刑减为有期徒刑后在执行期间发现漏罪,应当如何处理

被告人岳德分,2006年11月因犯盗窃罪被判处有期徒刑1年;2008年6月,因犯盗窃罪被判处无期徒刑,剥夺政治权利终身,2011年1月28日,被裁定减为有期徒刑19年,剥夺政治权利9年,2013年7月28日,被裁定予以减刑1年10个月。因本案于2013年7月16日被依法解回再审。检察机关以被告人岳德分犯盗窃罪,向法院提起公诉。法院经审理查明:2004年,被告人岳德分伙同陈凯、于云飞(均已判刑)等人,连续两天凌晨进入杭州市萧山区靖江镇和顺村靖江春来布厂,窃得铝管500只,价值人民币3315元(以下六笔盗窃犯罪事实略)。综上,被告人岳德分共参与盗窃7次,窃得财物价值共计人民币116995元。

杭州市中级人民法院认为,被告人岳德分以非法占有为目的,秘密窃取公私财物,数额巨大,其行为已构成盗窃罪。因该罪系前判宣告后且刑罚执行完毕前发现的漏罪,依法应与前判之刑罚并罚。据此,依照《刑法》第264条、第52条、第70条、第69条之规定,判决如下:岳德分犯盗窃罪,判处有期徒刑3年6个月,并处罚金人民币4000元,与前判无期徒刑,剥夺政治权利终身,并处没收个人全部财产并罚,决定执行无期徒刑,剥夺政治权利终身,并处没收个人全部财产。宣判后,被告人岳德分不服,向浙江省高级人民法院提出上诉,辩称其现已服刑数年经两次减刑之后,仅因3年6个月有期徒刑的漏罪又被判处无期徒刑,不知刑期怎么折算,要求给其公正判决。浙江省高级人民法院经公开审理认为,原判参照《刑法》第70条、69条之规定,对岳德分所作量刑并无不当。据此,依照《刑事诉讼法》第225条第1款第(一)项之规定,裁定驳回上诉,维持原判。

本案中先后存在四份裁判文书:第一份是2008年6月,因犯盗窃罪被判处无期徒刑,剥夺政治权利终身的判决书。紧接着是两份减刑裁定,即2011年1月28日被裁定减为有期徒刑19年,剥夺政治权利9年;2013年7月28日,被裁定予以减刑1年10个月。第四份是2014年2月27日,因盗窃罪被判处有期徒刑3年6个月,并处罚金人民币4000元。面对上述四份裁判文书,一、二审法院将第四份漏罪判决的刑罚即3年6个月,与第一份判决的无期徒刑进行并罚,最终判处无期徒刑是正确的。尽管减刑裁定减去的刑期以及无期徒刑减为有期徒刑后已经执行的刑期,在数罪并罚后的新判决中并未予以扣除,但是二审裁定书在"判后释疑"

---

① 本案案号:(2014)浙杭刑初字第30号(一审);(2014)浙刑一终字第64号(二审)。

中明确引用了《关于罪犯因漏罪、新罪数罪并罚时原减刑裁定应如何处理的意见》《关于刘文占减刑一案的答复》两个司法文件,告知被告人岳德分,只要其在执行新的刑罚期间继续有认罪服法、表现良好、受奖立功等减刑条件的话,就可以在对其再次减刑时充分考虑前一判决执行期间的减刑情况。这样做既符合现行法律规定,也有利于调动服刑人员的改造积极性。

二、罪犯在假释期间又犯新罪,数罪并罚时原减刑裁定如何处理

(一)裁判规则

罪犯被裁定减刑后,因被发现漏罪或者又犯新罪而依法进行数罪并罚时,经减刑裁定减去的刑期不计入已经执行的刑期。但在此后对因漏罪(不包括又犯新罪情形)数罪并罚的罪犯依法减刑,决定减刑的频次、幅度时,应当对其原经减刑裁定减去的刑期酌予考虑。

(二)规则适用

1. 罪犯在假释期间又犯新罪数罪并罚时原减刑裁定不计入已执行的刑期。一般而言,罪犯被人民法院判处刑罚交付执行后,根据其认罪、悔罪的态度和认罪服法、积极改造的表现,对于某些表现良好的罪犯,监狱管理部门一般都会向法院报送作为减刑、假释的候选人。法院经过审查,往往也会作出减刑或者假释的裁定。在这种情形下,罪犯被减刑、假释后又犯新罪或者判决宣告之前的漏罪被发现,先前的减刑、假释裁定如何处理,这是一个无法避免的实践问题。对此问题,2012年1月18日最高人民法院发布了《关于罪犯因漏罪、新罪数罪并罚时原减刑裁定应如何处理的意见》,其中规定"罪犯被裁定减刑后,因被发现漏罪或者又犯新罪而依法进行数罪并罚时,经减刑裁定减去的刑期不计入已经执行的刑期"。从上述司法解释性文件中可以得知,罪犯只要是又犯新罪或者被发现还有漏罪尚未处理,需要进行数罪并罚时,先前裁定减去的刑期一律不计入已经执行的期限,也就是说先前的减刑裁定被"一笔勾销",不管先前罪犯被减刑几次、被减去的刑期有多长。

2. 后颁布施行的司法解释以及司法解释性文件对于先前发生的案件具有溯及力。在实践中,对于"罪犯在假释期间又犯新罪数罪并罚时原减刑裁定如何处理"的问题,《关于罪犯因漏罪、新罪数罪并罚时原减刑裁定应如何处理的意见》作出了非常明确的规定。但是该意见是在2012年1月18日颁布实施的,如果被告人被依法减刑的时间发生在该日期之前,也就是说,后颁布的司法解释性文件能否适用于颁布之前的案件,涉及司法解释以及司法解释性文件的溯及力问题。对此问题,"两高"于2001年12月17日联合发布了《关于适用刑事司法解释时间效力问题的规定》,对司法解释、司法解释性文件的溯及力问题作出了较为明确的规定。其第2条规定:"对于司法解释实施前发生的行为,行为时没有相关司法解释,司法解释施行后尚未处理或者正在处理的案件,依照司法解释的规定办理。"

第 3 条规定:"对于新的司法解释实施前发生的行为,行为时已有相关司法解释,依照行为时的司法解释办理,但适用新的司法解释对犯罪嫌疑人、被告人有利的,适用新的司法解释。"

3. 关于《关于罪犯因漏罪、新罪数罪并罚时原减刑裁定应如何处理的意见》区分"又犯新罪"与"发现漏罪"情形进行处理的理解。根据其规定,罪犯被裁定减刑后,因被发现漏罪或者又犯新罪而依法进行数罪并罚时,经减刑裁定减去的刑期不计入已经执行的刑期。然而,在司法实践中,如果先前依法减去的刑罚一律不计入已经执行的刑期,在一些时候会导致不公平。例如,某重刑犯被判处有期徒刑 20 年,由于在长时间的服刑过程中表现良好,被多次减刑,假设减去有期徒刑 7 年,但是当其服刑至第 10 年时,因为漏罪或者在监狱内又犯新罪,那么在数罪并罚时,是否按照上述司法解释将其先前所有的减刑均作否定性处理,值得进一步研究。如果均作否定性处理,则有违背公正原理之嫌,毕竟对于罪犯作出的减刑裁定是法院根据其认罪悔罪、积极改造的具体表现作出的,在性质上带有奖励性质,这种奖励性质的减刑裁定针对的是罪犯在服刑期间的优良表现,而不是后来的又犯新罪或者发现漏罪的情形。如果忽视这个问题,则不符合公正的基本理念。其实,《关于罪犯因漏罪、新罪数罪并罚时原减刑裁定应如何处理的意见》在解决上述问题时,将"又犯新罪"与"发现漏罪"进行了明确的区分。对于"发现漏罪"的情形,原减刑裁定原则上也是遵从"不计入已执行期限"的规定,但是根据《关于罪犯因漏罪、新罪数罪并罚时原减刑裁定应如何处理的意见》的规定,在此后对因漏罪数罪并罚的罪犯依法减刑,决定减刑的频次、幅度时,应当对其原经减刑裁定减去的刑期酌予考虑。也就是说,罪犯因为被发现漏罪而数罪并罚时,虽然已经被裁定减刑的刑期不计入已执行的刑期,但是在实践操作中可以在数罪并罚之后的服刑期间获得一定程度的"返还"或者说是"偿还"。当然,这种"返还"或者说是"偿还"并非具有法定的确定性,而是需要结合罪犯的表现情况而酌情考虑。而对于"又犯新罪"的情形,罪犯被数罪并罚时原减刑裁定当然不计算在已执行的刑期内,而且也享受不到数罪并罚之后的服刑期间获得"返还"的政策待遇。这是因为,罪犯在被裁定减刑后又犯新罪,则表明罪犯的人身危险性和社会危害性尚存,先前服刑改造和减刑奖励并未取得预期效果,因而在数罪并罚时撤销先前的减刑裁定不管是在刑罚理论角度还是在具体的司法实践角度均无不妥。

【指导案例】朱林森等盗窃案[①]**——罪犯在假释期间又犯新罪,数罪并罚时原减刑裁定如何处理**

2013 年 6 月 21 日凌晨,被告人王信灯、朱林森至江苏省无锡市南长区北水沟

[①] 参见庄绪龙:《朱林森等盗窃案——罪犯在假释期间又犯新罪,数罪并罚时原减刑裁定如何处理》,载最高人民法院刑事审判第一、二、三、四、五庭主办:《刑事审判参考》(总第 99 集),法律出版社 2015 年版,第 68—74 页。

32号门口、五爱家园106号门口,由朱林森负责望风、王信灯用砖头砸开套锁后搭线的方法,分别窃得被害人杨维佳的爱玛TDR2522型电动自行车1辆(价值人民币2027元)、被害人徐军的新世纪TDR11092型电动自行车1辆(价值2164元)。同月23日凌晨,王信灯、朱林森至无锡市湖滨区上里东新村41号、46号门口,采用上述方法分别窃得被害人蒋进的爱玛TDR2522-2型电动自行车1辆(价值1512元)、被害人谢小瑞的新日TDR55-102型电动自行车1辆(价值1708元)。

另查明,虎丘区人民法院于2007年9月25日作出(2007)虎刑初字第0358号刑事判决,以盗窃罪判处朱林森有期徒刑10年(刑期自2006年12月29日起至2016年12月28日止),剥夺政治权利3年,并处罚金人民币1万元。交付执行后,常州市中级人民法院于2010年4月9日作出(2010)常刑执字第3064号刑事裁定,对罪犯朱林森减去有期徒刑2年,剥夺政治权利3年不变,并处罚金人民币1万元不变。常州市中级人民法院于2013年4月15日作出(2013)常刑执字第2539号刑事裁定,对罪犯朱林森予以假释,剥夺政治权利3年不变,并处罚金人民币1万元不变。2013年4月15日,朱林森被假释,假释考验期限自2013年4月15日起至2014年12月28日止。2013年6月24日,朱林森因本案被无锡市公安局南长分局决定行政拘留15日。

无锡市南长区人民法院经审理认为,被告人朱林森在假释考验期限内犯新罪,依法应当撤销假释,实行数罪并罚。根据《关于罪犯因漏罪、新罪数罪并罚时原减刑裁定应如何处理的意见》规定,罪犯被裁定减刑后,因被发现漏罪或者又犯新罪而依法进行数罪并罚时,经减刑裁定减去的刑期不计入已经执行的刑期。被告人朱林森被裁定减刑后刑罚执行完毕以前又犯新罪,对其进行数罪并罚时,经减刑裁定减去的有期徒刑2年不计入已经执行的刑期,故其前罪未执行完毕的刑罚为有期徒刑3年8个月14日、剥夺政治权利3年、罚金人民币1万元。另依照《中华人民共和国行政处罚法》第28条第1款的规定,违法行为构成犯罪,人民法院判处拘役或者有期徒刑时,行政机关已经给予当事人行政拘留的,应当依法折抵相应的刑期。被告人朱林森因本案被执行的行政拘留时间应当依法予以折抵刑期。据此,法院以被告人朱林森犯盗窃罪,判处有期徒刑9个月,并处罚金人民币1000元。与2007年9月25日所判刑罚中未执行完毕的有期徒刑3年8个月14日、剥夺政治权利3年、罚金人民币1万元实行并罚,决定执行有期徒刑4年1个月,剥夺政治权利3年,并处罚金人民币11 000元。

第十六章 追诉时效

一、如何确定犯罪行为对应的法定最高刑及追诉期限

(一) 裁判规则

1. 追诉时效期限的长短是根据犯罪行为所对应的法定最高刑来确定的,而不是根据犯罪行为对应的宣告刑来确定的。

2. 司法机关在审查犯罪行为是否已过追诉期限时,应当根据犯罪行为本身的性质、危害后果、情节对应的法定刑幅度来进行判断,而不必考虑行为人是否具有法定从轻、减轻、免除处罚或者从重处罚情节。

(二) 规则适用

根据《刑法》第87条的规定,追诉时效期限是根据犯罪行为对应的法定最高刑来确定的,而不是以犯罪行为对应的宣告刑作为确定的依据的。关于法定最高刑的含义,最高人民法院先后出台的一系列司法文件均作出过规定。最高人民法院发布的《关于人民法院审判严重刑事犯罪案件中具体应用法律的若干问题的答复(三)》(1985年)第39条明确指出,刑法第76条按照罪与刑相适应的原则,将追诉期限分别规定为长短不同的四档,因此,根据所犯罪行的轻重,应当分别适用刑法规定的不同条款或相应的量刑幅度,按其法定最高刑来计算追诉期限。如果所犯罪行的刑罚,分别规定有几条或几款时,即按其罪行应当适用的条或款的法定最高刑计算;如果是同一条文中,有几个量刑幅度时,即按其罪行应当适用的量刑幅度的法定最高刑计算;如果只有单一的量刑幅度时,即按此条的法定最高刑计算。此外,最高人民法院研究室在《关于如何理解和掌握"在法定刑以下减轻"处罚问题的电话答复》(1990年)前半段明确指出:"减轻处罚是指'应当在法定刑以下判处刑罚'。这里所说的'法定刑',是指根据被告人所犯罪行的轻重,应当分别适用的刑法规定的不同条款或者相应的量刑幅度。具体来说,如果所犯罪行的刑罚,分别规定有几条或几款时,即以其罪行应当适用的条或款作为'法定刑';如果是同一条文中,有几个量刑幅度时,即以其罪行应当适用的量刑幅度作为'法定刑';如果只有单一的量刑幅度,即以此为'法定刑'。"1997年12月31日,最高人

民法院发布的《关于适用刑法第十二条几个问题的解释》第2条规定:"如果刑法规定的某一犯罪只有一个法定刑幅度,法定最高刑或者最低刑是指该法定刑幅度的最高刑或者最低刑;如果刑法规定的某一犯罪有两个以上的法定刑幅度,法定最高刑或者最低刑是指具体犯罪行为应当适用的法定刑幅度的最高刑或者最低刑。"

在确定法定刑轻重时,还需要注意区分定罪情节与量刑情节。其中,定罪情节是指犯罪行为实施过程中,犯罪构成要件以外的,影响行为社会危害性和行为人人身危险性,定罪时作为区别罪与非罪、重罪与轻罪以及此罪与彼罪标志的一系列主客观事实情况。① 而量刑情节是指在某种行为已经构成犯罪的前提下,法院对犯罪人裁量刑罚时应当考虑的,据以决定量刑轻重或者免除刑罚处罚的各种情况。② 量刑情节包括从重、从轻、减轻或免除等情节。定罪情节与量刑情节之间的关系表现为:一是考虑的时间先后不同。逻辑上定罪在先,量刑在后,因此须先考虑定罪情节后考虑量刑情节,不能将量刑情节作为定罪情节考虑。二是功能不同。定罪情节具有区分罪与非罪、重罪与轻罪以及此罪与彼罪的功能,是与一定的法定刑幅度相对应的;而量刑情节的功能则是在已被确定的法定刑基础上,决定从宽、从严处罚或免除处罚。可见,定罪情节的功能是影响法定刑,而量刑情节的功能是在既定法定刑下影响宣告刑。因此定罪情节是计算追诉时效期限的根据,量刑情节不能作为追诉时效期限的计算根据。③ 为此,司法机关决定对犯罪行为是否追诉时,只需要根据犯罪性质、危害后果、情节对应的法定刑幅度来进行判断,具体来说可以分为以下几种情况。

1. 对于数额犯,应根据犯罪数额对应的刑罚幅度来确定法定最高刑。以盗窃罪为例,刑法对数额较大、数额巨大和数额特别巨大分别规定了三个量刑幅度。故针对具体盗窃行为确定法定最高刑时,应先根据具体涉案数额确定对应的量刑幅度,进而在该量刑幅度内确定法定最高刑。

2. 对于情节犯,应根据犯罪情节对应的量刑幅度确定法定最高刑。以交通肇事罪为例,刑法对交通肇事"致人重伤、死亡或者使公私财产遭受严重损失的""交通运输肇事后逃逸或者有其他特别恶劣情节的"和"因逃逸致人死亡"三种情形,规定了三个量刑幅度。在对具体交通肇事行为确定法定最高刑时,先应根据具体犯罪情节确定对应的量刑幅度,再在该量刑幅度内确定法定最高刑。

3. 对于结果犯,应根据犯罪结果所对应的量刑幅度确定法定最高刑。以故意

---

① 参见张明楷:《刑法学》(第二版),法律出版社2003年版,第494页。
② 参见张明楷:《刑法学》(第二版),法律出版社2003年版,第442页。
③ 例如,行为人盗窃数额巨大的财物,在追诉时效期限内自首又有重大立功的,虽然其有减轻处罚情节,但仍应按照《刑法》规定的"三年以上十年以下有期徒刑"幅度确定法定最高刑。即以法定最高刑确定追诉时效,追诉期限为15年,不能因为行为人有应当减轻处罚的情节而按减轻处罚后实际可能判处的刑罚来确定追诉期限。

伤害罪为例,刑法针对致人轻伤、重伤、死亡三种结果规定了三个量刑幅度,先应根据轻伤、重伤、死亡的犯罪结果确定对应的量刑幅度,进而在该量刑幅度内确定法定最高刑。

4. 对于共同犯罪,我国共同犯罪以作用为标准,分为主犯、从犯和胁从犯。由于主犯、从犯、胁从犯等分类,主要是解决刑事责任的分配问题,即量刑问题,而不是共同犯罪的定罪问题。因此,在共同犯罪中不论主犯、从犯、胁从犯,也不论犯罪人是否具有自首、立功等量刑情节,均不影响共同犯罪人的追诉时效,即所有共同犯罪人的追诉时效期限都应相同。

【指导案例】张某某抢劫、李某某盗窃案[①]**——盗窃共同犯罪中部分共犯转化为抢劫罪,对各共犯如何适用追诉时效**

1988年12月4日晚,被告人张某某、李某某伙同张某良(另案处理)携带镰刀在某国道某县境内,乘道路堵车之机,欲共同对被堵车辆行窃。8时许,张某某、张某良登上姜某某驾驶的解放牌汽车,将车上拉运的白糖往下扔,李某某负责在下边捡拾、搬运,共窃得价值共计人民币1200元的白糖6袋。当司机姜某某从后视镜上发现有人扒货时,即下车查看,当场抓住张某某。张某某为脱身,用镰刀朝姜某某的脸上砍了一下,构成轻伤。同时张某良也捡起石头威胁姜某某及前来协助的货主刘某。姜某某及刘某见此情形连忙驾车离开现场并报警。出警的公安人员赶赴现场后,将张某良当场抓获,但张某某、李某某逃跑。1999年9月21日和1999年9月22日,张某某、李某某分别到某县公安局投案。

本案犯罪行为发生在1988年,两被告人投案时间为1999年,期间相隔10年多,审判时为2000年。因此,本案首先要确定追诉时效,解决要不要对各被告人进行追诉的问题。被告人张某某犯抢劫罪,依照1979年《刑法》,依法应适用的法定刑幅度为"三年以上十年以下有期徒刑",法定最高刑为10年,追诉时效应为15年,故没有超过追诉时效,应当追究其刑事责任。那么,对被告人李某某是否也应当进行追诉呢?如前所述,在共同犯罪中,所有犯罪人的追诉时效期限都相同。为此,本案中是否需要对李某某进行追诉,取决于李某某与张某某是否成立抢劫罪的共同犯罪。根据1979年《刑法》第269条关于转化型抢劫之规定,被告人张某某与同案人张某良的行为已经由盗窃罪转化为抢劫罪,但没有当场使用暴力或者以暴力相威胁的李某某不应一体转化,故对李某某应当认定为盗窃罪。尽管李某某存在逃避侦查的行为,但公安机关并未对其采取任何强制措施,故不能适用1979年《刑法》第88条关于追诉时效延长的规定。根据1979年《刑法》的相关规

[①] 参见洪冰:《张某某抢劫、李某某盗窃案——盗窃共同犯罪中部分共犯因为抗拒抓捕当场实施暴力转化为抢劫罪,其他共犯是否也随之转化》,载最高人民法院刑事审判第一庭、第二庭编:《刑事审判参考》(总第32辑),法律出版社2003年版,第34—38页。

定,李某某所犯盗窃罪,依法应适用的法定刑幅度为5年以下有期徒刑,法定最高刑为5年,追诉时效应为10年,已超过追诉时效,不应当追究其刑事责任。对此,法院依照1979年《刑事诉讼法》第11条的规定裁定对被告人李某某终止审理是适当的。

二、如何理解刑法追诉时效规定中的"逃避侦查或审判"

(一) 裁判规则

1979年《刑法》第77条以及1997年《刑法》第88条均将"逃避侦查或者审判"作为延长诉讼时效的事由予以规定。对于这里的"逃避侦查或者审判"应当采用"主、客观统一说",即应当以被追诉人客观上实施了逃避行为,且主观上明知自己上述行为可能会妨碍司法机关对其刑事责任进行追究,却希望或放任这种结果的发生。

(二) 规则适用

1979年《刑法》第77条规定:"在人民法院、人民检察院、公安机关采取强制措施以后,逃避侦查或者审判的,不受追诉期限的限制。"同样,1997年《刑法》第88条第1款亦规定:"在人民检察院、公安机关、国家安全机关立案侦查或者在人民法院受理案件以后,逃避侦查或者审判的,不受追诉期限的限制。"可见,新、旧刑法在追诉时效延长事由的规定中,均要求犯罪分子存在积极逃避侦查的行为。关于如何理解"逃避侦查或者审判",理论与实务界存在"主观说"与"客观说"两种分歧。其中,"客观说"认为,"逃避侦查或者审判",并不以犯罪人的"明知"为必要,即无论行为人是否认识到"司法机关立案侦查或者法院受理案件(按照1979年《刑法》是被采取强制措施)"的事实,只要司法机关对其犯罪行为已经立案受理(按照1979年《刑法》是被采取强制措施)以后,其不主动投案自首的,均属于"逃避侦查或者审判",无论经过了多久,司法机关都可以适用追诉时效无限延长的规定来追究其刑事责任。而"主观说"则认为,"逃避侦查或者审判"应当以犯罪人的"明知"为前提,即只有当行为人已经认识到"司法机关立案侦查或者法院受理案件(按照1979年《刑法》是被采取强制措施)"的事实,采取措施积极逃避的,才属于"逃避侦查或者审判",刑事追诉时效才能无限延长。反之,如果行为人在不知道自己的犯罪行为已经被立案侦查的情况下逃避的,则不属于这里的"逃避侦查或者审判",当然不能适用追诉时效无限延长的规定。

笔者认为,对"逃避侦查或者审判"应当从主、客观两个方面来分析:(1)从客观上来看,一般必须实施了逃避行为,而且侦查机关实际上确实已经立案侦查或者法院已经受理案件(按照1979年《刑法》是已经被采取强制措施)。逃避侦查的行为有很多,常见的是远走他乡、隐姓埋名,或者虽然没有远走他乡,但是一直躲避侦查机关,避免与侦查机关接触,不让侦查机关发现其藏身之地。故如果犯罪分子犯罪之后,没有逃跑、隐匿,而仍然在原居住地生活,而司法机关由于自身能力的限制或工作方法问题,在立案后长时间难以破案,直到追诉时效经过之后才侦查案件的,也不能按逃避侦查、审判论处,不能追究行为人的刑事责任。此外,如果犯罪分子犯罪之后,正常外出经商、务工,并未隐姓埋名,也未隐瞒新居住地地址的,不应以逃避侦查、审判论处。(2)从主观上来看,行为人明知自己上述行为可能会妨碍司法机关对其进行刑事责任追究,却希望或放任这种结果的发生。明知包括"确定明知"和"应当明知","确定明知"是指犯罪嫌疑人在实施犯罪后,知悉公安机关已对其立案,为了逃避法律的追究而实施了积极的逃避行为。因此,如果其不认为自己的行为构成犯罪,则即使其去往外地也不具有逃避的意识。例如,行为人认为自己的伤害行为是一种正当防卫,不会受到刑事追究,而去其他城市打工,这种行为不能认定为逃避,因为不具备逃避的意识。"应当明知"是指根据行为人作案的具体情况和案后情势,案发后侦查机关通常会在第一时间立案侦查。犯罪分子在实施了犯罪后,就即刻逃往外地,并不管侦查机关对其或者对其行为是否已经立案,反正先逃走再说。这种逃避侦查的行为,是没有以知悉立案为前提的,但可以推定其知道侦查机关会对其采取了立案侦查措施。

  需要说明的是,之所以对"逃避侦查或者审判"需要以被追诉人主观上认识到自己已经被刑事追诉为前提,原因在于:(1)立法设置追诉时效制度的首要功能,在于督促公安司法机关及时履行职责,提高诉讼效率。公安司法机关如果不及时侦破案件,不仅会由于证据的进一步毁损而导致难以查明案件的真相,而且也不利于实现刑法预防、控制犯罪的功能。① 为此,各国刑法均设置追诉时效制度,规定司法机关如果不积极追究犯罪,在一定期限之后就将丧失继续追诉的权力。可见,刑事追诉制度设置的立法目的在于督促公安司法机关行使追诉的职责,避免司法机关在追诉权力上处于"睡眠状态"。而如果按照"客观说"的观点,刑事案件一经司法机关立案受理,追诉时效就可以无限延长,那么公安机关就可以将案件束之高阁,懈怠、消极侦查,显然有悖于刑法设置追诉时效的宗旨。(2)如果仅仅以客观上是否立案受理为标准,不考虑行为人的主观状态,只要案件被立案侦查或者被法院受理,对行为人的追诉时效就可以不受时效的限制。这样一来,"逃避侦查或者审判"的规定就成为多余,这无疑是对法律明文规定的无视。不仅如此,由于立案途径众多,绝大多数案件发生后都会被立案,如果刑事案件一经司法机关立案受理,对行为人的刑事追诉就可以不受时效的限制,在很大程度上就架空了《刑法》第87条的规定。(3)要求被追诉人主观上认识到自己已经被刑事追诉为前提,也符合"逃避"一词的字面含义。从字面含义来看,"逃避"是指"躲开不

---

  ① 对此,意大利刑法学家贝卡利亚深刻地指出:"只有使犯罪和刑罚衔接紧凑,才能指望相联的刑罚概念使那些粗俗的头脑从诱惑他们的、有利可图的犯罪图景中立即猛醒过来。推迟刑罚只会产生使两个概念分离开来的结果。推迟刑罚尽管也给人以惩罚犯罪的印象,然而,它造成的印象不像是惩罚,倒像是表演。"参见〔意〕贝卡利亚:《论犯罪与刑罚》,黄风译,中国大百科全书出版社1993年版,第57页。

愿意或者不敢接触的人或者事物",故"逃避侦查或者审判"应当界定为一种以逃跑或藏匿方式积极对抗追诉的行为。

【指导案例】刘某盗窃案①——如何理解《刑法》第 88 条"逃避侦查或者审判"

被告人刘某,贵州人,其 2000 年在浙江省打工期间,入室盗窃财物共计价值人民币 3000 元,作案后继续待在浙江打工。几天后,被害人到公安机关报案,公安机关依法进行立案侦查,从现场提取到数枚指纹,并将其存入指纹库。但此后侦查工作一直没有进展,也一直未能确定该案的犯罪嫌疑人。直至 2006 年,因有人检举刘某 6 年前的盗窃犯罪,公安机关才确定并抓获犯罪嫌疑人刘某。经指纹比对,发现 6 年前盗窃现场的指纹就是刘某所留,遂将刘某抓获归案,刘某本人对盗窃犯罪事实供认不讳。

被告人刘某实施盗窃犯罪之后,尽管在主观上应当知道被害人发现财物被盗后可能会报案,公安机关也会立案,但是其在客观上并未远走他乡、隐姓埋名,刻意避免与司法机关进行接触,而是选择留在案发地附近继续正常打工、生活。被告人刘某入室盗窃财物共计价值人民币 3000 元,根据《刑法》第 264 条之规定,属于"数额较大"情形,应当判处 3 年以下有期徒刑、拘役或者管制,其追诉期限为 5 年。由于司法机关自身能力的限制或工作方法问题,在立案后长时间难以破案,直到 6 年之后才侦破案件,此时已经过了 5 年的追诉期限,且被告人刘某均不具备"逃避侦查或者审判"的情节,不存在追诉时效中断或延长的事由,故检察院依照《刑事诉讼法》第 16 条的规定,最终作出不予起诉的决定是正确的。

三、新、旧刑法交替后追诉时效规定应当如何适用

(一)规则提炼

针对发生在 1997 年《刑法》实施之前的案件,在判断是否超过追诉时效时,首先需要按照"从新原则",根据 1997 年《刑法》关于时效的规定,判断从犯罪之日起至行为人到案是否已经超过追诉期限。如果尚未超过,或者虽已超过但存在延长事由的,需要进一步适用"从旧兼从轻"原则,即根据 1979 年《刑法》关于时效的规定,判断自犯罪之日起至 1997 年《刑法》实施前是否已经超过追诉期限。如果已经超过的,还需进一步审查是否对行为人采取过强制措施,以及行为人是否存在逃避侦查、审判的行为。当然,这里的"采取强制措施"既包括实际执行阶段,也包括批准、决定阶段,而针对"逃避侦查与审判",则需要从主、客观两个方面来进行理解。

---

① 参见聂昭伟:《刘某盗窃案——如何理解刑法第 88 条"逃避侦查或者审判"》,载《刑事法律文件解读》(总第 37、38 合辑),人民法院出版社 2008 年版,第 221—226 页。

(二) 规则解读

法谚有云:"实体从旧,程序从新。"该原则已经成为各国诉讼法理论与实务界的共识。故 1979 年《刑法》关于追诉时效的规定是否具有溯及力,很大程度上取决于其究竟属于实体法还是程序法的内容。由于追诉时效制度兼具实体法与程序法属性,使得其溯及力成为一个比较复杂的问题。

一方面,从追诉时效规定的内容来看,其并非犯罪构成要件或者刑罚,而是司法机关在什么样的时间范围内可以追究行为人的刑事责任,决定着一个案件能否启动诉讼程序,故属于程序性规定。对此,根据《刑事诉讼法》第 16 条第(二)项的规定,"犯罪已过追诉时效期限的"不追究刑事责任。追诉时效的程序属性要求适用"从新原则",即首先要按照 1997 年《刑法》的时效规定来决定之前发生的刑事案件是否应当追诉。对此,1997 年《刑法》第 12 条第 1 款规定:"中华人民共和国成立以后本法施行以前的行为,如果当时的法律不认为是犯罪的,适用当时的法律;如果当时的法律认为是犯罪的,依照本法总则第四章第八节的规定应当追诉的,按照当时的法律追究刑事责任,但是如果本法不认为是犯罪或者处刑较轻的,适用本法。"同样,最高人民法院于 1997 年 10 月 1 日实施的《关于适用刑法时间效力规定若干问题的解释》第 1 条也规定:"对于行为人 1997 年 9 月 30 日以前实施的犯罪行为,在人民检察院、公安机关、国家安全机关立案侦查或者在人民法院受理案件以后,行为人逃避侦查或者审判,超过追诉期限或者被害人在追诉期限内提出控告,人民法院、人民检察院、公安机关应当立案而不予立案,超过追诉期限的,是否追究行为人的刑事责任,适用修订前的刑法第七十七条的规定。"可见,处罚 1997 年《刑法》生效以前实施的犯罪行为,在判断是否已过追诉时效时,判断的依据是 1997 年《刑法》而非 1979 年《刑法》。

另一方面,由于追诉时效制度是刑罚消灭制度的一部分,而刑法是规定犯罪与刑罚的法律规范,故从实际效果来看类似于实体规定,为此被规定在我国实体刑法当中。按照"实体从旧"即"从旧兼从轻原则",应当选择对被告人有利的追诉时效规定。通过比较新、旧刑法关于追诉时效的规定,可以看出新刑法的规定更为严厉和苛刻①,以此来计算追诉时效会恶化被告人的利益。为此,1997 年《刑法》在第 12 条关于"从旧兼从轻"原则中规定:"……本法施行以前的行为……依照本法总则第四章第八节的规定应当追诉的,按照当时的法律追究刑事责任……"在这里,所谓"按当时的法律追究刑事责任",不仅包括适用 1979 年《刑法》关于定罪量刑的规定,也应当包括适用 1979 年《刑法》关于追诉时效的规定。故对于发生在 1997 年《刑法》实施之前的行为,必须按照"当时的法律"即 1979 年《刑法》来判断是否应当追诉。为此,1997 年 9 月 25 日最高人民法院颁布的《关于

---

① 1997 年《刑法》增加了"被害人在追诉期限内提出控告,人民法院、人民检察院、公安机关应当立案而不予立案的,不受追诉期限的限制"的规定,而在 1979 年《刑法》中却没有相应的规定。

适用刑法时间效力规定若干问题的解释》(1997年10月1日施行)第1条规定："对于行为人1997年9月30日以前实施的犯罪行为,在人民检察院、公安机关、国家安全机关立案侦查或者在人民法院受理案件以后,行为人逃避侦查或者审判,超过追诉期限或者被害人在追诉期限内提出控告,人民法院、人民检察院、公安机关应当立案而不予立案,超过追诉期限的,是否追究行为人的刑事责任,适用修订前的刑法第七十七条的规定。"

综上可见,针对发生在1997年《刑法》实施之前的案件,如果新、旧刑法均认为构成犯罪的,在判断是否超过追诉时效时,我们可以分为两步来完成:(1)按照"从新原则",根据1997年《刑法》第四章第八节关于追诉时效的规定,判断从犯罪之日至行为人到案是否已经超过追诉期限。如果已经超过且不存在延长事由的,则不应当追究行为人的刑事责任。如果尚未超过,或者虽已超过但存在延长事由,即存在司法机关立案侦查或受理案件以后,行为人有逃避侦查或者审判的情况,或者存在被害人在追诉期限内提出控告,司法机关应当立案而不予立案的情况,此时应否追诉取决于接下来的判断。(2)按照1997年《刑法》需要追诉的,还需要进一步按照"从旧兼从轻原则",适用1979年《刑法》第76条关于追诉时效的规定,判断自犯罪之日起至1997年刑法实施前(即截至1997年9月30日之前)是否已经超过追诉期限。① 如果已经超过追诉期限的,则需进一步根据1979年《刑法》第77条的规定,审查是否存在追诉时效延长事由,即审查司法机关对行为人是否采取过强制措施,以及行为人是否存在逃避侦查、审判的行为。若采取了强制措施,而行为人逃避侦查或审判的,则不受追诉期限的限制,应该追究行为人的刑事责任;若没有采取强制措施,或者虽采取了强制措施但行为人并未逃避侦查或者审判的,则不存在追诉时效延长事由,经过了追诉期限即不予追诉。

1979年《刑法》第77条规定:"在人民法院、人民检察院、公安机关采取强制措施以后,逃避侦查或者审判的,不受追诉期限的限制。"其中,追诉时效延长以公安机关"采取强制措施"为要件。采取强制措施不仅包括实际执行阶段,也包括批准或决定阶段。② 此外,新、旧刑法在对追诉时效延长事由的规定中,还要求犯罪分子存在积极逃避侦查的行为。对逃避侦查应从主、客观两个方面来分析:(1)从客

---

① 需要说明的是,由于《解释》是从1997年《刑法》颁布之际的定位来论述的,对于其中"超过追诉时效的"这句话,应当理解为仅包括在1997年《刑法》颁布前已经超过追诉时效的情形。参见最高人民法院刑事审判第一、二、三、四、五庭主办:《刑事审判参考》(总第96集),法律出版社2014年版,第50页。

② 对此,1992年最高人民检察院发布的《关于刑法第七十七条有关采取强制措施的规定应如何适用的批复》指出,《刑法》第77条有关在人民法院、人民检察院、公安机关采取强制措施以后,逃避侦查或者审判的,不受追诉期限的限制的规定,既适用于已经执行强制措施后逃避侦查或者审判的,也适用于人民法院、人民检察院、公安机关决定(批准)采取强制措施后,由于犯罪分子逃避而无法执行,以及犯罪分子在逃,经决定(批准)逮捕并发布通缉令后拒不到案的。人民检察院对符合上述情况的犯罪分子,应当依法追诉。该批复虽然已于2002年2月25日失效,但其精神仍然应当参照适用。

观上来看,一般必须实施了逃避行为,而且侦查机关实际上确实已经立案侦查或者法院已经受理案件。逃避侦查的行为有很多,常见的是远走他乡、隐姓埋名,或者虽然没有远走他乡,但是一直躲避侦查机关,拒不与侦查机关接触,不让侦查机关发现其藏身之地。(2)从主观上来看,行为人明知自己上述行为可能会妨碍司法机关对其刑事责任追究,却希望或放任这种结果的发生。明知包括确定明知和应当明知,确定明知是指犯罪嫌疑人在实施犯罪后,知悉公安机关已对其立案,为了逃避法律的追究而实施了积极的逃避行为。因此,如果其不认为自己的行为构成犯罪,则即使其去往外地也不具有逃避的意识。

【指导案例】沈某挪用资金案[①]**——追诉时效也应适用"从旧兼从轻"原则**

被告人沈某,男,44岁,原系某供销合作社副主任。因涉嫌犯职务侵占罪和挪用资金罪,于2000年12月2日被逮捕,2001年3月28日被取保候审。某市人民检察院以被告人沈某犯挪用资金罪,向某市人民法院提起公诉。起诉书指控:1994年10月6日,被告人沈某利用担任某供销合作社副主任的职务之便,未依法办理借款手续,擅自将本社资金人民币20万元借给个体户高某经商。1994年11月29日,高某将人民币20万元归还给某供销合作社。

对于本案被告人沈某利用职务上的便利挪用本单位资金20万元借贷给他人进行营利活动的行为,依据行为时的法律,即1988年1月21日全国人民代表大会常务委员会通过的《关于惩治贪污罪贿赂罪的补充规定》第3条第1款的规定,挪用公款"情节严重",法定最高刑是15年有期徒刑。根据1979年《刑法》第76条第(三)项的规定,其追诉期限是15年,本案被告人沈某的行为没有超过追诉期限。但依据审判时的法律,即1997年《刑法》第272条第1款的规定,被告人沈某的行为属于挪用资金"数额较大",法定最高刑是3年,根据1997年《刑法》第87条第(一)项的规定,其追诉期限是5年,被告人沈某的行为已经超过追诉期限,依法不能再追究其刑事责任。对此,如何确定本案的追诉时效呢?笔者认为,正确认定本案的追诉期限,关键在于对1997年《刑法》第12条第1款规定如何理解与适用。1997年《刑法》第12条第1款规定的"从旧兼从轻"原则,其实质是要求在对被告人追究刑事责任时应采取有利于被告人的原则。这绝不是仅体现在定罪量刑方面,而应体现在决定被告人刑事责任有无、罪行轻重的各个方面,如追诉时效、自首、立功、累犯、减刑、假释等。因此,对于本案被告人沈某的行为,应适用1997年《刑法》,其追诉期限是5年,经过5年的,不再追诉。

本案中,对于被告人沈某挪用资金的犯罪行为,被害单位某供销社曾于1995

[①] 参见张双庆:《沈某挪用资金案——追诉时效也应适用从旧兼从轻原则》,载最高人民法院刑事审判第一庭、第二庭编:《刑事审判参考》(总第25辑),法律出版社2002年版,第59—63页。

年1月10日,即在追诉期限内向公安机关报案,公安机关未予立案。1997年《刑法》第88条第2款规定:"被害人在追诉期限内提出控告,人民法院、人民检察院、公安机关应当立案而不予立案的,不受追诉期限的限制。"那么,1997年《刑法》的这一规定是否适用于本案呢? 对此,最高人民法院1997年9月25日发布的《关于适用刑法时间效力规定若干问题的解释》第1条规定:"对于行为人1997年9月30日以前实施的犯罪行为……被害人在追诉期限内提出控告,人民法院、人民检察院、公安机关应当立案而不予立案,超过追诉期限的,是否追究行为人的刑事责任,适用修订前的刑法第七十七条的规定。"这一规定明确排除了1997年《刑法》第88条第2款对本案的适用,而修订前的《刑法》第77条的规定是"在人民法院、人民检察院、公安机关采取强制措施以后,逃避侦查或者审判的,不受追诉期限的限制"。也就是说,在1979年《刑法》中,"不受追诉期限的限制"的情形仅限于"在人民法院、人民检察院、公安机关采取强制措施以后,逃避侦查或者审判"这一前提条件。本案中,由于公安机关没有立案,所以采取强制措施无从谈起,更谈不上沈某逃避侦查或者审判。因此,对于被告人沈某在1997年9月30日前实施的挪用资金的犯罪行为,被害人在追诉期限内提出控告,司法机关应当立案而没有立案的,仍然受到追诉期限的限制,但已超过追诉期限,依法不得追究其刑事责任。

【指导案例】张某某抢劫、李某某盗窃案①——盗窃共同犯罪中部分共犯转化为抢劫罪,对各共犯如何适用追诉时效

1988年12月4日晚,被告人张某某、李某某伙同张某良(另案处理)携带镰刀在某国道某县境内,乘道路堵车之机,欲共同对被堵车辆行窃。8时许,张某某、张某良登上姜某某驾驶的解放牌汽车,将车上拉运的白糖往下扔,李某某负责在下边捡拾、搬运,共窃得价值共计人民币1200元的白糖6袋。当司机姜某某从后视镜上发现有人扒货时,即下车查看,当场抓住张某某。张某某为脱身,用镰刀朝姜某某的脸上砍了一下,经鉴定构成轻伤。同时张某良也捡起石头威胁姜某某及前来协助的货主刘某。姜某某及刘某见此情形连忙驾车离开现场并报警。出警的公安人员赶赴现场后,将张某良当场抓获,但张某某、李某某逃跑。1999年9月21日和1999年9月22日,张某某、李某某分别到某县公安局投案。

根据1979年《刑法》第150条之规定,以暴力、胁迫或者其他方法抢劫公私财物的,处3年以上10年以下有期徒刑。犯前款罪,情节严重或者致人重伤、死亡的,处10年以上有期徒刑、无期徒刑或者死刑,可以并处没收财产。1979年《刑

---

① 参见洪冰:《张某某抢劫、李某某盗窃案——盗窃共同犯罪中部分共犯因为抗拒抓捕当场实施暴力转化为抢劫罪,其他共犯是否也随之转化》,载最高人民法院刑事审判第一庭、第二庭编:《刑事审判参考》(总第32辑),法律出版社2003年版,第34—38页。

法》第 151 条规定,盗窃公私财物数额较大的,处 5 年以下有期徒刑、拘役或管制。本案犯罪行为发生在 1988 年,两被告人投案时间为 1999 年,期间相隔 10 年多,审判时为 2000 年。因此,本案首先要确定追诉时效,以解决要不要对被告人进行追诉的问题。最高人民法院 1997 年 9 月 25 日发布的《关于适用刑法时间效力规定若干问题的解释》第 1 条规定:"对于行为人 1997 年 9 月 30 日以前实施的犯罪行为,在人民检察院、公安机关、国家安全机关立案侦查或者在人民法院审理案件以后,行为人逃避侦查或者审判,超过追诉期限的……是否追究行为人的刑事责任,适用修订前刑法第七十七条的规定。"1979 年《刑法》第 77 条规定:"在人民法院、人民检察院、公安机关采取强制措施以后,逃避侦查或审判的,不受追诉期限的限制。"从本案来看,张某某、李某某案发后逃跑,直至 1999 年自动投案。尽管两被告人存在逃避侦查的行为,但公安机关并未对两被告人采取任何强制措施,故不能适用 1979 年《刑法》第 77 条关于追诉时效延长的规定。根据 1979 年《刑法》第 76 条和 1997 年《刑法》第 87 条关于追诉期限的规定[①],被告人张某某犯抢劫罪,依法应适用的法定刑幅度为 3 年以上 10 年以下有期徒刑,法定最高刑为 10 年,追诉时效应为 15 年,故没有超过追诉时效,应当追究其刑事责任。但被告人李某某所犯盗窃罪,依法应适用的法定刑幅度为 5 年以下有期徒刑,法定最高刑为 5 年,追诉时效应为 10 年,已超过追诉时效,不应当追究其刑事责任。对此,原审法院应依照 1999 年《刑事诉讼法》第 16 条的规定裁定对被告人李某某终止审理。

四、已过 20 年追诉时效的犯罪,在何种情况下应当予以追诉

(一)裁判规则

对于因婚姻家庭等民间矛盾激化引发的犯罪,经过 20 年追诉期限,如果没有再犯危险,被害人及其家属亦表示谅解的,可以不再追诉。但对于其他严重危害社会治安的犯罪,虽经过 20 年追诉期限,但仍然严重影响人民群众安全感,被害方等强烈要求追究刑事责任的,应当予以追诉。

(二)规则适用

对于故意杀人、抢劫、强奸、绑架、爆炸等严重危害社会治安的犯罪,经过 20 年追诉期限,仍然严重影响人民群众安全感,被害方、案发地群众、基层组织等强烈要求追究犯罪嫌疑人刑事责任,不追诉可能影响社会稳定或者产生其他严重后果的,对犯罪嫌疑人应当追诉。但是如果犯罪嫌疑人没有再犯危险性,并且通过赔礼道歉、赔偿损失等方式积极消除犯罪影响,被害方对犯罪嫌疑人表示谅解,犯罪破坏的社会秩序明显恢复,不追诉不会影响社会稳定或者产生其他严重后果的,

---

① 法定最高刑为不满 5 年有期徒刑的,追诉时效为 5 年;法定最高刑为 5 年以上(包括 5 年)不满 10 年有期徒刑的,追诉时效为 10 年;法定最高刑为 10 年以上(包括 10 年)有期徒刑的,追诉时效为 15 年。

对犯罪嫌疑人可以不再追诉。此外,对于因婚姻家庭等民间矛盾激化引发的犯罪,经过20年追诉期限,犯罪嫌疑人没有再犯危险性,被害人及其家属对犯罪嫌疑人表示谅解,不追诉有利于化解社会矛盾、恢复正常社会秩序,同时不会影响社会稳定或者产生其他严重后果的,对犯罪嫌疑人可以不再追诉。需要指出的是,对于1997年9月30日以前实施的共同犯罪,已被司法机关采取强制措施的犯罪嫌疑人逃避侦查或者审判的,不受追诉期限限制。司法机关在追诉期限内未发现或者未采取强制措施的犯罪嫌疑人,应当受追诉期限限制。

【指导案例】马世龙(抢劫)核准追诉案[①]

1989年5月19日下午,犯罪嫌疑人马世龙、许云刚、曹立波预谋到李树振家抢劫,并准备了面罩、匕首等作案工具。5月20日零时许,三人蒙面持刀进入被害人李树振家大院,分别持刀逼住李树振及其妻子王某,并强迫李树振及其妻子拿钱。李树振和妻子王某喊救命,曹立波、许云刚随即逃离。马世龙在逃离时被李树振拉住,遂持刀在李树振身上乱捅,随后逃脱。李树振被送往医院抢救无效死亡。案发后马世龙逃往黑龙江省七台河市打工,公安机关没有立案,也未对马世龙采取强制措施。2014年3月10日,当地民警在对辖区内一名叫"李红"的居民进行盘查时,"李红"交待其真实姓名为马世龙,1989年5月伙同他人闯入李树振家抢劫,并将李树振用刀扎死后逃跑。当日,公主岭市公安局对马世龙立案侦查,3月18日通过公主岭市人民检察院层报最高人民检察院核准追诉。另查明:(1)被害人妻子王某和儿子因案发时受到惊吓患上精神病,靠捡破烂为生,生活非常困难,王某强烈要求追究马世龙刑事责任。(2)案发地群众表示,李树振被抢劫杀害一案在当地造成很大恐慌,影响至今没有消除,对犯罪嫌疑人应当追究刑事责任。

最高人民检察院审查认为:犯罪嫌疑人马世龙伙同他人入室抢劫,造成一人死亡的严重后果,依据《刑法》第12条、1979年《刑法》第150条规定,应当适用的法定量刑幅度的最高刑为死刑。本案对被害人家庭和亲属造成严重伤害,在案发当地造成恶劣影响,虽然经过20年追诉期限,被害方以及案发地群众反映强烈,社会影响没有消失,不追诉可能严重影响社会稳定或者产生其他严重后果。综合上述情况,依据1979年《刑法》第76条第(四)项规定,决定对犯罪嫌疑人马世龙核准追诉。2014年6月26日,最高人民检察院作出对马世龙核准追诉决定。2014年11月5日,吉林省四平市中级人民法院以马世龙犯抢劫罪,同时考虑其具有自首情节,判处其有期徒刑15年,并处罚金1000元。被告人马世龙未上诉,检察机关未抗诉,一审判决生效。

---

① 最高人民检察院第六批指导性案例第20号。

【指导案例】蔡金星、陈国辉等(抢劫)不核准追诉案①

犯罪嫌疑人蔡金星、林俊雄于1991年初认识了在福建、安徽两地从事鳗鱼苗经营的一男子,该男子透露有人集资14万余元赴芜湖市购买鳗鱼苗,让蔡金星、林俊雄设法将钱款偷走或抢走,自己作为内应。蔡金星、林俊雄遂召集陈国辉等人赶到芜湖市,携带凶器及作案工具,于1991年3月12日上午租乘一辆面包车到被害人林文忠租住的房屋附近。蔡金星在车上等候,其余5名犯罪嫌疑人进入屋内,陈国辉上前按住林文忠,其他人用水果刀逼迫林文忠,抢到装在一个密码箱内的14万余元现金后逃跑。1991年3月12日,被害人林文忠报案,4月23日公安机关对李建忠、蔡金文、陈锦城作出刑事拘留决定。李建忠于2011年9月21日被抓获,蔡金文、陈锦城于2011年12月8日投案。三被告人到案后,供出同案犯罪嫌疑人蔡金星、陈国辉,公安机关于2012年3月9日将两人抓获。2012年3月12日,芜湖市公安局对两名犯罪嫌疑人刑事拘留,并通过芜湖市人民检察院层报最高人民检察院核准追诉。

另据查明:(1)犯罪嫌疑人蔡金星、陈国辉与被害人(林文忠等当年集资做生意的群众)达成和解协议,并支付被害人人民币四十余万元赔偿金(包括直接损失和间接损失),各被害人不再要求追究其刑事责任。(2)蔡金星、陈国辉居住地基层组织未发现二人有违法犯罪行为,建议司法机关酌情不予追诉。

最高人民检察院审查认为:犯罪嫌疑人蔡金星、陈国辉伙同他人入户抢劫14万余元,依据《刑法》第12条、1979年《刑法》第150条规定,应当适用的法定量刑幅度的最高刑为死刑。本案发生在1991年3月12日,案发后公安机关只发现了犯罪嫌疑人李建忠、蔡金文、陈锦城,在追诉期限内没有发现犯罪嫌疑人蔡金星、陈国辉,二人在案发后也没有再犯罪,因此已超过20年追诉期限。本案虽然犯罪数额巨大,但未造成被害人人身伤害等其他严重后果。犯罪嫌疑人与被害人达成和解协议,并实际赔偿了被害人损失,被害人不再要求追究其刑事责任。综合上述情况,本案不属于必须追诉的情形,依据1979年《刑法》第76条第(四)项规定,决定对蔡金星、陈国辉不予核准追诉。

---

① 最高人民检察院第六批指导性案例第23号。

第十七章　抢劫罪

一、关于抢劫罪"非法占有目的"的认定

(一) 裁判规则

1. 构成抢劫罪要求行为人主观上具有非法占有目的,故如果行为人为索取债务(包括不受法律保护的非法债务),而采用暴力、胁迫手段强行从被害人甚至是其亲属处取走财物的,由于其本意只是想实现自己的债权,无意占有被害人的财产,故不能认定为抢劫罪。

2. 行为人强行夺回被行政机关依法查扣的财物,其本意只是想索回自己的财物,不具有非法占有目的,不应以抢劫罪认定,而应认定为妨害公务罪;同样,行为人在盗取自己被依法查扣的财物过程中,采用暴力、胁迫手段强行取走被扣押财物的,也不能认定为抢劫罪。

(二) 规则适用

1. 构成抢劫罪要求行为人在主观上具有抢劫的直接故意,且具有非法强行占有他人财物的目的。如果行为人客观上虽然实施了暴力、胁迫行为,但主观上不具有抢劫他人财物的目的,就不能认定为抢劫罪。例如,债权人使用暴力当场夺走债务人的钱财,该私力救济行为虽不合法,但由于其主观上只是想收回自己的合法债权,不具有非法占有他人财物的目的,故不能以抢劫罪论处。[①] 不仅如此,即使行为人与被害人之间存在的系不受法律保护的非法债权(如赌债),行为人采用暴力、胁迫手段强行从被害人处甚至是从被害人亲属处取走财物的,尽管该债权并不受法律保护,但却是案件发生的直接前因。由于被告人的本意只是想索回原本属于自己的"欠款",而无意占有被害人的财产,故不能认定为抢劫罪。综上可见,对于因债务纠纷,当事人之间所发生的暴力或以暴力相威胁的索债行为,行为人尽管在客观上采取了暴力、胁迫的手段,但主观上毕竟只是想收回本人的债

[①] 同样的情况也存在于以勒索财物为目的的绑架罪当中。如根据《刑法》第238条第3款的规定,"为索取债务非法扣押、拘禁他人的"应当以非法拘禁罪论处,而不能以绑架罪论处。

权,不具有"非法占有目的",不能认定为抢劫罪。当然,如果该暴力行为造成被害人伤害的,可以认定为故意伤害罪。此外,如果以暴力或者胁迫手段取得的财物明显超过非法债务数额的,行为人以要求债务人偿还所谓的"债务"为名,对债务人实施"抢劫",则应当以抢劫罪认定。

2. 行为人因没有驾驶执照、车辆没有牌照的情况下,驾驶机动车上路行驶,而被公安交通管理机关依法将其所驾车辆予以查扣。依照《交通违章处理程序规定》第38条、第46条的规定,公安交通管理机关暂扣车辆或滞留证件后,除需要吊销机动车驾驶证、收缴非法牌证和对交通事故进行处理外,应当发还本人或有关单位。这表明,暂扣只是公安交通管理机关依法在短时间内对违规或事故车辆所采取的一种行政强制措施,不属于行政处罚,不同于没收或收缴。在作出处理决定之前,公安交通管理机关对被暂扣的车辆只负有保管的责任,不享有其他权力,车辆的所有权仍应属于车辆的主人。虽然我国刑法规定在国家机关、国有公司、企业、集体企业和人民团体管理、使用运输中的私人财产以公共财产论,但该规定的基本含义是,当私人所有的财产交由上述部门管理、使用或运输时,以公共财产对待。但这一规定并未改变财产的所有权属。也就是说,尽管私人财产在被国家或国有部门管理、使用、运输时以公共财产对待,但所有权仍属于原所有权人。故行为人将自己被公安机关查扣的机动车辆强行取回的,不构成抢劫罪。

【指导案例】蒋志华故意伤害案[①]**——使用暴力手段向债务人的亲属索要欠债致人伤害的应如何定性**

在传销活动中,被告人蒋志华成为罗涛增、刘凤英之子罗耀钦的下线传销人。1998年4月,国家明令取缔传销活动后,蒋志华多次找其上线罗耀钦等人退还传销款未果。1998年6月30日晚8时许,蒋志华又来到罗涛增家找其子要求罗耀钦退还欠款,恰巧罗耀钦不在家。蒋志华便质问罗涛增退钱一事怎么办,并要求罗涛增帮其子偿还"欠款"。罗涛增以传销退款一事与自己无关为由拒绝付款。蒋志华即从罗家房内拿出一把菜刀,持刀向罗涛增要钱,又遭到罗的拒绝,蒋便朝罗身上连砍数刀。

本案被告人蒋志华虽与被害人罗涛增无任何债权债务关系,但其与被害人之子罗耀钦之间存在就传销款项返还的经济纠纷,尽管该纠纷所产生的债权债务并不受法律保护,但却是本案发生的直接前因;被告人蒋志华在多次向罗耀钦索要传销款未果的情况下,遂向与其共同生活的亲属即被害人罗涛增追索,合乎当地的社会习俗。当然,被害人拒绝被告人的追索要求也是正当合法的。被告人在遭

---

① 参见汪鸿滨:《蒋志华故意伤害案——使用暴力手段向债务人的亲属索要欠债致人伤害应如何定性》,载最高人民法院刑事审判第一庭、第二庭编:《刑事审判参考》(总第14辑),法律出版社2001年版,第17—22页。

被害人拒绝后,采用暴力手段加害被害人,并造成二人轻伤的后果。由于被告人的本意只是想索回原本属于自己的"欠款",而无意占有被害人的财产。故如果将该行为认定为抢劫罪,势必有违主客观相一致的定罪原则。因此,对于因债务纠纷当事人间所发生的暴力或以暴力相威胁的索债行为,行为人尽管在客观上采取了暴力、胁迫的手段,但主观上毕竟只是想收回本人的债权或者以货抵债,而不具有"非法占有目的",不能认定为抢劫罪,而应以故意伤害罪来认定。

【指导案例】王彬故意杀人案①——对在盗取自己被公安机关依法查扣的机动车辆的过程中致人伤亡的行为应如何定性

1997年3月28日10时许,被告人王彬驾驶自己的一辆简易机动三轮车在204国道上行驶。因王彬无驾驶执照,其所驾车辆被执勤交通民警查扣,停放在棘洪滩交通民警中队大院内。当晚10时许,王彬潜入该院内,趁值班人员不备偷取院门钥匙欲将车盗走。值班人员吕某发现后上前制止。王彬即殴打吕某,并用绳索将吕某手、脚捆绑,用毛巾、手帕、布条堵、勒住吕某口鼻,致吕某窒息死亡。

本案被告人王彬在没有驾驶执照、车辆没有牌照的情况下,驾驶简易机动三轮车上路行驶,违反了《道路交通管理条例》关于机动车驾驶员"驾驶车辆时,须携带驾驶证和行驶证"的规定。因此,公安交通管理机关依法将王彬所驾车辆予以查扣,但查扣并非没收,车辆的所有权仍然属于王彬。王彬黑夜潜入交警队院内,主观上是想取回自己被公安机关查扣的车辆,也就是"取回"自己拥有所有权的财产,而不是非法占有自己不享有所有权的财产。由于王彬主观上不具有非法占有目的,其盗取自己被扣机动车的行为不构成盗窃。根据1979年《刑法》第153条的规定转化型抢劫的前提必须是被告人已实施了盗窃、诈骗或抢夺犯罪行为。故尽管王彬在盗取自己被扣车辆过程中致人死亡,但不属于盗窃行为,也就不存在转化为抢劫的问题,而应认定为故意杀人罪。

【指导案例】江世田等妨害公务案②——聚众以暴力手段抢回被依法查扣的制假设备应如何定罪

1999年11月间,被告人江世田与他人合伙购买了YJ14型卷烟机和YZ23型接嘴机各1台用于制售假烟。同年12月9日,江世田得知诏安县打假队将要查处的风

---

① 参见朱伟德:《王彬故意杀人案——对在盗取自己被公安机关依法查扣的机动车辆的过程中致人伤亡的行为如何定性》,载最高人民法院刑事审判第一庭、第二庭编:《刑事审判参考》(总第16辑),法律出版社2011年版,第18—21页。

② 参见陈建安、汪鸿滨:《江世田等妨害公务案——聚众以暴力手段抢回被依法查扣的制假设备应如何定罪》,载最高人民法院刑事审判第一庭、第二庭编:《刑事审判参考》(总第28辑),法律出版社2002年版,第53—58页。

声,于当晚组织被告人黄学栈和江传阳(在逃)等人将上述两台机器搬到2辆农用车上,转移到诏安县岭下溪二级电站暂放。同月10日上午,联合打假车队在该水电站查获了2台制假烟机及另一台接嘴机。江世田得知后,即以每人50元报酬聚集数百名不明真相的群众,在诏安县霞葛镇庄溪桥头拦截、围攻打假车队,将执法人员董金坤等人拉出驾驶室进行殴打,并乘机抢回制假烟机及另一台接嘴机。

本案审理过程中,有观点认为应认定为抢劫罪,其主要理由有二:一是联合打假队已经依法查扣了被告人的制假设备,根据《刑法》第91条第2款"在国家机关、国有公司、企业、集体企业和人民团体管理、使用或者运输中的私人财产,以公共财产论"的规定,该制假设备应当以公共财产论,被告人聚众以暴力方法公然夺回上述应以公共财产论的制假设备,是不法占有公共财产。二是联合打假队依法查扣了被告人的制假设备后在返回途中,此时职务行为已经执行完毕,因此妨害公务行为无从谈起。笔者认为,上述理由是不妥当的。其一,本案中,联合打假队从查扣被告人制假设备到案发时止,公务行为仍在继续中。被告人从得知制假设备被查扣到聚众中途拦截执行公务车辆夺回制假设备,其目的直接指向于对抗打假执法的公务活动。其二,联合打假队依法查扣被告人的制假设备,是一种执法强制措施,被告人的行为是对抗执法强制措施,不是为了"不法占有公私财产"。被告人欲强行夺回的制假设备,虽属不法财产,但毕竟为被告人自有。抢回自有物品与强占他人所有或公有财物显然不同,被告人不具有非法占有目的。可见,本案被告人并不是要非法占有公私财物,而只是不法对抗国家机关的打假执法公务活动,意欲夺回已被依法查扣的制假设备。也就是说,被告人只有妨害公务的目的,并无强占公私财物的目的。因此,不构成抢劫罪或聚众哄抢罪,而应当认定为妨害公务罪。

二、教唆他人抢劫自己与妻子的共同财产是否构成抢劫罪

(一) 裁判规则

为个人使用,以暴力、胁迫等手段取得家庭成员或近亲属财产的,一般可不以抢劫罪定罪处罚;但是如果教唆或者伙同他人采取暴力、胁迫等手段劫取家庭成员或近亲属财产的,则可以抢劫罪定罪处罚。同样,在夫妻关系恶化面临离婚之际,教唆或者伙同他人以抢劫为手段非法占有夫妻共同财产的,构成抢劫罪;在抢劫数额上,应当以所抢的全部共同共有财产来认定,而不能只对共同共有财产中属于被害人的份额承担刑事责任。

(二) 规则适用

根据《婚姻法》第17条的规定,夫妻在婚姻关系存续期间所得财产,归夫妻共同所有。共同共有是指两个或两个以上的人,对全部共有物不分份额地享有平等的所有权。共同共有人对共有物处分时,必须取得一致意见,未经其他共有人同

意处置共有物的行为,无疑是侵犯了他人的财产权利。在夫妻共有的情况下,男女双方从结婚登记确立夫妻关系开始,到双方离婚或一方死亡之时为止的期间内,共有财产应当由夫妻双方依法平等占有、使用和处分。夫妻任何一方,未经他方同意都无权擅自占有或处分夫妻共同财产,否则就构成对另一方的民事侵权。其中,如果以暴力为手段非法占有夫妻共同财产的,已经超出了民事违法的界限,可以构成犯罪。关于以家庭共同财产为侵害对象的行为能否构成犯罪,最高人民法院、最高人民检察院《关于办理盗窃刑事案件适用法律若干问题的解释》第8条规定:"偷拿家庭成员或者近亲属的财物,获得谅解的,一般可不认为是犯罪;追究刑事责任的,应当酌情从宽。"根据上述解释,盗窃自家财物的行为尚可构成犯罪,"举轻以明重",抢劫夫妻共同财产的行为无论性质还是危害程度较之盗窃家庭共同财产都有过之而无不及,因此也可以构成犯罪。对此,《关于审理抢劫、抢夺刑事案件适用法律若干问题的意见》第7条第3款规定:"为个人使用,以暴力、胁迫等手段取得家庭成员或近亲属财产的,一般不以抢劫罪定罪处罚,构成其他犯罪的,依照刑法的相关规定处理;教唆或者伙同他人采取暴力、胁迫等手段劫取家庭成员或近亲属财产的,可以抢劫罪定罪处罚。"这是因为在有家庭成员之外人员参与的情况下,社会危害性明显增大,不同于一般的抢劫家庭成员或者近亲属财产,但在处罚时也应当与社会上作案的有所区别。

在抢劫数额上,共同犯罪人抢劫其中一被告人的夫妻共同财产,其犯罪数额应当以所抢的全部共同共有财产来认定,而不能只对共同共有财产中属于被害人的份额承担刑事责任。这是因为:首先,夫妻共同财产在析产前是无法分割的,按照共同共有财产分割后的数额认定罪与非罪、罪重与罪轻不具有操作上的可行性。其次,《关于办理盗窃刑事案件适用法律若干问题的解释》第8条所规定的对盗窃家庭共有财产行为的处理方式中,并没有作出被告人仅对共同共有财产中不属于自己的份额负责的规定。上述处理情形可以为认定抢劫共同共有财产的犯罪数额提供参照。再次,对于作为夫妻一方以外的其他被告人,他们的行为不存在侵犯共同共有财产的问题,故他们的犯罪对象是全部数额。如果作为夫妻一方的被告人仅仅因为身份不同,认为其仅对部分犯罪数额负责,显然是不公正的。只有在所有被告人均对犯罪总额负责的基础上,分清主从,区别情节,才能准确确定各被告人的刑事责任。当然,对于以夫妻共同财产为犯罪对象的抢劫行为,由于其特殊性,参照《关于办理盗窃刑事案件适用法律若干问题的解释》第8条中所规定的对盗窃家庭共有财产行为的处理方式,处刑时应适当考虑,酌情从轻处罚。①

---

① 有学者从占有权的角度进行分析,认为财产犯罪保护的是占有而非所有,故即使是共有物,如果行为人将共同占有下的财物非法占为己有的,就针对财物整体成立犯罪。理由在于,共同占有的场合不会共同所有一样涉及份额的分配,全部共同占有人对占有物整体享有平行的占有权,任何一个人擅自处分的,必然触犯其他人对占有物整体的占有权,故应当按照全部数额来计算。参见陈兴良主编:《刑法各论精释》(上),人民法院出版社2015年版,第330页。

【指导案例】包胜芹等故意伤害、抢劫案①——教唆他人抢劫自己与妻子的共同财产是否构成抢劫罪

被告人包胜芹与其妻子陈女于1989年结婚,夫妻感情一般。2000年1月26日,陈女从苏州打工回家后,表示要与包胜芹离婚。包胜芹为了打消陈女的离婚念头,且使其不能外出打工,即于次日上午找到被告人程健,唆使程健找人将陈女耳朵割下一个,并将陈女带回的值钱物品抢走,以制造假象,防止引起陈女的怀疑,并以抢走的钱物许诺作为程健等人的报酬。程健于当天找到被告人严善辉,告知详情。严善辉答应与其一同作案。次日凌晨1时许,程健携带作案工具与严善辉一同潜入包胜芹与陈女居住的卧室。程健抢得陈女外出打工带回的人民币700元、手机一部和充电器一只,后又抢得陈女的金项链一条、金戒指一枚,价值人民币4000余元。之后,程健又持其携带的杀猪刀将陈女左耳朵上部割下(经法医鉴定,构成重伤),随即逃离现场。

本案中,被告人包胜芹不仅有指使程健"将陈女带回的值钱物品抢走"的抢劫教唆内容,而且也有"唆使被告人程健找人将陈女耳朵割下一个"的故意伤害教唆行为。尽管在包胜芹看来,前一教唆内容是为其后一教唆内容服务的,但从犯罪构成来看,其前一教唆内容已构成了区别于故意伤害的独立之罪,符合抢劫罪与故意伤害罪教唆犯的构成要件,应数罪并罚。本案的特殊性在于,案发时被告人包胜芹与被害人陈女并未离婚,被抢财物属于夫妻共同财产。关于家庭共同财产能否构成财产犯罪的侵害对象,最高人民法院、最高人民检察院《关于办理盗窃刑事案件适用法律若干问题的解释》第8条规定:"偷拿家庭成员或者近亲属的财物,获得谅解的,一般可不认为是犯罪;追究刑事责任的,应当酌情从宽。"根据"举轻以明重"原理,盗窃自家财物的行为尚且可以构成犯罪,而抢劫夫妻共同财产的行为无论是在性质还是危害程度上都有过之而无不及,当然可以成立抢劫罪。就本案而言,被告人包胜芹在妻子要与其离婚的特殊背景下,教唆他人故意伤害自己妻子的同时,又明确指使他人抢走妻子带回的财物,已明显不同于夫妻关系正常稳定情况下的无明显暴力或仅有有限暴力但不想伤人的"亲亲相抢",也不同于家庭成员之间因财产争议而相互抢夺,根据其社会危害性及主观恶性,应当认定为抢劫罪。

---

① 参见尚召生、鸿滨:《包胜芹等故意伤害、抢劫案——教唆他人抢劫自己与妻子的共同财产是否构成抢劫罪》,载最高人民法院刑事审判第一庭、第二庭编:《刑事审判参考》(总第14辑),法律出版社2001年版,第24—29页。

【指导案例】刘汉福等抢劫案①——丈夫伙同他人抢劫夫妻共同财产的行为如何定性

1995年,被告人刘汉福与被害人张某自愿登记结婚,婚后家庭积蓄主要由张某掌管。1999年7月中旬,夫妇为经营中巴客车,向张的母亲筹借1万元现金和6万元的存款。同月20日晚,刘汉福与女友秦某到被告人古定将暂住处玩耍。闲谈中,刘汉福产生与秦一起生活的念头,但考虑到离婚后无钱,刘汉福遂提出以与古合伙经营猪油生意为幌子,骗张某带10万元缴纳定金,并在途中予以劫走,古同意。随后古定将按刘汉福的旨意打电话到刘家,刘汉福趁机将此事告知张某,骗取了张的信任。同月23日下午,刘汉福邀请被告人王瑞文、胡天全、倪伦、倪克伦一起参加。24日下午,刘汉福夫妇从银行取出夫妻共同积蓄3万元和借款7万元,刘汉福携带装有现金人民币10万元的挎包与张某到达约定的古定将暂住处附近的一芭蕉树时,按照分工,等候在此的胡天全持木棒冲上前拉住刘汉福的手,威胁不准动,倪克伦捏住刘汉福颈部,并拿走刘携带的背包逃离现场。

本案刘汉福等被告人主观上具有抢劫他人财物的目的,客观上实施了抢劫他人财物的行为,与一般抢劫罪无异,抢劫对象是夫妻共同财产并不能否定其主观上具有抢劫故意,客观上侵犯了他人的财产权利。而且从本案案情来看,刘汉福意图与其妻离婚,伙同多人施暴于其妻,强行抢走财物,自己却佯装受害,情节恶劣、手段卑鄙;伙同他人抢走现金10万元,数额巨大。无论从抢劫的动机、手段、情节还是数额来看,刘某的行为都不属于《刑法》第13条"但书"所规定的"不认为是犯罪"的情形。在抢劫数额上,各被告人应对所抢的夫妻共同共有财产10万元全额负刑事责任。

三、违禁品、赃款、赃物能否成为抢劫罪的犯罪对象

(一)裁判规则

以毒品、假币、淫秽物品等违禁品为对象,实施抢劫的,以抢劫罪定罪,违禁品的数量作为量刑情节予以考虑;抢劫违禁品后又以违禁品实施其他犯罪的,应以抢劫罪与具体实施的其他犯罪实行数罪并罚。抢劫赌资、犯罪所得的赃款赃物的,以抢劫罪定罪,但行为人仅以其所输赌资或所赢赌债为抢劫对象,一般不以抢劫罪定罪处罚。

(二)规则适用

非法财物一般是指用于不法活动或者不符合法律规定而获得、占有的公私财

---

① 参见韩强、张波:《刘汉福等抢劫案——丈夫伙同他人抢劫夫妻共同财产的行为如何定性》,载最高人民法院刑事审判第一庭、第二庭编:《刑事审判参考》(总第15辑),法律出版社2001年版,第25—33页。

物或者违禁物品。非法财物包括两类财物：一类是违禁品，即除得到国家特别授权外，任何人均不得制造、持有、使用、运输、销售的特定物品，例如枪支、弹药、爆炸物、毒品、淫秽物品等。对于抢劫上述违禁物品是否构成抢劫罪，有观点认为，违禁品既然是法律所禁止的东西，持有人当然也就不具有所有权，不能成为抢劫罪的犯罪对象。笔者认为，抢劫罪中的"他人财物"是相对于行为人而言的，而且其范围不限于具体的个人物品，也包括单位、集体和国家的财产。无论行为人是否明知该物品的所有权权属关系，只要其主观上明知该物品不属于自己所有或者合法持有，以暴力或者暴力威胁的方法非法占有，就符合抢劫罪的构成特征。为此，抢劫罪的犯罪对象不仅仅是指他人的合法财产，他人违法持有、占有的违禁品，也应当属于抢劫罪的犯罪对象。当然，如果刑法针对抢劫上述违禁品的行为已经规定了相应罪名的，如《刑法》第127条规定，抢劫枪支、弹药、爆炸物的，或者抢劫毒害性、放射性、传染病病原体等物质，危害公共安全的，以抢劫枪支、弹药、爆炸物、危险物质罪定罪处罚，不再另定抢劫罪。而对于其他违禁物品，如果没有规定相应罪名的，仍然构成抢劫罪。对此，根据《关于审理抢劫、抢夺刑事案件适用法律若干问题的意见》（以下简称《两抢意见》）第7条第1款的规定，以毒品、假币、淫秽物品等违禁品为对象，实施抢劫的，以抢劫罪定罪；抢劫的违禁品数量作为量刑情节予以考虑。另一类是财物本身性质合法，但是由于行为人的违法行为或者没有合法占有的依据，从而成为非法占有的财物，如违法犯罪的赃物或者赌资、嫖资等。对于这类财物，其持有者并不具有所有权，故行为人抢劫上述物品的，并不存在侵犯持有人对上述物品的所有权。但上述物品应当由国家予以没收、追缴或者退赔，故其所有权属于国家或者财物所有人，行为人抢劫上述物品的行为侵犯了国家或者财物所有人的所有权，应当认定为抢劫罪。需要注意的是，赌博活动是一种违法犯罪活动，赌博参与者的赌资依法应当予以没收，故从法律意义上来看，赌资属于国家所有的财物。如果未参与赌博活动的人使用暴力、胁迫等方法，抢劫赌资的，无疑构成抢劫罪。但如果行为人系参与赌博的人员，仅以其所输赌资或所赢赌债为抢劫对象，通常不以抢劫罪来认定。原因在于，行为人主观上对于所输赌资或所赢赌债的性质毕竟不像其他抢劫罪中对于"他人财物"的性质认识得那么清楚，在主观故意上与其他抢劫罪有所不同，而且尽管赌资依法应当予以没收上缴国库，从法律意义上来说归国家所有，但是在赌资或赌博所得赃款尚未被有权机关依法扣押之前，窃取该赌资的与窃取国家直接控制占有的财产在危害性上仍存在区别。综上，行为人仅以其所输赌资或所赢赌债为抢劫对象，其客观危害性与主观故意均明显小于典型意义上的抢劫罪，可以不以抢劫罪来定罪处罚。对此，《两抢意见》第7条第2款规定："抢劫赌资、犯罪所得的赃款赃物的，以抢劫罪定罪，但行为人仅以其所输赌资或所赢赌债为抢劫对象，一般不以抢劫罪定罪处罚。构成其他犯罪的，依照刑法的相关规定处罚。"

当然，需要指出的是，行为人以其所输赌资或所赢赌债为抢劫对象，不构成抢劫罪是有前提条件的。一是时空条件。《两抢意见》规定的仅以其所输赌资或者所赢赌债作为抢劫对象的行为，应当发生在赌博现场。如果在其他场所（即非赌博现场），行为人单独或者纠集他人实施抢回所输赌资或者所赢赌债行为的，其主观故意与一般抢劫罪的主观故意无异，应当认定为抢劫罪。同时，对赌博现场的理解，与抢劫现场一样，要适度作扩大解释，不能认为只要赌博完毕，离开过赌博场所就不认定为"赌博现场"。笔者认为，只要是在时间上、空间上具有一定的接续性、邻接性，如行为人仅离开半小时就返回赌博场所，或者在离赌博房间不远处实施抢回所输赌资或者所赢赌债的行为，也应认定为在赌博现场实施的行为。二是数额条件。即抢取财物不能明显超出自己所输赌资或者所赢赌债的范围。在司法实践中，不能强求行为人在慌乱之中抢回的数额刚好与自己所输赌资或者所赢赌债的数额相等，但也不能将所抢数额与所输赌资或者所赢赌债数额的差距无限放大，当所抢数额明显超出自己所输赌资或者所赢赌债数额时，可以抢劫罪论处。当然，如果行为人在此过程中，构成故意伤害或者非法拘禁等其他犯罪的，可以依照故意伤害罪或者非法拘禁罪等罪名来定罪处罚。

【指导案例】赖忠、苏绍俊、李海等故意伤害案[①]——抢回赌资致人轻伤的行为如何定性

2002年2月20日中午，被告人赖忠携带1万元，伙同孙志坚到一荒山上与被害人谢春生等人赌博。赖忠在赌博中输给谢春生9500元，怀疑谢在赌博中作弊，即回到城区内，邀集李海、苏绍俊等人，携带砍刀等凶器乘坐出租车返回沙河镇东坑村，欲强行索回输掉的9500元。下午3时许，赖、李、苏等人乘坐的出租车在沙河镇公路上与谢春生、夏慈秀等人相遇。赖忠要求谢春生退回输掉的9500元，遭到谢的拒绝。赖遂持刀朝谢头部砍击，李、苏、徐等人也持刀砍谢肩部和腿部，并将谢砍倒在地。夏慈秀等人见状，遂凑足9500元交与赖一伙，赖等人收钱后，即逃离现场。经鉴定，被害人谢的损伤程度为轻伤甲级。

在本案审理中，对被告人赖忠等人的行为该如何定罪，存在两种意见。一种意见认为赖等人的行为构成抢劫罪，理由是：（1）从犯罪客体看，赌资是赃款，依法应予没收，上缴国库，归国家所有。赖忠抢回赌资，侵犯了国家财产所有权。（2）从主观方面看，赖忠应当知道自己已经丧失了对赌资的所有权，该赌资或属于被害人的，或属于国家的。另一种意见认为赖等人的行为构成故意伤害罪。笔者同意第二种意见，理由是：（1）从犯罪客体来看，赌资尽管依法应予没收，上缴国库，但在赌资或赌博所得赃款尚未被有权机关依法扣押、占有、保管、控制之前，还不能

---

① 参见李平：《赖忠、苏绍俊、李海等故意伤害案——抢回赌资致人轻伤的行为如何定性》，载最高人民法院刑事审判第一庭、第二庭编：《刑事审判参考》（总第38集），法律出版社2004年版，第106—110页。

视为国家财产,故赖忠等人的行为未侵害国家财产所有权。(2)从主观方面来看,赖忠等人认为,被害人采用作弊手段进行赌博,故其赢得的赌资的所有权仍应属于自己,因此才使用暴力手段索回自己所输掉的赌资,故其主观上不具有非法占有目的。(3)从社会危害性来看,赖忠采用暴力手段强行索回赌资,在主观恶性、社会危害性上明显小于典型的抢劫罪,如果以抢劫罪来认定需要判处10年以上刑罚,明显罪刑不相适应。综上,对赖忠等人的行为不应认定为抢劫罪,而应认定为故意伤害罪。

【指导案例】张超抢劫案①——行为人在赌博完毕离开后返回赌博现场抢走赌资的行为,如何定性

2010年2月3日晚,被告人张超同黄刚、陈杨杨在河南省光山县城新越招待所303房内赌博,次日凌晨2点左右散场,张超输了人民币(以下币种同)200余元。离开现场后张超指使李军(另案处理)等人持水果刀、木棒到303房内抢走陈杨杨现金1350元、三星牌S8300型手机一部。

一方面,本案从时空条件来看,《两抢意见》第7条第2款所规定的仅以其所输赌资或者所赢赌债作为抢劫对象不构成抢劫罪的前提是,抢劫行为应当发生在赌博现场。与抢劫现场一样,对赌博现场要适度作扩大解释,只要在时间上、空间上具有一定的接续性、邻接性,即使行为人曾短暂离开后又返回赌博场所,或者在离赌博场所不远的地方,实施抢回所输赌资或者所赢赌债的行为,仍然应认定为在赌博现场实施抢劫的行为。故本案被告人张超在赌博完毕离开后返回原赌博房间实施抢劫,仍应认定发生在赌博现场。另一方面,从数额条件来看,以所输赌资或者所赢赌债作为抢劫对象不构成抢劫罪还要求所抢取的财物不能明显超出自己所输赌资或者所赢赌债。本案被告人张超所输赌资为200余元,但其指使他人持水果刀、木棒返回到赌博现场抢走陈杨杨现金1350元和三星牌S8300型手机一部,所抢现金数额明显超出其所输赌资,所抢手机更不属于其所输赌资,表明其具有非法占有他人财物的主观故意,不能适用《两抢意见》关于赌博者抢回所输赌资的相关规定,应当以抢劫罪论处。

四、以借条、收条等财产性利益为抢劫对象的应该如何处理

(一)裁判规则

行为人为消灭债务采用暴力、胁迫手段抢回欠款凭证,或者逼迫债权人将欠

---

① 参见刘芹伶:《张超抢劫案——行为人在赌博完毕离开后返回赌博现场抢走赌资的行为,如何定性》,载最高人民法院刑事审判第一、二、三、四、五庭主办:《刑事审判参考》(总第87集),法律出版社2013年版,第32—35页。

款凭证予以销毁的行为,或者在拖欠被害人钱款情况下,以暴力、胁迫手段逼迫被害人书写收款收条的行为,均属于侵害了他人的财产性利益,应当认定为抢劫罪。但如果是为了消灭债务而杀害被害人的,由于没有把借条抢回来,债权债务这一财产关系并没有消灭,故不成立抢劫罪。此外,抢劫罪犯罪对象的财产性利益只能是受害人既有的某种财产性权利,而非使受害人将来承担某种财产性义务。故如果行为人采用暴力手段强迫他人写下欠条的,不能认定为抢劫罪。

(二)规则适用

抢劫罪的客体是他人占有的财物或者财产性利益,其中所谓"财产性利益",是指狭义财物以外的财产上的利益,包括积极财产的增加和消极财产的减少。例如,使他人负担某种债务,使自己取得某种债权或者使他人免除自己的债务。从世界各国的刑法规定来看,许多国家都在刑法典中将财产性利益作为财产犯罪的对象,一些国家甚至将财产性利益与财物等同视之,并列为财产犯罪的对象。[①] 我国现行刑法中并没有直接规定财产犯罪的对象包括财产性利益,但是刑法理论界普遍认为,财产性利益可以作为财产犯罪的对象。原因在于,随着社会交易方式、财产形态的日渐多样化,作为刑法中的财产犯罪的对象,"财产"概念的内涵和外延也呈现逐渐扩张趋势。从最先的有体物扩大到包括电力、通讯等在内的无体物,而进一步将各种财产性利益包括在内是经济发展的必然要求。更重要的是,财产性利益与狭义的财物对满足人的需要而言,并不存在实质性差异,在很多时候也可以直接转化为狭义的财物如金钱等其他财物,故应当将其作为财产犯罪的保护对象。同样,从刑法规定以及一系列司法解释来看,财产性利益事实上已经被纳入到财产犯罪对象当中。例如,根据《刑法》第92条的规定,财产的范围包括"股份、股票、债券"。再如,《关于办理盗窃刑事案件适用法律若干问题的解释》第5条规定,"有价支付凭证、有价证券、有价票证"可以成为盗窃的对象;又如,《关于审理非法生产、买卖武装部队车辆号牌等刑事案件具体应用法律若干问题的解释》(2002年)第3条第2款规定:"使用伪造、变造、盗窃的武装部队车辆号牌,骗免养路费、通行费等各种规费,数额较大的,依照刑法第二百六十六条的规定定罪处罚。"此外,《关于审理抢劫案件具体应用法律若干问题的解释》第3条亦规定,抢劫银行或者其他金融机构的有价证券,属于抢劫银行或其他金融机构。为此,有关抢劫欠条行为,最高人民法院曾针对下级法院的请示,以最高人民法院[2000]刑他字第9号批复答复:"被告人以暴力、胁迫手段强行夺回欠款凭证,并让债权人在被告人已写好的收条上签字,以消灭其债务的行为,符合抢劫罪的特征,应以抢劫罪定罪处罚。"

当然,借条作为债权凭证,其所记载的财产本身并不在受害人的实际控制占

[①] 如《日本刑法》第236条第2款规定:"使用暴力、威胁而获得财产性不法利益,或者使他人获取该不法利益的,处五年以下有期徒刑。"

有之下,借条的灭失也并不意味着债权债务的消灭,只是存在债权人无法证实债权债务关系的可能性,债权人还可能通过其他方式来实现债权。为此,在司法实践中,行为人使用暴力手段要求债权人将借条销毁或者逼迫他人书写收款收条,强行免除自己债务的行为,是否成立抢劫罪还需要区别对待。如果行为人对于其与他人之间的债权债务关系本身存在纠纷,债务人采用了一些非法手段将原有欠款凭证销毁或强行取回的,一般不宜认定为抢劫罪。如果行为人与他人之间的债权债务关系清楚明晰,双方不存在纠纷问题,债务人出于为达到消灭债务的目的,采用暴力、胁迫手段将原有欠款凭证强行销毁或夺回的,应当以抢劫罪认定。因为尽管欠款凭证所代表的是一定的财产,同时也是证明一定财产所有权的凭证,丧失了这一凭证,就意味着债权人可能会丧失自己应当享有的财产权。因此,在债权债务关系上,欠款凭证就相当于凭证上所记载的财产价值,抢劫这种凭证,也就相当于抢劫了同等价值的财产,故应当以抢劫罪论处。当然,抢劫罪犯罪对象的财产性利益只能是受害人既有的某种财产性权利,而非使受害人将来承担某种财产性义务。故如果行为人使用暴力、胁迫等方法,强迫他人当场写下欠条,承诺日后还款的,由于行为人取得的是不具有法律效力的欠条,而且追求的是日后能获得财物,对此不应认定为抢劫罪,可以认定为敲诈勒索罪。此外,在抢劫既未遂的认定上,也要区分上述情况作不同对待,如果债权人借条被抢走之后,能够根据其他证据证实并实现其债权的,且行为人在抢劫借条过程中没有造成他人轻伤以上后果的,应认定为抢劫罪未遂;同样,在抢劫数额的认定上,也不宜直接以借条上的金额来认定,而应以实际损失来认定。

【指导案例】习海珠抢劫案①——在拖欠被害人钱款情况下,以暴力、胁迫手段逼迫被害人书写收条的行为,应当如何定性?属于犯罪既遂还是未遂?

2009年4月,被害人彭桂根、习金华、彭淑韦合伙经营位于江西省新余市渝水区下村镇的高山选矿厂。2010年4至5月间,被告人习海珠为迫使彭桂根等人转让该厂,多次指使习小红、习思平,组织本村部分老人、妇女到厂里,采取关电闸、阻拦货车装货等方式阻碍生产,并对工人进行威胁。彭桂根、习金华、彭淑韦三人被迫将该选矿厂以人民币390万元的价格转让给习海珠。习海珠陆续支付了彭桂根人民币222万元,但仍欠彭桂根人民币75万元,彭桂根多次讨要。2011年7月3日21时许,在新余市暨阳五千年娱乐城301包厢内,习海珠指使艾宇刚等人殴打彭桂根,并逼迫彭桂根写下收到习海珠购买高山选矿厂所欠人民币75万元的收条。

---

① 参见杜曦明、张向东、陶松兵:《习海珠抢劫案——在拖欠被害人钱款情况下,以暴力、胁迫手段逼迫被害人书写收条的行为,应当如何定性?属于犯罪既遂还是未遂?》,载最高人民法院刑事审判第一、二、三、四、五庭主办:《刑事审判参考》(总第102集),法律出版社2016年版,第55—60页。

我国刑法分则第五章规定的侵犯财产罪,对相关罪名的罪状表述大多采用"财物"这一概念,如"以暴力、胁迫或者其他方法抢劫公私财物的",构成抢劫罪。尽管从字面上来看,财产犯罪的对象似乎被限定为有形的"财物",但财产性利益同样具有财产价值,很多时候可以直接转化为现金或者其他财物,从财产权的法益保护角度来看,财产罪中的"财物",不仅包括有形"财物",也应当包括以其他形式存在的财产性利益。本案中,被告人习海珠等人以暴力、胁迫手段逼迫被害人彭桂根书写75万元收条,侵犯的就是彭桂根的财产性利益,因此构成抢劫罪。

【指导案例】戚道云等抢劫案①——为消灭债务采用暴力、胁迫手段抢回欠款凭证的行为应如何定性

1995年10月,被告人戚道云承包的上海金山万安建筑装潢工程公司与江苏省南通市工程承包人施锦良签订《建筑安装工程合同》。合同签订当日,施锦良与被害人倪新昌各出资人民币5万元,作为工程质量保证金,交付给戚道云。后因工程未能如期施工,倪新昌多次向戚道云索要保证金未果。戚道云因无力偿还,遂找被告人张连官商量对策。1997年9月4日,戚道云、王荣、张连官、沈正元、张水龙合谋以戚道云还款为由,将被害人倪新昌骗至戚道云所在的公司,然后由王荣等人以强制手段向倪索要欠款凭证,以达到消灭债务的目的。次日,王荣等多人携带木棍、铁管守候在案发现场。晚8时许,被害人倪新昌乘出租汽车赶至戚道云所在的公司,王荣等人强令倪交出欠款凭证,倪不从。王荣等人用玻璃杯敲击倪新昌的脸部,致倪面部2处皮肤裂伤。倪新昌被迫将欠款凭证交出,并在由戚道云起草的收到人民币10万元欠款的收条上签字。

本案中,被告人戚道云等人为消灭债务采用暴力、胁迫手段强行索回欠款凭证的行为,侵犯了被害人倪新昌的财产权利和人身权利,符合抢劫罪的犯罪构成。理由如下:首先,从行为表面来看,戚道云等人所"抢"的对象是一张欠条,欠款凭证本身虽然不是财产,但却是财产权利的主要证明凭证,有时甚至是唯一的证明凭证。丧失这种凭证,债权人就难以甚至根本无法向债务人主张自己的财产权利,从而最终丧失财产所有权。因此,可以说,在特定情况下,欠款凭证往往就等于同值的财产。其次,被告人戚道云等人所实施的行为,最终目的就是非法占有本不属于自己所有的10万元人民币。有观点认为,从本案的具体情况来看,戚道云已经事先占有了10万元人民币,其只是想赖账不还,因而认定其具有非法占有目的似乎不妥。这种观点实质上是对抢劫罪中"非法占有目的"的误解。戚道云

---

① 参见王海波:《戚道云等抢劫案——为消灭债务采用暴力、胁迫手段抢回欠款凭证的行为应如何定性》,载最高人民法院刑事审判第一庭、第二庭编:《刑事审判参考》(总第14辑),法律出版社2001年版,第30—35页。

事先占有他人的质量保证金10万元,这一占有状态是有前提条件的,即是在双方履行合同的基础上。如果占有10万元质量保证金的前提条件不存在了(如合同解除),那么,戚道云就应当归还这10万元,该10万元的财产所有权仍然属于倪新昌、施锦良。戚道云强行索要欠条,并逼迫倪新昌在事先制作好的假收条上签字的行为不是想"赖账",而是从根本上消灭自己所欠的"账"(即10万元的债务),戚道云的最终目的就是要非法占有本属于倪新昌、施锦良的10万元人民币,不再归还,具有非法占有目的,故应当认定为抢劫罪。

【指导案例】李春林故意杀人案①——为逃避债务故意杀人后又拿走被害人财物的行为如何定性

2000年9月,被告人李春林到被害人刘立军承包经营的速递公司打工,并与刘立军共同租住在北京市东城区花园东巷3号。同年11月,刘立军以人民币2万元将速递公司的经营权转包给李春林。因刘立军多次向李春林催要转包费,李无钱支付,遂起意杀死刘立军。2001年1月21日6时许,被告人李春林趁刘立军熟睡之机,持斧头猛砍刘的头部和颈部,将刘的颈右侧动脉及静脉切断,致刘因失血性休克合并颅脑损伤而死亡。后又将死者身上的1800元人民币、西门子移动电话、充电器等款物拿走。

在本案中,被害人刘立军转让的是速递公司的承包经营权,即使李春林将刘立军杀害,李也不能当场占有该公司。至于速递公司的承包经营权,由于李春林已通过合法方式取得,显然无须杀害刘立军。只是由于李春林仍欠刘立军2万元的转包费,李春林为逃避支付而将刘立军杀害,其故意杀人的动机是为了逃避债务。虽然李春林将债权人杀害是为了逃避债务,目的是非法占有债权人的2万元转包费,但其将被害人杀死之后债务仍然存在,债权债务这一财产关系并没有消灭,故不成立抢劫罪。综上,被告人李春林为逃避债务,故意非法剥夺他人生命,对其行为应认定为故意杀人罪。被告人李春林杀害刘立军后,又将死者身上的款物拿走的行为该如何定性呢?由于李春林的这一非法占有目的产生于故意杀害刘立军之后,其非法占有行为与故意杀人行为之间不存在事实上的手段与目的关系,而是独立于故意杀人之外的行为,本质上是一种秘密窃取他人财物的行为。综上,对于这种故意杀人后见财起意,乘机非法占有被害人财物的行为,应当以盗窃罪定罪处罚。

---

① 参见清国:《李春林故意杀人案——为逃避债务故意杀人后又拿走被害人财物的行为如何定性》,载最高人民法院刑事审判第一庭、第二庭编:《刑事审判参考》(总第25辑),法律出版社2002年版,第45—49页。

五、采用禁闭他人的方法劫夺财物的行为能否认定为抢劫罪

(一) 裁判规则

行为人以欺骗的方法将被害人诱骗至某一封闭的空间内,而后将其反锁在该空间内,致使其不能反抗,从而劫取被害人随身携带的财物的,属于以对被害人的身体实施强制禁闭的暴力方法,强行劫取公私财物的行为,应按照《刑法》第263条的规定定罪处罚。

(二) 规则适用

抢劫罪的手段行为包括暴力、胁迫或其他强制方法。其中,暴力方法是指对被害人实施有形力,使其不能反抗的行为,如殴打、捆绑等;胁迫方法,是指以恶害相告,而使人产生恐惧心理,进而不敢反抗的行为;抢劫罪中的"其他方法",通常是指行为人针对被害人人身采取了除暴力、胁迫以外的其他各种能够使被害人不知抗拒或丧失抗拒能力的手段。司法实践中,比较常见的有对被害人使用麻醉药品、灌醉等手段,但又不以此为限。总的来说,判定行为人所实施的劫财手段,是否属于抢劫罪所要求的"其他方法",关键是看该手段是否已使被害人丧失了控制自己财物的能力、丧失了抗拒他人劫取自己财物的意志和行动自由。将被害人引入精心设置的"机关"中,从而使被害人陷于在被劫取财物时处于不能抗拒、也不能及时采取当场夺回财物控制权的有效措施的状态,从而使当场劫取被害人财物的目的得以实现,这种行为完全符合抢劫罪中"其他手段"的认定标准,应当以抢劫罪论处。值得注意的是,被害人不能反抗或无法反抗是因为行为人的积极作为所导致的。行为人如果没有使他人处于不知反抗或者无法反抗的状态,而是利用了被害人因为患病、醉酒、熟睡或他人致其死亡、昏迷等而不知反抗或无法反抗的状态拿走或夺取财物的,不构成抢劫罪,对其应当以盗窃罪、抢夺罪等论处。同样,即使被害人上述状态是由行为人所致,但如果行为人当时是在并无非法占有目的的情况下致被害人处于上述状态,之后才产生非法占有故意并取走财物的,也不能构成抢劫罪。如行为人与被害人喝酒时,行为人没有非法占有故意,后来见被害人醉酒后才产生非法占有故意,从被害人处取走财物的,应认定为盗窃罪。

【指导案例】白雪云等抢劫案[①]

2004年6月初,在逃犯罪嫌疑人于海宝纠集被告人白雪云、王乐平等人共同租乘一辆金杯面包车到内蒙古自治区乌兰察布市。由王乐平在该市承租了一套楼房,然后对房屋内一个房间的门锁进行改装,使得房门反锁后不能从里面打开,并用铁丝网封住该房间的窗户。此后,白雪云以购买电脑配件为由,到于海宝事先物色好的一家电脑公司,向该公司工作人员、被害人张俊峰订购了电脑配件。6

---

① 参见《最高人民法院公报》2008年第5期。

月 4 日下午,张俊峰在白雪云的带领下,将电脑配件送到被告人租房处,白雪云让张俊峰将装有电脑配件的箱子放在外屋的桌子上,以请张俊峰写电脑配件清单为由,将张俊峰骗到事先改造过的房间里,随后白雪云以打电话为由离开该房间并将房门反锁,乘机将张俊峰带来的电脑配件等物搬下楼,几人打车将电脑配件等物劫走。此次犯罪劫取 IBM 笔记本电脑 1 台、华硕 865E 主板 4 块、P428 型 CPU4 块、内存条 8 条、120G 硬盘 4 块、七彩虹显卡 4 块、UT318 小灵通手机 1 部,总价值为人民币 36 900 元。

法院经审理认为:白雪云等人将被害人反锁在其事先改造过的房间内的行为,属于对被害人的身体实施强制禁闭的暴力行为。根据《刑法》第 263 条规定,抢劫罪是指以非法占有为目的,以暴力、胁迫或者其他方法,强行劫取公私财物的行为。对公私财物的所有者、保管者或者守护者当场施以暴力、胁迫或者其他手段,立即强行劫取公私财物,是构成抢劫罪的客观要件,是抢劫罪的重要行为特征。所谓"暴力",是指犯罪人对被害人的身体实施打击或者强制,如杀伤、殴打、捆绑或禁闭等;所谓"胁迫",是指犯罪人以暴力相威胁,迫使被害人不敢反抗;所谓"其他方法",是指犯罪人采用暴力、胁迫以外的其他方法,致使被害人不能反抗或者丧失反抗能力,如麻醉等。以上方法,都是犯罪人为实施抢劫,致使被害人不能反抗、不敢反抗或者丧失反抗能力的犯罪手段。本案中,被告人白雪云等人向被害人谎称订购电脑配件,将被害人骗至其承租的住房内,而后将被害人反锁在其事先改造过的房间内,致使被害人对其抢劫行为无法加以反抗,其行为既属于对被害人的身体实施强制禁闭的暴力行为,也可以认定为使被害人不能反抗的其他方法,故对各被告人的行为应当认定为抢劫罪。

【指导案例】邹代明抢劫案[1]——设置机关将他人禁闭起来以得逞劫财目的的行为如何定性

2000 年 6 月下旬,被告人邹代明携带美元 1.3 万余元来到拉萨,在兑换美元过程中结识了被害人马全忠。6 月 26 日,邹代明以设立办公室为名,租用国贸大厦 211 号房间,并给房间安装了防盗门,同时指令他人将防盗门里边的门扣焊死,将房间惟一的一扇窗户用砖头堵死。7 月 3 日上午,邹代明电话约请马全忠携款至其租用的房间兑换 1 万美元后,又打开保险柜谎称自己尚有 5 万美元可供兑换,并询问马全忠是否愿意继续交易。马全忠表示同意,二人商定当日下午再行交易。当日下午 2 时 30 分许,邹代明指使张某某等人在国贸大厦附近,观察马全忠是否独自前来,并嘱咐张某某待马全忠上楼后,即雇辆出租车在大厦门前等候。

---

[1] 参见周峰:《邹代明抢劫案——设置机关将他人禁闭起来以得逞劫财目的的行为如何定性》,载最高人民法院刑事审判第一庭、第二庭编:《刑事审判参考》(总第 24 辑),法律出版社 2002 年版,第 62—66 页。

之后，邹代明用电话通知马全忠前来交易。马全忠赶到国贸大厦211房间，将携带的人民币17万元交给邹代明。当邹代明把钱装入事先准备好的白色纸袋内后，佯装打开保险柜取美元时，迅速跑出房门，并将防盗门锁上，与在楼外等候的张某某等人一同乘出租车逃离现场。

　　本案被告人邹代明非法取得他人财物时，分别使用了欺骗、乘人不备、禁闭等一系列方法，那么对本案应认定为抢夺罪、诈骗罪还是抢劫罪呢？笔者认为，首先，被告人邹代明的行为不符合诈骗罪的构成要件。虽然邹代明为获得被害人的信任，起初确实使用了某些诈骗手段，如谎称尚有巨额美元可供兑换等，而且也已经将财物交给邹代明清点，但并未将该财物处分给邹代明，只有在邹代明按约定将美元交付给被害人时，两人才完成交付行为，被害人的处分行为也才真正完成。由于当时两人同处一室，被害人对其财物仍然存在控制，当邹代明并未按约将美元付给被害人时，被害人会当场要回属于自己的财物。邹代明之所以能够取得被害人的财物，并非被害人"自愿"处分的结果，而系违背被害人的意志，当场劫走的，故邹代明的行为不符合诈骗罪的构成要件。其次，邹代明的行为也不符合抢夺罪的构成要件。从表面上看，邹代明并未直接针对被害人的人身施加暴力或者以暴力相威胁，似乎是采取了乘人不备公然夺取的手段，但其之所以能够得逞，是因为邹代明经过策划，预先将作案地点的惟一窗户用砖头堵住，又安装防盗门并将屋里的门扣焊死，使人无法从屋子里面将门打开，然后按照计划，将被害人引入其精心设置的"机关"中，并利用该机关将被害人禁闭起来，从而使被害人陷入不能反抗的状态。这显然属于间接地对被害人人身实施了暴力，与抢夺罪中被害人没有丧失夺回自己财物的行动自由和能力不同，其行为符合抢劫罪中"其他手段"的认定标准，应当以抢劫罪论处。

六、通过驾驶机动车"碰瓷"的方式非法获取财物的行为如何定性

（一）裁判规则

　　行为人通过驾驶机动车"碰瓷"的方式非法获取财物的，如果被害人对事故原因产生错误认识而给付"赔偿"，符合诈骗罪的构成特征，应认定为诈骗罪；如果行为人以扣留车辆等相要挟，则符合敲诈勒索罪构成特征；如果行为人以暴力或暴力胁迫手段获取被害人财物的，则符合抢劫罪的构成特征。当然，如果行为人在高速公路、城市主干道等人流、车流集中、车速快的路段驾车故意"碰瓷"，足以危害公共安全的，应以以危险方法危害公共安全罪论处。

（二）规则适用

　　司法实践中，要准确对"碰瓷"行为进行定性，既要审查"碰瓷"手段行为是否足以危害公共安全，又要审查取财过程中是否使用暴力。

　　1. 从"碰瓷"行为本身来看，驾车冲撞他人车辆本身是一种危险行为，既可能

危及他人,但也可能危及自身。为避免造成自身伤亡,行为人在选取作案路段、行驶速度、碰瓷方式等方面时通常会有一定节制。实践中,大量碰瓷者是利用道路混乱、机动车起步阶段以及违规变道行驶等条件,在车流量小、行人稀少或道路进出口等路段,缓慢行驶,驾车与被害车辆发生碰撞,继而要求对方赔偿。与放火、爆炸等危险方法相比,上述"碰瓷"行为通常不足以危害公共安全,故一般不应当以以危险方法危害公共安全罪论处。当然,如果行为人在高速公路、城市主干道等人流、车流集中、车速快的路段驾车故意冲撞被害车辆,有可能使受到撞击的车辆失去控制,进而造成与其他机动车碰撞、追尾等重大交通事故的发生,这样的"碰瓷"就属于危害公共安全的行为。

2. 从目的行为即获取财物的方式来看,可能触犯敲诈勒索罪、诈骗罪和抢劫罪三个罪名。在具体案件中,应当根据行为人获取财物的方式,结合具体案情,准确认定"碰瓷"行为的性质:(1)如果行为人以非法占有为目的,故意制造交通事故,并造成事故系被害人过错所致的假象,继而以此为要挟(有的以不赔偿就扣留车辆相要挟,有的则抓住被害人车辆手续不全、正规处理程序烦琐、害怕耽误时间等心理相要挟),迫使被害人赔偿的,应当以敲诈勒索罪论处。(2)如果行为人故意制造交通事故,隐瞒事故真相,使被害人对事故原因产生错误认识而自愿给付"赔偿",应当以诈骗罪论处。(3)如果行为人驾车碰撞他人车辆后,又以暴力或实施暴力相威胁而索取钱财的,构成抢劫罪。

【指导案例】刘飞抢劫案①——驾驶机动车"碰瓷"行为如何定性

2009年5月12日21时许,被告人刘飞与吴乃刚、任贵滨、王磊(均另案处理)共同预谋以制造交通事故的方式讹诈外地货运汽车司机钱财。刘飞乘坐吴乃刚驾驶的夏利轿车,到天津市北辰区津保桥至外环线匝道处伺机作案。当日23时许,被害人李更堂驾驶的蓝色货运汽车经津保桥西端右转进入匝道入口,准备倒车经匝道驶入外环线,吴乃刚发现后即驾驶夏利轿车与货运汽车尾部相撞。刘飞与吴乃刚遂下车以修车为名向李更堂讹诈钱财,李更堂叫另一司机徐玉玺下车并报警。吴乃刚从车里取出一把西瓜刀对李更堂进行威胁,索要钱财。此时,徐玉玺下车从背后抱住吴乃刚,与李更堂一起将吴乃刚拽到护栏边,刘飞见状即从车里取出一根镐把,先后朝着李更堂的头部、背部、腿部和徐玉玺的头部、面部等部位击打,将二人打倒在地,致李更堂重型颅脑损伤经抢救无效死亡,致徐玉玺轻伤。

本案中,被告人刘飞等人选择的"碰瓷"方式是驾驶小汽车撞击正在倒车的货

---

① 参见赵俊甫:《刘飞抢劫案——驾驶机动车"碰瓷"行为如何定性》,载最高人民法院刑事审判第一、二、三、四、五庭主办:《刑事审判参考》(总第85集),法律出版社2012年版,第52—58页。

车尾部。经查，货车倒车速度及刘飞驾车故意追尾的车速均不高，刘飞所驾小汽车保险杠和前车灯损坏，被撞货车也只是轻度受损，加上案发时是深夜，途经车辆不多，因此刘飞驾车"碰瓷"的行为尚不足以使被撞车辆失去控制、倾覆，或者造成其他危及公共安全的重大事故，不应认定为以危险方法危害公共安全罪。刘飞等人预谋"碰瓷"敲诈勒索被害人，同时又准备了西瓜刀和镐把等作案工具。在碰撞发生后，刘飞同伙吴乃刚对被害人进行敲诈，被害人拒绝交付钱财，准备打电话报警时，同案犯吴乃刚即从车里取出一把西瓜刀对被害人进行威胁，向其索要钱财；当遭遇被害人反抗时，刘飞又持镐把先后击打两名被害人，并致一死一伤。因此，吴乃刚的行为从起初的敲诈勒索转变为直接实施抢劫，且其行为不属于诈骗过程中为窝藏赃物、抗拒抓捕、毁灭罪证实施暴力转化为抢劫罪的情形；其敲诈勒索被害人的事实，在量刑时可作为酌定量刑情节考虑，无须再单独定罪。根据共同犯罪的规定和基本原理，刘飞具有敲诈不成即抢劫的概括故意，又在同伙着手实行抢劫时，参与实施暴力行为，故即使其实施暴力后未进一步实际劫取财物，也不能割裂暴力行为与非法占有财物目的的内在联系，其行为完全符合抢劫罪的构成特征，应当以抢劫罪论处。

七、实施故意伤害、强奸等暴力犯罪后临时起意取财的行为如何定性

（一）裁判规则

行为人实施伤害、强奸等犯罪行为，在被害人未失去知觉，利用被害人不能反抗、不敢反抗的处境，临时起意劫取被害人财物的，应以此前所实施的具体犯罪与抢劫罪实行数罪并罚；在被害人失去知觉或者没有发觉的情形下，以及实施故意杀人行为致被害人死亡之后，临时起意拿走他人财物的，应以此前所实施的具体犯罪与盗窃罪实行数罪并罚。

（二）规则适用

对于行为人出于其他目的对被害人实施了暴力，而后取得财物的行为是否构成抢劫罪，在司法实践中存在不同意见。有观点认为，行为人先出于报复目的，实施了故意伤害行为，后又萌发非法占有他人财物的故意，利用被害人被砍伤后不敢反抗、无法反抗的情形，当场劫取被害人的财物，是出于两个不同的犯罪故意，实施了两个不同的犯罪行为，故其行为分别构成故意伤害罪和抢劫罪。笔者认为，对于上述行为如何定性，不能一概而论，而需要区分情况对待。（1）如果行为人针对被害人实施伤害、强奸等暴力犯罪之后，致被害人昏迷、死亡，或者致被害人逃离现场，行为人临时起意非法占有被害人遗留在现场的财物，因其取得财物时并未实施暴力或其他人身强制方法，故该行为不能认定为抢劫罪而应认定为盗窃罪。（2）如果行为人针对被害人实施伤害、强奸等犯罪行为，被害人未离开现场亦未昏迷、死亡的，行为人产生了非法占有财物目的，并将被害人财物拿走或者被害人为免受伤害主动提出交给被告人，行为人予以接受的，应以此前所实施的具

体犯罪与抢劫罪实行数罪并罚。原因在于,行为人在实施伤害、强奸时的一系列暴力行为,已经对被害人造成了精神胁迫。此时被告人向被害人索要财物,被害人是基于如果不照做被告人有可能继续实施暴力行为的认识前提下,才被迫交出财物。因此,从行为本质上来看,行为人是以故意伤害、强奸行为对被害人造成的侵害和压制为胁迫,当场获取财物的,符合抢劫罪的"当场性"要求,构成抢劫罪。对此,《两抢意见》第8条规定:"行为人实施伤害、强奸等犯罪行为,在被害人未失去知觉,利用被害人不能反抗、不敢反抗的处境,临时起意劫取他人财物的,应以此前所实施的具体犯罪与抢劫罪实行数罪并罚;在被害人失去知觉或者没有发觉的情形下,以及实施故意杀人犯罪行为之后,临时起意拿走他人财物的,应以此前所实施的具体犯罪与盗窃罪实行数罪并罚。"①

【指导案例】郭学周故意伤害、抢夺案②——实施故意伤害行为,被害人逃离后,行为人临时起意取走被害人遗留在现场的财物,如何定性

2009年6月下旬,在潮安县凤塘镇平艺陶瓷厂务工的被告人郭学周被辞退,被害人郑铭才到该厂接替郭学周的工作。郭学周认为其被辞退系郑铭才从中作梗所致,对郑铭才怀恨在心,遂决意报复。2009年7月3日上午,郭学周携带菜刀一把,来到平艺陶瓷厂附近路口守候。当郑铭才驾驶摩托车上班途经该路口时,郭学周上前质问郑铭才并向其索要"赔偿款"人民币1万元遭拒,郭学周遂持刀砍郑铭才的头部和手臂致其轻伤。郑铭才被砍伤后弃车逃进平艺陶瓷厂,郭学周持刀追赶未遂,遂返回现场将郑铭才价值人民币4320元、车牌号为粤M8Y857的豪爵牌GN125H型摩托车骑走,后以人民币1000元卖掉。

根据《两抢意见》第8条的规定,行为人实施伤害、强奸等犯罪行为,在被害人未失去知觉,利用被害人不能反抗、不敢反抗的处境,临时起意劫取他人财物的,应以此前所实施的具体犯罪与抢劫罪实行数罪并罚。上述规定包括四个方面的含义:一是行为人在取走财物前实施了伤害或强奸等暴力行为。二是行为人取走财物属于临时起意,如果行为人是为劫取财物而实施暴力行为,则其实施的暴力

---

① 需要特别指出的是,根据《刑法》第289条的规定,聚众"打砸抢",毁坏或者抢走公私财物的,对首要分子,依照《刑法》第263条的规定定罪处罚。上述规定明确了聚众"打砸抢"行为中拟制为抢劫罪的情形,即对于聚众"打砸抢"时,毁坏或者抢走公私财物的,对首要分子应当以抢劫罪来认定。在这种拟制为抢劫罪的场合下,行为人的主观故意内容是"打砸抢",其犯罪目的并不是以非法占有为目的,而是报复、威胁等,是在实现上述目的过程中,故意毁坏他人财物,法律直接将这种行为规定为按照抢劫罪定罪处罚。

② 参见江瑾、郭旭平:《郭学周故意伤害、抢夺案——实施故意伤害行为,被害人逃离后,行为人临时起意取走被害人遗留在现场的财物,如何定性》,载最高人民法院刑事审判第一、二、三、四、五庭主办:《刑事审判参考》(总第79集),法律出版社2011年版,第18—26页。

行为只是劫财行为的一种手段,只以抢劫一罪处断。① 三是在行为人取走被害人财物时,被害人有一定的知觉。如无知觉,则行为人临时起意的取财行为属于盗窃行为。四是行为人取走财物时,利用了先前的暴力行为对被害人的影响力,并使被害人处于不能反抗或不敢反抗的状态。其中第四个因素是关键因素。如果行为人实施暴力行为时或完毕后,由于时空转换或者救助机会出现等原因,被害人的人身危险已经解除,行为人先前的暴力行为对被害人的影响力已消失或中断,不会再使被害人不敢反抗或不能反抗后,行为人临时起意将被害人财物取走的,其取财行为并不具有暴力性特征,不能认定为抢劫行为。具体到本案中,被告人郭学周在持刀砍伤被害人后虽然持刀追赶"一小段路",但随即放弃追赶。被害人进入工厂后即叫工友帮其报警,郭学周慑于被被害人工友追赶而折返。此时,被害人的人身安全已完全得到保障,郭学周先前的暴力伤害行为已告中断,其对被害人的人身侵害在时间和空间上不再具有延续性,其折返现场后将摩托车开走的行为,不具备暴力取财的特征,不符合《两抢意见》第8条的规定,故不能认定为抢劫罪。

【指导案例】亢红昌抢劫案②——无故殴打他人后临时起意乘机夺财的行为应如何定罪

2000年11月30日夜12时许,被告人亢红昌与同在某建筑工地打工的牛艳清、牛长清、朱小胖(均在逃)喝酒后回工地时,见王某某一人在前边行走。朱艳清即提出一起殴打该人取乐,其他人表示同意。几人即上去从背后将王某某打翻在地。亢红昌走上前正准备用脚踢倒地的王某某时恰巧被绊倒,无意间碰到王某某腰间的手机。亢红昌乘机从王某腰间夺下手机起身便跑,后被王某某带人追上并将其抓获。

抢劫罪在主观上要求具有非法占有目的,在客观上要求实施了暴力、胁迫行为,且该暴力、胁迫行为服务于行为人当场取财目的需要。本案中,亢红昌等人酒后无故殴打他人属单纯的寻衅滋事行为,并无劫财的故意和目的。上述行为与其后亢红昌个人见财临时起意,乘机夺下王某某手机逃跑的行为没有关系。也就是说,亢红昌与其同伙先行无故殴打他人,与其后亢红昌个人见财临时起意,乘机夺取王某某的手机,是在两种不同主观故意支配下实施的性质截然不同的两个独立行为。实施暴力殴打行为时,亢红昌及其同伙均无劫财的故意和目的,该暴力行

---

① 如果行为人在实施暴力行为前既有伤害、强奸等故意,又有占有被害人财物的故意,则应当认定其先前的暴力行为是其后夺取财物行为的辅助手段,应当以其实施的具体暴力犯罪与抢劫犯罪数罪并罚。

② 参见赵新杰:《亢红昌抢劫案——无故殴打他人后临时起意乘机夺财的行为应如何定罪》,载最高人民法院刑事审判第一庭、第二庭编:《刑事审判参考》(总第28辑),法律出版社2003年版,第43—46页。

为不能视为是亢红昌个人夺取他人财物的手段。而后亢红昌个人见财临时起意，乘人不备夺取他人财物时，暴力殴打行为已经结束，亢红昌并没有为了获得王某某的手机而继续对王某某施加暴力。随后当王某等人追赶亢红昌时，亢摔倒在地被抓住，至公安人员赶到，始终没有反抗，也不存在成立转化型抢劫罪的情形。可见，亢红昌等人先行侵犯他人人身的行为并非其取财的手段，客观上也无凭借侵犯他人人身的手段来达到非法强行占有他人财物的目的，故其行为不符合抢劫罪的特征，而应认定为抢夺罪。

八、为逃匿而劫取的机动车辆能否计入抢劫数额

(一)裁判规则

为抢劫其他财物，劫取机动车辆当作犯罪工具或者逃跑工具使用的，被劫取机动车辆的价值计入抢劫数额；为实施抢劫以外的其他犯罪劫取机动车辆的，以抢劫罪与实施的其他犯罪实行数罪并罚。抢劫存折、机动车辆的数额计算，参照《关于办理盗窃刑事案件适用法律若干问题的解释》的相关规定。

(二)规则适用

对于劫取机动车辆当作犯罪工具或者逃跑工具使用的，被劫取机动车辆的价值能否计入抢劫数额，司法实践中存在争议。笔者认为，这种行为应当认定为抢劫罪并将机动车辆的价值计入到抢劫数额当中。原因在于：一方面，这种行为符合抢劫罪的构成要件。抢劫罪中的非法占有目的尽管多数情况下是以"所有"的意思来劫取财物，但这只是常见的情形，立法本意只要求以占有、控制、使用的目的劫取财物即可。至于占有、控制他人财物短暂使用后即予以抛弃甚至毁弃的，仍然属于抢劫罪中的非法占有。行为人劫取他人机动车辆当作犯罪工具或者逃跑工具使用的，其在相当一段时间内完全占有、控制了他人的车辆，而且也利用了车辆的性能，即使用后烧毁的，也不属于故意毁坏财物罪，而应认定为抢劫罪。而且，从司法实践来看，行为人劫取他人车辆作为犯罪工具或者逃跑工具使用，一般用后即予毁弃，基本上不存在返还的情形，客观上侵害了他人的人身、财产权利，符合抢劫罪的特征。换一种情形，即使是将原车司机捆绑置于车上，由行为人驾车作为犯罪工具或者逃跑工具使用的，这种情形下行为人已经驾驶了被害人的车辆，也就是完全控制了车辆，被害人的人身受到约束控制，已经对车辆失去了控制，其之后连人带车予以抛弃的，车辆的价值仍然应当计入抢劫数额。另一方面，这种计算方法也符合相关司法解释的规定。《关于办理盗窃刑事案件适用法律若干问题的解释》第10条第(二)项规定"为盗窃其他财物，偷开机动车作为犯罪工具使用后非法占有车辆，或者将车辆遗弃导致丢失的，被盗车辆的价值计入盗窃数额"。为此，《两抢意见》第6条第2款也规定："为抢劫其他财物，劫取机动车辆当作犯罪工具或者逃跑工具使用的，被劫取机动车辆的价值计入抢劫数额；为实施抢劫以外的其他犯罪劫取机动车辆的，以抢劫罪和实施的其他犯罪实行数罪并罚。"

【指导案例】被告人夏洪生抢劫、破坏电力设备案①——为逃匿而劫取但事后予以焚烧的机动车辆能否计入抢劫数额

2007年1月28日,被告人夏洪生伙同张金宝(已判刑)预谋抢劫出租车司机。当日15时许,二被告人携带卡簧刀在黑龙江省五常市朝阳区四合屯骗乘被害人徐民志驾驶的松花江牌微型面包车(价值人民币7700元)返回山河镇。当车行驶至宝山乡大河桥附近时,夏洪生让徐民志停车,张金宝当即搂住徐民志颈部,夏洪生持卡簧刀连刺徐民志胸部、腹部数刀直至徐不再动弹,夏洪生从徐民志身上翻出人民币300余元,及手机一部。随后,张金宝驾驶汽车向吉林省舒兰市方向行驶,在一村路上将汽车浇上汽油烧毁。

本案中,针对被告人夏洪生为逃匿而劫取但事后予以焚毁的机动车辆能否计入抢劫数额,在审理过程中存在两种意见:一种意见认为不应当计入抢劫数额,理由是:夏洪生伙同张金宝以非法占有的目的抢劫徐民志的财物,但对面包车本身并不具有非法占有的目的,而只是临时使用并随后予以烧毁,故不应计入抢劫数额。第二种意见认为被抢面包车亦具有"被抢财物"的性质,应计入抢劫数额。笔者同意第二种意见。在以暴力、胁迫手段劫取机动车辆作为犯罪工具或逃跑工具的案件中,尽管行为人劫取机动车并不是出于"所有"目的,但是将其作为犯罪工具或逃跑工具使用,已经在相当一段时间内完全占有、控制并利用了该车辆,应认定为抢劫罪中的"非法占有";而且从法益侵害的角度来看,行为人一般用后即予毁弃,基本上不存在返还的可能。因此,在客观上也侵害了被害人的财产法益。至于行为人毁弃机动车辆,属于"非法占有"之后的处分行为,并不影响"非法占有"的成立。对此,《两抢意见》第6条第2款前半段明确规定:"为抢劫其他财物,劫取机动车辆当作犯罪工具或者逃跑工具使用的,被劫取机动车辆的价值计入抢劫数额。"故在本案中应当将面包车的价值计入抢劫数额。

【指导案例】被告人陈志故意杀人、劫持汽车案②——杀人后劫车逃跑的行为如何定性

2011年8月3日20时许,被告人陈志与被害人王志航在江苏省江都市邵伯镇"飞毛腿食坊"103包厢吃饭。喝酒期间,二人因积怨发生争吵。陈志持随身携带的单刀折叠刀捅刺王志航数刀,致王志航左心室破裂、急性心包填塞合并大出

---

① 参见唐俊杰:《夏洪生抢劫、破坏电力设备案——骗乘出租车欲到目的地抢劫因惟恐被发觉而在中途放弃的,能否认定为抢劫预备阶段的犯罪中止?为逃匿而劫取但事后予以焚毁的机动车辆能否计入抢劫数额》,载最高人民法院刑事审判第一、二、三、四、五庭主办:《刑事审判参考》(总第76集),法律出版社2011年版,第1—10页。

② 参见刘然:《陈志故意杀人、劫持汽车案——杀人后劫车逃跑的行为如何定性》,载最高人民法院刑事审判第一、二、三、四、五庭主办:《刑事审判参考》(总第92集),法律出版社2014年版,第69—74页。

血死亡。之后,陈志闯入104包厢,持刀威胁在此就餐的被害人王修峰驾驶牌号为苏K93M19轿车将其送走。途中,陈志自行驾驶该车。当行至扬溧高速公路润扬大桥收费站时,王修峰跳车逃跑并向民警呼救。陈志随即掉转车头沿高速公路逆向行驶,后与其他车辆发生碰擦,陈志遂弃车逃离。

本案中,被告人陈志在实施杀人行为后,持刀胁迫车主王修峰驾车带其逃离现场,既没有非法占有汽车的目的,也未实际占有该车辆。因此,其对汽车实施的行为属于劫持,而非劫取。《关于审理抢劫、抢夺刑事案件适用法律若干问题的意见》中所规定的情形是为实施其他犯罪而劫取机动车辆,而非劫持机动车辆。因此,陈志的行为不符合《关于审理抢劫、抢夺刑事案件适用法律若干问题的意见》规定的情形,不构成抢劫罪。

九、驾驶车辆抢夺(即"飞车抢夺")的行为应当如何定性

(一)裁判规则

"飞车抢夺"是指驾驶机动车辆或者非机动车辆进行抢夺的行为,通常以抢夺罪来认定,但是如果在夺取他人财物时因被害人不放手而强行夺取的,或者驾驶车辆逼挤、撞击或者强行逼倒他人而夺取财物的,或者明知会致人伤亡仍然强行夺取并放任造成财物持有人轻伤以上后果的,应当认定为抢劫罪。

(二)规则适用

"飞车抢夺"刑事案件,是行为人驾驶机动车辆(主要是摩托车)或非机动车辆抢取财物刑事案件的通俗说法。与传统抢夺相比较,除了给被害人造成财物损失以外,还会因为财物与携带人的人身紧附性,具有导致人身伤亡的潜在危险,有时还会实际造成被害人伤亡的后果。对此,最高人民法院在《关于审理抢夺刑事案件具体应用法律若干问题的解释》(以下简称《抢夺解释》)中,对于在抢夺过程中过失造成被害人重伤、死亡,构成过失致人重伤罪、过失致人死亡罪等作出了明确规定。[①] 但是,适用上述规定的前提是行为人对致人伤亡持过失心态。如果行为人主观上明知其以危险方法夺取他人财物的行为会导致他人伤害的结果,而放任这种危害结果的发生,其主观上属于间接故意,而不是过失,此时就应当以抢劫罪来定罪处罚。此外,从客观上来看,尽管抢劫与抢夺均会使用一定程度的暴力,但是抢劫罪中的暴力所针对的对象是被害人人身,而抢夺罪中的暴力所针对的对象是财物,即一个属"对人暴力",一个属"对物暴力"。以此为标准,如果行为人客观上实施了对人暴力,就可以构成抢劫罪。如行为人在夺取他人财物时因被害人不

---

① 该司法解释已经废止,新颁布的《关于办理抢夺刑事案件适用法律若干问题的解释》取消了上述规定,不再将造成被害人重伤、死亡的情形单独认定为构成过失致人重伤(死亡)罪,而是认定为"其他严重情节"或"其他特别严重情节"。

放手而强行夺取的,或者驾驶车辆逼挤、撞击或者强行逼倒他人夺取财物的,这些行为属于利用飞车针对被害人人身所实施的暴力行为,已经不再是单纯的"对物暴力",故应当认定为抢劫罪。此外,即使飞车抢夺人起初"飞车"时的目的主要还是为了夺财,但如果其明知会致人伤亡仍然强行夺取并放任造成财物持有人轻伤以上后果的,也应当认定为抢劫罪。

对此,《两抢意见》以及《关于办理抢夺刑事案件适用法律若干问题的解释》均规定,对于驾驶车辆夺取他人财物的,一般以抢夺罪从重处罚。但具有下列三种情形之一,应当以抢劫罪定罪处罚:(1)驾驶车辆,逼挤、撞击或强行逼倒他人以排除他人反抗,乘机夺取财物的。如前所述,抢劫罪的暴力施加对象是他人的人身,而抢夺罪的暴力作用于财物上,以使财物脱离被害人的控制。行为人为了夺取财物而驾驶车辆,逼挤、撞击或强行逼倒他人的,此时行为人所实施的暴力并不是抢夺罪中的对他人财物实施的暴力,而是同时针对被害人人身安全的,足以抑制对方反抗的暴力,行为人驾驶的车辆实际上已经成为排除他人反抗的犯罪工具,与普通抢劫罪中使用的暴力行为并无本质的区别,应当以抢劫罪论处。(2)驾驶车辆强抢财物时,因被害人不放手而采取强拉硬拽方法劫取财物的。这时行为人强拉硬拽的行为升级为当场使用暴力,其暴力行为已经不仅仅是指向财物,而且指向被害人的人身,应当以抢劫罪论处。从司法实践来看,被害人不放手的情形有两种:一是行为人抢夺他人财物时,被害人及时反应过来,并护住财物不放手;二是被害人并未有意识地与行为人争夺,而是由于财物与人身依附较紧密而无法放手。在上述情况下,如果行为人立即放弃财物,其暴力行为未危及被害人人身的,仍然以抢夺罪论处;如果行为人未放弃财物,而是强拉硬拽直至财物与被害人分离为止,被害人若不放弃财物就有可能被拉倒地受伤,因而被迫放手的,应当认定为抢劫罪。(3)行为人明知其驾驶车辆强行夺取他人财物的手段会造成他人伤亡的后果,仍然强行夺取并放任造成财物持有人轻伤以上后果的。在具体认定时,可以结合以下因素来进行:其一,行为人所驾驶机动车的速度,速度越快导致被害人伤亡的可能性就越大。其二,被害人的状态,如果被害人本人亦驾驶车辆,则飞车抢夺造成被害人人身伤亡的可能性就更大。其三,被害人财物与人身结合的紧密程度,如抢夺被害人斜挎在肩膀上的包就比挂在一侧的包危险性大。

【指导案例】王跃军、张晓勇抢劫、盗窃案[①]**——"飞车行抢"刑事案件如何定性**

2001年5月10日晚10时许,被告人王跃军、张晓勇经预谋,由王跃军驾驶白色新田125摩托车,张晓勇乘坐,窜至某市万柏林区潇汾街路南自行车道,尾随骑自行车的女青年赵某至千峰北路路口处时,在车速较快的情况下,由张晓勇从自

[①] 参见牛克乾:《王跃军、张晓勇抢劫、盗窃案——"飞车行抢"刑事案件如何定性》,载最高人民法院刑事审判第一庭、第二庭编:《刑事审判参考》(总第41集),法律出版社2005年版,第20—29页。

行车右侧用力抢走赵某肩上挎包,并加速逃离现场,致赵某当场摔倒,重度颅脑损伤死亡,被抢挎包内装有人民币20余元,IC电话卡等物。

在"飞车行抢"并致人伤亡的刑事案件中,由于事发突然,行为过程非常急促、短暂,除非行抢前有过预谋,多数情况下行为人的心理是一种不确定的状态。具体说,对于被害人的伤亡,有的是间接故意心态,如针对被害人脖子上的项链或者斜挎在肩部的挎包,行为人明知高速驾乘摩托车对被害人的贴身财物进行猛拉硬拽,可能会导致被害人倒地受伤,仍然不计后果地实施该行为;有的则是出于过失,如行为人驾车抢被害人自行车筐内的背包,不慎挂住车把致被害人受伤;有的则是意外事件,如行为人驾车猛然抽掉被害人腋下皮包逃跑,被害人追赶慌不择路被车撞伤。可见,"飞车行抢"案件中,行为人对于侵犯财产权利的后果均是持积极追求的心态,但对于侵犯被害人人身权利的后果,多数情况下是一种不确定的心态,直接故意、间接故意和过失三种罪过形式都是可能的,有时甚至可能是意外事件。其中,只有当行为人对于伤亡后果持故意心态(包括直接故意和间接故意)时,才能以抢劫罪定罪处罚。本案中,二被告人经预谋驾驶摩托车尾随骑自行车的被害人,在车速较快的情况下,用力抢夺被害人的右肩挎包,致被害人当场摔倒受伤,送医院抢救无效死亡。二被告人对被害人的死亡结果持放任的间接故意,主观上有侵犯财产权利和人身权利的双重故意,客观上实施了飞车抢夺使被害人不能反抗的强制性夺取财物的行为,并致被害人死亡,二被告人的行为符合抢劫罪的构成要件。

十、14周岁至16周岁的人盗窃时为抗拒抓捕而当场使用暴力能否转化为抢劫罪

(一)裁判规则

关于《刑法》第269条转化型抢劫犯罪规定中的所谓"犯盗窃、诈骗、抢夺罪",是指犯罪还是行为,最高司法机关的观点经历了从"行为说"到"犯罪说"的转变,认为只有已满16周岁具有完全刑事责任能力的人,才有可能构成转化型抢劫罪。对于已满14周岁不满16周岁的人盗窃、诈骗、抢夺他人财物,为窝藏赃物、抗拒抓捕或者毁灭罪证,当场使用暴力,故意伤害致人重伤或者死亡,或者故意杀人的,应当分别以故意伤害罪或者故意杀人罪定罪处罚;如果仅仅致人轻伤或者未致人伤亡的,依法不构成犯罪。

(二)规则适用

我国《刑法》第269条规定:"犯盗窃、诈骗、抢夺罪,为窝藏赃物、抗拒抓捕或者毁灭罪证而当场使用暴力或者以暴力相威胁的,依照本法第二百六十三条的规定定罪处罚。"可以肯定的是,如果行为人已经构成盗窃、诈骗、抢夺罪,当然具备了成立事后抢劫的前提行为。但是,我国《刑法》第17条第2款规定:"已满十四

周岁不满十六周岁的人,犯故意杀人、故意伤害致人重伤或者死亡、强奸、抢劫、贩卖毒品、放火、爆炸、投放危险物质罪的,应当负刑事责任。"可见,已满十四周岁不满十六周岁的人不成立盗窃、诈骗或抢夺罪的主体,那么能否成立转化型抢劫罪的主体呢?对此,"两高"一开始持"行为说",认为既然抢劫罪对数额以及刑事责任年龄没有要求,那么转化型抢劫也不应设置要求。其中,最高人民法院相关业务庭组织编写的《刑事审判参考》在"姜金福抢劫案"中认为,《刑法》第269条当中的所谓"犯盗窃、诈骗、抢夺罪",主要是指盗窃、诈骗、抢夺行为,至于行为人所取得的财物数额是否达到较大,行为人是否达到完全刑事责任年龄则在所不问。①同样,最高人民检察院在《关于相对刑事责任年龄的人承担刑事责任范围有关问题的答复》中指出,"相对刑事责任年龄的人实施了刑法第二百六十九条规定的行为的,应当依照刑法第二百六十三条的规定,以抢劫罪追究刑事责任"。

然而,上述做法和规定显然不当扩大了转化型抢劫罪的成立范围,使得未满16周岁的未成年人以及为偷一个鸡蛋、一棵白菜而反抗的小偷小摸行为都可以转化为抢劫罪。我们知道,抢劫罪属于重罪,不仅对抢劫数额没有要求,已满14周岁未满16周岁的未成年人也可以构成,但转化型抢劫不同于普通抢劫,行为人一开始并没有直接采用暴力或威胁手段实施抢劫的故意,而是希望通过采用秘密窃取、虚构事实隐瞒真相骗取或者趁人不备夺取的方式非法占有他人财物,行为人在主观恶性上要小于普通抢劫犯罪,社会危害性也相对要小。基于罪刑相适应原则的要求,为了防止将危害不大的行为认定为抢劫罪,对转化型抢劫中的"犯盗窃、诈骗、抢夺罪"应当作出一定限制:不仅要求行为人主观上一开始是为了实施盗窃、诈骗、抢夺犯罪,所实施的盗窃、诈骗或者抢夺行为已经达到或接近犯罪的程度,而不能只是一般的违法行为,而且还要求实施盗窃、诈骗、抢夺犯罪的行为人已经达到完全刑事责任年龄,不包括已满14周岁未满16周岁的未成年人。对此,最高人民法院在《关于审理未成年人刑事案件具体应用法律若干问题的解释》第10条第1款中又规定:"已满十四周岁不满十六周岁的人盗窃、诈骗、抢夺他人财物,为窝藏赃物、抗拒抓捕或者毁灭罪证,当场使用暴力,故意伤害致人重伤或者死亡,或者故意杀人的,应当分别以故意伤害罪或者故意杀人罪定罪处罚。"该规定严格限缩了相对刑事责任年龄的人实施此类行为的处罚范围,处罚罪名上也不以抢劫罪论处,体现了刑法对未成年人犯罪从宽处罚的立法精神。《关于审理未成年人刑事案件具体应用法律若干问题的解释》第10条第2款进一步规定:"已满十六周岁不满十八周岁的人犯盗窃、诈骗、抢夺罪,为窝藏赃物、抗拒抓捕或者毁灭罪证而当场使用暴力或者以暴力相威胁的,应当依照刑法第二百六十九条的规定定罪处罚;情节轻微的,可不以抢劫罪定罪处罚。"也就是说,只有已满16

---

① 参见陈建明、汪鸿滨:《姜金福抢劫案——不满16周岁的人犯抢夺罪为抗拒抓捕当场实施暴力致人轻伤的如何处理》,载最高人民法院刑事审判第一庭、第二庭编:《刑事审判参考》(总第28辑),法律出版社2002年版,第50页。

周岁具有完全刑事责任能力的人,才有可能构成转化型抢劫罪,以抢劫罪定罪量刑。可见,最高人民法院发布实施的上述司法解释抛弃了"行为说"而改持"犯罪说",认为《刑法》第 269 条规定的前提是行为人的先行行为已经构成盗窃罪、诈骗罪、抢夺罪。根据刑法的相关规定,已满 14 周岁不满 16 周岁的未成年人,依法对盗窃罪不负刑事责任,因此,不符合转化型抢劫罪的主体要件。

【指导案例】姜金福抢劫案①——不满 16 周岁的人犯抢夺罪为抗拒抓捕当场实施暴力致人轻伤的如何处理

被告人姜金福,男,1986 年 6 月 30 日生。因涉嫌犯抢劫罪,于 2002 年 3 月 27 日被逮捕。上海市长宁区人民法院依法经不公开审理查明:2002 年 3 月 13 日晚 7 时许,被告人姜金福在上海市浦东新区阳光三村崮山路西大门附近,乘被害人不备,抓住被害人孙焱的左手腕,抢夺得被害人孙焱手中的三星牌 388 型移动电话 1 部,价值人民币 3777 元。之后,姜金福乘出租车逃跑,被害人孙焱亦乘出租车紧追其后。至浦东新区张扬路、巨野路路口时,姜金福下车继续逃跑,并用路旁的水泥块砸向协助抓捕的出租车驾驶员严安源头面部,致严安源头面部多处软组织挫伤,鼻骨骨折,经鉴定,该伤属轻伤。

上海市长宁区人民法院认为,被告人姜金福以非法占有为目的,乘人不备,公然夺取他人财物,价值人民币 3000 余元,数额较大;姜金福在逃跑途中,为抗拒抓捕而实施暴力,将协助抓捕的人员砸成轻伤,其行为已构成抢劫罪,依法应予处罚。鉴于被告人姜金福犯罪时不满 16 周岁,系初犯,案发后认罪悔罪态度较好,故依法予以减轻处罚。公诉机关的指控事实清楚,证据确凿,指控成立,应予支持。依照《刑法》第 269 条、第 263 条、第 17 条第 2 款、第 3 款、第 53 条、第 64 条之规定,于 2002 年 7 月 12 日判决:姜金福犯抢劫罪,判处有期徒刑 1 年 6 个月,并处罚金人民币 500 元。一审宣判后,在法定期限内,被告人未上诉,公诉机关也未提出抗诉,判决已发生法律效力。

【指导案例】王伟华抢劫案②——已满 14 周岁不满 16 周岁的未成年人,能否成为转化型抢劫罪的犯罪主体

2010 年 9 月 29 日 12 时 40 分许,被告人王伟华窜至乐山城区"莱佛士地景"

---

① 参见陈建明、汪鸿滨:《姜金福抢劫案——不满 16 周岁的人犯抢夺罪为抗拒抓捕当场实施暴力致人轻伤的如何处理》,载最高人民法院刑事审判第一庭、第二庭编:《刑事审判参考》(总第 28 辑),法律出版社 2003 年版,第 47—52 页。

② 参见杨明:《王伟华抢劫案——已满十四周岁不满十六周岁的未成年人,能否成为转化型抢劫罪的犯罪主体》,载最高人民法院刑事审判第一、二、三、四、五庭主办:《刑事审判参考》(总第 86 集),法律出版社 2013 年版,第 35—39 页。

18幢×单元×楼时,发现该处住户戴本清家房门虚掩,遂潜入该住户房内盗得项链两根、项链坠一个,后被戴本清发现并将其挡在户内。王伟华为达到逃离现场的目的,当场将戴本清头部、手部咬伤后挣脱逃出房间至该小区正门入口时,被该小区保安人员挡获。小区保安人员从其鞋内搜出项链两根、项链坠一个。公安人员接到报警后赶到现场将王伟华抓获归案。经鉴定,王伟华窃得的项链两根、项链坠一个共价值人民币 2728 元。

法院审理后认为,被告人王伟华在入户盗窃数额较大的公私财物后,为抗拒抓捕而当场使用暴力的行为事实清楚,证据确实、充分,其行为符合转化型抢劫罪的客观构成要件。其实施被指控的犯罪时已满 14 周岁不满 16 周岁,根据《刑法》第 17 条第 2 款的规定,其对盗窃行为不负刑事责任;根据《刑法》第 263 条、第 269 条和最高人民法院《关于审理未成年人刑事案件具体应用法律若干问题的解释》第 10 条第 1 款之规定,已满 14 周岁不满 16 周岁的未成年人,不管在何种情况下,均不能适用《刑法》第 269 条的规定构成转化型抢劫罪,故其盗窃后为抗拒抓捕而当场使用暴力的行为不构成抢劫罪。其后续暴力行为属故意伤害行为,因该行为未致人重伤或死亡,不构成故意伤害罪,故被告人王伟华对此不负刑事责任。

十一、盗窃未遂或未达数额较大,为抗拒抓捕而当场使用暴力的,能否构成抢劫罪

(一) 裁判规则

《刑法》第 269 条转化型抢劫罪所规定的"犯盗窃、诈骗、抢夺罪",是指行为人有实施盗窃、诈骗、抢夺的故意,并已经着手实施,而并不要求上述行为事实上已经构成犯罪,更不要求达到既遂形态。即使是盗窃等未遂的,或者行为所指向的财物价值未达到数额较大标准,但为窝藏赃物等而当场使用暴力或者以暴力相威胁,情节严重的,也应认定为转化型抢劫罪。当然,如果行为人所涉财物数额明显低于"数额较大"标准的,则只有存在《两抢意见》第 5 条所列五种情节之一时,才可以转化为抢劫罪。

(二) 规则适用

我国《刑法》第 269 条规定:"犯盗窃、诈骗、抢夺罪,为窝藏赃物、抗拒抓捕或者毁灭罪证而当场使用暴力或者以暴力相威胁的,依照本法第二百六十三条的规定定罪处罚。"当行为人盗窃、诈骗、抢夺的财物数额较小时,出于抗拒抓捕等目的而当场使用暴力或者以暴力相威胁的,能否认定为转化型抢劫罪?对此,理论界存在多种观点:第一种观点认为,由于刑法要求盗窃等行为所获得的财物达到数额较大时才能成立犯罪,故也只有当行为人取得的财物数额较大时,才能成立转化型抢劫罪。第二种观点认为,抢劫罪的成立不以数额较大为前提,转化型抢劫属于抢劫罪,故同样不应要求先前的盗窃等行为达到数额较大,盗窃少量财物仍然可以成立转化型抢劫罪。笔者认为,对于"犯盗窃、诈骗、抢夺罪",既不能理解为是指行为人实际获得的财物必须达到数额较大的标准,也不能根本不考虑行为人主观上的意图和可能非法获得财物的数额大小。因为转化型抢劫罪中的"犯……罪",表明行为人主观上系出于一种犯罪的故意,即具有盗窃、诈骗、抢夺数额较大财物的故意,故行为人所实施的盗窃、诈骗、抢夺行为,尽管最终并不要求行为人实际获取的财物达到数额较大,但应当具有取得数额较大财物的危险性,而不能是社会危害性较小的一般行政违法行为。①

当然,由于行为人实施转化型抢劫罪在主观恶性上毕竟要小于普通抢劫罪,如果涉案财物的数额明显低于"数额较大"标准时,即如果行为人只有一般行政违法的故意与行为(如小偷小摸行为),则只有存在《两抢意见》第 5 条所列五种严重情节之一时,才可以成立转化型抢劫罪。对此,《两抢意见》第 5 条规定:"行为人实施盗窃、诈骗、抢夺行为,未达到'数额较大',为窝藏赃物、抗拒抓捕或者毁灭罪证当场使用暴力或者以暴力相威胁,情节较轻、危害不大的,一般不以犯罪论处;但具有下列情节之一的,可依照刑法第二百六十九条的规定,以抢劫罪定罪处罚:(1)盗窃、诈骗、抢夺接近'数额较大'标准的;(2)入户或在公共交通工具上盗窃、诈骗、抢夺后在户外或交通工具外实施上述行为的;(3)使用暴力致人轻微伤以上后果的;(4)使用凶器或以凶器相威胁的;(5)具有其他严重情节的。"此后最高人民法院 2016 年 1 月 6 日发布的《关于审理抢劫刑事案件适用法律若干问题的意见》在总结司法实践经验的基础上,对"数额"进行了调整,将"未达到数额较大"修改为"明显低于数额较大"作为不以抢劫罪处罚的前提条件。根据《关于审理抢劫刑事案件适用法律若干问题的意见》第 3 条的规定,"犯盗窃、诈骗、抢夺罪,为窝藏赃物、抗拒抓捕或者毁灭罪证而当场使用暴力或者以暴力相威胁的",依照抢劫罪定罪处罚。"犯盗窃、诈骗、抢夺罪",主要是指行为人已经着手实施盗窃、诈骗、抢夺行为,一般不考察盗窃、诈骗、抢夺行为是否既遂。但是所涉财物数额明显低于"数额较大"的标准,又不具有《两抢意见》第五条所列五种情节之一的,不构成抢劫罪。

【指导案例】王国清等抢劫、故意伤害、盗窃案②——转化型抢劫罪的法律适用

2000 年 7 月 23 日 8 时许,被告人王国清、李中保、李德玉在北京市海淀区颐和园东宫门售票处商定,由李德玉负责望风,王国清、李中保混入购票的人群中行

---

① 当然,尽管诈骗罪、抢夺罪的成立均要求以数额较大为前提,但在盗窃场合,多次盗窃、入户盗窃、携带凶器盗窃以及在公共场所扒窃四种类型的行为成立盗窃罪,并不要求达到数额较大,故行为人只要实施上述四种行为,就符合了"犯盗窃罪"的条件。

② 参见刘树德、刘香:《王国清等抢劫、故意伤害、盗窃案——转化型抢劫罪的法律适用》,载最高人民法院刑事审判第一庭、第二庭编:《刑事审判参考》(总第 13 辑),法律出版社 2001 年版,第 15—23 页。

窃。王国清、李中保窃得游客曹某价值人民币1595元的手机1部,欲逃离现场时被发现。公安民警袁时光与在场群众张林、何琦即上前抓捕。当袁时光等人追赶王国清等人至颐和园东宫门邮电局附近时,王国清掏出随身携带的尖刀刺破袁时光腹主动脉,致袁时光因急性失血性休克死亡;将张林右臂及左胸刺伤,构成轻伤;将何琦右前胸刺伤,构成轻微伤。

本案中,三被告人的最初犯意是实施盗窃行为,后因抗拒抓捕而当场使用了暴力,在认定三被告人构成转化型抢劫罪时是否要求其盗窃的财物达到"数额较大"?对此,参照1998年3月16日"两高"《关于如何适用刑法第一百五十三条①的批复》的规定,即"在司法实践中,有的被告人实施盗窃、诈骗、抢夺行为,虽未达到'数额较大',但为窝藏赃物、抗拒逮捕或者毁灭罪证而当场使用暴力或者以暴力相威胁,情节严重的,可按照刑法第一百五十三条的规定,依照刑法第一百五十条②抢劫罪处罚……如果使用暴力或以暴力相威胁情节不严重、危害不大的,不认为是犯罪。"据此,尽管盗窃、诈骗、抢夺财物的数额是否达到较大,并不影响抢劫罪的成立,但这并不意味着对作为转化型抢劫罪前提的"盗窃、诈骗、抢夺罪"没有任何要求。如果前行为仅仅是一般行政违法行为(如小偷小摸),那么,除了具有《两抢意见》第5条所列五种情节之一的,通常不构成转化型抢劫罪。本案中,王国清在被抓捕过程中,持尖刀捅刺多人,致人伤亡,尽管盗窃的数额明显低于数额较大的标准,也应当认定为转化型抢劫罪。

【指导案例】穆文军抢劫案③——盗窃未遂为抗拒抓捕而当场使用暴力能否构成抢劫罪

2004年1月16日21时许,被告人穆文军在上海至贵阳的L157次旅客列车的6号车厢内,盗窃一名身着红色衣服的女性旅客的财物,因被该旅客的同行人发现而未得逞;而后穆文军又盗窃另一名旅客的财物,刚将手伸进挎包内时就被周围旅客发现,列车上的旅客即对其进行抓捕。穆文军为了逃跑便拔出随身携带的匕首威胁上前抓捕的旅客,并将旅客李选平的右手指刺伤,经法医鉴定为轻微伤。

转化型抢劫中的"犯盗窃、诈骗、抢夺罪"主要是指行为人着手实施了盗窃、诈骗、抢夺行为,无需考查上述行为是否已经既遂。因此,只要行为人主观上具有盗窃、诈骗、抢夺数额较大财物的故意,客观上具有取得较大数额财物的可能性,不

---

① 即1997《刑法》第269条。
② 即1997《刑法》第263条。
③ 参见杨才清:《穆文军抢劫案——盗窃未遂为抗拒抓捕而当场使用暴力能否构成抢劫罪》,载最高人民法院刑事审判第一庭、第二庭编:《刑事审判参考》(总第41集),法律出版社2005年版,第8—13页。

论最终取得的财物数额大小,也不论是否既遂,都符合"犯盗窃、诈骗、抢夺罪"的条件。本案中,被告人穆文军在旅客列车上针对旅客的挎包实施盗窃行为,主观上显然是出于犯盗窃罪的故意,而且客观上具有取得数额较大财物的可能性,其在盗窃时被周围旅客发现,为抗拒抓捕而持匕首刺伤他人,尽管未实际窃得财物,但并不影响将其行为认定为"犯盗窃罪,为抗拒抓捕而使用暴力",根据《刑法》第269条之规定,应认定为转化型抢劫罪。

【指导案例】陈金剑抢劫案①——小偷小摸行为能否转化为抢劫

2005年3月26日,被告人陈金剑驾驶汽车在公路边发现一只黄狗,即将事先准备好的拌有毒药的碎骨头扔给狗吃,欲将狗毒死后卖给他人。黄狗被毒死后,陈金剑下车捡拾,被黄狗的主人发现,即上前揪住被告人陈金剑,陈挣脱后跳上汽车逃跑。徐某抄近路在公路上拦车。陈金剑发现被害人拦车后,一边鸣喇叭一边继续前行,将被害人撞倒后逃逸。被害人经抢救无效于当日死亡,黄狗的价值经鉴定为150元。

法院经审理后认为,根据《两抢意见》第5条的规定,行为人实施盗窃、诈骗、抢夺行为,未达到"数额较大",为窝藏赃物、抗拒抓捕或者毁灭罪证当场使用暴力或者以暴力相威胁,情节较轻、危害不大的,一般不以犯罪论处;但具有"使用暴力致人轻微伤以上后果的情节之一的,可依照《刑法》第269条的规定,以抢劫罪定罪处罚,可见,在转化型抢劫犯罪中,先行的盗窃行为并不要求数额较大,只要具备法定条件,不论数额较大均可转化。在本案中,被告人陈金剑所盗窃的黄狗价值虽然只有150元,属于未达数额较大的情形,但是其为了抗拒他人的抓捕,驾驶汽车将他人撞死,显然符合上述司法解释中"使用暴力致人轻微伤以上后果的"的情形,因而构成转化型抢劫罪。为此,法院以抢劫罪对被告人陈金剑定罪量刑是正确的。需要指出的是,在本案审理之后,最高人民法院于2016年1月6日发布的《关于审理抢劫刑事案件适用法律若干问题的指导意见》对"数额"进行了调整,将"未达到数额较大"修改为"明显低于数额较大"作为不以抢劫罪处罚的前提条件。据此,对本案陈金剑的行为更加应当认定为转化型抢劫罪。

十二、在盗窃等过程中为取财而直接使用暴力的是否属于转化型抢劫

(一)裁判规则

《刑法》第269条转化型抢劫罪中,行为人使用暴力的目的并不是为了非法占有财物。如果行为人在盗窃、诈骗、抢夺过程中,在尚未取得财物之前,为防止被财物所有人或者保管人发现,当场使用暴力或以暴力相威胁;或者在被发现之后,

---

① 参见聂昭伟:《小偷小摸行为不能转化为抢劫》,载《人民司法·案例》2007年第1期。

为继续非法占有财物而当场使用暴力或以暴力相威胁的,应直接适用《刑法》第263条以抢劫罪定罪处罚,而不应适用《刑法》第269条认定为转化型抢劫罪。

(二)规则适用

司法实践中,行为人在实施盗窃、诈骗、抢夺过程中或者上述行为实施终了以后使用暴力或以暴力相威胁的情形,主要有以下几种:

1. 盗窃、诈骗、抢夺行为实施终了以后,行为人出于灭口、报复等动机而伤害、杀害被害人。这种情形实践中一般不存在争议,如果行为人实施的盗窃、诈骗、抢夺行为构成犯罪的,因其行为同时符合两个犯罪的构成要件,应以故意伤害、故意杀人罪和盗窃、诈骗、抢夺罪数罪并罚。

2. 在盗窃、诈骗、抢夺过程中,在非法占有公私财物之前,为防止被财物所有人或者保管人察觉,当场使用暴力或以暴力相威胁;或者在被发现之后,为继续非法占有财物而当场使用暴力或以暴力相威胁的,是直接适用《刑法》第263条以抢劫罪定罪处罚,还是适用《刑法》第269条的规定按转化型抢劫罪处理?笔者认为,行为人在实施盗窃、诈骗、抢夺过程中被发现等情况的发生,完全属于意志以外的原因,行为人必然意识到其已不可能继续通过上述方式达到非法占有他人财物的目的,此时无论其选择逃跑还是改变犯罪手段以继续实现非法占有他人财物的目的,其实施的前期行为业已未遂。如果行为人为排除被害人的反抗转而对被害人实施暴力或以暴力相威胁,从而达到非法强行占有他人财物的目的,则属于犯意转化,其后续行为完全符合《刑法》第263条典型的抢劫罪的构成要件,不宜认定为转化型抢劫罪。对于上述情形,无需以盗窃、诈骗、抢夺罪(未遂)和抢劫罪数罪并罚,而应适用吸收犯的处罚原则,即既遂行为吸收未遂行为,重罪吸收轻罪,直接适用《刑法》第263条以抢劫罪定罪处罚,而无需适用《刑法》第269条认定为转化型抢劫认定。

【指导案例】朱永友抢劫案①——在盗窃过程中使用暴力的以及抢劫后为抗拒抓捕使用暴力致人伤亡的如何定性

1999年6月,被告人朱永友伙同韩滨预谋盗窃,经朱永友事先"踩点",二人商定到被害人叶剑家盗窃。同月23日凌晨2时许,朱、韩二人持刀到江苏省连云港市新浦区新站街福利一路18号的叶剑住处,翻墙入院,进入房内。二人正欲盗窃时,发现了正在室内休息的叶剑夫妇,为防止被叶剑夫妇察觉,朱永友即持刀向叶剑颈部、身上乱刺,韩滨则用毛巾捂叶剑之妻聂丹妮的嘴,并用刀对聂乱刺。因聂反抗并大声呼救,二人仓皇分散逃跑。韩滨在逃离时,还对闻讯赶来的聂学军腹

---

① 参见叶巍、高军:《朱永友抢劫案——在盗窃过程中使用暴力的直接适用刑法第二百六十三条以抢劫罪定罪处罚》,载最高人民法院刑事审判第一庭、第二庭编:《刑事审判参考》(总第41集),法律出版社2005年版,第14—19页。

部猛刺一刀。

本案被告人朱永友在盗窃过程中，由于担心其盗窃行为被正在熟睡的被害人发现而当场使用暴力，导致一人重伤、一人轻微伤，其主观目的并非为了窝藏赃物、抗拒抓捕或者毁灭罪证，而是为了非法强行占有被害人财物。换言之，朱永友的主观犯意已由秘密窃取公私财物转化为当场使用暴力手段劫取公私财物，已构成了抢劫罪，而不需要适用《刑法》第269条的规定按转化型抢劫罪处理。那么，对于抢劫后为抗拒抓捕而当场使用暴力故意伤害他人的行为，是否实行数罪并罚呢？对此，刑法和有关司法解释并没有明确规定。笔者认为，对于抢劫后为抗拒抓捕而实施暴力，致人伤亡的，不仅没有必要，也没有理由进行刑法上的再次评价，仍应按抢劫罪一罪定罪处罚。行为人前后实施的两次暴力行为，完全可以看作同一抢劫过程的两个不同阶段，都是服从和服务于非法占有他人财物这一犯罪目的的。因此，法院最终对韩滨以抢劫罪一罪定罪处罚是正确的。

【指导案例】龚文彬等抢劫、贩卖毒品案[①]**——诈骗未得逞后以暴力手段取得财物的如何定性**

被告人赵红、龚文彬、刘旭、王显高等人结伙，在浙江省瑞安市以摆摊摸奖的方式设局诈骗钱财，且事先明确如果"摸奖"的人不愿交出钱款，即围住胁迫对方交付。2008年4月30日早晨，被害人陈春良"摸奖"发现被骗后不愿交付钱款，龚文彬等人即将陈围住迫使陈春良交出了240元人民币。陈春良遂从自行车上取下一个装有切料刀具的袋子挥打反击，龚文彬、王显高及张飞夺下袋子，并从袋子里各取出一把刀具，伙同刘旭持随身携带的铁棍共同殴打陈春良。其中，龚文彬持刀朝陈春良左大腿砍了一刀，致陈左股动脉、左股静脉断裂大出血而死亡。

区分《刑法》第263条的抢劫罪与第269条的转化型抢劫罪，关键在于行为人的主观方面。普通抢劫罪中行为人当场实施暴力或者以暴力相威胁的行为具有不法占有他人财物的目的，而转化型抢劫罪中行为人当场实施暴力或者以暴力相威胁的目的，是为了"窝藏赃物、抗拒抓捕或者毁灭罪证"。据此，如果行为人不是在"窝藏赃物、抗拒抓捕或毁灭罪证"的目的支配下实施暴力或者以暴力相威胁的，则不能构成转化型抢劫罪。比如，行为人在盗窃、诈骗、抢夺过程中被发现后，为排除妨碍进而占有财物而实施暴力或者以暴力相威胁的，应直接认定构成《刑法》第263条的普通抢劫罪。本案中，各被告人在实施诈骗过程中，被害人发现被骗不愿交付钱款，各被告人即上前围住并胁迫对方交付钱款，此时各被告人以暴

---

① 参见聂昭伟：《龚文彬等抢劫、贩卖毒品案——诈骗未得逞后以暴力手段取得财物的如何定性》，载最高人民法院刑事审判第一、二、三、四、五庭主办：《刑事审判参考》（总第70集），法律出版社2010年版，第60—65页。

力相威胁的目的是从被害人处获得财物,而不是为了"窝藏赃物、抗拒抓捕、毁灭罪证",故各被告人不具备转化型抢劫罪的主观要件,而是符合抢劫罪的主观要件,应以《刑法》第263条的抢劫罪来认定。

【指导案例】庄保金抢劫案①——入室盗窃被事主发觉当场使用暴力的,应当如何认定

1998年7月30日上午,被告人庄保金向江西省永丰县龙冈镇供销社江上分店承包人罗继永赊购一包肥料,遭罗拒绝,即产生晚上去罗继永店内盗窃的念头。当日23时许,庄保金溜进罗继永店内,躲在柜台后面。罗继永关门熄灯睡觉后,庄保金从柜台后面出来准备行窃,经过罗继永身旁,被惊醒的罗继永发现。罗抓住其右脚,庄保金从地上摸起一块砖头朝罗继永头部猛砸数下,致罗颅骨骨折、脑组织损伤而死亡。而后庄保金打开罗继永店内的办公桌抽屉,劫得现金人民币2300元后逃离现场。

法院经审理认为:被告人庄保金深夜潜入罗继永商店行窃,被罗发现后当场使用暴力致罗死亡的行为,已构成抢劫罪。庄保金是在盗窃过程中使用暴力,且使用暴力的目的是为了排除财物所有人的妨碍进而占有财物,应当直接以《刑法》第263条认定为抢劫罪,而不能适用《刑法》第269条以转化型抢劫罪来认定。因庄保金实施犯罪的地点又是罗继永的住所,庄保金是夜间进入作案,故对庄保金应同时认定为"入户抢劫"。

十三、转化型抢劫罪中为了杀人灭口而使用暴力的如何定性

(一)裁判规则

行为人在完成盗窃、诈骗、抢夺行为之后,出于报复、灭口等动机而杀害、伤害财物所有人或管理人的,不能转化为抢劫罪,而应当以故意伤害罪、故意杀人罪,与之前的盗窃罪、诈骗罪、抢夺罪进行并罚。

(二)规则适用

根据《刑法》第269条的规定,在盗窃过程中实施暴力,转化为抢劫的情形,要求行为人在主观目的方面必须是为了"窝藏赃物、抗拒抓捕或者毁灭罪证"。所谓窝藏赃物,是指保护已经取得的赃物不被追回;所谓抗拒抓捕,是指拒绝司法人员的拘捕或公民的扭送;所谓毁灭罪证,是指毁坏、消灭本人犯罪证据。如果行为人并非出于上述目的而实施暴力或者以暴力相威胁,就不能认定为转化型抢劫罪。

---

① 参见任卫华:《庄保金抢劫案——犯罪嫌疑人一经传唤即如实供认犯罪事实的可否认定为自首》,载最高人民法院刑事审判第一庭编:《刑事审判参考》(总第8辑),法律出版社2000年版,第18—23页。

例如,行为人在实施盗窃、诈骗、抢夺过程中,遭到被害人的反抗,为了排除障碍当场取得财物而使用暴力或者以暴力相威胁的,不能转化为抢劫罪,而应当直接以《刑法》第263条规定的抢劫罪定罪处罚。同样,行为人在完成盗窃、诈骗、抢夺行为之后,出于报复、灭口等动机而杀害、伤害财物所有人或管理人的,也不能转化为抢劫罪,而应当以故意伤害罪、故意杀人罪,与之前的盗窃罪、诈骗罪、抢夺罪进行并罚。对此,2001年5月23日最高人民法院发布的《关于抢劫过程中故意杀人案件如何定罪问题的批复》中规定:"行为人为劫取财物而预谋故意杀人,或者在劫取财物过程中,为制服被害人反抗而故意杀人的,以抢劫罪定罪处罚。行为人实施抢劫后,为灭口而故意杀人的,以抢劫罪和故意杀人罪定罪,实行数罪并罚。"根据上述规定,普通抢劫罪中,行为人如果是出于杀人灭口而实施暴力行为的,应当数罪并罚;同样,在转化型抢劫罪中,行为人如果出于杀人灭口而实施暴力行为的也应当数罪并罚。需要注意的是,根据禁止重复评价原则,对于行为人的同一犯罪事实,不能援用不同的构成要件重复论罪。在杀人行为已经被单独评价为故意杀人罪之后,不能再将该行为与之前的盗窃等行为结合起来认定为抢劫罪,对之前的盗窃等行为只能单独进行评价。

【指导案例】肖明明故意杀人案①——在盗窃过程中为灭口杀害被害人的应如何定性

2007年2月2日7时许,被告人肖明明至本村张志海家盗窃财物,当其从张志海家西屋衣柜中翻找财物时,将在床上睡觉的张蕊(女,14周岁)惊醒,肖明明恐事情败露,遂起杀人之念,即上前将张蕊按倒在地上,双手猛掐张蕊的脖子,致张蕊昏迷,后肖明明将张蕊拖到东屋,用菜刀切、割张蕊颈部,致张蕊大失血死亡。

《刑法》第269条规定,在盗窃过程中实施暴力转化为抢劫的情形,要求行为人在主观目的方面必须是为了"窝藏赃物、抗拒抓捕或者毁灭罪证"。本案中,被告人肖明明与被害人系邻居,彼此互相熟识;被害人系年仅14岁的弱小女孩,并无抓捕被告人的意思和能力;根据被告人的供述,其杀人的原因就是担心被害人将其盗窃的事情说出去,意图杀人灭口。综合上述情况,可见肖明明的杀人目的是非常明确的,其实施暴力的主观目的已不是为了强行劫走财物,而是单纯地为了剥夺他人的生命,具有杀人的故意而非抢劫的故意,不符合《刑法》第269条规定的转化型抢劫罪的目的要件,应以故意杀人罪定罪处刑。在杀人行为已经被单独评价为故意杀人罪之后,根据禁止重复评价原则,不能再将其与之前的盗窃行为结合起来认定为抢劫罪,而只能对盗窃行为进行单独评价。

---

① 参见陈兴良、张军、胡云腾主编:《人民法院刑事指导案例裁判要旨通纂》(上下卷·第二版),北京大学出版社2018年版,第1124页。

【指导案例:】赵东波、赵军故意杀人、抢劫案①——预谋并实施抢劫及杀人灭口行为的应如何定性

2006年8月8日晚,被告人赵东波、赵军预谋抢劫电动三轮车,并商定将司机杀死灭口。当晚11时许,赵东波携带木棍伙同赵军在天津市蓟县城关镇征程网吧门口,租乘被害人高新驾驶的电动三轮出租车。当车行驶至蓟县泗溜镇郑各庄村北公路时,赵东波持木棍猛击高新头部,高新弃车沿公路逃跑。赵东波、赵军二人追上高新将其打倒在路边的渠沟内,赵军捡来石头砸高新。赵东波、赵军逼高新交出数十元现金后,脱下高新的上衣将其捆绑在树上。高新挣脱后又逃跑,赵东波追上后将高新摔倒在地,赵东波、赵军二人分别猛掐高新颈部,赵军捡来一块混凝土块,猛砸高新的头、胸、腹等部位,致高新死亡。赵东波、赵军二人驾驶劫取的电动三轮车(价值人民币3000元)逃离现场。

关于在抢劫过程中实施杀人行为如何定性问题,《关于抢劫过程中故意杀人案件如何定罪问题的批复》规定"行为人为劫取财物而预谋故意杀人,或者在劫取财物过程中,为制服被害人反抗而故意杀人的,以抢劫罪定罪处罚。行为人实施抢劫后,为灭口而故意杀人的,以抢劫罪和故意杀人罪定罪,实行数罪并罚"。从形式上看,该批复似乎是以杀人故意产生的阶段来确定罪名的,但实际上罪名的认定与杀人故意产生的时间并无关系,而是取决于实施杀人行为的目的。在抢劫过程中,如果杀人行为系为了制服被害人反抗劫取财物,认定为抢劫罪的加重情节即可;反之,如果并非为了制服被害人反抗劫取财物而杀人,杀人行为就独立于抢劫罪,应当以独立的故意杀人罪来认定。本案中,两被告人具有两个犯意,并先后实施了抢劫和杀人灭口两个行为。首先,两被告人预谋抢劫并杀人灭口,即杀人的目的是为了灭口而非劫取财物。其次,从本案抢劫的实际过程来看,两被告人在对被害人实施暴力行为后,被害人即放弃财物逃跑,如果两被告人只是为了劫财,完全可以任由被害人逃跑,但两被告人一次又一次地将被害人追回,并继续实施殴打,显然不是为了排除障碍以劫取财物,而是为了实现之前预谋的杀人灭口行为。因此,对两被告人应当以抢劫罪和故意杀人罪进行并罚。

十四、转化型抢劫罪中对"暴力"行为的强度是否具有一定的要求

(一)裁判规则

行为人在实施盗窃、诈骗、抢夺罪的过程中,在现场或者刚离开现场即被他人

---

① 参见黄应生、戴忠华:《赵东波、赵军故意杀人、抢劫案——预谋并实施抢劫及杀人灭口行为的应如何定性》,载最高人民法院刑事审判第一、二、三、四、五庭主办:《刑事审判参考》(总第64集),法律出版社2009年版,第24—28页。

发现,在受到追捕或者围堵的情况下使用暴力或以暴力相威胁的,并非一律转化为抢劫罪,而是具有一定程度的要求,即应以被害人不敢抓捕或者不能抓捕为限。如果行为人不具有伤害意图,只是为摆脱和逃跑而推推搡搡,没有造成轻伤以上后果的,可不认定为使用暴力,不以抢劫罪定罪处罚。

(二) 规则适用

根据《两抢意见》第5条和《关于审理抢劫刑事案件适用法律若干问题的指导意见》第3条的规定,对转化型抢劫罪的暴力行为程度是有一定要求的。第一种情形是,行为人为抗拒抓捕等而当场主动使用暴力或者以暴力相威胁,未造成轻微伤以上后果的,而且盗窃等亦未达到"数额较大"标准,一般不认定为转化型抢劫罪。第二种情形是,即使达到"数额较大",但行为人并未主动使用暴力,而只是以被动摆脱的方式逃脱抓捕,暴力强度较小,未造成轻伤以上后果的,可不认定为"使用暴力",不以抢劫罪论处。由上可知,第一种情形是主动使用暴力行为,而第二种情形是被动实施摆脱行为,二者所体现出来的行为人的主观恶性和行为的社会危害性是完全不同的,因而对暴力程度不明显的摆脱行为提高了入罪的门槛,即以造成轻伤以上后果为依据。对此,《关于审理抢劫刑事案件适用法律若干问题的指导意见》第3条第2款明确规定:"对于以摆脱的方式逃脱抓捕,暴力强度较小,未造成轻伤以上后果的,可不认定为'使用暴力',不以抢劫罪论处。"

实施盗窃等行为被人发现之后,行为人所有的暴力行为都是为了逃脱抓捕,那么在何种情况下属于《关于审理抢劫刑事案件适用法律若干问题的指导意见》中规定的情形,可不以抢劫罪论处呢? 笔者认为,可以从以下几个方面来进行区分:(1)使用暴力抗拒抓捕是犯罪分子主动使用暴力,对被害人或者抓捕人故意实施撞击、殴打、伤害等具有一定强度的危及人体健康和生命安全的行为;而以摆脱的方式逃脱抓捕,是被动使用暴力摆脱行为。也就是说,为抗拒抓捕而采取的暴力行为,其主观上的主动性强,且对抓捕人的威胁程度较大,因其暴力的主动性,也非常容易使抓捕人受到伤害。而以摆脱的方式使用暴力,行为人的目的只是想逃脱抓捕,未主动采用暴力行为抗拒抓捕,即未主动使用暴力让被害人不能或者不敢继续实施抓捕行为,一般情况下对抓捕人的人身危害不大,不会造成轻伤以上后果。(2)从暴力的程度来看,转化型抢劫与普通抢劫虽然认定性质相同,但行为人的主观恶性和行为动机毕竟不同,行为人最初目的是盗窃、诈骗、抢夺,为窝藏赃物、抗拒抓捕或者毁灭罪证才使用暴力或者以暴力相威胁,因此对其暴力程度应当有所限制,应以被害人不敢抓捕或者不能抓捕为限。如果行为人不具有伤害意图,只是为摆脱和逃跑而推推搡搡,没有造成轻伤以上后果的,则可不认定为使用暴力,不以抢劫罪定罪处罚。如此处理,有效区分了主动使用暴力和被动摆脱行为之间的罪责差异,符合罪刑相适应原则的要求。

【指导案例】金丽蕉抢劫案①——如何区分"抗拒抓捕"与"摆脱抓捕"

2014年12月18日晚上11时30分许,被告人金丽蕉携带手电筒等工具窜至浙江省平阳县顺溪镇顺溪村的吴冬兰家,趁吴冬兰在一楼前间睡觉之机,潜至二楼后间并打开衣柜翻找,盗取人民币1000元。然后,金丽蕉在下楼梯时被惊醒的吴冬兰发现,吴冬兰起身上前抱住妄图逃跑的金丽蕉,金丽蕉奋力挣脱未果,就从随身携带的包里掏出一把用布包裹的工具朝吴冬兰的左脸拍打,致吴冬兰摔倒在地,其左手背在抵挡时被该工具划伤出血,金丽蕉趁机从一楼后间跳窗逃跑。

法院经审理认为,被告人金丽蕉以非法占有为目的,入户秘密窃取他人财物,其行为已触犯刑律,构成盗窃罪。因金丽蕉盗窃后以摆脱的方式逃脱抓捕,暴力强度较小,未造成被害人轻伤以上后果,故不宜认定为"使用暴力",不以抢劫罪论处。公诉机关指控被告人金丽蕉入户盗窃被发现后为抗拒抓捕而当场使用暴力,构成抢劫罪不妥,不予支持。辩护人辩称被告人金丽蕉盗窃后实施暴力致使被害人受伤的证据不足,不予采纳。据此,依照《刑法》第264条、第64条之规定,以盗窃罪,判处被告人金丽蕉有期徒刑2年,并处罚金人民币2000元。

【指导案例】尹林军、任文军盗窃案②——盗窃后为抗拒抓捕实施暴力程度不明显的摆脱行为,能否认定为"转化型抢劫"

2012年11月,被告人尹林军、任文军预谋共同入户盗窃。同月12日10时许,尹林军、任文军撬开甘肃省天水市麦积区永生家园6号楼×单元×室的防盗门,窃取黄金手镯1只(价值人民币9864元),OMEGA女式手表1块(价值人民币500元),BALLY女式手表1块(价值人民币500元)和现金人民币600元。其间,被害人陈金林返回家中,发现了藏在室内的尹林军,遂抓住尹林军衣领将其推到墙上,打其脸部几拳致尹林军面部受伤流血。尹林军为尽快脱逃,在陈金林抓住其衣领不放的过程中,与陈金林从室内拉扯到四楼楼梯后摔倒,尹林军即将上衣脱掉,从二楼楼梯口的窗户翻出逃走,任文军在此过程中逃离。

就本案而言,被告尹林军、任文军以撬门入户的方式,从被害人陈金林家中窃取了价值1万余元的手镯、手表和现金等物,其行为已构成盗窃罪。尹林军离开前遇到返回家中的失主陈金林,陈金林随即抓住尹林军的衣领殴打其面部几拳,尹林军并未主动回击,而是想尽快摆脱被害人的抓捕。尹林军逃离途中,因被害人拉扯其衣领不放,将被害人扯至楼下;其间,被害人还踢踹尹林军,致二人摔

---

① 案号:(2015)温平刑初字第1224号。
② 参见杜军燕:《尹林军、任文军盗窃案——盗窃后为抗拒抓捕实施暴力程度不明显的摆脱行为,能否认定为"转化型抢劫"》,载最高人民法院刑事审判第一、二、三、四、五庭主办:《刑事审判参考》(总第109集),法律出版社2017年版,第35—39页。

倒,后尹林军借势脱掉外衣逃离。整个过程中,尹林军没有对被害人主动使用暴力,仅是躲闪被害人的殴打和追捕,虽致被害人摔倒,但没有造成轻伤以上的后果,依照前述观点和《关于审理抢劫刑事案件适用法律若干问题的指导意见》的规定,尹林军的摆脱行为不应认定为转化型抢劫罪中的暴力行为,对其不应以抢劫罪定罪处罚。

十五、入户或者在公共交通工具上实施盗窃等行为,为抗拒抓捕而当场使用暴力的,是否构成转化型抢劫罪

(一)裁判规则

行为人在户内或者在公共交通工具上实施盗窃、诈骗、抢夺行为,为窝藏赃物、抗拒抓捕或者毁灭罪证而当场使用暴力或者以暴力相威胁的,如果暴力行为发生在户内或者公共交通工具上,可以构成转化型抢劫罪,而且应当认定为在入户抢劫或者在公共交通工具上抢劫。反之,如果是在户外或者交通工具之外使用暴力或者以暴力相威胁,尽管可以构成转化型抢劫罪,但不能认定为入户抢劫或者在公共交通工具上抢劫。

(二)规则适用

普通入户抢劫要求暴力、胁迫行为必须发生在户内。这是因为,在入户抢劫中,由于户内场所具有封闭性,被害人在户内常常孤立无援,此时的暴力、胁迫等行为对被害人人身和精神具有更大的强制性和更为严重的社会危害性,从而凸显加重处罚的必要性。同时,在户内实施的暴力、胁迫等行为均以非法侵入他人住宅为前提,还侵害了他人的住宅安宁。由此,对于这种复合性的严重危害行为,刑法加重处罚就具有了合理性和正当性。相反,如果行为人系在户外对被害人实施暴力、胁迫等手段行为,一般说来,被害人实施呼救、躲避、抑或有效反抗的机会就会多一些,相应地,该种暴力、胁迫行为对被害人人身和财产造成严重侵害的紧迫性也会随之降低,而且也不会侵害他人的住宅安宁。可见,入户抢劫之所以作为抢劫罪的加重情节予以规定,是因为暴力、胁迫行为发生在"户内"这一特定场所而具有了更为严重的社会危害性。基于同样的道理,在转化型入户抢劫中,暴力、胁迫行为也要求发生在户内,而不能是户外。对此,《两抢意见》明确规定"暴力或者暴力胁迫行为必须发生在户内。入户实施盗窃被发现,行为人为窝藏赃物、抗拒抓捕或者毁灭罪证而当场使用暴力或者以暴力相威胁的,如果暴力或者暴力胁迫行为发生在户内,可以认定为'入户抢劫';如果发生在户外,不能认定为'入户抢劫'"。

由于转化型"入户抢劫"要求暴力、暴力威胁行为必须发生在"户内";同样,对于"在公共交通工具上"发生的转化型抢劫罪,也要求暴力、暴力威胁行为必须发生"在公共交通工具上"。如果行为人实施盗窃等先前行为虽然发生在户内或者公共交通工具之上,但为抗拒抓捕等而使用暴力或者以暴力相威胁的行

为发生在户外或者交通工具之外,则不应认定为"入户抢劫"或者"在公共交通工具上抢劫"。对此,《关于审理抢劫刑事案件适用法律若干问题的指导意见》第3条第3款明确规定:"入户或者在公共交通工具上盗窃、诈骗、抢夺后,为了窝藏赃物、抗拒抓捕或者毁灭罪证,在户内或者公共交通工具上当场使用暴力或者以暴力相威胁的,构成'入户抢劫'或者'在公共交通工具上抢劫'。"当然,如果行为人的盗窃等行为在户内或者在公共交通工具上被发现,实施的暴力或暴力威胁行为延伸至户外或者公共交通工具之外的,则可以视为"入户抢劫"或者"在公共交通工具上抢劫"行为的继续,仍可认定为"入户抢劫"或者"在公共交通工具上"抢劫。

需要指出的是,根据《两抢意见》第5条和《关于审理抢劫刑事案件适用法律若干问题的指导意见》第3条之规定,对转化型抢劫罪的暴力程度是有一定要求的。如果盗窃、诈骗、抢夺未达到"数额较大"标准,行为人为抗拒抓捕尽管主动实施了暴力行为,但暴力程度不大,未造成轻微伤以上后果的,一般不宜认定为转化型抢劫罪,同样也不能认定为转化型"入户抢劫"或者在"公共交通工具上抢劫"。即使达到数额较大标准,如果行为人被人发现后未主动实施暴力行为,而仅仅是以被动摆脱的方式逃脱抓捕,未造成他人轻伤以上后果的,不认定为"使用暴力",不构成转化型抢劫罪,更不能认定为转化型"入户抢劫"或者在"公共交通工具上抢劫"。

【指导案例】张红军抢劫、盗窃案①——入户盗窃数额较少财物为抗拒抓捕当场使用暴力,能否认定"入户抢劫"

2013年8月11日17时许,被告人张红军到本区韩村河镇孤山口村×号被害人许贺同家,翻墙入室进行盗窃,盗取现金人民币300元。欲离开时被许贺同当场发现,为抗拒抓捕在户内将被害人许贺同打伤后逃跑,造成许贺同眼外伤,左眼钝挫伤,上颌骨骨折,牙震荡。经北京市公安司法鉴定中心于2013年8月23日鉴定,许贺同的人体损伤程度为轻伤。(……盗窃事实略)

《刑法》第269条规定的转化型抢劫罪并不要求前罪既遂,只要着手实施盗窃、诈骗、抢夺行为,为抗拒抓捕、窝藏赃物或者毁灭罪证而当场使用暴力或者以暴力相威胁的,就构成抢劫罪。尽管抢劫罪的构成要件中没有数额方面的要求,但转化型抢劫在主观恶性上要小于普通抢劫,在涉案数额明显低于"数额较大"标准时,需要存在《两抢意见》第5条所列五种严重情节之一,即具有入户或在公共交通工具上盗窃、使用暴力致人轻微伤以上后果的或者使用凶器或以凶器相威胁

---

① 参见杜军燕:《张红军抢劫、盗窃案——入户盗窃数额较少财物为抗拒抓捕当场使用暴力,能否认定"入户抢劫"》,载最高人民法院刑事审判第一、二、三、四、五庭主办:《刑事审判参考》(总第109集),法律出版社2017年版,第10—15页。

等情形下,才可以转化为抢劫罪。本案被告人所使用的暴力致被害人轻伤,故可以成立转化型抢劫罪。需要注意的是,如果本案不具有轻伤后果,则被告人构成转化型抢劫罪是因为其具有入户盗窃情节。当入户盗窃被作为转化型抢劫罪的入罪情节时,根据"禁止重复评价原则"就不能再作为抢劫罪的加重情节,即不能认定为"入户抢劫"。

【指导案例】胡现旗抢劫案①——在公共交通工具上实施盗窃行为后,在交通工具外实施抗拒抓捕行为的,能否认定为"在公共交通工具上"抢劫

2012年9月4日上午,被告人胡现旗乘坐由上海开往奉化的沪B56821号大巴车。当日10时40分许,大巴车驶入沈海高速慈城服务区停车休息,胡现旗趁被害人杨幸奎下车离开之际,从杨幸奎放于大巴车行李架上的包内窃得美元4796元(折合人民币30 408元),得手后即被回到车上的杨幸奎发现,在其得知车上乘客要报警时,打开车窗跳窗逃跑,服务区保安韦胜军及司机张成良随即追赶,胡现旗为抗拒抓捕,拳击韦胜军头面部,抓挠韦胜军手臂、脖子,致韦胜军嘴角、手臂、脖子等处受伤。

本案中,被告人胡现旗在其乘坐的大巴车驶入服务区停车休息期间,趁被害人下车离开之际,从被害人放置于大巴车行李架上的包内窃得财物,后被回到车上的被害人发现,在其得知车上乘客要报警时,跳窗逃跑,服务区保安及大巴车司机随即下车追赶,胡现旗为抗拒抓捕,拳击抓捕者的头面部,致后者轻微伤。可见,尽管胡现旗的盗窃行为发生在公共交通工具之上,但其系在逃离途中使用暴力,该暴力行为发生在公共交通工具之外,不属于在公共交通工具上抢劫,故一审将其行为认定为在公共交通工具上抢劫是不正确的,二审对此予以改判,将被告人的行为认定为一般抢劫罪是适当的。需要指出的是,在本案审理之后,2016年1月6日发布的《关于审理抢劫刑事案件适用法律若干问题的指导意见》第3条明确规定,"入户或者在公共交通工具上盗窃、诈骗、抢夺后,为了窝藏赃物、抗拒抓捕或者毁灭罪证,在户内或者公共交通工具上当场使用暴力或者以暴力相威胁的,构成'入户抢劫'或者'在公共交通工具上抢劫'"。

十六、转化型抢劫罪之"当场"使用暴力应当如何理解和把握

(一)裁判规则

抢劫罪的"当场性"要求包括两个方面,即强制手段的当场性以及获取财物的当场性。同样,转化型抢劫罪也要求具有"当场性"特征,只有当暴力、胁迫行为与之前的盗窃等行为具有时间上的连续性与空间上的连接性时,才能评价为一个犯

---

① 案号:一审,(2013)甬北刑初字第25号;二审(2013)浙甬刑二终字第177号。

罪行为,进而认定为"当场"。此外,还要求后面的暴力、胁迫行为是因为前面的盗窃等行为而引起的,而且追捕过程具有连续性。

(二) 规则适用

《刑法》第 269 条规定:"犯盗窃、诈骗、抢夺罪,为窝藏赃物、抗拒抓捕或者毁灭罪证而当场使用暴力或者以暴力相威胁的,依照本法第二百六十三条的规定定罪处罚。"依照该条规定,转化型抢劫罪的构成,要求暴力或暴力威胁行为必须是当场实施。作为转化型抢劫罪客观要件之一的"当场",是时间上连续性和空间上连接性的统一体;在判断行为人的有关行为是否具有"当场"性时,应综合考虑暴力、威胁行为与先前的盗窃、诈骗、抢夺行为在时间、场所上的连接性、事实上的关联性等多种因素。具体来说:(1)需要考虑是否具有时空上的连续性。所谓"当场"就是当时和现场,包括时间上的连续性和空间上的连接性,即前后两个行为在时空上应当紧密联系,期间没有间断或脱离。当然,对上述要求也不能过于机械,应当允许二者之间存在短暂的间隔,只要没有完全断绝,从一般的社会观念来看,行为人先前的盗窃等行为在该时空范围内仍处于继续状态的,仍然可以认定为具有时空上的连续性。(2)前后行为是否具有引起与被引起的关联性,即之后实施的暴力、胁迫行为是否是因为前面的盗窃等行为而引起的。(3)被害人或他人的追捕是否持续不间断。只要行为人始终处于追捕人视线所及及其他控制范围内,整个追捕过程即具有持续性,仍然属于"当场"的范围。如果行为人已经成功逃脱,事后被他人偶尔发现而被追捕,则失去了转化为抢劫的时空条件,不能认定为"当场"。由上可见,"当场"尽管原则上限于在时间上、场所上与"盗窃、诈骗、抢夺罪"相接的范围内,但是如果暴力、胁迫行为是在行为人从现场被不间断地追捕,这种现场继续性延长的情况下实施的,无论间隔多长时间、场所间距离有多远,也可以认定为是"当场"实施暴力或者以暴力相威胁。

为此,下列情形应当认定为"当场":(1)在盗窃等行为的现场当即对他人实施暴力或者胁迫行为的;(2)在行为人刚离开盗窃等现场时被人发现而对他人实施暴力或者胁迫行为的;(3)行为人实施盗窃等行为后,离开现场的时间短暂而被警察、被害人等发现的;(4)行为人实施盗窃等行为,当场被人发现而被追捕时,被追捕的整个过程均应认定为"当场";即使中途有短暂的中断,但只要行为人没有摆脱追捕人,就应认定为"当场"。反之,下列情形就不能认定为"当场":(1)行为人实施盗窃等行为后,离开现场一段时间,基于其他原因再回到盗窃现场时,被警察、被害人等发现的;(2)行为人实施盗窃等行为后,离开现场一定距离,基于其他原因偶然被警察或者被害人等发现的;(3)行为人实施盗窃等行为,当场被人发现因而被追捕,在行为人完全摆脱追捕后,又被偶然发现的。①

---

① 参见张明楷:《刑法学》(第五版),法律出版社 2016 年版,第 982—983 页。

【指导案例】贺喜民抢劫案①——转化型抢劫罪之"当场"使用暴力,应当如何理解和把握

2003年10月21日,贺喜民与同乡逄日亮(另行处理)在上海市南京西路88号麦当劳快餐厅内,趁正在用餐的潘海滨不备之机,从其挂在椅背上的夹克衫内侧口袋里窃取皮夹一只,随即离开麦当劳快餐厅又至附近一家肯德基快餐厅内欲再次行窃未果。当其欲离开商厦时,早已跟踪伏击的两名公安执勤人员陈国宝、邢臻捷即上前抓捕,贺喜民为抗拒抓捕,脚蹬抱住其双腿的陈国宝的右眼部,同时从裤袋内掏出一把弹簧折刀,欲打开行凶。后被过路青年李一凡一拳击中脸部,震落其手中的弹簧刀。在众人协助下,贺喜民被制服。

本案的特殊性在于,被告人贺喜民是在麦当劳快餐厅内盗窃得手后,迅速离开,继而转至相邻的肯德基快餐厅欲再次行窃但未果,后在离开肯德基快餐厅所在的商厦时使用暴力抗拒抓捕。那么,能否据此认为贺喜民的行为属于"当场"使用暴力呢?笔者认为,答案是肯定的。理由在于:根据本案现有证据,贺喜民实际有两次盗窃行为,前一次是在麦当劳快餐厅实施,已构成既遂;后一次是在相邻的肯德基快餐厅,属于犯罪预备。贺喜民的两次盗窃,符合连续犯的特点。作为裁判上的一罪,连续犯是作为一个整体进行评价的,故贺喜民的两次盗窃行为在裁判上是作为一个盗窃罪评价的。为此,在判断贺喜民后来实施的暴力行为是否属于"当场"时,应当以其后一次盗窃行为的实施现场为基点并适当向前延伸进行考查。而从本案案情来看,在贺喜民正欲离开肯德基快餐厅所在商厦时,也就是刚走出第二次盗窃行为的现场时即遭到了公安人员的抓捕,贺随后便以暴力抗拒。而且,贺的两次盗窃行为实际上均处于公安人员的监控之下。据此,应当认定贺的暴力拒捕行为是在其盗窃现场"当场"实施的,已经充足转化型抢劫罪的构成条件。

【指导案例】李智豪抢劫案②——抢夺车辆后被对方GPS追踪、拦截而持枪威胁的,能否转化为抢劫罪

被告人李智豪预谋以购车为名抢车,在网上看到被害人谢军卫发布的出售二手车信息后,通过电话同对方取得联系,并约定了看车地点。2015年3月11日15时许,李智豪携带枪支来到约定地点,谢军卫的侄子谢冬冬、弟弟谢营军驾驶欲售车辆前来商谈车辆买卖问题。后李智豪提出试驾,并迅速驾车逃离。谢营军见状

---

① 参见朱铁军:《转化型抢劫罪之"当场"使用暴力,应当如何理解和把握》,载最高人民法院刑事审判第一庭、第二庭编:《刑事审判参考》(总第38集),法律出版社2004年版,第116—121页。

② 参见徐清岱:《李智豪抢劫案——抢夺车辆后被对方GPS追踪、拦截而持枪威胁的,能否转化为抢劫罪》,载最高人民法院刑事审判第一、二、三、四、五庭主办:《刑事审判参考》(总第110集),法律出版社2018年版,第51—55页。

立即与谢冬冬驾驶其他车辆进行追赶,追了一段没有发现李智豪的去向。谢军卫使用手机根据被抢车辆上安装的 GPS,对被抢车辆进行定位,自己开车继续去追,同时让朋友刘万才协助追赶,并用电话告诉刘万才被抢车辆的位置信息,刘万才开车带领秦万福按照谢军卫的指示一直追赶被抢车辆,后在北京市西城区右安门附近将驾车的李智豪截住。李智豪见状掏出枪支对刘万才、秦万福进行威胁,刘万才、秦万福被迫让开道路,李智豪遂驾车逃离。

本案的特殊之处在于,被害人方追赶被告人时,不是用肉眼直接观察到被告人,而是通过被抢车辆上的 GPS 导航定位对被告人进行追踪,且实施抢夺的地点距离被告人被截获的地点有十多公里之远。被告人被拦截后为抗拒抓捕而持枪威胁,这种情况能否认定为转化型抢劫罪中的"当场"?笔者认为,被告人的行踪是否始终在视线可及的范围内,是判断追捕行为是否持续的一个传统标准。只要被告人始终在视线范围之内,那么就视为案发现场一直在延续当中,被告人使用暴力、胁迫的就可以视为"当场"。然而,随着经济社会的发展和科技水平的提高,掌握被告人行踪除了最基本的肉眼观察外,还可以借助于各种仪器和设备。为此,被害人借助 GPS 来掌握被告人的行踪,完全可以视为被告人在追捕人的视线范围之内。本案中,被告人李智豪驾车逃离抢夺现场,谢营军立即电话告知谢冬冬,二人随即驾车追赶。尽管期间被告人已经脱离了视线范围,但被害人立即根据被抢车辆上的 GPS 使用手机对车辆进行定位,被告人的行踪也始终在被害人一方的掌握之中,故对被告人的追捕仍然属于持续过程中,后刘万才根据 GPS 定位一直追赶并拦截了李智豪。因此,虽然被告人抢夺地距离被截获地有十多公里之远,但这段距离应该被视为抢夺现场的延长。在这种情况下,被告人被堵截拦停后持枪威胁被害方的追赶人员,属于"当场"以暴力相威胁,构成转化型抢劫罪。

十七、盗窃特殊财物时为抗拒抓捕而当场使用暴力的,能否转化为抢劫

(一)裁判规则

《刑法》第 269 条规定的"盗窃、诈骗、抢夺罪"应理解为类罪,即实施了盗窃、诈骗、抢夺性质的犯罪,而不应拘泥于具体罪名。因此,行为人针对具有财产犯罪属性的特殊财物(如电力设备、信用卡等)实施盗窃、诈骗、抢夺过程中,为抗拒抓捕而实施暴力或以暴力相威胁的,可以转化为抢劫罪。当然,如果盗窃、诈骗、抢夺行为针对危害公共安全、社会管理秩序罪中的财物对象,则不宜以转化型抢劫罪论处。

(二)规则适用

行为人盗窃特殊财物(例如正在使用中的电力设备、广播电视设施、盗伐林木等),为抗拒抓捕而对这些特殊财物的管理者或实施抓捕者当场使用暴力或以暴力相威胁的,能否依《刑法》第269条的规定以抢劫罪定罪处罚,存在三种不同观点:否定说认为,《刑法》第269条规定的"犯盗窃、诈骗、抢夺罪",只限于"侵犯财产罪"一章中的普通盗窃、诈骗、抢夺罪,其他特殊类型的盗窃(如盗窃电力设备)、诈骗(如金融诈骗)、抢夺(如抢夺枪支、弹药),由于刑法规定了单独的罪名和法定刑,有别于普通盗窃、诈骗、抢夺犯罪,在刑法无明文规定的情况下,不能转化为抢劫罪。肯定说则认为,盗窃电力设备等特殊财物,无论是构成针对特殊财物设置的罪名(如破坏电力设备罪),还是盗窃罪,都不影响其在法定条件下可以转化为抢劫罪。区别对待说认为,《刑法》第269条规定的"犯盗窃、诈骗、抢夺罪"应具有侵犯财产犯罪的属性,对于主要侵犯公共安全、社会管理秩序等其他客体的盗窃、诈骗、抢夺行为,一般不宜以转化型抢劫罪论处。我们赞同区别对待说,理由如下:

1.将《刑法》第269条规定的"犯盗窃、诈骗、抢夺罪"理解为类罪,更有利于打击侵犯财产犯罪,也符合该条的立法本意。

抢劫罪属于侵犯财产犯罪,只要先行行为针对的对象是公私财物,行为人犯罪主观方面具有非法占有的目的,就可以成立转化型抢劫罪。以特定财物(如盗窃电力设备)为犯罪对象,与普通财物在侵犯公私财物所有权这一客体上并无本质的不同,都是以非法占有为目的,秘密窃取、骗取或公开抢夺公私财物。尽管刑法针对特殊财物规定了特别罪名,针对特殊财物实施盗窃等行为,构成特别罪名与盗窃等罪的想象竞合,有时候不能以盗窃等罪定罪而应以特别罪名定罪,但这是因为在想象竞合的情况下,某一行为同时触犯两个罪名应择一重罪论处,并非其行为在性质上不属于盗窃等行为,而是根据相关法律适用原则,不以盗窃等罪定罪处罚而已。因此,《刑法》第269条所规定的"犯盗窃、诈骗、抢夺罪"应当理解为实施了盗窃、诈骗、抢夺性质的犯罪,而不应拘泥于具体罪名。此外,从转化抢劫的立法意图出发,既然普通的盗窃、诈骗、抢夺罪可以转化为抢劫罪,那么根据刑法体系解释原理以及罪刑相适应原则,特殊的盗窃、诈骗、抢夺罪危害更大,更应当转化为抢劫罪。

2.《刑法》第269条规定的"犯盗窃、诈骗、抢夺罪"应具有侵犯财产犯罪的属性,如果盗窃、诈骗、抢夺行为主要侵犯公共安全、社会管理秩序等其他客体的,则不宜认定为转化型抢劫罪。

盗窃、诈骗、抢夺行为之所以可以被法律拟制为抢劫罪,原因就在于这些行为与抢劫行为侵犯了相同的法益——财产权利。就盗窃、诈骗、抢夺罪而言,除《刑法》分则第五章规定的三个普通罪名外,还有诸多散见于各章节的特殊罪名,如盗伐林木罪、盗掘古墓葬罪、合同诈骗罪、金融诈骗犯罪、战时掠夺居民财物罪等。这些犯罪与普通盗窃、诈骗、抢夺犯罪存在法条竞合关系,前者是特殊法,后者是一般法。上述特殊类型的财产犯罪完全符合普通盗窃、诈骗、抢夺罪的构成要件,因此把这些犯罪归入转化型抢劫的前提犯罪,并不违反罪刑法定原则。再如,盗窃正在使用中的电缆,属于盗窃罪与破坏电力设备罪的想象竞合犯,虽然根据从一重罪处断原则一般应认定为破坏电力设备罪,但是不能否认该行为也同时符合盗窃罪的构成要件,故同样可以作为转化抢劫的前提犯罪。当然,从刑法条文来看,并非所有特殊盗窃、诈骗、抢夺罪所侵害的客体均为财产权利,还包括公共安全、社会管理秩序等。当特殊的盗窃、诈骗、抢夺行为不是以财产权利为主要犯罪客体时,即使行为人为窝藏赃物、抗拒抓捕、毁灭罪证而当场使用暴力或者以暴力相威胁,也不宜转化为抢劫罪。例如,《刑法》第 280 条规定的盗窃、抢夺国家机关公文、证件、印章罪,其保护的客体是国家机关的正常管理活动和信誉,如果行为人在盗窃国家机关公文、证件、印章时,为抗拒抓捕而当场采取暴力,因其实施的前部分行为不是侵犯财产类犯罪,故不能适用《刑法》第 269 条的规定转化为抢劫罪。

【指导案例】杨辉、石磊等破坏电力设备案①——盗窃电力设备过程中,以暴力手段控制无抓捕意图的过往群众的不构成抢劫罪

2006 年 7 月至 9 月,被告人杨辉、石磊等人驾驶面包车、携带铁剪等作案工具,在广州市白云区、花都区等地盗剪正在使用中的电缆。在其实施犯罪时,还持铁水管拦截、殴打和控制途经现场的群众。(1)2006 年 9 月 6 日 3 时许,杨辉、石磊等人窜至广州市白云区钟落潭镇东凤村牌坊附近盗剪电缆,见被害人梁昌庭、邝永贤等人驾车途经该处时,即持铁水管拦截,并将邝驾驶的汽车玻璃砸烂,剪得正在使用中电缆共计 1500 米(价值人民币 244 222 元),致 35 户居民停电 65 小时。(2)2006 年 9 月 9 日 3 时许,杨辉、石磊等人窜至广州市白云区钟落潭镇进龙街附近盗剪电缆,见被害人邱大前驾摩托车途经该处时,即持铁水管殴打邱,并对闻讯出来的附近居民张广根进行控制和威胁,剪得正在使用中的电缆 900 米(价值人民币 79 614 元),致 120 户居民停电 10 小时。

本案中,各被告人长期以盗剪电缆为生,一般采取秘密窃取的方法盗剪电缆,但当有群众从案发现场附近经过时,为保证犯罪行为的顺利实施,即持凶器控制过往群众,若遇反抗,则殴打反抗者。各被告人采用暴力手段控制过往群众的目的是为了顺利实施盗剪电缆这一犯罪行为,而不是为了占有过往群众的财物。同时,本案中的过往群众并非被剪电缆的所有人或守护人,也没有抓捕被告人的意图或行为,故各被告人的行为仅构成破坏电力设备罪,而非抢劫罪。

---

① 参见陈攀:《杨辉、石磊等破坏电力设备案——盗窃电力设备过程中,以暴力手段控制无抓捕意图的过往群众的不构成抢劫罪》,载最高人民法院刑事审判第一、二、三、四、五庭主办:《刑事审判参考》(总第 70 集),法律出版社 2010 年版,第 1—10 页。

【指导案例】王艳峰抢劫案①——犯信用卡诈骗罪，为抗拒抓捕而当场使用暴力的，可否转化为抢劫罪

2015年12月11日晚，李某（男，被害人）在朝阳区平房乡一自助银行内使用银行卡从ATM机取款，离开时将卡遗留在ATM机内。李某离开后，被告人王艳峰操作该ATM机时发现机内有他人遗留的银行卡，遂连续取款6次，共计取款人民币1.2万元。李某收到取款短信提示后意识到银行卡遗留在ATM机内，立即返回自助银行，要求仍在操作ATM机的王艳峰交还钱款。王艳峰纠集在附近的工友郭少飞一起殴打李某，致李某受轻微伤。

北京市朝阳区人民法院认为，《刑法》第269条规定的"犯盗窃、诈骗、抢夺罪"，既包括《刑法》第264、266、267条规定的一般类型盗窃、诈骗、抢夺罪，也包括《刑法》其他章节规定的侵害他人财产权利的特殊类型盗窃、诈骗、抢夺罪。被告人王艳峰拾得他人遗留在ATM机内的银行卡并使用，被当场发现后为抗拒抓捕而使用暴力，应当依照《刑法》第269条的规定，以抢劫罪定罪处罚。

十八、关于"携带凶器抢夺"拟制抢劫行为的认定

（一）裁判规则

"携带凶器抢夺"，是指行为人随身携带枪支、爆炸物、管制刀具等国家禁止个人携带的器械进行抢夺或者为了实施犯罪而携带其他器械进行抢夺的行为。行为人随身携带国家禁止个人携带的器械以外的其他器械进行抢夺，但有证据证明该器械确实不是为了实施犯罪准备的，不以抢劫罪定罪；行为人将随身携带凶器有意加以显示、能为被害人察觉到的，直接适用《刑法》第263条的规定定罪处罚；行为人携带凶器抢夺后，在逃跑过程中为窝藏赃物、抗拒抓捕或者毁灭罪证而当场使用暴力或者以暴力相威胁的，适用《刑法》第267条第2款的规定定罪处罚。

（二）规则适用

《刑法》第267条第2款规定："携带凶器抢夺的，依照本法第二百六十三条的规定定罪处罚。"该条款属于抢劫罪的拟制规定，由于行为人携带凶器抢夺时，并没有侵犯被害人的人身权利，也没有对被害人的人身权利造成威胁，或者说被害人并没有感觉到其人身权利受到了侵害或者威胁。与另一种抢劫罪的拟制条款（即《刑法》第269条）规定的事后抢劫（已经实施了暴力或威胁行为）相比，《刑法》第267条第2款的拟制规定明显要为严厉，这就要求我们在理

---

① 参见王海虹、程昊、余琳燕：《王艳峰抢劫案——犯信用卡诈骗罪，为抗拒抓捕而当场使用暴力的，可否转化为抢劫罪》，载最高人民法院刑事审判第一、二、三、四、五庭主办：《刑事审判参考》（总第113集），法律出版社2019年版，第69—73页。

解和适用过程中应当严格把握。根据《两抢意见》的规定,所谓"携带凶器抢夺",是指行为人随身携带枪支、爆炸物、管制刀具等国家禁止个人携带的器械进行抢夺或者为了实施犯罪而携带其他器械进行抢夺的行为。行为人随身携带国家禁止个人携带的器械以外的其他器械抢夺,但有证据证明该器械确实不是为了实施犯罪准备的,不以抢劫罪定罪;行为人将随身携带凶器有意加以显示、能为被害人察觉到的,直接适用《刑法》第263条的规定定罪处罚;行为人携带凶器抢夺后,在逃跑过程中为窝藏赃物、抗拒抓捕或者毁灭罪证而当场使用暴力或者以暴力相威胁的,直接适用《刑法》第267条第2款的规定定罪处罚,不存在再转化的问题。据此,在理解"携带凶器抢夺"时需要注意以下几个问题。

1. 关于"凶器"的范畴。"凶器"属于犯罪工具,但犯罪工具并非都是凶器。这里的"凶器"必须是用于杀伤他人的物品,故仅具有毁坏财物功能而不用于杀伤他人的物品不属于凶器。具体来说包括以下两种:(1)行为人随身携带国家禁止个人携带的枪支、爆炸物、管制刀具。由于携带上述物品本身就是一种违法行为,在一定程度上已经反映出行为人的犯罪倾向,携带这些器械实施抢夺行为的,应当认定为"携带凶器抢夺",以抢劫罪定罪。但是,如果携带枪支抢夺的,由于携带枪支行为系拟制为抢劫罪的构罪要素,故不能再作为抢劫罪的加重处罚情节,即不能再认定为持枪抢劫。(2)为了实施犯罪而携带的其他器械。携带并非国家管制的其他器械(如砖头、菜刀等)进行抢夺的行为,由于这些器械既可以是生活、生产工具,也可以是凶器,其本身并不具有违法性,只有当行为人具有使用意图时,才具有了"凶器"的本性,进而才能认定为抢劫罪。在判断行为人是否具有使用意图时,可以根据一般人的观念,在当时的情况下,行为人携带这种物品是否具有合理性。

2. 关于"携带"的理解。首先,携带凶器是一种主客观相统一的行为。从主观上来说,要求行为人具有使用的意识,即为了犯罪而携带。如果行为人仅仅客观上带着某种可以作为凶器的物品,但主观上并没有用于犯罪的目的,则不能不加区分地认定为携带凶器。从客观上来看,要求具有随时使用的可能性,如手持凶器、怀里藏着凶器、将凶器置于衣服口袋、将凶器置于随身手提包内等。抢夺罪的特征是趁人不备,公然夺取财物而迅速逃跑,作案时间短,虽然携带在身边但却不能使用或者使用不便的物品客观上不可能对其抢夺行为带来帮助,丧失了作为凶器的客观本性,携带与否不会影响到案件的性质变化,则只能认定为抢夺罪。此外,行为人不能有意显示或暗示自己携带有凶器,如果有意加以显示,且能为被害人察觉到的,实际上已经对被害人造成一种心理上的胁迫,应当直接以《刑法》第263条规定的抢劫罪来认定。

【指导案例】曾贤勇抢劫案①——携带凶器在银行营业大厅抢夺储户现金行为的法律适用

2001年3月1日下午，被告人曾贤勇携带斧头窜至富水北路的中国工商银行内，在某公司女职员罗某拿出现金准备办理存款业务时，将其现金27600元悉数抢走，欲逃跑时被群众于厅内当场抓获，并被搜出随身携带的斧头一把。

《刑法》第267条第2款规定，携带凶器抢夺的，以抢劫罪定罪处罚。根据《关于审理抢劫案件具体应用法律若干问题的解释》第6条的规定，《刑法》第267条第2款规定的"携带凶器抢夺"，是指行为人随身携带枪支、爆炸物、管制刀具等国家禁止个人携带的器械进行抢夺或者为了实施犯罪而携带其他器械进行抢夺的行为。据此，如果行为人携带枪支、爆炸物、管制刀具等国家禁止个人携带的器械进行抢夺的，一律以抢劫罪定罪处罚；如果行为人携带上述国家禁止个人携带的"器械"之外的"其他器械"进行抢夺的，则需视其是否为实施抢夺犯罪做准备而定。如果确有证据证明不是为了实施犯罪准备的，不应以抢劫罪定罪。本案中，被告人曾贤勇携带斧头实施抢夺，虽斧头不在国家禁止携带的器械之列，且被告人实施犯罪行为中始终未使用斧头，但可以认定其随身携带斧头属于为实施抢夺而准备：一则斧头不属随身携带品，无缘无故将斧头携带于身不合常理；二则被告人未能就其随身携带斧头作出合理解释。故一、二审法院认定曾贤勇携带斧头的目的就是为了能够顺利实施抢夺，以抢劫罪对曾贤勇定性是正确的。

【指导案例】郭学周故意伤害、抢夺案②——实施故意伤害行为，被害人逃离后，行为人临时起意取走被害人遗留在现场的财物，如何定性

2009年6月下旬，在潮安县凤塘镇平艺陶瓷厂务工的被告人郭学周被辞退，被害人郑铭才到该厂接替郭学周的工作。郭学周认为其被辞退系郑铭才从中作梗所致，对郑铭才怀恨在心，遂决意报复。2009年7月3日上午，郭学周携带菜刀一把，来到平艺陶瓷厂附近路口守候。当郑铭才驾驶摩托车上班途经该路口时，郭学周上前质问郑铭才并向其索要"赔偿款"人民币1万元遭拒，郭学周遂持刀砍郑铭才的头部和手臂致其轻伤。郑铭才被砍伤后弃车逃进平艺陶瓷厂，郭学周持刀追赶未成，遂返回现场将郑铭才价值人民币4320元的豪爵牌GN125H型摩托车骑走，后以人民币1000元卖掉。

---

① 参见陈文全：《曾贤勇抢劫案——携带凶器在银行营业大厅抢夺储户现金行为的法律适用》，载最高人民法院刑事审判第一庭、第二庭编：《刑事审判参考》（总第27辑），法律出版社2002年版，第20—26页。

② 参见江瑾、郭旭平：《郭学周故意伤害、抢夺案——实施故意伤害行为，被害人逃离后，行为人临时起意取走被害人遗留在现场的财物，如何定性》，载最高人民法院刑事审判第一、二、三、四、五庭主办：《刑事审判参考》（总第79集），法律出版社2011年版，第18—26页。

根据《关于审理抢劫案件具体应用法律若干问题的解释》第 6 条之规定，携带并非国家管制的其他器械（如砖头、菜刀等）进行抢夺的行为，能否认定为"携带凶器抢夺"不能一概而论，而应当从行为人携带器械的主观目的方面进行分析。只有当行为人为了实施犯罪而携带其他器械进行抢夺的，才能认定为抢劫罪。因为在这种情况下，这些器械本身虽然不能反映出违法性，但实施抢夺罪的意图反映了其"凶器"的本性。故如果行为人携带其他器械的本意不是为了实施犯罪，只能依照抢夺罪的有关规定定罪处罚。本案证据证实，被告人郭学周携带菜刀是为了砍伤被害人，在被害人逃入工厂后，其携刀折返，回到砍击现场后才临时起意将被害人摩托车开走。很显然，郭学周返至砍击现场这一段行为中，并没有再次携刀犯罪的目的，而是完成伤害犯罪后携带凶器离开现场的必然伴随行为。故此，郭学周持刀伤人后携刀返回现场才临时起意取财的行为，不符合《刑法》第 267 条第 2 款及《关于审理抢劫案件具体应用法律若干问题的解释》第 6 条规定的"携带凶器抢夺"的情形，亦不能据此认定为抢劫行为，而应当以故意伤害罪和抢夺罪论处。

十九、关于"入户抢劫"的认定

（一）裁判规则

1. "入户抢劫"中的"户"是指住所，即为供他人家庭生活而与外界相对隔离的住所，前者为功能特征，后者为场所特征。一般情况下，集体宿舍、旅店宾馆、临时搭建的工棚等不应认定为"户"，但在特定情况下，如果确实具有上述两个特征的，也可以认定为"户"。对于部分用于经营、部分用于生活且之间有明确隔离的场所，行为人进入生活场所实施抢劫的，应认定为"入户抢劫"；如没有明确隔离，行为人在营业时间入内实施抢劫的，不认定为"入户抢劫"，但在非营业时间强行入内抢劫或者以购物等为名骗开房门入内抢劫的，应认定为"入户抢劫"。

2. 认定"入户抢劫"，要求行为人进入他人住所必须以实施抢劫等犯罪为目的。这里的"抢劫等犯罪"不宜理解为所有犯罪，仅应解释为抢劫及盗窃、诈骗、抢夺等图财型犯罪。此外，还应注意将"入户抢劫"与"在户内抢劫"区别开来。以实施抢劫等犯罪为目的，入户后实施抢劫以及入户盗窃、诈骗等转化为抢劫的，应认定为"入户抢劫"。因基于访友办事等合理事由且经户内人员允许入户后，临时起意实施抢劫，或者临时起意实施盗窃等犯罪而转化为抢劫的，不应认定为"入户抢劫"。

3. 入户实施盗窃、诈骗、抢夺被发现后，行为人为窝藏赃物、抗拒抓捕或者毁灭罪证，而在户内当场使用暴力或者以暴力相威胁的，构成入户抢劫；入户盗窃、诈骗、抢夺后，出于上述目的，在户外使用暴力或者以暴力相威胁的，不能认定为"入户抢劫"。

(二) 规则适用

入户抢劫不仅侵犯了公民的财产权和人身权,也侵犯了公民最基本的安全感,为此,刑法配置了与抢劫致人重伤、死亡相同的法定刑幅度,即10年以上有期徒刑、无期徒刑或死刑。为与抢劫罪的其他加重处罚情节相平衡,有必要对于入户抢劫行为的认定加以规范。根据《关于审理抢劫案件具体应用法律若干问题的解释》《两抢意见》《关于审理抢劫刑事案件适用法律若干问题的指导意见》,在认定"入户抢劫"时,应当注意以下三个问题。

1. 关于"户"的范围。"户"在这里是指住所,其特征表现为供他人家庭生活以及与外界相对隔离两个方面,前者系"户"的场所特征,后者系"户"的功能特征。其中,关于"户"的场所特征,要求作为家庭生活之用的场所必须相对封闭,与外界相对隔离。对此,《关于审理抢劫案件具体应用法律若干问题的解释》第1条规定,户为他人生活的与外界相对隔离的住所,包括封闭的院落、牧民的帐篷、渔民作为家庭生活场所的渔船、为生活租用的房屋等。如果在空间上与外界并不封闭,而处于一种开放状态,即便是有家庭成员在其中生活,也不能认定为"户"。户的相对隔离性使其能够为居住者的人身财产安全以及个人隐私提供保障,从而区别于集体宿舍、宾馆旅店等开放性场所。司法实践中,对于抢劫部分商住两用的商店案件,需要从时间、空间上来对"户"的场所特征进行分析,如果在相对隔离的生活区域或者在非营业时间内抢劫,则属于"入户抢劫"。对此,《关于审理抢劫刑事案件适用法律若干问题的指导意见》第2条指出,"对于部分时间从事经营、部分时间用于生活起居的场所,行为人在非营业时间强行入内抢劫或者以购物等为名骗开房门入内抢劫的,应认定为'入户抢劫'。对于部分用于经营、部分用于生活且之间有明确隔离的场所,行为人进入生活场所实施抢劫的,应认定为'入户抢劫';如场所之间没有明确隔离,行为人在营业时间入内实施抢劫的,不认定为'入户抢劫',但在非营业时间入内实施抢劫的,应认定为'入户抢劫'"。此外,对于独门独院,符合供家庭生活使用以及与外界相对隔离的特征,应认定为"户"的组成部分;但如果院落内有数户人家的,院子与各家的住宅联系并不紧密,系各家共用的场所,具有公共性特征,在院子里抢劫的不能认定为"入户抢劫"。

关于"户"的功能特征,要求"户"必须是供他人家庭生活的场所。刑法之所以将"入户抢劫"规定为法定加重情节,原因在于该行为结合了抢劫罪和非法侵入他人住宅罪的双重罪质,在具有普通抢劫罪的社会危害性之外,还破坏了家庭住宅的不可侵犯性,侵犯了家庭生活的安全性与私密性,具有更大的社会危害性。所谓家庭生活,一般是指具有血缘或拟制关系的亲属组成的家庭成员相对固定地居住在一起,其特点有二:一是居住成员间具有亲属关系;二是居住的成员比较固定,既可能是多个成员,也可能是一人独居。为此,虽然单位集体宿舍、宾馆客房、临时搭建的工棚等场所具有供他人生活并与外界相对隔离的特征,但其居住的成员一般无亲属关系,且有一定的流动性,不具备家庭生活的基本特征,故在一般情况下不应认定为"户"。同样,进入无人居住的待租房屋实施抢劫的,也不能认定为"入户抢劫"。此外,当户的家庭生活功能性质被改变为违法犯罪场所后,虽然仍然具有户的场所特征,也不能认定为"户"。例如,卖淫女在不从事卖淫活动时,没有嫖客进入出租房时,该出租房供卖淫女进行日常生活起居之用,同时具有相对封闭性和私密性,应当被认定为刑法意义上的"户";但是当卖淫女决定在该出租房内接纳嫖客时,该出租房实际承载的功能便转化为淫乱牟利的场所,不具有"户"的功能特征。再如,当"户"作为赌博场所使用时,即已经丧失了家庭生活的功能,被告人等进入该"户"内针对参赌人员和赌资实施抢劫的,这种入户实际上是进入赌博场所,而非家庭生活场所,故不能认定为"入户抢劫"。

尽管从相关司法解释对"户"的规定来看,强调的是家庭生活所用。然而,随着人口流动的增加,许多异地就业人员会选择合租一套房,对这种情形下的住所也需要刑法予以同等保护。不应要求"户"内居住的人员关系必须具有亲属关系,只要其与外界相对隔离,属于供公民日常生活所用的特定空间即可。这种"户"作为生活空间应具备两个本质特性:一是私密性,就是人们在户内享有私生活的自由和安宁,免受他人干扰和窥视,并受到法律的充分保护;二是排他性,就是人们对户的空间区域享有占有、使用、支配和自由进出的权利,非经同意或法定事由,他人不得随意出入。因此,相对于外人来说,两个家庭共同租用一个套房均属于"户"的范畴;相对于内部合租人员来说,虽然共用一个房门出口、卫生间和厨房,但他们的卧室是各自分开的,他们中任何一人的卧室对于另一人来说是相对独立的空间,在这个空间内,各自享有私生活的自由,不受他人的干扰,同样具有隐私性和排他性,具有私人住所的特点,应当属于刑法意义上的"户",存在成立"入户抢劫"的余地。

2.关于"入户"目的的非法性。为了更好地保护公民的住宅安全,更严厉地打击入户抢劫犯罪,根据最高人民法院于2016年1月6日印发的《关于审理抢劫刑事案件适用法律若干问题的指导意见》的规定,认定入户抢劫,要注重审查行为人入户的目的,将"入户抢劫"与"在户内抢劫"区别开来。以侵害户内人员的人身、财产为目的,入户后实施抢劫,包括入户实施盗窃、诈骗等犯罪转化为抢劫的,应当认定为入户抢劫。因访友办事等原因经户内人员允许入户后,临时起意实施抢劫,或者临时起意实施盗窃、诈骗等犯罪转化为抢劫的,不应认定为入户抢劫。这一规定,改变了《关于审理抢劫、抢夺刑事案件适用法律若干问题的意见》将入户抢劫中的"入户"限定于抢劫等犯罪目的的规定,扩大为"以侵害户内人员的人身、财产为目的"。换言之,即使不以犯罪为目的,而只是出于一般违法目的,只要是"以侵害户内人员的人身、财产为目的"而入户,后实施抢劫的,均可认定为入户抢劫。这样规定,有利于更有力地保护公民的住宅安全,更严厉地打击入户抢劫犯罪。

此外,对于合法入户后,因为某种原因进行抢劫,是否构成"入户抢劫"也不能一概而论,需要进一步区分两种情况:一种情况是入户前或者入户时就有抢劫犯罪动机的,即以合法形式掩盖非法目的,此种情况下即使是合法入户也应当认定具有入户的非法性。如利用债务关系、亲属关系、水电等物业管理维修人员身份作掩护,有预谋地实施"入户抢劫"。对于这些行为,行为人在入户时已具有抢劫犯意,虽然其入户行为得到主人的邀请或者许可,是以平和的方式入户,但这是由于其以合法形式掩盖了非法目的,主人的邀请与许可是受蒙骗而作出的非真实的意思表示,应当认定具有入户的非法性。另一种是合法入户时没有抢劫动机,因访友办事等原因经户内人员允许入户后,临时起意实施抢劫,或者临时起意实施盗窃等犯罪而转化为抢劫的,不应认定为"入户抢劫"。可见,抢劫行为虽然发生在户内,但行为人不以实施抢劫等犯罪为目的进入他人住所,而是在户内临时起意实施抢劫的,不属于"入户抢劫"。

3. 暴力或者暴力胁迫行为必须发生在户内。对于"入户抢劫"中"在户内实施暴力或者暴力胁迫行为",不应做过于严格的解释,机械地理解为整个抢劫行为在户内开始实施并在户内结束,而只要行为人的抢劫暴力行为有一部分发生在户内,就应当认定为"入户抢劫"。此外,即使行为人实施暴力或者暴力胁迫行为完全在户外,但随后陪同被害人到户内取财的,可以认为暴力胁迫行为持续到了户内,从而可以认定为"入户抢劫"。也就是说,只要抢劫行为有一部分发生在户内,基本上都可以认定为"入户抢劫",但是事后抢劫除外。例如,行为人入户实施盗窃被发现,为窝藏赃物、抗拒抓捕或者毁灭罪证而当场使用暴力或者以暴力相威胁的,如果暴力或者暴力胁迫行为发生在户内,可以认定为"入户抢劫";如果发生在户外,则不能认定为"入户抢劫"。还有一种情形就是,行为人在户内采用暴力手段获得了使用、控制某种财物的手段,但在户外获得财物的,如在户内抢得被害人车钥匙之后,到户外将汽车开走的,户外开车行为属于户内抢劫车钥匙行为的延续,也应认定为"入户抢劫"。

【指导案例】何木生抢劫案①——当场实施暴力并以暴力威胁被害人外出借钱的行为如何定性

1998年3月14日晚,被告人何木生在一发廊内对其同伙何良清、何元达、何东仁(均在逃)说,其女友兰会娇被兰桂荣(系兰会娇之父)介绍嫁往广东,得去找兰桂荣要钱。次日上午10时许,何木生、何良清、何元达、何东仁分乘两辆摩托车来到兰桂荣家。兰不在家,何木生对兰的妻子和女儿拍了照。下午2时许,在返回的路上,何木生将兰桂荣从一辆微型车上拦下,要兰赔偿其4000元钱,并对兰进行拍照。兰拒绝赔偿后,何良清即踢了兰一脚。兰桂荣见状就说:"有什么事到家里去好好说。"到兰桂荣家后,兰说没钱。何木生说:"不拿钱我不怕,照了你们的相,会有人来杀你

---

① 参见张国辉:《何木生抢劫案——敲诈勒索罪和抢劫罪之区分》,载最高人民法院刑事审判第一庭、第二庭编:《刑事审判参考》(总第23辑),法律出版社2002年版,第28—33页。

们。"接着,何良清又拿出菜刀扔在桌子上,叫兰把手指剁下来,在此情况下,兰桂荣即到外面向他人借了2000元钱,交给何木生。此款后被4人均分。

《关于审理抢劫案件具体应用法律若干问题的解释》《两抢意见》以及《关于审理抢劫刑事案件适用法律若干问题的指导意见》均对入户抢劫作了具体的解释性规定,强调认定"入户抢劫"时要注重审查行为人"入户"的目的,将"入户抢劫"与"在户内抢劫"区别开来。以侵害户内人员的人身、财产为目的,入户后实施抢劫,包括入户实施盗窃、诈骗等犯罪而转化为抢劫的,应当认定为"入户抢劫"。因访友办事等原因经户内人员允许入户后,临时起意实施抢劫,或者临时起意实施盗窃、诈骗等犯罪而转化为抢劫的,不应认定为"入户抢劫"。本案中,被告人何木生等人拦下兰桂荣时,尽管明示了索要钱财的目的,但何木生与被害人的女儿确曾相熟,还是男女朋友关系,也曾常到其家中,彼此之间存在感情和经济纠葛。正是基于这种原因,被害人才叫他们"有什么事到家里去好好说"。因此,可以将本案认定为被告人系经被害人允许进入户内,综合本案全部情况,被告人何木生等人不具备"入户目的的非法性",故法院没有认定何木生构成"入户抢劫"是正确的。

【指导案例】魏培明等人抢劫案①——进入他人经营和生活区域缺乏明显隔离的商店抢劫能否认定为"入户抢劫"

2002年3月19日,被告人魏培明、岳雷、岳向海预谋对位于上海市嘉定区马陆镇石岗村的"芳芳商店"进行抢劫,并为此准备了仿真玩具手枪、胶带、尼龙绳和三棱刮刀等犯罪工具。当晚11时30分许,3人乘店内无顾客之机,携带犯罪工具进入商店后,用仿真玩具手枪、三棱刮刀顶住店主陈云飞头部及胸部,对其进行威胁,并强行将商店卷帘门关上,用透明封箱带捆住陈云飞,封住其嘴巴和眼睛,从该店营业箱内劫得现金人民币450元。岳向海持三棱刮刀冲入商店的内侧卧室,对睡在床上的陈云飞妻子黄益芳进行威胁,逼其交出钱款。

本案中,"芳芳商店"由连成一体的三间店面房组成,其中两间分别用于放置货架或作为门市,另一间内有一张床和一套液化气灶具,同时也堆放着数袋大米、货架和冰柜。尽管从室内物品来看,似乎具有部分家庭生活的功能。但是,根据《关于审理抢劫案件具体应用法律若干问题的解释》规定,"户"为他人生活的与外界相对隔离的住所,包括封闭的院落、牧民的帐篷、渔民作为家庭生活场所的渔船、为生活租用的房屋等。根据该解释,作为刑法意义上的"户",应当是以生活为目的或主要以生活为目的而设立的,与外界相对隔离的场所。而在本案中,"芳芳商店"是以营业为目的开设的公开营业场所,虽部分区域兼有生活功能,但不具有

---

① 参见《最高人民法院公报》2005年第4期。

居民私人住宅相对封闭性与外界相对隔离的场所特征,故被害人的卧室仍然是商店的一部分。魏培明3人在实施抢劫时,"芳芳商店"尚在营业之中,发挥出来的系营业场所功能,而非生活居住功能。而且,魏培明等人是以抢商店的营业款为目的而实施犯罪,犯罪意图和指向明确,故不能以魏培明等人在此实施了抢劫就认定构成入户抢劫。

【指导案例】夏鹏飞、汪宣峰抢劫、敲诈勒索案[①]——暴力劫财行为始发于户外,持续到户内并在户内取得财物的,能否认定为"入户抢劫"

被告人夏鹏飞、汪宣峰与曹某商量用拍摄裸照的方法敲诈被害人女青年王某的钱财。2004年7月9日23时许,三人至事先踩点的上海市中华新路870号,曹因未能提供照相机,提议由夏、汪先抢王某的钱款,其再用抢得钱款购买照相机。当王某从外面回至该号504室住处开门进入时,夏鹏飞抢夺王的背包,强行将王推入屋内,并持刀顶住王的颈部。而后夏鹏飞与汪宣峰用衣服和围巾共同捆绑王的手脚,按预谋从王的钱包内抽出若干现金交给在外等候的曹某购买照相机。而后,汪宣峰将王的衣服脱光,夏鹏飞用曹购买的照相机拍摄王的裸照28张,要求王某以每张2000元人民币的价格全部赎回。

本案中,首先,被害人王某居住的尽管是暂住处,但属于供其生活起居使用的住所,应当属于刑法意义上的"户"。其次,被告人夏鹏飞、汪宣峰的最初目的是为实施敲诈勒索而进入被害人住处即户内的;在案件发生过程中,被告人又产生了抢劫财物的主观故意。无论从哪一方面分析,被告人的入户目的都是非法的。再次,夏鹏飞、汪宣峰在户内使用暴力手段劫得了财物。劫财行为从户外开始,又延续到户内完成,符合入户抢劫中暴力或者暴力胁迫行为发生在户内的特征,故仍应认定为"入户抢劫"。

【指导案例】明安华抢劫案[②]——子女进入父母居室内抢劫的能否认定为"入户抢劫"

被告人明安华因好吃懒做、乱花钱而与其继父李冬林关系不睦。1999年5月4日,明安华欲去河北打工向李冬林要钱,李未给,明安华十分恼怒。次日凌晨1时许,明安华手持铁棍,翻窗进入李冬林经营的粮油门市部二楼李的卧室,再次向

[①] 参见张华、吴春艳:《夏鹏飞、汪宣峰抢劫、敲诈勒索、盗窃案——在实施敲诈勒索犯罪过程中对被害人使用暴力并当场劫取财物的行为是否需要数罪并罚》,载最高人民法院刑事审判第一庭、第二庭编:《刑事审判参考》(总第42集),法律出版社2005年版,第37—45页。

[②] 参见田立文、夏汉清:《明安华抢劫案——子女进入父母居室内抢劫的能否认定为"入户抢劫"》,载最高人民法院刑事审判第一庭、第二庭编:《刑事审判参考》(总第21辑),法律出版社2001年版,第22—27页。

李要钱,遭到李拒绝,即用铁棍向李冬林头部猛击三下。因李欲呼喊,明又用手掐李的颈部,致李昏迷。明安华在室内找到李冬林的保险柜钥匙,将保险柜内的人民币 6.3 万元现金拿走后逃至湖北省竹溪县。

本案中,被告人明安华深夜进入李冬林的卧室进行抢劫,在形式上符合"入户抢劫"的构成特征,但是明安华与李冬林属于共同生活的家庭成员,无论其进入继父李冬林的居室是否得到李冬林的同意,都不属于非法侵入;同时,从我国传统伦理道德观念来看,无论子女是否成年或者与父母分开另住,子女进入父母的卧室或者住宅,都是正常的。从社会危害性上来看,由于亲属之间存在特殊的血缘关系,入户行为对被害人造成的心理恐慌与陌生人完全不同,也不应将这种行为认定为"入户抢劫"。当然,如果是家庭成员伙同、指使、雇用他人入户抢劫的,则该家庭成员可以成立"入户抢劫"的共犯,但量刑时仍然需要酌情考虑家庭成员之间抢劫这一因素。

【指导案例】韩维等抢劫案[①]**——非法进入他人共同租住的房屋抢劫是否属于"入户抢劫"**

2005 年 11 月 13 日晚 10 时许,被告人韩维、赵诣、周四海、何狄预谋到湖北省某县西口镇陈家冲村抢劫。当晚,由韩维带路和望风,四被告人窜至陈家冲村 2 组何亚东、张和平租用的住房,赵诣、周四海、何狄撞门入室,将何亚东、张和平从各自卧室带到一楼厅堂,并对他们威逼、殴打,令他们交出钱和手机,未果。三被告人即用领带和电线将何亚东、张和平手脚捆住,用毛巾堵住其嘴巴,尔后,在室内搜寻现金,未逞,便将屋内一部东芝牌影碟机和一台鼓风机劫走,四被告人将大门反锁后逃离现场。

就本案而言,四被告人进入并实施抢劫的场所是被害人何亚东、张和平合租的房屋,二人并非一家人,除了房屋中共用部分外,他们的卧室是各自分开的,他们中任何一人的卧室对于另一人来说都是相对独立的空间。在这个空间内,各自享有私生活的自由,不受他人的干扰。二人共租的房屋相对于他人和外界也同样具有隐私性和排他性,应当属于刑法意义上的"户"。值得注意的是,不具有家庭成员身份的人共同租用的住所,如果每一个承租人相对于其他人都没有相对独立的空间,该房屋应属于群体共同休息和活动的公共场所,就不能认定为刑法意义上的"户"。当然,家庭成员共同居住的住所,隐私性和排他性则是以整体体现的,即使各成员没有相对独立的空间,也不影响成立"户"。综上所述,本案被告人韩

[①] 参见马尚忠、翟超、程捷:《韩维等抢劫案——非法进入他人共同租住的房屋抢劫是否属于"入户抢劫"》,载最高人民法院刑事审判第一、二、三、四、五庭主办:《刑事审判参考》(总第 59 集),法律出版社 2008 年版,第 19—25 页。

维等人为抢劫进入被害人何亚东、张和平合租的房屋内,并当场采取暴力手段劫取财物的行为应认定为"入户抢劫"。

【指导案例】尹志刚、李龙云抢劫案①——**提供配好的钥匙给同伙,让同伙入室抢劫共同居住人的,行为人与同伙是否均构成入户抢劫**

被告人尹志刚与朋友王红岩、李静(王红岩的女友)共同居住在王红岩承租的北京市朝阳区翠城新园小区×号楼×门×室。2010年3月间,尹志刚起意并与李龙云共谋劫取王红岩的钱款。同年3月29日1时许,趁王红岩不在家,李龙云使用尹志刚事先提供的房门钥匙,进入王红岩的租住地,使用胶带对正在房间内睡觉的李静实施捆绑,劫得现金320元;李龙云还伪造现场,用胶带将尹志刚捆绑,将王红岩委托尹志刚代为保管的57 000元现金中的19 000元劫走逃离,余款38 000元被尹志刚据为己有。

根据相关司法解释的规定,入户抢劫的认定主要考虑以下两个方面:一是入户目的的非法性,即进入他人住所须以实施抢劫等犯罪为目的;二是暴力或者暴力胁迫行为必须发生在户内。本案中,被告人尹志刚与李龙云事先预谋抢劫,李龙云进入屋内捆绑被害人李静,并暴力胁迫劫取户内钱财。很显然,李龙云入户目的的非法性暴露无遗,暴力胁迫行为也发生在户内,且对被害人李静而言,非同住人李龙云以抢劫等犯罪目的入户对另一同住人实施抢劫,后者家庭生活安全性、私密性以及住宅不受侵犯的权利均被实际侵害。这种侵害并不因同住人尹志刚的参与而削减。因此,李龙云的行为应当认定为入户抢劫。此外,在共同犯罪中,共同犯罪人应当对不超出其共同犯意的犯罪后果承担共同的刑事责任,同住人与其他非同住人共同预谋入户对其他同住人实施抢劫,对共同造成的侵犯他人家庭生活安全性、私密性的加重后果均应当承担刑事责任。至于同住人是带领他人入户还是帮助他人入户,只是具体行为方式的不同,不影响入户抢劫的认定。因此,二被告人都应当认定为入户抢劫,尹志刚也应当对入户抢劫的加重后果承担刑事责任。

【指导案例】杨廷祥等抢劫案②——**在个体家庭旅馆针对旅馆主人实施的抢劫是否构成"入户抢劫"**

2002年10月28日晚,被告人杨廷祥、杨廷志、杨廷俊窜至青岛市四方区顾红

---

① 参见吴小军、万兵:《尹志刚、李龙云抢劫案——提供配好的钥匙给同伙,让同伙入室抢劫共同居住人的,行为人与同伙是否均构成入户抢劫》,载最高人民法院刑事审判第一、二、三、四、五庭主办:《刑事审判参考》(总第89集),法律出版社2013年版,第44—49页。

② 参见韩亮、杨金华:《杨廷祥等抢劫案——在个体家庭旅馆针对旅馆主人实施的抢劫是否构成"入户抢劫"》,载最高人民法院刑事审判第一庭、第二庭编:《刑事审判参考》(总第39集),法律出版社2005年版,第31—38页。

卫开办的"家和旅馆",用假身份证登记住宿。次日凌晨 4 时许,三被告人以退房为名,骗开顾红卫兼作办公、值班之用的房间房门后,将顾及其妻子赵永美、儿子等人捆绑,并用胶带纸封嘴,逼顾、赵等人喝下事先准备好的安眠药后,劫取现金人民币 200 余元、面额为人民币 28 000 元的存折 2 张以及其他财物。为逼迫赵永美说出存折密码,杨廷志用刀将其捅致轻微伤,后因赵提供的系假密码,存折未能提现。

在本案中,被告人在个体家庭旅馆针对旅馆主人实施的抢劫行为是否成立入户抢劫,关键在于能否将个体家庭旅馆以及旅馆主人的居住场所认定为"户"。应当说,较之于一般的抢劫旅馆行为,本处的抢劫具有一定特殊性和复杂性:一是旅馆系个人家庭住所改造的,属个体家庭旅馆;二是抢劫的场所系旅馆主人的居住场所,仅以旅馆主人及其家庭为抢劫对象。也就是说,被告人具体实施抢劫的场所,在作为被害人顾红卫家庭生活起居场所的同时,还是被害人顾红卫经营旅馆的办公场所。但由于旅馆是 24 小时营业的,这就意味着:一方面,被害人顾红卫的居住场所具有开放性,客人可以随时到这里办理住宿等事务;另一方面,被害人顾红卫的居住场所不以家庭生活起居为限。该居住场所的功能是不固定、可以随时变换的,而且这种功能上的不确定性,不存在时间段的限制,因而在具体功能上不具有可区分性,不宜认定为"户"。综上,杨廷祥等三被告人在个体家庭旅馆针对旅馆主人实施的共同抢劫行为,因抢劫行为非发生在"户"内,故不应认定为入户抢劫。

【指导案例】陆剑钢等抢劫案①——入户抢劫中"户"的理解与认定

2001 年 12 月 31 日晚,汤某、苏某等人在福建省漳州市南靖县靖城镇车站路煤石公司宿舍×号楼×室褚志荣家中以"青儿"的形式进行赌博。21 时许,被告人陆剑钢、范红进、邵敬琼、黄智伟得知这一情况后,遂结伙采用持刀威胁等手段,至褚志荣家劫得褚志荣、汤某、苏某等人的人民币 1000 余元及价值人民币 425 元的摩托罗拉牌 GC87C 型移动电话机 1 部。

本案被告人陆剑钢等人为实施抢劫进入他人住所并在住所内通过持刀威胁手段劫取他人财物的行为,在"入户"目的上明显具有非法性,而且暴力行为发生在户内,故本案是否成立入户抢劫,关键在于能否把设在他人住所内的赌场也视为刑法上的"户"。笔者认为,刑法之所以将入户抢劫规定为法定加重情节,一个重要原因是入户抢劫直接威胁到了户内居民的人身和财产安全。因此,作为刑法

---

① 参见朱肇曾、包海燕:《陆剑钢等抢劫案——入户抢劫中"户"的理解与认定》,载最高人民法院刑事审判第一庭、第二庭编:《刑事审判参考》(总第 37 集),法律出版社 2004 年版,第 30—36 页。

上的"户",不仅是一个场所的概念,更主要的是与住所内的公民人身及财产权利相联系的概念。从这个意义上讲,入户抢劫还包含着一个实质性内容,即必须是以户为对象所实施的抢劫。从本案陆剑钢等被告人实施抢劫的主观指向及抢劫行为时实际侵害的对象来看,实施抢劫行为时主观上明确指向的是参赌人员,客观上也仅以参赌人员为抢劫对象,所劫取的赃款、赃物全部为参赌人员的财物,未另外危及户内财产。尽管被告人闯入了居民住所,并对居民住所内的人员实施了抢劫,但由于被告人主观上没有对住户实施抢劫的犯罪故意,客观上也没有实施针对住户及财产抢劫的行为,被告人的这种入户,实际上是进入赌博场所,而非家庭生活场所,故不能认定为入户抢劫。

【指导案例】虞正策强奸、抢劫案[①]**——在入户强奸过程中临时起意劫取财物的,能否认定为"入户抢劫"**

2008年5月4日中午,被告人虞正策遭其子殴打后,心里难受,找其姐谈心诉苦未果。当日傍晚,虞正策到本村村民石新岩家喝酒,闲聊至22时许,后又至本村村民石某某家,欲与石某某发生性关系,因发现石家有人便离开。虞正策随即至本村独居妇女项某某家房屋后,扒开院墙砖头,撬开厨房后门,进入项某某的卧室,并采取用被子蒙头、卡脖子、捂嘴等暴力手段对项某某实施奸淫,致项某某因外力扼压颈部、口腔致机械性窒息死亡。在强奸过程中,虞正策发现项某某戴有一副金耳环(价值人民币513元),即强行扯下,带回家中藏匿。

根据最高人民法院《关于审理抢劫、抢夺刑事案件适用法律若干问题的意见》第1条的规定,认定"入户抢劫"时应注意"入户"目的的非法性,即进入他人住所须以实施抢劫等犯罪为目的。所谓"以实施抢劫等犯罪为目的",不是泛指以实施任何犯罪为目的,而是指以实施抢劫及盗窃、诈骗、抢夺等图财型犯罪为目的而进入他人住所,从而将以实施抢劫等图财型犯罪为目的的入户与以实施其他犯罪为目的的入户区别开来。然而,为了更有力地保护公民的住宅安全,更严厉地打击入户抢劫犯罪,之后发布实施的《关于审理抢劫刑事案件适用法律若干问题的指导意见》改变了《关于审理抢劫、抢夺刑事案件适用法律若干问题的意见》将入户抢劫中的入户限定于抢劫等犯罪目的的规定,扩大为"以侵害户内人员的人身、财产为目的"。换言之,只要是"以侵害户内人员的人身、财产为目的"而入户,即使不以犯罪为目的,仅是出于一般违法目的,而后实施抢劫的,均可认定为入户抢劫。根据本案证据,被告人虞正策被儿子殴打后,为宣泄而同人饮酒、聊天,后入户实施强奸犯罪,并在强奸过程中临时起意劫取财物,由于其是以侵害户内人员的人

[①] 参见杨军:《虞正策强奸、抢劫案——在入户强奸过程中临时起意劫取财物的,能否认定为"入户抢劫"》,载最高人民法院刑事审判第一、二、三、四、五庭主办:《刑事审判参考》(总第70集),法律出版社2010年版,第40—45页。

身为目的而入户抢劫,符合入户抢劫的目的要件要求,应认定为"入户抢劫"。

【指导案例】秦红抢劫案①——被允许入户后临时起意盗窃,被发现后当场使用暴力的,能否认定"入户抢劫"

2007年8月14日上午10时许,被告人秦红到重庆市黔江区黄溪镇山洋村6组唐从波家找唐从波,见只有唐从波的母亲苏凤兰和两个小孩在家,便要求在其家中休息,苏凤兰答应了秦红的请求。后秦红趁苏凤兰外出之机,将其存放在枕头下的一部黑色直板手机揣进口袋。接着,当秦红将从箱子里窃取的现金人民币1060元清点完毕,正欲揣进自己口袋之时,被外出回来的被害人苏凤兰发现并抓住,秦红用力强行挣脱,并在唐从波家堂屋捡起一根木棒并亮出一根带黑花点的布绳,对苏凤兰以进行殴打和捆绑相威胁,将现金和手机拿走逃离现场。

根据《关于审理抢劫刑事案件适用法律若干问题的指导意见》的规定,认定"入户抢劫",要注重审查行为人"入户"的目的,将"入户抢劫"与"在户内抢劫"区别开来。以侵害户内人员的人身、财产为目的,入户后实施抢劫,或入户实施盗窃、诈骗等犯罪而转化为抢劫的,应当认定为"入户抢劫"。因访友办事等原因经户内人员允许入户后,临时起意实施抢劫,或者临时起意实施盗窃、诈骗等犯罪而转化为抢劫的,不应认定为"入户抢劫"。本案被告人秦红是以访友为目的,在征得被害人同意后进入其家中,在被害人家中休息时,乘被害人外出之机实施盗窃行为,因被发现而以暴力相威胁,转化为抢劫罪,但其行为不宜认定为"入户抢劫"。

【指导案例】黄卫松抢劫案②——进入卖淫女出租房嫖宿后实施抢劫是否构成"入户抢劫"

2012年7月25日22时30分许,被告人黄卫松来到浙江省台州市黄岩区东城街道山亭街路上,见被害人龚某向其招嫖,遂起意抢劫,黄卫松随龚某来到山亭街羊头塘里×号二楼,在龚的出租房内与龚发生性关系后,持事先准备的弹簧刀威胁龚,劫得龚价值人民币1091元的黄金戒指两枚和现金人民币300余元。在逃离现场过程中,黄卫松遭到龚某、方象初、陈意林等人抓捕时,持刀朝对方乱挥乱刺,致龚某、方象初、陈意林身体多处受伤,后被群众抓获。

---

① 参见张剑:《秦红抢劫案——被允许入户后临时起意盗窃,被发现后当场使用暴力的,能否认定"入户抢劫"》,载最高人民法院刑事审判第一、二、三、四、五庭主办:《刑事审判参考》(总第109集),法律出版社2017年版,第6—9页。

② 参见王永兴:《黄卫松抢劫案——进入卖淫女出租房嫖宿后实施抢劫是否构成"入户抢劫"》,载最高人民法院刑事审判第一、二、三、四、五庭主办:《刑事审判参考》(总第91集),法律出版社2014年版,第25—29页。

本案在审理过程中,主要存在两个问题:一是被告人黄卫松进入出租房是否具有非法性?二是卖淫女出租房性质是否构成"户"?关于第一个问题,虽然黄卫松为了嫖宿进入出租房的行为本身也是违法的,但"入户抢劫"中的非法性并非是指行为人入户后所从事行为的违法性,而是指侵入的非法性,即以非法占有财物为目的未经主人同意侵入他人住宅。故如果黄卫松仅仅只是为了嫖娼而进入卖淫女出租房,不能认定为抢劫罪中的非法入户。然而在本案中,黄卫松在入户之前既有嫖娼的故意,也有抢劫的故意。黄卫松以嫖娼的方式,诱使卖淫女带其到出租房内,这种行为属于上述以合法形式掩盖非法目的的情形,由于其本身具有抢劫目的,故应认定其具有入户目的的非法性。关于第二个问题,本案中卖淫女出租房兼具卖淫活动场所和家居生活住所的性质,二者在一定条件下可以相互转化:当没有嫖客进入出租房时,该出租房供卖淫女进行日常生活起居之用,同时具有相对封闭性和私密性,应当被认定为刑法意义上的"户"。反之,当卖淫女决定在该出租房内接纳嫖客时,该出租房实际承载的功能便转化为淫乱牟利的场所。此时,该出租房不具有"户"的功能特征。综上所述,本案被告人黄卫松虽然具有入户目的的非法性、暴力发生在户内两个要件,但是由于卖淫女的出租房在犯罪时所承载的并非家居生活住所性质,因此不属于刑法意义上的"户",故黄卫松的行为不构成"入户抢劫"。

【指导案例】王志坚抢劫、强奸、盗窃案①——如何把握抢劫犯罪案件中加重情节的认定

2006年2月12日至3月11日期间,被告人王志坚伙同他人冒充警察,采用暴力手段在河北省秦皇岛市、唐山市等地的建筑工地、工人宿舍及小卖部实施抢劫犯罪8起,劫得财物折合人民币23万余元,在抢劫过程中王志坚采用暴力手段强奸妇女一人。2006年3月14日,王志坚又伙同他人盗窃唐山市滦县商业城牛占山家的批零商店,窃得财物折合人民币4万余元。

本案中,被告人王志坚及其同伙在抢劫过程中冒充警察,以查身份证、抓小偷的名义进入建筑工地或工人宿舍实施抢劫,该行为涉及进入建筑工地或工人宿舍能否认定为"入户"的问题。对此,根据《两抢意见》第1条的规定,"户"指住所,其特征表现为供他人家庭生活和与外界相对隔离两个方面,前者为功能特征,后者为场所特征。一般情况下,集体宿舍、旅店宾馆、临时搭建工棚等不应认定为"户",但在特定情况下,如果确实具有上述两个特征的,也可以认定为"户"。此处明确将"户"界定为家庭生活的住所。所谓"家庭生活",一般是指具有血缘或拟制关系的亲属组成的

---

① 参见苏敏:《王志坚抢劫、强奸、盗窃案——如何把握抢劫犯罪案件中加重情节的认定》,载最高人民法院刑事审判第一、二、三、四、五庭主办:《刑事审判参考》(总第73集),法律出版社2010年版,第30—35页。

家庭成员相对固定地居住在一起。"入户抢劫"侵害了家庭生活的安全性、私密性，所以需要承担更重的刑事责任。而工人宿舍并不具备家庭生活的实质，建筑工地不能认定为住所，故对侵入该两处地点的抢劫行为不宜认定为"入户抢劫"。

【指导案例】刘长庚抢劫案①——行为人从户外追赶被害人进入户内后实施抢劫的行为，能否认定为"入户抢劫"

2011年8月1日13时许，被告人刘长庚携带事先准备好的水果刀在江苏省无锡市新区硕放街道附近伺机抢劫。后在庵西路17号东侧被害人吴某租住的出租房门外遇见吴某，遂持刀威胁吴某意图劫取财物。吴某因害怕进入出租房内躲避。刘长庚追赶吴某入室，继续采用捂嘴、持刀划伤吴某等手法，劫得吴某人民币200元并致吴某颈部多处受伤。

本案审理过程中，对被告人刘长庚从户外追赶被害人吴某进入户内，进而在户内实施抢劫的行为，能否认定为"入户抢劫"？根据《两抢意见》第1条的规定，在符合"户"的特征的场所中，认定入户抢劫还应考虑以下两个方面的因素：一是入户目的具有非法性，即进入他人住所须以实施抢劫等犯罪为目的；二是暴力或者暴力胁迫行为必须发生在户内。具体到本案：一方面，刘长庚在户外持刀威胁被害人劫取财物，在吴某躲进家中后仍尾随其后，并进入吴某家中，继续采用捂嘴、持刀划伤吴某等暴力手段实施抢劫。因此，其"入户"目的系为了实施抢劫，具有非法性。另一方面，"入户抢劫"要求暴力、胁迫等强制性手段必须发生在户内，针对"在户内实施暴力或者暴力胁迫行为"，不应机械地理解为整个抢劫行为在户内开始实施并在户内结束，只要行为人的抢劫暴力行为有一部分发生在户内，就应当认定为"入户抢劫"。本案中，刘长庚携带抢劫工具从户外开始对吴某实施抢劫，并追赶吴某到户内，在户内继续实施暴力行为，符合在户内实施暴力行为的要件。综上，刘长庚以抢劫为目的，从户外追赶被害人进入户内后实施暴力抢劫的行为，应当认定为"入户抢劫"。

【指导案例】韦猛抢劫案②——进入无人居住的待租房屋实施抢劫，不属于"入户抢劫"

2010年7月6日11时许，被告人韦猛伙同他人经商量以假装租房的名义对带去看房的人在房间内实施抢劫。两人以看房租房为由，约好与被害人王某某见

---

① 参见徐振华、徐海宏、王星光：《刘长庚抢劫案——行为人从户外追赶被害人进入户内后实施抢劫的行为，能否认定为"入户抢劫"》，载最高人民法院刑事审判第一、二、三、四、五庭主办：《刑事审判参考》(总第91集)，法律出版社2014年版，第38—42页。
② 参见张剑：《韦猛抢劫案——进入无人居住的待租房屋实施抢劫，不属于"入户抢劫"》，载最高人民法院刑事审判第一、二、三、四、五庭主办：《刑事审判参考》(总第109集)，法律出版社2017年版，第1—5页。

面看房的时间地点,韦猛着手准备好作案用的弹簧刀、封口胶等物品。两人于当日 16 时许来到南宁市民主路 9 号粮食局宿舍×栋×单元×楼×房,随王某某进入房间后即拿出弹簧刀对王某某进行威胁、恐吓,并用封口胶封住王某某的嘴巴,用绳子将王某某绑在凳子上,随后抢走王某某手提包内的现金人民币 500 元和三星牌 J208 型手机一部。

本案被告人韦猛伙同他人在待租房屋对被害人王某某实施抢劫,是否构成"入户抢劫",关键在于能否将该房屋认定为"户"。对此,要结合前述"户"的两个基本特征来确定。本案中,被告人韦猛伙同他人作案的房屋虽系待租房屋,却是封闭的,需要王某某拿钥匙开启方能进入,显然是与外界相对隔离的,故符合"户"的场所特征。但该房屋既不是供受害人王某某本人或者其家人生活居住使用的,也不是他人正在居住使用的房屋,而是等待他人租住的房屋,被告人作案时无人在此居住,因此不具有"户"的功能特征,韦猛的行为不应认定为"入户抢劫"。

二十、关于"在公共交通工具上"抢劫的认定

(一)裁判规则

1. "公共交通工具",包括从事旅客运输的各种公共汽车,大、中型出租车,火车,地铁,轻轨,轮船,飞机等,不含小型出租车;对于虽不具有商业营运执照,但实际从事旅客运输的大、中型交通工具,可认定为"公共交通工具";接送职工的单位班车、接送师生的校车等大、中型交通工具,也可视为"公共交通工具"。

2. "在公共交通工具上抢劫",既包括在处于运营状态的公共交通工具上对旅客及司售、乘务人员实施的抢劫,也包括拦截运营途中的公共交通工具对旅客及司售、乘务人员实施的抢劫,但不包括在未运营的公共交通工具上针对司售、乘务人员实施的抢劫。在公共交通工具上针对特定人员实施抢劫的,也应认定为"在公共交通工具上抢劫"。

(二)规则适用

《刑法》将"在公共交通工具上抢劫"规定为加重情节,主要是因为公共交通工具上乘坐的人员较多,在公共交通工具上抢劫不仅会危及广大乘客的人身、财产安全,而且驾驶人员因恐惧或注意力分散容易出现操作失误,从而引发交通事故,具有严重的社会危害性。此外,行为人在公共交通工具上公然抢劫,也反映了其更大的主观恶性和人身危险性,故法律将其规定为加重处罚情节。根据《关于审理抢劫案件具体应用法律若干问题的解释》《两抢意见》《关于审理抢劫刑事案件适用法律若干问题的指导意见》的规定,公共交通工具具有"承载的旅客具有不特定多数人"的特点,主要包括各种公共汽车,大、中型出租车,火车,船只,飞机,地铁,轻轨。不具有营运执照但实际从事旅客运输的大、中型公共交通工具,可认定为"公共交通工具"。接送职工的单位班车、接送师生的校车等大、中型交通工具

虽然不向社会开放,但仍然具有一定开放性,不同于个人私家车,车上乘坐人员虽然相对固定,但仍然具有不特定多数人的特征,在校车应当得到最大程度保护观念的支配下,也应视为"公共交通工具"。小型出租汽车上发生的案件大多是犯罪分子以租乘为名,骗司机将出租车开到偏僻无人的地方后,针对司机行抢,或者同时抢劫司机驾驶的出租汽车。这种抢劫不是针对众多乘客实施的,不同于威胁众多乘客人身、财产安全的抢劫案件,因此不能认定为"在公共交通工具上抢劫"。

"在公共交通工具上抢劫"还要求公共交通工具必须是处于正在运营的状态,因为只有这样,才会具有承载不特定多数旅客的特点,也才会危及公共交通安全,故对于在未运营中的大中型公共交通工具上针对司售、乘务人员抢劫的,不能认定为"在公共交通工具上抢劫"。需要注意的是,处于静止状态的公共交通工具也有可能处于运营当中,如车辆在中途候客,尽管处于静止状态,但仍然属于正在运营当中。此外,针对公共交通工具上特定人员进行抢劫的,也应认定为"在公共交通工具上抢劫"。因为尽管行为人抢劫的对象是特定的,但抢劫的地点是在公共交通工具上,对不特定多数人的人身、财产的危害性仍然存在,并且抢劫行为对处于运营状态中的公共交通工具也会带来危害,容易危及公共安全。

此外,同"入户抢劫"一样,"在公共交通工具上抢劫"要求暴力或者暴力胁迫行为发生在公共交通工具上,但不要求整个抢劫行为在公共交通工具上开始实施并在此结束,而只要求行为人的抢劫暴力行为有一部分发生在公共交通工具上即可。此外,即使行为人实施暴力或者暴力胁迫行为完全在公共交通工具之外,但随同被害人到公共交通工具上取财的,可以认为暴力胁迫行为持续到了公共交通工具上,应认定为"在公共交通工具上抢劫"。例如,车匪路霸拦截过往的公共交通工具之后,上车或者在车外以暴力或胁迫方法要求车内人员交出财物的,也应认定为"在公共交通工具上抢劫"。同样,对于"在公共交通工具上"发生的转化型抢劫罪,也要求暴力、暴力胁迫行为发生"在公共交通工具上",即不仅先前的盗窃等行为发生在公共交通工具上,随后为抗拒抓捕等而实施的暴力、暴力胁迫行为也必须发生在公共交通工具上。如果行为人实施盗窃等先前行为虽然发生在公共交通工具之上,但为抗拒抓捕等而使用暴力或者以暴力相威胁的行为发生在交通工具之外,由于不会侵害到不特定多数人的人身、财产权益,也不会危及公共交通安全,则不应认定为"在公共交通工具上抢劫"。

【指导案例】穆文军抢劫案[①]**——盗窃未遂为抗拒抓捕而当场使用暴力能否构成抢劫罪**

2004年1月16日21时许,被告人穆文军在上海至贵阳的L157次旅客列车的

[①] 参见杨才清:《穆文军抢劫案——盗窃未遂为抗拒抓捕而当场使用暴力能否构成抢劫罪》,载最高人民法院刑事审判第一庭、第二庭编:《刑事审判参考》(总第41集),法律出版社2005年版,第8—13页。

6号车厢内,盗窃一名身着红色衣服的女性旅客的财物,被该旅客的同行人发现而未得逞;而后穆文军又盗窃另一名旅客的财物,刚将手伸进挎包内时就被周围旅客发现,列车上的旅客即对其进行抓捕。穆文军为了逃跑便拔出随身携带的匕首威胁上前抓捕的旅客,当匕首被一名旅客夺走后,穆又抽出一把弹簧刀继续威胁上前抓捕的旅客,并将旅客李选平的右手指刺伤,经鉴定为轻微伤。

对于行为人事先在公共交通工具上盗窃,事后为抗拒抓捕,又在公共交通工具上对被害人或者其他参与抓捕的群众当场实施暴力的,能否直接转化成"在公共交通工具上抢劫"呢?笔者认为,在公共交通工具上抢劫不仅包括直接在公共交通工具上抢劫,也包括转化型抢劫。当然,"在公共交通工具上"实施盗窃等行为被发现后,为抗拒抓捕等而实施暴力或者以暴力相威胁,要成立"在公共交通工具上"的转化型抢劫,其暴力、胁迫行为必须发生在公共交通工具上。具体到本案中,被告人穆文军以非法占有为目的,在公共交通工具上窃取旅客财物,在被旅客发现后为抗拒抓捕而当场持刀对旅客行凶,并刺伤旅客,其行为已转化为抢劫罪,而且应适用"在公共交通工具上抢劫"这一加重处罚情节。

【指导案例】胡现旗抢劫案①——暴力行为发生在公共交通工具之外的能否认定为在"公共交通工具上抢劫"

2012年9月4日上午,被告人胡现旗乘坐由上海开往奉化的沪B56821号大巴车。当日10时40分许,大巴车驶入沈海高速慈城服务区停车休息,胡现旗趁被害人杨幸奎下车离开之际,从杨幸奎放于大巴车行李架上的包内窃得美元4796元(折合人民币30 408元),得手后即被回到车上的杨幸奎发现,在其得知车上乘客要报警时,打开车窗跳窗逃跑,服务区保安韦胜军及大巴车司机张成良随即追赶,胡现旗为抗拒抓捕,拳击韦胜军头面部,抓挠韦胜军手臂、脖子,致韦胜军嘴角、手臂、脖子等处受伤。

本案中,被告人胡现旗在其乘坐的大巴车驶入服务区停车休息期间,趁被害人下车离开之际,从被害人放置于大巴车行李架上的包内窃得财物,后被回到车上的被害人发现,在其得知车上乘客要报警时,跳窗逃跑,服务区保安及大巴车司机随即下车追赶,胡现旗为抗拒抓捕,拳击抓捕者的头面部,致后者轻微伤。可见,尽管胡现旗的盗窃行为发生在公共交通工具之上,但其系在逃离途中使用暴力,该暴力行为发生在公共交通工具之外,不属于在公共交通工具上抢劫。需要指出的是,在本案审理之后,2016年1月6日发布实施的《关于审理抢劫刑事案件适用法律若干问题的指导意见》第3条明确规定,"入户或者在公共交通工具上盗

---

① 案号:一审,(2013)甬北刑初字第25号;二审,(2013)浙甬刑二终字第177号。

窃、诈骗、抢夺后，为了窝藏赃物、抗拒抓捕或者毁灭罪证，在户内或者公共交通工具上当场使用暴力或者以暴力相威胁的，构成'入户抢劫'或者'在公共交通工具上抢劫'"。

【指导案例】李政、侍鹏抢劫案①——针对特定的被害人在公共交通工具上实施抢劫是否属于"在公共交通工具上抢劫"

2004年9月10日19时30分许，被告人李政在江苏省南京市中央门长途汽车站以拉客为名，将被害人马景海带至加油站相房村2号。之后，李政拦下除车主林增发、驾驶员胡志军外另有一名乘客的皖A-53842长途客车，并带被害人上车。此时被告人侍鹏伙同侍锋、毕爱军尾随上车，并将被害人安排在车后部。四人在要求被害人买票过程中，发现被害人钱夹中有钱，于是对马景海进行暴力殴打、语言威胁，强行劫取其人民币8640元后下车。2005年2月6日下午2时30分许，被告人李政、侍鹏再次以拉客为名，将被害人顾桂和带至加油站，李政拦下车上只有驾驶员尤永一人的苏K-09486长途客车，两被告人将被害人顾桂和带上车并将其安排在车后部。之后，两被告人在车后部对顾桂和施以拳脚和语言威胁，逼迫顾桂和先后拿出人民币250元。

本案中，针对特定被害人在公共交通工具上实施抢劫是否属于"在公共交通工具上抢劫"有两种观点：一种观点认为，针对特定对象实施抢劫，与发生在一般公共场所的普通抢劫没有本质的不同，不符合"在公共交通工具上抢劫"这一加重条款规定的针对不特定多数人实施抢劫这一特征，应以普通抢劫罪定罪。另一种观点认为，虽然仅仅针对特定对象，主观上没有侵犯不特定多数人人身和财产的故意，但只要行为人在公共交通工具上实施的抢劫行为足以威胁到同乘人员，即可构成"在公共交通工具上抢劫"。笔者赞同第二种意见，原因在于：首先，根据《关于审理抢劫案件具体应用法律若干问题的解释》第2条之规定，只要是在运营中的公共交通工具上对乘客进行抢劫，就应当认定为"在公共交通工具上抢劫"。其次，被告人虽然侵害的对象自始至终都是特定的被害人一人，对车内其他同乘人员没有任何威胁性语言和行为，更没有实施暴力，但由于该行为发生在公共交通工具上，直接威胁到该公共交通工具上其他乘客的人身和财产安全，给该公共交通工具上所有乘客都造成了心理上的恐惧，同样严重破坏了社会公共秩序。再次，也是更重要的一点，这种行为还侵害了公共运输安全，会使驾驶员感到威胁（不以行为人实际威胁驾驶员以及驾驶员实际产生恐惧感为前提），影响驾驶员的驾驶安全，因此应认定为"在公共交通工具上抢劫"。

---

① 参见尚贞华、朱锡平：《李政、侍鹏抢劫案——针对特定的被害人在公共交通工具上实施抢劫是否属于"在公共交通工具上抢劫"》，载最高人民法院刑事审判第一、二、三、四、五庭主办：《刑事审判参考》（总第49集），法律出版社2006年版，第40—45页。

二十一、关于"抢劫银行或者其他金融机构"的认定

(一) 裁判规则

《刑法》第 263 条第(三)项规定的"抢劫银行或者其他金融机构",是指抢劫银行或者其他金融机构的经营资金、有价证券和客户资金等,而不包括抢劫银行或其他金融机构的办公用品、生活用品。抢劫正在使用中的银行或者其他金融机构的运钞车的,视为"抢劫银行或者其他金融机构"。

(二) 规则适用

所谓"银行或者其他金融机构",是指银行以及其他从事金融业务的机构,如信用社、保险公司、证券公司、融资租赁公司、信托投资公司等。上述金融机构正在使用中的运钞车,视为金融机构的延伸。关于抢劫银行等金融机构的财物范围,最高人民法院发布的《关于审理盗窃案件具体应用法律若干问题的解释》(1998 年)第 8 条曾规定:"《刑法》第二百六十四条规定的'盗窃金融机构',是指盗窃金融机构的经营资金、有价证券和客户的资金等,如储户的存款、债券、其它款物,企业的结算资金、股票,不包括盗窃金融机构的办公用品、交通工具等财物的行为。"此外,《关于审理抢劫案件具体应用法律若干问题的解释》第 3 条亦有同样的规定,"'抢劫银行或者其他金融机构',是指抢劫银行或者其他金融机构的经营资金、有价证券和客户的资金等。抢劫正在使用中的银行或者其他金融机构的运钞车的,视为'抢劫银行或者其他金融机构'"。立法之所以要对抢劫银行等金融机构的财物范围做出上述限制,其目的在于保护银行以及金融机构的资金,包括经营资金、有价证券和客户资金等的安全,而并非为了保护银行以及金融机构本身建筑或者本身所拥有的非银行资金的财物。为此,如果行为人冲入银行或其他金融机构,针对电脑、验钞机等办公用品,或者银行工作人员自身财物实施抢劫的,或者拦截运钞车之后针对车内人员的财物或者以运钞车本身为抢劫对象的,不能认定为"抢劫银行或者其他金融机构"。在实践中曾经发生过被告人蹲守在银行门口甚至闯入银行营业大厅内,抢劫客户刚从银行取出来的钱款,或者抢劫客户带去银行准备存入银行的钱款,由于这些钱款已经从银行取出或者尚未存入银行,不属于银行资金,故虽然发生在银行周围甚至是银行内部,也不能认定为"抢劫银行或者其他金融机构"。

【指导案例】曾贤勇抢劫案[①]——携带凶器在银行营业大厅抢夺储户现金行为的法律适用

2001 年 3 月 1 日下午,被告人曾贤勇携带斧头窜至富水北路的中国工商银行

[①] 参见陈文全:《曾贤勇抢劫案——携带凶器在银行营业大厅抢夺储户现金行为的法律适用》,载最高人民法院刑事审判第一庭、第二庭编:《刑事审判参考》(总第 27 辑),法律出版社 2002 年版,第 20—26 页。

内,在某公司女职员罗某拿出现金准备办理存款业务时,将其现金人民币27 600元悉数抢走,欲逃跑时被群众于厅内当场抓获,并被搜出随身携带的斧头一把。

本案被告人曾贤勇携带斧头实施抢夺,根据《刑法》第267条第2款规定,应以抢劫罪定罪处罚。《关于审理抢劫案件具体应用法律若干问题的解释》第3条第1款规定:"刑法第二百六十三条第(三)项规定的'抢劫银行或者其他金融机构',是指抢劫银行或者其他金融机构的经营资金、有价证券和客户的资金等。"对于本案有关键意义的问题是,如何理解"客户的资金"?客户的资金是指来银行或者其他金融机构办理业务的客户所携带的资金,还是指已存入银行的客户的资金?对此,应从立法本意来加以考虑。《刑法》之所以将抢劫银行或者其他金融机构等作为加重情节,是为了突出打击针对银行或者其他金融机构的犯罪,以保护金融资金的安全。正在银行或者其他金融机构等待办理业务的客户毕竟不是金融机构本身,故针对其的抢劫行为不宜视为对金融机构实施抢劫。当然,如果被害人的现金已递交银行或者其他金融机构工作人员,则被告人的行为应以抢劫银行或者其他金融机构论处。

二十二、关于"多次抢劫"的认定

(一) 裁判规则

"多次抢劫"是指抢劫3次以上,其中的每次抢劫行为都应构成独立的抢劫罪,且无需达到犯罪既遂状态。当然,也不宜将社会危害性不严重的多次抢劫预备行为纳入其中。对于连续抢劫多人的抢劫行为是认定为一次抢劫还是"多次抢劫",应从犯罪故意的单复数、犯罪时间的连续性和地点的相近性三个因素综合判断。

(二) 规则适用

关于"多次"的含义,尽管《刑法》本身没有对这一概念作出界定,但是《两抢意见》第3条将"多次抢劫"界定为"抢劫三次以上"。这一规定既反映了社会生活中一般人的认识观念,又与《刑法》其他条文中"多次"的含义保持一致。① 关于"多次抢劫"的犯罪形态问题,是否要求每次抢劫均达到既遂形态,多次抢劫预备、未遂行为能否成立"多次抢劫"?笔者认为,"多次抢劫"之所以作为加重情节,是因为行为人一而再、再而三地以暴力或者暴力相威胁的方法劫取财物,不仅主观恶性与人身危险性大,而且也体现出了更大的社会危害性。即使是抢劫未遂,也表明行为人的抢劫犯意已经转化为实行行为,只是因为意志以外的原因而未能得逞,行为人的惯犯特征已经表露无遗。而在多次实施抢劫预备行为的情况下,行

---

① 例如,最高人民法院《关于审理盗窃案件具体应用法律若干问题的解释》第4条规定:"对于一年内入户盗窃或者在公共场所扒窃三次以上的,应当认定为'多次盗窃',以盗窃罪定罪处罚。"

为人尚未着手实施犯罪,惯犯特征并不明显,而且多次抢劫的起点刑为 10 年以上重刑,故对于社会危害性并不十分严重的多次抢劫预备行为不宜认定为"多次抢劫",只有这样才符合罪刑相适应基本原则的要求。

对于连续抢劫多人的抢劫行为是认定为一次抢劫还是"多次抢劫",应从犯罪故意的单复数、犯罪时间的连续性和地点的相近性三个因素综合判断。《两抢意见》第 3 条第 2 款规定:"对于'多次'的认定,应以行为人实施的每一次抢劫行为均已构成犯罪为前提,综合考虑犯罪故意的产生、犯罪行为实施的时间、地点等因素,客观分析、认定。对于行为人基于一个犯意实施犯罪的,如在同一地点同时对在场的多人实施抢劫的;或基于同一犯意在同一地点实施连续抢劫犯罪的,如在同一地点连续地对途经此地的多人进行抢劫的;或在一次犯罪中对一栋居民楼房中的几户居民连续实施入户抢劫的,一般应认定为一次犯罪。"也就是说,行为人在同一地点连续对多人同时实施抢劫的,虽属抢劫多人,但由于是基于同一犯意,不仅犯罪时间上具有连续性,犯罪地点上还具有相近性,故不属于"多次抢劫"。

【指导案例】姜继红、成盛等抢劫、盗窃案①——连续抢劫多人的是否属于"多次抢劫"

2004 年 6 月 19 日 14 时许,被告人姜继红、成盛、廖幽、聂兵霞、李小兵伙同龙爱博从湖南省娄底火车站货场窜上一列娄底开往株洲方向的货车的第二节车厢准备掀盗模子铁,被押运员郭春辉发现并予以阻止,六被告人遂对郭进行威胁,强行掀下模子铁 130 公斤。接着,姜继红提议抢劫押运员的手机和钱,成盛就去抢郭挂在腰间的手机,郭跑向第三节车厢,姜继红拿起一块模子铁砸向郭的右足背,郭不敢反抗,成盛解下郭腰间价值人民币 375 元的"诺基亚"牌手机,并从郭身上搜得人民币 1660 元。在抢完郭春辉后,各被告人又开始抢第三节车厢的押运员张小玲。之后,姜继红、成盛、廖幽又爬到第一节车厢,从该车厢押运员许建辉处抢得人民币 90 元。

根据《刑法》第 263 条第(四)项的规定,多次抢劫或者抢劫数额巨大的,处 10 年以上有期徒刑、无期徒刑或者死刑,并处罚金或者没收财产。刑法之所以将其规定为加重情节之一,是因为行为人以非法占有为目的,一而再、再而三地以暴力、胁迫或者其他方法劫取公私财物,显示了其具有较深的主观恶性和较大社会危害性,理应承担加重的刑罚。对于连续抢劫多人的抢劫行为是认定为一次抢劫还是"多次抢劫",应从犯罪故意的单复数、犯罪时间的连续性和地点的相近性三个因素综合判断。对于行为人基于一个犯意实施犯罪的,如在同一地点同时对在

---

① 参见杨才清:《姜继红、成盛等抢劫、盗窃案——连续抢劫多人的是否属于"多次抢劫"》,载最高人民法院刑事审判第一庭、第二庭编:《刑事审判参考》(总第 43 集),法律出版社 2005 年版,第 28—36 页。

场的多人实施抢劫的;或基于同一犯意在同一地点连续抢劫的,如在同一地点连续地对途经此地的多人进行抢劫的;或在一次犯罪中对一栋居民楼房中的几户居民连续实施入户抢劫的,一般应认定为一次犯罪。也就是说,行为人在同一地点连续对多人同时实施抢劫的,虽属抢劫多人,但由于是基于同一犯意,不仅具有犯罪时间的连续性,还具有犯罪地点的相近性,不属于"多次抢劫"。本案中,被告人姜继红等人在正在营运的同一货物列车上先后对押运员郭春辉、张小玲、许建辉进行抢劫的行为,发生在同一列正在运行的货物列车上,既属同一地点,且系在一较短时间内连续实施抢劫,行为并未间断,应认定为一次抢劫。

【指导案例】祝日峰、祝某强抢劫案①——多次抢劫预备能否认定为"多次抢劫"

2014年5月18日,被告人祝日峰、祝某强预谋持刀抢劫带包的单身女性,二人商量好由祝日峰持刀架在被害人脖子上,威胁其交出钱财,祝某强负责抢劫财物。当日22时许,祝日峰、祝某强上街物色作案目标。二人到江山市市区南门路13号聚香园蛋糕店楼下,见一名拎包的年轻女子,便尾随该女子准备伺机抢劫,因该女子走进永宁里小区一单元楼内,二人只好作罢。二被告人来到江山市市区鹿溪中路与云宾路交叉口,见一名拎包的年轻女子从马路对面走过来,便尾随该女子伺机抢劫,跟至鹿溪中路65号楼房经典房产中介门口附近时,该女子突然蹲下,接着回头往外走,因怕该女子生疑,二人便继续往前走。二被告人又来到江山市市区城中路9-1号玫瑰新娘店门口附近,见一名拎包的年轻女子,便尾随该女子伺机抢包,因该女子走进一单元楼内,二人只好作罢。后二人走至城建局附近时,被巡逻民警查获,作案的刀具也被依法扣押。

刑法之所以将"多次抢劫"作为加重处罚情节,是因为行为人出于非法占有他人财物的目的,一而再、再而三地实施抢劫行为,显示出较深的主观恶性和较大的社会危害性,理应承担加重的刑罚。"多次"起点的确定,既要反映社会生活中一般人的认识观念,同时也要考虑与罪刑相适应原则相符合。对于如何认定"多次抢劫",《两抢意见》第3条第2款明确规定:"对于'多次'的认定,应以行为人实施的每一次抢劫行为均已构成犯罪为前提,综合考虑犯罪故意的产生、犯罪行为实施的时间、地点等因素,客观分析、认定……"对于多次抢劫既遂的情形,认定多次抢劫没有问题;同样,对于多次抢劫未遂的情形,由于行为人已经着手实施了抢劫构成要件行为,对被害人人身、财产权利已经形成现实而具体的侵害危险,应当认定为多次抢劫。但对于多次抢劫预备行为,尽管同样构成抢劫罪,由于行为人尚

---

① 参见徐升:《祝日峰、祝某强抢劫案——多次抢劫预备能否认定为"多次抢劫"》,载最高人民法院刑事审判第一、二、三、四、五庭主办:《刑事审判参考》(总第112集),法律出版社2018年版,第49—52页。

未着手实行犯罪,从社会危害性上来看,由于尚未着手实施犯罪,对被害人人身、财产权利还只是一种抽象危险;从人身危险性上来看,惯犯特征也并不明显;况且从罪刑相适应原则来看,"多次抢劫"的起点刑为 10 年以上有期徒刑的重刑,故也不宜将社会危害性并不十分严重的多次抢劫预备行为纳入其中。就本案而言,两被告人共实施了三次抢劫预备行为,每次都是跟踪他人,每次都因各种原因而放弃,但二人均已实施了准备工具、制造条件的行为。因此,对二人的三次行为均应认定为抢劫预备行为,不宜认定为"多次抢劫"。

二十三、针对数额巨大财物抢劫但未得逞的,是否属于"抢劫数额巨大"

(一) 裁判规则

行为人在概括性故意的支配下实施抢劫行为,在认定抢劫数额时应当以实际得手的财物数额为依据。当行为人以数额巨大之财物作为明确目标,但由于意志以外的原因,未能抢得财物或实际抢得的财物数额不大的,应认定为"抢劫数额巨大",并结合未遂犯的处理原则量刑。行为人以数额巨大的财物为明确目标,虽然未实现预定目标但仍然劫取到部分财物的,此时应针对既遂与未遂情形分别量刑,并从一重处;达到同一量刑幅度的,则以既遂处罚。

(二) 规则适用

根据《刑法》第 263 条的规定,"数额(特别)巨大"是法定刑升格的条件。那么,这里的"数额(特别)巨大"是指行为人实际抢劫到手的财物数额,还是也包括行为人以"数额(特别)巨大"的财物为目标,但最终没有抢得财物或者只抢得少量财物的情形?换言之,抢劫犯罪"数额(特别)巨大"是否允许存在未遂情形?对此,一种观点认为,抢劫"数额(特别)巨大"属于单纯的量刑情节,只有具备与否而没有既遂未遂的问题,只有实际抢得的财物数额达到"(特别)巨大"程度时,才能适用"数额(特别)巨大"的法定刑;如果行为人意图抢劫某件"数额(特别)巨大"的财物,因意志以外原因未得逞的,不能适用"数额(特别)巨大"的法定刑,只能适用数额较大的法定刑,并适用未遂犯的规定。① 另一种观点则认为,抢劫犯罪中的"数额(特别)巨大"并非单纯的量刑情节,而是属于加重构成要件。这种加重的犯罪构成存在未遂形态。当某一行为符合加重犯罪构成但没有发生既遂结果时,就成立加重犯的未遂犯,适用分则的加重法定刑,同时适用总则的未遂犯规定。② 我们同意第二种观点,具体分析如下:

1. 以行为人所针对的抢劫目标是否明确为依据,可以将抢劫行为分为明确故意与概括故意两种类型。其中,在明确故意形式中,行为人事先对财物的种类与

---

① 参见张明楷:《盗窃罪的新课题》,载《政治与法律》2011 第 8 期,第 2—13 页。
② 参见张明楷:《简评近年来的刑事司法解释》,载《清华法学》2014 年第 1 期,第 5—26 页。

价值具有明确认识,其抢劫行为所针对的目标明确,也就是所谓的"有的放矢",在主观心态上类似于直接故意。而在概括故意形式中,行为人对抢劫财物的种类与价值缺乏明确的认识,事先并无明确的抢劫目标,而是抱着"能抢什么是什么,能抢多少算多少"的主观心态实施抢劫行为,类似于间接故意中的放任心态。从刑法理论上来说,直接故意犯罪存在未遂形态,而当行为人对危害结果持放任心态时,则不存在未遂形态。从司法实践来看,对抢劫对象持概括性故意的情形更为常见。由于行为人事先并没有明确的抢劫目标,其对结果所持的系一种概括性故意,抢劫数额的大小均在其意志范围之内,故也就无所谓既遂还是未遂。而且,由于行为人事先并无明确的目标,当行为人抢劫未得逞时,也就无法单纯从行为人的主观方面去判定抢劫数额具体是多少,而只能以客观结果为依据,即以行为人实际抢劫到的财物数额来认定抢劫数额。对此,《关于审理抢劫刑事案件适用法律若干问题的指导意见》第2条明确规定"抢劫数额以实际抢劫到的财物数额为依据"。类似的情形也存在于同为财产型犯罪的盗窃数额的认定当中,《关于办理盗窃案件具体应用法律若干问题的解释》第1条第(一)项明确规定:"盗窃数额,是指行为人实施盗窃行为已窃取的公私财物数额。"同样,《关于审理盗窃案件具体应用法律若干问题的解释》第1条第(一)项中亦明确规定:"盗窃数额,是指行为人窃取的公私财物的数额。"①

2. 由于实践中行为人对结果多持放任心态,导致以结果论成为认定抢劫罪数额的惯常做法。但这种以偏概全的做法并没有考虑行为人抢劫目标明确的情形,以结果论在这种情形中显然存在问题。因为当行为人针对特定目标实施抢劫,由于意志以外原因未得逞,此时简单地以结果论,不考虑行为人的主观认识因素,明显有客观归罪之嫌,容易导致刑罚的滥用或者放纵犯罪现象的发生。前者表现为,行为人针对价值微小的财物实施抢劫,没想到结果却是价值巨大之财物,不考虑行为人的主观认识因素单纯地以结果论,必然会认定为抢劫罪并科以重刑,这属于对刑罚的滥用②;后者表现为,当行为人以价值巨大之财物为抢劫目标但未得逞时,单纯以结果论无法对行为人进行有效惩罚,明显会放纵犯罪。③ 事实上,从刑法基本原理来看,与间接故意形态不同,直接故意并非以结果论,允许存在未遂形态。而且,在目标明确的财产犯罪中,即使行为人因意志以外的原因未得逞,犯罪数额也容易确定,故按照该数额的未遂犯来处理并不存在问题。此外,从刑法理论来看,不仅直接故意的基本犯存在未遂犯,作为加重的犯罪构成,直接故意的

---

① 上述两个司法解释虽然已经失效,但是体现了按照实际窃取的公私财物数额来认定盗窃数额的精神。

② 例如,行为人只是想抢劫一床被子用于御寒,没想到被子里藏有巨额现金,以实际得手数额认定抢劫数额将导致在10年有期徒刑以上量刑,量刑明显过重。

③ 例如,意图抢劫博物馆内的某件珍贵文物,光天化日之下将保安打昏后强行闯入博物馆,但因警报声响而未果,以实际得手数额认定抢劫数额,只能以抢劫基本犯的未遂来认定,量刑明显过轻。

加重犯也同样存在未遂犯。概言之,当行为人的行为符合加重的犯罪构成,只是因为没有发生既遂结果时,应当成立加重犯的未遂犯,适用分则的加重法定刑,同时适用总则的未遂犯规定。关于这一点,《关于审理抢劫刑事案件适用法律若干问题的指导意见》第 2 条明确规定,"抢劫数额以实际抢劫到的财物数额为依据。对以数额巨大的财物为明确目标,由于意志以外的原因,未能抢到财物或实际抢得的财物数额不大的,应同时认定'抢劫数额巨大'和犯罪未遂的情节,根据刑法有关规定,结合未遂犯的处理原则量刑"。

3. 行为人以数额巨大的财物为明确目标,由于意志以外的原因未实现预定目标,但仍然劫取到部分财物的,此时应以实际抢得的财物部分成立抢劫罪既遂,但就特定目标财物则属于未遂形态。对于这种既、未遂并存的情形如何定罪处罚,可以参照《关于办理盗窃刑事案件适用法律若干问题的解释》第 12 条的规定来处理,即"盗窃既有既遂,又有未遂,分别达到不同量刑幅度的,依照处罚较重的规定处罚;达到同一量刑幅度的,以盗窃罪既遂处罚"。同样,这种做法在其他财产犯罪的司法解释中亦有体现,如《关于办理诈骗刑事案件具体应用法律若干问题的解释》第 6 条明确规定:"诈骗既有既遂,又有未遂,分别达到不同量刑幅度的,依照处罚较重的规定处罚;达到同一量刑幅度的,以诈骗罪既遂处罚。"再如最高人民法院、最高人民检察院 2010 年 3 月 26 日发布的《关于办理非法生产、销售烟草专卖品等刑事案件具体应用法律若干问题的解释》第 2 条第 2 款亦有类似规定,即"销售金额和未销售货值金额分别达到不同的法定刑幅度或者均达到同一法定刑幅度的,在处罚较重的法定刑幅度内酌情从重处罚"。由此可见,在既、未遂并存的情况下,当既遂和未遂分别达到不同量刑幅度时,可依照较重的规定处罚;达到同一量刑幅度的,以既遂处罚。

【指导案例】陈旭东抢劫案[①]——以数额巨大之财物为明确目标,未能抢到财物或实际抢得的财物数额不大的,能否认定为"抢劫数额巨大"之未遂形态

被告人陈旭东因负债累累,遂与刘洪景共谋采用持刀恐吓、言语威胁等手段,向原公司同事邵林海"借钱"。2017 年 1 月 25 日 17 时 50 分许,邵林海步行离开华汇公司,陈旭东以顺路送其回家为由将邵林海骗上车。随后,刘洪景从车后排用左手捂住邵林海嘴巴,右手持折叠刀架在邵林海颈部,陈旭东亦拿出西瓜刀,两人以"烂命一条""弄家人、小孩""把车开到偏远处再谈"等言语进行威胁,提出"借款"100 万元,邵林海被迫答应。后陈旭东与邵林海到华汇公司邵林海办公室,邵林海通过网银转账给陈旭东人民币 50 万元,并当场给付现金人民币 2 万元,又承诺余款次日交付,陈旭东遂出具人民币 100 万元借条一张。当日 19 时许,在威胁邵林海不准报警后,陈旭东及刘洪景将邵林海送至其居住的小区门口即驾车

---

① 案号:(2017)浙 06 刑初 38 号。

离开。

本案中,被告人陈旭东采用暴力手段劫持被害人邵林海后,明确向其索要100万元,但由于意志以外的原因,陈旭东最终仅抢得52万元,属于"以数额巨大的财物为明确目标"但未得逞的情形。在既、未遂并存的情况下,当二者分别达到不同量刑幅度时,依照较重的规定处罚;如果达到同一量刑幅度的,应当以既遂处罚。本案中,无论被告人所针对的目标数额(100万)还是实际抢得的数额(52万),均达到了数额巨大的标准。此时,按既遂与未遂处理均属于同一量刑幅度,故对被告人应当以实际数额的既遂论处,即应当认定为抢劫数额巨大之既遂形态。对此,《关于审理抢劫刑事案件适用法律若干问题的指导意见》第2条亦规定,当行为人以数额巨大的财物为明确目标而未得逞时,只有在"未能抢到财物或实际抢得的财物数额不大"的情况下,才能认定为"抢劫数额巨大"的未遂形态。反之,如果实际抢得的财物同样达到了数额巨大,则不能认定为"抢劫数额巨大"之未遂形态,此时应当按照"抢劫数额巨大"之既遂来处理。为此,法院经审理认为"被告人陈旭东虽抢劫数额巨大,但因意志以外原因部分未能得逞,属抢劫数额巨大未遂,比照既遂予以减轻处罚"并不妥当①,而应直接以抢劫数额巨大的既遂论处,无需适用未遂条款减轻处罚。

【指导案例】弓喜抢劫案②——在意图抢劫他人数额巨大财物的过程中致人轻伤,但未抢得财物的,是否认定为"抢劫数额巨大"

2007年8月23日22时许,被告人弓喜到其曾经工作过的北京市通州区潞城镇甘兴化工厂内,持壁纸刀向值班会计赵志江索要人民币1万元,并将赵颈部划伤,经鉴定为轻伤,因赵志江逃脱而未取得钱财。

一审法院认为,被告人弓喜以非法占有为目的,采用暴力手段强行劫取他人数额巨大之财物,致人轻伤,其行为已构成抢劫罪,应依法惩处。据此,以抢劫罪判处被告人弓喜有期徒刑10年,剥夺政治权利2年,并处罚金人民币2万元。一审宣判后,被告人弓喜提出上诉。二审法院经审理认为,上诉人弓喜以非法占有为目的,采用暴力手段当场强行劫取他人财物,致人轻伤,其行为已构成抢劫罪,

---

① 因为如果行为人抢劫目标就是52万,最终也抢得了52万,那么就属于抢劫数额巨大之既遂,应当在10年有期徒刑以上量刑。而本案中,行为人抢劫目标是100万元,最终同样抢得了52万,从社会危害性来看显然要更大,按举重以明轻的当然解释原理,也应当在10年有期徒刑以上量刑。而本案却认定为抢劫数额巨大之未遂,并在10年有期徒刑以下减轻处罚,显然是不妥当的。

② 参见杨子良:《弓喜抢劫案——在意图抢劫他人数额巨大财物的过程中致人轻伤,但未抢得财物的,是否认定为"抢劫数额巨大"》,载最高人民法院刑事审判第一、二、三、四、五庭主办:《刑事审判参考》(总第61集),法律出版社2008年版,第16—22页。

应依法惩处。一审法院定罪准确,审判程序合法。但上诉人弓喜虽然使用暴力索要数额巨大的财物,实际却未抢得被害人财物,依法不应认定为抢劫数额巨大,一审判决认定其抢劫数额巨大不当,系适用法律错误,并由此导致量刑过重,依法应予改判。据此,以抢劫罪改判上诉人弓喜有期徒刑 6 年,并处罚金人民币 12 000 元。笔者认为,本案被告人弓喜以数额巨大之财物(1 万元)作为明确目标,但由于意志以外的原因而未能抢得财物。据此,一审法院认定为"抢劫数额巨大",并结合未遂犯的处理原则就低判处有期徒刑 10 年是正确,二审法院改判的理由并不充分。

【指导案例】程少杰盗窃、传授犯罪方法案[①]**——以数额特别巨大之财物为盗窃目标但仅窃得数额较大之财物的,如何认定盗窃数额并选择法定刑幅度**

2017 年 6 月 26 日,被告人程少杰使用手机号码 155××××4274 在浙江泽生电子商务有限公司运行的同城商城 APP 平台注册账户,利用该平台的系统漏洞,以发负数金额红包的方式分四次向其账户内充值共计人民币 550 100 元,再将账户内余额提现到绑定的银行卡,后被平台发现。其间,程少杰共计提现人民币 21 050 元,另有人民币 94 398 元在提现申请中,其余人民币 434 652 元尚未申请提现。案发后,程少杰于 2017 年 6 月 29 日,通过微信转账的方式将人民币 21 050 元退还至受害人周金艳的微信账户。

一审法院认为,被告人程少杰以非法占有为目的,利用计算机窃取他人财物,数额特别巨大,其行为已构成盗窃罪。程少杰连续四次通过其注册的账户,以发送负数红包的方式,向其光大银行的账户充值人民币 550 100 元,并发起提现申请,因被害人及时发现,程少杰仅提现成功人民币 21 050 元,其主观上显然具有非法占有的故意。程少杰的盗窃行为既有以财物数额特别巨大(人民币 550100 元)为盗窃目标,但因意志以外的原因而未得逞的盗窃未遂行为,又有成功实施提现人民币 21 050 元的盗窃既遂行为,依法应以处罚较重的盗窃数额特别巨大未遂进行处罚。据此,一审法院以盗窃罪,判处被告人程少杰有期徒刑 4 年 6 个月,并处罚金人民币 4 万元。一审宣判后,程少杰提出上诉,称其仅对申请提现中的人民币 94 398 元构成盗窃未遂,对于未申请提现的人民币 434 652 元不具有非法占有的故意,不构成盗窃未遂,故其盗窃数额为巨大而非特别巨大。二审法院经审理认为,被告人程少杰从对账户进行充值开始,即具有非法占有的故意,充值后对其账户内余额获得了一定程度的支配和控制权,只是由于其意志以外的原因而未能全部提现,故本案盗窃未遂的数额应认定为全部未提现成功的数额,即人民币

---

① 参见聂昭伟:《程少杰盗窃、传授犯罪方法案——以数额特别巨大之财物为盗窃目标但仅窃得数额较大之财物的,如何认定盗窃数额并选择法定刑幅度》,载最高人民法院刑事审判第一、二、三、四、五庭主办:《刑事审判参考》(总第 128 辑),法律出版社 2021 年版,第 30—36 页。

529 050元,数额特别巨大,其相关上诉理由不能成立。据此,裁定驳回上诉,维持原判。

二十四、关于抢劫信用卡的犯罪数额认定

(一)裁判规则

信用卡与所记载的财物本身相对分离,信用卡本身被控制并不意味着信用卡内所记载的财物也完全被控制。为此,抢劫信用卡后使用、消费的,其实际使用、消费的数额为抢劫数额;抢劫信用卡后未实际使用、消费的,不计数额,根据情节轻重量刑。

(二)规则适用

行为人抢劫他人信用卡并逼问出密码之后,信用卡内存款是否就处于行为人控制之下呢?对此,答案是否定的。从刑法层面来看,信用卡上的"存款"具有不同含义:一是指存款人对银行享有的债权;二是存款债权所指向的现金。其中,从法律上来看,存款人享有了债权;而从事实上来看,存款债权所指向的存款现金则处于银行的占有当中。在被告人抢得了信用卡并逼问出密码的情况下,法律上的占有权仍然属于信用卡所有人。原因在于,我国对信用卡的管理实行实名制,必须由本人携带身份证才能申领,信用卡内资金交易的权利、义务由持证申领人享有和承担,即信用卡申领人被视为信用卡的全部权利的所有人,其具有支配、使用信用卡内全部资金等各项权利。而且根据《储蓄管理条例》所规定的挂失止付制度,信用卡丢失后可以挂失,储蓄机构受理挂失后,必须立即停止支付该储蓄存款。故信用卡所有人即使是在丧失信用卡的情况下,仍然可以通过挂失等手段,排除信用卡持有人的占有,从而实现自己对存款债权的重新控制。

为此,无论信用卡由谁实际持有并使用,信用卡的权利与义务都由申领人享有和承担,信用卡内资金在法律上都处于申领人的占有之下。故如果只是单纯盗窃、抢夺、诈骗或者侵占此类财产凭证而不去银行兑现的,难以认定为盗窃罪、抢夺罪、诈骗罪或者侵占罪。事实上,此类案件的危害性主要体现在之后去银行的兑现行为上。因为只有在此过程中,行为人才能够现实地破坏信用卡所有人对银行享有的债权,破坏银行对信用卡资金的占有关系,进而实现对信用卡存款的非法占有目的。为此,在财产犯罪中计算犯罪数额时,应当以被告人实际使用、消费的数额来认定。对此,《两抢意见》第6条第1款规定:"抢劫信用卡后使用、消费的,其实际使用、消费的数额为抢劫数额;抢劫信用卡后未实际使用、消费的,不计数额,根据情节轻重量刑。所抢信用卡数额巨大,但未实际使用、消费或者实际使用、消费的数额未达到巨大标准的,不适用'抢劫数额巨大'的法定刑。"同样,《关于审理抢劫刑事案件适用法律若干问题的指导意见》第2条明确规定"通过银行转账或者电子支付、手机银行等支付平台获取抢劫财物的,以行为人实际获取的财物为抢劫数额"。

【指导案例】姚小林等抢劫案①——抢劫信用卡的犯罪数额认定

2011年5月14日晚,被告人姚小林、沈龙滨、杨冬明、沈伟达、李亚林、李冬平伙同刘某(另案处理)等人经事先预谋,以被害人张国某、张启某在赌博中利用扑克牌诈赌为由,由李亚林开车,在杭州市萧山区新塘街道某路边等地,采用拘禁、殴打、搜身、持刀威胁等手段,对被害人张国某、张启某、胡某某实施抢劫,劫得被害人张国某的黄金戒指1枚(价值人民币4886元),劫得被害人张启某的黄金项链1根(价值人民币13 571元)、工商银行信用卡1张。后姚小林逼问被害人张启某说出工商银行卡的密码,指使沈龙滨和刘某从该卡内取出现金人民币2万元,又指使杨冬明以转账的方式转走该卡内资金人民币5万元,后因被害人张启某报案该人民币5万元被银行冻结而未被取走。

信用卡并非实物财产,而属于一种记载财物的金融凭证,信用卡与所记载的财物本身存在密切的联系,但又与所记载的财物存在相对分离。信用卡本身被控制并不意味着信用卡内所记载的财物也完全被控制。在抢劫犯罪案件中,行为人劫取了信用卡,甚至获取了密码,均不等于行为人已经获取了信用卡上所记载的财物,被害人丧失了对信用卡本身的控制,也不意味着其已经丧失了信用卡上所记载的财物。鉴于信用卡所具有的抽象财物与具体财物的双重属性,在抢劫信用卡类犯罪中,只有以行为人从信用卡中实际获取的财物数额,也即信用卡所有人受到的实际损失为抢劫数额的认定标准,才能完整、客观地体现抢劫信用卡行为的社会危害性。本案被告人姚小林等虽然掌握了张启某的信用卡密码,但不代表已经控制了该信用卡内的全部财产,只有取出的2万元才能计入抢劫数额,因银行冻结而未能转账的5万元不应计入抢劫数额。

二十五、抢劫过程中故意杀人或致人死亡的应当如何处理

(一)裁判规则

1.抢劫案件中发生的故意杀人行为,是否单独认定为故意杀人罪取决于该行为的目的,而与起意时间无关。只要杀人行为是为排除障碍,实现抢劫财物的目的,则该行为属于抢劫犯罪的手段行为,认定为抢劫罪(加重情节)即可。当然,如果杀人灭口行为发生在抢劫过程中,则该行为在客观上充当了抢劫犯罪的手段行为,基于禁止重复评价原则的要求,不应再单独认定为故意杀人罪。故只有在抢劫完成后,为防止罪行败露而实施杀人灭口的,才应当单独认定为故意杀人罪,与抢劫罪进行并罚。

2."抢劫致人重伤、死亡"要求抢劫行为与致人伤亡结果之间存在因果关系,

---

① 参见杨华:《姚小林等抢劫案——抢劫信用卡的犯罪数额认定》,载最高人民法院刑事审判第一、二、三、四、五庭主办:《刑事审判参考》(总第109集),法律出版社2017年版,第28—34页。

这种因果关系不限于直接、必然因果关系,也包括间接、偶然因果关系。其具体包括以下三种情形:一是使用暴力追求或者放任被害人死亡结果的发生;二是抢劫过程中因使用暴力而过失致人死亡;三是抢劫时置被害人于危险状态而不予救助,放任死亡结果的发生。

3. 成立"抢劫致人死亡"要求杀人行为是压制被害人反抗,使其丧失财产的手段。如果行为人虽谋财害命,但不是当场从被害人处取得财物,而是为了将来获得财物或者财产性权利的,应当认定为故意杀人罪。①

(二) 规则适用

1. 在抢劫过程中实施杀人行为的,能否在抢劫罪之外单独认定为故意杀人罪?对此,2001年5月23日最高人民法院发布的《关于抢劫过程中故意杀人案件如何定罪问题的批复》规定:"行为人为劫取财物而预谋故意杀人,或者在劫取财物过程中,为制服被害人反抗而故意杀人的,以抢劫罪定罪处罚。行为人实施抢劫后,为灭口而故意杀人的,以抢劫罪和故意杀人罪定罪,实行数罪并罚。"该批复的内容可以归纳为三种情形:一是行为人为劫取财物而预谋故意杀人的,以抢劫罪定罪处罚;二是行为人在劫取财物过程中,为制服被害人反抗而故意杀人的,以抢劫罪定罪处罚;三是行为人实施抢劫后,为灭口而故意杀人的,以抢劫罪和故意杀人罪实行数罪并罚。从形式上看,《关于抢劫过程中故意杀人案件如何定罪问题的批复》似乎是以杀人故意产生的阶段来确定罪名,对事前(即第一种情形)、事中(即第二种情形)产生杀人故意的,以一罪认定;对事后(即第三种情形)产生杀人故意的,以两罪认定。据此,实践中有观点认为,预谋抢劫并杀人灭口的,因杀人故意产生在抢劫罪之前,故应以抢劫罪一罪认定。

笔者认为,上述理解并不准确,《关于抢劫过程中故意杀人案件如何定罪问题的批复》的本意是认为对抢劫案件中故意杀人行为实行数罪并罚需要有两个条件:一是故意杀人行为发生在实施抢劫之后;二是故意杀人的目的是为了灭口,而对杀人灭口故意产生的时间并无要求。也就是说,只要行为人主观上具有为灭口而杀人的犯罪意图,则不论该意图产生于何种阶段,即不论行为人是在事前、事中还是事后产生杀人意图,均可以构成单独的故意杀人罪。当然,这里要求杀人灭口行为必须发生在抢劫行为完成之后。因为如果发生在抢劫过程中,则该行为在客观上充当了抢劫罪的手段行为,应视为为排除障碍、制服被害人反抗,实现抢劫财物目的而实施的杀人行为。针对这种行为,基于禁止重复评价原则的要求,不应再单独认定为故意杀人罪。据此,在抢劫过程中发生的下列杀人行为应当认定为抢劫罪的手段行为:①行为人虽然一开始即具有"杀人灭口"的意图,但是该行为发生在抢劫过程中,而非抢劫行为完成之后,杀人行为在这里应当作为抢劫的

---

① 例如,为了争夺遗产而杀害其他继承人的,为了赖掉债务而杀害债权人的,为了骗取保险金而杀害被保险人的,都应当认定为故意杀人罪,而非抢劫罪。

手段行为来对待，认定为抢劫罪一罪即可。②行为人在抢劫过程中实施杀人行为系基于抢劫的意思，而并非出于"杀人灭口"的意图，则直接认定为抢劫罪并适用致人死亡的加重情节即可，而无需再单独认定为故意杀人罪。其具体包括两种情形：一是行为人为劫取财物而预谋故意杀人，或者在劫取财物过程中，为制服被害人反抗而故意杀人的；二是在抢劫行为完成后，为抗拒抓捕而使用暴力手段并致人重伤或死亡的。对于上述两种情形，直接适用抢劫致人死亡的加重情节即可，而无需认定为故意杀人罪并与抢劫罪并罚。

2. 根据《刑法》第263条之规定，抢劫致人重伤、死亡系抢劫罪的加重情节。在认定"抢劫致人重伤、死亡"过程中应当注意以下几个问题。

（1）关于"抢劫致人重伤、死亡"的罪过形式。有观点认为，这里的"致人死亡"只能是过失致人死亡。笔者认为，"致人死亡"既包括直接故意与间接故意，也包含过失在内。理由是：首先，从我国刑法规定来看，"致人死亡"用语只是用来表明行为与结果之间存在因果关系，而并不能直接表明行为人的罪过形式。刑法中很多"致人死亡"的加重情节，如故意伤害致人死亡、强奸致人死亡、非法拘禁致人死亡等，既包括过失也包括故意在内；同样，《刑法》第263条中的"致人死亡"也应包括故意在内。其次，行为人为劫取财物而故意杀人，杀人行为是手段，劫财是目的，手段服务于目的，二者有机结合、密不可分，如果将杀人行为认定为故意杀人罪，则使得抢劫罪因缺少手段行为而无法认定。再次，从法定刑来看，抢劫致人死亡要重于故意杀人的法定刑，将故意杀人情形认定为抢劫罪的加重情节，完全可以做到罪刑相适应，不会轻纵抢劫犯。

（2）关于该加重情节的行为对象"人"的范围。这里的"人"并不限于被抢劫财物的所有者和占有者，还包括阻止行为人取得财物的人。例如，在抢劫现场为了避免被抓捕，致警察伤亡的，应认定为"抢劫致人重伤、死亡"。此外，在抢劫过程中，即使伤亡者既非财物被抢之人，亦非阻止行为人取得财物的人，只要是由抢劫手段或目的行为引起的伤亡结果的，同样应当以抢劫致人重伤、死亡来认定。例如，在开枪射杀或持刀砍杀被害人时，击中或砍中了无辜的第三者，都应认定为"抢劫致人重伤、死亡"。当然，如果是抢劫犯本人或其同伙在抢劫过程中受到伤亡的，由于其并非法规范所保护的法益，故不构成抢劫致人重伤、死亡罪。

（3）"抢劫致人重伤、死亡"要求抢劫行为与伤亡结果之间具有因果关系。既然是"抢劫"致人重伤、死亡，而抢劫包括手段行为与强行劫取财物行为，故只要是暴力胁迫手段行为或者强行劫取财物行为导致重伤、死亡的，抢劫行为与死亡结果之间具有直接、必然的因果关系，毫无疑问应当认定为"抢劫致人重伤、死亡"。除此之外，虽然被害人死亡并非抢劫行为直接所致，被害人的死亡由多种因素造成，但抢劫行为是导致被害人死亡的原因之一，只要因果关系没有中断，仍然可以认定为抢劫致人死亡。① 反之,如果抢劫行为发生之后,由于其他因素的介入导致被害人死亡,则抢劫行为与死亡结果的因果关系中断,不能认定为抢劫致人死亡。② 据此,在司法实践中,抢劫致人死亡主要有三种情形:一是使用暴力追求或者放任被害人死亡结果的发生;二是抢劫过程中使用暴力过失致人死亡;三是抢劫时置被害人于危险状态而不予救助,放任死亡结果的发生。

【指导案例】罗登祥抢劫、故意杀人、脱逃(未遂)案③——对在抢劫过程中杀人(致人死亡)的案件如何定罪处刑

1995年10月间,被告人罗登祥在泽普县结识了王涛(在逃),两人商定用安眠药将运输棉纱的司机迷昏后劫取棉纱。随后两人往返于库尔勒至乌鲁木齐之间,寻找作案机会。1995年12月20日早晨,二人搭乘杨衡驾驶的载有10吨棉纱的东风半挂车。天黑时,当车行至国道314线甘沟路段1995公里处时,王趁杨衡停车换轮胎之机,持石头朝其头部砸了一下,致杨倒地。之后两人将被害人拖到路基下,王又持石头朝被害人砸了几下,并用石头将被害人压住。然后由罗驾车,二人一起逃离现场。被害人因头部受打击,造成严重颅脑损伤、脑挫裂伤死亡。

本案中,罗、王持石头把被害人砸倒之后,当场劫取东风半挂车一辆及车上棉纱,其行为在构成抢劫罪的同时是否构成故意杀人罪呢?笔者认为,抢劫罪是一种既侵犯他人财产权利又侵犯他人人身权利的暴力性犯罪。其中暴力行为是为了排除被害人反抗,刑法对其程度并没有任何限制。在此过程中,故意伤害致人死亡以及为抢劫财物不顾他人死活间接故意杀人、直接故意杀人的,都是抢劫暴力行为的一种结果,属于抢劫罪的组成部分,无需单独定罪。而如果将其中的杀人行为单独定罪,那么抢劫行为因为缺少手段行为而不完整,"图财害命"这种抢劫杀人行为的本质特征也无法得到揭示。因此,凡是为排除障碍获取财物,而使用暴力,如殴打、伤害、捆绑、禁闭等行为致人死亡的,或者直接使用暴力将人杀死的,均应定抢劫罪一罪。罗、王二人预谋抢劫而搭乘杨拉棉纱的汽车,在抢劫过程中,王持石头将杨砸倒,二人将杨抬到路基下,王又持石头多次砸向被害人,尽管

---

① 例如,抢劫过程中被害人试图逃离时不慎跌下悬崖或者遭遇车祸死亡的,尽管其中介入了被害人的逃跑行为,但该跑行为是由行为人的抢劫行为所引起,并不具有异常性,故不能中断抢劫行为与伤亡结果之间的因果关系;再如行为人抢劫过程中捆绑被害人,抢劫结束后离开时忘记为被害人松绑,导致被害人血液循环不畅死亡或者饿死的,尽管死亡结果并非在抢劫行为实施当时发生,但是由抢劫行为所引起的,故应认定为抢劫致人死亡。

② 例如,抢劫行为引起被害人自杀或者被害人在追赶抢劫犯过程中自己摔倒身亡的,或者抢劫犯逃离现场后,被害人自己不小心从阳台上摔下身亡的,都不能认定为抢劫致人死亡。

③ 参见王玉琦审编:《罗登祥抢劫、故意杀人、脱逃(未遂)案——对在抢劫过程中杀人(致人死亡)的案件如何定罪处刑》,载最高人民法院刑事审判第一庭编:《刑事审判参考》(总第5辑),法律出版社1999年版,第29—33页。

杀人的故意十分明显,但属于为了排除障碍抢劫财物而故意杀人的情形,故法院判决罗登祥的行为只构成抢劫罪一罪是正确的。

【指导案例】赵东波、赵军故意杀人、抢劫案①——预谋并实施抢劫及杀人灭口行为的应如何定性

2006年8月8日晚,被告人赵东波、赵军预谋抢劫电动三轮车,并商定将司机杀死灭口。当晚11时许,赵东波携带木棍伙同赵军在天津市蓟县城关镇征程网吧门口,租乘被害人高新驾驶的电动三轮出租车。当车行驶至蓟县泗溜镇郑各庄村北公路时,赵东波持木棍猛击高新头部,高新弃车沿公路逃跑。赵东波、赵军二人追上高新将其打倒在路边的渠沟内,赵军捡来石头砸高新,并脱下高新的上衣将其捆绑在树上。高新挣脱后又逃跑,赵东波追上后将高新摔倒在地,赵东波、赵军二人分别猛掐高新颈部,赵军捡来一块混凝土块,与赵东波轮番猛砸高新的头、胸、腹等部位,致高新死亡。后赵东波、赵军二人驾驶劫取的电动三轮车逃离现场。

本案两被告人具有两个犯意,并先后实施了抢劫和杀人灭口两个行为。首先,二被告人预谋抢劫并杀人灭口,虽然没有明确预谋是先抢劫还是先杀人,但杀人的目的是为了灭口,因此,可以认定其具有劫取财物和杀人灭口两个犯意。其次,本案属于抢劫完毕后又杀人灭口的情形。本案抢劫过程实际上可区分为两个阶段:第一阶段,赵东波持木棍猛击被害人高新头部后,高新即弃车沿公路逃跑,如果二被告人只为了劫财,将车骑走就实现了劫财目的;第二阶段,赵东波、赵军二人追上高新将其打倒在地,脱下高新的上衣将其捆绑在树上,但高新挣脱后又逃跑。此阶段,如果二被告人没有杀人灭口的目的,完全可以任由被害人逃跑,自己也可以携赃而逃。但是,二被告人却再一次追上被害人,实施暴力将被害人砸死,而后才驾驶劫取的电动三轮车逃离现场,可见其主观上杀人灭口的故意是十分明显的。综上,法院认定被告人的行为构成抢劫罪和故意杀人罪,对其实行数罪并罚是正确的。

【指导案例】卜玉华、郭臣故意杀人、抢劫案②——共同抢劫中故意杀人案件的认定和处理

2004年8月,被告人卜玉华、郭臣密谋到游柳聪家对游实施抢劫,并为此准备

---

① 参见黄应生、戴忠华:《赵东波、赵军故意杀人、抢劫案——预谋并实施抢劫及杀人灭口行为的应如何定性》,载最高人民法院刑事审判第一、二、三、四、五庭主办:《刑事审判参考》(总第64集),法律出版社2009年版,第24—28页。

② 参见魏磊:《卜玉华、郭臣故意杀人、抢劫案——共同抢劫中故意杀人案件的认定和处理》,载最高人民法院刑事审判第一、二、三、四、五庭主办:《刑事审判参考》(总第69集),法律出版社2009年版,第15—23页。

了塑料绳和封口胶。同月 25 日晚,卜玉华、郭臣借故让游柳聪将其二人带回到游家中。次日凌晨 1 时许,卜玉华、郭臣趁游不备之机,将游按在床上,用事先准备好的塑料绳对游实施捆绑,并用封口胶缠绕游的头部、封住游的嘴。此后,卜玉华、郭臣从游家中搜出现金人民币 200 元、2 张存折、1 张银行卡及小灵通等财物,并威逼游说出存折及银行卡的密码。当日上午,由卜玉华负责在房屋内看守游,郭臣则持存折及银行卡到柜员机及银行柜台提取游的存款共计人民币 7700 元。卜玉华在得知郭臣已提取游的存款后,因害怕事情败露,即产生杀死游灭口之歹念,就用枕头捂住游面部,用手及上身压在枕头上十余分钟,致游窒息死亡。

从故意杀人的行为与抢劫行为的关联程度来看,作为抢劫手段的故意杀人行为往往发生在抢劫过程中,是行为人实现抢劫财物目的的行为方式,即行为人通过杀人的手段实现劫财的目的。此时如果同时认定为抢劫罪和故意杀人罪,则该杀人行为既是抢劫犯罪的手段行为,又是故意杀人罪的客观行为,则等于是对同一杀人行为进行了两次评价。而独立于抢劫的故意杀人行为则不是实施抢劫的必要行为,因为行为人已经通过其他暴力、胁迫等手段实现了劫财目的,此时的故意杀人行为往往是作为抢劫完成后的后续行为,为防止抢劫罪行暴露而实施的灭口行为。因抢劫行为已经完成,在抢劫既遂的情况下再实施的故意杀人行为,已无法纳入抢劫罪的犯罪构成中进行评价,应当作为单独的故意杀人罪来认定。本案中,被告人卜玉华在伙同他人预谋抢劫时,即萌生抢劫后杀害被害人的念头,也确实在抢劫完成后为灭口实施了故意杀害被害人的行为,其行为完全符合故意杀人罪的构成特征,应当以抢劫罪和故意杀人罪实行数罪并罚。

【指导案例】郭建良抢劫案[①]**——"抢劫致人死亡"的司法认定**

2015 年 1 月 31 日,被告人郭建良携带透明胶带、菜刀、帽子、口罩等作案工具,从河南省内乡县乘车至镇平县,伺机抢劫。当日 12 时 30 分许,郭建良在镇平县园中园路口西南侧一巷道内见被害人刘约华独自回家,即紧随其后,强行进入刘约华家中。刘约华见状呼救,郭建良持菜刀朝刘约华手部、头部砍击,用胶带捆绑刘约华的双手、双脚等部位,并将刘约华背至二楼北卧室置于床上,又用床上的秋衣、秋裤等再次捆绑刘约华的手脚,逼迫刘约华说出钱财存放地点。郭建良在二楼翻找财物未果后下楼欲继续翻找。其间,刘约华在二楼窗户向邻居呼救时从窗口处坠落,致重度颅脑损伤死亡。

在"抢劫致人死亡"情节的认定中,抢劫行为与被害人死亡结果之间的因果关

[①] 参见罗勋、杨华:《郭建良抢劫案——"抢劫致人死亡"的司法认定》,载最高人民法院刑事审判第一、二、三、四、五庭主办:《刑事审判参考》(总第 109 集),法律出版社 2017 年版,第 16—21 页。

系不限于直接、必然因果关系,也包括间接、偶然因果关系。在抢劫过程中介入其他因素导致被害人死亡的,虽然被害人的死亡由多种因素造成,但只要抢劫行为与被害人死亡之间的因果关系没有中断,仍然可以认定为"抢劫致人死亡"。本案中,在被告人实施抢劫的过程中,被害人为呼救而将头伸出窗外从而坠楼死亡,也就是在被告人的抢劫行为中介入了被害人的行为。在这种情况下能否中断因果关系,应根据案件具体情况判断被害人实施的行为是否具有通常性,如果抢劫行为的实施导致被害人不得不或者说在通常情况下会实施介入行为,则该介入行为对抢劫行为与被害人死亡结果之间的因果关系没有影响。本案中,被告人郭建良为劫取财物先殴打被害人,继而捆绑被害人的手腕、脚腕和双腿,而后将被害人放置于二楼卧室的床上,并再次捆绑被害人的手脚。被害人为避免自己及家人的人身、财产遭受不法侵害而爬至二楼窗户呼救,因被告人在楼下翻找财物又不敢大声呼喊,且由于双手、双脚均被捆绑只能把头伸出窗外呼救,从而导致坠楼身亡。根据本案的具体情况,被害人所实施的呼救行为属于通常情况下一般人都会实施的行为,该介入行为并非异常行为,不能中断抢劫行为与被害人死亡结果之间的因果关系。因此,被害人的死亡与郭建良的抢劫行为之间仍然存在因果关系,应当认定郭建良具有"抢劫致人死亡"的情节。

【指导案例】王国全抢劫案[①]——**如何认定抢劫致人死亡**

2005年3月19日17时许,被告人王国全以找保姆为名,将被害人张耀萍骗至河南省郑州市东航海路与机场高速桥东南角的公共绿地处,王国全将随身携带的三唑仑片放入娃哈哈AD钙奶中,骗张耀萍饮用,趁张服药神志不清之机,抢走张人民币200余元现金。在强行摘取被害人耳环时,遭张反抗,王国全对其面、胸、腹部进行殴打,并用双手掐其脖子,抢走黄金耳环一对。次日上午10时许,张的尸体在该绿地东南边的水沟里被发现。经法医鉴定,系被他人扼颈后溺水致窒息而死亡。

就本案而言,如果被告人王国全在抢劫过程中将被害人直接推入水中,致被害人溺水身亡,当然可以认定为抢劫致人死亡。但从本案证据来看,无法排除被害人自行跌入水中的可能,此时抢劫行为与被害人死亡结果之间是否存在因果关系?答案是肯定的。在案证据显示,被害人的死亡时间与被告人作案时间相距很短,被害人尸体内检出三唑仑成分,可以判断被害人死亡时仍处于麻醉药的药效时间内,王国全将含有三唑仑的饮料骗被害人饮用,使其神志不清,失去自控、自救能力,以致被害人溺水死亡,而且是主要原因,故王国全的抢劫行为与张耀萍死

---

① 参见胡立新、张若瑶、杜军燕:《王国全抢劫案——如何认定抢劫致人死亡》,载最高人民法院刑事审判第一、二、三、四、五庭主办:《刑事审判参考》(总第60集),法律出版社2008年版,第46—53页。

亡结果之间的因果关系并未中断。从主观上来看,王国全为抢劫而麻醉被害人,致使被害人神志不清;后又将失去意识的被害人独自留在开放的空间,这一行为具有足以产生危害结果的危险性,可能导致被害人因神志不清而跌入水中溺亡等,对此被告人王国全应当是明知的,至少是应当知道的,故其需要对被害人的死亡结果承担责任,本案应认定为抢劫致人死亡的结果加重犯。

【指导案例】魏建军抢劫、放火案[①]——抢劫过程中致人重伤昏迷,又放火毁灭罪证致人窒息死亡的,是抢劫致人死亡还是故意杀人

2004年10月21日,被告人魏建军听说同村村民刘思明代收了电费款后,遂萌生抢劫之念。次日2时许,魏建军携带农用三轮车半轴、刮脸刀片、皮手套等作案工具,翻墙进入刘家,发现刘正在东屋睡觉,至东屋寻找财物时,刘被惊醒。魏建军持农用三轮车半轴朝刘头部猛击,见刘不动,在认为刘已死亡的情况下,便用刘家的钳子将写字台抽屉锁撬开将里面的人民币3700元电费款拿走。为毁灭罪证、掩盖罪行,魏建军用随身携带的打火机点燃一纤维编织袋扔在刘所盖的被子上,又将西屋炕上的被子和床单点燃,导致刘颅脑损伤后吸入一氧化碳窒息死亡。

本案中,虽然被告人发生了因果关系的认识错误,并不影响故意杀人既遂的成立,但是否应对其以故意杀人罪认定,还需要审查杀人行为是否发生在抢劫过程当中。如果是在抢劫过程中,行为人为排除被害人反抗劫取财物而实施的,属于抢劫罪的手段行为,应当置于抢劫罪之内进行评价,直接认定为"抢劫致人重伤、死亡"。本案被告人魏建军为了劫取财物,当场使用足以致人死亡的暴力手段欲将被害人杀害,在错误地认为被害人已经死亡(实际昏迷)的情况下,为毁灭罪证、掩盖罪行而实施了放火行为,最终致被害人窒息死亡。可见,其意图杀死被害人而用三轮车半轴朝刘头部猛击,是劫取财物的手段行为,而并非发生在抢劫之后为杀人灭口,故应当在抢劫罪中予以一并评价。抢劫完成后其放火毁灭罪证,是在以为被害人已经死亡的情况下实施的,不具有杀人故意,更不是为了杀人灭口,故不能认定为故意杀人罪。

二十六、关于"冒充军警人员抢劫"的认定

(一)裁判规则

1."军警"应当仅限于现役军人、警察两类。其中,军人包括解放军、武警部队的现役军官、文职干部、士兵以及其他具有军籍的人员;警察包括公安机关、国家

[①] 参见闫宏波:《魏建军抢劫、放火案——抢劫过程中致人重伤昏迷,又放火毁灭罪证致人窒息死亡的,是抢劫致人死亡还是故意杀人》,载最高人民法院刑事审判第一、二、三、四、五庭主办:《刑事审判参考》(总第51集),法律出版社2006年版,第9—14页。

安全机关、海关缉私部门、监狱以及法院、检察院的司法警察。将军警解释为有一定维护安全职能的保安,属于类推解释,违背了罪刑法定原则。

2. 认定"冒充军警人员抢劫"要注重对行为人是否穿着军警制服、携带枪支、是否出示军警证件等情节进行综合审查,判断其是否足以使他人误以为是军警人员。对于行为人仅穿着类似军警的服装或仅以言语宣称系军警人员但未携带枪支、也未出示军警证件而实施抢劫的,要结合抢劫的地点、时间、暴力或威胁的具体情形,依照常人的判断标准,确定是否认定为"冒充军警人员抢劫"。

(二) 规则适用

1. 关于"冒充军警人员抢劫"的认定。军队、警察是维护国家安全和社会秩序的重要力量,享有良好的声誉和形象,而且军人和警察具有强制性的公权力,冒充上述人员抢劫不仅加重了对被害人的心理强制,而且严重破坏了军人和警察的声誉,破坏了军民、警民关系,故立法将其作为抢劫罪的加重情节来处罚。在具体认定过程中,需要注意以下几个问题:(1)需要将冒充保安的行为排除在外。因为从文义上解释,"军警"应当仅限于现役军人、警察两类,如果将军警解释为有一定维护安全职能的保安,则系类推解释,有违罪刑法定原则。而且,相关司法解释对军警人员范围也持严格限制的态度,如《两抢意见》第9条将冒充正在执行公务的人民警察和冒充抓赌、抓嫖的治安联防队员进行了区分,将前一行为规定为招摇撞骗罪,后一行为规定为敲诈勒索罪。(2)"冒充军警人员抢劫"的客观行为,包括外形上冒充和言词冒充两种方式。在冒充的程度上,《关于审理抢劫刑事案件适用法律若干问题的指导意见》规定了一个比较客观、具有可操作性的综合判断标准、常人判断标准,即认定在"冒充军警人员抢劫"时,要注重对行为人是否穿着军警制服、携带枪支、是否出示军警证件等情节进行综合审查,判断其是否足以使他人误以为是军警人员。对于行为人仅穿着类似军警的服装或仅以言语宣称系军警人员但未携带枪支、也未出示军警证件而实施抢劫的,要结合抢劫的地点、时间、暴力或威胁的具体情形,依照常人的判断标准,确定是否认定为"冒充军警人员抢劫"。

2. 对于冒充警察以"抓赌""抓嫖"为名非法获取他人财物的行为如何定性?笔者认为,不能一概而论,而应根据具体案件中行为人的具体行为,暴力或威胁的程度以及取得财物的主要手段来分别定罪。对此,《两抢意见》第9条规定"行为人冒充正在执行公务的人民警察'抓赌'、'抓嫖',没收赌资或者罚款的行为,构成犯罪的,以招摇撞骗罪从重处罚;在实施上述行为中使用暴力或者暴力威胁的,以抢劫罪定罪处罚。行为人冒充治安联防队员'抓赌'、'抓嫖'、没收赌资或者罚款的行为,构成犯罪的,以敲诈勒索罪定罪处罚;在实施上述行为中使用暴力威胁的,以抢劫罪定罪处罚"。可见,行为人在冒充警察、治安联防队员抓赌、抓嫖中,如果没有使用暴力或者暴力威胁的,不能认定为抢劫罪。尽管警察、联防队员在执行职务时也拥有合法实施一定程度暴力的权力,但这种暴力是为了使当事人服从治安管理的手段,而非非法占有他人财物的手段,被害人不是基于现实的人身侵害危险,而是基于对自己违法行为的认识"自愿地"交出财物,不符合抢劫罪中"以当场实施暴力相威胁"的特征。当然,如果被害人拒交罚款,行为人当场使用暴力迫使其交付财物的,则应当以抢劫罪定罪处罚。此外,还应当将"冒充军警人员抢劫"与招摇撞骗罪区分开来。招摇撞骗罪的核心在于"骗",被害人是基于对行为人的信任而自觉自愿地交出钱款,而冒充军警人员抢劫仍然要求符合抢劫罪的构成要件。如果行为人仅是冒充军警人员,但在所谓"执法"过程中并未使用暴力或者以暴力相威胁,使违法行为人产生错误认识而"自愿"交出财物,应当以招摇撞骗罪来认定。

【指导案例】王志坚抢劫、强奸、盗窃案①——冒充保安能否认定为"冒充军警人员"

2006年2月12日至3月11日期间,被告人王志坚伙同他人冒充警察,采用暴力手段在河北省秦皇岛市、唐山市等地的建筑工地、工人宿舍及小卖部实施抢劫犯罪8起,劫得财物折合人民币23万余元,在抢劫过程中王志坚采用暴力手段强奸妇女一人。2006年3月14日,王志坚又伙同他人盗窃唐山市滦县商业城牛占山家的批零商店,窃得财物折合人民币4万余元。

本案中,被告人王志坚及其同伙在抢劫过程中头戴保安帽,以查身份证、抓小偷的名义进入建筑工地、工人宿舍实施抢劫,其行为就涉及冒充保安能否认定为冒充警察的问题。对此,有观点认为,在实施抢劫犯罪过程中,此团伙采用头戴保安制式帽子,以查身份证、抓小偷的名义向被害人表示警察身份,符合冒充警察抢劫,应予以认定。笔者认为,"冒充军警人员"的外延应当仅限于现役军人、警察两类,冒充保安不能认定为冒充警察。本案中,王志坚等犯罪团伙十余人,其中个别人头戴保安帽,尽管口头上向被害人表明要"查身份证、抓小偷",但客观上并未穿着军警人员制服,驾驶悬挂军警号牌、警灯等专用标志的车辆,携带枪支、警棍等军警专用装备,佩带军警工作证,尚不足以让被害人误以为是军警人员,而是利用被害人一时搞不清"保安有没有权力进行搜查"的这种迷惑达到迅速进入现场的目的,在进入现场后犯罪人即不再掩饰真实身份,被害人也能在最初的迷惑中迅速识破抢劫犯的身份。这种状况表明,被告人只是利用特殊身份来进行犯罪预备,并没有利用这种身份进行抢劫,且由于其虚假身份已被揭穿,客观上并未对人民警察的良好形象造成影响,故不符合刑法加重处罚的要旨,不能认定为"冒充军警人员抢劫"。

---

① 参见苏敏:《王志坚抢劫、强奸、盗窃案——如何把握抢劫犯罪案件中加重情节的认定》,载最高人民法院刑事审判第一、二、三、四、五庭主办:《刑事审判参考》(总第73集),法律出版社2010年版,第30—35页。

【指导案例】王志国、肖建美抢劫案①——"冒充军警人员抢劫"的认定

2013年8月24日22时许,被告人肖建美与被告人王志国在容城县新容花园广场旁边的树林里,假称是派出所的,着便装以抓嫖娼的名义向被害人赵某某索要钱款,否则将其送往派出所,在此期间二被告人使用掐脖子、揪头发等暴力手段,最终抢走赵某某现金人民币230元和白色耳麦一副。2013年8月28日,被害人赵某某在新容花园西门北侧找到王志国和肖建美,便追赶二被告人,并向公安机关报警,王志国被当场抓获,肖建美逃跑后于2013年9月19日在其家中被高碑店市公安局抓获归案。

按照主客观相一致的原则,对于"冒充军警人员抢劫"的认定条件不应过于宽泛,不应简单地依据结果来认定。冒充军警的行为应具有亮明军警人员身份、出示军警证件、身着军警制式服装、携带警械、驾驶军警车辆等表现形式,应达到使一般人能够相信其身份的程度。从立法目的来看,将"冒充军警人员抢劫"作为加重处罚情节,主要是考虑到这种行为严重损坏了军警的形象和声誉,出于对军警良好形象的维护而作出该项规定。但并非所有的冒充行为都能真正达到冒充效果,以致对军人和警察的形象造成损害,有时行为人的"拙劣演出"当场就被识破,被害人根本不相信行为人冒充的军警身份,更不用说通过"冒充"对被害人形成精神强制,行为人在冒充手段失败后,只能依靠暴力实现其犯罪目的。这种情形下,冒充行为在整个抢劫犯罪实施过程中没有起到实质的促进作用,冒充行为也未造成军警形象、声誉的损害,不宜认定为"冒充军警人员抢劫"。本案二被告人只是口头称其是派出所警察,被害人对二人身份产生怀疑并多次守候在案发地点伺机抓捕被告人,并不相信二被告人是警察,如果认为二被告人的行为属"冒充军警人员抢劫",即要判处10年以上有期徒刑,明显罪责刑不相适应。

二十七、关于"持枪抢劫"的认定

(一)裁判规则

1.《刑法》第263条第(七)项规定的"持枪抢劫",是指行为人在抢劫过程中使用枪支射击以制服被害人,或者故意向被害人显示持有、佩带的枪支,让被害人感受到枪支的杀伤力与威慑力,以给被害人造成心理恐惧使其不敢反抗。关于"枪支"的概念和范围,适用《枪支管理法》的规定。

2.入户或者在公共交通工具上盗窃、诈骗、抢夺后,为窝藏赃物、抗拒抓捕或者毁灭罪证,在户内或者公共交通工具上当场使用暴力或者以暴力相威胁的,构

---

① 参见郭宏伟:《王志国、肖建美抢劫案——"冒充军警人员抢劫"的认定》,载最高人民法院刑事审判第一、二、三、四、五庭主办:《刑事审判参考》(总第109集),法律出版社2017年版,第22—27页。

成"入户抢劫"或者"在公共交通工具上抢劫"。既然转化型抢劫可以成立"入户抢劫"和"在公共交通工具上抢劫",那么盗窃、诈骗、抢夺后,持枪抗拒抓捕的行为同样也可以认定为"持枪抢劫"。

(二)规则适用

1.为抢劫而携带枪支,从携带枪支的目的来看,无外乎三种情形:一是为了在实施抢劫遇到反抗时就亮出枪支或开枪排除阻碍;二是在着手实施抢劫时就亮出枪支或开枪进行威胁;三是为了在抢劫后的逃跑过程中遇到追捕时开枪实施阻击。上述情形中,第一、三种情形仅仅具有使用枪支的可能性,不属于使用枪支,只有第二种情形才属于使用了枪支。可见,为抢劫而携带枪支与为抢劫而使用枪支是两个不同的概念。其中,所谓"使用枪支",是指行为人为达到抢劫或逃跑目的而故意向对方显露枪支或开枪射击,以让对方感受到枪支的杀伤力与威慑力。因此,抢劫中使用枪支的行为通常包含两种情形:一是抢劫中直接开枪射击以制服被害人;二是为达到抢劫目的而故意向对方显露枪支,以给被害人造成心理恐惧,致其不敢反抗。故如果行为人虽然携带枪支,仅仅是口头上表示有枪但未向对方显露,则不属于持枪抢劫。需要指出的是,持枪抢劫中的"枪支"应当是属于全国人大常委会制定的《枪支管理法》中规定的枪支范围,如果行为人向对方显露的是不具有杀伤力的仿真枪,或者不具有发射子弹功能的废弃枪支,尽管在客观上对被害人起到了精神强制的作用,但毕竟不可能对被害人造成实际的人身伤害,不属于刑法意义上的"持枪抢劫"。当然,如果行为人所持有的是没有子弹的真枪抢劫,尽管客观上也不会危及他人人身安全,但该行为还侵犯了国家对枪支的管理秩序,而且《枪支管理法》对枪支的界定并不要求"有子弹发射的枪支",故仍然应当认定为"持枪抢劫"。

2.对于行为人盗窃、诈骗、抢夺后持枪抗拒抓捕行为的定性,存在两种意见。一种意见认为,盗窃后持枪抗拒抓捕属于《刑法》第269条规定的"当场使用暴力",符合转化型抢劫的特征,应以抢劫罪论处,但不应将此种行为认定为持枪抢劫,否则就是对持枪抗拒抓捕情节的重复评价。第二种意见认为,盗窃后持枪抗拒抓捕的行为,应当依照《刑法》第269条之规定,以"当场使用暴力"论,认定为转化型抢劫。同时,还应当依照《刑法》第263条第(七)项之规定,认定为持枪抢劫。笔者赞同第二种意见,理由如下。

①将盗窃后持枪抗拒抓捕的行为认定为"持枪抢劫",与相关司法解释的精神是一致的。《关于审理抢劫案件具体应用法律若干问题的解释》第1条第2款明确规定:"对于入户盗窃,因被发现而当场使用暴力或者以暴力相威胁的行为,应当认定为入户抢劫。"同样,《关于审理抢劫刑事案件适用法律若干问题的指导意见》第3条第3款亦明确规定:"入户或者在公共交通工具上盗窃、诈骗、抢夺后,为了窝藏赃物、抗拒抓捕或者毁灭罪证,在户内或者公共交通工具上当场使用暴力或者以暴力相威胁的,构成'入户抢劫'或者'在公共交通工具上抢劫'。""入户

抢劫""在公共交通工具上抢劫"与"持枪抢劫"均是刑法规定的八种加重处罚情节,既然转化型抢劫可以成立"入户抢劫"和"在公共交通工具上抢劫",那么同样也应该可以成立"持枪抢劫"。

②将盗窃后持枪抗拒抓捕的行为认定为"持枪抢劫",并不违反禁止重复评价原则。当作为定罪情节的行为之社会危害性程度超越了该罪之基本量刑幅度时,依据法律规定适用相应的特定量刑幅度,不仅没有违反禁止重复评价原则,而且还是全面评价原则的要求所在。根据全面评价原则的要求,对犯罪事实在定罪中的评价必须是全面的、充分的,而不能有所剩余。对于定罪剩余的那些事实,应当转化为量刑情节来进行评价。针对盗窃过程中持枪抗拒抓捕的行为,由于盗窃过程中抗拒抓捕即可转化为抢劫罪,故在认定抢劫罪过程中对于"持枪"情节并没有得到评价。根据全面评价原则,作为评价剩余事实的"持枪"情节,应当作为抢劫罪的加重情节使用。

【指导案例】粟君才等抢劫、非法持有枪支案①——为抢劫而携带枪支,抢劫中未使用枪支的,不是持枪抢劫

2006年2月,被告人粟君才、吕成德、吕聪军、莫立民共谋到外地"搞钱",并为此准备了1支非军用手枪及3发子弹。同年3月1日,粟君才伙同吕成德、吕聪军、莫立民驾车至上海市嘉定区丰庄路419号"老庙黄金"真新店门前"踩点",并商议趁早晨金店内值班人员打开卷帘门之机抢劫该店黄金饰品。3月5日6时40分许,当该金店内值班人员将卷帘门上提时,由莫立民携带手枪在金店外望风,粟君才、吕聪军、吕成德携带菜刀、封箱带等作案工具先后进入金店内,用封箱带将张耀萍的双眼蒙上、嘴封住,并将其双手和双腿分别捆绑。后粟君才、吕成德和吕聪军合力将三个保险柜陆续搬入轿车,运至上海市嘉定区南翔镇一仓库内撬开,从中取出现金人民币1.1万余元,以及价值人民币914 044元的黄金饰品1043件。

本案中,四名被告人为抢劫金店而携带手枪进入案发现场,粟君才安排莫立民携带手枪在金店外望风。其间,莫立民还携带手枪进入金店意图搬运保险柜。但根据各被告人的交代和金店被绑值班人员的陈述,在抢劫金店过程中莫立民并没有向金店值班人员显露枪支。粟君才归案后供称,携带手枪的目的主要是为了在抢劫后的驾车逃跑过程中对抓捕人员起威慑作用或打爆追捕车辆的轮胎,故其不仅没有在口头上向被害人表达携带了枪支,而且在客观行动上也没有向被害人显露或使用枪支。也就是说,在抢劫过程中枪支的杀伤功能和威慑功能并没有实际发挥。为此,对本案被告人为抢劫而携带枪支,但实际未使用的行为,不能认定

---

① 参见贺平凡、时军:《粟君才等抢劫、非法持有枪支案——为抢劫而携带枪支,抢劫中未使用枪支的,不是"持枪抢劫"》,载最高人民法院刑事审判第一、二、三、四、五庭主办:《刑事审判参考》(总第55集),法律出版社2007年版,第33—40页。

为"持枪抢劫"。

【指导案例】刘兴明等抢劫、盗窃案①——**盗窃后持枪抗拒抓捕的行为能否认定为"持枪抢劫"**

2009年1月14日凌晨,被告人刘兴明、周明权到上海铭世针织有限公司,先用携带的毒鸭肉毒死看门狗,后用大力钳剪断窗栅进入厂房实施盗窃,刘兴明将不同样式的袜子(共6078双,合计价值人民币19 036元)扔出窗口,周明权将袜子装进事先准备的蛇皮袋运离现场。后因被巡逻的联防人员徐四清等人发现,刘兴明为抗拒抓捕,使用随身携带的枪支(经鉴定该枪以火药发射为动力,可以击发并具有杀伤力)向徐四清射击,致徐四清轻伤。

本案中,被告人在实施盗窃行为被发现后,为抗拒抓捕而使用枪支的行为,根据《刑法》第269条之规定,应当认定为转化型抢劫。但对于该行为能否认定为"持枪抢劫"这一加重情节,有观点认为,二被告人在盗窃过程中被人发现后,使用枪支抗拒抓捕的行为属于当场使用暴力的行为,是转化型抢劫得以成立的构成要件事实。也就是说,如果没有持枪抗拒抓捕的行为,二被告人就不能构成转化型抢劫。如果再认定为"持枪抢劫",那么等于是将持枪抗拒抓捕的行为,既作为盗窃行为转化为抢劫的构成要件事实,又作为抢劫罪的加重处罚情节,违背了刑法中的"禁止重复评价"原则。笔者认为,对二被告人应当认定为"持枪抢劫"。原因在于,对于盗窃后持枪抗拒抓捕的行为,将其作为定罪情节与量刑情节,刑法评价的侧重点是不同的。其中,作为定罪情节,对"持枪抗拒抓捕"的评价重点是反映行为人是否使用暴力,"持枪"情节属于多余的超过要素,在定罪过程中并未得到充分评价;而作为量刑情节,对"持枪抗拒抓捕"评价的重点是反映行为人实施暴力的方式与程度,"持枪"情节在此能够得到充分评价。可见,虽是同一事实,但作为定罪情节和量刑情节,评价的因素是不同的。因此,法院将二被告人盗窃后持枪抗拒抓捕的行为认定为"持枪抢劫"是适当的。

二十八、关于抢劫罪与强迫交易罪的区分

(一)裁判规则

1.从事正常商品买卖、交易或者劳动服务的人,以暴力、胁迫手段迫使他人交出与合理价钱、费用相差不大钱物,情节严重的,以强迫交易罪定罪处罚;以非法占有为目的,以买卖、交易、服务为幌子,采用暴力、胁迫手段迫使他人交出与合理

---

① 参见陆红源、白艳利:《刘兴明等抢劫、盗窃案——盗窃后持枪抗拒抓捕的行为能否认定为"持枪抢劫"》,载最高人民法院刑事审判第一、二、三、四、五庭主办:《刑事审判参考》(总第77集),法律出版社2011年版,第59—64页。

价钱、费用相差悬殊的钱物的,以抢劫罪论处。在具体认定时,既要考虑超出合理价钱、费用的绝对数额,还要考虑超出合理价钱、费用的比例,加以综合判断。

2. 行为人以暴力、胁迫手段强迫他人借贷,属于《刑法》第226条第(二)项规定的"强迫他人提供或者接受服务",情节严重的,以强迫交易罪追究刑事责任;同时构成故意伤害罪等其他犯罪的,依照处罚较重的规定定罪处罚。但是以非法占有为目的,以借贷为名采用暴力、胁迫手段获取他人财物,符合《刑法》第263条或者第274条规定的,以抢劫罪或者敲诈勒索罪追究刑事责任。

3. 从《刑法》对强迫交易罪的立法本意来看,本条保护的客体是市场经济秩序,惩治的是那些通过不公平交易来牟取非法经济利益的行为,因此,只有发生于商业经营活动中才可能成立本罪。行为人以写借条和承诺替被害人解决纠纷为对价强迫被害人借款的行为并非强迫交易罪所指的"交易"。

(二)规则适用

1. 从强迫交易罪所处的《刑法》章节来看,该罪位于《刑法》分则第三章"破坏社会主义市场经济秩序罪"当中,其所侵害的客体是正常的市场经济交易秩序。尽管行为人在此过程中也会使用暴力、胁迫行为,但行为人并不具有非法占有他人钱财的目的,而只是为迫使消费者接受其商品或服务,从而获取经营利益。可见,《刑法》规定强迫交易罪的立法本意主要在于打击那些破坏市场交易秩序的行为。因此,只要存在合法的交易,在交易过程中采取了暴力、威胁手段强买强卖商品、强迫提供或者接受服务的,如果暴力手段本身不构成犯罪,则以强迫交易罪论处。当然,如果行为人以市场交易为借口,以暴力或者威胁的手段索取、强拿的财物,远远超过正常买卖、交易情况下被害人应支付的财物,则是名为交易、实为非法占有他人财物,应当认定为抢劫罪。对此,《两抢意见》第9条第2款专门就经营活动中强迫交易罪与抢劫罪的区别作了规定,即"从事正常商品买卖、交易或者劳动服务的人,以暴力、胁迫手段迫使他人交出与合理价钱、费用相差不大钱物,情节严重的,以强迫交易罪定罪处罚;以非法占有为目的,以买卖、交易、服务为幌子采用暴力、胁迫手段迫使他人交出与合理价钱、费用相差悬殊的钱物的,以抢劫罪定罪处刑"。具体到司法实践中,可以结合以下几点来加以区分:一是行为人是否从事正常合法的交易活动;二是行为人通过交易获取财物的数额与交易额的比例,所获取的对价是否基本合理;三是行为人实施暴力、胁迫的程度。

2. 对于行为人强迫借贷行为的定性,存在不同认识。有意见认为,对于以非法占有为目的,采用暴力、胁迫手段强迫他人借贷的,应当以抢劫罪追究刑事责任;对于不具有非法占有目的,采用暴力、胁迫手段强迫他人借贷的,应当以强迫交易罪追究刑事责任。笔者认为,对于强迫借贷的行为不宜一概而论,而应当对强迫借贷行为进行实质分析,即强迫借贷是行为人非法占有他人财物的手段还是目的。申言之,如果行为人以非法占有为目的,使用暴力、胁迫手段当场占有他人财物,虽然留下一纸欠条,但根本不会归还他人财物的,则应当认定为抢劫罪。但是,行为人的目的是借贷而非非法占有他人财物,虽然在借贷过程中使用了暴力、胁迫手段,但仍属于《刑法》第226条第(二)项规定的"强迫他人提供或者接受服务",情节严重的,以强迫交易罪追究刑事责任;同时构成故意伤害罪等其他犯罪的,依照处罚较重的规定定罪处罚。对此,最高人民检察院2014年4月17日发布的《关于强迫借贷行为适用法律问题的批复》规定:"以暴力、胁迫手段强迫他人借贷,属于刑法第二百二十六条第二项规定的'强迫他人提供或者接受服务',情节严重的,以强迫交易罪追究刑事责任;同时构成故意伤害罪等其他犯罪的,依照处罚较重的规定定罪处罚。以非法占有为目的,以借贷为名采用暴力、胁迫手段获取他人财物,符合刑法第二百六十三条或者第二百七十四条规定的,以抢劫罪或者敲诈勒索罪追究刑事责任。"

3. 行为人以写借条或承诺替被害人解决纠纷为对价向被害人强制借款的行为,形式上虽然具有一定交易性质,但并不符合强迫交易罪的构成要件,不能认定为强迫交易罪,而符合抢劫罪的构成要件,应认定为抢劫罪。理由是:(1)借款行为不属于强迫交易罪中"交易"的范围。强迫交易罪中的"交易"仅指买卖商品、提供和接受服务的行为,借款既不是买卖商品,也不是提供或者接受服务,不属于该罪所指的"交易",故行为人强迫对方借款给他的行为,缺少构成强迫交易罪的前提条件。(2)写借条或承诺替被害人解决纠纷,也不属于强迫交易罪中所指的"交易"。从社会生活中对"交易"一词的泛化理解来看,凡是当事人为实现某次特定合作,双方均付出对价的行为,都可称为交易。在此意义上,可以认为行为人是在强迫被害人同其进行交易。但对法律条文尤其是刑法条文所用语词的解释,需要遵循一定的规则,通常不能背离文字的核心意义而作泛化解释,应当结合刑法条文保护的具体客体进行解释。从刑法对强迫交易罪罪状的表述来看,本条保护的是市场经济秩序,惩治的是那些通过不公平的交易来牟取非法经济利益的行为。因此,只有发生于商业经营活动中的行为才可能成立本罪。行为人以写借条和承诺替被害人解决纠纷为对价向被害人强制借款的行为,不在该罪罪状的文义所涉范围之内,不是强迫交易罪所指的"交易"。

【指导案例】朱波伟、雷秀平抢劫案[①]

2005年9月8日晚21时许,被告人朱波伟驾驶渝BT0735号出租车,在菜园坝火车站附近搭载乘客皮广思去重庆汽车北站。途中,朱波伟先是劝皮广思入住宾馆,遭拒绝后又采用语言威胁等手段,强行从皮广思上衣口袋内搜走人民币100元,将皮广思送达目的地。次日凌晨1时许,朱波伟在江北机场搭载乘客杨建国去菜园坝,途中搭载欲一同返回重庆市渝中区的被告人雷秀平。在前往菜园坝途

---

① 参见《最高人民法院公报》2006年第4期。

中,朱波伟、雷秀平要求杨建国支付人民币480元出租车费,杨建国不从,朱波伟、雷秀平即以语言威胁杨建国,雷秀平还对杨建国强行搜身,搜出人民币650元。将杨建国送至目的地后,应杨建国的请求,朱波伟、雷秀平退还杨建国人民币150元,强行收取了剩余的人民币500元。

抢劫罪与强迫交易罪在犯罪客观行为方面存在相似之处,二者的主要区别在于行为人实施犯罪的前提条件、侵犯的客体、犯罪目的、客观行为等方面有所不同。其中,强迫交易罪必须在行为人与被害人之间存在一笔交易,而抢劫罪无需任何前提条件;强迫交易罪侵犯的客体主要是市场交易秩序,而抢劫罪侵犯的客体是公私财物所有权;强迫交易罪的目的是为了获取不合理的交易对价,而抢劫罪的目的就是为了非法占有公私财物;从行为强度来看,抢劫罪中的暴力一般都足以危及被害人的身体健康或生命安全,强度要大于强迫交易罪所使用的暴力、威胁手段。本案中,被告人朱波伟、雷秀平是出租车驾驶员,被害人皮广思、杨建国是出租车乘客,相互之间系服务与接受服务的交易关系。在朱波伟为乘客提供服务的过程中,朱波伟、雷秀平使用暴力和威胁手段,强行从皮广思、杨建国身上搜取钱财。由于朱波伟、雷秀平实施的暴力和威胁行为,其强度不足以危及被害人的身体健康或生命安全;再结合二被告人使用证照真实、齐全的车辆作案,作案后将乘客送抵目的地,到目的地后主动把密码箱交还给乘客,给乘客退还一部分钱财等情节分析,朱波伟、雷秀平不是以非法占有公私财物为目的,而是要以不合理的价格完成交易。因此,朱波伟、雷秀平的行为,不符合抢劫罪构成要件,而应认定为强迫交易罪。

【指导案例】郑小平、邹小虎抢劫案[①]——以暴力、威胁手段强迫他人提供贷款的行为如何定性

1998年8月上旬,被告人郑小平、邹小虎与同案人周细熊、姜志敏、万年忠(均在逃)商议贷款。数日后,郑小平、邹小虎、万年忠到信用社主任徐德良家要求贷款人民币5万元,因手续不全,遭徐拒绝。邹小虎威胁说:"你不贷也得贷,否则有你好看的。"同月24日中午,邹小虎带领3名男青年持铳闯入徐德良家,威胁徐说:"如果不贷,今天对你不客气。"徐被迫同意贷款。当日下午,经徐德良签字同意,由郑小平作担保人,邹小虎在龙溪信用社贷得人民币3万元,月息1.68%,同年12月10日到期,未予归还。同月20日,郑小平、邹小虎伙同周细熊、万年忠、姜志敏商议找龙溪营业所主任邓岩贷款。第二天,周细熊、郑小平跟踪邓岩上了客车。车行不远,周细熊伙同郑小平强行将邓岩拉下车,威胁邓岩说:"不识眼的东西,以

---

① 参见薛淑兰:《郑小平、邹小虎抢劫案——以暴力、威胁手段强迫他人提供贷款的行为如何定性》,载最高人民法院刑事审判第一庭、第二庭编:《刑事审判参考》(总第17辑),法律出版社2001年版,第17—23页。

后找你办事要买账。"同月27日,周细熊伙同万年忠以做毛竹生意为由,以万年忠的名义,由周细熊担保,向邓岩所在的营业所违规贷款人民币3万元,期限为3个月。

本案中,被告人郑小平等人以暴力、威胁的方法强迫他人提供贷款,与抢劫罪、敲诈勒索罪的某些客观方面特征相似。但是,从主观方面来看,郑小平等人一开始就是为获取贷款,没有证据证实是为非法占有贷款或者勒索财物。虽然郑小平等人将获取的贷款全部用于挥霍,但其在强迫贷款过程中均办理了贷款手续,有一次还拿了房产证去抵押。其中第一笔贷款,邹小虎父亲为其偿还了部分贷款本息,而第二笔尚未到期即案发,在形式上是履行了合法手续的,郑小平等人与金融机构之间的债权债务关系依然存在,后者完全可以通过民事诉讼向其主张债权。既然不能认定被告人主观上具有非法占有公私财产之目的,就不能以抢劫罪或者敲诈勒索罪追究被告人的刑事责任。那么,对被告人的行为能否认定为强迫交易罪呢?笔者认为,强迫交易罪是指以暴力、威胁手段强买强卖、强迫他人提供服务或者强迫他人接受服务,情节严重的行为。金融服务业是市场经济的重要组成部分,贷款是银行或者非银行金融机构提供的一种有偿服务,也是金融市场的一种商业行为,借贷双方都应当遵循平等、自愿、公平、等价有偿和诚实信用的原则。强迫他人提供贷款或者强迫他人接受贷款,侵犯了公平的金融市场交易秩序,应以强迫交易罪定罪处罚。

【指导案例】李洪生强迫交易案①——使用暴力强行向他人当场"借款"并致人轻伤的如何定罪处罚

2007年6月19日9时许,李洪生以帮助指导店面装修为名,将孙焕然带至油田招待所×房间,要求向孙借款100万元。遭孙拒绝后,李持刀威胁,并致孙焕然左、右手及左肩部等多处受伤(经鉴定为轻伤)。孙被迫打电话与其亲友联系借款几十万元未果,后孙起草并签署了内容为"本人借给李洪生人民币100万元,在2007年6月23日之前全部到位、当日先付15万元"的借款合同,并起草了"合作协议",主要内容为:"本人孙焕然借给李洪生人民币100万元,李洪生愿付20%的利息,共计120万元,在2009年12月31日前分3批还清;李洪生将自己的房产作为抵押,且李洪生无报酬代理孙焕然与北京工美公司的纠纷。"

从刑法对强迫交易罪罪状的表述来看,本条保护的是市场经济秩序,惩治的是那些通过不公平的交易来牟取非法经济利益的行为。因此,只有发生于商业经

---

① 参见杨晓琪、陈锦新:《李洪生强迫交易案——使用暴力强行向他人当场"借款"并致人轻伤的如何定罪处罚》,载最高人民法院刑事审判第一、二、三、四、五庭主办:《刑事审判参考》(总第66集),法律出版社2009年版,第8—13页。

营活动中的行为才可能成立本罪。而本案并非发生在商业活动当中,而且借款既不是买卖商品,也不是提供或者接受服务,不属于该罪所指的"交易",故被告人李洪生的行为并不符合强迫交易罪的构成要件,不能认定为强迫交易罪。从被告人与被害人的关系来看,双方仅仅相识而已,被害人不可能出借100万元这么一大笔巨款给被告人。被告人正是清楚这一点,才使用暴力向其"借款"。同时,据被告人供述,其在作案前已有70余万元的负债,在"合作协议"中所写的用于抵押的房产并不存在,亦无其他证据证实被告人还有其他房产。也就是说,被告人客观上并没有还款能力,主观上也没有还款意愿,其行为属于以"借钱"为幌子而行劫财之实,符合抢劫罪的构成要件,应当认定为抢劫罪。

【指导案例】蔡苏卫等抢劫案[①]**——以借钱为名劫取财物使用后归还并付利息的行为如何定性**

2009年12月初,为获取巨款去澳门赌博,被告人蔡苏卫、赵磊商议向被害人胡玉龙"借款"。同月11日14时许,赵磊从家中携带3支枪、1副手铐及子弹,同蔡苏卫、冯德义三人驾驶一辆越野车前往湖南省汝城县。次日21时许,蔡苏卫以谈业务为由将胡玉龙骗上越野车,蔡苏卫、赵磊即各自掏出1支枪,赵磊则用手铐将胡玉龙铐在车门上。然后,三人威逼胡玉龙,强行向其"借款"人民币2000万元,胡玉龙被迫答应,打电话向亲友筹集银行承兑汇票11张(价值人民币2000万元),并指示其公司员工熊小贞将汇票交给蔡苏卫。同月14日17时许,蔡苏卫从熊小贞处接到该11张银行承兑汇票并出具了借条。此后,蔡苏卫一人持承兑汇票前往澳门特别行政区赌博。同月16日中午,蔡苏卫返回南昌,将银行承兑汇票还给胡玉龙,并通过转账付给胡玉龙人民币30万元作为利息。

本案并非发生在商业活动当中,而且借款既不是买卖商品,也不是提供或者接受服务,不属于该罪所指的"交易",故三被告人的行为不能认定为强迫交易罪。而且,从三被告人行为目的来看,其所具有的是非法占有目的。(1)在犯罪预备阶段,蔡苏卫、赵磊为了获取巨额钱款去澳门从事赌博活动,商议以竞标为由去湖南省汝城县向被害人胡玉龙"借款",并作了具体分工,准备了枪支等作案工具。可见,蔡苏卫等人明知胡不会同意"借款",从一开始就是以"借"为名实现非法占有的目的。(2)从是否具有归还借款的意愿来看,蔡苏卫和赵磊此前在澳门特别行政区赌博已经输了几千万元,根本没有归还巨额借款的经济能力。其明知赌博是高风险的非法行为,只是最终侥幸赌博赢利而归还借款并偿付利息。(3)从犯罪形态来看,最后归还"借款"并偿付利息只是犯罪既遂后

[①] 参见林勇康、黄卫民:《蔡苏卫等抢劫案——以借钱为名劫取财物使用后归还并付利息的行为如何定性》,载最高人民法院刑事审判第一、二、三、四、五庭主办:《刑事审判参考》(总第84集),法律出版社2012年版,第32—37页。

的行为,不能据此而否定三被告人此前的暴力占有他人财物及非法占有的目的。综上,蔡苏卫等三被告人以借钱为名,采用暴力威胁手段,逼迫被害人以帮他人借钱竞标为由打电话向亲友筹集银行承兑汇票价值2000万元,其行为已经构成抢劫罪。

二十九、关于抢劫罪与寻衅滋事罪的区分

(一) 裁判规则

寻衅滋事罪中的强拿硬要行为与抢劫罪的区别在于:前者行为人主观上还具有逞强好胜和通过强拿硬要来填补其精神空虚等目的,后者行为人是以非法占有他人财物为目的;前者行为人客观上一般不以严重侵犯他人人身权利的方法强拿硬要财物,而后者行为人则以暴力、胁迫等方式作为劫取他人财物的手段。司法实践中,对于未成年人使用或威胁使用轻微暴力强抢少量财物的行为,一般不宜以抢劫罪定罪处罚。符合寻衅滋事罪构成要件的,可以寻衅滋事罪定罪处罚。

(二) 规则适用

寻衅滋事罪虽然是妨害社会管理秩序犯罪,但有时行为人主观上也具有非法占有他人财物的目的,客观上实施了强拿硬要他人财物的非法占有行为,与抢劫罪的构成特征有些类似。但是,二者在主、客观方面还是存在一定差异的。对此,《两抢意见》第9条中作了明确阐述:寻衅滋事罪行为人主观上还具有逞强好胜和通过强拿硬要来填补其精神空虚等目的,客观上一般不以严重侵犯他人人身权利的方法强拿硬要财物;抢劫罪行为人一般只具有非法占有他人财物的目的,以暴力、胁迫等方式作为劫取他人财物的手段。此外,在认定抢劫罪还是寻衅滋事罪的过程中,还应当从罪刑相适应原则出发,权衡被告人的主观恶性及犯罪行为的社会危害性。抢劫罪在我国刑法中属于重罪,其起刑点为3年有期徒刑,最高刑是死刑;相对而言,寻衅滋事罪是一种轻罪,只能判处5年以下有期徒刑、拘役或者管制。两罪的法定刑之所以如此轻重悬殊,一个重要原因就在于抢劫罪的社会危害性、对被害人人身的危险性以及侦破的难度,都远远高于寻衅滋事罪。其中,寻衅滋事罪通常是轻微暴力,如推、踢、打耳光等一般殴打行为,对被害人造成的伤害比较轻微,而抢劫罪往往是容易致人伤亡的重度暴力行为;从案发时空来看,寻衅滋事罪通常发生在公共场所,是当众强拿硬要他人财物,而且多发生于白天,而抢劫罪通常在人少的时空里发生;从被害人的选择来看,寻衅滋事罪多发生在认识的人之间,当行为人随意殴打、强拿硬要或任意毁损公私财物时,一般不隐瞒自己身份,故司法机关查处起来也较容易;但抢劫罪的行为人则往往选择陌生人作为作案对象,侦破查处起来也更加困难。为此,在区分抢劫罪和寻衅滋事罪时,不仅要考量其犯罪构成的差异,在行为性质不甚明确时,还要依据罪刑相适应原则,凭借社会一般观念,权衡一下行为人应受刑罚的轻重和处刑后可能会产生的

社会效果,以期最终准确认定行为人的行为性质和罪名。

【指导案例】张彪等寻衅滋事案①——以轻微暴力强索硬要他人财物的行为如何定性

被告人张彪在上学期间与同学秦青松关系较好,并曾帮助过秦青松。张彪在毕业联系工作时让秦青松帮忙,因秦不予提供帮助以致心生不满。2007年6月17日17时许,张彪得知秦青松要到郑州市惠济区的富景生态园游玩,便电话通知被告人韩超到富景生态园"收拾"秦青松。韩超接到电话后,即骑车带着被告人倪中兴赶到富景生态园。张彪向韩超指认秦青松后,韩超、倪中兴遂上前对秦青松进行殴打。然后,张彪要求秦青松给钱,因秦青松身上钱少,便要走其手机两部,并让其第二天拿钱换回手机,张彪、韩超各带走一部手机。后经秦青松索要,张彪将一部手机归还,但另一部手机被张彪卖掉,赃款被张彪和韩超挥霍。经鉴定,两部手机共计价值人民币1033元。

一般来讲,抢劫罪与寻衅滋事罪不难区分,但是在伴随轻微暴力强索财物的场合,在界定罪名时较为困难,本案即属于这种情形。笔者认为,可以从以下几个方面进行分析:(1)从主观目的来看,被告人张彪与被害人秦青松系同学,二人不仅相识,而且还曾经非常要好。上学期间,张彪还曾给予过秦青松某些帮助。因此,张彪自认为其对秦青松有恩,秦青松应当知恩图报。但是在毕业联系工作时,尽管张彪请求秦青松帮忙,可是秦却没有照张彪的意思办。同时,张彪向秦借钱秦也不给,张彪遂产生了教训秦的想法。张彪在纠集韩超、倪中兴时,即明确提出帮忙"修理"秦一顿。三被告人见到被害人秦青松后,所实施的轻微暴力殴打、强行拿走秦的两部手机,并索要钱财等行为,其主观上并不单纯是为了非法占有被害人的财物,而是通过这些方式以实现教训、报复被害人的目的。(2)从罪刑相适应原则来看,三被告人基于教训被害人的目的,前去见秦青松时没有携带任何凶器,韩超和倪中兴仅对秦青松实施了简单的拳打脚踢行为,属于轻微暴力,秦也没有受伤,尚未超出寻衅滋事罪中"随意殴打他人""强拿硬要"的范围,认定为寻衅滋事罪,符合罪刑相适应原则的要求。综上,本案三被告人的行为尽管从形式上看与抢劫罪有些相似,但考虑其实施暴力的程度并未超出寻衅滋事罪所要求的范围,主观上出于报复教训他人的动机,亦非单纯以非法占有为目的,且三被告人中有一人为未成年人,另两人刚刚成年等情节,一、二审法院以寻衅滋事罪对其定罪处刑是正确的,准确贯彻了罪刑相适应原则的基本精神。

---

① 参见司明灯、余剑锋、刘思源:《张彪等寻衅滋事案——以轻微暴力强索硬要他人财物的行为如何定性》,载最高人民法院刑事审判第一、二、三、四、五庭主办:《刑事审判参考》(总第65集),法律出版社2009年版,第45—50页。

【指导案例】张月新寻衅滋事案①

2003年4月24日16时30分许,被告人张月新与其朋友司某等人在小区菜市场门口炒菜摊喝酒时,适遇郝立新、周桂芝开着面包车在马路对面卖熟食。张月新即上前挑选了几样熟食装在塑料袋里,并付给了周桂芝一张面值100元的假币。周辨认出是假币,要求更换,张月新又从熟食筐中拿了一根蒜肠,并说:"这年头吃东西还要钱,我有'非典'你信不信?"随即拿着蒜肠回到自己酒桌上打开就吃。郝立新向其索要蒜肠钱,张月新即从桌子上拿起一把削菠萝用的刀子冲其比划,声称自己患有"非典",拒不付款。后公安民警赶到现场,张月新对民警称:"我有'非典',先传染给你。"民警遂封锁了现场,疏散了上百名围观群众,并将张月新抓获。经检查,张月新身体健康,无"非典"症状。

本案中,被告人张月新在实施了强行拿走他人熟食的行为后,并没有离开现场,而是继续借酒滋事,干扰他人正常的经营活动,并用传染非典型肺炎疾病威胁前来制止其行为的公安人员,以致造成公共场所秩序的严重混乱。可见,其主观上并非单纯以使用暴力或者胁迫手段占有他人财物为主观目的,更多地是为满足自己酒后逞强耍威、寻求精神刺激等不健康的心理需要,反映出其对社会公德和国家法纪的公然蔑视。因此,其行为侵犯的客体是社会公共秩序,而不仅是他人的人身及财产权利。尽管张月新客观上实施了以传染"非典"、持刀比划等胁迫手段占有他人食品的行为,但从其先后支付假币搪塞事主、在取得食品后并没有离开现场、事主始终未放弃向其索要钱款等一系列客观情况看,亦说明其使用的威胁方法,尚达不到抢劫罪所要求的对他人人身安全造成现实威胁的程度,而仅仅是其强拿硬要的一种手段。因此,从主、客观相一致的原则出发,对其行为不应认定为抢劫罪,而应认定为寻衅滋事罪。

三十、关于抢劫罪与敲诈勒索罪的区分

(一) 裁判规则

1.抢劫罪与敲诈勒索罪的最大区别在于,抢劫罪实施暴力和取得财产这两个行为都是当场实施的,符合"两个当场"特征。而敲诈勒索罪的暴力与取财不能都是当场,如果当场取得财物,则不能是当场实施暴力,而应当是威胁将来实施暴力,否则就是抢劫;如果当场实施暴力,则取财行为一般是事后,否则也是抢劫。此外,只要暴力威胁给被害人心理上造成了强制,且该强制一直持续,即使时间延续较长,空间也发生了一定的转换,同样符合"当场"的要求。

2.行为人在抢劫行为实施完毕后,继续实施敲诈勒索的行为,两者之间不存

---

① 参见沈德咏主编:《经济犯罪审判指导与参考》(总第3卷),人民法院出版社2004年版,第27—31页。

在目的和行为的牵连关系,应分别定罪,数罪并罚。反之,如果行为人在抢劫过程中,同时以将来的暴力行为来威胁被害人,由于后者是服务于当场非法占有他人财物的目的,属于暴力威胁这一整体行为的不同方面,认定为抢劫罪一罪即可。

(二) 规则适用

1.抢劫罪与敲诈勒索罪在客观行为上具有一定的相似性,两罪侵犯的客体都是复杂客体,既包括公私财产的所有权,还包括他人的人身权利;两罪在客观方面都可以采用"暴力、威胁"手段,且均可以当场取得财物。当行为人采取"暴力、威胁"手段向他人索取财物时,如何区分罪名并不容易。对此,有学者认为,敲诈勒索罪不能当场使用暴力,在有暴力威胁的情况下,这种暴力也是将来可能实施的暴力,而不是现场实施的暴力。① 从威胁的时间来看,抢劫罪的威胁是当场就有可能发生暴力,如果被害人不交出财物,被害人的生命和健康会受到现实的威胁;而敲诈勒索罪的威胁不具有当场立即发生暴力的现实可能性,而是在一定时间之后发生,或者在另一地方发生。② 还有观点认为,敲诈勒索罪尽管可以以暴力行为作为手段,但该暴力行为与抢劫罪中的暴力行为存在根本区别:抢劫罪中的暴力是为了抑制被害人的反抗,包含杀害、杀伤等手段,如果不交付财物生命和身体有遭受严重损害的可能。而敲诈勒索罪的暴力行为并未达到抑制被害人反抗的程度,只是使得被害人产生恐惧心理,被害人仍然有选择不交付财物的可能性;如被害人不交付财物,其生命和身体当场并没有现实的危险。可见,敲诈勒索罪中行为人并非不能使用暴力手段,只是暴力手段的程度低于抢劫罪所实施的暴力手段程度。③

笔者认为,上述观点仅仅看到了抢劫罪与敲诈勒索罪某些方面的区别,以此为标准并不能一以贯之,在某些场合下甚至会得出错误的结论。其中,敲诈勒索罪不能当场使用暴力的观点早已被抛弃,而将暴力手段的程度作为区分同样是存在问题的。因为暴力行为的程度问题本来就具有模糊性,不同的人会得出不同的结论;而且敲诈勒索罪中的暴力也可以是让被害人不能反抗、不敢反抗的暴力,只要行为人不当场劫取财物,仍然属于敲诈勒索罪,而不是抢劫罪。可见,行为人是否当场使用暴力并非抢劫罪与敲诈勒索罪的根本区别。同样,行为人是否当场获取财物也不是区分两罪的根本标准。尽管一般而言,由于抢劫罪中的被害人是当场交付财物,而敲诈勒索罪中被害人是事后交付财物,但敲诈勒索罪中仍然存在行为人当场获取财物的情形,如行为人要求被害人当场交付财物,否则日后将对其实施暴力行为,这种情形仍然属于敲诈勒索罪,而非抢劫罪。可见,是否当场使用暴力或者是否当场获取财物,不能作为区分抢劫罪与敲诈勒索罪的标准。二者

---

① 参见王作富主编:《刑法分则实务研究》,中国方正出版社2007年版,第1199页。
② 参见王作富:《中国刑法研究》,中国人民大学出版社1988年版,第596页。
③ 参见陈兴良、周光权:《刑法学的现代展开》,中国人民大学出版社2006年版,第134页。

的根本区别在于,抢劫罪实施暴力和取得财产都是当场实施的,而敲诈勒索罪中的暴力与取财不能都是当场,必须要间隔开来分别实施。即如果当场实施暴力,则取财行为必须是事后实施;反之,如果是当场取得财物,则不能是当场实施暴力,而只能是将来实施暴力。为此,以下行为貌似抢劫而实质上应认定为敲诈勒索罪:(1)行为人要求被害人当场交出财物,否则就会在以后对其实施暴力行为;(2)行为人虽然当场使用了暴力,但是要求被害人在以后交出财物。

应当注意的是,"当场"并不是一个纯粹的时空概念,必须结合行为人的暴力或者胁迫等手段、该手段对被害人的身体和精神强制方式、程度及与取得财物之间的内在联系,进而加以具体分析认定:一方面,"当场"不仅仅限于一时一地、此时此地,在暴力、胁迫等手段的持续强制过程中,即使时间延续较长,空间也发生了一定转换,同样可以视为是"当场";另一方面,"当场"又应以暴力、胁迫等手段行为的自然延伸及取得他人财物所必要为限,避免"当场"解释的任意化。①

2. 行为人基于抢劫的故意,对被害人实施了暴力行为或者以暴力相威胁,从被害人身上获取了财物。在抢劫行为完成之后,如果行为人继续以将来实施暴力行为威胁被害人,要求其在一定时间内再次向其交付一定数额的财物,由于行为人先后具有两个犯罪故意,先后实施了两个性质不同的犯罪行为,且在抢劫行为实施完毕后,继续实施敲诈勒索的行为,两者之间不存在目的和手段的牵连关系,故应分别认定为抢劫罪和敲诈勒索罪,实行并罚。反之,如果行为人在抢劫过程中,既在当场针对被害人实施暴力行为或者以暴力相威胁,又以将来的非现实暴力继续威胁,由于这种将来的非现实威胁服务于当场非法占有他人财物的目的,属于当场暴力威胁这一整体行为的不同方面,故认定为抢劫罪一罪即可,无需另外认定为敲诈勒索罪。

【指导案例】周建平等抢劫、敲诈勒索案②——如何区分抢劫罪与绑架罪、敲诈勒索罪的界限?

1997年10月8日,被告人周建平、卫杨林、吴江、刘有志伙同周西兵、吉传成(均在逃)经预谋后,一起抵达河南省信阳市,在信阳市友谊宾馆门外守候,伺机抢劫工程承包人邓锦雄的钱财。当日下午2时许,当邓行至信阳地区运输公司后门处时,周建平、卫杨林、吴江伙同周西兵将邓劫持到出租车内,持刀威胁其不得叫喊反抗。随后,四被告人指使出租车司机将车开到国道312线往洋河乡去的龙山果园附近,将邓拉下车后进行威胁、恐吓,抢走邓的钻石戒指一枚、现金人民币250

---

① 参见高憬宏、杨万明主编:《基层人民法院法官培训教材(实务卷·刑事审判篇)》,人民法院出版社2005年版,第287—288页。

② 参见李亚飞、许浩:《周建平、卫杨林、吴江、刘有志抢劫、敲诈勒索案——如何正确区分抢劫罪与绑架罪、敲诈勒索罪的界限》,载最高人民法院刑事审判第一庭、第二庭编:《刑事审判参考》(总第18辑),法律出版社2001年版,第39—44页。

元、爱立信318型移动电话一部,并威胁邓于当晚8点再送人民币4万元到西关桥头后将邓放回。同日晚8时许,当被告人再次向邓索要人民币4万元时,被闻讯赶来的公安人员抓获归案。

本案中四被告人共同预谋,对被害人实施了暴力,将其劫持到出租车上,抢走其随身携带的财产后又将其放掉,从其行为特征看,四被告人的主要目的是为了得到被害人的财产,虽然对被害人的人身自由有一定时间的直接控制,但也是为了达到顺利的实施抢劫的目的,符合抢劫罪特征。因此,对被告人抢走被害人随身携带财物的行为应认定为抢劫罪。被告人在抢劫过程中,又威胁被害人在当晚再送4万元钱到指定地点的行为应如何定性?首先,它不是抢劫罪的一部分,因不是当场实施的,而是要求被害人事后送钱,不符合上述抢劫罪的概念和特征。其次,它也不构成绑架罪,因为被告人在当场实施暴力抢劫后,已将被害人放掉,而不是对其进行直接的人身控制,使其失去行动自由。此行为的特征在于,以非法占有为目的对被害人实施威胁,对其实行精神强制,使其产生恐惧、害怕心理,不得已而交出其个人财物,符合敲诈勒索罪的构成特征。

【指导案例】何木生抢劫案①——当场实施暴力并以暴力威胁被害人外出借钱的行为如何定性

1998年3月14日晚,被告人何木生告知其同伙何良清、何元达、何东仁(均在逃),其女友兰会娇被兰桂荣(系兰会娇之父)介绍嫁往广东,得去找兰桂荣要钱。次日上午10时许,何木生携带照相机,何良清携带1把菜刀,与何元达、何东仁一起分乘两辆摩托车来到兰桂荣家。兰不在家,何木生对兰的妻子和女儿拍了照。下午2时许,在返回的路上,何木生将兰从一辆微型车上拦下,要兰赔偿其4000元钱。兰拒绝赔偿后,何良清即踢了兰一脚。兰见状就说:"有什么事到家里去好好说。"到兰家后,兰说没有钱。何木生说:"不拿钱我不怕,照了你们的相,会有人来杀你们。"接着,何良清又拿出菜刀扔在桌子上,叫兰把手指剁下来,在此情况下,兰即到外面向他人借了2000元钱,交给何木生。

本案被告人何木生的行为符合"当场"使用暴力威胁这一抢劫罪的构成要件,应当以抢劫罪定罪处罚。首先,从威胁实现的时间来看,既有被告人一伙在拦下兰桂荣时踢其一脚,到达兰家后又拿出菜刀,并要兰剁下手指这种当场以暴力威胁的事实,又有"不拿钱我不怕,照了你们的相,会有人来杀你们"这种将来威胁的事实,但这种将来威胁是为了配合当场非法占有他人财物而实施的,属于暴力威

---

① 参见张国辉:《何木生抢劫案——敲诈勒索罪和抢劫罪之区分》,载最高人民法院刑事审判第一庭、第二庭编:《刑事审判参考》(总第12辑),法律出版社2001年版,第28—33页。

胁这一整体行为的不同方面,故本案被告人的行为符合抢劫罪中当场实施暴力威胁这一要件。其次,尽管兰交给何木生等人的2000元钱是到外面向他人借来的,存在一定程度的时间和空间跨度,但仍然应当认定为"当场"取得。因为认定实施暴力威胁后是否属于"当场"取得财物,关键在于时间是否自然终止或者因为外力的影响而被中断,在时间自然延续过程中的空间变换不能认为是事后,更不能因此否认其当场性。本案自被告人实施暴力威胁行为到被害人兰桂荣外出借款并交给被告人是一个自然的连贯过程,期间并未中断。至于有观点认为被害人已经脱离了被告人的控制,也是不符合客观实际的。因为"控制"不能仅仅理解为身体上的强制,还包括精神上的强制,同时是否脱离控制只能以被害人的个人感受来判断,而不能从一般人的立场来判断。在本案中,从被害人完全按照被告人的要求去筹款并即时将所筹钱款交给被告人,可以认为这种强制是自始至终存在的,更何况被害人的妻女仍然处于被告人的直接暴力胁迫之下,故对何木生的行为应当以抢劫罪来认定。

【指导案例】陈惠忠等抢劫案①——"吊模宰客"行为如何定性

2010年2月起,被告人陈惠忠、葛仕金等人合伙租用KTV包房,招募被告人降寒冰、姚粽又、陈炜等人以提供色情服务引诱他人前来消费,强迫他人支付高额费用。2010年3月24日23时40分许,被害人洪某被引诱至上述地点,在洪某结清卖淫女的费用后,降寒冰、姚粽又等人又将洪某带进另一处包房,持虚开的洋酒、零食等消费清单向被害人洪某索取人民币1.7万余元。洪某拒绝支付并欲离开,遭降寒冰、姚粽又等人言语威吓、拳打脚踢、拉扯、捂嘴后,被迫通过移动POS机刷卡支付人民币1.7万元。经法医学鉴定,被害人洪某全身多处软组织挫伤,口腔内黏膜损伤,属轻微伤。

所谓"吊模宰客",是指不法分子以各种名目诱骗游客到酒吧、咖啡厅、KTV、美容院等场所消费、购物,通过虚抬消费金额等手段谋取高额利润,"吊模"则从消费金额中抽取一定比例的费用的违法犯罪活动。被告人采用何种手段,往往视被害人反应而变化:连哄带骗,哄骗不成则恶语相向、甚至大打出手,直至钱财到手。根据行为暴力升级的发展态势,"吊模宰客"行为一般涉及下列犯罪:诈骗罪、强迫交易罪、敲诈勒索罪、抢劫罪。具体到本案中,陈惠忠等人以经营为幌子索取被害人钱财,其所开出的账单项目绝大部分不是被害人实际消费,而是虚构的。由此表明,陈惠忠等人显然不具有正常经营的性质,其"吊模宰客"行为不是为了获取基本合理的对价,而是为了非法占有被害人钱财,不构成强迫交易罪。尽管从外

---

① 参见凌鸿:《陈惠忠等抢劫案——"吊模宰客"行为如何定性》,载最高人民法院刑事审判第一、二、三、四、五庭主办:《刑事审判参考》(总第82集),法律出版社2012年版,第50—54页。

观上来看,陈惠忠等人同时实施了以握有嫖娼把柄相威胁的行为,似乎符合敲诈勒索罪的构成特征,但陈惠忠等人同样实施了围堵、殴打等暴力行为,且已经当场对被害人人身造成伤害。综合案发环境、被害人反应等因素分析,被害人被多人围堵在较为封闭的空间内无法脱身,一有反抗或不配合即遭殴打,人身安全及行动自由均遭到严重侵害。在此情况下,被害人被迫交付钱财主要是为了摆脱正在遭受的人身危险,并非顾虑接受异性服务的负面影响。综上,陈惠忠等人的行为系当场实施暴力,并当场取得钱财,符合抢劫罪的构成特征,应认定构成抢劫罪。

【指导案例】习海珠抢劫案[①]**——在拖欠被害人钱款情况下,以暴力、胁迫手段逼迫被害人书写收条的行为,应当如何定性?属于犯罪既遂还是未遂?**

2009年4月,被害人彭桂根、习金华、彭淑韦合伙经营位于江西省新余市渝水区下村镇的高山选矿厂。2010年4至5月间,被告人习海珠为迫使彭桂根等人转让该厂,多次指使、组织本村部分老人、妇女到厂里,采取关电闸、阻拦货车装货等方式阻碍生产,并对工人进行威胁。2010年11月、2011年4月,三被害人先后被迫将该选矿厂以人民币390万元的价格转让给习海珠。习海珠陆续支付了彭桂根人民币222万元,但仍欠彭桂根人民币75万元,彭桂根多次讨要。2011年7月3日21时许,在新余市暨阳五千年娱乐城301包厢内,习海珠指使艾宇刚等人殴打彭桂根,并逼迫彭桂根写下"已经收到习海珠购买高山选矿厂所欠人民币75万元"的收条。

本案中,对被告人习海珠以暴力、胁迫手段逼迫被害人彭桂根书写75万元收条的行为定性,存在抢劫罪和敲诈勒索罪两种意见。笔者认为,敲诈勒索罪与抢劫罪的主要区别在于客观方面,即行为的内容、方式、手段不同。抢劫罪以当场实施暴力或以暴力相威胁作为行为内容,并当场取得财物;而敲诈勒索罪的行为内容则一般仅限于威胁,取得财物可以在当场,但更多的是在威胁、要挟之后的一定期限内取得。当然,有的敲诈勒索罪,行为人也可能使用一定程度的暴力,而且这种暴力足以达到"使被害人不能反抗或者不敢反抗"的程度,但其取财行为是在将来,否则就构成抢劫罪。具体到本案中,被告人习海珠在拖欠被害人彭桂根钱款的情况下,指使艾宇刚等人在封闭的包厢内殴打彭桂根,李凯凯在旁持刀威胁,彭桂根在孤立无援,被多人围困、殴打的情况下,迫不得已写下"已经收到习海珠购买高山选矿厂所欠75万元"的收条。这种暴力行为已经足以压制彭桂根的反抗,使其不敢、不能反抗,而且是在当场侵害他人的财产权益,应当以抢劫罪定罪处罚。

---

① 参见杜曦明、张向东、陶松兵:《习海珠抢劫案——在拖欠被害人钱款情况下,以暴力、胁迫手段逼迫被害人书写收条的行为,应当如何定性?属于犯罪既遂还是未遂?》,载最高人民法院刑事审判第一、二、三、四、五庭主办:《刑事审判参考》(总第102集),法律出版社2016年版,第55—60页。

【指导案例】林华明等敲诈勒索案①——正确区分抢劫罪与敲诈勒索罪

2004年6月中旬的一天凌晨，工厂305宿舍的覃欣发现自己的皮带不见了，怀疑系403宿舍的被害人陈明仁所偷，便将此事告诉同住该宿舍的工友。次日上午8时许，覃欣与被告人林华明等人到403宿舍找到被害人陈明仁，并提出要报公司保安部门处理，因被害人提出要私了，林华明便叫被害人一同出外吃早餐并解决该事。吃完早餐回工厂的路上，林华明打了陈明仁两耳光，陈明仁承认了盗窃皮带的事实，后林华明又要求其赔偿305宿舍被盗其他财物的损失，陈表示同意。此后，林华明让其他被告人报出各自在305宿舍被盗物品的情况，根据被盗财物价值，林华明要求被害人赔偿5000元，限定其当天给钱，由于被害人当时没有那么多现金，便写下欠条。当天下午4时许，被害人到305宿舍门口，交给被告人林华明2000元。

在抢劫罪与敲诈勒索罪中，被害人交出财物的心理状态是不同的。本案是因被害人盗窃了被告人宿舍财物而起，事出有因。林华明打被害人两巴掌，是因为被害人对其盗窃305宿舍皮带一事态度反复，一会儿承认，一会儿又否认，出于气愤才殴打他的，被害人被打后，承认了盗窃皮带的事实，此时被告人提出因为之前305宿舍曾多次失窃，要其赔偿305宿舍失窃财物损失的要求，并以要把其盗窃皮带一事向厂保卫部门报告相要挟，迫使被害人同意赔偿并且写下欠条，之后又一起回单位上班。当天下午，被害人主动到被告人的宿舍门口，交给被告人林华明2000元。被告人非法占有被害人财物，既使用了暴力手段，又使用了要挟手段。从事发原因、案件的发展过程和被害人与被告人是同厂工友关系等情节分析，被害人并非是因为被林华明打了两巴掌被迫交出财物的，而是因为被告人掌握了其在单位盗窃皮带的事实，害怕他们告发被单位除名才被迫交出财物的，即被告人主要是以要挟手段非法占有被害人财物，符合敲诈勒索罪的特征，应当以敲诈勒索罪定罪处罚。

三十一、在绑架过程中又劫取被绑架人财物的行为如何定罪

（一）裁判规则

行为人在绑架过程中，又以暴力、胁迫等手段当场劫取被害人财物，或者通过被害人间接向他人索要财物的，择一重罪处罚，而无需以绑架罪和抢劫罪予以并罚。但如果反过来，行为人因抢劫未达到目的而又劫持被害人，勒索被害人及其亲友财物的，则应当分别认定为抢劫罪和绑架罪，实行数罪并罚。

---

① 参见徐清云：《林华明等敲诈勒索案——正确区分抢劫罪与敲诈勒索罪》，载最高人民法院刑事审判第一庭、第二庭编：《刑事审判参考》（总第44集），法律出版社2006年版，第67—70页。

(二) 规则适用

司法实践中,行为人在绑架人质的过程中发现人质身上携带财物,包括首饰、银行卡等,而将其非法占有的情况时有发生。对于这种情形,是以绑架罪和抢劫罪数罪并罚,还是仅认定为一罪?如果认定为一罪,又应当以何罪论处?笔者认为,针对在绑架过程中又实施劫取被绑架人随身携带财物的行为,不应以绑架罪和抢劫罪数罪并罚。因为绑架罪是继续犯,行为人非法占有他人财物而以暴力、胁迫手段劫持被绑架人的行为是一个持续的过程,暴力劫持或拘禁被绑架人构成绑架罪的客观要件。如果把实质上的一个暴力劫持或拘禁行为既评价为绑架罪的构成要件,又评价为抢劫罪当场劫取他人财物的客观要件,有违"禁止重复评价"原则。那么,究竟应当以绑架罪还是抢劫罪来认定呢?对此,有观点认为,行为人在绑架被害人之后,发现被害人身上带有财物而将其取走,此时,行为人的绑架行为构成绑架罪没有问题,但行为人利用被害人人身自由被限制而无法反抗的状态将其财物取走的行为却不宜另定抢劫罪。这是因为:(1)绑架勒索本身就是以获取被绑架人或其亲友财物为目的,因此在控制被绑架人后掳走其随身携带的财物,无论数额大小,对绑架人而言,是再自然不过的事情。反之,指望绑架人不掳走被绑架人随身携带的财物,则类似于刑法理论上所讲的"期待不可能";(2)此种情况下,仅定绑架一罪,把掳财的行为作为量刑情节考虑,与定两罪相比,也不至于轻纵犯罪人。[①]

笔者认为,上述观点并不恰当。从立法将绑架罪规定在侵犯人身权利一章来看,其重点保障的法益并非财产权利,而是人身权利尤其是生命权,而且绑架罪的罪状设置和法定刑配置也主要是针对人身权利的。因此,我们应当区分致人重伤、死亡与没有致人重伤、死亡两种情形:(1)没有致人重伤、死亡的,如果按照绑架罪来认定,即使是从被绑架人处劫取到巨额财物的,也不能适用死刑。然而,如果将其中的杀人行为或劫财行为按照故意杀人(未遂)罪或者抢劫罪来认定,法定最高刑均为死刑。根据"举重以明轻"的刑法当然解释原理,对发生在绑架过程中性质更为严重的抢劫犯罪或者故意杀人(未遂)犯罪更应当判处死刑。为此,最高人民法院通过"王建平绑架案"这一指导性案例对"杀害被绑架人"进行了扩大解释,认为"杀害"的规范含义系"故意杀人行为",包括"杀人既遂与未遂"两种情形在内,从而可以对那些虽未造成被绑架人死亡,但手段极其残忍并致被害人严重残疾的情形,在判处绑架罪的同时适用死刑。[②] 基于同样的道理,针对当场从被绑架人处劫取巨额财物的情形,同时符合绑架罪的犯罪构成,但由于没有造成被绑

---

① 参见最高人民法院刑事审判第一庭、第二庭编:《刑事审判参考》(总第24辑),法律出版社2002年版,第198—202页。

② 参见武文和:《王建平绑架案——杀害被绑架人未遂的,是否属于刑法第二百三十九条第一款规定的"杀害被绑架人的"情形》,载最高人民法院刑事审判第一庭、第二庭编:《刑事审判参考》(总第38集),法律出版社2004年版,第111—115页。

架人死亡,不能根据《刑法》第239条判处死刑,而认定为抢劫罪则可以根据《刑法》第263条第(四)项判处死刑,在这种情况下应当择一重处,认定为抢劫罪。对此,最高人民法院2001年11月8日发布的《关于对在绑架过程中以暴力、胁迫等手段当场劫取被害人财物的行为如何适用法律问题的答复》明确规定"行为人在绑架过程中,又以暴力、胁迫等手段当场劫取被害人财物,构成犯罪的,择一重罪处罚"①。(2)致人重伤、死亡的,绑架罪的法定刑为无期徒刑或者死刑,而抢劫罪的法定刑为10年以上有期徒刑、无期徒刑或者死刑,两相比较,应当以绑架罪来认定。

需要特别指出的是,司法实践中常常会遇到行为人将被害人控制之后,由于被害人随身仅仅携带了少量财物,行为人会通过让被害人联系亲属的方式达到获取更多财物的目的。由于行为人并未直接向被害人的亲属索要财物,被害人亲属也并不知道被害人被绑架的事实,故不能认定为绑架罪,而应当以抢劫罪论处。司法实践中还存在这样一种情形,即行为人在绑架他人之后以被害人为人质向他人当面索要财物。这种情形从形式上看似乎符合绑架罪的构成特征,但是绑架罪通常表现为行为人以杀害、伤害等方式向被绑架人亲属或者其他人发出威胁,索取赎金或提出其他不法要求,劫取财物一般不具有"当场性";当被实施暴力胁迫的人质与交付财物的人处于同一时空范围内时,便符合抢劫罪实施暴力胁迫后"当场"劫取财物的构成特征,应当认定为抢劫罪。当然,如果行为人当着被害人亲属的面采用暴力手段将被害人带离现场,将被害人作为人质,向被害人亲属索要财物的,则行为人获得财物不具有抢劫罪所要求的当场性,应当认定为绑架罪。此外,如果行为人因抢劫未成而又劫持被害人,勒索被害人及其亲友的财物。由于行为人先后产生了两个犯罪故意,实施了两个犯罪行为,对其应当以抢劫罪和绑架罪并罚。

【指导案例】林光耀等抢劫案②——在绑架中又实施劫取被绑架人财物行为的如何认定

2003年3至4月间,林光耀等四被告人窜至浙江省丽水市,密谋绑架丽水市正达房地产公司董事长陈侠。四人在策划作案方案并准备好作案工具之后,于6月6日晚在陈侠住宅附近将开车回家的陈侠劫持至丽水市城郊的一竹林内,绑在一棵大树上。四被告人在将陈侠随身携带的钱物劫走后,欲向陈侠的亲属勒索财物,后因陈侠系华侨,家中无人可被勒索,遂决定向陈侠本人进行勒索,要求陈侠

---

① 当然,适用此处所指答复的前提是,抢劫行为发生在绑架过程中,即适用于行为人在绑架过程中临时发现被绑架人携带的财物而予以取走的情形。反之,如果行为人在实施抢劫后,又产生以被害人为人质向他人勒索财物或实现其他不法要求的目的,并实施了相应行为的,明显属于两个相对独立的行为阶段,此种情形应直接认定抢劫罪和绑架罪,实行数罪并罚。

② 案号:一审,(2003)丽中刑初字第34号;二审,(2003)浙刑二终字第199号。

交出人民币数百万元,陈侠被迫答应。第二天上午9时许,陈侠按照被告人的要求,以急需用钱为名打电话叫其公司财物经理舒铭拿信用卡去银行提取现金人民币100万元,按照陈侠的吩咐放在陈家的大衣柜内。尔后,林光耀等被告人到陈侠家将人民币100万元现金予以取走。

本案中,被告人林光耀等人在实施绑架行为期间,除了将被害人身上财物抢走之外,还继续向被害人本人索要财物。由于行为人并未直接向被害人的亲友索要财物,故不能认定为绑架罪,而应当以抢劫罪论处。针对这种绑架过程中的抢劫行为,根据《关于对在绑架过程中以暴力、胁迫等手段当场劫取被害人财物的行为如何适用法律问题的答复》的相关规定,应当以绑架罪或抢劫罪中的一个重罪定罪处罚。从本案当时应当适用的1997《刑法》的规定来看,绑架罪的起刑点为10年,致被绑架人死亡或者杀害被绑架人的是绝对死刑;抢劫罪的起点刑为3年,抢劫罪致人死亡,并不绝对判处死刑,仍然可以根据案件情况在10年有期徒刑至死刑的幅度内裁量。可见,从法定刑来看,绑架罪是重罪,抢劫罪是相对轻罪。但也有抢劫罪比绑架罪重的情形,如绑架过程中未造成人员伤亡;不过劫取被绑架人巨额财物的情形,绑架罪最高仅能判处无期徒刑,而抢劫罪可以判处死刑。在这种情形下,抢劫罪就明显重于绑架罪了。具体到本案中,被告人林光耀等人在绑架过程中劫取被害人上百万财物,属于"抢劫数额巨大",依法应在10年以上有期徒刑、无期徒刑或者死刑的法定幅度内量刑;而其绑架罪由于未造成被害人伤亡,依法应在10年以上有期徒刑或者无期徒刑幅度内量刑。两相比较,应当择一重罪即抢劫罪来认定,故法院以抢劫罪判处被告人林光耀死刑是正确的。

三十二、抢劫罪与非法拘禁罪、绑架罪的区别

(一)裁判规则

1. 暴力劫持、拘禁他人之后迫使其本人交出现金的行为,虽然具备了绑架勒索的一些外在特征,但行为人实施这些行为的目的是向被绑架人本人索要财物,未曾向被绑架人以外的第三人索要财物,不具有以被绑架人为人质,向被绑架人以外的第三方索要财物的绑架勒索的基本特征,不应将该行为认定为绑架罪,而应当以抢劫罪定罪处罚。

2. 敲诈勒索罪和以胁迫为手段的抢劫罪的区别,在于二者所采用的威胁方式、内容等方面具有不同的特征。其中,以胁迫为手段的抢劫罪具有两个"当场性",即威胁手段实现的当场性和取得财物的当场性,而敲诈勒索罪并不具有两个"当场性"。故如果行为人在抢劫过程中威胁被害人事后交出钱财的,应认定为敲诈勒索罪。

3. 索债型的非法拘禁罪,是指行为人以索取债务为目的,以拘留、禁闭或者其他方法故意非法剥夺他人人身自由的行为。如果不能证实行为人与被害人之间

存在债权债务关系,则不构成索债型的非法拘禁罪,而可能构成抢劫罪。当然,暴力劫持被害人并予以较长时间的非法拘禁,在构成抢劫罪的同时,还构成非法拘禁罪。但鉴于非法拘禁与抢劫之间存在目的与手段上的牵连关系,应以抢劫罪一罪从重处罚。

4. 绑架罪与抢劫罪的区别在于:首先,抢劫罪行为人一般出于非法占有他人财物的故意实施抢劫行为;绑架行为人既可能为勒索他人财物而实施绑架行为,也可能出于其他非经济目的实施绑架行为。其次,抢劫罪表现为行为人劫取财物一般应在同一时间、同一地点,具有"当场性";绑架罪表现为行为人以杀害、伤害等方式向被绑架人的亲友发出威胁,索取赎金或提出其他非法要求,劫取财物一般不具有"当场性"。

(二)规则适用

1. 以禁闭、捆绑、挟持等控制被害人人身的方式实施的抢劫犯罪,由于与绑架行为近似,实践中易与以勒索财物为目的的绑架罪相混淆。笔者认为,抢劫罪与绑架罪的关键区别在于客观行为方式不同:以勒索财物为目的的绑架罪是将被害人绑架后,以被绑架人的亲友对被绑架人的安危担忧来威胁被绑架人的亲友,向被绑对象以外的第三人索取财物,而非当场从被绑架人处取得财物,被绑架人与被勒索人是分离的,不是同一人。而抢劫罪是使用暴力、胁迫等强制手段,直接劫取被害人的财物,既可包括当场劫走被害人随身携带的财物,也可包括挟持被害人到被害人住所等财物存放处劫走被害人的财物等。为此,当行为人以暴力、胁迫的方法要求被害人交出自己的财产,但由于被害人的财产不在身边,行为人不得不通知其他人送来财产,或者挟持被害人到被害人住所等财物存放处劫走被害人财物的,这种行为不是以被害人为人质向被害人以外的第三人勒索财物,而是符合"使用暴力、胁迫方法当场强行劫取财物"的抢劫罪特征,应当以抢劫罪定罪处罚。

可见,"当场"并不意味着即时即刻,也不仅仅限于一时一地、此时此地。在行为人实施暴力、胁迫等手段的过程中,即使时间延续较长,空间也发生了一定转换,只要其暴力或胁迫处于持续过程中,符合抢劫罪以暴力或胁迫方法非法占有他人财物的特征,即应视为"当场"。当然,抢劫罪与绑架罪也并不是一种绝对的对立关系,司法实践中经常存在绑架过程中同时触犯抢劫罪的情形。例如,甲以勒索财物为目的绑架乙后,当场威胁与乙在一起的亲友丙说"如不交付赎金便撕票",甲的行为便同时触犯了绑架罪和抢劫罪。对此,《两抢意见》第9条第3款规定"绑架过程中又当场劫取被害人随身携带财物的,同时触犯绑架罪和抢劫罪两罪名,应择一重罪定罪处罚"。究其原因,在于绑架罪中暴力控制人质的行为与抢劫罪中的手段行为重合,而且两罪的行为目的在性质上相似,此外择一重处也不会导致放纵犯罪;反之,如果在绑架过程中强奸被绑架人,尽管在手段行为上重合,但是两罪的犯罪性质截然不同,在这种情况下就应当数罪并罚,而不能择一重罪论处。

2.索债型的非法拘禁罪,是指行为人以索取债务(包括合法债务与非法债务)为目的,以拘留、禁闭或者其他方法故意非法剥夺他人人身自由的行为。对此,最高人民法院2000年7月13日发布的《关于对为索取法律不予保护的债务非法拘禁他人行为如何定罪问题的解释》明确规定:"行为人为索取高利贷、赌债等法律不予保护的债务,非法扣押、拘禁他人的,依照刑法第二百三十八条的规定定罪处罚。"据此,在上述规定情形下构成非法拘禁罪的前提条件是,实际存在高利贷、赌债等法律不予保护的债务。如果不能证实行为人与被害人之间存在债权债务关系,则不构成索债型的非法拘禁罪。此外,如果行为人没有任何证据证明,仅仅是主观上怀疑被害人在赌局中对其设计骗局,为追回赌资而非法劫持被害人,逼迫被害人交出财物的,不属于上述司法解释规定的情形。

【指导案例】梁克财等抢劫案[①]——因怀疑他人骗赌而以暴力手段劫取他人巨额财物的如何定性

2006年5月至7月间,被告人梁克智因参与赌博欠下巨额赌债,遂萌生绑架被害人潘汉英索取财物的意图。同年7月28日晚,梁克智与被告人梁克财商定伺机作案。同年8月3日下午2时许,梁克智将潘汉英骗至泰竹A别墅内。随后,两被告人合力将潘汉英制服,并用事先准备好的绳子、封口胶等工具将潘汉英捆绑、封嘴,以暴力手段迫使潘汉英用其带来的手提电脑通过网上银行转账方式,将人民币54.5万元汇到梁克智银行账户。当天下午,梁克智即分三次到银行取款人民币20万元。在梁克智外出取款期间,潘汉英乘机反抗,挣脱了捆绑手腕的绳子。梁克财发现后,即用绳子勒住潘汉英颈部,致其死亡。

本案争议焦点是:梁克智、梁克财的行为构成非法拘禁罪还是抢劫罪。一审法院认为,根据《关于对为索取法律不予保护的债务非法拘禁他人行为如何定罪问题的解释》的规定,行为人为索取高利贷、赌债等法律不予保护的债务,非法扣押、拘禁他人的,依照《刑法》第238条的规定定罪处罚。在上述规定情形下构成非法拘禁罪的前提条件是,实际存在高利贷、赌债等法律不予保护的债务。而本案中,除被告人梁克智、梁克财的供述外,没有任何证据可证明梁克智与潘汉英之间存在法律不予保护的债务关系,也没有任何证据证明潘汉英在赌博中设下骗局骗取梁克智的财物,且根据梁克智的供述,其也仅是怀疑潘汉英在赌局中设计骗取其赌资。因此,二被告人非法劫持潘汉英,逼迫潘汉英交出财物的行为不属于上述司法解释规定的情形,其行为不应以非法拘禁罪定罪处罚,而应认定为抢劫罪。

---

① 参见《最高人民法院公报》2010年第6期。

【指导案例】杨保营等抢劫、绑架案①——暴力劫持、拘禁他人之后迫使其本人交出现金行为的定性

2002年1月11日23时许,被告人杨保营、吴润鹏、李波在张店海燕歌舞厅门前正准备对乘车回家的"三陪小姐"进行抢劫时,恰遇田茂云从歌舞厅出来,上了杨保营驾驶的出租车,要求杨保营将其送至潘庄。杨保营驾出租车行驶几十米后,躲在暗处的吴润鹏、李波也上了车。杨保营、吴润鹏、李波用宽胶带将田茂云的双眼和双手缠住,绑架至惠民县一旅馆内。三被告人向田茂云要钱未果后,又将田茂云胁持到张店,从田茂云的存折中取出现金人民币5000元后才将其放走。

本案被告人杨保营、吴润鹏、李波驾车至张店海燕歌舞厅门前的目的是在此抢劫从歌舞厅出来的"三陪小姐",其主观故意是抢劫财物,而犯罪对象却是不特定的。被害人田茂云上车后,杨保营等三人对田茂云实施了殴打、捆绑、禁闭等手段,目的是为了直接劫取田茂云的财物,只是由于田茂云随身没有多带现金,杨保营等人当时没有能够立即达到犯罪目的。但后来杨保营等三人仍通过暴力和胁迫等手段,迫使田茂云本人用存折取出5000元现金。杨保营等三人向被害人田茂云暴力劫取财物的行为并没有涉及其他人,其行为特征与以勒索财物为目的的绑架他人行为是不同的,不符合绑架罪的犯罪构成,应定为抢劫罪。

【指导案例】陈祥国绑架案②

2005年6月2日下午,被告人陈祥国接到被害人何明耀的电话,得知何从香港来沪,并约其去酒店见面。当晚8时许,陈祥国携带刀、注射针筒等作案工具,来到何明耀入住的房间。双方见面闲聊片刻后,陈祥国突然从皮包内拿出砍刀,向何明耀索要15万元港币。何明耀称包内只有少量港币和人民币,陈祥国持注有红色液体的针筒,佯装要给何明耀注射艾滋病毒,以此向何明耀施加压力,继续索要钱款。何明耀提出可以打电话给香港的朋友,让朋友帮助筹钱后带到上海。在得到陈祥国应允后,何明耀即打电话与香港朋友联系,并借此机会向朋友暗示自己已遭到劫持,要求朋友为其报警。在等待警方解救期间,陈祥国将索要钱款的数额增加至港币20万元,逼迫何明耀誊写了一张"何明耀2005年4月8日借陈浩强港币20万元"的借条,同时将何明耀放在包内的港币3340元和人民币600元劫走。

被告人陈祥国以暴力、胁迫的方法将被害人何明耀控制在酒店客房内,不仅当场将何明耀身边的数千元现金劫为己有,还逼迫何明耀在最短时间内交付巨

---

① 参见马殿振:《杨保营等抢劫、绑架案——暴力劫持、拘禁他人之后迫使其本人交出现金行为的定性》,载最高人民法院刑事审判第一庭、第二庭编:《刑事审判参考》(总第35集),法律出版社2004年版,第43—48页。

② 参见《最高人民法院公报》2007年第1期。

款。由于何明耀未携带巨款,陈祥国不得不同意何明耀给香港的朋友打电话筹款。其间,何明耀在打电话与香港朋友联系时,借此机会用陈祥国听不懂的方言向朋友暗示自己已遭到劫持,要求朋友为其报警。从这一点来看,涉及第三人,而且该第三人已经知道被害人遭到劫持,似乎是符合绑架罪的构成特征。但这一情节并没有改变陈祥国当场劫取他人财物的行为性质,因为陈祥国实施不法行为的目的只有一个,就是要非法占有何明耀的财产,而不是以何明耀为人质向何明耀以外的第三人勒索财物,故其行为不构成绑架罪,而应认定为抢劫罪。需要说明的是,陈祥国的行为虽然也符合非法拘禁罪的犯罪构成要件,但其非法拘禁行为系抢劫犯罪的手段行为,无需再单独认定为非法拘禁罪,对陈祥国以抢劫罪一罪认定并从重处罚即可。

【指导案例】王团结等抢劫、敲诈勒索案[①]——**挟持被害人前往其亲友处取钱的行为应如何定罪**

被告人王团结、潘友利、黄福忠预谋共同抢劫。1999年8月7日凌晨,三被告人雇乘出租车行至南安市丰州镇梧山村一偏僻处,对该出租车驾驶员孙建福进行殴打、持刀威胁,抢走孙建福随身携带的手机及现金数百元等财物。三被告人觉得钱少,又以孙建福曾经拉载他们多收取了20元车费为由,强迫孙建福答应"赔偿"人民币3000元。孙建福表示只有到泉州市区的家里才能拿钱给他们,三被告人即驾驶该出租车随孙建福前往孙建福之兄孙海坛开办的餐馆处。三被告人向孙海坛谎称孙建福开车时撞到了人送医院抢救需要交押金,孙海坛信以为真,即拿出人民币300元和3本银行存折交给孙建福。第二天上午8时许,三被告人再次挟持孙建福到银行取钱,由于没有身份证未能取到钱,三被告人即放走孙建福,并要求孙建福取到钱后再与他们联系。之后三被告人多次打电话威胁孙建福将钱汇入他们指定的户头,否则就要炸毁出租车,并砸、烧其兄孙海坛的餐馆。

本案三被告人采用殴打、持刀威胁手段当场抢走被害人随身携带的财物后,又继续威胁被害人以索取财物,并将被害人挟持到其兄的餐馆,谎称被害人开车时撞到人需要钱交押金,由被害人向其兄拿钱和存折交给被告人。由于被告人并未向被害人之兄表示被害人已被绑架,被害人之兄并不知道被害人此时正被挟持,之所以出钱的目的是帮助被害人解决因为撞人的治疗押金问题,而非受到被告人的要挟或勒索。可见,不能因为本案存在挟持、控制被害人的因素,就简单地认定为构成绑架罪。对挟持被害人前往其亲友处取钱的行为如何定性,关键要看被告人是否以被害人被挟持的意思向被害人亲友进行勒索。如果被害人的亲友

[①] 参考林必金:《王团结、潘友利、黄福忠抢劫、敲诈勒索案——挟持被害人前往其亲友处取钱的行为应如何定罪》,载最高人民法院刑事审判第一庭、第二庭编:《刑事审判参考》(总第36集),法律出版社2004年版,第37—45页。

不知被害人被挟持,而因为其他缘故向被害人支付钱财,或被害人自己借故借钱的,均不能认定被告人构成绑架罪,而应把相应的挟持手段看作是被告人为抢劫被害人钱财所实施的一种暴力手段。同时,抢劫罪中的"当场"也并非是一个绝对时间、空间概念,它允许具有一定的时间连续性和空间的可转换性。本案三被告人挟持被害人向其哥哥取钱的行为属于第一阶段抢劫行为的延续,应认定为抢劫罪。然而,三被告人在存折未能取款的情况下放走被害人,要求被害人继续将钱汇入他们指定的户头,并以要炸毁车辆、砸、烧被害人之兄的餐馆等,对被害人进行威胁,上述行为已经独立构成敲诈勒索罪,故对全案应以抢劫罪与敲诈勒索罪实行数罪并罚。

【指导案例】张红亮等抢劫、盗窃案[①]——劫持被害人后,要求被害人以勒赎之外的名义向其家属索要财物的行为,如何定性

2007年8月初,被告人张红亮、程要军、万水朋、陈西信预谋抢劫被害人孔令臣。同年8月12日,由张红亮打电话约孔令臣次日上午到法院领取徐小四的判决书(孔令臣系其辩护律师),孔令臣表示同意。13日上午,张红亮等人租来一辆桑塔纳轿车,到禹州市人民法院门口将孔令臣骗上车。孔令臣上车后不久,陈西信用裤子蒙住孔令臣的头部,给孔令臣戴上手铐,用风湿膏、白纱布将孔令臣眼睛蒙上。此后,张红亮驾车与其他被告人一起将孔令臣挟持到禹州市顺店镇庄头村一饲养室内,威胁孔令臣让其向家属索要现金人民币4万元,孔令臣被迫以炒股为名向家人索要现金,其家属将人民币1.4万元分两次汇到张红亮提供的户名为"曹正伟"的账户上,后张红亮等将孔令臣放走。

司法实践中,被告人控制被害人并通过被害人向其家属索要钱财的情形比较复杂。有的是通过被害人转达勒赎请求,以使被害人亲属确信其被控制的事实并增加威慑力量;有的是明确要求被害人不能暴露其被控制的事实,使被害人家属误以为其因正当事由需要钱财而提供;有的是笼统要求被害人向其家属索要钱财,至于被害人以何种名义向其家属索要钱财在所不问。对此,需要区别对待。前两种情形的结论比较明确,以是否胁迫第三人为标准,如胁迫第三人的,则认定为绑架罪,否则则是认定为抢劫罪。对于第三种情形,由于第三人对被告人是否胁迫被害人处于不确定状态,需要视被害人与第三人的沟通情况而具体认定:如果被害人告知第三人其人身被控制而要钱,则被告人构成绑架罪;如果被害人并未告知第三人其人身被控制,即使被害人家属感知,在无证据证实被告人有明确的胁迫第三人的主观犯意和客观行为的情形下,以抢劫罪定罪处罚。本案中,虽

[①] 参见牛克乾、郭彦东:《张红亮等抢劫、盗窃案——劫持被害人后,要求被害人以勒赎之外的名义向其家属索要财物的行为,如何定性》,载最高人民法院刑事审判第一、二、三、四、五庭主办:《刑事审判参考》(总第75集),法律出版社2011年版,第43—57页。

然被害人的家属已感觉到被害人的人身安全可能受到威胁,但被告人向第三人勒索的主观意识和客观行为尚不明显,被害人是以炒股而非以赎身名义向家属要钱,不符合绑架罪的构成特征,应认定为抢劫罪。

【指导案例】孙家洪、濮剑鸣等绑架、抢劫、故意杀人案①——在绑架案件中,能否仅依据行为人对被害人实施了人身控制行为就认定其具有"以勒索财物为目的"

2010 年 9 月 15 日下午,吴桂林与孙家洪、夏福军驾车至上海市浦东新区金桥镇一停车场伺机作案。当晚 10 时许,适逢被害人燕某停车离开其驾驶的奥迪 Q5 越野车,孙、夏、吴即采用捂嘴、用塑料胶带封口、眼及捆绑四肢等方法将燕某拖入奥迪车内,随即开车至浦星公路一偏僻处,与濮剑鸣会合。孙家洪、夏福军、吴桂林等人把燕某拖移至濮的轿车上,并搜走燕某随身携带的现金人民币 1000 余元及手机。濮剑鸣驾车与孙家洪、夏福军劫持燕某开往浙江省平湖市乍浦镇,途中向燕某索要钱款和银行卡,因发现燕某随身无银行卡,怕事情暴露,经与吴桂林电话商量后一致决定杀害燕某。孙遂用塑料胶带封堵燕的口鼻,并与夏合力用毛巾将燕勒死,最后将尸体装入编织袋抛入钱塘江中。

虽然刑法将绑架罪规定在侵犯人身权利、民主权利一章中,但绑架罪侵犯的是复杂客体,既侵犯了他人的人身权利,同时又侵犯了他人的财产权利,其本质是利用第三人对人质安全的担忧来实现勒索财物或其他非法目的。向第三人勒索财物尽管系该罪的主观超过要素,不要求存在客观行为,但行为人在实施对被害人的人身控制行为之后,需要有充分证据能够证明其主观上是以勒索财物为目的的。本案中,被告人劫持燕某并将其杀害之行为是否构成绑架罪,应当从其主观上是否以勒索财物为目的,客观上是否实施了向第三人勒索财物的行为等进行具体分析:(1)孙、濮等人供述将作案目标选择为驾驶高档轿车的人,劫持被害人后逼问出其随身携带的银行卡密码,让被害人告知家人汇钱至银行卡,后去银行 ATM 机取款。四被告人供述稳定一致,相互印证,足以证明谋财对象为驾驶高档轿车的不特定被害人,且让被害人本人通知其家人汇款,被告人主观上没有利用第三人对燕某人身安危的担忧而勒索财物的故意。(2)孙、濮等人劫持燕某后仅从其身上搜取现金人民币 1000 余元和手机,与其期望劫得的财物相距甚远,仅因担心被害人报警,遂起杀人灭口的犯意。可见,孙家洪、濮剑鸣等人客观上没有实施向第三人勒索财物的行为。孙、濮等人劫取燕某钱财后为灭口杀害燕某的行为,符合抢劫后故意杀人的行为特征,应当以抢劫罪、故意杀人罪进行并罚。

---

① 参见张华松:《孙家洪、濮剑鸣等绑架、抢劫、故意杀人案——在绑架案件中,能否仅依据行为人对被害人实施了人身控制行为就认定其具有"以勒索财物为目的"以及绑架罪中的"情节较轻"是否包括未遂情节》,载最高人民法院刑事审判第一、二、三、四、五庭主办:《刑事审判参考》(总第 96 集),法律出版社 2014 年版,第 56—65 页。

第十八章 盗窃罪

一、电信资源和电子数据能否成为盗窃罪的犯罪对象

(一) 裁判规则

电信资源、电子数据等无形财产,虽然在外观上表现为通信线路或者数字、字母的组合,没有固定的形态,但如果具有传统财物的三个特征,即具有管理和控制可能性、具有转移可能性并具有使用价值和价值的,即可以成为盗窃罪的犯罪对象。

(二) 规则适用

早期的观点认为,盗窃罪的犯罪对象仅限于有体物,不仅包括具有外在形状、占有部分空间的固体物,还包括液体物与气体物。然而,随着社会的发展,以电力资源为代表的无体物越来越多。这些无体物同有体物一样,不仅具有价值性,而且具有管理与转移的可能性,需要刑法予以同等的保护。时至今日,无体物可以作为盗窃罪的犯罪对象已经成为各国的共识。电信号码、电信卡、上网的账号等电信资源、电子数据虽然在外观上表现为通信线路或者数字、字母的组合,没有固定的形态,但在某些情况下,一旦获取就可以使用,也能给自己带来经济利益,并由此给他人造成重大经济损失。如盗打电话、窃取他人上网账号进行使用的,会给他人的电话费用或者上网资费造成损失。为此,《刑法》第265条规定,以牟利为目的,盗接他人通信线路、复制他人电信码号或者明知是盗接、复制的电信设备、设施而使用的,以盗窃罪处罚。2000年5月12日最高人民法院发布的《关于审理扰乱电信市场管理秩序案件具体应用法律若干问题的解释》第7条规定"将电信卡非法充值后使用,造成电信资费损失数额较大的,依照刑法第二百六十四条的规定,以盗窃罪定罪处罚";第8条规定"盗用他人公共信息网络上网账号、密码上网,造成他人电信资费损失数额较大的,依照刑法第二百六十四条的规定,以盗窃罪定罪处罚"。此外,根据2003年4月2日最高人民检察院颁布施行的《关于非法制作、出售、使用IC电话卡行为如何适用法律问题的答复》的规定,明知是非法制作的IC电话卡而使用或者购买并使用,造成电信资费损失数额较大的,应当

以盗窃罪追究刑事责任。

当然,电信资源、电子数据等成为盗窃罪的犯罪对象,还需要具有如下三个特征:(1)具有管理和控制可能性,能够为他人所管理。因为相对于被害人而言,如果其根本不可能管理和控制某种财物,就不能说其对该财物具有占有权或所有权,也就不能认定其丧失了该种财物。以充值密码为例,作为一种电信资源,一开始处在移动公司的控制之下,销售后就转由买方所有,处于客户的控制当中。同样,纺织品出口配额作为一个电子数据,以电磁记录的形式储存于商业部设定的网络数据库中,由所有权人通过电子钥匙的设置来排除其他人的干预,能够为所有权人管理和控制。(2)具有转移可能性。因为相对于行为人而言,财产犯罪均表现为将被害人占有的财物转为自己占有,如果该财物不具有转移可能性,行为人不可能转移被害人所占有、控制的财物,那么就不可能取得被害人的财物。例如,充值密码作为一种电信资源,客户购买之后既可以自己充值使用,也可以转让给他人从而获得其价值。同样,纺织品出口配额作为一个电子数据,也可以在不特定的多数经济主体范围内进行转让,因此具有转移可能性。(3)具有使用价值和价值。如果某种物体没有任何价值可言,那么也就不值得刑法予以保护,同样也不具有法益侵害性。电信资源、电子数据可以满足人们的某种需要,具有使用价值。其中,充值卡明文密码用来充值后,持有人可以享受到充值中心数据库所确认的电信服务;纺织品出口配额是纺织品企业对外出口所必需的,在该行业中同样具有使用价值。此外,电信资源、电子数据可以通过货币的方式进行转让,从而获得其价值。综上,电信资源、电子数据等作为一种无形财产,同财产犯罪所保护的传统"财物"一样可以成为盗窃罪的犯罪对象。

【指导案例】程稚瀚盗窃案[①]**——充值卡明文密码可以成为盗窃犯罪的对象**

2005年3月至8月间,被告人程稚瀚多次通过互联网,经由西藏移动通信有限责任公司计算机系统,非法侵入北京移动通信有限责任公司充值中心,采取将数据库中已充值的充值卡数据修改后重新写入未充值数据库的手段,对已使用的充值卡进行非法充值后予以销售,非法获利人民币377.5万元。

本案所涉及的充值卡明文密码具有一定经济价值、能为他人占有或管理,可以成为盗窃罪的犯罪对象。(1)充值卡明文密码具有一定的使用价值和价值。移动电话充值卡由充值卡本身以及记载在充值卡上的充值卡序列号、明文密码、有效期和金额组成。对于用户而言,只要密码正确,用户就可以通过充值中心数据库的验证,就能实现有效充值,最终享受到充值中心数据库所确认的电信服务。

---

① 参见谭劲松:《程稚瀚盗窃案——充值卡明文密码可以成为盗窃犯罪的对象》,载最高人民法院刑事审判第一、二、三、四、五庭主办:《刑事审判参考》(总第72集),法律出版社2010年版,第38—46页。

可见,在移动公司对外销售的充值卡中,真正有经济价值的是以"数字"形式表现出来的充值卡密码,而非充值卡本身,故充值卡明文密码具有使用价值和价值。(2)充值卡明文密码可以被人控制、使用并发挥其经济价值。充值卡明文密码是移动公司通过计算机算法随机产生,一开始处在移动公司的控制之下,销售后就转由买方所有,买方可以通过充值实现其使用价值,也可以不进行充值而销售给其他人,故充值卡明文密码不仅是可以被控制的,而且可以进行自由流转,具备财物的相关属性,可以成为盗窃罪的犯罪对象。

【指导案例】詹伟东、詹伟京盗窃案①——通过纺织品网上交易平台窃取并转让他人的纺织品出口配额牟利的行为如何定罪

2006年7月,刘江怀(另案处理)与被告人詹伟东商议盗窃隆科兴进出口有限公司的纺织品出口配额,从中牟利。刘江怀负责在互联网上查询隆科兴公司资料、在网上盗窃配额及联系买配额客户,詹伟东冒充隆科兴公司员工填写了一份《进出口许可证企业电子钥匙申请表》,申请到隆科兴的进出口许可证企业电子钥匙并交给刘江怀,刘江怀利用该电子钥匙在网上获取了隆科兴公司的纺织品配额。之后詹伟东与其他贸易公司联系,称要出售一批纺织品配额。谈妥价格后,刘江怀要求对方把钱汇到指定的银行账户上,然后通过纺织品网上交易平台把隆科兴公司的纺织品配额转到对方公司名下。刘江怀、詹伟东、詹伟京以上述方式,将盗来的隆科兴公司的纺织品出口配额卖给深圳、广州、北京、上海等24家公司,上述配额价值人民币1 054 336.50元。

本案审理过程中,被告人詹伟东及其辩护人提出,配额以电子数据的形式存在,不是财物,不能认定为盗窃罪。笔者认为,纺织品出口配额是一种由商务部授予具有一定资质的贸易主体可以在网上特定交易平台自由转让的电子数据,属于无形资产。根据国家对外贸易管理制度,纺织品出口数量配额是纺织品企业对外出口所必需的,在该行业中具有使用价值;出口配额的原始取得有业绩分配和有偿招标两种方式,配额还可以通过买卖转让继受取得,价格由买卖双方根据市场供求协商自定,也即纺织品出口配额可以在不特定的多数经济主体范围内采取货币衡量方式转让,因而具有经济价值;根据现行的管理制度,所有人取得的配额是以电磁记录的形式储存于商业部设定的网络数据库中,其所有权人对配额享有占有、使用、收益和处分的全部财产权利,并通过电子钥匙的设置来排除任意第三人对其行使所有权的干预,因此其能够为人们所管理和控制。综上,纺织品出口数量配额作为一种可以由人力支配和管理的财产,与传统意义的财物并无本质区

---

① 参见姜君伟:《詹伟东、詹伟京盗窃案——通过纺织品网上交易平台窃取并转让他人的纺织品出口配额牟利的行为如何定罪》,载最高人民法院刑一、二、三、四、五庭主办:《刑事审判参考》(总第66集),法律出版社2009年版,第54—61页。

别,符合刑法对于财产犯罪对象的规定。

【指导案例】田嘉玮等盗窃案①——非法复制窃取移动电话号码的行为,如何认定罪名与犯罪数额

1997年1月中旬,江政忠(在逃)约被告人田嘉玮、王国赐到台北市一咖啡厅,提出到深圳市搞一个点盗码并机拨打国际声讯电话,然后收取国际声讯台的退费。田、王二人表示同意。尔后田嘉玮在我国台湾地区购买了一部输码器、一部无线空中侦码器等作案工具,并在深圳市罗湖区租用锦绣大厦B座19楼E室和25楼F室作为窝点。被告人唐伟、王国赐与江政忠也于2月份来到深圳,同住在上述窝点内。江政忠用无线空中侦码器截取锦绣大厦附近两公里以内的国内移动电话电子串号资料,再用电脑、打印机把截取的电子串号输入到18部移动电话空机进行调试,从而完成盗码并机;同年3月1日,江政忠以每月1000元人民币雇佣被告人唐伟、高静二人,教会两人用输码器输码和盗打国际声讯电话,各被告人用这些移动电话机不停拨打国际声讯台的声讯电话。

最高人民法院1995年9月13日颁布实施的《关于对非法复制移动电话码号案件如何定性问题的批复》中规定,对非法复制窃取移动电话码号的行为,应当以盗窃罪从重处罚,盗窃数额以当地邮电部门规定的移动电话入网费计算。对明知是非法复制的移动电话而使用,给他人造成损失的,应当以盗窃罪追究刑事责任,其盗窃数额以移动电话合法用户的实际损失计算。全国人民代表大会常务委员会在《关于严惩严重破坏经济的罪犯的决定》中,将1979年《刑法》第152条的法定刑修改为:"情节特别严重的,处十年以上有期徒刑、无期徒刑或者死刑,可以并处没收财产。"1997年《刑法》第265条规定:"以牟利为目的,盗接他人通信线路、复制他人电信码号或者明知是盗接、复制的电信设备、设施而使用的,依照本法第二百六十四条的规定定罪处罚。"第264条最高档的法定刑是"数额特别巨大或者有其他特别严重情节的,处十年以上有期徒刑或者无期徒刑,并处罚金或者没收财产"。本案中,各被告人窃取并非法复制他人移动电话号码338个,使当地邮电部门损失移动电话入网费人民币1 155 960元;然后用非法复制的移动电话机盗打国际声讯台电话,给移动电话合法用户造成话费损失人民币580 649.38元,盗窃数额特别巨大,其行为触犯1979年《刑法》第152条和《刑法》第265条、第264条的规定,均构成盗窃罪。由于1997年《刑法》比1979年《刑法》的处刑轻,依照1997年《刑法》第12条规定,对本案应当适用1997年《刑法》处罚。

---

① 参见《最高人民法院公报》1998年04期。

【指导案例】陈某盗窃案①——窃取公司提供充值服务的密保卡数据,并进行非法充值,使公司QQ密保卡对应的等值服务资费遭受损失的,是否构成盗窃罪?如何确定该类行为的盗窃数额

2008年4月15日,深圳腾讯公司委托D市某公司生产QQ密保卡。生产过程中有一批密保卡因损坏需要重新进行制作,某公司遂将该批密保卡的数据通过内网上传至本公司服务器的共享文档。由于文件没有加密,某公司的普通操作员即被告人陈某通过生产车间的电脑就可以进入内部网络查看QQ密保卡数据,并将需要重新制作的密保卡的数据复制到其携带的Trans Flash卡,所涉QQ密保卡卡面金额人民币49140元。此后,陈某利用其复制的QQ密保卡数据为其本人及朋友的QQ账户进行充值,累计充值金额人民币5030元。

本案中,尽管D市某公司为腾讯公司制作的QQ密保卡本身不具有财产性,但该密保卡是为QQ用户提供充值服务的一种服务卡,QQ用户通过向腾讯公司支付一定的人民币购买QQ密保卡后就能对其QQ账户进行充值,进而获得腾讯公司提供的等值服务,这种有偿服务使密保卡具备了财产性。被告人陈某利用其复制的QQ密保卡对QQ账户进行非法充值,使其本人和朋友可以获得腾讯公司提供的5030元的等值服务,导致腾讯公司对应的等值服务资费5030元遭受损失,对其行为应当以盗窃罪来认定。

二、窃取他人钱财后,留言日后归还的行为能否认定为盗窃罪

(一)裁判规则

窃取他人钱财后,留言表明日后归还的行为如何定罪,涉及以下两个方面:其一,盗窃罪中的秘密窃取,是指行为人在实施盗窃行为时,采取自认为不使他人发觉的方法占有他人财物,即使事后被财物所有人或管理人发现甚至是在当时即被他人发现,也不影响盗窃罪的认定。其二,"以非法占有为目的"并不等于"以非法所有为目的",而是指行为人意图通过秘密窃取方式排除他人对财物的支配,并建立新的支配关系。

(二)规则适用

1.盗窃行为在客观上表现为秘密窃取公私财物。所谓"秘密窃取",是指行为人在实施盗窃行为时,采取自认为不使他人发觉的方法占有他人财物,即使事后被财物所有人或管理人发现甚至是在当时即被他人发现,也不影响盗窃罪的认

---

① 参见冯鼎臣、范敦强、张西俊:《陈某盗窃案——窃取公司提供充值服务的密保卡数据,并进行非法充值,使公司QQ密保卡对应的等值服务资费遭受损失的,是否构成盗窃罪?如何确定该类行为的盗窃数额》,载最高人民法院刑一、二、三、四、五庭主办:《刑事审判参考》(总第87集),法律出版社2013年版,第43—48页。

定。可见,盗窃行为的"秘密性"具有主观性,在某些场合即使在其他人看来是公开的,或者是在其他人注视之下进行的,但只要行为人自认为是秘密进行的,仍然属于秘密窃取。也就是说,秘密是基于行为人主观所作出的一种判断。当然,由于人的主观必然会通过客观表现出来,由此对主观的认定可以通过行为人所实施的客观行为来进行判断,而不是由行为人自己来认定。例如,在大型商场、银行等装有大量监控设备的场所,尽管行为人的盗窃行为是在他人的监视之下进行,表面看起来似乎是公然而非秘密的,但对于行为人来说,他并没有意识到自己的行为处于财物所有者的监视之下,或者即使是已经意识到了监控设备的存在,但仍然抱着没有被发现的侥幸心理甚至是采取规避该设备的方式来实施盗窃行为,此种情形仍然具有秘密性。再如,行为人进入他人家中盗窃,被害人重病在床或者胆小怕事,看见盗贼进入家中也不敢作声,假装熟睡,行为人以为被害人没有发现而继续窃取财物的,也属于"秘密窃取"。此外,盗窃行为的秘密性是相对于财物所有者或者占有者而言的。因此,在公共汽车、火车、农贸市场等公共场合,行为人明知他人已经看到自己实施盗窃行为,但是该他人并非财物的所有者或者占有者,也仍然属于秘密窃取。

2.盗窃行为在主观上除故意之外,还要求具有非法占有目的。所谓非法占有目的,是指排除权利人将他人的财物作为自己的财物进行支配,并遵从财物的用途加以利用、处分的意思,由"排除意思"和"利用意思"构成。其中,"利用意思"容易理解,其功能主要是将盗窃罪与故意毁坏财物罪相区别。如何理解"排除意思"成为认定"非法占有目的"的关键所在。所谓"排除意思",是指排除权利人的所有或者占有,将他人之物转为自己占有,其核心在于妨害了权利人对物的利用。当行为人具有永久或长期不法占有他人财物的意思时,无疑具有排除意思。此外,对于如下情形的盗用行为也应认定具有排除意思:(1)行为人窃取财物后虽然只有一时使用的意思,但使用之后没有返还意思的,而是随意丢弃或者予以毁弃的,由于具有持续性侵害他人对财物的利用可能性,而不属于暂时的妨害使用,应认定为存在排除意思。例如,盗用他人汽车后随意弃置在路边的,应成立盗窃罪。① (2)行为人利用之后虽然具有返还意思,但具有相当程度的侵害利用可能性的意思时,应肯定排除意思的存在。如窃取他人一次性或者具有时效限制的物品,在一次性使用之后或者时效期满之后再还给他人的,也应认定为具有排除意

---

① 对此,2013年4月2日最高人民法院、最高人民检察院《关于办理盗窃刑事案件适用法律若干问题的解释》第10条规定:"偷开他人机动车的,按照下列规定处理:(一)偷开机动车,导致车辆丢失的,以盗窃罪定罪处罚;(二)为盗窃其他财物,偷开机动车作为犯罪工具使用后非法占有车辆,或者将车辆遗弃导致丢失的,被盗车辆的价值计入盗窃数额;(三)为实施其他犯罪,偷开机动车作为犯罪工具使用后非法占有车辆,或者将车辆遗弃导致丢失的,以盗窃罪和其他犯罪数罪并罚;将车辆送回未造成丢失的,按照其所实施的其他犯罪从重处罚。"

思。① 当然，基于刑法谦抑原则，对于具有返还意思的短暂或偶然妨害他人的利用行为，没有必要诉诸刑法惩罚。可见，通过"排除意思"，可以将不值得加以刑法惩罚的盗用行为排除在犯罪之外。

【指导案例】范军盗窃案②——偷配单位保险柜钥匙秘密取走柜内的资金后，留言表明日后归还的行为仍然构成犯罪

2003年8月，被告人范军在永丰源陶瓷有限公司（私营企业）财务室担任核算成本会计，因参与"六合彩"赌博欠下赌债，遂萌发利用该公司发放员工工资之机，窃取现金的念头。同月的一天，范军乘财务室主任曾再求不备，将曾保管的财务室壁橱钥匙取出后，私自配制了一把。同月8日中午，范军乘无人之机，潜入公司财务室，用事先准备好的钥匙打开财务室存放工资的壁橱，从准备用于发放员工工资的人民币39.1万余元中，盗走174 329元。返回宿舍后范军写下留言，写明自己的身份和作案原因，并称会连本带利归还该现金。之后范军携款潜逃至江西老家，途中将部分赃款挥霍。后经家人劝说，范军将其盗窃之事电话告知公司老板刘石丰表示道歉，并于同月21日偿还赃款人民币15.9万元，后通过家属亲友代为偿还剩余部分。

本案中，从客观上来看，范军采取私自偷配钥匙一把，并趁午休无人注意之机，进入财务室，打开壁橱取走现金的行为，均是在该资金所有人和保管人未察觉的情况下进行，符合盗窃罪中"秘密"窃取的行为特征。其事后留下字条表明作案人身份并声称会连本带利归还给被害人，只是使被害人"事后"知情，并不影响其作案时"秘密"窃取行为的成立。从主观上来看，范军秘密取得现金后带离该公司时，即已完全排除了权利人对该笔资金的支配，实现了非法占有目的。而且其作案后携款潜逃，将赃款用于偿还赌债，具有永久或长期不法占有他人财物的意思，应当以盗窃罪来认定。其取得赃款后，将15.9万元还给被害人的做法，只是其对赃款的一种处分方式，并不影响对其行为时非法占有目的的认定。鉴于本案范军作案时，案发现场的壁橱里有现金39万余元，其完全可以一次性将所有现金盗走，但其仅窃取了其中的17万余元，证明其在作案时对其行为有一定节制性；作案后，随即又以书信留言方式表明了身份，向被害人忏悔，并作出还款的承诺，证明其主观恶性不深；案后13天通过银行退还了15.9万元赃款，后又通过亲友将剩余赃款如数还清，证明其案发后有悔罪表现，没有给被

---

① 例如，盗窃他人2017年司考指定教材，看完之后于2018年返还给被害人，应认定为具有排除意思，如果达到数额较大，成立盗窃罪。

② 参见曲晶晶：《范军盗窃案——偷配单位保险柜钥匙秘密取走柜内的资金后，留言表明日后归还的行为仍然构成犯罪》，载最高人民法院刑事审判第一、二、三、四、五庭主办：《刑事审判参考》（总第64集），法律出版社2009年版，第36—44页。

害人造成较大的财产损失,被害人也予以谅解并请求对其从轻处罚;因此,可以认定范军的犯罪性质、犯罪情节和犯罪后果均不是特别严重,再考虑范军的妻子失业、女儿在校读书、老母亲也靠其赡养,其是家庭唯一的经济支柱,如果对范军长期羁押,不利于维护家庭和社会稳定,通过适用《刑法》第 63 条第 2 款之规定,对其适用法定刑以下量刑。

三、在认定盗窃数额时应当以对公私财产所有权造成的损害为标准

(一)裁判规则

盗窃罪是结果犯,应当以给公私财产所有权造成的直接损害为数额标准。为此,行为人将车辆质押得款后又秘密窃回的,在具体计算盗窃数额时应以被害人所遭受的实际损害为计算标准;同样,受害人所销售的手机 SIM 卡被盗后,其从移动公司所获得的返利减少了所遭受的损失,也应当从盗窃数额中予以扣除;此外,盗窃他人财物加工后予以销售,盗窃数额应当以被盗财物本身的价值来认定,而非以加工后的销赃数额来认定。当然,如果被害人的损失难以认定的,也可以以行为人获利的数额作为盗窃数额。

(二)规则适用

盗窃罪是结果犯,故在计算盗窃数额时应当以给被害人造成的直接损害为数额标准。为此,行为人将车辆质押得款后又秘密窃回的,在具体计算盗窃数额时不能一概而论,而应以被害人所遭受的损害为计算标准。由于质押权人占有他人车辆是基于质押权,其对该小汽车只享有占有权,并未取得所有权,故行为人将质押的车辆窃回的,质押权人所遭受的损害并非质物的所有权。如果行为人窃取汽车后不向质押权人要求回赎小汽车,那么质押权人所丧失的只是对汽车的占有权和所支付的质押款的所有权,其实际财产损失仅限于质押款。反之,如果行为人盗窃小汽车是为了将来在回赎时向质押权人索取"赔偿款",则其盗窃数额就不再是质押款,而应该是质押权人因该小汽车被回赎而实际支付的"赔偿款"。该数额可能高于原来的质押款,也可能等于或低于质押款。同样,被害人从移动公司购买手机 SIM 卡,待 SIM 卡销售给他人并被激活后,可以从移动公司获得一定数额的返利。行为人从被害人处窃取 SIM 卡后,被害人从移动公司所获得的返利减少了其所遭受的损失,故在认定盗窃数额时不应以从移动公司的购入价格来认定,而应将从移动公司获得的返利予以扣除。此外,行为人窃得财物后,针对该财物进行改装、加工或者提炼后再予销售,尽管销赃数额高于被盗财物价值,但由于该数额并非被害人所遭受的损失,故不应以销赃数额来认定盗窃数额,而应以被盗财物加工利用之前本身的价值作为盗窃数额。

【指导案例】孙伟勇盗窃案①——伪造证明材料将借用的他人车辆质押,得款后又秘密窃回的行为,如何定性

2010年4月26日,被告人孙伟勇与梁建强、刘古银经预谋,由梁建强向其亲戚弓寿喜借来一辆本田牌小汽车,并伪造了弓寿喜的身份证、机动车辆登记证书后,由刘古银冒充弓寿喜,与孙伟勇一起将该车以人民币72 000元质押给被害人薛春强,并向薛作出还款赎回的书面承诺。得款后,孙伟勇与梁建强、刘古银共同分掉。同年5月8日,梁建强等人用事先另配的钥匙从薛春强处将车盗走并归还给弓寿喜。

本案审理过程中,对于盗窃数额的认定存在两种不同意见:一种意见认为,被告人孙伟勇盗窃的犯罪对象是小汽车,盗窃罪的数额应当以小汽车的实际价值来计算;另一种意见认为,盗窃数额应当以本案被害人的实际损失——72 000元质押款来认定。笔者认为不能一概而论,应区分情况对待。其一,如果孙伟勇等人窃取小汽车后不向薛春强要求回赎小汽车,由于薛春强基于质押权对该小汽车只享有占有权,并未取得所有权,故其丧失的只是对小汽车的占有权和所支付的72 000元质押款的所有权,其实际财产损失仅限于72 000元。其二,如果孙伟勇等人盗窃小汽车是为了将来在回赎时向薛春强索取"赔偿款",则其盗窃数额就不是72 000元,而应该是薛春强因该小汽车被回赎而实际支付的"赔偿款"。本案中,虽然一旦孙伟勇等人向薛春强要求回赎小汽车,薛春强就要承担抵押物灭失的赔偿责任,为此要赔偿孙伟勇等人损失,但毕竟孙伟勇等人没有实施后续行为,也未发生薛春强支付"赔偿款"的结果。由于盗窃罪是结果犯,应当以给公私财产所有权造成的直接损害为数额标准,而不能将行为人可能实施的行为将导致的结果评价为犯罪后果,进而认定为犯罪数额。本案中,孙伟勇等人窃取小汽车是为了将该车归还给弓寿喜,而并没有向薛春强要求回赎小汽车,故应当以质押款72 000元作为盗窃数额。

【指导案例】汪李芳盗窃案②——盗窃移动公司代理商经营的手机SIM卡,代理商在行为人盗窃既遂后从移动公司获取销售手机SIM卡的返利,是否应当在认定盗窃数额时予以扣除

上海金身公司是中国某通信集团上海有限公司(以下简称"某公司")的代理

---

① 参见陈娇莹、潘庸鲁:《孙伟勇盗窃案——伪造证明材料将借用的他人车辆质押,得款后又秘密窃回的行为,如何定性》,载最高人民法院刑事审判第一、二、三、四、五庭主办:《刑事审判参考》(总第84集),法律出版社2012年版,第44—48页。
② 参见沈燕:《汪李芳盗窃案——盗窃移动公司代理商经营的手机SIM卡,代理商在行为人盗窃既遂后从移动公司获取销售手机SIM卡的返利,返利是否应当在认定盗窃数额时予以扣除》,载最高人民法院刑事审判第一、二、三、四、五庭主办:《刑事审判参考》(总第87集),法律出版社2013年版,第49—54页。

商,被告人汪李芳系80号柜台营业员。2010年7月底至8月初,汪李芳趁下班后店内无人之机,先后两次进入仓库窃得3400张手机SIM卡。上述SIM卡系金舟公司以人民币17.1万元的价格从某公司购入。汪李芳将窃得的手机SIM卡分别销售给冯其、邹世恩等人,得款人民币6万余元。另查明:金舟公司从某公司以每张55元的价格购进神州行新畅听卡、标准卡,以每张35元的价格购进神州行轻松卡。此后,金舟公司通过登记客户资料、激活手机SIM卡、营销活动等方式可以从某公司取得返利,金舟公司已经取得了全部7万余元返利,扣除返利后,金舟公司取得神州行新畅听卡、标准卡的成本价为每张32元,取得神州行轻松卡的成本价为每张18元。此外,上述手机SIM卡在不夜城手机市场的销售价低于金舟公司从某公司取得的价格,接近成本价,被窃手机SIM卡总计价值人民币9万余元。

一审法院经审理认为,涉案3400张手机SIM卡虽系被害单位以17.1万元从某公司购入,但被害单位从某公司取得了返利,故被害单位遭受的实际损失在10万元以内。由于核价机关对所窃手机SIM卡的实际价值难以估价,应当遵循有利于被告人的原则,认定汪李芳的盗窃数额为9万余元。一审宣判后,上海市闸北区人民检察院提出抗诉,认为原审被告人汪李芳的盗窃数额应当为17.1万元,具体理由是:其一,刑法规定盗窃数额的认定是以被盗物品价格的有效证明或者以市场价的中间价为依据,而非以被害人实际损失数额为依据。本案中,汪李芳窃得的3400张手机SIM卡均系被害人从某公司购得,这些卡在盗窃行为既遂时并没有产生任何返利,因此所盗物品的价值应当是被害人购卡时支付的对价,即17.1万元。其二,返利是某公司与被害单位之间的约定,系被害单位的经营行为可能带来的一种衍生利益,不应当从盗窃数额中予以扣除。二审法院经审理认为,商品的价值是指在公开市场上可能实现的交换价值,某公司销售给代理商手机SIM卡的价格,只是某公司的单方定价,并不能反映手机SIM卡的真正价值。某公司给代理商的返利,是使手机SIM卡回归其真正价值的一种手段,故返利应在认定手机SIM卡价值时予以扣除。笔者认为,二审法院的认定是正确的。因为盗窃罪是结果犯,在计算盗窃数额时应当以给被害人造成的直接损害为数额标准。本案中尽管被害单位购入价格存在有效证明,但由于某公司会给被害单位返利,减少了其因财物被盗的损失,故应当从其购入价格中予以扣除。

【指导案例】饶继军等盗窃案①——盗窃金砂后加工成黄金销赃,盗窃数额应当以所盗金砂价值认定,还是以加工成黄金后的销赃数额认定

自2003年始,被告人饶继军从事收购金砂,再加工成黄金出售的经营活动。

---

① 参见肖良玉、何庆、肖凤:《饶继军等盗窃案——盗窃金砂后加工成黄金销赃,盗窃数额应当以所盗金砂价值认定,还是以加工成黄金后的销赃数额认定》,载最高人民法院刑事审判第一、二、三、四、五庭主办:《刑事审判参考》(总第93集),法律出版社2014年版,第52—55页。

2012年4月4日,饶继军来到金滩沙场收购金砂,因沙场老板刘年生不愿出售金砂,遂产生盗窃之念。同月6日凌晨,饶继军伙同被告人李敷代、韩顺明和肖继柏(在逃)驾车到金滩沙场,盗得金砂9袋共约315公斤(按当时市场收购价计算,315公斤金砂可售人民币4500元),后饶继军等人将所盗金砂进行加工,提炼出62克黄金和60公斤铁砂。饶继军将黄金以每克297元出售,得款人民币18 414元。

最高人民法院1998年3月17日颁布施行的《关于审理盗窃案件具体应用法律若干问题的解释》规定"销赃数额高于按本解释计算的盗窃数额的,盗窃数额按销赃数额计算"。这里所规定的"销赃数额"是指盗窃财物后直接销赃的数额,而不是指将盗窃的财物改装、加工后销赃的数额。饶继军等人盗窃金砂后,使用加工设施,由他人经过加工后才提炼出黄金,其销赃款中不仅包含了金砂本身的价值,还包含了其用于将金砂加工提炼出黄金的相关成本和人工费用。因此,将被盗物品进行加工提炼后的产品销售,不属于《关于审理盗窃案件具体应用法律若干问题的解释》规定的按销赃数额计算的情形。而且,盗窃罪的社会危害性,除犯罪手段等情节外,主要是行为人非法占有的公私财物的数额大小,至于行为人事后销赃所得数额多少,甚至毁弃所窃财物,都对行为人的盗窃行为的社会危害性无任何影响,属于事后不可罚行为。因此,把销赃数额作为定罪量刑的标准是不科学的。为此,"两高"于2013年4月2日联合发布了《关于办理盗窃刑事案件适用法律若干问题的解释》,取消了"销赃数额高于……盗窃数额的,盗窃数额按销赃数额计算"的规定,使盗窃数额的认定还原于被盗物品本身的价值。综上,法院认定被告人饶继军等人的盗窃数额为4500元,而非销赃数额18 414元,并据此作出的判决是正确的。

四、网络虚拟财产的盗窃数额应当如何计算

(一) 裁判规则

盗窃网络中的虚拟财产构成盗窃罪的,应当按该虚拟财产在现实生活中对应的实际财产遭受损失的数额确定盗窃数额。虚拟财产在现实生活中对应的财产数额,可以通过该虚拟财产在现实生活中的实际交易价格来确定。

(二) 规则适用

关于盗窃虚拟财产的数额计算问题,原则上应当按照该虚拟财产在现实生活中对应的实际财产遭受损失的数额确定盗窃数额。具体来说,其可以分为如下几种情况:(1)用户从网络服务商或者第三者那里购买的价格相对稳定、价值不因用户的使用行为而发生变化的虚拟财产,如Q币、U币、游戏币等。这类虚拟财产具有两个特点:一是服务商出售这类虚拟财产时具有明确的价格,且其价格相对稳定,不会轻易发生变化;二是这类虚拟财产由普通消费者通过购买的方式获得,其价格与自己的劳动或者游戏活动没有关系。针对这类虚拟财产,应当按照服务商

的官方价格计算财产价值。(2)用户从网络服务商或者第三者那里购买的,经过加工后使之升级的虚拟财产(如游戏装备等)。服务商出售这类虚拟财产时虽有明确的价格,但价格较低,用户花费大量时间、精力使得其级别更高,因而更有价值。由于用户在获得这类虚拟财产时,支付了虚拟装备和原料的费用,但是在获得虚拟财产后又有大量的投入,包括在线游戏的费用、上网费用、时间等,故对这类虚拟财产在计算犯罪数额时应当考虑用户在购买后的各种投入,而不能按照网络服务商最初的售价计算。

【指导案例】孟动、何立康盗窃案①——如何认定网络盗窃中电子证据效力和盗窃数额

被告人孟动于 2005 年 6 至 7 月间在广州市利用黑客程序并通过互联网,窃得茂立公司所有的腾讯、网易在线充值系统的登录账号和密码。同年 7 月 22 日下午,孟动向被告人何立康提供了上述所窃账号和密码,预谋入侵茂立公司的在线充值系统,窃取 Q 币和游戏点卡后在网上低价抛售。2005 年 7 月 22 日 18 时许,孟动通知何立康为自己的 QQ 号试充一个 Q 币并在确认充入成功后,即找到买家并谈妥价格后,通知被告人何立康为买家的 QQ 号充入 Q 币,并要求买家向其牡丹灵通卡内划款。自 2005 年 7 月 22 日至 23 日,两被告人共计盗窃价值人民币 25 910.86 元的 Q 币和游戏点卡。案发后,茂立公司通过腾讯科技(深圳)有限公司追回 Q 币 15 019 个,实际损失 17 279 个,价值人民币 13 304.83 元,连同被盗游戏点卡合计损失价值人民币 14 384.33 元。被告人销赃价格高低不等,每个 Q 币最高 0.6 元,最低的 0.2 元,而被害单位与运营商腾讯公司和网易公司的合同价是每个 Q 币 0.8 元。

本案中,如何计算网上秘密窃取 Q 币和游戏点卡的盗窃数额,目前没有明确规定。网络用户取得 Q 币和游戏点卡的方式,除了通过现实货币购买外,还可以通过网络游戏中的不断"修炼"而获得,这种取得方式使 Q 币和游戏点卡的价格变得模糊。Q 币和游戏点卡在现实生活中对应的财产数额,可以通过其在现实生活中的实际交易价格来确定。Q 币和游戏点卡在现实生活中的交易价格有以下几种:(1)网络公司在官网上标出的销售价格;(2)网络用户在官网外互相交易形成的价格;(3)网络公司与代理商之间交易的价格;等等。具体到本案中,应当以网络公司与代理商之间的实际交易价格来确定被盗 Q 币和游戏点卡在现实生活中对应的财产数额。因为行为人实施盗窃行为,被害人的财产一般就会受到相应的损失,盗窃数额与被害人遭受到的财产损失密切相关。毕竟只有现实生活中受犯

---

① 参见朱铁军、沈解平:《孟动、何立康盗窃案——如何认定网络盗窃中电子证据效力和盗窃数额》,载最高人民法院刑事审判第一、二、三、四、五庭主办:《刑事审判参考》(总第 53 集),法律出版社 2007 年版,第 46—49 页。

罪行为侵害的公私财产,才是刑法要保护的客体。本案中,用被害单位茂立公司与腾讯公司、网易公司在合同中约定的价格来计算被盗 Q 币和游戏点卡在现实生活中代表的财产数额,能准确反映茂立公司遭受的财产损失,不仅有其合理性,而且也有充分的证据,应予认定。对本案被盗 Q 币和游戏点卡在现实生活中对应的财产数额,无需经权威机构作价格鉴定。

五、行为人对盗窃财物的实际价值存在认识错误时如何处理

(一)裁判规则

行为人主观上虽然具有非法占有他人财物的目的,但是当其对财物的实际价值存在重大认识错误时,如果行为人针对财物价值持概括故意的,以财物的实际价值来认定盗窃数额;如果行为人以数额巨大之财物为明确目标,由于意志以外的原因,未能窃得财物或实际窃得的财物数额不大的,应同时认定"盗窃数额巨大"和犯罪未遂的情节,根据刑法的有关规定,结合未遂犯的处理原则量刑。

(二)规则适用

以行为人所针对的盗窃目标是否明确为依据,可以将盗窃行为区分为明确故意与概括故意两种类型。其中,在明确故意形式中,行为人事先对盗窃财物的种类与价值具有明确认识,其盗窃行为所针对的目标明确;而在概括故意形式中,行为人事先并无明确的盗窃目标,无论盗窃财物是什么以及价值大小,均不违背行为人的意志,也就是常说的抱着"能偷什么是什么,能偷多少算多少"的主观心态去实施盗窃行为,类似于间接故意中的放任心态。从司法实践来看,对盗窃对象持概括性故意的情形更为常见。由于行为人事先并没有明确的盗窃目标,其对结果所持的系一种概括性故意,盗窃数额的大小均在其意志范围之内,也就无所谓既遂还是未遂。而且,由于行为人事先并无明确的目标,当行为人盗窃未得逞时,也就无法单纯从行为人主观上去判定盗窃数额具体是多少,而只能以客观结果为依据,即以行为人实际盗窃到的财物数额来认定盗窃数额。① 由于实践中盗窃行为人对结果多持放任心态,导致以结果论成为认定盗窃犯罪数额的惯常做法。但这种以偏概全的做法并没有考虑行为人盗窃目标明确的情形,以结果论在这种情形中显然存在问题。因为当行为人针对特定目标实施盗窃,由于意志以外的原因未得逞,此时简单地以结果论,不考虑行为人的主观认识因素,明显有客观归罪之嫌,容易导致刑罚滥用或者放纵犯罪现象的发生。前者表现为,行为人针对价值

---

① 对此,最高人民法院、最高人民检察院在《关于办理盗窃案件具体应用法律的若干问题的解释》(1992 年)第 1 条第(一)项中明确,所谓"盗窃数额,是指行为人实施盗窃行为已窃取的公私财物数额"。类似的情形也存在于同为财产型犯罪的诈骗数额的认定当中,最高人民法院《关于审理诈骗案件具体应用法律的若干问题的解释》(1996 年)第 2 条第 2 款规定"利用经济合同进行诈骗的,诈骗数额应当以行为人实际骗取的数额认定"。

微小的财物实施盗窃,没想到结果却是价值巨大之财物,不考虑行为人的主观认识因素单纯地以结果论,必然会认定为盗窃罪并科以重刑,这属于对刑罚的滥用①;后者表现为,当行为人以价值巨大之财物为盗窃目标但未得逞时,单纯以结果论无法对行为人进行有效惩罚,明显会放纵犯罪。②

事实上,从刑法基本原理来看,与间接故意形态不同,直接故意并非以结果论,允许存在未遂形态。而且,在目标明确的财产犯罪中,即使行为人因意志以外的原因未得逞,犯罪数额也不难确定,故按照该数额的未遂犯来处理并不存在问题。关于这一点,在盗窃罪、诈骗罪的司法解释中均有体现。③ 然而,上述司法解释仅仅规定了以数额巨大的财物为盗窃、诈骗目标,即使未得逞也应当作为未遂犯罪来处理,但对于这种情况下盗窃、诈骗数额的认定以及量刑档次的选择并未作出规定。对此,司法实践中的惯常做法是采用基本犯的定罪起点数额,即对以数额巨大为对象的盗窃、诈骗未遂按照盗窃、诈骗罪的基本犯未遂来处罚。笔者认为,这种做法不仅缺乏理论依据,而且对于实务中行为人精心谋划并着手盗窃银行、博物馆等却未遂的案件,只能按照基本犯未遂来处理,处罚太轻,存在放纵犯罪的嫌疑。事实上,从刑法理论来看,不仅直接故意的基本犯存在未遂犯,作为加重的犯罪构成,直接故意的加重犯也同样存在未遂犯。概言之,当行为人的行为符合加重的犯罪构成,只是因为没有发生既遂结果时,应当成立加重犯的未遂犯,适用分则的加重法定刑,同时适用总则的未遂犯规定。④ 同样,当行为人针对

---

① 例如,行为人只是想偷盗一床被子用于御寒,没想到被子里藏有巨额现金,以实际得手数额认定盗窃数额将导致在三年以上甚至是十年以上量刑,明显量刑过重。

② 例如,意图盗窃博物馆内的某件珍贵文物,但因警报声响而未果,以实际得手数额认定盗窃数额,只能以盗窃基本犯的未遂来认定,明显量刑过轻。

③ 其中,关于盗窃未遂情形,最高人民法院、最高人民检察院早在1984年发布的《关于当前办理盗窃案件具体应用法律的若干问题的解答》中规定:"对于……以盗窃巨额现款、金银或珍宝、文物为目标,即使未遂,也应定罪并适当处罚。"最高人民法院、最高人民检察院1992年发布的《关于办理盗窃案件具体应用法律的若干问题的解释》规定:"盗窃未遂,情节严重的,如明确以巨额现款、国家珍贵文物或者其他贵重物品等为盗窃目标的,也应定罪并依法处罚。"最高人民法院、最高人民检察院1992年发布的《关于办理盗窃案件具体应用法律的若干问题的解释》第1条第(二)项规定:"盗窃未遂,情节严重,如以数额巨大的财物或者国家珍贵文物等为盗窃目标的,应当定罪处罚。"2013年发布的《关于办理盗窃刑事案件适用法律若干问题的解释》最高人民法院1998年发布的《关于审理盗窃案件具体应用法律若干问题的解释》第12条中亦规定:"盗窃未遂,具有下列情形之一的,应当依法追究刑事责任:(一)以数额巨大的财物为盗窃目标的;(二)以珍贵文物为盗窃目标的;(三)其他情节严重的情形。"同样,关于诈骗未遂情形,司法解释也存在类似规定。2011年4月8日施行的《关于办理诈骗刑事案件具体应用法律若干问题的解释》第5条规定:"诈骗未遂,以数额巨大的财物为诈骗目标的,或者具有其他严重情节的,应当定罪处罚。"

④ 关于这一点,最高人民法院于2016年1月6日发布的《关于审理抢劫刑事案件适用法律若干问题的指导意见》中规定:"对以数额巨大的财物为明确目标,由于意志以外的原因,未能抢到财物或实际抢得的财物数额不大的,应同时认定'抢劫数额巨大'和犯罪未遂的情节,根据刑法有关规定,结合未遂犯的处理原则量刑。"

价值较低的财物实施盗窃，但是由于认识错误，实际窃得的财物价值达到了数额巨大或者特别巨大，根据主客观相一致原则，不能让其对行为所不能认识的财物数额承担犯罪的责任。

当然，行为人对所盗物品价值是否存在重大认识错误，不能仅凭被告人的供述或辩解来认定，否则，行为人均可以自称对所盗物品价值有重大认识错误，进而规避或逃脱其应负的法律责任。判断行为人是否对所盗物品价值存在重大认识错误，主要应从行为人的个人情况及其行为前后的表现来综合分析。具体来说，应当从以下几方面予以把握：一是从主观上进行考查，即行为人是否认识到或应当认识到。除考查其供述、个人情况外，还要综合分析其行为的时间、地点、条件、行为人与被害人等。同时，应从一般人的角度来分析，一般人均能认识的，应视为行为人认识到了，以避免行为人推脱责任。对于那些抱着"能偷多少偷多少，偷到什么算什么"心态的行为人来说，其主观故意属于概括性的犯罪故意，因为无论财物价值多少都不违背行为人的本意，应以实际价值论。二是从手段上进行考查，即行为人采取特定手段进行盗窃的便可以视为具有概括性的故意，犯罪数额以实际价值论。如惯窃、扒窃、入室盗窃、撬锁盗窃、团伙犯罪等，因其行为的严重性，推定其为概括性的犯罪故意，以实际价值认定其盗窃数额。在推定为概括性犯罪故意时，需要注意的是当行为人辩称其不知财物的真实价值，也有充分理由相信其辩解的，而行为人又主动退回的，则应对退回部分不作犯罪处理。三是从场合特定性上进行考查，即只能发生在行为人有合法（合理）机会接触被盗物品的顺手牵羊场合。被盗物品价值大又容易被误以为小的时候，才会产生认识错误问题。可见，只有在特定环境和条件下才能认定被告人是否对盗窃对象的价值存在严重的认识错误，避免出现客观归罪或主观归罪的现象。

【指导案例】沈某某盗窃案①——对所盗物品的价值有重大认识错误的应如何处罚

2002年12月2日晚12时许，被告人沈某某在"皇家银海大酒店"3614房与潘某某进行完卖淫嫖娼准备离开时，乘潘不备，顺手将潘放在床头柜上的嫖资及一只手表拿走，后藏匿于其租房内。次日上午，潘某某醒后发现自己的手表不见了，怀疑系沈所为，便通过他人约见了沈某某。潘询问沈是否拿了他的手表，并对沈称：该表不值什么钱，但对自己的意义很大，如果沈退还，自己愿意送2000元给沈。沈某某坚决否认自己拿走了该表。潘某某报案后，公安机关将沈某某抓获。沈某某供述了自己拿走潘手表的事实及该手表的藏匿地点，公安人员据此起获了此手表，并返还给被害人。另经查明，在讯问中，沈某某一直不能准确说出所盗手表的

---

① 参见何树志、薛付奇：《沈某某盗窃案——对所盗物品的价值有重大认识错误的应如何处罚》，载最高人民法院刑事审判第一庭、第二庭编：《刑事审判参考》（总第40集），法律出版社2005年版，第15—23页。

牌号、型号等具体特征,并认为该表只值六七百元。经某市某区价格认证中心鉴定,涉案手表价值人民币 123 879.84 元。

在司法实践中,认定具有盗窃罪的明知,并不要求行为人明知所盗财物达到"数额较大"的标准,更不要求行为人对财物的实际价值有准确认识。然而,在盗窃犯罪数额认定中,仍然存在认识错误的情形,主要表现为价值有无和高低的认识错误。其中,将无价值的东西误认为有价值而盗走的,一般不作为犯罪处理;反之,将有价值的东西误认为是无价值的东西而随手拿走的,是否按照实际价值来认定则需要具体考查行为人的一系列表现。如果当其发现具有重大价值后,没有继续非法占有的,一般不应作为犯罪处理。① 本案中,被告人沈某某所认识到的数额远远低于实际数额,根据主客观相一致的原则,不能让其对行为时所不能认识的财物数额承担责任,而只应对其认识范围内的数额承担责任。当然,行为人对所盗物品价值是否存在重大认识错误,不能仅凭其供述或辩解来认定,而应从行为人的个人情况及其行为前后的表现来综合分析。从沈某某的出身、作案时的年龄、职业、见识、阅历等状况来看,其对所盗手表的实际价值没有明确或概括认识是可信的。被害人在追索手表的过程中,虽表示愿意以 2000 元换回手表,但其仅称该表"对自己意义重大",并未明确表明该表的实际价值,而只表示该表并不太值钱,进一步加深了被告人对该表价值的误认。综上,笔者认为,被告人顺手拿走他人手表的行为,主观上虽有非法占有他人财物的目的,但其认识到的所盗手表的价值只是"数额较大"而已,而非事实上的"数额特别巨大"。也就是说,被告人主观上只有非法占有他人"数额较大"财物的故意内容,而无非法占有"数额特别巨大"财物的故意内容,故对被告人应认定为"数额较大"的盗窃罪。

【指导案例】王武军等盗窃案②——以数额特别巨大之财物为盗窃目标,但实际窃得的财物数额巨大的,如何认定盗窃数额与犯罪形态

2008 年 10 月 12 日,被告人王武军、张海洋得知被害人聂武波有一批价值上百万的青花瓷欲销售,遂以买青花瓷的名义与聂武波联系,对聂所带的 7 件瓷器进行看货、谈价,并提出带着瓷器到上海进行真伪鉴定。当晚,王武军、张海洋商定,在去做鉴定的路上,将这批瓷器盗走。王武军将此意图告知陈欢本,并让陈欢本、王秀东(另案处理)开车带着聂武波等人及所需鉴定的瓷器到上海做鉴定。王武军将陈欢本所开车辆的备用钥匙交给张海洋。10 月 13 日,按约定由王武军电话指挥,张海洋事先在高速公路绍兴市三江服务区等候,陈欢本带聂武波等人鉴

---

① 例如,陕西一农民为方便将邻居一"瓦盆"偷回家用来喂猪,数月后才发现该"瓦盆"是地下出土的文物,实际价值数万元,该农民知道后即将该物退还邻居。

② 参见聂昭伟:《盗窃误以为是价值特别巨大的股古董赝品如何认定盗窃数额——浙江绍兴中院裁定王武军、张海洋、陈欢本盗窃案》,载《人民法院报》2010 年 5 月 20 日第 6 版。

定返回至此处停车吃饭,张海洋趁机用王武军给的备用钥匙,将放在陈欢本驾驶的轿车后备箱内的7件瓷器全部窃走。后经鉴定,该7件瓷器均系赝品,价值人民币22 500元。

本案中,被告人王武军等人意图盗窃价值特别巨大的古董文物,但由于认识错误,所盗取的文物系赝品,经鉴定价值仅达到数额巨大。如此一来,王武军等人的行为既触犯了盗窃数额特别巨大财物的未遂,又触犯了盗窃数额巨大财物的既遂。其中,按照数额巨大之既遂来量刑,对王武军等人应当在3年以上10年以下量刑;而按照盗窃数额特别巨大之未遂来量刑,应当选择10年以上至无期徒刑,由于未遂可以从轻或者减轻处罚,故最终的量刑幅度在3年至无期徒刑之间。两相比较,按照盗窃数额特别巨大之未遂来量刑显然要更重。为此,应当同时认定为"盗窃数额特别巨大"和犯罪未遂的情节,并结合未遂犯的处理原则来量刑。

六、入户盗窃车钥匙、银行卡后在户外窃车或取款,能否计入"入户盗窃"的数额

(一) 裁判规则

行为人入户窃取车钥匙、银行卡后,到户外窃取车辆、提取卡内资金的,虽然户内窃取的车钥匙、银行卡本身价值低微,但该行为与户外窃取车辆、提取卡内资金是一个整体,而且在侵犯财产权的同时还侵犯了公民的住宅权,故应当将户外窃取的车辆、提取的款项一并计入到"入户盗窃"的数额当中。

(二) 规则适用

关于"入户盗窃"的理解,最高人民法院早在1999年10月27日《全国法院维护农村稳定刑事审判工作座谈会纪要》(简称《纪要》)中指出:"'入户盗窃'中的'户',是指家庭及其成员与外界相对隔离的生活场所,包括封闭的院落、为家庭生活租用的房屋、牧民的帐篷以及渔民作为家庭生活场所的渔船等。集生活、经营于一体的处所,在经营时间内一般不视为'户'。"此外,"两高"在《关于办理盗窃刑事案件适用法律若干问题的解释》第3条中亦规定,非法进入供他人生活,与外界相对隔离的住所盗窃的,应当认定为"入户盗窃"。"入户盗窃"除了对"户"具有特定要求之外,还要求入户行为具有非法性。对于合法入户再进行盗窃的,不能认定为"入户盗窃"。需要指出的是,由于"入户盗窃"的社会危害性比普通盗窃行为要更大,为了加强对人民群众住宅及人身安全的保护,《刑法修正案(八)》将"入户盗窃"作为盗窃罪的入罪情节,没有规定起点数额。因此,理论上只要存在入户窃取财物的行为,不论财物数额大小,都应被评价为"入户盗窃"。当然,为避免扩大刑事打击范围,成立"入户盗窃"仍然要求行为人意欲盗窃的对象是值得刑法保护的财物。如果仅仅是针对价值极其微小的财物(如一个鸡蛋)实施盗窃,则属于情节显著轻微、危害不大的情形,不应认定为盗窃罪。

在入户盗窃车钥匙、银行卡的案件中,虽然这些物品本身价值低廉,似乎属于情节显著轻微、危害不大情形,但行为人入户盗窃车钥匙或银行卡,其本意在于随后盗窃车辆、提取银行卡内资金,故不能以户内窃得物品客观价值少而认定属于情节显著轻微、危害不大,不构成盗窃罪。行为人利用"入户盗窃"的车钥匙、银行卡,在"户"外盗窃车辆、提取款项的行为,即使前后行为之间存在明显间隔,也应认定为一次盗窃行为,而不能作为两个行为分别评价。因为从行为人的目的来看,"入户盗窃"车钥匙的目的是盗窃"户"外的车辆,盗窃银行卡的目的是为了提取卡内资金,二者系一行为的两个阶段。行为人的前后行为之间虽然存在时间间隔,但其犯罪意图中盗窃的目的是明确的,即窃取户外车辆或提取银行卡内资金,盗窃车钥匙或银行卡在其认知上只是行为的一部分,而非一个独立或完整形态。而且从车钥匙与车辆、银行卡与卡内资金之间的客观联系来看,车钥匙、银行卡虽然客观价值微小,但是通过使用钥匙或银行卡可以实现对其他关联财物的占有控制,从而达到占有关联财物的目的,此时具有使用价值的物品和关联财物共同构成了一个整体性的财产权益。而且,行为人入户盗窃车钥匙或信用卡后窃车或取款的,与典型的入户盗窃财物的行为相比,在社会危害性方面并没有明显的不同,同样是既侵犯了公民财产权利又侵犯了公民的正常生活和居住安宁。为此,虽然行为人入户盗窃的对象是车钥匙或银行卡,但其利用上述物品在户外窃车、取款的,均应一并计入"入户盗窃"的数额当中。

【指导案例】巫建福盗窃案①——利用入户盗窃所得车钥匙在户外窃取摩托车的行为,是否属于"入户盗窃"

2015年10月15日14时许,被告人巫建福经过浙江省江山市虎山街道孝子村花露亭33号被害人应素妹家时,见大门未关,产生盗窃念头,进入室内窃得摩托车钥匙一把、一字起子一把,并用窃得的车钥匙在门口试开车辆,在打开浙HDK162二轮摩托车的电门锁后,因认为当时盗窃摩托车容易被发现,遂先行离开。当晚21时许,巫建福再次到该处,使用窃得的车钥匙将摩托车偷走。经鉴定,涉案起子价值人民币1元、摩托车价值人民币800元。

本案被告人入户盗窃车钥匙与在户外盗窃摩托车的行为虽然存在时间间隔,但并非因客观行为被迫中断,而是出于安全考虑分步骤来实施,故不能仅因前后行为存在间隔即认为是两次行为。而且从行为对象的角度来看,巫建福盗窃车钥匙并非为了获得车钥匙自身微薄的客观价值,而是为了盗窃与车钥匙存在密切联系的摩托车。可见,盗窃车钥匙的行为不具有独立性,不应被评价为单独的盗窃

---

① 参见殷一村、徐升:《巫建福盗窃案——利用入户盗窃所得车钥匙在户外窃取摩托车的行为,是否属于"入户盗窃"》,载最高人民法院刑事审判第一、二、三、四、五庭主办:《刑事审判参考》(总第108集),法律出版社2017年版,第69—76页。

行为,而应当与盗窃摩托车的行为作为一个整体进行评价。由于车钥匙是控制和使用摩托车的载体,"入户盗窃"车钥匙在整个盗窃行为中起着关键作用,故被告人在户外窃取摩托车的价值应计入"入户盗窃"数额,整体行为属"入户盗窃"。这种情形类似于在盗窃记名有价权利凭证的案件中,以兑现数额来计算犯罪数额的认定方法,即立足于最终对象的财物价值,而非权利凭证自身的客观价值。

【指导案例】李春旺盗窃案①——在地方指导性意见对"入户盗窃"和普通盗窃设置不同定罪量刑标准的前提下,入户盗窃信用卡后使用的数额应否一并计入"入户盗窃"数额

2005年2月19日晚,被告人李春旺窜至上海市临潼路120弄×号×室(其前女友郭某的住处),拉开房门潜入室内,趁无人之际,窃得郭放置于床头柜抽屉内的钱包1个,内有人民币400元、美元200元、港币100元及工商银行信用卡1张(李春旺与郭某交往时已获悉密码)。嗣后,李春旺持窃得的上述信用卡从银行自动取款机上提取了人民币9000元,所得赃款全部被挥霍。

本案中,被告人入户盗窃信用卡后在户外使用的数额应当一并计入入户盗窃的数额。理由如下:首先,将入户盗窃信用卡后取款的行为认定为入户盗窃与相关立法精神一致。行为人入户盗窃信用卡后取款的,与典型的入户盗窃行为相比,在社会危害性方面并没有明显的不同,同样是既侵犯了公民财产权利又侵犯了公民的正常生活和居住安宁,应当将这种行为认定为"入户盗窃"。其次,将入户盗窃信用卡后取款的行为认定为入户盗窃符合刑法理论对一个犯罪行为进行整体评价的原则。根据《刑法》第196条第3款的规定,"盗窃信用卡并使用的",依照盗窃罪定罪处罚。可见,盗窃并使用信用卡的行为是作为一个整体来评价的。本案中,李春旺的盗窃行为从其进入被害人的房屋内实施盗窃时就已经开始,至其利用信用卡获取卡内财物时结束,这是盗窃的整个过程。虽然盗窃行为和使用行为具有空间上的距离,但利用信用卡取现是盗窃罪行为的持续,应当将其作为一个整体来评价。为此,本案被告人李春旺入户盗窃信用卡后使用的,应当将户外取款的数额计入到入户盗窃的数额当中。

七、关于"入户盗窃"的认定

(一)裁判规则

同"入户抢劫"一样,"入户盗窃"中的"户"是指供家庭及其成员生活的封闭

---

① 参见卞飙、张欣欣:《李春旺盗窃案——在地方指导性意见对"入户盗窃"和普通盗窃设置不同定罪量刑标准的前提下,入户盗窃信用卡后使用的数额应否一并计入"入户盗窃"数额》,载最高人民法院刑事审判第一、二、三、四、五庭主办:《刑事审判参考》(总第77集),法律出版社2011年版,第65—70页。

性的场所;同样,"入户盗窃"要求具有非法性,对于合法进入他人住宅后盗窃的,不应认定为"入户盗窃";但只要行为人是非法进入他人住宅并实施盗窃的,即使非法进入住宅之前没有盗窃的故意,也应认定为盗窃罪。

(二) 规则适用

关于"入户盗窃"的理解,最高人民法院早在1999年10月27日发布的《全国法院维护农村稳定刑事审判工作座谈会纪要》中指出,"'入户盗窃'中的'户',是指家庭及其成员与外界相对隔离的生活场所,包括封闭的院落、为家庭生活租用的房屋、牧民的帐篷以及渔民作为家庭生活场所的渔船等。集生活、经营于一体的处所,在经营时间内一般不视为'户'"。同样,在抢劫罪中也存在"入户"的解释。最高人民法院在《关于审理抢劫、抢夺刑事案件适用法律若干问题的意见》中指出,"'户'在这里是指住所,其特征表现为供他人家庭生活和与外界相对隔离两个方面,前者为功能特征,后者为场所特征。一般情况下,集体宿舍、旅店宾馆、临时搭建工棚等不应认定为'户',但在特定情况下,如果确实具有上述两个特征的,也可以认定为'户'"。此外,根据"两高"《关于办理盗窃刑事案件适用法律若干问题的解释》第3条的规定,非法进入供他人家庭生活,与外界相对隔离的住所盗窃的,应当认定为"入户盗窃"。

其次,"入户盗窃"还要求具有非法性,对于合法入户再进行盗窃的,不能认定为"入户盗窃"。对此,《关于审理抢劫、抢夺刑事案件适用法律若干问题的意见》指出,"'入户'目的的非法性。进入他人住所须以实施抢劫等犯罪为目的。抢劫行为虽然发生在户内,但行为人不以实施抢劫等犯罪为目的进入他人住所,而是在户内临时起意实施抢劫的,不属于'入户抢劫'"。可见,构成"入户抢劫"不仅要求非法入户,还要求在入户之前即具有实施抢劫行为的故意。原因在于,入户抢劫是抢劫罪的法定刑升格要件,为此需要进行限制性解释;而入户盗窃是盗窃行为的一种方式,并非法定刑升格条件,不应对其成立作过多的限制。"入户盗窃"只需要具有非法性即可,即使是以实施一般违法行为为目的入户后盗窃的,也可成立"入户盗窃",而并不要求行为人在入户之前具有犯盗窃罪的故意。需要指出的是,由于"入户盗窃"的社会危害性比普通盗窃行为要更大,为此立法在入户盗窃的构成要件上没有规定数额较大的要求,同样也不以取得财物为必要条件,即如果在入户盗窃过程中被当场抓获,即使未取得财物,也应当以盗窃罪论处。尽管如此,成立"入户盗窃"仍然要求行为人意欲盗窃的对象是刑法所保护的财物,如果仅仅是数额极其微小的财物如盗窃一支铅笔,则不能认定为盗窃罪。

最后需要注意的是,关于"入户盗窃"转化为"入户抢劫"的问题。对此,《关于审理抢劫案件具体应用法律若干问题的解释》规定,对于入户盗窃,因被发现而当场使用暴力或者以暴力相威胁的行为,应当认定为入户抢劫。《关于审理抢劫、抢夺刑事案件适用法律若干问题的意见》进一步指出,入户实施盗窃被发现,行为人为窝藏赃物、抗拒抓捕或者毁灭罪证而当场使用暴力或者以暴力相威胁的,如果暴力或者暴力胁迫行为发生在户内,可以认定为"入户抢劫";如果发生在户外,则不能认定为"入户抢劫"。

【指导案例】李春旺盗窃案①——入户盗窃信用卡后使用的数额应否一并计入"入户盗窃"数额

2005年2月19日晚,被告人李春旺至上海市临潼路×弄×号×室(其前女友郭某的住处),拉开房门潜入室内,趁无人之际,窃得郭放置于床头柜抽屉内的钱包1个,内有人民币400元、美元200元、港币100元及工商银行信用卡1张(李春旺与郭某交往时已获悉密码)。嗣后,李春旺持窃得的上述信用卡从银行自动取款机上提取了人民币9000元,所得赃款全部被挥霍。

本案中,被告人入户盗窃信用卡后在户外使用的数额能否一并计入入户盗窃数额? 针对这一问题,在审理中存在分歧。笔者认为,入户盗窃信用卡后在户外使用的数额应一并计入入户盗窃数额。理由如下:首先,将入户盗窃信用卡后取款的行为认定为入户盗窃与相关立法精神一致。在入户盗窃中存在非法侵入住宅和盗窃两种行为,两者都是犯罪行为,均存在严重的社会危害性。行为人入户盗窃信用卡后取款的,与典型的入户盗窃财物的行为相比,在社会危害性方面并没有明显的不同,同样是既侵犯了公民财产权利,又侵犯了公民的正常生活和居住安宁,应当将这种行为认定为"入户盗窃"。其次,将入户盗窃信用卡后取款的行为认定为入户盗窃符合刑法理论对一个犯罪行为进行整体评价的原则。《刑法》第196条第3款规定:"盗窃信用卡并使用的,依照本法第二百六十四条的规定定罪处罚。"可见,盗窃并使用信用卡的行为是作为一个整体来评价的。也就是说,行为人的盗窃行为从窃取信用卡时就已经开始,到金融机构取现的行为可以看作是盗窃的一个持续行为,直到使用信用卡获取卡内财物时结束。同样,入户盗窃信用卡和使用信用卡也应当作为一个统一整体在刑法上进行评价。本案中,李春旺的盗窃行为从其进入被害人的房屋内实施盗窃时就已经开始,至其利用信用卡获取卡内财物时结束,这是盗窃的整个过程。利用信用卡取现是盗窃行为的持续,虽然盗窃行为和使用行为具有空间上的距离,但因两者之间具有延续性,应将其作为一个整体来评价。为此,李春旺入户盗窃信用卡后使用的行为符合入户盗窃的特征,应当将户外从信用卡内提取的数额计入入户盗窃的数额。

---

① 参见卞飙、张欣欣:《李春旺盗窃案——在地方指导性意见对"入户盗窃"和普通盗窃设置不同定罪量刑标准的前提下,入户盗窃信用卡后使用的数额应否一并计入"入户盗窃"数额》,载最高人民法院刑事审判第一、二、三、四、五庭主办:《刑事审判参考》(总第77集),法律出版社2011年版,第65—70页。

八、财物转移到第三人占有后,他人再秘密占为己有的构成盗窃罪

(一)裁判规则

财物所有权人即使丧失了对财物的占有,但是如果该财物已经转移到建筑物的管理者、出租车驾驶员或者第三人的占有之下时,也应认定为他人占有的财物,行为人对这种占有关系加以侵害的,也可认定为盗窃罪。

(二)规则适用

在通常情况下,财物所有人或者管理人对财物的占有大多是通过直接占有、控制的方式来进行,但是财物所有人或者管理人失去了占有,当该财物转移到建筑物的管理者或者第三者占有时,也应认定为他人占有的财物,而并非遗失物。行为人秘密侵占此类财物的,仍然破坏了他人对财物的占有关系,应认定为盗窃罪,而非侵占罪。例如,房客遗留在宾馆、酒店房间的财物,属于宾馆、酒店管理者占有,而非遗失物;同样,歌厅包厢客人遗忘在包厢内的财物,处于歌厅经营者暂时保管及控制之下,属于歌厅管理者占有,而非遗失物。此时除服务人员之外的其他人窃走该财物,可以认定为是对歌厅管理者占有状态的侵害。又如乘客从出租车下车后,将行李遗忘在出租车后备箱内,出租车开走后,该行李就转移至司机占有,如果后面的乘客在后备箱取行李时,将前乘客的行李一起取走,那么就破坏了他人的占有,构成盗窃罪。① 即使上述建筑物或空间的管理者或所有者未意识到他人遗忘的财物,也不能否认其对特定场所内的财物具有事实上的支配和控制。此时,行为人秘密窃走该财物,就是对上述场所管理者或者第三人占有状态的侵害,应认定为盗窃罪。当然,如果在上述封闭的特定空间内,所有权人、占有人在场的,原则上应认定为所有权人、占有人占有,而不是由该特定场所的管理者占有。例如,火车上乘客的行李包,不管其放在何处,都由该乘客占有。再如,甲带着手提包到乙家去做客,将手提包放在乙家沙发上,应认定该手提包为甲占有,而不是乙占有。

此外,财物所有人即使放弃财物的所有权,将财物置于特定场所的,也并不意味着该财物为抛弃物任何人都可以占有,而应认定为该特定场所的所有者或管理者占有,行为人侵占该财物的,也应认定侵害了他人的占有,以盗窃罪论处。例如,游人向公园水池内投掷的硬币,或者高尔夫运动员抛弃在高尔夫球场内的高尔夫球,尽管原所有权人放弃了所有,但转移给了公园或球场管理者所有,行为人秘密窃取的,同样应认定为盗窃罪。需要指出的是,他人失去对财物的占有并转移至建筑物的管理者或第三人的情形,通常发生在相对封闭、除管理者外他人难以随意进出的场合。如果财物遗忘在类似火车、汽车这样人口自由流动频繁的场

---

① 当然,如果是司机占有乘客遗忘的行李,那么由于该行李事先已经转移至司机占有当中,故并未破坏他人对行李的占有关系,不构成盗窃罪,而应以侵占罪来认定。

合,对于乘客遗失的行李,则难以认定为火车或汽车等管理者占有,而应认定为遗失物;行为人侵占此类财物的,应认定为侵占罪。

【指导案例】罗忠兰盗窃案①——如何正确区分盗窃罪与侵占罪

1998年2月18日晚,被告人罗忠兰进入海南省海口市金夜娱乐广场851包厢陪伴客人唱"卡拉OK"。当晚10时许,在此消费的客人陈某某将装有现金等物的黑色手提包置于电视机上,到包厢外打电话。嗣后,包厢内其他客人结账后离开金夜娱乐广场。罗忠兰送客人走后返回851包厢,趁正在打扫卫生的服务员未注意之机,将陈某某手提包内现金人民币12 000元盗走,将手提包及包内其他物品弃于卫生盆下,锁上卫生间的门后逃离现场。陈某某打完电话回到851包厢欲取包时,发现手提包不见。经与打扫卫生的服务员共同寻找,发现手提包被丢弃在卫生间内卫生盆下。案发后,公安机关已追回全部赃款赃物并退还失主。

本案审理过程中,控辩双方争论的焦点是认定侵占罪还是盗窃罪。笔者认为,本案发生在歌舞厅的包厢内,虽属公共娱乐场所,但系专人经营管理,具有空间上的封闭性和使用上的独占性,与人人皆可自由往来的广场、道路、海滩等公共场所有所区别。其中,消费者在使用包厢期间,该包厢由消费者暂时控制,消费者对存放在包厢内的自有物品具有实际的控制权。当消费者正式结账离开包厢后,包厢内的一切物品包括消费者遗留的物品,又复归经营者的控制之下,经营者对消费者遗留的物品负有清点、保管、退还的义务。如经营者对消费者的遗留物拒不退还,属侵占行为。但经营者之外的其他人如以非法占有为目的擅自进入该包厢取走消费者遗留财物的,则仍属盗窃行为。本案被害人陈某某将手提包放在包厢内外出打电话,并不能作出该手提包已脱离物主陈某某实际控制的结论。相反,由于包厢在空间上的封闭性及其使用上的独占性,该手提包实际上并未脱离物主的有效控制。在陈某某因暂时离开851包厢打电话期间,与陈某某同来的客人又自顾结账离开。此时,851包厢内的一切财物也应归由经营者(具体为经营者雇用的打扫、清点包厢的服务员)的暂时保管及控制之下,被告人罗忠兰并非打扫、清点包厢的服务员,对此无权保管或控制,故其侵占他人遗忘物的辩解,也就不能成立。罗忠兰在送走客人后一反常态地返回851包厢,趁服务员没注意之机,将陈某某放在电视机上的手提包拿到包厢卫生间内,说明罗忠兰既想取得包内物品,又怕服务员发现,才趁包的主人不在场,且在场的服务员没发现和没注意之机,悄悄将手提包拿进卫生间实施盗窃,其行为符合盗窃罪的特征。

---

① 参见洪冰:《罗忠兰盗窃案——如何正确区分盗窃罪与侵占罪》,载最高人民法院刑事审判第一庭、第二庭编:《刑事审判参考》(总第24辑),法律出版社2002年版,第67—71页。

【指导案例】李向阳、张生欢盗窃案——在景点捞取游客所抛硬币定性分析

2001年9月1日,被告人李向阳、张生欢至浙江省杭州市西湖区三潭印月岛,在岛内潜伏至深夜,然后采用绳子系住吸铁石吸取硬币的手段,捞取平时由游客抛入西湖中的硬币共计人民币1276.50元。后两被告人在现场附近藏匿休息时被管理人员发现并扭送公安机关,赃款被全部追回。另查明,杭州市园文局湖滨管理处对游客抛入湖中的硬币实行定期打捞,所得硬币与门票收入一起上交财务。

本案两被告人是否构成盗窃罪,关键在于园林管理部门对游客抛弃于湖中的硬币是否具有实际的占有、支配关系。如果不是,那么两被告人的行为并未破坏他人的占有关系,不成立盗窃罪;反之,两被告人秘密窃取他人占有之下的硬币,破坏了他人对硬币的占有关系,构成盗窃罪。笔者认为,湖中硬币处于园林管理部门的占有之下。理由是:首先,从主观上来看,根据园林管理部门的内部规定,对硬币采取定期打捞、与门票收入一样上交财务,可见园林管理部门明显存在占有硬币的意思表示。其次,从客观上来看,由硬币所处的环境所决定,该硬币处于园林管理部门的管理、支配范围之内,管理部门对特定环境下的物行使了一定的管束,如规定游客不得下水、管理部门还安排人员值班、看管等,表明管理部门对硬币具有现实的控制和支配能力。而且,既然对这些硬币只有园林管理部门才能合法地打捞,实质上就排除了他人进行打捞的权利,事实上已由园林管理部门"独占"。再次,从社会生活的一般观念来看,园林管理部门对游客抛入湖中的硬币具有控制、支配关系,湖中硬币最终将被管理部门打捞走,能够为社会公众一般观念所认可,事实上也是管理部门在打捞,已形成惯例。综上,对两被告人的行为应当以盗窃罪论处。

九、暗自开走他人忘记锁闭的汽车的行为如何处理

(一)裁判规则

机动车为具有特殊属性的物,所有权人必须以所有权凭证来主张自己的所有权。机动车交易只有在办理过户登记手续后,才发生所有权的转移。同时,机动车车牌登记制度也进一步增强了所有人或占有人对车辆的控制力。因此,即使机动车所有人或者占有人在离开车辆时忘记关闭车窗、车灯,将车钥匙落在车上,也不能认定其丧失了对车辆的控制,并由此推定该机动车属于遗忘物。行为人出于非法占有的目的,以秘密窃取的方式取得该机动车辆的,应当以盗窃罪定罪处罚。

(二)规则适用

盗窃罪的对象必须是他人占有的财物,这里的占有是指事实上的占有,或者说是事实上的支配、现实的支配。对财物的事实上的支配,意味着被害人在通常情况下能够左右财物。这种事实上的占有或者说支配,不是根据物理的事实或者

现象进行判断,而是根据社会的一般观念进行判断。虽然表面上处于他人的支配领域之外,但存在可以推知由他人事实上支配的状态时,也属于他人占有的财物。① 例如,他人门前停放的自行车,即使没有上锁,也应认定为由他人占有。又如,学生在校园食堂里先用自己的书包占座位,然后离开座位去购买饭菜,座位上的书包依然由该学生所占有。同样,因为地震灾害,他人房屋倒塌,即使屋内财物暴露在外,没有人看管,也应认定该财物由他人占有。在上述种种情形中,行为人侵占其中财物的,应认定侵害了他人的占有,以盗窃罪论处。除此之外,有一类动产较为特殊,例如机动车、船舶等,从社会日常生活观念来看,所有人或占有人对停放在路边的机动车的支配关系也并不因车窗未关、车门未锁、钥匙未拔而受影响,即使机动车辆的外在表现形式为暂时无人支配,也能从常理推断该车并非被人遗忘。故涉案机动车虽未关窗、关门,没拔钥匙,亦不能推定其是遗忘物。而且,由于这类财物的价值较大,所有人必须以所有权凭证来主张自己的所有权,相关交易,必须经办理过户登记手续,所有权才发生转移。它们的物权变动类似不动产物权变动的规则,具有区别于一般动产的特性。为此,尽管对于一般的动产而言,成为遗忘物的外部表现形式为物品附近没有人或者无人对该物品声明支配,但是对于机动车这类财产的占有,不以特别声明为必要,也不以持续不断的实际控制为先决条件,司机离开车辆,并不意味着完全失去对机动车的控制。

【指导案例】韦国权盗窃案②——暗自开走他人忘记锁闭的汽车的行为如何处理

2004年4月10日凌晨5时许,司机郑伟驾驶白色凌志400轿车返回位于西安市文艺北路的住处。因郑伟醉酒,他将车停放在其住处南约200米的快行道上,车大灯、车窗玻璃未关,车钥匙未拔,就回家睡觉了。当日凌晨6时30分许,被告人韦国权途径文艺北路时发现上述轿车,车大灯未熄,4个车窗玻璃未关,车中无人,便将车开走,将车停放于西安市建设西路解放军三二三医院停车场,后将车更换一个外地车牌,且对车辆进行了维修、保养。直至2005年1月,被害人郑伟发现了自己丢失的车辆,公安机关才将韦国权抓获。

《刑法》第270条第2款规定的"遗忘物",通常是指本应携带因遗忘而没有带走的财物,即财物的所有人或者持有人有意识地将财物放于某处,只是由于疏忽

---

① 对此,正如日本学者所指出的,"所谓占有,就是考虑了占有的意思的、从社会观点来看在他人支配之下的状态,即在社会一般观念上,财物在他人的实际支配之下的状态"。参见〔日〕大谷实:《刑法讲义各论》(新版第2版),黎宏译,中国人民大学出版社2008年版,第186页。
② 参见郭彦东:《韦国权盗窃案——暗自开走他人忘记锁闭的汽车的行为如何处理》,载最高人民法院刑事审判第一、二、三、四、五庭主办:《刑事审判参考》(总第50集),法律出版社2006年版,第28—35页。

而在离开时忘记带走,从而失去对财物的控制。本案中的汽车确系驾驶人郑伟因其饮酒过量的特殊原因,有意识地将车辆停在其住处附近的公路上,并且未关车门和车窗,钥匙遗留在车上,为被告人韦国权将该车开走创造了便利条件,但汽车作为财物,具有财物的特殊属性,即驾驶人在离开时不仅不可能将其带走,而且是有意识地让其保留在停放处,经常要与驾驶人分离。如果不考虑汽车这种特殊的物质属性,将因驾驶人忘记关车窗、车门、没拔钥匙、便于他人开走的汽车认定为遗忘物,有悖常理。而且,机动车属于具有特殊属性的物,所有权人必须以所有权凭证来主张自己的所有权。机动车交易只有在办理过户登记手续后,才发生所有权的转移。同时,机动车牌号登记制度也进一步增强了所有人或占有人对车辆的控制力。即使机动车所有人或者占有人在离开时忘记关闭车窗、车灯,将车钥匙落在车上,也不能认定其完全丧失对车辆的控制。因此,该汽车不属于《刑法》第270条第2款规定的"遗忘物",对本案不能以侵占罪定罪处罚。韦国权将被害人的汽车开走后,不是积极联系被害人归还车辆,而是藏匿汽车,更换汽车牌照,对车辆进行伪装,其非法占有目的明显,应认定为盗窃罪。

十、盗窃存折等财产凭证并使用的行为,能否认定为盗窃罪

(一) 裁判规则

财产凭证、债权凭证本身也是有体物,具有财产价值,有的债权凭证一旦丧失,就丧失了该凭证所记载的财产,这种债权凭证当然属于刑法上的财物。其中,盗窃不记名不挂失财产凭证并使用的,可以直接认定为盗窃罪。而在盗窃记名、可挂失财产凭证的场合,仅仅取得这类凭证不等于必然获得财产,还需要实施其他冒用、伪造他人签名、身份证明等辅助行为才能取得财物。此类盗窃财产凭证并冒用他人身份去领取财物的行为,既存在秘密窃取的因素,又存在隐瞒真相欺诈第三人的因素,应当根据主行为的性质来定罪。

(二) 规则适用

财产凭证、债权凭证的种类很多,主要包括有价支付凭证、有价证券、有价票证等。有价证券,一般是指设定并证明持券人有权取得一定财产权的书面凭证;有价票证,是指机票、车票、船票、邮票等表示一定货币数额的票证。上述财产凭证表征着一定的财产权利,有些可以成为财产犯罪的对象。我国将财产凭证分为不记名、不挂失的财产凭证和记名、挂失的财产凭证两类。其中,不记名、不挂失的财产凭证与其所代表的财产紧密联系,窃取这类财产凭证就意味着非法占有了该财产凭证所记载数额的财产。针对这类财物,"两高"于2013年4月2日发布的《关于办理盗窃刑事案件适用法律若干问题的解释》规定,盗窃不记名、不挂失的有价支付凭证、有价证券、有价票证的,应当按照票面数额和盗窃时应得的孳息、奖金或者奖品等可得收益一并计算盗窃数额。

记名、可挂失的财产凭证,如记名的支票、股票、汇票、提货单等,权利人在失

去这些凭证后,能够向给付义务人声明该凭证已经丢失,从而阻止持有人兑现该凭证所记载的财产。这类凭证与财产的直接联系并不紧密,仅仅取得这类凭证不等于必然获得财产,还需要其他的辅助行为才能获得财物,如冒用、伪造他人签名、身份证明等才能取得财物。盗窃此类财产凭证并冒用他人身份去领取财物的行为,既存在秘密窃取的因素,又存在隐瞒真相欺诈第三人的因素,在定性上容易存在争议。对此,我们应当区分情况对待:(1)盗窃记名的票据、金融凭证、信用卡,行为人不论是否采取其他欺骗行为,在兑现时,需冒充权利人行使权利从而取得载体物财产价值。由于"冒用"情形是票据诈骗罪、金融凭证诈骗罪、信用卡诈骗罪客观方面均要求的行为,故行为人如果冒充权利人兑现财产价值,则可以上述金融诈骗罪定罪量刑。(2)盗窃除上述以外记名的权利载体物,如果采用伪造银行预留印鉴、印章,仿冒持票人签名等形式兑现财产价值的,由于其后续欺骗行为是取得财产的关键行为,以票据诈骗罪追究刑事责任;如果盗窃的是印鉴齐全的载体物,兑现时无须另行提供身份证明等资料,将其兑现行为视为实现窃取物价值的事后不可罚行为,则以盗窃罪处理。

【指导案例】张泽容、屈自强盗窃案①——盗窃定期存单从银行冒名取款的行为如何定性

2003年年底的一天,被告人张泽容利用其在舅舅刘德彬家当保姆的机会,偷配了刘家大门和铁门的钥匙。2004年2月的一天,张泽容乘刘家无人之机,使用其私配的钥匙进入刘家,将刘放在卧室柜子里的一张15万元的定期存折及客厅桌子上刘德彬的身份证复印件盗走。事后,张泽容将此情况告知了被告人屈自强,并让屈自强帮忙取钱,屈自强表示同意,并约定取出钱后二人均分。因为领取大额定期存单需要存款人和取款人的身份证,张泽容便找人伪造了两张身份证,一张为刘德彬的,一张为印有屈自强照片的名为漆荣的身份证。同年3月6日,屈自强携带存折和两张假身份证来到中国银行大渡口区茄子溪储蓄所,将存折上的人民币15.2万元本金及利息共计人民币154 704元转为活期存折。随后,屈自强又分别在中国银行马王乡等储蓄所以及杨家坪自动取款机上将上述钱款取走。

对于盗窃与诈骗手法相交织的非法取财行为如何定性,应当主要看行为人非法取得财物时起决定作用的手段。本案中,被告人张泽容非法取得财物的主要手段或者说被害人丧失对财物的控制的根本原因在于存单被盗。也就是说,盗窃在被告人非法占有财物过程中起了决定作用。同时,从财产被害人来看,该财产的真正受害者是失主刘德彬而不是银行,刘德彬财产受侵犯不是因为受到诈骗所

---

① 参见邱丽萍:《张泽容、屈自强盗窃案——盗窃定期存单从银行冒名取款的行为如何定性》,载最高人民法院刑事审判第一、二、三、四、五庭主办:《刑事审判参考》(总第52集),法律出版社2007年版,第22—28页。

致,而是因为存单被秘密盗窃所致,因此张泽容行为的基本特征是盗窃而不是诈骗,应认定为盗窃罪。被告人屈自强的犯罪行为应如何定性,取决于张泽容盗窃定期存单在交付屈自强取款前所处的犯罪阶段是既遂还是未遂。由有价支付凭证的财产权益实现特点所决定,盗窃记名、可挂失的有价支付凭证的,不能把是否取得凭证作为区分既遂与未遂的标准。因为行为人盗窃这种有价支付凭证后,并不意味着已经获得了对凭证所记载财产的完全控制,行为人还必须去相关机构兑付财产,才能实际非法获取财产实现盗窃犯罪的目的,构成盗窃罪既遂;在盗窃行为既遂之前,如果他人参与将凭证代表的财产兑付的,仍然可以构成盗窃共犯。本案中,被告人屈自强明知存单是盗窃所得而接受张泽容的提议参与犯罪,帮助取款,属于事中共犯,应以盗窃罪定罪处罚。

十一、盗窃银行承兑汇票并使用的行为构成盗窃罪还是票据诈骗罪

(一) 裁判规则

对于盗窃票据并使用的行为如何定罪,应根据被害人丧失票据记载的财产是盗窃行为还是使用行为所致。银行承兑汇票是记名、可挂失、不能即时兑现的有价证券,持票人能够通过公示催告、诉讼、挂失止付等途径来避免损失,盗窃该类银行承兑汇票的行为并不必然使持票人的财产受损,只有进一步使用才能给持票人带来损失,故不应认定为盗窃罪,而应当以票据诈骗罪来认定。

(二) 规则适用

我国《刑法》第196条第3款规定:"盗窃信用卡并使用的,依照本法第二百六十四条的规定定罪处罚。"根据上述规定,盗窃信用卡并使用的应认定为盗窃罪。那么,针对盗窃银行承兑汇票并使用的行为是否也应当以盗窃罪来认定呢?答案是否定的。根据我国《刑法》第196条的规定,冒用他人信用卡属于信用卡诈骗的行为方式之一,而盗窃信用卡并使用的,当然也属于冒用他人信用卡,故原本应当认定为信用卡诈骗罪,但是《刑法》第196条第3款却将其规定为盗窃罪。因此,上述规定并非注意条款,而是拟制条款,即将原本不符合某种规定的行为也按该规定处理。拟制条款以法律规定为限,不能在其他法律没有明文规定的场合类推适用,故不能以刑法规定盗窃信用卡并使用的行为构成盗窃罪为由,认为盗窃汇票、本票、支票并使用的行为也构成盗窃罪。那么,针对盗窃银行承兑汇票并使用的行为,能否单独就其中的盗窃行为直接认定为盗窃罪呢?笔者认为,答案是否定的。根据《票据法》第15条的规定,银行承兑汇票是一种记名、可挂失、不能即时兑现、并且具有较多保护措施的有价证券,盗窃该类银行承兑汇票的行为并不必然使持票人的财产受损,而只有随后进一步使用票据才能给持票人带来财产损失,故不应认定为盗窃罪,而应当以票据诈骗罪来认定。

【指导案例】张平票据诈骗案①——盗窃银行承兑汇票并使用,骗取数额较大财物的行为,是构成盗窃罪还是票据诈骗罪

2008年6月12日下午,被告人张平至江苏省无锡市锡山区安镇镇林卫亚家,采用翻围墙、撬门锁等手段,窃得银行承兑汇票2张。后张平以其中一张银行承兑汇票向杨伟兑换现金人民币4万元,以另一张银行承兑汇票向王惠刚偿付结欠的货款人民币3万余元并兑换现金人民币1.7万元。林卫亚发现失窃后即向银行进行电话挂失,后又以公示催告程序向法院申请宣告被窃汇票无效,后法院作出除权判决,宣告上述汇票无效。

本案中,被告人张平盗窃的银行承兑汇票是记名、可挂失、不能即时兑现的有价证券,持票人能够通过公示催告、诉讼、挂失止付等途径避免自己的损失,盗窃该类银行承兑汇票的行为并不必然使持票人的财产受损。事实上,失窃人林亚平于被盗次日即向付款行电话挂失,后又向付款行所在地法院申请除权判决,宣告失窃票据无效,避免使自己受到财产损失。然而,被告人使用所窃汇票向他人兑换现金的行为,属于冒用他人票据的行为,并使接受汇票方因汇票被挂失而遭受财产损失。根据《刑法》第194条的规定,"冒用他人的汇票、本票、支票的"构成票据诈骗罪,故法院认定张平盗窃银行承兑汇票并使用的行为构成票据诈骗罪是适当的。

十二、被他人合法占有的本人财物,能否成为盗窃罪的犯罪对象

(一)裁判规则

本人财物在一定条件下也可以成为盗窃罪的客体,行为人秘密窃取他人保管之下的本人财物,如果事后借此向他人索取赔偿,这实际上是以非法占有为目的,应以盗窃罪论处。相反,如果行为人秘密窃取他人保管之下的本人财物,只是为了逃避处罚或者不愿将自己财物继续置于他人占有、控制之下,并无借此索赔之意的,因其主观上没有非法占有的故意,不以盗窃罪论处。同样,如果债权人为了实现债权而盗窃债务人的财物,在盗窃行为实施完毕后,及时告知债务人盗窃事宜,并声明只要债务人还款即归还所窃财物的,也可以不作为犯罪处理。

(二)规则适用

在司法实践中经常遇到行为人盗窃本人被他人合法占有的财物(如本人借给他人的财物、被执法机关依法扣押的本人财物)的情况,对此是否构成盗窃罪,涉及盗窃罪的客体界定,在刑法理论和司法实践中主要有三种观点:一是传统的"所

---

① 参见范莉、马小卫:《张平票据诈骗案——盗窃银行承兑汇票并使用,骗取数额较大财物的行为,是构成盗窃罪还是票据诈骗罪》,载最高人民法院刑事审判第一、二、三、四、五庭主办:《刑事审判参考》(总第77集),法律出版社2011年版,第1—9页。

有权说",这种观点是我国刑法理论通说。该种观点认为盗窃罪的法益是财产所有权,盗窃罪是对所有权整体的侵犯,而非对部分权能的侵犯,为此行为人自己盗窃自己所有的财产的,不能认定为盗窃罪。二是"占有说",认为盗窃罪侵犯的客体是他人对财物事实上的占有本身,盗窃他人合法占有的本人财物的行为,应当一概认定为盗窃罪。三是"中间说",该学说以"所有权说"为基础,以"占有说"为补充,认为行为人取回自己所有而为他人合法占有的财物,只要不具有非法占有目的,不构成盗窃罪;而对于对被他人非法占有的财物,行为人秘密将其取回的,不构成盗窃罪。

笔者同意"中间说"。随着市场经济的发展,财物所有权与其他权能相分离的情形越来越多,对这种相对独立的从所有权中分离出来的权能,刑法也应当予以保护,而所有权说显然在这方面存在缺陷。在这种情况下,本人所有的但为他人合法占有的财物,例如被他人占有的保管物、扣押物、抵押物等,这些财物相对于所有权人来说,可以成为盗窃罪的犯罪对象。① 当然,是否最终认定为盗窃罪,需要考虑行为人是否具有非法占有目的。一方面,对于行为人以非法占有目的从财产占有人处窃取财物的,这种情况一般表现为行为人从财物占有人处秘密窃取了本人的财物后,还以索赔等手段,要求保管人赔偿损失的情况。由于本人的财产在他人的合法占有之下,他人就对该财产负有保管责任,在保管期间财物丢失,应负赔偿责任。所以这种情况表面上来看窃取的是自己的财物,但实际上侵犯了他人的财产权,符合盗窃罪的本质特征,应当以盗窃罪处理。另一方面,由于在我国刑法理论和司法实践中,侵犯财产罪的犯罪客体一直被认为是他人对财产的所有权,而且需要被害人有实质的财产损害或损害危险。盗窃他人占有的本人财物的行为中,如果行为人主观上不具有非法占有的目的,其行为客观上也不会造成占有人财产的损失,不宜以盗窃罪论处。比如顾客擅自溜进旅馆服务台,将自己存放的提包私下取走,只是为了图省事,并不想找旅馆索赔,也未给旅馆造成财产损失。

【指导案例】陆惠忠、刘敏非法处置扣押的财产案②——窃取本人被司法机关扣押财物的行为如何处理

被告人陆惠忠与刘敏原系夫妻关系。2005年2月21日,江苏省无锡高新技术产业开发区人民法院(以下简称"开发区法院")受理了谢某与陆惠忠买卖纠纷一案。同年3月28日,法院判决陆惠忠于判决发生法律效力之日起10日内给付

---

① 对此,日本《刑法》第242条明确规定:"即便是自己的财物,如果为他人所占有,或者基于公务机关的命令而处于他人看护之下,也视为他人之财物。"
② 参见陈靖宇、陈利:《陆惠忠、刘敏非法处置扣押的财产案——窃取本人被司法机关扣押财物的行为如何处理》,载最高人民法院刑事审判第一、二、三、四、五庭主办:《刑事审判参考》(总第51集),法律出版社2006年版,第26—32页。

谢某货款人民币 2.5 万元。在诉讼期间，陆惠忠与刘敏协议离婚，约定所有财产归刘敏所有（包括登记在陆惠忠名下的号牌为苏 BB9162 的起亚牌轿车 1 辆），所有债务由陆惠忠负责偿还。因陆惠忠未在判决确定的履行期内支付货款，2005 年 4 月 29 日，谢某向开发区法院申请强制执行。5 月 10 日上午，开发区法院依法裁定扣押了陆惠忠所有的起亚牌轿车（号牌为苏 BB9162），并加贴封条后将该车停放于开发区法院停车场。当得知若陆惠忠不履行判决确定的付款义务，法院将依法拍卖该车的消息后，刘敏即唆使陆惠忠将汽车开回来。当天下午 5 时许，陆惠忠至开发区法院停车场，乘无人之机，擅自撕毁汽车上的封条，将已被依法扣押的起亚轿车开走。

本案定性的焦点在于被告人陆惠忠、刘敏是否具有非法占有的目的。如果有证据证明行为人窃取法院扣押的财物后，有向法院提出索赔的目的，或者已经获得赔偿的情况，则应当以盗窃罪认定；反之，如果没有非法占有目的，把自己所有而被司法机关扣押的财产擅自拿走，则不能以盗窃罪处理。从本案证据来看，二被告人主观上尚没有使法院扣押的财物遭受损失或非法索赔的目的，主要理由如下：(1) 被告人陆惠忠和刘敏，在得知他们的汽车被人民法院扣押后，即商量由刘敏到法院了解情况。刘敏听法官介绍说，如到时不以其他财产来履行债务的话，法院将拍卖扣押的汽车，以八折起拍，如无人竞拍，则再以八折往下降价拍卖，直至有人竞拍为止。根据刘敏的供述，她认为如此一来，10 万元买来的汽车，拍卖价将会大大低于这个价格，非常不划算。于是，她就唆使陆惠忠去把汽车偷偷开回。陆惠忠也供述到，他想可以将该车自己出卖后再来偿还债务。可见，被告人是因得知拍卖汽车将使价格大大降低，才去盗窃汽车的。(2) 在事发后，法院没有向他们询问车的情况，公安机关经排查后找到陆惠忠，陆即向公安机关如实供述了罪行，去法院偷车的目的如被告人供述，是为了自己的汽车不被法院强制拍卖而导致价值受损。(3) 案发后，行为人没有向司法机关索赔的行为，也缺乏判断行为人是否有非法占有目的的其他证据。综上，本案认定被告人具有非法占有目的的证据不足，因而其行为不构成盗窃罪。

【指导案例】叶文言、叶文语等盗窃案①——窃取被交通管理部门扣押的自己所有的车辆后进行索赔的行为如何定性？

2000 年 10 月 5 日，被告人叶文言驾驶与叶文语、林万忠共同购买的桑塔纳轿车进行非法营运，轿车被浙江省苍南县灵溪交通管理所查扣，存放在三联汽车修理厂停车场。后叶文言、叶文语与被告人王连科等人合谋欲将该车盗走，并购置

---

① 参见陈民城：《叶文言、叶文语等盗窃案——窃取被交通管理部门扣押的自己所有的车辆后进行索赔的行为如何定性》，载最高人民法院刑事审判第一庭、第二庭编：《刑事审判参考》（总第 43 集），法律出版社 2005 年版，第 37—44 页。

了两套与交通管理部门制服类似的服装。10日晚,叶文语等人爬墙进入三联汽车修理厂,换掉被链条锁住的轿车轮胎,陈先居乘停车场门卫熟睡之机打开自动铁门,与王连科、叶启惠一起将价值人民币9.2万元的轿车开走,并由叶文言与陈先居销赃得款人民币2.5万元。2001年1月8日,被告人叶文言、叶文语以该车被盗为由,向灵溪交通管理所申请赔偿。经多次协商,获赔人民币11.65万元。获赔后,叶文言分给共有人林某人民币5.5万元。

根据《刑法》第91条第2款之规定,由国家或者集体占有之私人财产以公共财产论。《刑法》之所以如此规定,是考虑到如果这类财物被盗或者灭失,国家或集体就负有赔偿责任,从而使财产受到损失。同样,对于遗忘物他人基于占有、控制之事实,负有保管和归还的义务。如果在占有期间财物丢失或毁损,占有人依法应负赔偿责任。从这个意义上说,遗忘物在他人占有、控制期间应当认为是他人即占有人的财产。① 当然,所有权人将被他人合法占有的财物秘密取回的是否构成盗窃罪,还需要结合行为人的主观目的而定。如果行为人事后向他人索取赔偿的,这实际上是以非法占有为目的,应以盗窃罪论处。反之,如果行为人只是为了逃避处罚,或者不愿将自己的财物继续置于他人占有、控制之下,并无借此索赔之意的,因其主观上没有非法占有的故意,不以盗窃罪论处。就本案而言,被告人叶文言、叶文语在自己的轿车被交通管理部门扣押后,虽拥有所有权,但在交管部门扣押期间,被扣车辆处于交通部门管理之下,属于公共财产。叶文言等人在深夜将被扣押车辆盗出后藏匿、销售,进而以该车被盗为由向交管部门索赔。因此,叶文言、叶文语等人的行为,实质上侵犯了公共财产所有权,应当以盗窃罪定罪处罚。

【指导案例】廖承龙、张文清盗窃案②——帮助他人盗回本属于自己公司经营的财产,如何定性

2011年6月,张华镇将一辆价值人民币7.8万元的本田雅阁轿车委托被告人张文清经营的汽车租赁有限公司出租。同年7月21日,被告人廖承龙使用伪造的名为"孙勤新"的机动车驾驶证,从张文清处租赁该本田轿车,签订租赁合同并交纳人民币2000元租车费后,将该车开回江西省丰城市。7月28日,廖承龙向廖梅借贷人民币4.5万元,并将租来的本田轿车质押给廖梅,双方约定廖承龙在10日内归还人民币5万元本息以赎回该车。廖承龙将借款

---

① 对此,日本《刑法》第242条规定:"虽然是自己的财物,但由他人占有或者基于公务机关的命令而处于他人看护之下,也视为他人的财物。"

② 参见贾莉:《廖承龙、张文清盗窃案——帮助他人盗回本属于自己公司经营的财产,如何定性》,载最高人民法院刑事审判第一、二、三、四、五庭主办:《刑事审判参考》(总第91集),法律出版社2014年版,第55—60页。

用于赌博,到期未能还款。同年11月5日,张文清找到廖承龙要车,廖承龙表示该车已被其当掉,无钱赎回。当晚,张文清与廖承龙在丰城市上塘镇找车未果,张文清回到金华市。11月7日,张文清通过浙江省某公司GPS定位系统发现该车停在丰城市上塘汽车站。11月8日,张文清、廖承龙来到上塘汽车站,廖承龙持张文清提供的备用钥匙,将该车从汽车站车库内开走并隐藏。11月9日廖承龙将该车交给张文清,张文清驾驶该车返回浙江途中被抓获。

盗窃罪需要破坏他人对财物的占有,那么,本案被害人廖梅对被盗车辆是否存在合法占有权呢?本案被告人廖承龙将骗得的租赁汽车质押给债权人廖梅,其与廖梅对质押汽车的处分无效。在此基础上,我们需要进一步分析廖梅取得行为是否属于善意取得。廖梅查看过该车行驶证,明知该车并非廖承龙所有,故其行为不属于善意取得,不能依照善意取得制度取得该车的质押权。尽管如此,相对于廖承龙而言,廖梅是基于合法借贷关系而占有该车,并履行了约定的对价给付义务,故可以继续占有该车辆。廖承龙盗窃后并未向廖梅声明是其将车盗回,意味着不论廖梅是否最终有权取得质押车的质权,根据质押合同其都需要向廖承龙承担质押车被盗的损失。为此,廖承龙的秘密窃取行为具有非法占有目的,符合盗窃罪的构成特征。由于被害人廖梅对涉案车辆不具有合法的质押权,被告人张文清基于所有权完全可以通过公力救济(如诉讼、行政调解等方式)要求廖梅返回车辆,但其却要求并协助廖承龙将该车盗走。由于廖承龙具有非法占有目的,其行为构成盗窃罪,张文清积极实施帮助行为,从行为性质上来看属于共同犯罪中的帮助犯,同样应当以盗窃罪论处。但张文清的犯罪行为毕竟有其特殊性:第一,本案的起因是张文清所属公司的租赁车辆被骗租,张文清作为廖承龙诈骗行为的受害者,为尽快挽回损失遂伙同廖承龙共同盗窃该车,属于事出有因,主观恶性和人身危险性较小。第二,张文清的盗窃行为最终目的是恢复受损的合法权益,在情理上具有目的正当性,只是采用的方法不当。第三,在伙同廖承龙实施盗窃行为的过程中,张文清始终基于恢复自身权利的目的对廖承龙进行帮助,要求廖承龙承担返还骗取汽车的责任,自己未直接动手盗窃。法院综合考虑张文清的行为目的及其在共同犯罪中的地位、作用,对其免予刑事处罚是适当的。

【指导案例】孙伟勇盗窃案①——**伪造证明材料将借用的他人车辆质押,得款后又秘密窃回的行为,如何定性**

2010年4月26日,被告人孙伟勇与梁建强、刘古银经预谋,由梁建强向其亲

---

① 参见陈娇莹、潘庸鲁:《孙伟勇盗窃案——伪造证明材料将借用的他人车辆质押,得款后又秘密窃回的行为,如何定性》,载最高人民法院刑事审判第一、二、三、四、五庭主办:《刑事审判参考》(总第84集),法律出版社2012年版,第44—48页。

咸弓寿喜借来一辆本田牌小汽车,并伪造了弓寿喜的身份证、机动车辆登记证书后,由刘古银冒充弓寿喜,与孙伟勇一起将该车以人民币7.2万元质押给被害人薛春强,并向薛作出还款赎回的书面承诺。得款后,孙伟勇与梁建强、刘古银共同分掉。同年5月8日,梁建强等人用事先另配的钥匙从薛春强处将车盗走并归还给弓寿喜。

被告人孙伟勇等人伪造了弓寿喜的身份证、机动车辆登记证等证件,并由刘古银冒充弓寿喜对小汽车进行质押,对此,薛春强并不知情。薛春强在质押过程中对孙伟勇提供的证件进行了认真、必要的审查,并未发现有任何异常,已经尽到了合理的注意义务。该车辆质押的价款与实际价值之间差异不大,质押价格合理。因此,应当认定薛春强在设立质押时是善意的。虽然孙伟勇等人无权对该小汽车设置质押,但薛春强支付了7.2万元的对价,基于善意取得制度,依法仍然能够取得对小汽车的质押权,且因小汽车已实际交付给薛春强占有,此时对薛春强来说,已经取得对小汽车的占有权,并不存在财产损失,故不构成诈骗罪。根据风险责任承担规则,在占有期间,风险一般由占有人承担。本案中,在薛春强占有小汽车期间,该小汽车的毁损、灭失风险,包括被盗的风险,由薛春强承担。孙伟勇等人从薛春强处盗窃质押的小汽车,客观上造成小汽车在质押期间灭失的既成事实,导致薛春强要为此承担抵押物灭失的责任。换言之,孙伟勇等人的盗窃行为,使薛春强因质押物的灭失而无法通过回赎收回先前支付的7.2万元,又失去了质押物,致使薛春强受到财产损失;而孙伟勇等人窃取小汽车后归还给弓寿喜,免除了向弓寿喜的赔偿义务,又谋取了7.2万元的非法所得。因此,孙伟勇盗窃质押物的行为应构成盗窃罪。

【指导案例】关盛艺盗窃案①——误将非债务人的财物作为债务人的财物加以盗窃的如何定性

2012年7月21日18时许,被告人关盛艺驾驶一辆面包车到广州市越秀区农林上路一横路13号大院,用事先准备的钥匙进入该大院内,窃得谢某放在该处的1张根雕茶几(价值人民币2.5万元)后逃离现场。2012年8月8日,关盛艺经传唤后向公安机关投案自首。同月22日,关盛艺将上述赃物上交公安机关。另查明,广州泽声现代文化传播有限公司(该公司法定代表人为苏玮,以下简称"泽声公司")拖欠关盛艺垫付的业务款人民币7000余元。本案案发前,泽声公司曾在广州市越秀区农林上路一横路13号大院办公。

---

① 参见林旭群、邹海娟:《关盛艺盗窃案——误将非债务人的财物作为债务人的财物加以盗窃的如何定性以及刑事审判中民事纠纷的基础事实严重影响到量刑的是否有必要审查确认》,载最高人民法院刑事审判第一、二、三、四、五庭主办:《刑事审判参考》(总第99集),法律出版社2015年版,第75—79页。

本案中，债权人关盛艺将第三人谢某某的财物误认为债务人苏玮的财物而加以盗窃，属于犯罪对象认识错误。但无论是债务人的财物还是第三人的财物，体现的法益性质相同，属于同一构成要件范围内的认识错误，对犯罪行为性质不产生实质影响。故即便关盛艺对犯罪对象不产生认识错误，实际窃取了债务人苏玮的财物，亦不影响以盗窃罪追究其刑事责任。被告人关盛艺为实现自己的债权，使用事先准备的钥匙进入他人院内，将院内存放的价值2.5万元的根雕茶几当作债务人的财产运走，该行为侵犯了他人的财产权利，在性质上属于盗窃行为。但是，如果债权人为实现债权而实施盗窃，在盗窃行为实施完毕后，及时告知债务人盗窃事宜，并声明只要债务人还款即归还所窃之物。在这种情形下，由于实现债权目的的正当性及后续实现债权的跟进行为对之前不法手段具有补救功能，使占有的非法性得到一定程度的"漂白"，对此种情形可以认定为犯罪情节显著轻微危害不大，不作为犯罪处理。但本案中，关盛艺可以通过合法途径实现其债权，却采用秘密窃取手段获取财物，其具备非法占有的目的。同时，关盛艺所窃取的财物价值明显高于其债权数额，其后续亦未实施实现债权的跟进行为，如通告债务人、向法院起诉对所窃财物进行诉讼保全等，其占有的非法性明显，故法院认定其构成盗窃罪适当。

十三、违禁品或其他非法财物能否成为盗窃对象及盗窃数额的计算

（一）裁判规则

关于盗窃罪的法益，除了财产所有权及其他财产权之外，还包括需要通过法定程序改变现状（恢复应有状态）的占有。尽管从法律上来说，违禁品和非法财物的持有人没有占有权利，但是对上述物品没收、追缴必须依照法定的程序进行，从法律意义上来说属于国家所有。在国家尚未通过法律程序没收之前，其他人随意破坏他人对违禁品的占有状态就可能构成盗窃罪。

（二）规则适用

关于盗窃罪的法益，除了财产所有权及其他财产权之外，还包括需要通过法定程序改变现状（恢复应有状态）的占有。所谓的"通过法定程序改变现状的占有"是指如果要违背占有人的意志改变其占有现状，就需要通过法定程序来实现，主要是指非法财物。非法财物包括两类财物：第一类是违禁品，即依照国家法律规定，除得到国家特别授权外，任何人均不得制造、持有、使用、运输、销售的特定物品。例如枪支、弹药、爆炸物、毒品、淫秽物品等；另一类是财物本身性质合法，但是由于行为人的违法行为，从而成为非法占有的财物，如违法犯罪的赃物或者赌资、嫖资等。对于违禁品，如果刑法已经规定了相应罪名的，不再另定盗窃罪。[①]

[①] 例如，根据《刑法》第127条的规定，盗窃、抢夺枪支、弹药、爆炸物的，或者盗窃、抢夺毒害性、放射性、传染病病原体等物质，危害公共安全的，以盗窃、抢夺枪支、弹药、爆炸物、危险物质罪定罚处罚。

而对于其他违禁品,如果没有规定相应罪名的,仍然构成盗窃罪。但对于未规定相应罪名的违禁品以及"本身性质合法,但持有或占有来源具有不法性或犯罪性"的财物,根据法律的相关规定持有者并不具有所有权,故行为人盗窃上述物品的,并不存在侵犯持有人对上述物品的所有权。但是,上述物品应当由国家予以没收、追缴或者退赔,故其所有权属于国家或者财物所有人,行为人盗窃上述物品的行为侵犯了国家或者财物所有人的所有权。行为人采用秘密窃取方式改变上述物品的权属状态,仍然符合盗窃罪的本质特征,应当认定为盗窃罪。可见,毒品等违禁品或赃物、赌资等其他非法财物,能够成为盗窃罪的犯罪对象。①

由于毒品等违禁品其本身不为法律所保护,没有合法的市场交易价格,故最高人民法院《关于办理盗窃刑事案件适用法律若干问题的解释》第1条第4款规定:"盗窃毒品等违禁品,应当按照盗窃罪处理的,根据情节轻重量刑。"考虑到"情节轻重"的弹性较大,具体认定起来较为困难;而且尽管国家禁止毒品等违禁物品在市场上流通,但违禁物品在地下黑市仍然在交易,故在计算价格时我们可以参考当地违禁物品的非法交易价格,来计算毒品等违禁品的数量大小。对此,最高人民法院《全国法院审理毒品犯罪工作座谈会纪要》(2000年)规定了一个参考标准,即"认定盗窃毒品犯罪数额,可以参考当地毒品非法交易的价格"。当然,需要说明的是,盗窃毒品等违禁品的,并不是以数额大小,而是以情节轻重作为定罪量刑的依据,因此,盗窃毒品的种类、数量,应当是判断盗窃情节轻重的一个主要依据、可资参考的一个重要方面,盗窃毒品的犯罪数额只是判断盗窃毒品行为是否构成犯罪、情节是否严重的参考,其本身并不是量刑依据,前述《解释》精神仍需贯彻执行。

【指导案例】薛佩军等盗窃案②——盗窃毒品如何定罪量刑?

刘继昌、徐建军均为吸毒人员。刘继昌得知张敢(已判刑)处有毒品,即与徐建军商量将该毒品盗走。2000年9月13日20时许,刘继昌、徐建军、薛佩军在北京市首都国际机场飞行员宿舍208室内,盗走张敢存放此处的耐克牌蓝色旅行包1个,内有安非他明类毒品MDA药片4万余片,总计10余千克。

对于盗窃合法财产的,盗窃数额容易计算,但对于盗窃非法财物的,计算盗窃

---

① 作为例外,在非法占有的情况下,相对于权利人(本权者)恢复权利的行为而言,该占有不是盗窃罪的法益。例如,甲盗窃了乙的手机,甲对手机的占有就属于需要通过法定程序改变现状的占有,但是本权者乙从甲处窃回手机,相对于乙恢复权利的行为而言,甲对手机的占有,就不是盗窃罪的保护法益,故乙不构成盗窃罪。但是相对于第三者而言,甲对手机的占有仍然是盗窃罪的保护法益,故第三者窃取该手机的,成立盗窃罪。

② 参见朱平:《薛佩军等盗窃案——窃毒品如何定罪量刑》,载最高人民法院刑事审判第一庭、第二庭编:《刑事审判参考》(总第27辑),法律出版社2002年版,第27—33页。

数额则比较复杂,有的甚至难以计算数额。非法财物包括两种情形:一是赃款、赃物,这类财产的取得方式虽然非法,但其本身具有价值,可以计算数额大小;二是不为国家法律保护的违禁品,如毒品、淫秽物品等。这类物品因其本身不为法律所保护,没有合法的市场交易价格,故最高人民法院《关于审理盗窃案件具体应用法律若干问题的解释》(1998年)第5条第(8)项规定,盗窃违禁品,按盗窃罪处理的,不计数额,根据情节轻重量刑。但是,盗窃违禁品的数量大小也是认定情节的一个重要参考。考虑到"情节轻重"的弹性较大,最高人民法院《全国法院审理毒品犯罪工作座谈会纪要》(2000年)规定了一个参考标准,即"认定盗窃毒品犯罪数额,可以参考当地毒品非法交易的价格"。应当说明的是,盗窃毒品等违禁品的,并不是以数额大小,而是以情节轻重作为定罪量刑的依据,盗窃毒品的犯罪数额只是判断盗窃毒品行为情节是否严重的参考。在本案中,被告人盗窃安非他明类毒品MDA10余千克、4万余片,数量属于特别巨大。即使参考北京地区毒品黑市交易价格计算,其盗窃毒品的参考数额亦属特别巨大,根据本案的犯罪情节,一、二审法院在情节特别严重的法定刑幅度内追究被告人的刑事责任是适当的。

十四、关于盗窃罪与诈骗罪的区别

(一) 裁判规则

区分盗窃罪与诈骗罪的关键在于,行为人是否实施了使他人陷入错误认识的欺骗行为,以及被害人是否基于该错误认识而处分财产。如果不存在被害人处分财产的事实,就不可能成立诈骗罪,而应认定为盗窃罪。在盗窃银行存款的案件中,当行为人利用技术手段将他人存款债权转移到自己账户之中,自该存款被划入个人存款账户内时起,行为人已经在事实上通过该存款账户取得了转入款项的所有权,其盗窃行为已经既遂。此后,行为人到银行支取现金只是盗窃行为的自然延续,不影响其行为的性质。

(二) 规则适用

盗窃罪与诈骗罪是两种常见的财产型犯罪,在一般情况下不会发生混淆。然而,在某些复杂的案件中,行为人为了达到非法占有他人财物的目的,交互采用欺骗与秘密窃取等手段与方法。其中,盗窃行为中经常伴有欺诈性,因为通过欺诈可以掩盖盗窃行为,使其得以顺利的实施;同样,欺诈行为中也常伴有隐蔽性,因为不隐蔽,诈术就会被揭穿,不可能得到实施。面对这些盗窃与诈骗行为相交织的情形,由于我国《刑法》第264条、第266条对盗窃罪和诈骗罪的罪状规定得比较简单,直接以"盗窃"和"诈骗"叙明两罪的罪状,仅根据上述法条对两罪罪状所作的描述,我们难以对这些案件准确定性。有观点认为,在这种情况下,应当以取财的决定性手段来定性。如果决定性手段是骗就是诈骗,反之就是盗窃。这种观点从理论上看似通俗易懂,但是难以适用于实践中一些复杂情形。因为取财手段的决定性大小在复杂案件中本身就很难被量化,中间存在很大的弹性空间,而且完全以此来定性,容易依据起决定性作用的事前与事后的秘密掩盖行为来定性,从而违背了定案的逻辑基础。为此,在对这些案件进行认定时,需要进一步分析两罪客观行为的逻辑结构。从两罪的逻辑结构可以看出,其本质区别在于被害人针对财物是否存在处分行为。

对于诈骗罪中的处分行为,要求以具有处分(交付)意思为必要,这不仅要求受骗者有处分意思能力,还要求其对所交付的具体财物有明确的认识。在交易过程中,被害人认识的内容不仅包括被骗财物的种类、名称、数量、颜色等外观物理特征,还包括财物的性质、质量、重量、价值等内在属性。有观点认为,诈骗罪中的处分行为,要求被害人对所处分财物必须有全面、完整、清晰的认识,否则就没有处分意识,不能认定为处分行为。上述说法貌似很有道理,实际上是对诈骗罪中处分意识这一概念的误解。因为诈骗罪中的行为人都要实施虚构事实、隐瞒真相的行为,被害人都会陷入一定的认识错误,进而做出带有瑕疵的处分行为。在这种情况下,要求被害人对所处分财物的外在特征与内在属性均有正确的认识显然是不切实际的。那么,被害人对所处分的财物需要达到何种认识程度,方能成立"处分行为"呢?笔者认为,被害人至少需要认识到所处分财物的种类、名称等外观物理特征,即知道自己是在对什么东西进行处分。当被害人对自己所处分财物的上述物理外观存在认识时,尽管由于行为人的欺骗行为而对财物的质量、价格等内在属性产生了错误认识,仍然不影响处分意识的成立,成立诈骗罪;反之,如果行为人直接针对财物本身采取秘密窃取手段,使得受骗者对所转移财产的外观物理特征亦没有认识,即不知道自己处分的是何种财物甚至不知道已经处分了自己的财物,由于不存在处分认识,故不成立诈骗罪,而应以盗窃罪论处。

需要注意的是,财产性利益也可以成为盗窃罪的犯罪对象。在盗窃银行存款的案件中,有必要区分存款具有的两种不同含义:一是指存款人对银行享有的债权,二是存款债权所指向的现金。根据银行储蓄业务的特点,储户将个人资金存入银行,由银行占有资金,储户则通过存单实现其对该存款的权利,即通过存单来实现其对该款的处分——可随时支取该款。可见,存款账户本人无论是从事实上还是从法律上,都占有存款债权。当行为人利用技术手段将他人存款债权转移到自己账户之中,自该存款被划入个人存款账户内时起,行为人已经在事实上通过该存款账户取得了存入款项的债权,即行为人可随时支取存款账户内钱款,其盗窃行为已经既遂。此后,行为人到储蓄所支取现金只是盗窃行为的自然延续,不影响其行为的性质。而且,行为人在取款过程中也并不存在欺骗行为。因为被告人所持的存折是事先在银行所开立的真实的存折,密码也是真实的,存折内的存款金额虽然是行为人通过非法手段转入的,但银行工作人员根据其工作程序,按照其账户内显示的金额支付行为人所支取的现金,并不存在被诈骗的因素。

【指导案例】臧进泉等盗窃、诈骗案①——利用信息网络进行盗窃与诈骗的区分

2010年6月1日,被告人郑必玲骗取被害人金某人民币195元后,获悉金某的建设银行网银账户内有30.5万余元存款且无每日支付限额,遂电话告知被告人臧进泉,预谋合伙作案。臧进泉赶至网吧后,以尚未看到金某付款成功的记录为由,发送给金某一个交易金额标注为1元而实际植入了支付人民币30.5万元的计算机程序的虚假链接,谎称金某点击该1元支付链接后,其即可查看到付款成功的记录。金某在诱导下点击了该虚假链接,其建设银行网银账户中的人民币30.5万元随即通过臧进泉预设的计算机程序,经上海快钱信息服务有限公司的平台支付到臧进泉提前在福州海都阳光信息科技有限公司注册的"kissa123"账户中。臧进泉使用其中的人民币116 863元购买大量游戏点卡,并在"小泉先生哦"的淘宝网店上出售套现。

本案中,臧进泉和被告人郑必玲在得知金某网银账户内有存款后,即产生了通过植入计算机程序非法占有该存款的目的;随后在网络聊天中诱导金某同意支付1元钱,而实际上制作了一个表面付款"1元"却支付30.5万元的虚假淘宝网链接,致使金某点击后,其网银账户内30.5万元即被非法转移到臧进泉注册的账户中。在此过程中,金某具有处分"1元"的意思和行为,但是在点击被告人设置的虚假淘宝网链接后,网银账户内30.5万元被转移到臧进泉注册的账户中。那么,对于这30.5万元是否属于基于错误认识而处分的呢?笔者认为,对于所处分的财物,被害人至少需要认识到所处分财物的种类、名称等外观物理特征,即知道自己是在对什么东西进行处分。如果行为人直接针对财物本身采取秘密窃取的手段,使得受骗者对所转移财产的外观物理特征亦没有认识,即不知道自己处分的是何种财物甚至不知道已经处分了自己的财物,由于不存在处分认识,故不成立诈骗罪,而应以盗窃罪论处。本案中,金某在点击被告人提供的淘宝网链接时,只有处分1元的意思,根本不具有处分30.5万元的意思,故针对该财物被害人并不存在处分认识与行为,不能认定为诈骗罪,而应当以盗窃罪定罪处罚。

【指导案例】郝景文、郝景龙盗窃案②——利用计算机盗划银行资金再到储蓄所取款的行为如何定性

1998年6月至7月间,被告人郝景龙、郝景文兄弟因经济拮据,商议使用调制解调器通过电话线将自己使用的计算机与银行的计算机系统连接,侵入银行的储

---

① 参见最高人民法院发布的第27号指导案例。
② 参见裴显鼎审编:《郝景文、郝景龙盗窃案——利用计算机盗划银行资金再到储蓄所取款的行为如何定性》,载最高人民法院刑事审判第一庭编:《刑事审判参考》(总第8辑),法律出版社2000年版,第24—30页。

蓄网点计算机系统进行盗窃。郝景龙制作、调试了侵入银行计算机系统的装置，并向郝景文传授安装方法。9月22日凌晨，郝景文到白鹤储蓄所，将侵入银行计算机系统装置的一部分与该所计算机连接。当日12时许，郝景龙指使郝景文打开侵入银行计算机系统装置的遥控开关，在郝景文租赁的房屋内通过操作计算机，从白鹤储蓄所往来账上分别向以吕俊昌、王君等假名开立的16个活期存款账户各汇入4.5万元，共计72万元。嗣后，郝景龙、郝景文利用银行的通存通兑业务，在扬州工行下设的瘦西湖等8个储蓄网点取款计26万元。

本案中，被告人制作侵入银行计算机信息系统的装置，并秘密将侵入装置与银行计算机信息系统连接，通过操纵计算机将银行资金转入个人存款账户，然后再从储蓄所提取账户内的钱款。根据银行储蓄业务的特点，储户将个人资金存入银行，由银行占有资金，储户则通过存单实现其对该款的权利，即通过存单来实现其对该款的处分——可随时支取该款。两被告人通过非法操纵计算机将银行资金72万元划入个人存款账户，自该资金被划入个人存款账户内时起，已经在事实上通过该存款账户取得了存入款项的债权，其盗窃行为已经既遂，后到储蓄所支取现金只是盗窃行为的自然延续，不影响其行为的性质。而且，被告人在取款过程中并不存在欺骗行为。被告人所持的个人活期储蓄存折是事先在工商银行储蓄所开立的真实存折，存折内输入的存款金额虽然是被告人通过非法手段转入的，但储蓄所工作人员根据其工作程序，按照其账户内显示的储蓄金额支付被告人所支取的现金，并不存在被诈骗的因素。事实上，对于资金合法所有人银行来说，其资金是被盗，只是行为人采用了高科技手段将他人资金将入自己包内罢了，而非传统的撬门入室。

【指导案例】李路军金融凭证诈骗案[1]——金融机构工作人员利用工作之便，以换折方式支取储户资金的行为构成盗窃罪还是金融凭证诈骗罪

2005年11月初，被告人李路军被调离青州市益都农村信用合作社玲珑分社到益都农村信用合作社工作后，因怕挪用单位资金的事实被发现，遂产生携款潜逃的想法。2005年11月13日上午，李路军窜至益都农村信用合作社玲珑分社，趁其他工作人员不备之机，窃取了储户"郭生忠""张立祥"的个人存款信息资料，并换了两本"一本通"存折，把两个储户的存款转移到了新办的两个存折上，并加盖了玲珑分社的公章。后李路军携带伪造的户名为"郭生忠""张立祥"的"一本通"存折，先后窜至青州市城区信用社营业厅、城里分社、车站分社等，共计提取人民币84.9万元。

---

[1] 参见杨金华：《李路军金融凭证诈骗案———金融机构工作人员利用工作之便，以换折方式支取储户资金的行为构成盗窃罪还是金融凭证诈骗罪》，载最高人民法院刑事审判第一、二、三、四、五庭主办：《刑事审判参考》（总第54集），法律出版社2007年版，第18—24页。

本案中，被告人李路军利用工作便利(而非职务便利)趁其他工作人员不备之机窃取他人的存款信息资料并据此换折的行为，虽然具有一定的秘密性，但该行为并不等于实际占有了储户的财产，只是为下一步非法实施提取存款做准备。在盗窃与诈骗行为交织的案件中，如何定罪取决于被害人的财产损失系何种行为直接所致。本案中，李路军利用伪造的存折支取他人存款，这种占有是通过信用社的付款行为来实现的。信用社对于存款的交付是有明确认识的，但这种认识是一种错误认识，即误认为存折是合法有效的，且李路军是合法取款人，而这正是李路军使用伪造存折冒充真实存款人取款的结果。可见，李路军非法取得财产的过程并不符合秘密窃取的特征，其使用伪造的存折提款是一种虚构事实、隐瞒真相诱使信用社陷入认识错误并"自愿"交付存款的诈骗行为，符合金融凭证诈骗罪的行为特征。需要说明的是，本案储户的存折虽经李路军伪造并被提取了存款，但原存折仍是合法有效的存折，储户凭其存折能够向信用社主张提款的权利，而信用社在储户到期提款时也必须无条件向其支付存款本息。因此，本案中实际上遭受财产损失的是信用社而不是储户，信用社才是本案的被害人。

十五、发生在家庭成员和亲属之间的偷盗案件应当如何处理

(一) 裁判规则

发生在家庭成员和近亲属之间的偷窃案件，一般可不按犯罪处理；对确有追究刑事责任必要的，处罚时也应与在社会上作案的有所区别。尽管数额是认定盗窃罪情节轻重的主要依据，但对于发生在家庭成员和近亲属之间的偷盗案件，仍然不能"唯数额论"，即使是数额巨大甚至是特别巨大，也可以综合考虑犯罪手段、犯罪对象、退赃情况及社会反应等情况，根据《刑法》第13条之规定不作为犯罪处理，或者根据《刑法》第37条的规定将其认定为"情节轻微不需要判处刑罚"从而免予刑事处罚。

(二) 规则适用

与发生在社会上的侵财案件不同，侵占自家财物或者近亲属财物的行为具有特殊性。一方面，家庭的财产关系比较复杂，家庭财产多为共有财产，家庭成员对于共有财产拥有平等的占有、使用、收益和处分的权利，相互之间还具有抚养、赡养、监护、继承等人身和财产方面的权利义务关系。由于长期共同生活和财产在生产、交换、分配、消费过程中的频繁流转，家庭成员之间的财产权利往往很难划分清楚，难以确定犯罪的具体对象。即使财产能够区分清楚，侵占自己家里和近亲属的财物与发生在社会上的侵财案件相比，行为人的主观恶性相对不大，社会危害的范围和程度也相对较小，一般不致影响社会公众的利益和安全感；另一方面，家庭成员和近亲属之间发生侵财案件的原因和情况也比较复杂，而且受害人报案后，一旦知道系由自己的近亲属所为，出于亲情或者其他种种原因，一般都不愿继续诉诸司法程序，追究作案亲属的刑事责任。在这种情况下，如果司法机关

主动进行刑事追诉,将给受害人及其家庭带来不必要的消极影响,社会效果也并不好。对此,《关于审理抢劫、抢夺刑事案件适用法律若干问题的意见》第7条规定:"为个人使用,以暴力、胁迫等手段取得家庭成员或近亲属财产的,一般不以抢劫罪定罪处罚。"同样,最高人民法院、最高人民检察院《关于办理盗窃刑事案件适用法律若干问题的解释》第8条前半段规定"偷拿家庭成员或近亲属的财物,获得谅解的,一般可不认为是犯罪"。

当然,上述关于抢劫、盗窃自己家的财物或者近亲属的财物的规定,仅仅是一般不按犯罪处理,但也并不排除刑事追究的可能性。比如,行为人教唆或者伙同他人采取暴力、胁迫等手段劫取家庭成员或近亲属财产的,可以抢劫罪定罪处罚。同样,多次盗窃近亲属财物屡教不改,或者盗窃近亲属财物数额巨大,或者盗窃近亲属财物进行违法犯罪活动,被盗的近亲属强烈要求司法机关追究其刑事责任的案件等,也可以盗窃罪定罪处罚。即使在这种情况下,司法机关处理相关具体案件时,也应当充分注意行为人所侵占的毕竟是自己近亲属的财物这一特殊性,根据案件事实、法律规定和刑事政策,综合考虑行为人侵占财产的次数、侵占财物的价值、给近亲属造成的损失、行为人和被害亲属关系的远近及案发后的反应等情况,慎重确定是否有追究被告人刑事责任的必要。对此,《关于办理盗窃刑事案件适用法律若干问题的解释》第8条后半段规定:"追究刑事责任的,应当酌情从宽。"这一规定虽然没有明确列举哪些情形属于"追究刑事责任的",也没有具体指出处罚上应当如何"酌情从宽",但是提醒司法机关在定罪时要格外慎重,在处罚上要考虑必要的从宽。理由就在于盗窃自己家庭和近亲属财物的行为,在社会危害的范围和程度方面是有限的,也就是《刑法》第13条规定的"情节显著轻微危害不大",故一般情况下司法机关不作为犯罪追究。司法机关认为确有追究必要的,也应当尽量不考虑判处监禁刑,而选择判处缓刑或管制刑,或者仅仅定罪而不处罚,这样可以使其不脱离家庭和亲属,更有利于家庭和亲属关系的缓和,更有利于对其进行教育挽救,从而更好地实现刑罚特殊预防和一般预防的双重目的。

【指导案例】文某被控盗窃案[①]**——处理家庭成员和近亲属之间的偷窃案件应当注意的刑事政策**

被告人文某之母王某是文某的唯一法定监护人。1999年7月间,文某因谈恋爱遭到王某反对,被王某赶出家门。之后,王某换了家里的门锁。数日后,文某得知其母回娘家,便带着女友撬锁开门入住。过了几天,因没钱吃饭,文某便同女友先后3次将家中康佳21寸彩电1台、荣事达洗衣机1台、容声冰箱1台、华凌分体空调4台变卖,共得款人民币3150元。案发后,公安机关将空调1台和洗衣机1

---

① 参见王季军:《文某被控盗窃案——处理家庭成员和近亲属之间的偷窃案件应当注意的刑事政策》,载最高人民法院刑事审判第一庭、第二庭编:《刑事审判参考》(总第13辑),法律出版社2001年版,第24—29页。

台等物品追回。

本案被告人文某在作案时年龄为17周岁,虽然已经符合追究刑事责任的年龄要求,但仍属于未成年人,且没有固定的经济收入和独立生活的能力,其母亲作为唯一法定监护人,对其负有抚养和监护的义务。即使其母亲对文某过早谈恋爱有权提出批评和进行管教,但不应当放弃抚养的义务和监护的职责,让其脱离监护单独居住,更不应该迫使其离家出走。被告人文某因谈恋爱引起其母亲不满而被赶出家门后,无生活来源,于是趁其母亲不在家的时候,与其女友撬开家门入住,并将家中物品偷出变卖,其目的是为了自己及女友的生活所用,其偷拿自己家庭财产的行为与在社会上作案不同,社会危害性不大,被盗财物已追回或已赔偿,损失也不大,依法不应当追究刑事责任。

【指导案例】杨飞侵占案①——如何理解和认定侵占罪中的"代为保管他人财物"

自诉人赵伟良诉称,其系大唐卫达袜厂业主,自2007年上半年开始,其将袜子分批交由杨飞父亲杨作新的定型厂定型。同年8月下旬,其发现有人在出售自己厂里生产的袜子,遂报案。公安机关经侦查发现,系杨飞将赵伟良交付杨作新定型的袜子盗卖给他人。公安机关追回袜子62包,每包300双至500双,价值共计人民币87 420元以上。为此,赵伟良以被告人杨飞犯侵占罪,向浙江省诸暨市人民法院提起诉讼。被告人杨飞及其辩护人提出,侵占罪的对象限于代为保管的他人财物,而杨飞没有接受自诉人赵伟良的委托,且不存在拒不退还情节,故杨飞的行为不构成侵占罪,请求宣判杨飞无罪。诸暨市人民法院经审理查明:杨飞的父亲杨作新系从事袜子加工业务的个体工商户,系家庭经营,但主要由杨作新夫妇二人负责经营。从2007年上半年始,自诉人赵伟良将部分袜子委托杨作新加工定型。其间,杨飞将赵伟良委托加工定型的袜子盗卖给他人。经公安机关追回的袜子共计62包,每包300双至500双不等,均已发还自诉人。

本案中,杨飞采取秘密窃取的手段,将自诉人委托其父母加工而由其父母实际占有的袜子盗卖出去,形式上完全符合盗窃罪的构成特征。但本案属于发生在家庭内部的盗窃案件,对于此类盗窃案件的处理,《关于办理盗窃刑事案件适用法律若干问题的解释》规定一般可不按犯罪处理;追究刑事责任的应当酌情从宽。原因在于:第一,这种盗窃行为侵害的是家庭共有财产或者近亲属的财产,亲属关系的存在一定程度上淡化了所有者对财产权的强烈保护需求和由此产生的利害

---

① 参见聂昭伟:《杨飞侵占案——如何理解和认定侵占罪中的"代为保管他人财物"》,载最高人民法院刑事审判第一、二、三、四、五庭主办:《刑事审判参考》(总第70集),法律出版社2010年版,第60—65页。

冲突,故与发生在社会上的其他盗窃行为的社会危害性差别较大,一般不属于严重危害社会治安的犯罪,处理时进行区别对待符合宽严相济的政策精神。第二,从我国传统亲情观念出发,民众一般不认为盗窃家庭或者近亲属的财物构成犯罪,案件发生后一般也会对盗窃者给予谅解,不希望追究其法律责任,更不希望追究其刑事责任。因此,如果不考虑此类盗窃的特殊性而与发生在社会上的一般盗窃在处罚上相区别,社会效果不好。第三,对此类案件一般不作为犯罪处理,客观上给盗窃者以改过自新的机会,一般不会有再犯的危险,也有利于维护家庭稳定和亲属之间的团结和睦。基于这些理由,笔者认为,虽然本案被告人杨飞盗窃的袜子的价值达8万余元,数额巨大,但鉴于其盗卖袜子造成的损失最终由其父母承担赔偿责任,且其父母也愿意积极赔偿自诉人的经济损失,其盗窃行为的社会危害性大大降低,从贯彻上述司法解释规定的精神和宽严相济刑事政策角度出发,不以盗窃罪追究其刑事责任有利于实现案件处理的良好社会效果。

十六、行为人盗窃他人财物后,向他人索要钱财赎回的行为如何定性

(一) 裁判规则

行为人盗窃他人财物,后以归还财物相要挟,向被害人索要钱财,被害人为了要回被盗窃财物,被迫按照行为人的要求将被勒索的钱款汇入或交给行为人。上述行为同时触犯了盗窃罪和敲诈勒索罪,系牵连犯,应从一重处断。从司法实践来看,此类案件行为人所窃取的往往是诸如机动车车牌、权利凭证等特殊物品,可以被害人实际遭受的经济损失来计算盗窃数额。

(二) 规则适用

行为人盗窃他人财物,后以归还财物相要挟,向被害人索要钱财,被害人为了要回被盗窃财物,而被迫按照行为人要求将被勒索的钱款汇入或交给行为人。行为人确认款项到账后,即电话告诉被害人藏匿所窃财物地点,让被害人自行找回。上述行为触犯了盗窃罪和敲诈勒索罪两个罪名,其中,被告人实施盗窃行为是为实施敲诈勒索行为创造条件,盗窃行为和敲诈勒索行为都是围绕一个最终犯罪目的——勒索钱财,因而两个犯罪行为之间在客观上具有手段与目的牵连关系,而且被告人对这种牵连关系具有明确的认知,成立牵连犯。对牵连犯,除法律明文规定外,其处理原则是从一重罪定罪处罚。需要注意的是,从司法实践来看,此类案件行为人所窃取的物品往往具有特殊性。这种特殊性表现在:其一,涉案财物往往不是普通商品,对被告人来说通常不具有使用价值和价值(或者价值微小),否则被告人就可以直接占有该财物享受其使用价值,或者通过交易获取其价值,而无需向被害人勒索财物,将自己的犯罪事实告知被害人,增加被抓获的风险。其二,被窃取的财物对被告人虽然没有使用价值和价值,但是对于被害人而言却具有特殊的使用价值,而且一旦失去这些物品便会遭受较大经济损失,这样被害人才有赎回的愿意进而满足行为人的勒索要求。

以机动车车牌、权利凭证为例，如果行为人窃取这些物品之后向被害人勒索到了数额较大甚至巨大的财物，以敲诈勒索罪来认定通常不存在问题。但如果行为人尚未开始实施勒索行为或者仅勒索到少量财物即被抓获的，因敲诈勒索罪具有数额要求（除多次敲诈勒索外），此时可能就难以认定为敲诈勒索罪。那么，能否以盗窃罪来认定呢？我们知道，除多次、入户等特殊盗窃外，普通盗窃罪的构成同样具有数额上的要求。如前所述，车牌、记名有价权利凭证本身不是商品，不具有交换价值，无法通过市场交易来反映出其价值大小。但这些物品对被害人来说具有特殊的使用价值，一旦丢失就会遭受经济损失。例如，轿车车牌被盗轿车就不能上路，重新上路就需要支付费用补办牌照；同样，权利凭证丢失可能丧失权利凭证上所记载的钱财。从这个意义上来讲，被害人因盗窃所遭受的经济损失就是需要支付的补办牌照费用或者因权利凭证丢失而遭受的经济损失，尽管上述费用或者损失并没有为被告人所获得，但仍然可以将其认定为盗窃数额。对此，根据最高人民法院、最高人民检察院在《关于办理盗窃刑事案件适用法律若干问题的解释》第5条的规定，盗窃记名的有价支付凭证、有价证券、有价票证，没有兑现，但失主无法通过挂失、补领、补办手续等方式避免损失的，按照给失主造成的实际损失计算盗窃数额。

【指导案例】张超群、张克银盗窃案①——窃取他人挖掘机电脑主板后向被害人索取钱财的行为如何定罪处罚

2005年9月20日至10月15日，被告人张超群伙同被告人张克银等人，分别窜至浙江省湖州市开发区等地，先后8次从挖掘机内窃得电脑主板8块，共计价值人民币92 580元。窃后将电脑主板藏匿于附近草丛中、坟墓旁等地，并在挖掘机内留下联系电话号码，以汇款入指定账户才将电脑主板归还相要挟，向挖掘机主共计索得人民币5万元。索得钱财后，张超群、张克银将藏匿电脑主板地点告知机主，机主据此找回了电脑主板。

本案中，被告人张超群、张克银盗窃电脑主板的行为属于手段行为，打电话要挟索要财物属于目的行为，分别触犯了盗窃罪和敲诈勒索罪两个罪名。对于牵连犯罪，除法律明文规定外，其处理原则是从一重罪定罪处罚。就本案而言，从法定刑上来比较，盗窃罪的最高法定刑为无期徒刑，而敲诈勒索罪的最高法定刑为10年以上有期徒刑，这说明对盗窃罪的处罚要重于敲诈勒索罪。从实际应当判处的刑罚来看，如果将本案认定为盗窃罪，那么财物价值达到人民币92 580元，属数额巨大，可在3年至10年有期徒刑幅度内决定刑期，且应当判处接近10年有期徒刑

---

① 参见陈克娥：《张超群、张克银盗窃案——窃取他人挖掘机电脑主板后向被害人索取钱财的行为如何定罪处罚》，载最高人民法院刑事审判第一、二、三、四、五庭主办：《刑事审判参考》（总第54集），法律出版社2007年版，第35—41页。

的刑罚,并处罚金;如果认定为敲诈勒索罪,勒索数额为人民币5万元,虽然也属于数额巨大,也可在3至10年有期徒刑范围内决定刑期,并处罚金,但认定的犯罪数额比盗窃数额要少得多,而且无论敲诈勒索犯罪情节多么严重、数额多大,最高也只能判处10年以上有期徒刑,显然以敲诈勒索罪来认定应判处的刑罚要低于盗窃罪。因此,法院改变指控罪名,对被告人张超群以盗窃罪定罪处罚是正确的。

【指导案例】杨聪慧、马文明盗窃机动车号牌案[①]——**以勒索钱财为目的盗窃机动车号牌的如何定罪处罚**

2008年3月16日至3月20日期间,被告人杨聪慧以盗取他人汽车号牌后敲诈钱财为目的,组织并伙同被告人马文明等人,先后在江苏省昆山市集街甲子弄口等地,采取强掰车牌的方式多次盗窃汽车号牌22副。被害人补办车牌所需的费用为人民币105元/副,被告人杨聪慧所盗窃机动车号牌的补办费用共计人民币1470元,被告人马文明所盗窃机动车号牌的补办费用共计人民币840元。2008年3月20日凌晨,公安机关将二被告人抓获归案。

本案中,被告人杨聪慧、马文明盗窃他人机动车号牌是为了以此向有关号牌所有人勒索钱财,因为机动车号牌本身没有什么经济价值,其盗窃机动车牌照只是为了向号牌所有人实施敲诈勒索,达到非法获取钱财的目的。因此,盗窃机动车号牌的行为属于手段行为,勒索钱财行为属于目的行为,二者之间存在牵连关系。对于牵连犯,一般应择一重罪进行定罪处罚。如果行为人敲诈得手后归还所窃取的车牌,并达到追诉标准的,当然触犯了敲诈勒索罪。但如果行为人未能敲诈到钱财并且将车牌随意丢弃的,由于不存在敲诈勒索的数额,此时就难以认定为敲诈勒索罪。[②] 那么,在此情况下能否以盗窃罪来定罪处罚呢?由于盗窃罪同样有数额较大的要求(多次、入户、携带凶器盗窃除外),接下来的问题是如何来认定盗窃数额。盗窃罪属于侵财犯罪,其盗窃财产的数额一般就是被害人的财产损失数额。机动车牌照本身不能买卖,不具有经济价值,但其具有使用价值,所有人需支付相应办理牌照的费用才能获取,从这个意义上讲,被害人因盗窃所遭受的经济损失就是需支付的补办牌照费用,虽然此部分费用被告人并未获取,但确属被害人遭受的经济损失,由于侵财犯罪中有些情况下犯罪人非法获财情况与被害人损失情况并不一致,但并不妨碍将其未实际获取的部分认定为犯罪数额,因此本案中以被害人补办车牌所需的费用作为盗窃数额符合侵财犯罪的立法目的。

[①] 参见刘扬:《杨聪慧、马文明盗窃机动车号牌案——以勒索钱财为目的盗窃机动车号牌的如何定罪处罚》,载最高人民法院刑事审判第一、二、三、四、五庭主办:《刑事审判参考》(总第70集),法律出版社2010年版,第54—59页。

[②] 当然,《刑法修正案(八)》在敲诈勒索罪中将多次敲诈勒索行为入罪之后,如果多次敲诈勒索的,即使没有得逞也可以认定为敲诈勒索罪。

综上，本案二被告人以勒索钱财为目的多次盗窃他人机动车号牌，未来得及向有关号牌所有人勒索钱财即被抓获，虽未实现勒索钱财的目的，但其盗窃行为已经既遂，因此法院对其二人以盗窃罪进行定罪处罚是正确的。

十七、关于盗窃罪与侵占罪、职务侵占罪的区分

(一) 裁判规则

盗窃罪属于转移占有型财产犯罪，行为人非法占有的财物只能是他人占有的财物，对自己占有的财物不可能成立盗窃罪；侵占罪属于非转移占有型财产犯罪，是变合法占有为非法所有，行为人在实施侵占行为时，所侵占的财物已在行为人的合法控制之下，此外还包括侵占脱离占有物即侵占遗忘物或者埋藏物。所以，判断财物是否脱离占有、处于谁的占有之中，是判断行为成立侵占罪还是盗窃罪的关键。

(二) 规则适用

1. 关于盗窃罪与侵占罪的区分。代为保管情形下的侵占罪与盗窃罪的不同之处在于：(1)从非法占有目的产生时间来看，侵占罪的非法占有目的往往产生于合法占有行为之后，而盗窃罪的非法占有目的则产生于行为人非法占有他人财物之前。因此，即使行为人事先占有了他人财物，但如果是通过骗得财物保管权而占有他人财物，后秘密窃取代为保管的他人财物的，由于其非法占有目的产生于非法占有他人财物之前，同样应当认定为盗窃罪，而不应以侵占罪论处。(2)从客观行为来看，侵占罪的行为人对涉案物品具有代为保管的义务，是将合法占有变为非法所有；盗窃罪的行为人在实施盗窃行为前并没有占有财物，而是直接通过盗窃控制财物。"代为保管"的实质在于占有，即对财物具有事实上或者法律上支配力的状态。既包括物理支配范围内的支配，也包括社会观念上可以推知财物的支配人的状态。如停放在家门口的自行车，即使没有上锁，也应该认定为车之主人占有。对于他人利用行为人的银行卡存款的银行卡案件中，行为人在法律上享有存款的占有权，相当于行为人受委托管理他人的存款，行为人擅自从银行中取出据为己有的，成立侵占罪，不成立盗窃罪。但如果使用人更改银行卡密码后，则其通过更改后的密码对银行卡内的存款实现了占有，如果行为人通过挂失、补卡等手段将银行卡内他人的存款取出并占为己有，其行为属于秘密窃取他人财物，应以盗窃罪定罪处罚。

2. 关于盗窃罪与职务侵占罪的区分。盗窃罪与窃取型职务侵占罪在犯罪构成上有许多相同之处，如主观上均是以非法占有他人财物为目的；在客体上均侵害了他人的财产所有权；在客观行为上表现为以秘密方法或手段窃取他人财物。但两罪间存在本质区别：一是职务侵占罪的主体为特殊主体，即必须是公司、企业或者其他单位的人员，而盗窃罪的主体为一般主体；二是职务侵占罪的侵财行为必须是利用了职务上的便利，而盗窃罪则无此要求，这是两罪的关键区别。理论

上,对于两罪的区分似乎很清晰,但实践中,部分公司、企业或者其他单位的人员,其秘密窃取本单位财物的行为,与其工作岗位带来的一些便利条件有关联。在这种情况下,要判定行为人是构成盗窃罪还是职务侵占罪,仍然有一定难度。对于此类案件,准确定性的关键在于行为人实施犯罪行为的过程中,是利用了自身职务上的便利,还是利用了其工作所带来的一些便利条件。

所谓"利用职务上的便利",是指行为人利用自己职务范围内的主管、管理单位财物的便利,或因执行职务而经手公司、企业财物的便利。"主管"是指行为人虽不经手单位财物,但对单位财物的调拨、安排、使用具有决定权,主要指领导人员在职务上具有对单位财物的购置、调配、流向等享有的决定权力。如公司的总经理在一定范围内拥有调配、处置单位财产的权力。"管理"是指行为人对单位财物直接负有保管、处理、使用的职责,亦即对单位财物具有一定的处置权。"经手"是指行为人虽不负有管理、处置单位财物的职责,但因工作需要而在一定时间内实际控制单位财物。可以看出,无论是主管、管理还是经手,都要求行为人以其本人职务范围内的权限职责为基础,行为人利用其对单位财物具有一定的支配、决定权、处置或者临时的实际控制权而实施的窃取财物的行为,才属于"利用职务上的便利",才能以职务侵占罪定罪处刑。如果行为人与非法占有的单位财物没有职责上的权限或者直接关联,而仅仅是因工作关系而熟悉作案环境,或者凭借易于接触他人管理、经手中的单位财物的工作人员身份,或者熟悉作案环境的便利条件实施侵财犯罪,则属于"利用工作条件便利",不属于利用职务上的便利。由此实施的财产犯罪,应当根据具体犯罪手段的不同,分别认定盗窃罪或者诈骗罪等。

【指导案例】崔勇等盗窃案①

2009年4月,被告人崔勇通知仇国宾来沪,让仇国宾以自己的名义办理了卡号为622202100×××××2865和银行POS机捆绑的e时代卡。6月上旬,崔勇将该卡出租给被害人牟驰敏使用。6月下旬,牟驰敏在银行ATM机上使用该卡时,因操作不慎被吞卡。牟驰敏即请求崔勇、仇国宾帮助领卡,崔勇即与仇国宾、张志国商议,由仇国宾到银行挂失并趁机侵吞卡内钱款。6月底,被害人牟驰敏因联系不到被告人崔勇、仇国宾,有所察觉,便要求仇国宾的亲属转告仇国宾卡内的钱款是牟驰敏做生意赚的,动了要犯法的。7月2日,三被告人到工商银行,由仇国宾出面办理涉案银行卡的挂失、补卡手续。7月9日,三被告人再次来到工商银行,由仇国宾出面办理领卡手续,新卡卡号为622202100×××××8011,内存人民币298 742.09元。随后,三被告人将上述款项全部取出据为己有。

---

① 参见《最高人民法院公报》2011年第9期。

本案中，被害人牟驰敏从被告人仇国宾处租用与 POS 机捆绑的涉案 e 时代卡后，更改了密码，通过持有涉案银行卡并掌握密码，形成对卡内钱款的实际占有和控制。此后，虽然因操作失误致使涉案银行卡被吞，但被害人基于对密码的掌握，依旧保持对卡内钱款的实际控制。卡被吞后，牟驰敏请求崔勇、仇国宾帮忙取卡，该请求内容明确限于取卡，而不涉及对卡内钱款的委托保管。三被告人通过积极实施挂失、补办新卡、转账等行为，实现了对涉案银行卡内钱款的控制和占有。上述行为完全符合盗窃罪"转移占有"的法律特征，应当认定为盗窃罪。

【指导案例】陈建伍盗窃案①——盗窃邮政局金库中存放的邮政储汇款是否构成盗窃金融机构

被告人陈建伍利用任县邮政局经警队长的工作便利，于 2005 年 4 月的一天，以到邮政局金库检查为由，将邮政局出纳员的金库钥匙骗出，私自配了一把钥匙。4 月 17 日 15 时许，被告人陈建伍到县电工水暖器材商店，购买手电钻 1 个、钻头 4 个、角磨机 1 个、切片 3 个。后陈建伍主动代替同事刘治国值夜班。当晚 20 时许，陈建伍打开邮政局金库的门，接上电源，用电钻切割开一、二层金柜的门。陈又用办公室的斧子砸开四个密码箱，共盗走人民币 1 208 300 元。

本案审理中，对被告人陈建伍的行为是构成盗窃罪还是职务侵占罪，存在不同意见。笔者认为，陈建伍的职责是保护邮政储蓄资金的安全，对该资金没有控制和处置权，其在窃取单位财物的过程中，利用的是熟悉作案环境及其他人对其身份信任的便利条件，与其职务无关，其行为构成盗窃罪。具体理由如下：(1) 邮政局经警队长的职责是负责邮政局相关工作人员及财物的安全保卫工作，其职责范围内不具备对邮政储蓄资金的管理、主管、经手的权力，其对邮政储蓄资金没有支配、决定、处置或者实际控制权。邮政局的经警队长直接接触邮政储蓄资金的行为，与其经警队长的职责并无关系。(2) 邮政局经警队长没有持有金库钥匙的权力。陈建伍利用邮政局出纳员对他身份的信任，骗出金库钥匙，私自配制并持有金库钥匙的行为，同样与其经警队长的职务无关。(3) 邮政局的经警队长没有擅自打开邮政局金库和各金柜门的权力。从陈建伍替同事值班负责看守金库，用电钻切割开一、二层金柜的门，再用办公室的斧子砸开四个密码箱，盗走邮政储蓄资金的系列行为看，也与其经警队长职务无关。综上，本案被告人陈建伍在实施犯罪行为过程中，仅仅利用了他人对其身份的信任以及其因任经警队长熟悉作案环境的便利条件，而上述条件均不属于其职务之便利，因此其行为构成盗窃罪，而不构成职务侵占罪。

---

① 参见李燕明：《陈建伍盗窃案——盗窃邮政局金库中存放的邮政储汇款是否构成盗窃金融机构》，载最高人民法院刑事审判第一、二、三、四、五庭主办：《刑事审判参考》（总第 58 集），法律出版社 2008 年版，第 40—47 页。

【指导案例】康金东盗窃案①——骗得财物保管权后秘密窃取代为保管的财物的行为如何处理

1999年12月24日，被告人康金东得知本厂业务员李国忠、张勇要去福建泉州送货（人造金刚石），遂萌发非法占有的念头，并于25日下午准备了调换金刚石的十个黑色塑料袋和河沙。同月26日晚18时，康金东受中南机械厂厂办指派，驾驶一辆金龙面包车送李国忠、张勇二人及所带金刚石去南阳火车站。在火车站，康金东趁李、张二人吃饭之际，提出修补汽车轮胎，李、张遂要求跟车同往，康婉言拒绝，同时表示能保证车上所载货物的安全。康金东遂单独将车开至一汽车修理铺，用事先准备好的河沙换走人造金刚石161190克拉，总价值人民币24.2766万元。康金东修好汽车轮胎返回后，李、张二人出于信任，未将所带货物予以检验就乘上火车前往福建泉州。当晚21时，被告人康金东将调换出的金刚石带回家中藏匿，案发后被全部追回。另查明，根据河南中南机械厂《关于对销售人员实行模拟客户的管理办法》，金刚石产品经销售人员领出后即视同借款，由于销售人员自身原因所造成的损失，由销售人员自己承担。

本案中，根据河南中南机械厂的规定，对金刚石负有保管、管理职责的是李国忠、张勇，被告人康金东作为从事运输劳务的人员没有保管、管理金刚石的职责。康金东盗窃金刚石实际上是利用工作上的便利条件，将本单位的财物窃为己有，因此康金东的行为不能构成职务侵占罪，而应以盗窃罪追究刑事责任。根据《刑法》第270条第1款的规定，将代为保管的他人财物非法占为己有，数额较大，拒不退还的，构成侵占罪。这里的"保管"必须是合法的，主要是指基于委托合同关系，或者根据事实上的管理以及习惯而成立的委托、信任关系所拥有的对他人财物的持有、管理。本案被告人康金东以修车为名，骗得金刚石保管人员李国忠、张勇的信任，委托其在修车过程中"看管好车上货物"，从形式上来看，康金东对其窃取的金刚石似乎取得了一种"代为保管"的委托关系，符合侵占罪的部分客观构成特征。但是，由于康金东在一开始得知本厂业务员李国忠、张勇要去福建泉州送货时，便产生非法占有的故意，并准备了作案工具——用于调换金刚石的十个黑色塑料袋和河沙。其非法占有的主观故意明显产生于其取得代为保管金刚石之前，其代为保管不过是为其实施秘密窃取行为创造的便利条件，而并非事先"合法占有"他人财物，故其行为不符合侵占罪的构成特征，应当以盗窃罪来认定。

---

① 参见贾剑敏：《康金东盗窃案——骗得财物保管权后秘密窃取代为保管的财物的行为如何处理》，载最高人民法院刑事审判第一庭、第二庭编：《刑事审判参考》（总第21辑），法律出版社2001年版，第28—34页。

十八、利用银行系统漏洞在 POS 机上进行空卡套现行为的罪名认定

(一) 裁判规则

行为人在信用卡交易规则内通过 POS 机来刷卡套现,对提供 POS 机的商户可以非法经营罪认定,而对于持卡人则可能构成信用卡诈骗罪。与之不同的是,如果行为人利用银行系统漏洞,在信用卡交易规则之外进行空卡套现,由于银行对所套取的资金并未行使处分权,故应当以盗窃罪来定罪处罚。

(二) 规则适用

所谓"信用卡套现",是指信用卡持卡人违反与发卡银行的约定,以虚构交易、现金退货等虚假消费的方式避开银行柜台取款或 ATM 自助终端取款,将信用卡中的透支额度通过 POS 终端机或第三方支付平台等其他方式,全部或部分地转换成现金的行为。在司法实践中,信用卡套现行为涉及非法经营罪、信用卡诈骗罪、诈骗罪、盗窃罪等罪名争议,有必要在适当分类的基础上展开探讨。

1. 对于信用卡交易规则允许范围内的信用卡套现行为,为信用卡持有人提供套现服务的经营者构成非法经营罪。

根据《刑法》第 225 条的规定,非法经营罪行为包括以下四种类型:(1)未经许可经营法律、行政法规规定的专营、专卖物品或者其他限制买卖的物品的;(2)买卖进出口许可证、进出口原产地证明以及其他法律、行政法规规定的经营许可证或者批准文件的;(3)未经国家有关主管部门批准非法经营证券、期货、保险业务的,或者非法从事资金支付结算业务的;(4)其他严重扰乱市场秩序的非法经营行为。信用卡套现行为符合第(3)、(4)种情形:首先,申领 POS 机的商户利用信用卡套现收取手续费的行为,实际上属于"非法从事资金支付结算业务";其次,信用卡套现也扰乱了正常的金融管理秩序,亦属于"其他严重扰乱市场秩序的非法经营行为"。为此,"两高"《关于办理妨害信用卡管理刑事案件具体应用法律若干问题的解释》第 7 条第 1 款明确规定:"违反国家规定,使用销售点终端机具(POS 机)等方法,以虚构交易、虚开价格、现金退货等方式向信用卡持卡人直接支付现金,情节严重的,应当依据刑法第二百二十五条的规定,以非法经营罪定罪处罚。"需要注意的是,从信用卡套现构成非法经营罪的立法本意来看,此类行为的社会危害性主要体现在"非法从事资金支付结算业务"扰乱正常的金融管理秩序上,而不是为了保护银行金融资金的安全或者所有权,故行为人只能是在信用卡正常交易规则内套取现金,即行为人所套现的金额是经过银行授权允许持卡人消费使用的,只是持卡人违反约定将该部分应当以消费方式来使用的金额,以现金方式来进行使用。

2. 以非法占有为目的,在信用卡交易规则允许范围之外进行信用卡套现的行为,应当以盗窃罪来认定。

随着"空卡套现"作案技术手段的更新,近些年又出现了危害更大的利用银行

信息系统漏洞所进行的"空卡套现"行为。我们知道,信用卡发卡银行和POS机银行是两家不同的银行,二者之间的交易信息需要通过银联才能实现交互对接。由于银联与银行有固定的清算时间,二者之间的信息无法同时互通,导致银行卡在POS机上被刷卡后,银联无法很快反馈到银行。犯罪分子正是抓住这个时间差漏洞,利用信用卡的预授权业务进行大肆套现。例如,行为人先往甲银行的信用卡内存入10万元,1万元的信用额度加上10万元的存款,信用卡的预授权金额就有11万元。然后,行为人利用乙银行的POS机分别发起一大一小的两笔预授权,大的一笔是10万元,小的一笔是100元。接着,行为人把大的一笔交易10万元消费掉,把小的一笔交易100元撤销掉。由于银行信息在对接上存在时间差,此时银联并没有及时将10万元的消费信息及时反馈给甲银行,而小笔撤销的动作则误导了发POS机的乙银行,误以为刚刚那笔10万元的交易也未完成,于是预授权额度又恢复到了原有额度11万元,持卡人便可以继续进行大额交易。如此反复操作,从理论上来说可以套出无限的资金。由于这种套现行为所利用的是银行系统漏洞,在金额上突破了信用卡交易规则允许的范围,我们可以将其称之为"在信用卡交易规则之外的信用卡套现"。

利用银行系统漏洞进行空卡套现的行为,同传统的诈骗罪与盗窃罪区分一样,也需要重点考察被害人针对财物是否存在有处分行为。不同的是,由于信用卡套现行为系在POS机上来完成,行为人与银行工作人员并不需要接触,故无法以银行工作人员是否受到欺骗进而处分银行资金来作为区分标准。那么,银行的处分意思与行为是通过何种方式来实现的呢?笔者认为,银行将其处分意思和行为预先设置在信用卡交易规则当中。只要行为人遵守银行的信用卡交易规则,在规则之内获取银行资金,即可视为银行对该部分资金行使了处分权。以此为依据,信用卡持有人在交易规则之内所进行的套现行为,由于行为人遵守了银行金融机构预先设置的交易规则,故该部分资金事先已经得到银行的批准或临时授权,可视为银行具有处分的意思。对于这部分资金,如果POS机特约商户以赚取刷卡手续费为目的,帮助持卡人大量套现的,对特约商户应当认定为非法经营罪;而对信用卡持卡人,由于银行事先存在处分意思,如果其以非法占有为目的的,应当认定为信用卡诈骗罪,而不能认定为盗窃罪。对于行为人利用银行系统漏洞套取信用卡额度之外的资金,由于行为人突破了银行事先设置的交易规则,利用银行漏洞所套取的并非信用卡正常交易规则所允许的资金,这部分资金并未经过银行金融机构事先批准或临时授权,也就意味着银行对该部分资金并未同意交付,行为人获得该部分资金并非银行行使处分权的结果,而系通过破坏银行占有的方式获得的,与盗窃罪的行为逻辑结构相符,应当认定为盗窃罪。

【指导案例】李晔瑜等盗窃案①——利用银行系统漏洞在 POS 机上进行空卡套现行为的罪名认定

2014 年 7 月下旬，被告人李晔瑜获知部分银行的信用卡预授权交易存在系统漏洞，可通过在 POS 机操作预授权交易窃取信用卡授信额度以外的银行资金，遂纠集被告人张林杰及王申运（另案处理）等人，商定由张林杰、王申运等人在网上发布广告和通过其他中介人员从全国各地获取工商银行 POS 机及其他银行的信用卡。张林杰、王申运等人让中介人员或 POS 机机主及信用卡卡主将 POS 机和信用卡带至广东省广州市交给李晔瑜，李晔瑜在广州市及海南省海口市持信用卡在 POS 机上连续进行预授权交易，利用银行系统漏洞秘密窃取信用卡授信额度以外的巨额银行资金。所窃取的银行资金转账至 POS 机对公账户后，由李晔瑜负责从 POS 机对公账户中转出至李控制的其他个人或单位的银行账户，后按约定比例分赃，其中信用卡提供方约分得总额的 40%，POS 机提供方约分得总额的 20%，余款被李晔瑜、张林杰、王申运等人瓜分。具体事实如下：

2014 年 8 月 3 日，方翔联系王龙君借用工商银行 POS 机到广州市进行空卡套现，承诺支付套现总额 10% 的好处费。王龙君即联系王诗瑜，告知借用 POS 机用于空卡套现并承诺支付套现总额 8% 的好处费。王诗瑜又联系顾均，称朋友借用 POS 机刷卡套现，所得好处费二人平分。同月 4 日，王诗瑜交给王龙君两台 POS 机，王龙君携带该两台 POS 机到广州市并通过方翔等人将 POS 机交给李晔瑜、张林杰等人。张林杰等人还通过中介人员获取了许光苏、徐凤珍、陈芝慧、陈诗诗等人的银行信用卡各一张。同日，李晔瑜使用上述四张信用卡在嘉信数码产品商行的工商银行 POS 机上操作预授权交易，利用银行系统漏洞窃取银行资金共计人民币 183.2 万元。

本案中，李晔瑜等五名被告人并非在信用卡交易规则之内进行套现，而是以非法占有为目的，利用银行系统漏洞，突破信用卡交易规则大肆套取并侵吞银行金融资金，此时已并非单纯的"非法从事资金支付结算业务"，扰乱正常的金融管理秩序，而是侵害了银行金融资金的安全或者所有权，故不应以"非法经营罪"来定罪处罚，而应以侵害财产类罪名来认定。当然，与李晔瑜等五被告人不同，被告人顾均作为商户的经营管理者，对其他五被告人利用银行信息系统漏洞空卡套现并不知情，其余被告人向其借用 POS 机时也未告知是用于"空卡套现"，而是声称用于消费贷款套现，顾均预期收到的报酬亦是通常的套现手续费，对银行金融资金没有非法占有目的。因此，顾均在主观上仅仅认识到提供 POS 机给他人系用于常规的信用卡套现，在主客观一致的范围内，一、二审法院将其认定为非法经营罪

---

① 参见聂昭伟：《利用银行系统漏洞在 POS 机上空卡套现的罪名认定》，载《人民司法·案例》2017 年第 23 期，第 39 页。

是恰当的。

十九、销赃行为人在何种情况下应认定为盗窃罪的共犯

(一) 裁判规则

区分盗窃罪中的收购赃物行为与掩饰、隐瞒犯罪所得罪的关键在于，销赃行为人与盗窃犯之间是否存在事前通谋。如果销赃行为人在盗窃前向盗窃犯承诺，盗窃完成后将收购或代为销售其盗窃所得的赃物，就可以认定双方存在事前通谋；此外，如果有证据证明销赃行为人与盗窃犯之间已经形成长期、稳定而默契的"合作关系"，也应当认定双方事先存在通谋，以盗窃共犯论处。

(二) 规则适用

在共同盗窃行为中，由于分工不同，部分行为人承担的角色可能是转移、收购、变卖赃物等行为，而掩饰、隐瞒犯罪所得罪的客观行为也表现明为知是犯罪所得赃物而予以收购、转移、销售等行为。区分两罪的关键在于销赃行为人与盗窃犯之间是否存在事前通谋，即是否就犯罪行为的实施、尤其是犯罪所得的处理等内容进行过意思沟通。对此，最高人民法院曾在《关于对窝藏、包庇罪中"事前通谋的，以共同犯罪论处"如何理解的电话答复》（1985 年）中指出，"窝藏、包庇犯与被窝藏、包庇的犯罪分子，在犯罪活动之前，就谋划或合谋，答应犯罪分子作案后给予窝藏或者包庇的，应当以共同犯罪处理；只是知道作案人员要去实施犯罪，事后予以窝藏、包庇或者事先知道作案人员要去实施犯罪，未去报案，犯罪发生后又窝藏包庇犯罪分子的，都不应以共同犯罪论处，而单独构成窝藏、包庇罪"。此外，"两高"《关于办理盗窃油气、破坏油气设备等刑事案件具体应用法律若干问题的解释》第 5 条规定："明知是盗窃犯罪所得的油气或者油气设备，而予以窝藏、转移、收购、加工、代为销售或者以其他方法掩饰、隐瞒的，依照刑法第三百一十二条的规定定罪处罚。实施前述犯罪行为，事前通谋的，以盗窃罪的共犯定罪处罚。"据此，如果销赃行为人在盗窃之前，与盗窃实行犯通谋，就事后窝藏、转移、收购、代为销售或者以其他方式进行掩饰、隐瞒赃物达成合意的，属于盗窃共同犯罪中的不同分工，应以盗窃罪的共犯论处。此外，虽然事先没有明确约定，但如果有证据证明销赃行为人与盗窃实行犯已经形成长期、稳定而默契的"合作关系"，在盗得财物后即为盗窃实行犯窝藏、转移、收购、代为销售赃物或者以其他方式进行掩饰、隐瞒的，也应当认定为双方事先存在通谋，以共犯论处。

在具体认定销赃行为人与盗窃实行犯是否存在事前通谋时，需要注意以下三个方面：首先，事前通谋的时间节点仅限于犯罪既遂之前，包括犯罪实施之前与犯罪既遂之前，销赃行为人必须在此之前与盗窃实行犯存在意思联络；反之，如果在盗窃犯罪既遂之后才进行意思联络的，不属于事前通谋。之所以要求通谋发生在盗窃既遂之前才能成立盗窃共犯，是因为只有如此，销赃行为才能为盗窃犯提供物理或精神上的支持，从而对共同犯罪的结果存在原因力。在事前有通谋的情形

中，销赃人转移、变卖赃物的行为，实际上是基于参与、配合、协助其他共犯共同完成盗窃行为，故要求销赃犯承担盗窃共犯的责任。当然，如果销赃犯为盗窃本犯提供的系物理帮助，如提供犯罪工具、创造犯罪条件等，甚至是直接参与实施了部分盗窃行为，那么就可以直接认定为盗窃罪的共犯。其次，如果销赃行为人在盗窃前与盗窃本犯未形成意思联络，仅仅是知道盗窃本犯可能要去实施盗窃，在盗窃完成后才与盗窃本犯共谋实施销赃等行为的，不属于事前通谋，不应以盗窃罪共犯论处；三是对通谋的内容无需具体化，只要销赃人在盗窃前答应盗窃犯，盗窃完成后收购或代为销售其盗窃所得的赃物，就可认定双方存在事前通谋，而并不要求销赃行为人对盗窃犯罪的时间、地点、方法、对象、目标等具体情节都参与共谋或全面了解。

【指导案例】马俊、陈小灵等盗窃、隐瞒犯罪所得案①——在盗窃实行犯不知情的情况下，与销赃人事先约定、事后出资收购赃物的行为是否构成盗窃共犯

2006年12月间，余大贵欲盗窃南松公司仓库中的工艺玻璃珠出售牟利，遂与被告人马俊共谋实施盗窃。其间，余大贵找到被告人王伟环，提出盗窃得手后将赃物出售给王伟环。因现金不足，王伟环找到被告人陈小灵，告知余大贵一伙要盗窃工艺玻璃珠出售，问陈小灵是否要购买，陈小灵表示同意。2006年12月30日晚，余大贵将其一伙的行动告知王伟环，要王准备现金交易。王伟环即联系陈小灵，要陈小灵于当晚前往潮安县铁铺镇交易。次日凌晨，余大贵、马俊等人采用撬开仓库排风口的方式，潜入南松公司仓库内，合伙将存放于仓库内的成品工艺玻璃珠72箱（共值人民币450 625.81元）盗走。余大贵一伙盗窃得手后，即与王伟环联系，王伟环即联系陈小灵，陈小灵携带人民币4万元赶到该处，王伟环向余大贵一伙购买了该批工艺玻璃珠72箱后，当场以人民币4万元转手出售给陈小灵。

本案中，王伟环在余大贵、马俊等人盗窃之前即达成了合意，成立盗窃共犯没有异议，但被告人陈小灵的行为是盗窃罪的共同犯罪，还是认定为隐瞒犯罪所得罪？笔者认为，共同犯罪要求各共同犯罪人存在一定的意思联络，这种意思联络必须发生在犯罪既遂前，即在犯罪行为实施前。本案中实行犯是余大贵、马俊等人，王伟环因为事前答应事后收购赃物而构成帮助犯，但因其并未参与盗窃的实行行为，不能认定为盗窃的实行犯。被告人陈小灵在余大贵等人盗窃实施前以及实施中，均没有与余大贵等人有过共同盗窃的意思联络。此外，陈小灵在收购赃物前，尽管已经认识到余大贵等人将要实施盗窃行为，但在此之前余大贵等人盗

---

① 参见冉容：《马俊、陈小灵等盗窃、隐瞒犯罪所得案——在盗窃实行犯不知情的情况下，与销赃人事先约定、事后出资收购赃物的行为是否构成盗窃共犯》，载最高人民法院刑事审判第一、二、三、四、五庭主办：《刑事审判参考》（总第61集），法律出版社2008年版，第28—35页。

窃的犯罪决意早已形成,陈的行为对此决意并不产生强化作用(即心理帮助);余大贵等在盗窃前以及盗窃中,也均不知道陈小灵即将购买赃物,陈的行为也没有使余等实行犯在行窃过程中产生心理上的鼓励。同时本案也没有证据证明陈小灵就收购赃物一事,与余大贵等人形成长期、稳定、默契的"合作关系"。综上,陈小灵没有与余大贵等实行犯事前通谋,在余等人盗窃过程中,陈主观上也没有帮助余等实行犯盗窃的犯罪故意,客观上对余等实行犯实施的盗窃行为也没有实施心理帮助行为,故其行为不属于盗窃犯罪的帮助行为,不构成盗窃罪的共犯,而应认定为掩饰、隐瞒犯罪所得罪。

【指导案例】熊海涛盗窃案[①]——明知未达到刑事责任年龄的人正在盗卖他人或者自己家中财物,仍然上门帮助转移并予以收购的,如何定性

戚某(1998年4月28日出生)曾与其同学吴某一起到过吴某家,知道该房近期无人居住。2012年6月的一天上午,戚某到其同学吴某的奶奶家玩耍时,趁吴某不备,将吴某在某某花园小区住房的钥匙偷走。当日下午,戚某找到收购废品的熊海涛,谎称家中有电脑要处理,带着熊海涛到了吴某家。熊海涛遂将该房间内一台"联想"牌电脑拆卸后拉走,付给戚某100元。之后数日内,戚某两次找到熊海涛,谎称家中有电器要处理,熊海涛先后两次与戚某一起到上述住房,将房屋中正在使用的"海尔"牌空调、电冰箱、洗衣机、"海信"牌电视机及"荣事达"牌豆浆机(经鉴定价值总计人民币13 595元)拆卸后拉回自己家中,付给戚某360元。

在共同盗窃行为中,部分行为人承担的角色可能是转移、收购、变卖赃物等行为,与掩饰、隐瞒犯罪所得罪容易发生混淆。两罪区分的关键在于,销赃行为人与盗窃犯之间是否存在事前通谋。在有事先通谋的情况下,行为人实施转移、变卖赃物等行为,实际上是基于配合、协助其他共犯完成盗窃的故意而参与其中的,这种故意产生的时间应当是在盗窃行为实施前,或者是在盗窃行为实施过程中,而不能是盗窃行为既遂以后。因为只有这样,才能对本犯带来物理上的帮助以及心理上的鼓励,从而在客观上对盗窃犯罪结果存在原因力。本案中,戚某多次找熊海涛上门收购,尽管熊海涛在第一次因时间问题可能没有认识到戚某是在实施盗窃,但在后来的两次行为中,其有足够的时间和信息来判断戚某行为的合理性,应当认识到戚某可能在盗窃自己家或者他人家的财物,却仍然同意帮戚某拆卸、转移、收购上述赃物,就第二次、第三次盗窃行为而言,其犯罪故意产生于盗窃行为开始之前,与掩饰、隐瞒犯罪所得罪所要求的在他人盗窃后明知是赃物而帮助转移、收购是不同的。从客观上看,熊海涛不仅实施了收购、转移赃物的行为,还实

---

① 参见蔡智玉、董王超:《熊海涛盗窃案——明知未达到刑事责任年龄的人正在盗卖他人或者自己家中财物,仍然上门帮助转移并予以收购的,如何定性》,载最高人民法院刑事审判第一、二、三、四、五庭主办:《刑事审判参考》(总第99集),法律出版社2015年版,第80—88页。

施了帮助拆卸电器等行为,已经在事实上参与了具体盗窃行为的实施,而不是单纯的事后帮助转移、销售赃物。因此,法院对于熊海涛第一次上门拆卸并收购一台联想电脑的行为没有认定为盗窃罪,而仅将第二次和第三次行为以盗窃罪定罪处罚是准确的。

【指导案例】陈家鸣等盗窃、销赃案①——如何认定事前通谋的盗窃共犯

1997年10月,被告人经俊杰因经商负债,产生盗窃汽车出卖还债的歹念,并通过其兄被告人经俊义向被告人陈家鸣打探。得知陈能卖车后,经俊杰、经俊义与被告人王建勇在天津市窃得大发牌汽车2辆,共价值人民币32 000元,开往沈阳交由陈家鸣销赃。1998年1月份,陈家鸣的朋友得知陈能弄到便宜汽车,便托其购买2辆黑色桑塔纳2000型轿车。陈用电话联系经俊义,提出要2辆黑色桑塔纳轿车。随后经俊杰窃得价值人民币14.72万元的黑色桑塔纳高级轿车1辆。经氏兄弟欲告知陈家鸣此车来源,陈阻止并言明"别告我车是怎么来的,我只是买车"。随后,公安机关将经俊义、王建勇抓获,经俊杰、陈家鸣得知消息后潜逃。负案在逃的经俊杰认为,陈家鸣仍有汽车销路,又分别窃得价值人民币2.6万元的大发牌汽车1辆,价值人民币11万元的灰色桑塔纳轿车1辆,全交由陈家鸣销赃。

本案争议的焦点在于,陈家鸣事前与经氏兄弟联系"购买"黑色桑塔纳轿车,事后为其销赃的行为是构成盗窃罪还是掩饰、隐瞒犯罪所得、犯罪所得收益罪?笔者认为,销赃行为人如果事前与盗窃犯具有通谋,或者事中参与实施盗窃行为的,属于盗窃罪的共犯。反之,就应认定掩饰、隐瞒犯罪所得、犯罪所得收益罪。具体到本案,可以从三个阶段来进行分析:第一个阶段,经俊杰在得知陈家鸣有销赃途径时,即伙同他人窃得两辆大发牌汽车,并交付陈家鸣销赃。此时陈家鸣与经俊杰并未有事前预谋,也未参与到盗窃行为中来,只是单纯的事后销赃,在行为性质上属于掩饰、隐瞒犯罪所得、犯罪所得收益罪。第二个阶段,陈家鸣经过第一阶段的"合作"之后,明知经氏兄弟只能通过非法手段获取汽车,仍然前往天津向经氏兄弟提出购买两辆轿车。经氏兄弟在该阶段本来并无盗车的故意,但是在陈家鸣找到经氏兄弟求购轿车之后,才实施该阶段的盗车行为。可见,正是陈家鸣的求购行为,引起了经氏兄弟的后续盗车行为,故在该阶段陈家鸣与经氏兄弟构成盗窃罪的共犯。第三个阶段,对于经俊杰在潜逃后的盗车行为,则是经俊杰独自起意盗窃轿车,然后找陈家鸣销赃,陈家鸣并没有与经俊杰在潜逃后的几起盗车中形成犯罪的共同故意,故对陈家鸣的行为应当以掩饰、隐瞒犯罪所得、犯罪所得收益罪论处,而不能认定为盗窃罪的共犯。

---

① 参见汪鸿滨:《陈家鸣等盗窃、销赃案——如何认定事前通谋的盗窃共犯》,载最高人民法院刑事审判第一庭、第二庭编:《刑事审判参考》(总第22辑),法律出版社2001年版,第16—23页。

二十、以做"法事"替人消灾为名趁机调换他人钱物的,如何定性

(一)裁判规则

行为人将被害人交给其做"法事"用的钱款暗中调包,由于被害人在做"法事"过程中全程在场,对于暂时交给行为人做"法事"用的财物仍然具有控制权。而且被害人将钱款交给行为人的本意是做完"法事"后再归还给自己,主观上并没有要处分该钱款的意思,不符合诈骗罪的构成特征,应认定为盗窃罪。

(二)规则适用

盗窃案件中经常会伴有欺诈行为,行为人通过欺诈来掩盖盗窃行为,从而使盗窃行为得以顺利实施;诈骗案件中的欺诈行为也经常伴有隐蔽手段,不使用隐蔽手段诈术就容易被揭穿。可见,在盗窃与诈骗案件中,隐蔽手段和欺诈手段有时候会交叉使用,但隐蔽和欺诈的具体目的有所不同。在诈骗案件中,行为人实施欺诈行为是为了使对方陷入错误认识而自愿交付财产;而在盗窃案件中,行为人使用欺诈手段的目的在于为盗窃创造条件,即行为人实施欺诈行为是为了让被害人放松对财物的监管控制,一旦被害人对财物的监管控制出现松懈行为人就着手实施秘密窃取行为,实践中一般将这种盗窃称作"诈术盗窃"。可见,虽然在两类案件中,行为人的欺诈行为都会导致对方放松警惕,但盗窃案件中的放松主要体现为物理层面监管控制的放松,而诈骗案件中的放松主要体现为精神层面的放松。为此,在伴有欺诈行为的盗窃案件中,被害人尽管受骗上当,但是其是否具有转移财物占有的处分意识,是区分诈骗罪与盗窃罪的关键所在。

其中,诈骗案件中的欺骗行为必须使对方(受骗者)产生或维持错误认识,而且这种错误认识的内容必须是处分财物的认识错误,不能是其他的错误。例如,行为人事先购买了与商场中金项链形状相同的镀金项链,然后假装在商场购买金项链,待商店店员将金项链交给行为人查看时,趁店员接待其他顾客之机,将金项链藏在身上,然后声称不购买并将镀金的项链"退还给"店员。这种情形中,尽管行为人隐瞒了根本不想购买金项链的动机,店员误以为行为人要购买金项链而将金项链交给行为人,但是其并没有基于这种错误认识而将金项链处分给行为人,其将金项链交给行为人查看并非是处分行为,金项链当时仍处于店员的占有之下,行为人是通过秘密破坏店员的占有而获得财物的,故应当认定为盗窃罪。同样,行为人以做"法事"替他人消灾为名,要求被害人将钱款交给他。在做"法事"的过程中,行为人趁被害人不注意之机,将做"法事"用的钱款予以调包。在这个过程中,虽然被害人已经将财物交给行为人,而且财物也由行为人实际持有,但由于整个做"法事"的过程均是被害人在场的情况下进行的,对于暂时交给行为人做"法事"用的财物仍然处于被害人的实际控制之中。而且,被害人在主观上也并没有处分该钱款的意思,其将钱款交给行为人的本意在于,让行为人做完"法事"后将钱款再归还给自己,而并非是将其财物自愿地给付给行为人,故该行为不符合诈骗罪的构成特征,应认定为盗窃罪。

【指导案例】李志良等人盗窃案①——"处分"视角下盗窃罪与诈骗罪的界分

2005年4月12日上午,被告人李志良、王连英、陈尾连经预谋后,来到福建省石狮市永宁镇港边村石狮市邮电局永宁支局附近,由陈尾连、王连英假托事由上前与被害人朱永英搭讪,谎称其认识一个算命先生,并带朱永英找到了佯装成算命先生的被告人李志良。李志良当即欺骗朱永英说其丈夫在近期内将会遭遇车祸,须做"法事"才能消灾,朱永英信以为真。李志良随即要求朱永英将人民币1500元交给他放入其事先准备好的黑色塑料袋内,让其做法事,待做完法事将塑料袋拿回家存放方能免灾。之后,李志良当着被害人的面做起法事,在做法事过程中,三被告人趁被害人不注意之机,将塑料袋予以调包,后让朱永英带走了一个未装钱的塑料袋。2005年4月14日,三被告人再次采取相同手段,拿走被害人石安秀人民币10 600元。

法院经审理认为,被告人李志良、王连英、陈尾连共同以非法占有为目的,采取假装替人做法事消灾,并将钱物调包的方式秘密窃取他人财物,总价值人民币12 100元,其行为均已构成盗窃罪。关于公诉机关指控三被告人构成诈骗罪的意见,经查,由于被告人采取的是假装欲替被害人做法事消灾,在被害人交出钱财后,采用调包方式秘密窃取财物。被告人取得被害人财物并非出于被害人的自愿给付行为,而是在被害人未发觉的情况下暗中将其财物调包。被害人将钱款交给被告人的本意是,欲让被告人做完法事后将财物归还给自己,而并非将其财物自愿给付被告人所有。且在做法事过程中,被害人并没有丧失对财物的实际控制权,故被告人的行为符合盗窃罪的构成要件,应认定为盗窃罪。一审宣判后,被告人以其是采取欺诈手段骗取钱财,应认定为诈骗罪为由提起上诉。二审法院经审理认为,被告人虽然实施了欺诈手段让被害人拿出钱来作为做法事的一种道具,但该款并未处分给被告人,而仍然放在被害人跟前,被害人并未丧失对该款的控制占有,被告人是在被害人未发觉的情况下采用调包的方式秘密窃取了该款,各被告人实施的欺诈行为只是手段行为,而实施的秘密窃取行为才是目的行为,故原判对各被告人以盗窃罪来认定为并无不当,遂裁定驳回上诉,维持原判。

【指导案例】朱影盗窃案②——对以盗窃与诈骗相互交织的手段非法占有他人财物的行为应如何定性

2007年11月1日11时许,被告人朱影伙同李夏云(另案处理)到环翠区羊亭

---

① 参见聂昭伟:《李志良等人盗窃案——"处分"视角下盗窃罪与诈骗罪的界分》,载《刑事法律文件解读》(总第58辑),人民法院出版社2010年版,第117—122页。

② 参见焦卫:《朱影盗窃案——对以盗窃与诈骗相互交织的手段非法占有他人财物的行为应如何定性》,载最高人民法院刑事审判第一、二、三、四、五庭主办:《刑事审判参考》(总第62集),法律出版社2008年版,第44—48页。

镇港头村王本香家,以驱鬼为由,诱骗王拿出人民币 430 元及价值人民币 1840 元的黄金首饰作为道具,交给被告人"施法驱鬼"。朱影将上述财物用纸包好后,在"施法"过程中,乘被害人王本香不备,用事先准备好的相同纸包调换装有财物的纸包,待"施法"完毕,将该假纸包交还被害人,并嘱咐 3 日后才能打开,随后将被害人的上述财物带离现场。2007 年 11 月某日及同月 17 日,朱影伙同李夏云又先后到丛日芬、于立芳家中,采用上述相同手段,骗窃丛日芬人民币 1500 元;骗窃于立芳人民币 4300 元及价值人民币 3220 元的黄金饰品。

本案中,从客观上来看,财物虽然已经由被害人交付给被告人实际持有,不在被害人手中,但仍在被害人法律意义上的控制范围内。因为在当时的情况下,行为过程均发生在被害人的家中,被害人对于其家中的财物当然具有实际的控制权,被害人即使将财物交给被告人,根据社会的一般观念,其仍然支配和控制着该财物。从主观上来看,被害人虽然受骗上当,但其并没有因此而具有将财物转移给被告人支配与控制的处分意思和行为,其暂时交付财物的目的只是让被告人利用财物"施法驱鬼",而并没有让被告人取得财物控制权的意思。可见,被告人以"施法驱鬼"诱使被害人将财物作为道具交给被告人,虽然属于欺诈的性质,但被告人并非依靠该欺诈行为直接取得财物。这只是为其之后实施秘密窃取行为创造条件,即通过欺诈取得对财物的暂时持有,进而为后面的"调包"行为做好准备。事实上,被告人取得财物的支配与控制完全是后来的掉包秘密窃取行为所致。这种秘密性体现在,被告人在主观上不想让被害人知道该调包行为,被害人在客观上也确实并不知道该调包行为,而且调包后被害人也并不知财物实际已经被被告人所控制。可见,正是被告人实施的"调包"这一秘密行为,使得上述财物从被害人手上转移到被告人手上,符合盗窃罪秘密窃取的行为特征,应认定为盗窃罪。

二十一、侵入景点检售系统修改门票数据获取门票收益的行为如何定性

(一) 裁判规则

凡是利用计算机来实施金融诈骗、盗窃、贪污、挪用公款、窃取国家秘密或者其他犯罪的,应当直接认定为金融诈骗罪、盗窃罪、贪污罪、挪用公款罪等,而不能认定为相关的计算机犯罪。

(二) 规则适用

行为人在窃取门票收益的过程中,非法侵入景点检售系统并修改门票数据,同时触犯了破坏计算机信息系统罪和盗窃罪。针对这种情形,是否应当数罪并罚,如果不并罚,究竟应以何罪来认定?对此,有观点认为,行为人非法侵入景点检售系统修改门票数据仅仅是手段行为,其目的在于窃取门票收益,二者之间系手段与目的关系,根据"从一重定罪"的原则,应当以破坏计算机信息系统罪来认

定。笔者认为,这种观点并不妥当。尽管非法侵入景点检售系统修改门票数据是手段行为,窃取门票收益的行为系目的行为,二者之间形成典型的手段与目的的牵连关系。根据"从一重定罪"原则,确实应当以破坏计算机信息系统罪来认定。然而,针对具有牵连关系的两个行为,适用"从一重定罪"原则的前提是刑法没有例外规定。如果刑法存在例外规定,明确要求以其中某项罪名来认定或者要求并罚的,那么就只能按照刑法的规定来定罪。① 针对利用计算机实施犯罪的情形,我国刑法就作出了例外规定。《刑法》第287条规定:"利用计算机实施金融诈骗、盗窃、贪污、挪用公款、窃取国家秘密或者其他犯罪的,依照本法有关规定定罪处罚。"②刑法之所以要安排专门的条款来作出上述规定,是因为在司法实践中,行为人单纯出于报复、泄愤动机而破坏计算机信息系统的情况较为少见,更多的是通过实施破坏计算机信息系统行为来实现其他目的,由此很容易出现一个行为同时侵犯数个法益触犯不同罪名的情形。在此情况下,就面临着破坏计算机信息系统罪与其他犯罪是否数罪并罚,如果不并罚又应当选择何种罪名来认定的问题。根据《刑法》第287条的规定,凡是利用计算机来实施金融诈骗、盗窃、贪污、挪用公款、窃取国家秘密或者其他犯罪的,应当直接认定为金融诈骗罪、盗窃罪、贪污罪、挪用公款罪等,而不能认定为相关的计算机犯罪。这就意味着,当行为人以计算机为工具来实施其他犯罪时,基于刑法的特别规定应当排除牵连犯"从一重定罪"原则的适用,即使作为手段行为的破坏计算机信息系统罪的量刑更重,也应以处罚更轻的目的行为来定罪处罚。

【指导案例】赵宏铃等盗窃案③——非法侵入景点检售票系统修改门票数据获取门票收益的行为如何定性

被告人赵宏铃系横店影视城有限公司(以下简称"横店公司")网管员。2011年,赵宏铃通过PE光盘私自启动横店公司网络部开发组组长骆勇峰的电脑,盗取了公司检售票系统源程序和服务器密码。2012年六七月,赵宏铃秘密侵入横店公司检售票系统,修改梦幻谷景区门票数据,将允许进入人数从一人改成多人,以此

---

① 以最高人民法院《关于审理挪用公款案件具体应用法律若干问题的解释》为例,其第7条规定:"因挪用公款索取、收受贿赂构成犯罪的,依照数罪并罚的规定处罚。挪用公款进行非法活动构成其他犯罪的,依照数罪并罚的规定处罚。"根据上述规定,行为人为了进行非法活动或者为了索取、收受他人贿赂而挪用公款,尽管二者之间存在手段与目的的牵连关系,但是司法解释明确要求实行并罚,故不再适用"从一重定罪"原则。

② 类似的规定在诈骗罪中也存在,《刑法》第266条在诈骗罪中专门明确规定"本法另有规定的,依照规定"。言下之意就是,当行为人的行为触犯了其他特殊条款的诈骗罪(如金融诈骗罪)时,即使诈骗罪的处罚更重,也只能以处罚更轻的特殊诈骗罪来定罪处罚。

③ 参见聂昭伟:《赵宏铃等盗窃案——非法侵入景点检售票系统修改门票数据获取门票收益的行为如何定性》,载最高人民法院刑事审判第一、二、三、四、五庭主办:《刑事审判参考》(总第110集),法律出版社2018年版,第56—62页。

盗取门票收益。后赵宏铃通过被告人章菲菲等人寻找客源。具体作案手段为：章菲菲等人先以195元的价格购买一张一人次的梦幻谷原始电子门票卡，由赵宏铃侵入检售票系统，根据卡号将人数修改为6至8人，再由周衍成等人组织客源进入景区。2012年7月至8月期间，赵宏铃参与盗窃数额为人民币4.2万余元，章菲菲、金俊参与盗窃数额为人民币2.1万余元，周衍成参与盗窃数额为人民币1.3万余元，胡海兵参与盗窃数额为人民币7000余元，单宇进参与盗窃数额为人民币5000余元。

本案中，被告人赵宏铃系横店公司的网管员，非法侵入景点检售票系统，故意对景区门票数据进行修改，将允许进入人数从一人改为多人，是一种针对计算机数据进行非法操作，使相应的数据更改的行为，符合破坏计算机信息系统罪的构成要件。而且赵宏铃窃取门票收益达到了4.2万余元，已属于"后果特别严重"。此外，赵宏铃采用秘密手段非法侵入景点检售系统修改门票，窃取公司数额巨大的景点门票收益，还涉嫌触犯盗窃罪。① 其中，非法侵入景点检售票系统修改门票数据仅仅是手段行为，其目的在于窃取门票收益，二者之间形成典型的手段与目的的牵连关系。赵宏铃等人获得的门票收益达到4.2万元，若认定为盗窃罪，属于"数额巨大"，依法应当处3年以上10年以下有期徒刑，并处罚金；若认定为破坏计算机信息系统罪，属于"后果特别严重"，则应当判处5年以上15年以下有期徒刑。显然，以破坏计算机信息系统罪来认定的量刑要重于盗窃罪，根据牵连犯"从一重定罪"的原则，本来应当认定为破坏计算机信息系统罪。但是根据《刑法》第287条的规定，凡是利用计算机来实施金融诈骗、盗窃、贪污、挪用公款、窃取国家秘密或者其他犯罪的，应当直接认定为金融诈骗罪、盗窃罪、贪污罪、挪用公款罪等，而不能认定为相关的计算机犯罪。这就意味着，当行为人以计算机为工具来实施其他犯罪时，基于刑法的特别规定应当排除牵连犯"从一重定罪"原则的适用，即使作为手段行为的破坏计算机信息系统罪的量刑更重，也应以处罚更轻的目的行为来定罪处罚。故法院并未以量刑更重的破坏计算机信息系统罪来认定，而是以盗窃罪来定罪处罚是恰当的。

---

① 本案中，被告人赵宏铃系横店影视城有限公司网管员，其职责是负责公司网络系统的日常维护、电脑软硬件的安装、升级与维护等工作，对景区门票收益并无主管、经手和管理的职责。为获取景区门票收益而修改景区门票数据所必需的公司检售票系统源程序和服务器密码，赵宏铃在其职责范围内也并不掌握，而系通过PE光盘启动公司网络部开发组组长骆勇峰的电脑盗取而来，然后他再利用盗窃来的源程序与服务器密码秘密侵入横店影视城有限公司检售票系统修改景区门票数据。可见，赵宏铃在获取景区门票收益过程中，所利用到的是工作便利，而并非职务上的便利，故其行为性质并非职务侵占而是盗窃。

【指导案例】杨丽涛诈骗案①——侵入红十字会计算机信息系统,篡改网页内容发布虚假募捐消息骗取他人财物的行为,如何定罪处罚

2008年5月18日,被告人杨丽涛为利用网络骗取社会各界对四川汶川地震提供的捐款,在深圳市龙岗区坂田和堪村9号暂住地使用自行组装的台式电脑,登录昆山市红十字会网站管理后台,将其本人篡改过的包含虚假募捐账户为"5·12四川汶川地震捐款"的消息链接至昆山市红十字会网站上,致使网站管理员无法正常管理网站,昆山市红十字会网站被迫关闭27小时。杨丽涛发布的虚假消息载明募捐账户名为庞某某,账号为6222023602010××××××。该账户由杨丽涛控制。至案发无募捐款项汇入该账号。

本案中,被告人杨丽涛的行为完全符合"对计算机信息系统功能进行删除、修改、增加、干扰,造成计算机信息系统不能正常运行"的行为方式,且属"后果严重"情形,构成破坏计算机信息系统罪。杨丽涛发布虚假募捐消息,其目的是为了骗取他人财物,还触犯了诈骗罪,而且由于其在汶川地震时期,以赈灾募捐的名义,采用破坏计算机信息系统的手段实施诈骗,致使昆山市红十字会网站被迫关闭24小时以上,影响了昆山市红十字会为地震灾区正常的募捐行为,属于"情节严重"。综上,杨丽涛的犯罪行为分别触犯了诈骗罪和破坏计算机信息系统罪,成立牵连犯,应当从一重罪处罚。《刑法》第266条规定"诈骗公私财物……数额巨大或者有其他严重情节的,处三年以上十年以下有期徒刑,并处罚金"。而《刑法》第286条第1款规定:"违反国家规定,对计算机信息系统功能进行删除、修改、增加、干扰,造成计算机信息系统不能正常运行,后果严重的,处五年以下有期徒刑或者拘役;后果特别严重的,处五年以上有期徒刑。"由于杨丽涛所犯诈骗罪的法定刑高于所犯破坏计算机信息系统罪的法定刑,故应当以诈骗罪对其定罪处罚符合罪刑相适应原则。而且根据《刑法》第287条的规定,凡是利用计算机来实施诈骗的,应当直接认定为诈骗罪,也不能以相关的计算机犯罪来认定。

二十二、伪造材料将借用的他人车辆质押,得款后又秘密窃回的行为,如何定性

(一)裁判规则

行为人借用他人汽车后,伪造他人的身份证、机动车辆登记证等证件,并冒充他人将汽车质押给第三人,行为人与第三人之间的质押行为属于单纯民事行为。

---

① 参见王东:《杨丽涛诈骗案——侵入红十字会计算机信息系统,篡改网页内容发布虚假募捐消息骗取他人财物的行为,如何定罪处罚》,载最高人民法院刑事审判第一、二、三、四、五庭主办:《刑事审判参考》(总第101集),法律出版社2015年版,第103—109页。

依照善意取得制度的规定,由于该第三人仍然能够取得对小汽车的占有权,并未受到财产损失,不符合诈骗罪的构成特征。但行为人之后从第三人处窃回质押的小汽车,根据风险责任承担规则,第三人需要为此承担抵押物灭失的责任,对行为人应认定为盗窃罪。

(二)规则适用

根据《民法典》第311条的规定,无处分权人将不动产或者动产转让给受让人的,所有权人有权追回;除法律另有规定外,符合下列情形的,受让人取得该不动产或者不动产的所有权:(1)受让人受让该不动产或者动产时是善意的;(2)以合理的价格转让;(3)转让的不动产或者动产依照法律规定应当登记的已经登记,不需要登记的已经交付给受让人。该条第3款规定:"当事人善意取得其他物权的,参照适用前两款规定。"据此,行为人借用他人车辆后,伪造他人的身份证、机动车辆登记证等证件,将车辆向第三人进行质押,如果第三人事先并不知情,在质押过程中对行为人提供的证件进行了认真、必要的审查,并未发现异常,已经尽到了合理注意义务,且该车辆质押的价款与实际价值之间差异不大的,应认定第三人在设立质押时是善意的。虽然借用人无权对该车辆设置质押,但第三人支付了合理对价,且因车辆已实际交付给第三人占有,基于善意取得制度,此时第三人已经取得对车辆的质押权,并不存在财产损失。

可见,行为人伪造证件、将车辆冒名质押给他人,尽管属于虚构事实、隐瞒真相的行为,但这种行为客观上并不能造成他人财产损失,主观上也是企图借助其后的盗窃行为,达到非法占有财物的目的,故不能认定为诈骗犯罪。此外,对于质押权人来说,无论质押人对财物是否具有所有权,其都可以根据善意取得制度取得质押物的质押权。为此,质押人对质押物是否具有所有权并不重要,也不属于质押权人需要正确认识的范围。即使行为人实施了伪造证件、冒名质押他人车辆的行为,但因这种虚构事实、隐瞒真相的行为并不属于被害人需要认识的范围,也就不存在被害人陷入错误认识的问题。由于被害人处分其财产,不是因为认识错误,而是基于对价或者真实意愿,故不能认定构成诈骗罪。事实上,被害人的财产损失并不是在质押过程中产生的,而是因为行为人所实施的盗窃行为所致。如前所述,被害人虽然基于善意取得制度取得对质押车辆的占有权,但根据风险责任承担规则,占有人在占有期间需要承担质押物毁损灭失的风险。当行为人从被害人处盗窃质押的车辆,客观上造成车辆在质押期间灭失的既成事实,被害人就需要为此承担抵押物灭失的责任。换言之,行为人的盗窃行为,使被害人因质押物的灭失而无法通过回赎收回先前支付的欠款,又失去了质押物,致使被害人受到财产损失,故对行为人盗窃质押物的行为应认定为盗窃罪。

【指导案例】孙伟勇盗窃案①——伪造证明材料将借用的他人车辆质押,得款后又秘密窃回的行为,如何定性

2010年4月26日,被告人孙伟勇与梁建强、刘古银经预谋,由梁建强向其亲戚弓寿喜借来一辆本田牌小汽车,并伪造了弓寿喜的身份证、机动车辆登记证书后,由刘古银冒充弓寿喜,与孙伟勇一起将该车以人民币7.2万元质押给被害人薛春强,并向薛春强作出还款赎回的书面承诺。得款后,孙伟勇与梁建强、刘古银共同分掉。同年5月8日,梁建强等人用事先另配的钥匙从薛春强处将车盗走并归还给弓寿喜。

本案中,被告人孙伟勇虽然主观上具有非法占有的故意,但其伪造证件冒名质押,并从薛春强处取得质押款7.2万元时,并未给薛春强造成损失,双方之间是一种民事行为。此时,孙伟勇的行为尚不构成诈骗罪。孙伟勇最终是通过盗窃行为实现非法占有的故意,使得薛春强合法占有的质押物脱离占有,导致财产损失。孙伟的盗车行为是一个单独的盗窃行为,应当以盗窃罪一罪定罪量刑。

---

① 参见陈娇莹、潘庸鲁:《孙伟勇盗窃案——伪造证明材料将借用的他人车辆质押,得款后又秘密窃回的行为,如何定性》,载最高人民法院刑事审判第一、二、三、四、五庭主办:《刑事审判参考》(总第84集),法律出版社2012年版,第44—48页。

第十九章　诈骗罪

一、将租赁来的汽车典当不予退还的行为是否构成诈骗罪

（一）裁判规则

诈骗罪中的欺骗行为是针对事实进行欺骗，这里的事实不仅包括外部的客观自然事实，也包括行为人的内心确信认知、动机以及主观目的等主观心理事实。行为人以"租车使用"的虚假名义，将汽车租出后未予使用即直接典当给他人，虚构隐瞒了租车的真实动机，属于诈骗行为中的虚构事实；而且，行为人在典当时又找人伪造汽车所有人的身份证明及相关手续，使典当行误认为典当行为是汽车所有人的真实意思表示。可见，行为人在租车、典当车时均采用了虚构事实、隐瞒真相等诈骗手段，应当认定为诈骗罪。

（二）规则适用

欺诈行为必须针对事实展开，即或者虚构出来一个假的东西，或者歪曲、隐瞒真正的事实。这里的事实，不仅包括外在的客观自然事实，也包括行为人的动机、主观目的、内心确信、计划安排等主观心理事实。当然，这些主观心理事实必须是确定且能够证明的，故在时态上只能是现在时或者过去时。因此，行为人向他人借款，并保证到期一定归还，对于未来归还事件而言，不能成为诈骗罪中被欺骗的事实，但如果行为人在借款当时就没有将来履行还款义务的打算，或者当时已经意识到将来也不具有还款能力的，那么就可以说他针对当下的内心事实（还款意愿）进行了欺骗。同样，在购物、加油、餐饮等场合，如果行为人未加解释地使用或者接受了一些需要支付报酬的服务或者商品，需要考虑的是行为人对于未来支付对价一事，在当时的内心事实是什么。如果行为人从一开始就没有支付费用的意思，而伪装具有支付费用的意思，欺骗对方为其提供饮食、住宿或者为其加油的，则是在消费当时就对自己的内心事实向对方进行了欺骗，属于诈骗行为。反之，如果行为人原本具有支付费用的意思，但在饮食、住宿后，采取欺骗手段不支付费用的，则不能成立诈骗罪。例如，行为人宴请亲朋好友在高档酒店吃饭喝酒之后，发现身上没带现金和银行卡，遂产生了逃单的想法，于是声称送走朋友后马上回

来付款,在此过程中趁机溜走的。此案中,由于行为人在消费当时并不具有逃单的想法,而是怀着消费完毕会支付价款的想法,故其消费行为并非欺诈事实;而且,行为人所实施的诈骗行为是谎称送走朋友后回来付款,酒店人员虽然基于错误认识同意其先去送走朋友,但是并没有免除行为人的债务,没有处分行为,故不能认定为诈骗罪。

针对行为人租车后将租赁来的汽车典当不予退还的行为,尽管其在租车过程中使用的是真实身份,但是其租车后并未使用,而是直接用于典当,并占有典当获得的钱款,不仅虚构了租车使用的事实,而且还隐瞒了租车的真实动机与目的,属于诈骗罪中的欺骗行为。而且,行为人在典当过程中,为了使典当人相信其系汽车所有权人,又找人伪造汽车所有人的身份证明及相关手续,使典当行误认为典当行为是汽车所有人的真实意思表示。可见,被告人在租车、典当车时均采用了虚构事实、隐瞒真相等诈骗手段,应当认定为诈骗罪。当行为人连续典当租来的汽车,在前面车主追索时以后面汽车的典当款赎取前车归还车主后,参照最高人民法院《关于审理诈骗案件具体应用法律若干问题的解释》(1996年)第9条的精神,即"对于多次进行诈骗,并以后次诈骗财物归还前次诈骗财物,在计算数额时,应当将案发前已经归还的数额扣除,按实际未归还的数额认定,量刑时可将多次行骗的数额作为从重情节予以考虑",只以被告人最终实际取得的汽车价值计算其犯罪金额,以前被典当车辆的价值金额作为从重情节予以考虑。

【指导案例】余志华诈骗案①——将租赁来的汽车典当不予退还的行为构成诈骗罪

2006年7月底,被告人余志华和杨琴以租车的名义,将窦永昌的一辆"起亚牌"汽车租走,伪造了窦永昌的身份证明和轿车手续,以人民币5万元的价格在四川省峨眉山市"鑫鑫"寄卖行将该车典当,余志华分得人民币2万余元。后窦永昌向余志华和杨琴索要该车。余志华因无钱取回该车,遂于同年8月4日,以租赁汽车使用几天的名义,向其朋友陈建红租得"奇瑞QQ牌"汽车一辆。当晚,余志华将该车以人民币1.9万元的价格在峨眉山市"鑫鑫"寄卖行典当,并用此款将之前典当的窦永昌的"起亚牌"汽车赎回退还。经鉴定,被典当的"奇瑞QQ牌"轿车价值人民币26 590元。

本案中,从表面看,被告人余志华租赁汽车是以真实的身份,只是在典当车过程中,伪造了汽车所有人的身份证明和轿车手续等文件,故有意见认为,针对汽车

---

① 参见何承斌、李韵梅:《余志华诈骗案——将租赁来的汽车典当不予退还的行为构成诈骗罪》,载最高人民法院刑事审判第一、二、三、四、五庭主办:《刑事审判参考》(总第62集),法律出版社2008年版,第54—58页。

出租方,其未使用欺骗手段,汽车出租方并未被骗。笔者认为,租车行为只是赋予了租车方对租赁汽车的使用权,并没有赋予其处分和利用该车收益的权利。被告人以"租车使用"的虚假名义,取得被害人同意,将汽车租赁后,根本未予使用,而是在明知自己没有经济能力将车赎回的情况下,直接将汽车予以典当,其隐瞒了将租来的车典当直接占有典当款的真实动机与目的,属于诈骗罪中的欺骗行为。其次,被告人在典当时,又找人伪造汽车出租人的身份证明及相关手续,而后以这些伪造材料骗取典当行的信任,使典当行误认为将汽车典当是汽车所有人的真实意思表示,从而将汽车的价值转化为现金后,直接占有了该现金。可见,被告人在租车、当车时均采用了隐瞒真相、虚构事实等诈骗手段。至于其租车时使用真实姓名的原因,则是其利用与被害人相识的便利条件,将诈骗对象锁定在熟人间,以真实姓名租车,更容易赢得被害人的信任,使其在不提供财产担保的情况下,顺利租得该汽车。从这个角度分析,被告人以真实姓名租车,只是为了使其诈骗行为更具有隐蔽性,使诈骗行为顺利得逞。因此,本案被告人的行为符合诈骗罪的客观特征。

二、故意制造"交通事故"骗取赔偿款的行为如何定性

(一) 裁判规则

行为人利用享有的先行权故意碰擦变道车辆制造所谓的"交通事故",被害人原本无需承担任何赔偿责任,但是由于被告人隐瞒了该事故是其故意制造的真相,致使被害人及公安交警部门均误认为事故系被害人的过失行为所致,被害人因此支付给被告人车辆修理费的,应构成诈骗罪。当然,如果被害人识破了假象,而且行为人当场要挟被害人赔偿车辆损失的,则可能构成敲诈勒索罪。此外,如果行为人故意制造"交通事故"的行为危及公共安全,则构成以危险方法危害公共安全罪。

(二) 规则适用

行为人故意制造交通事故,对被害人和公安交警部门隐瞒该事故是其故意制造的真相,致使公安交警部门将该事故认定为系被害人的过失行为所致并按照相关的法规进行调处,导致被害人因此支付给被告人车辆修理费。此类行为采用隐瞒事故真相的方法,骗取被害人的钱款,符合诈骗罪的构成要件,应认定为诈骗罪。

理由如下:(1)从行为性质来看,道路交通事故必须是行为人的过失行为造成的,不包括利用享有的先行权故意碰擦被害人变道车辆,故意制造"交通事故"的情形。(2)从行为人的主观方面来看,行为人通过利用其熟悉交通法规规定的先行权,故意制造"交通事故"从而获取赔款,具有非法占有他人财产的主观目的,而单纯的交通事故赔偿行为人事先并不具有非法占有目的。(3)从行为人实施的行为来看,在正常的驾车行驶中,驾驶员只要注意与前后车辆保持一定的车距,并在警

示标志许可的情况下就可以变道。而行为人利用享有的先行权,在看见前方车辆欲变道时故意不减速甚至加速,造成是前方车辆违反交通法规变道时碰擦车辆的假象,隐瞒事故是其故意制造的真相,致使公安交警部门在现场勘察中只能凭借现场状况认定被害人违章变道并承担全部责任。综上,行为人不仅欺骗了对方驾驶员,也欺骗了公安交警部门,致使公安交警部门对故意制造的事故按过失造成的交通事故对待,并按交通事故处理的正常程序进行调解。被害人在公安交警部门主持下,接受了调解并支付了赔款,而行为人却因此骗取了对方财产。根据主客观相一致原则,其行为符合诈骗罪的构成要件。

当然,如果被害人识破了行为人故意制造交通事故的假象,而且行为人并不愿意由公安交警部门来处理,而是当场要挟被害人赔偿车辆损失的,则可能构成敲诈勒索罪。此外,在通常情况下,从行为人碰擦所造成的后果看,由于碰擦是其故意制造的,为了防止自身受到重大伤害甚至伤亡,通常会控制和掌握碰擦可能会造成的后果,故其行为也不构成以危险方法危害公共安全罪。但如果行为人故意制造"交通事故"的行为危及公共安全(如选择在高速公路上"碰瓷"),则构成以危险方法危害公共安全罪。

【指导案例】李品华等诈骗案[①]**——故意制造"交通事故"骗取赔偿款的行为如何定性**

1999年12月至2000年4月间,被告人李品华、潘才庆、潘才军,凭借熟悉交通规则及熟练的驾驶技能,单独或结伙驾驶桑塔纳轿车,在上海市的交通要道上,趁前方外地来沪车辆变道之际,采用不减速或加速行驶的方法,在自己直行车道上故意从后碰擦前方车辆,制造交通事故。尔后,在交通事故处理中,对公安交警部门隐瞒该事故是其故意制造的真相,致使公安交警部门按照道路交通法规规定的路权优先原则,认定对方车辆驾驶员承担事故的全部责任,并在公安交警部门的调解下,由对方车辆驾驶员赔偿被告人的车辆修理费。

法院经审理认为,道路交通事故是指因违反道路交通管理法规、规章的行为,过失造成人身伤亡或者财产损失的事故,据此可以确定属于行政法规所调整的交通事故必须是行为人的过失行为造成的。而本案被告人李品华、潘才庆、潘才军单独或结伙,利用路权优先原则,趁被害人驾车变道时,不减速或加速而故意碰擦对方车辆,制造"交通事故",其主观上并非出于过失,故不应适用上述规定。其故意制造"交通事故"后,对被害人和公安交警部门隐瞒该"交通事故"的真相,致使公安交警部门将上述故意制造的"交通事故"按交通事故进

---

① 参见鲍慧民、郭杰:《李品华、潘才庆、潘才军诈骗案——故意制造'交通事故'骗取赔偿款行为的定性》,载最高人民法院刑事审判第一庭、第二庭编:《刑事审判参考》(总第29辑),法律出版社2002年版,第25—32页。

行调处,并认定被害人承担事故的全部责任,被害人为此支付了赔偿款。因此,被告人不仅在主观上具有非法骗取他人钱款的故意,而且在客观上骗取了他人数额较大的赔偿款,完全符合诈骗罪构成的主客观要件,应构成诈骗罪。关于被告人修车的支出是否要从诈骗数额中剔除问题,法院认为,被告人故意不减速或加速碰擦前方变道车辆,理应自行承担车辆损坏所造成的损失,故修车的支出不能从诈骗数额中剔除。

三、知道中奖号码而购买彩票并索要奖金的,应当如何定性

(一) 裁判规则

欺诈行为的直接结果是必须引起或者维持受骗者的认识错误,如果欺诈行为与认识错误之间缺少因果关系,则诈骗罪的客观要件构成就是不完整的,因而就无法认定为诈骗罪的既遂,只能按照诈骗罪的未遂来处理。在开奖时间过后,行为人购买已经开过奖的中奖号码彩票,被害人仍然出售该彩票,尽管行为人没有积极地引起一个错误认识,但其通过故意向被害人购买已中奖彩票的行为,使得被害人相信该号码的彩票尚未开奖,由此对其错误认识在程度上有所放大或者加强,二者之间具有因果关系。

(二) 规则适用

诈骗罪中的认识错误必须要求与欺诈行为之间存在因果关系,如何来认定这种因果关系,需要根据欺诈行为是引起错误认识还是维持错误认识分情况进行讨论。其中,"引起性"因果关系,是指引起一个尚不存在的错误认识。引起错误认识的行为,既可以是作为,也可以是不作为。其中,作为方式容易理解,而不作为方式引起错误,主要是指行为人违反义务不去实施某个行为而引起了对方的错误认识。"维持性"因果关系,是指增强或者加固他人既存的错误认识,同样包括作为或者不作为两种方式。其中,行为人通过积极的行为,掩盖他人既存的错误认识,或者阻碍受骗者通过自己调查而澄清事实真相的努力,从而使得受骗者继续保持对事实的错误认识;而如果行为人针对某个既存的错误认识,违反义务不告知对方相关信息以消除其错误认识,就是通过不作为方式让他人维持错误认识。对于维持他人既存的错误认识而言,如果仅仅是单纯的利用是不够的,还必须是对于他人既存的错误认识在程度上有所放大或加强,或者作为保证人具有说明义务以消除被害人的错误认识而没有履行该义务。只有在这种情况下,才能认为诈骗行为与错误认识之间存在维持性因果关系。行为人购买已经开过奖的中奖号码彩票,被害人在开奖时间过后仍然出售已开过奖的彩票,该错误认识并非行为人向其购买彩票的行为所引起,而是因其自身原因陷入错误认识当中的。尽管行为人没有积极地引起一个错误认识,但由于他人一般不可能购买已经开过奖的彩票,行为人通过故意向被害人购买已中奖号码的行为,使得被害人更加相信该号码的彩票尚未开奖,由此对被害人的错误认识在程度上有所放大或者加强,故应

认定二者之间具有因果关系。

【指导案例】张福锦等诈骗案①——在已知中奖号码的情况下购买彩票构成诈骗罪

2001年3月4日,被告人张福锦与张金刚(在逃),找到被告人汪贵阳,向汪打听在香港六合彩开奖日晚上7点钟厦门是否仍有地下销售点销售彩票。当获知厦门市厦港大埔头81号李德发经营的地下彩票销售点能出售彩票后,三人即共同策划,由张金刚负责联系获取第18期香港六合彩的中奖号码,张福锦出资并提供一部手机供联络之用,汪贵阳负责带张福锦前往购买彩票,骗得奖金后三人共同分赃。2001年3月6日晚6时30分左右,张福锦、汪贵阳来到李德发处。近7时许,汪贵阳从张金刚打来的电话中获知香港已开出的六合彩中奖号码为"9、19、35"后,即与张福锦一起用该三个号码向李德发购买了彩票,二被告人共中奖人民币20.2万元,随后向李索要奖金。李无法全额兑现,当场只付给张福锦人民币2900元,张金刚即带人赶到李德发处,拿走李的价值人民币723元的"诺基亚"5110型手提电话一部,并逼李写下"未付20万"的字据。

本案被告人张福锦、汪贵阳认为,诈骗罪的客观要件要求行为人实施的隐瞒真相行为必须引起被害人的错误认识,而本案二被告人对被害人所隐瞒的是已向社会公布的中奖号码,被告人并无告知的义务,且被害人并未因被告人隐瞒真相而错误处分财物,故其行为不符合诈骗罪的主、客观构成要件,不构成诈骗罪。法院经审理认为,在明知被害人尚未得知中奖号码而自己已事先知道中奖号码的情况下,故意对被害人隐瞒,造成被害人产生被告人不知中奖号码的错误认识,从而在开奖时间过后仍然向被告人出售彩票,以致产生被告人中奖、被害人必须支付奖金的直接后果,符合诈骗罪的构成要件。上述说理并不充分,笔者认为,本案各被告人的行为主要就是向被害人购买"9、19、35"号码的彩票,被害人的错误认识是误以为"9、19、35"系尚未开奖的号码,二者之间是否存在因果关系呢?答案是肯定的。本案被害人违法经营地下六合彩,在开奖时间过后仍然出售已开过奖的彩票(号码为"9、19、35"的彩票),该错误认识并非行为人向其购买彩票的行为所引起,而是因其自身原因陷入错误认识当中的。行为人尽管没有积极地引起一个错误认识,但由于他人一般不可能购买已经开过奖的彩票,行为人通过故意向被害人购买已中奖号码的行为,使得被害人更加相信该号码的彩票尚未开奖,由此对被害人的错误认识在程度上有所放大或者加强,故应认定二者之间具有因果关系。

---

① 参见最高人民法院中国应用法学研究所主编:《人民法院案例选》(总第44辑),人民法院出版社2004年版,第56—61页。

四、假冒医生、病患等身份骗取被害人财物的,应如何论处

(一) 裁判规则

对于没有取得医师执业资格而"行医"的行为,如果行为人明知或应当知道所开"处方"不可能对患者有效,出于非法占有他人财物的目的,以虚构"医院、专家、神药",假冒病患、导医、医生、收费员、药品发放员等身份,以行医开药方式收取患者高额医药费的,应定性为诈骗罪,而不是非法行医罪。

(二) 规则适用

当前社会生活中,以虚构"医院、专家、神药",假冒病患、导医、医生、收费员、药品发放员等身份,以行医开药方式收取患者高额医药费的案件在各地频频发生。为了依法打击上述"江湖游医"的行骗行为,保护广大患者利益免受侵害,最高人民法院在《关于审理非法行医刑事案件具体应用法律若干问题的解释》中对非法行医罪的犯罪构成进行了详细解释,同时在第5条中还规定"实施非法行医犯罪,同时构成生产、销售假药罪,生产、销售劣药罪,诈骗罪等其他犯罪的,依照刑法处罚较重的规定定罪处罚"。可见,非法行医行为在一定条件下还有可能构成诈骗罪等犯罪。根据《刑法》第336条的规定,非法行医罪是指"未取得医生执业资格的人非法行医,情节严重的"行为。是认定为非法行医罪还是诈骗罪,应结合三个方面进行分析:(1)行为人是否有虚构事实、隐瞒真相的行为。如果行为人根本没有医学知识,却假冒主任医师、教授等,其他行为人则冒充患者将赴医院就医的病人骗至被告人非法行医处,就属于虚构事实、隐瞒真相的行为。(2)行为人的主观心态。一般而言,非法行医的行为人主观上对自己诊疗开方行为会抱有一定信心,也期望自己能够治好患者的病;如果行为人主观上明知所开"药方"不可能对患者有效,仍然开方收费,则属于诈骗行为。对于行为人主观心态的认定可从外观行为来推断,例如行为人所开药方是否有医学依据、患者疗效等。如果行为人所开药方只是低价普通中药材,根本不是特效专科药,患者服用后也无效果,说明行为人主观上明知或应知其所开药方不可能对患者有效。(3)行为人收费数额。如果被告人针对普通患者收取高额费用,说明行为人是以非法占有钱财为目的。

【指导案例】陈新金、余明觉等诈骗案[①]

被告人陈新金于2009年3月始,在由易栋梁、汤春耕(均另案处理)等人开设的华夏联合基因健康检测技术服务中心内,与谢某(另案处理)等人纠集被告人余明觉、肖灿、左兴华、左运娥、范云华等人,以"专家治病"为名,将低价的普通中药材,冒充治疗妇科疾病等的"专科药",通过开具"处方"的方法,以高额的价格"配售"给各被害人骗取其钱财。其中,陈新金全面负责该中心的日常管理并结账分

---

① 参见《最高人民法院公报》2012年第12期。

配赃款;范云华等人负责在各大医院门口,探知被害人的病因后即谎称"也曾得此病,现已由专家治好,愿帮助介绍该专家为被害人看病",将各被害人骗至华夏联合基因健康检测技术服务中心"治病";左运娥负责在该中心1楼假扮导医,将被害人指引至2楼门诊室;肖灿负责挂号、收费,并将"处方"传真至"药房";余明觉冒充"余教授"为被害人看病开"处方";左兴华根据肖灿传真的"处方"负责将药送至该中心,再取回给范云华等人的药;至2009年6月18日,各被告人结伙先后骗取被害人程亚等50人的高额药费。

本案中,被告人陈新金等人为获取钱财,明知被告人余明觉并非中医师专家,且无医师执业证书,仍纠集余明觉等人,由范云华虚构事实,将各被害人骗至上述"中心"内,以"治病"为名将低价的普通中药材,冒充"专科药"后以高额的价格"配售"给各被害人。余明觉明知自己无医师执业证书,不得从事医疗活动,且无治疗各种专科疾病的特长,为获取钱财,在明知各被害人系"医托"骗至其处"治病"的情况下,仍冒充"教授",仅通过简单询问及"搭脉"后,即开具所谓的针对各种专科疾病的特效药"处方",使各被害人误以为获得了中医专家的"治疗"。案发后各被害人均证实:余明觉等人开具的中药服用后所患疾病并无好转,由此证明余明觉所开的"药"并非对症下药,故陈新金、余明觉主观上具有诈骗的故意。肖灿、左兴华、左运娥明知各被害人系被范云华等人诱骗至上述"中心"内的,且陈新金、余明觉等所谓的"治病"形迹可疑,但仍制造假象帮助掩盖事实,说明三人主观上亦具有诈骗的故意。范云华虽非陈新金所雇用,但为获取钱财,范云华与陈新金等人结伙,在明知余明觉等人非中医师专家的情况下,仍虚构事实将各被害人骗至上述"中心"内"治病",事后获取高额医药费提成,其主观上具有非法占有的故意,客观上实施了虚构事实的行为,应以诈骗罪论处。

五、诈骗数额应以实际骗取的数额还是合同标的额来认定

(一)裁判规则

诈骗数额是决定诈骗罪犯罪构成以及量刑档次的重要因素,在具体认定时应当根据不同情况采用不同标准。诈骗未遂时,一般以行为人犯罪指向的数额,即其意图诈骗的数额认定;诈骗既遂时,以所得数额为诈骗数额,而行为人意图诈骗的数额,则仅作为量刑情节予以考虑。如果被害人的损失数额或交付数额高于诈骗犯罪行为人所得的数额,而这一差额又归因于犯罪行为人的行为,则诈骗数额应以损失数额或交付数额来认定。

(二)规则适用

在侵犯财产罪中,犯罪数额是决定犯罪构成以及量刑档次的重要因素。对于财产犯罪的数额,刑法理论上存在以下几种观点:(1)犯罪所得数额说,即行为人通过实施犯罪行为而实际获得财产价值的货币金额;(2)损失数额说,即行为人通

过实施犯罪而给被害方造成的经济损失数额;(3)犯罪指向数额说,亦称之为主观说,即行为人在实施犯罪行为时所追求的目标数额;(4)双重标准说,即认为在犯罪既遂的情况下,犯罪数额应按交付数额来认定,在犯罪未遂的情况下按行为人主观意图侵占的数额来认定。笔者认为,从关于财产犯罪的一系列司法解释来看,应采取双重标准说。其中,在犯罪既遂时,应当以所得数额为犯罪数额。以盗窃罪为例,根据"两高"《关于办理盗窃案件具体应用法律若干问题的解释》(1992年)第1条第(一)项的规定,"盗窃数额,是指行为人实施盗窃行为已窃取的公私财物数额"。此后,最高人民法院在1998年发布的《关于审理盗窃案件具体应用法律若干问题的解释》第1条中再次规定"盗窃数额,是指行为人窃取的公私财物的数额"。类似的情形也存在于同为财产型犯罪的抢劫数额的认定当中,《关于审理抢劫刑事案件适用法律若干问题的指导意见》第2条第3项明确规定"抢劫数额以实际抢劫到的财物数额为依据"。针对诈骗犯罪,最高人民法院在《关于审理诈骗案件具体应用法律的若干问题的解释》①第2条第2款规定"利用经济合同进行诈骗的,诈骗数额应以行为人实际骗取的数额认定,合同标的数额作为量刑情节予以考虑"。当然,如果受害人的损失数额或交付数额高于诈骗犯罪行为人所得的数额,而这一差额又归因于犯罪行为人一方行为,则诈骗数额应以损失数额或交付数额来认定。上述情形是指诈骗既遂的情形,当诈骗未遂时,由于不存在得手的数额,故只能以行为人犯罪指向的数额,即其意图诈骗的数额来认定。

【指导案例】龙鹏武、龙雄武诈骗案②——利用欺骗方法兼并后又利用职务便利将被兼并单位财物占为已有的行为如何定性

1993年6月19日,被告人龙鹏武将人民币540万元资金转入中国建设银行北海分行,在骗取银行资信证明后,与他人联营成立了北海万诚公司。后龙鹏武将其中的人民币535万元以付货款的形式转走,注册资本实为虚注。1994年年底,龙鹏武在得知长沙民乐厂因经营困难正寻求合作对象后,便向长沙民乐厂提出由北海万诚公司对其实施兼并。在长沙民乐厂考察组赴北海万诚公司考察时,龙鹏武采用伪造虚假批复、变造审计报告书、伪造银行往来账凭据等方式,骗取了长沙民乐厂的信任。1995年5月5日,北海万诚公司与长沙民乐厂签订了企业兼并协议书,取得了对长沙民乐厂人民币1780余万元资产的控制权。7月1日,龙鹏武以北海万诚公司、长沙民乐厂及其下属公司湖南维乐公司为股东虚报出资人民币1000万元,申请注册成立了三宇公司。在此过程中,龙鹏武加快对长沙民乐厂及

---

① 该解释尽管已经失效,但是在替代性的规定出台之前,其精神仍然可以参照适用。
② 参见高憬宏:《龙鹏武、龙雄武诈骗案——利用欺骗方法兼并后又利用职务便利将被兼并单位财物占为已有的行为如何定性》,载最高人民法院刑事审判第一庭编:《刑事审判参考》(总第7辑),法律出版社2000年版,第37—43页。

其下属单位人、财、物的调配处置,引起长沙民乐厂职工的不满。1996年10月18日,长沙市经济委员会下文解除兼并。

本案被告人龙鹏武、龙雄武利用兼并合同进行诈骗,合同标的为整个长沙民乐厂的财物,达1780余万元。兼并后,龙鹏武等人取得了对长沙民乐厂全部资产的支配权。检察机关据此指控龙鹏武等的诈骗数额为1780余万元,但从本案的实际情况来看,本案的诈骗数额,不能认定为兼并合同的标的。因为在长沙市经济委员会解除兼并后,被告人龙鹏武、龙雄武并没有占有长沙民乐厂的全部财产。参照《关于审理诈骗案件具体应用法律的若干问题的解释》第2条第2款"利用经济合同进行诈骗的,诈骗数额应以行为人实际骗取的数额认定,合同标的数额作为量刑情节予以考虑"的规定,应以龙鹏武等人通过各种手段将长沙民乐厂的财物转入自己手中控制,至今尚未归还的69.3191万元以及解除兼并后擅自带走的财物价值及现金34.465万元,共计103.7841万元,认定为实际诈骗的数额。

【指导案例】刘国芳等诈骗案[①]——为获取回扣费以虚假身份证件办理入网手续并使用移动电话拨打国际声讯台造成电信资费损失的行为应如何定罪量刑

被告人刘国芳、高登基先后从我国台湾地区到广东省深圳市,经人介绍后相识。1998年4月,两人商量从外省购买移动电话GSM卡在深圳设点拨打国际声讯台,以此获取国际电话费回扣。尔后,刘便向高提供移动电话8部,并借资人民币2万元给高用于购买电话卡等。1998年7月,刘又派人将1台控制手机拨号电脑和5部移动电话送到深圳市高租房处进行安装,并雇佣10余人为其拨打国际声讯台。刘负责与境外人员联系和领取电话费回扣。1998年7月至9月间,高将伪造的身份证交给雇用人员李安竹等人,指使他们用假身份证购得GSM卡16张后,又指使雇用人员谭玉萍等人按照刘告诉的电话号码用其中的14张卡昼夜拨打国际声讯台,给电信部门造成话费损失人民币490万元。

在本案审理过程中,有观点认为,应当以被告人刘国芳、高登基实际获得的财物,即两被告人从国际声讯台所获得的回扣数额来认定诈骗数额;也有观点认为,诈骗数额应以两被告人拨打国际声讯台所产生的话费减去电信部门利润的差额。笔者认为,上述两种观点都是错误的。本案中的诈骗行为有点类似于破坏性盗窃,尽管两被告人非法所得的数额相对不大,但其给被害人造成的损失特别巨大,而这一差额又归因于两被告人一方行为,故应当以给被害人造成的损失来认定诈骗数额。而且,两被告人利用虚构的主体(假身份)购买手机卡,逃避电话话费缴

---

① 参见陈文全:《刘国芳等诈骗案——为获取回扣费以虚假身份证件办理入网手续并使用移动电话拨打国际声讯台造成电信资费损失的行为应如何定罪量刑》,载最高人民法院刑事审判第一庭、第二庭编:《刑事审判参考》(总第26辑),法律出版社2002年版,第64—71页。

纳义务,产生的490万元话费是被害人电信部门本应收但却损失的数额,诈骗行为人应当支出话费而没有支出,应视为得到,其数额也是490万元,损失数额与诈骗所得数额是一致的。电信机构的利润也是电信机构本应获得的,同样属于损失的范围,不应予以扣除。至于两被告人由此获得多少"回扣",根本就不能作为认定其犯罪所得的依据,故不在犯罪构成考查范围内,更不影响定罪量刑。

六、骗取他人信用卡及密码并在ATM机上使用的行为,应当如何定性

(一)裁判规则

行为人从持卡人手中骗取信用卡及密码,尽管符合诈骗罪的逻辑结构,但信用卡及密码并非刑法意义上的财物,故如果只是单纯地骗取信用卡而不使用取款的,不构成诈骗罪。行为人使用他人信用卡取款的行为,尽管相对于持卡人来说是秘密的,但由于卡内钱款事实上为银行所占有,而并非持卡人所占有,故不存在破坏持卡人对钱款占有的问题,不构成盗窃罪。行为人破坏银行对卡内存款的占有关系,系通过使用他人信用卡的方式进行的,属于冒用他人信用卡的情形,应当以信用卡诈骗罪来认定。

(二)规则适用

根据《刑法》第196条第3款的规定,盗窃信用卡并使用的,以盗窃罪定罪处罚。那么,骗取他人信用卡并在ATM机上取款的,应当如何定性,司法实践中存在争议:第一种观点认为应认定为盗窃罪。理由是,骗取信用卡的行为并未使被告人实现对钱款的占有,记载在卡内的存款现金依然由被害人占有,行为人未经信用卡所有人同意,以秘密方式从ATM机上窃取卡内现金,应认定为盗窃罪。第二种观点认为应认定为诈骗罪。理由是,根据《刑法》第196条第3款的规定,既然盗窃信用卡并使用的应认定为盗窃罪,那么骗取他人信用卡并使用的,也应认定为诈骗罪。第三种观点认为应认定为信用卡诈骗罪。理由是,行为人骗得他人信用卡及密码后,用该信用卡到银行将钱取出,属于"冒用他人信用卡"的情形,根据《刑法》第196条第1款的规定,应当定性为信用卡诈骗罪。笔者同意上述第三种观点,理由分析如下:

1.行为人实施欺诈行为,从持卡人处骗取信用卡及密码的行为,既不能认定为诈骗罪,也不能认定为盗窃罪。

行为人骗取他人信用卡并在ATM机上使用的情形包括两个行为,即从持卡人手中骗取信用卡的行为以及随后使用该卡进行取款的行为。其中,行为人从他人手中骗取信用卡及密码,由于诈骗犯罪有数额较大的要求,而信用卡卡片本身的经济价值很低,故如果只是单纯地骗取信用卡而不取款的,不构成诈骗罪。而且,从对存款的占有来看,骗取信用卡并不能直接导致信用卡所有人丧失卡内存款,因为信用卡所有人仍然可以使用存折取款或进行挂失止付,故行为人只骗取信用卡而不使用取款的行为不构成诈骗罪。持"诈骗罪"观点的人还认为,既然《刑法》

第 197 条第 3 款将"盗窃信用卡并使用"的行为规定为盗窃罪，那么依此类推，"骗取信用卡并使用"的行为也应当认定为诈骗罪。笔者认为，这种类推是不恰当的。"盗窃信用卡并使用"事实上包括两个行为：一是盗窃信用卡，二是使用盗窃的信用卡。如前所述，信用卡本身价值很低，"盗窃信用卡并使用"之所以构成犯罪，重点在于"使用"，只有使用，才能使信用卡内的存款受到侵犯，而"使用"行为的本质其实就是"冒用"，本来应当以信用卡诈骗罪来认定，然而《刑法》第 193 条第 3 款却将这种行为规定为盗窃罪，这显然是一种"法律拟制"。法律拟制应当以刑法明文规定为限，而不能推及到其他的犯罪认定当中，否则就是类推解释。为此，我们不能因为"盗窃信用卡并使用"的行为被拟制为盗窃罪，进而推定"骗取信用卡并使用"的行为也构成诈骗罪。

既然行为人骗取信用卡的行为不构成诈骗罪，那么其持骗来的信用卡从 ATM 机上取款的行为，是否构成盗窃罪呢？诚然，如果以持卡人为参照系，行为人的取款行为确实符合盗窃罪的"秘密窃取"特征，但这种观点忽略了银行这一主体，显然是不恰当的。事实上，骗取信用卡并使用的情形包括两个行为，即骗取信用卡与使用骗来的信用卡，涉及三方当事人，即行为人、持卡人与银行。其中，骗取他人信用卡的行为发生在行为人与信用卡所有人之间，破坏的是信用卡所有人对信用卡占有的权利。由于信用卡本身价值很低，如果只是单纯地骗取他人信用卡而不使用的，不能认定为诈骗罪。而使用骗来的信用卡进行取款的行为发生在行为人与银行之间，破坏的是银行对存款现金的保管关系。为此，我们在分析行为人使用骗取的信用卡进行取款时，应当选择以行为人与银行为当事人主体，将银行作为财产受到损失的当事人主体对待。而持"盗窃罪"观点的人是以持卡人为当事人来分析行为人持骗来的信用卡进行取款行为的性质的，法律关系主体选择时是错误的，由此所得出的结论也是错误的。

2. 行为人持骗来的信用卡到 ATM 机上取款的行为，应认定为信用卡诈骗罪。

如前所述，在盗窃、诈骗他人信用卡并使用的案件中，只有使用行为才能使他人的存款受到现实侵害，故此类案件的社会危害性主要体现在使用他人信用卡取款的行为上。那么，针对该行为究竟是应认定为盗窃罪还是信用卡诈骗罪，取决于银行是否因为受欺骗而产生了错误认识，并基于错误认识实施了处分行为。如果存在，那么就构成信用卡诈骗罪，反之就只能认定为盗窃罪。在行为人持骗来的信用卡到 ATM 机上取款情形，还涉及 ATM 机能否被骗的问题。有观点认为，诈骗是基于人的认识错误自愿交付财物的行为，而机器是无意识的，所以机器就不能因为认识错误而受骗上当。笔者认为，在现代社会中，智能机器是按照其主人即权利人的要求所设计制造的，机器的意志完全来自其权利人的意志，一举一动都是其权利人的意志的反映。行为人操作机器，表面上看起来是人与机器在互动，实际上是行为人与机器背后的权利人在对话。因此，尽管智能机器本身不存在被骗的问题，但是机器背后的权利人是完全可以被骗的。对此，根据最高人民检察院 2008 年 4 月 18 日发布的《关于拾得他人信用卡并在自动柜员机（ATM 机）上使用的行为如何定性问题的批复》的规定，拾得他人信用卡并在自动柜员机（ATM 机）上使用的行为，属于《刑法》第 196 条第 1 款第（三）项规定的"冒用他人信用卡"的情形，构成犯罪的，以信用卡诈骗罪追究刑事责任。该规定表明，自动柜员机（ATM 机）可以成为被骗的对象。

还有观点认为，由于 ATM 机只认信用卡和密码而不认人，只要行为人能提供真实的信用卡和正确的密码，ATM 机都会吐出钱款，所以 ATM 机并没有基于错误认识而处分财物。但这种观点与信用卡的相关规定并不符合，根据《银行卡业务管理办法》第 28 条的规定，银行卡及其账户只限经发卡银行批准的持卡人本人使用；第 61 条规定，任何单位和个人利用银行卡及其机具欺诈银行资金的，根据《刑法》及相关法规进行处理。同样，根据《关于加强银行卡安全管理预防和打击银行卡犯罪的通知》的规定，对有疑似套现、欺诈行为的持卡人，发卡机构可采取临时锁定交易等措施，并及时向公安机关报案。可见，信用卡原则上限于持卡人本人使用，对于不是银行批准的持卡人或有套现、欺诈行为的持卡人，银行工作人员有权利也有义务采取措施制止。现实生活中，由于 ATM 机不具有识别持卡人身份的功能，一旦行为人持他人信用卡在 ATM 机上进行取款，在输入密码正确的情况下 ATM 机便会吐出钱款，实际上 ATM 机是基于错误认识（即误认为取款人系信用卡所有人）而支付钱款，属于信用卡诈骗罪中"冒用他人信用卡"的情形。事实上，我国《刑法》第 196 条之所以将"冒用他人信用卡"的行为规定为信用卡诈骗，就是因为无论是银行柜台工作人员还是 ATM 机，对于行为人冒用他人信用卡很难加以识别，在实际使用者冒充所有人的情况下，银行会误以为实际使用者是信用卡的所有人而"自觉自愿"实施付款行为，为了防止这种行为的发生，立法将"冒用他人信用卡"的行为规定为信用卡诈骗罪。可见，当行为人持他人信用卡取款时，银行工作人员与作为银行工作人员延伸的 ATM 机一旦支付钱款，就属于基于错误认识而处分财物的情形，符合信用卡诈骗罪的构成特征。为此，针对骗取信用卡并使用的情形如何定罪的问题，"两高"于 2009 年 12 月 3 日发布、2018 年 12 月 1 日修正实施的《关于办理妨害信用卡管理刑事案件具体应用法律若干问题的解释》第 5 条已经明确规定"刑法第一百九十六条第一款第（三）项所称'冒用他人信用卡'，包括以下情形：……（二）骗取他人信用卡并使用的"。

【指导案例】刘作友等人信用卡诈骗案[①]——骗取信用卡及密码并使用的行为如何定性

2005 年 12 月 15 日上午 10 时许，被告人刘作友假扮出租车车主，刘春新假扮

[①] 参见陈兴良、张军、胡云腾主编：《人民法院刑事指导案例裁判要旨通纂》（上下卷·第二版），北京大学出版社 2018 年版，第 1107—1109 页。

出租车驾驶员,袁振庭、曾珍及白蝶辉假扮乘客,将游志红骗上微型车。当车行驶一段距离后,曾新民假扮刚下车的乘客拦住微型车,谎称其装有人民币1万余元的钱包丢失在车内,假装找包,并提出怀疑钱包被车上乘客拾得。游志红被迫将行李交给曾新民检查。曾新民发现行李中有2张信用卡,便称怀疑游志红将拾得的现金存入银行,要求核查信用卡上的存款。游志红被迫将2张信用卡交给曾新民,并说出卡的密码。当游志红提出与曾新民一同前往银行核查时,曾新民以游志红会借机逃跑为借口,拒绝游志红的要求。此时,刘作友便冒充中间人提出由其持卡到银行查询,曾新民将2张信用卡转交给刘作友,刘作友持卡分别从农业银行、邮政储蓄银行的自动取款机上取走人民币8450元。后回到车上后,假称经查询,游志红未拾得曾新民丢失的"现金",并将2张信用卡还给游志红。

本案审理过程中,有观点认为,被告人虽然通过欺骗的方法实际上持有了被害人的信用卡和密码,但是不能据此认为被害人丧失了其对信用卡内钱款的占有。因为被害人只是将信用卡交与被告人等人去查询钱款数额,并没有交付及转移占有信用卡内资金的意思,因此,在被告人等人前去银行取款时,信用卡内的钱款仍然为被害人所占有。被告人等未经持卡人同意而秘密窃取信用卡内的钱款,针对该种行为应当以盗窃罪论处。在分析问题时,上述观点刚开始强调要区分信用卡与信用卡内的资金,这一点是可取的,但在后面的论述中却又将信用卡与信用卡内的资金混为一谈,前后矛盾。事实上,针对行为人骗取信用卡及密码,并随后持卡取款的行为,涉及三方当事人,即行为人、持卡人和银行。其中,行为人骗取信用卡及密码的行为,涉及的当事人主体是行为人与持卡人。尽管该行为符合诈骗罪的逻辑结构,但由于信用卡及密码并非刑法意义上的财物,故针对单纯骗取信用卡而不使用的行为,不能以诈骗罪来认定。此后,行为人使用骗取来的信用卡并前往银行取款的行为,涉及的当事人主体是行为人与银行。由于持卡人并不占有信用卡内资金,故行为人持卡取款行为,所破坏的是银行对信用卡资金的占有关系。在这个过程中,行为人是通过使用他人的信用卡取款,属于冒用他人信用卡的情形,应当以信用卡诈骗认定。

七、代为保管或捡拾他人存折擅自取款占为己有的行为如何定罪

(一)裁判规则

行为人代为保管或捡拾到他人存折并不意味着占有了存款本身,针对银行享有的债权仍然归属于存款人,而存折上记载的存款现金则处于银行的占有之下。行为人持代为保管或捡拾来的他人存折,隐瞒真相,假冒存折所有人名义,骗取银行工作人员信任,非法侵占他人存折上的存款,符合诈骗罪的构成特征,应当以诈骗罪来认定。

(二)规则适用

行为人利用代为保管或者捡拾到的他人存折,在知道密码的情况下,冒充他

人身份去银行擅自取款并据为己有的,既有秘密窃取的因素(针对存折所有人),又有隐瞒事实真相欺诈第三人的因素(针对银行),此类行为该如何定性存在争论。第一种意见认为,行为人以非法占有为目的,在存折所有人不知情的情况下,秘密将被害人存折内存款转移至自己控制下,应当以盗窃罪来认定。第二种意见认为,行为人已经持有他人的存折且知道密码,那么存折上记载的款项事实上也处于其占有之下,其擅自将自己事先占有的款项取出并据为己有的,构成侵占罪。第三种意见认为,行为人代为保管他人存折并不等于事先合法占有了存折项下的存款,不能认定为侵占罪。行为人以非法占有为目的,隐瞒真相,冒用被害人的身份,使得银行误以为行为人就是存折所有人,进而将存折上相应的款项支付给行为人,应当以诈骗罪来认定。笔者同意上述第三种意见。从侵占罪与盗窃罪、诈骗罪的逻辑结构来看:侵占罪属于非转移占有型财产犯罪,犯罪对象为行为人代为保管的他人财物,行为人在实施侵占行为之前已经控制他人财物,其特征是将自己控制的财产不法"占为己有"。而盗窃罪、诈骗罪属于转移占有型财产犯罪,犯罪对象为他人控制的财物,对于自己已实际控制的他人财物一般不能成立盗窃罪和诈骗罪。可见,区别侵占罪与盗窃罪、诈骗罪的关键在于,行为人非法占有财物时,该财物究竟处于谁的占有之下。财产犯罪中的占有,是指财物处于行为人事实上或者法律上的实力支配、控制之下。其中,对于事实上的支配状态,比较容易理解和判断,是指物主、管理人等占有、控制、握持财物。而法律上的占有,是指行为人虽然没有事实上占有财物,但在法律上对财物具有支配力,这种占有形式通常发生在事实占有与所有权分离的情形中。① 正是基于财产犯罪中的占有可以是法律上的占有,有观点认为,既然存款人将存折交给他人代为保管,并将密码告知了保管人,存折上记载的款项就处于保管人的占有之中。保管人擅自将款项取出并占有己有的,只可能构成侵占罪而非盗窃罪或者诈骗罪。

笔者认为,上述观点是不正确的。事实上,存折上的"存款"具有不同含义:一是指存款人对银行享有的债权;二是存款债权所指向的现金。其中,存款人在法律上占有了存款债权,而存款债权所指向的存款现金,则处于银行的事实占有当中。那么,当存折所有人将存折交由行为人保管之后,保管人是否因此而享有对银行的支付请求权,进而针对存折上的存款现金存在法律上的占有呢?答案应是否定的,因为针对存折现金所形成的法律上的占有,其内容应当是行为人能够按照自己的意愿向银行提出支付现金的请求,且银行不得拒绝该请求。故在行为人占有存折的情况下,判断存折内钱款占有的归属,关键在于其是否有权向银行主张支付请求?也就是说,即使将存折交给行为人,法律上的占有权仍然属于存

---

① 例如,仓库提单、船运提单等物权证明的持有人、不动产名义上的登记人,即使提单上记载的货物或者房产证对应的房产不在权利人的事实占有之下,该动产或者不动产仍然处于权利人的法律占有之中。这是因为,不动产的名义登记人、仓库提单、货运单的持有人,可以根据法律规定和凭借相关物权证明,对权利凭证上记载的财物进行支配、处分,因此可以认为其占有财物。

所有人。原因在于，我国对存折实行实名制，必须由本人携带身份证才能申领，存折内资金交易的权利、义务由持证申领人享有和承担，即存折申领人被视为存折的全部权利的所有人，其具有支配、使用存折内全部资金等各项权利。而且根据《储蓄管理条例》第30、31条所规定的挂失止付制度，对于记名式的存折可以挂失，储蓄机构受理挂失后，必须立即停止支付该储蓄存款。故存折所有人即使是在丧失存折的情况下，仍然可以通过挂失等手段，排除存折持有人的占有，从而实现对存款债权的重新控制。为此，无论存折由谁实际持有并使用，存折的权利义务都由申领人承受，存折内资金在法律形式上都处于申领人的占有之下。

【指导案例】蔡铭诈骗案——代为保管他人存折擅自取款占为己有的行为如何定罪

2009年1月17日，被害人赵朋因被告人蔡铭欠其人民币1000元，遂将自己的中国邮政储蓄的存折交给被告人蔡铭，让被告人蔡铭将欠款存入该存折。同年1月18日至1月30日期间，被告人蔡铭在未告知被害人赵朋的情况下，利用之前获取的密码，隐瞒真相，冒用被害人赵朋的身份，从被害人赵朋的存折内分三次取出人民币7000元。后被告人蔡铭携款逃离义乌，并在江苏省江阴市被当地公安机关工作人员抓获。

本案中，被害人赵朋因被告人蔡铭欠其人民币1000元，遂将自己的中国邮政储蓄的存折交给被告人蔡铭，让蔡铭将欠款存入该存折。被告人蔡铭虽然事先合法持有了存折，但不等于事先合法持有了存折项下的存款，本案中侵占罪的犯罪对象不存在。为此，被告人蔡铭侵占他人存折上存款的行为，不能认定为侵占罪。被告人蔡铭在未告知被害人赵朋的情况下，利用之前获取的密码，从赵朋存折内分三次取出人民币7000元，该行为针对被害人而言尽管是秘密进行的，但由于存折上记载的存款并非处于被害人的占有之下，而是处于银行的占有之下，行为人破坏的是银行对存款的占有关系，故不成立盗窃罪。被告人蔡铭采用隐瞒真相，冒用被害人赵朋身份的方法，从银行多次取款，银行误以为蔡铭就是存折所有人，而将存折上相应的款项支付给蔡铭，该行为符合诈骗罪的构成要件，故法院对其以诈骗罪来认定是恰当的。

【指导案例】程剑诈骗案[①]——猜配捡拾存折密码非法提取他人存款行为的定性

2002年2月，被告人程剑拾得一张户主为朱卫祖的加有密码的中国银行活期存折。因程剑认识朱卫祖，程剑即在家中多次估猜配写密码，并分别于同月20日、

[①] 参见刘一守：《程剑诈骗案——猜配捡拾存折密码非法提取他人存款行为的定性》，载最高人民法院刑事审判第一庭、第二庭编：《刑事审判参考》（总第33集），法律出版社2003年版，第41—45页。

25日、26日先后持存折到安徽省徽州区中国银行岩寺分理处、屯溪区中国银行老街分理处试图取款,均因密码错误未果。同年3月10日下午,程剑来到中国银行跃进路分理处,以朱卫祖手机号码后六位数作为密码输入时,取出现金人民币200元,之后程剑又到中国银行老街分理处取出现金人民币1.6万元,并且找到其姐夫余顺进要求其帮忙取款,余顺进即于当天下午持存折在中国银行跃进路分理处取出现金人民币6万元。

本案的特征在于,程剑利用捡来的他人存折,通过猜配取款密码非法支取他人存款。其中,既有冒用他人名义骗取银行信任的因素,又有在他人不知情的情况下盗配取款密码进而提取存款的秘密因素。那么,究竟应当认定为盗窃罪还是诈骗罪?区分的关键在于弄清楚存折内的存款处于何人占有之下,被告人侵害的是何人对存款的占有关系。如果属于存款人占有之下,那么就应当以盗窃罪认定;反之,如果处于银行的占有之下,就构成诈骗罪。在这里,我们需要区分存折与存折上的存款。其中,存折系一种债权凭证,处于存款人的占有之下,但由于存折并非刑法意义上的财物,故不能成为财产犯罪的对象。如果行为人只是单纯地侵占存折,而不使用取款的,可以不作为犯罪论处。而存折上的存款在事实上则处于银行的占有之下,行为人通过猜配存折密码到银行支取存款,破坏的是银行对存款的占有关系。在此过程中,行为人并不是通过秘密窃取的方式来进行,而是持他人的存折以及猜配的密码,冒用他人名义到银行取款,银行方误以为行为人就是存折所有人,进而向行为人交付钱款,此类行为属于典型的冒用诈骗行为,应当以诈骗罪来认定。

八、关于诈骗罪与赌博罪的区分

(一)裁判规则

赌博本质上是一种射幸行为,其结果具有偶然性。如果行为人出于非法占有他人财物的目的,采取虚构事实、隐瞒真相、设置圈套的方法诱使他人参加赌博,并以欺诈手段控制赌局的输赢结果,骗取他人数额较大之财物的,则赌博成了掩盖事实的手段,该行为本质上符合诈骗罪的特征,应认定为诈骗罪而非赌博罪。对于赌资,如果被害人本来不具有赌博的意思,而是基于受骗产生赌博的意思,从而被骗钱财的,对其所输财产应当予以保护;反之,如果其本身也是参赌人员,具有赌博营利目的,则所输钱款属于赌资,应予追缴没收。

(二)规则适用

诈骗罪和赌博罪具有相似之处,行为人在主观方面都有非法获取他人财物的目的,客观上都会给他人财产造成损失,但两罪在行为特征和构成要件上的区别还是非常明显的。诈骗罪被规定在《刑法》分则第五章"侵犯财产罪"中,侵害的主要是他人财产权益,行为人的目的是骗取他人财物,赌博只是手段;而赌博罪被规定在《刑法》分则第六章"妨害社会管理秩序"罪中，侵犯的是社会管理秩序和社会风尚，赌博犯罪中虽然也会伴有财产损失，但取财人营利目的的实现靠的正是赌博活动具有的偶然性，参赌各方对可能造成的财产损失具有明确预知并接受相关的输赢结果。在现实生活中，赌博与欺诈经常是交织在一起的，一点骗术不使用的赌博并不常见，在营业性赌场和职业型赌徒那里骗术更是司空见惯，但要注意把那种为了提高胜算而使用了一些骗术的赌博同单纯的诈骗区别开来。

笔者认为，设置圈套诱骗他人参赌的行为是构成诈骗罪还是赌博罪，关键在于赌博圈套中的欺骗程度。如果行为人仅仅是制造虚假事实，引诱他人参加赌博，但是赌博仍依偶然性决定输赢，则其目的是营利，而不是非法占有。此外，如果行为人仅仅采取了较为轻微的欺骗行为，赌博输赢主要是依靠各自运气、技术，即赌博各方均不能控制、主导输赢结果的，则其行为仍然符合赌博特征，因为赌博在本质上是一种射幸行为，其结果具有偶然性。反之，如果行为人不是将骗术夹杂在赌博过程中，凭借运气和赌技赢取参与赌博者的钱财，而是采用骗术完全控制赌博过程，输赢结果完全被赌博一方或几方掌控，合谋骗取他方钱财的，则这种输赢胜败并不取决于偶然性的"赌博"，该种行为便已经不再符合赌博的本质特征。换言之，赌博的输赢一般取决于偶然事实，这种偶然性对当事人来讲具有不确定性，如果对一方当事人而言，输赢结果事先已经被其控制，则赌博输赢失去了偶然性，便不能再称之为赌博了。

【指导案例】黄艺、袁小军等诈骗案[①]

2004年10月，被告人黄艺、袁小军共谋设计赌局圈套，以打假牌的方式骗取他人钱财。同年11月4日，黄艺谎称商谈煤矿交易事宜邀请姚某某于次日一起共进晚餐，同时通知袁小军约请帮助打假牌的人。11月5日下午，被告人刘小冬、方开强应邀过来。随后，黄艺按事先的预谋，于当晚请姚某某在"食圣"火锅店吃饭。为不致引起姚某某的怀疑，黄艺向姚某某介绍刘小冬、方开强时，谎称二人是"经营煤炭生意的老板"。席间，黄艺又电话通知被告人刘昌敏、袁小军前来共进晚餐。饭后，大约18时，黄艺邀已有醉意的姚某某到"碧於蓝"茶楼喝茶打牌。为掩饰骗局，黄艺提出与姚某某合伙占一股。在打牌过程中，刘小冬以欺诈手段控制大小牌，仅两小时，姚某某就输掉现金人民币1万多元，并欠债人民币10余万元。随后，黄艺等人鼓动姚某某换一种赌博形式，以便把输的钱赢回来。之后，黄艺、刘小冬和方开强仍以欺诈手段控制牌局。23时50分左右结束赌局时，姚某某已输掉人民币58万元。

从本案整个行为过程看，被告人黄艺等人虚构买卖煤矿的事实，并以此为由

[①] 参见《最高人民法院公报》2007年第8期。

与被害人姚某某取得联系,谎称要与姚某某当面商议煤矿交易事宜,进而邀请姚某某吃饭。从姚某某本身讲,是去吃饭而非参加赌博,其他参加之人如刘小冬、方开强为了蒙骗姚某某,隐瞒了真实身份,对姚某某谎称是经营煤炭生意的老板,且均未携带赌资,这均不符合正常赌博的情形。之后姚某某被逐渐诱骗至牌桌,其间嫌输,多次表示不想再玩,但囿于黄艺是公安局领导,且黄艺还假意与姚某某合占一股,不敢得罪,只能参加。姚某某输掉十几万元后准备停手,但黄艺又进行"劝说"改换打法,最终在其他被告人打假牌的欺诈手段控制输赢结局的情况下,姚某某最终输掉五十余万元,事后五被告人一起分赃。可见,本案完全是一场骗局,而非赌局。因此,黄艺等被告人诱使姚某某参加的"赌博",已经不再是真正意义上的赌博,而是各被告人实施诈骗犯罪的具体方式。运用欺诈手段控制牌局,被害人只有输、没有赢,使得被害人误认为运气不佳而"自愿"按照赌博规则交出钱财,是一种以赌博为名、行诈骗之实的行为,完全符合诈骗罪的行为特征。

【指导案例】王红柳、黄叶峰诈骗案①——设置圈套控制赌博输赢并从中获取钱财的行为如何定性

2011年10月12日上午,程某电话联系被告人王红柳,询问下午是否有赌局,其表示愿意参与赌博。王答复等其联系好人后再通知程某。王红柳因想起被告人黄叶峰可以通过在自动麻将机上做手脚控制赌博输赢,遂萌生与黄叶峰合伙以诈赌方式骗取程某钱财的想法。王红柳经与黄叶峰联系并共谋后,当日下午,由黄叶峰联系其他诈赌人员金某等人至约定酒店501室棋牌室,并在自动麻将机内安装控制器,更换遥控骰子和带记号麻将,待安排妥当后联系王红柳,王红柳再约程某至上述地点进行赌博。自当日下午至晚上,王红柳、黄叶峰、金某等人通过操作控制器的方式控制赌博输赢,共赢得程某现金人民币1.9万余元、赌债人民币4万元。

本案被告人王红柳、黄叶峰等人一方面在赌博机上做手脚,另一方面让同案犯假扮赌客以骗取程某的信任,从而使程某误认为自己是在正常赌博中因为运气不好而"输钱"。被告人王红柳在主观上得知程某有赌博的意思后,即产生了与他人合作通过在赌博机上做手脚的方式骗取钱财的犯意。经与被告人黄叶峰共谋后,由黄叶峰等人通过在赌博机上安装控制器等方式实现对赌博输赢结果的控制,并通过此种方式成功"赢"得程某较大数额的钱款,可见王红柳等人具有非法占有程某钱财的犯罪目的,符合诈骗罪主观特征。因此,本案中所谓的赌博只是王红柳等人行骗的形式,是以赌博为名、行欺骗之实,符合诈骗罪的客观特征。对

---

① 参见孟宪利、舒平峰:《王红柳、黄叶峰诈骗案——设置圈套控制赌博输赢并从中获取钱财的行为,如何定性》,载最高人民法院刑事审判第一、二、三、四、五庭主办:《刑事审判参考》(总第90集),法律出版社2013年版,第75—79页。

于此类案件中的赃款,笔者认为,应当区别不同情况进行处理:如果被害人本来不具有赌博的意思,而是基于行为人的欺骗而产生赌博意愿,并陷入赌博陷阱,从而被骗钱财的,对于扣押或者退缴的赃款应当发还被害人,或者责令被告人退赔被害人经济损失。而如果被害人本身也是参赌人员,由于其具有通过赌博进行营利的目的,本身积极参与了赌博行为,因此,其所输钱款属于赌资,无需通过行政处罚程序予以没收,可直接在刑事程序中予以追缴没收。本案中,被害人程某主动向被告人王红柳询问下午赌博事宜,并表示自己具有赌博意愿,在接到王红柳通知后携带大量钱财前往赌博,可见程某具有赌博意愿,且积极参与赌博,对其赌博行为应当予以打击,即对其所输钱财应当认定为赌资,予以追缴没收,并在刑事判决书中一并作出表述,即违法所得予以追缴没收。

【指导案例】史兴其诈骗案[①]——利用自己准备的特定赌具控制赌博输赢行为的定性

2010年12月,被告人史兴其购得用于赌博作假的透视扑克牌及隐形眼镜,预谋在赌博中使用。12月29日下午,史兴其趁在某县某镇茗桂华庭×室许霞家中赌博的机会,将作假用的透视扑克牌放于许霞家中。次日晚9时许,史兴其又到许霞家中,用该透视扑克牌与张学松、陈平、曹小林一起以打"梭哈"的形式进行赌博。晚上11时许,唐鸣到了赌博现场,曹小林离开,由唐鸣、李荣建参与赌博,史兴其在赌博过程中继续佩戴隐形眼镜。至赌博结束,史兴其共赢得现金人民币4.8万元。

司法实践中,根据欺诈行为在犯罪过程中的地位和作用不同,可以将利用赌博骗取钱财的犯罪行为分为圈套型赌博犯罪和赌博型诈骗犯罪。圈套型赌博犯罪,是指通过采用设置圈套的方式诱骗他人参赌的犯罪,行为人实施犯罪的目的在于通过赌博进行营利,虽然行为人在赌博过程中采用了一些欺诈的行为,但是该欺诈行为是为了诱骗他人参赌,保证赌博的顺利进行而实施的,赌博的输赢主要还是靠行为人掌握的赌博技巧,并且依靠一定偶然性来完成的,行为人并不必然控制赌博输赢。对于此种类型的犯罪行为,应当以赌博罪定罪处罚。而赌博型诈骗犯罪又称为"诈赌"犯罪,其与圈套型赌博犯罪的相同之处在于行为人在赌博过程中也采用了欺诈的手段,但是二者具有本质的区别。在赌博型诈骗犯罪中,行为人在主观上是以非法占有为目的的,客观上采用了欺诈的手段弄虚作假,支配、控制赌局的输赢,单方面确定赌博胜败的结果,使被害人基于错误认识,误认为自己运气不佳而"自愿"交付财物给行为人。此种行为属于以赌博之名、行诈骗之实的行为,实质上符合诈骗罪的构成要件。具体到本案中,被告人史兴其以非

[①] 参见赵芳、陈克娥:《史兴其诈骗案——利用自己准备的特定赌具控制赌博输赢行为的定性》,载最高人民法院刑事审判第一、二、三、四、五庭主办:《刑事审判参考》(总第90集),法律出版社2013年版,第88—92页。

法占有为目的,事先购买了诈赌所用的透视扑克牌和特制隐形眼镜,并提前将扑克牌放入赌博的场所。在赌博过程中,史兴其佩戴特制隐形眼镜,能够看到其他人手中的扑克牌和桌面上的扑克牌的点数,并根据牌的点数大小决定是否加注;而且按照被害人供述和证人证言中提到的"其中有几局牌按照常理史兴其是不可能赢的"情况分析,史兴其采用欺诈的手段已经掌控了赌局输赢的结果,被害人是在完全不知情的情况下"愿赌服输",而"自愿"按照赌博规则将钱财交与史兴其。因此,史兴其的行为属于典型的赌博型诈骗犯罪,符合诈骗罪的构成要件,应当以诈骗罪定罪处罚。

九、家电销售商虚报冒领国家家电下乡补贴资金的行为如何定性

(一)裁判规则

销售网点人员虽然与各县乡财政部门签订了授权委托书,由其代理审核农户的相关证件、身份及购买资料,并垫付家电下乡补贴资金,但乡镇财政所收到销售网点的结算材料后,仍需对上述材料进一步核实,并对销售网点垫付情况进行审核,在此基础上才进行补贴资金结算。可见,国家虽然把前置性审核下放给家电销售商,但并没有将审核兑付家电下乡补贴资金的行政管理职权委托给销售网点。因此,销售网点人员不属于"受国家机关委托管理、经营国有财产的人员",其虚报冒领国家家电下乡补贴资金的行为不构成贪污罪。

(二)规则适用

家电下乡补贴政策是国家为了带动工业生产,促进消费,拉动内需,惠农强农的一项重要举措。家电下乡补贴资金来自中央财政和省级财政,财政部门对农民购买家电下乡产品给予产品销售价格13%的补贴。政策施行之初,家电下乡补贴审核兑付采取乡镇财政所审核、县财政局兑付的方式。后来为了提高工作效率,财政部进一步简化了审核兑付工作流程,主要规定了以下五种操作方式:(1)农民申领、乡镇财政所审核并兑付;(2)农民申领、金融机构审核并兑付;(3)销售网点代办申领、乡镇财政所审核兑付;(4)销售网点代办申领、金融机构审核并兑付;(5)销售网点代办申领并垫付。实践中,随着家电下乡产品的不断增多和政策的不断深化,各地财政部门一般都是以财政部规定的第(5)种方式为基础,让农民在购买时直接享受价格优惠,再由网点去财政部门申领补贴款。由于销售网点负责国家财政补贴款的事前垫付和事后申领,近年来出现了销售网点虚报或者作假套取家电下乡补贴资金的犯罪行为。此类行为是定性为贪污罪还是诈骗罪,理论与司法实践中均存在争议。笔者认为,对此类行为不能认定为贪污罪。理由如下:

销售网点人员不属于"受国家机关委托管理、经营国有财产的人员",不具备贪污罪的主体身份。按照《刑法》规定,贪污罪的主体除了国家工作人员之外,还包括受国家机关、国有公司、企业、事业单位、人民团体委托管理、经营国有财产的人员。销售网点人员不属于国家工作人员,那么其是否属于受国家机关委托管理

国有财产的人员呢？笔者认为，虽然按照相关规定，参与家电下乡产品销售的网点应当与各县乡财政部门签订授权委托书，但签订此种授权委托书并不意味着各销售网点受当地财政部门的委托管理国有财产。因为家电经销网点并没有以财政部门的名义实施审核及垫付家电下乡补贴资金，其审核、垫付所产生的效果对财政部门的审核没有任何影响。按照《关于进一步改进家电下乡补贴资金审核兑付工作的通知》(2009)的规定，乡镇财政所收到销售网点的结算材料后，仍要对购买农户的相关证件、身份及购买资料进行进一步核实，并对销售网点垫付情况进行审核，在此基础上才进行补贴资金结算。对不符合条件的，财政部门不得结算，产生的损失由销售网点自行承担。这一规定表明，销售网点的审核仅是一种形式审核，其所垫付的补贴也只是拟制兑付，家电下乡补贴资金的实质审核权及发放权仍然在财政部门手中。由此可见，国家虽然把前置性审核下放给家电销售商，但最终的审核确认权并没有下放，故这种委托并不意味着财政部门将审核兑付家电下乡补贴资金的行政管理职权委托给销售网点。

此外，如果认为家电销售商系"受委托管理、经营国有财产的人员"，还会造成其身份认定上的混淆。因为按照规定，家电销售商不仅与财政部门签订委托书，在发放补贴资金时，还要与农民消费者签订《家电下乡补贴资金代垫直补申领委托书》，内容是农民消费者已从销售网点先行领取到补贴资金，现委托销售网点代理其到财政部门办理家电下乡补贴资金的申报与领取。从家电销售商同时接受财政部门和农民消费者双方委托的情况来看，更说明其不属于受国家机关委托管理、经营国有财产的人员。

【指导案例】苗辉诈骗案[①]——家电销售商虚报冒领国家家电下乡补贴资金的行为应如何定性

2009年10月，受安徽省太和县财政局委托，被告人苗辉经营的"苗辉五金经销总汇"成为太和县家电下乡补贴代垫直补销售网点。2010年5月至2011年5月，苗辉从高振光（另案处理）处购买家电下乡产品标识卡71张，利用家电下乡产品实行销售网点先行垫付补贴后由财政支付的政策，编造虚假的销售垫付信息，骗取国家家电下乡补贴资金人民币33 730.45元。

本案中，被告人苗辉的家电销售网点所进行的审核仅是形式上的审核，这种审核更多的是起收集、汇总材料的作用，其先垫付后领取资金的行为也类似于一种经手，而不具备职权或者职务内容，本质上是一种单纯的劳务活动，不具有管理国有财产的性质。销售网点受财政部门委托进行形式审核并垫付补贴资金后，又

---

① 参见苏敏、张军、胡龙汉：《苗辉诈骗案——家电销售商虚报冒领国家家电下乡补贴资金的行为应如何定性》，载最高人民法院刑事审判第一、二、三、四、五庭主办：《刑事审判参考》（总第91集），法律出版社2014年版，第61—66页。

受农民的委托代为向财政部门申领国家补贴资金,之所以会这样设计,是为了最大限度地简化流程、方便农民,而不是出于行政管理职权行使的需要。因此,苗辉套取补贴资金利用的是其劳务上的便利,是经手补贴款流转事务的便利,不具有管理、经营的内容,不属于职务上的便利。综上,苗辉虽然受太和县财政局委托审核农户的身份信息及购买资料,并在农户购买家电下乡产品时把补贴资金垫付给符合购买条件的农户,但其不是基于财政部门的委托管理、经营国有财产。苗辉在家电下乡产品销售过程中,以非法占有为目的,虚报冒领国家家电下乡补贴资金,数额较大,应以诈骗罪追究其刑事责任。

十、私自提取他人委托炒股的股票账户内资金的行为如何定性

(一) 裁判规则

行为人因受委托炒股而持有被害人的身份证、股东卡、银行存折等材料,擅自将被害人股票卖出并据为己有的,尽管相对于财物所有人(被害人)而言是秘密进行的,但行为人获得财物是通过证券业务人员的处分行为实现的,针对财物的实际管理人即证券业务人员而言,行为人并没有采用"秘密窃取手段"获得财物,故应当以诈骗罪来认定,属于刑法理论上所称的"三角诈骗"。

(二) 规则适用

受他人委托炒股,私自使用他人证件以委托人名义开立新的银行账户,通过证券业务员将原账户股票卖出后将所得款转到新账户并取走的行为,定性存在侵占罪、盗窃罪和诈骗罪等多种分歧。笔者认为,对这种情形应当以诈骗罪来认定。

1. 行为人的行为不构成侵占罪。根据《刑法》第270条的规定,构成侵占罪的前提必须是行为人"代为保管"他人财物,而这里的"代为保管"是指对方已经将其财物的占有权转移给了行为人。在受他人委托炒股,私自持他人证件提取他人股票账户内资金的案件中,虽然被害人已经全权委托行为人操作其股票账户,但并没有授权行为人提取其股票账户中的资金。从整个过程看,行为人提取被害人股票账户中的资金需要在证券营业柜台向证券业务人员出示被害人的股东卡、身份证并提供需要转入的被害人个人存折,但被害人并未将其个人存折交给行为人,而是由其独自保管。正常情况下,行为人无法从被害人的股票账户中将其股票资金私自提走,这也正是被害人之所以会放心委托行为人代其炒股的原因。可见,被害人只是委托行为人帮其买卖股票,其股票资金均未脱离其股票账户,股票账户中的资金仍然由被害人占有、支配、控制。质言之,行为人并没有因为被害人全权委托其帮忙炒股而占有被害人股票账户中的资金,不属于"代为保管"他人财物,故其行为不构成侵占罪。

2. 行为人的行为不构成盗窃罪。主张构成盗窃罪的主要理由是,行为人是在被害人并不知晓的情况下,私自使用其身份证新开了一个户名为被害人的银行账户,并利用该银行账户将其股票卖出款提走,即对于被害人而言,行为人可谓"秘密窃

取"了其股票款项。这种观点并不正确。笔者认为,盗窃罪最基本的构成特征是秘密窃取他人财物,秘密窃取所针对的对象包括财物所有人和财物管理人,在所有人与管理人分离的情况下,主要是针对管理人而言的。然而,股票账户内资金尽管属于委托人所有,但却处于证券营业部的管理之下。在受他人委托炒股,私自持他人证件提取他人股票账户内资金的案件中,被告人在证券营业部柜台通过证券业务人员的业务行为将被害人股票账户中的资金提走,对于管理人来说,行为人显然不属于"秘密窃取"股票资金,故不符合盗窃罪中"秘密窃取他人财物"的行为特征。

3. 行为人的行为构成诈骗罪。盗窃罪与诈骗罪的区别在于,诈骗罪的行为人是通过欺骗手段使财物的所有权人或者保管人"自愿"将该财物交付给行为人。通常的诈骗行为是行为人直接向被害人实施欺骗行为,被害人陷入认识错误进而处分自己占有的财产,受骗者(财产处分人)与被害人具有同一性。但是还存在受骗者(财产处分人)与被害人不是同一人(或不具有同一性)的现象。这种情况在刑法理论上称为"三角诈骗"。本案即属于"三角诈骗"情形:(1)行为人在没有受委托的情况下,持被害人的银行存折、身份证、股东卡去证券营业部柜台提取被害人的股票款项,向证券业务人员隐瞒了被害人未委托其提取该股票款项的真相。(2)行为人作为被害人的受委托炒股人,同时持有被害人的身份证、股东卡、银行存折,完全符合提取股票款项的条件,从而使具有财产处分权限或者地位的证券业务人员误以为是被害人委托行为人提取其上述股票款项。(3)证券业务人员基于上述认识错误,为行为人办理了提取被害人的上述股票款项的业务,从而使被害人的上述股票款项脱离了其股票账户。(4)作为受骗者的证券业务人员基于上述认识错误处分了被害人的上述股票款项,行为人获取了该股票款项,使被害人遭受了财产损失。

【指导案例】伍华诈骗案[①]——受他人委托炒股,私自使用他人证件以委托人名义开立银行新账户,通过证券业务员将原账户股票卖出后将所得款转到新账户并取走的行为,如何定性

被告人伍华与被害人岑露在证券营业部签订授权书,岑露全权委托伍华操作其股票账户进行股票买卖。为提取上述股票账户资金,伍华私自使用岑露的身份证新开了一个户名为岑露的银行账户。2001年9月25日至27日,伍华分数次将岑露股票账户内的股票予以卖出,并持岑露的股东卡、身份证到上述证券营业部柜台通过证券业务人员将上述变卖股票所得款人民币24.5万元转入其新开的户名为岑露的银行账户,后伍华从该银行账户提走该笔款项。

---

① 参见古加锦:《伍华诈骗案——受他人委托炒股,私自使用他人证件以委托人名义开立银行新账户,通过证券业务员将原账户股票卖出后将所得款转到新账户并取走的行为,如何定性》,载最高人民法院刑事审判第一、二、三、四、五庭主办:《刑事审判参考》(总第96集),法律出版社2014年版,第94—99页。

检察院以被告人伍华犯盗窃罪,向法院提起公诉。一审法院经审理认为,被告人伍华以非法占有为目的,秘密窃取他人财物,数额特别巨大,其行为构成盗窃罪。一审宣判后,伍华以原判量刑过重为由向二审法院提起上诉。二审法院经审理认为,被害人岑露在上述证券营业部开立股票账户,该证券营业部对其股票账户中的资金安全负有管理职责。被告人伍华是在证券营业部柜台通过证券业务人员的业务行为将岑露的涉案股票款项提走的,不符合盗窃罪中"秘密窃取他人财物"的行为特征,不构成盗窃罪。伍华通过欺骗证券业务人员的方法非法占有岑露的上述股票款项的行为属于"诈骗他人财物",其行为构成诈骗罪。据此,根据相关法律之规定,撤销一审判决的定性部分,改判被告人伍华构成诈骗罪。

十一、冒充国家机关工作人员既骗财又骗取其他利益的行为如何定性

(一)裁判规则

1. 当行为人冒充国家机关工作人员骗取数额较大的财物时,既符合诈骗罪的犯罪构成,又符合招摇撞骗罪的犯罪构成,二者之间是法条竞合的关系。根据《刑法》第266条中"本法另有规定的,依照规定",应按照"特别法优于普通法"的适用原则以招摇撞骗罪来认定。

2. 招摇撞骗罪所侵害的主要法益是国家机关的威信和正常活动,但也包括骗取的财物;为了不违背罪刑相适应原则,招摇撞骗罪所骗取的财物仅限于数额较大的情形,而不包括数额巨大或者数额特别巨大。当行为人招摇撞骗数额巨大或者数额特别巨大之财物时,应当以诈骗罪来认定。

3. 行为人冒充国家机关工作人员,在骗取财物的同时,又骗取其他非法利益的,由于被告人系基于一个概括的故意,属于连续犯的情形,在处断上应当作为一罪处理。

(二)规则适用

招摇撞骗罪谋取的非法利益不局限于财物,还有各种非物质利益,比如玩弄异性、荣誉、政治待遇、虚荣心等。当初立法之所以在诈骗罪之外设置招摇撞骗罪,是因为行为人除了可能为了骗取物质利益外,还存在为了骗取非物质利益的情况。在利用冒充国家机关工作人员身份诈骗的情况下,有必要专门设置一个罪名来打击损害国家机关威信和正常活动的行为,才专门规定了招摇撞骗罪。当行为人冒充国家机关工作人员骗取数额较大、数额巨大、数额特别巨大的财物时,既符合诈骗罪的犯罪构成,又符合招摇撞骗罪的犯罪构成,二者之间是法条竞合。由于招摇撞骗罪包含骗取财物,当行为人骗取数额特别巨大的财物时,依照《刑法》第266条诈骗罪的规定,最高刑可被判处无期徒刑,并处罚金或者没收财产;而依照《刑法》第279条招摇撞骗罪的规定,最高刑只能被判处10年有期徒刑。由于第266条规定了"特别法优于普通法"的适用原则,因此只能适用第279条的规定。如此,采用一般手段骗取数额特别巨大的财物最高可能被判处无期徒刑,

而冒充国家机关工作人员骗取数额特别巨大的财物时，其社会危害性要大于前者，最高却只可能被判处10年有期徒刑，明显与罪刑相适应原则是相违背的。为解决这一问题，有学者提出应当适用"重法优于轻法"原则。然而，这种做法又与罪刑法定原则相违背。因为《刑法》第266条明文规定"本法另有规定的，依照规定"，表明在这里只能适用特别法优于普通法的适用原则。

可见，在通常情况下，当一个行为同时触犯普通法条与特别法条时，应依照"特别法优于普通法"的原则论处。因为立法者在普通法条之外设立特别法条的目的，就是为了对特定犯罪给予特定处罚，既然行为符合特别法条，就应适用特别法条。作为例外，只能在以下特殊情况下，对同一法律的普通法条和特别法条之间的竞合关系才应适用"重法优于轻法"的原则处理。这里的"特殊情况"是指以下两种情况：第一，法律明文规定按重罪定罪量刑。如《刑法》第149条第2款规定："生产、销售本节第一百四十一条至第一百四十八条所列产品，构成各该条规定的犯罪，同时又构成本节第一百四十条规定之罪的，依照处罚较重的规定定罪处罚。"该节第140条规定的是生产、销售一般伪劣产品的行为，第141条至第148条规定的是生产、销售特定伪劣产品的行为。第140条是普通法条，第141条至第148条是特别法条，行为既符合第141条至第148条的规定，又符合第140条的规定时，原则上适用特别法条的规定，但如果普通法条的处刑较重时，就适用普通法条的规定处理。第二，法律虽然没有规定重法优于轻法的原则，但对此也没有禁止性的规定，如果按特别法条定罪不能做到罪刑相适应时，则可按照重法优于轻法的原则定罪量刑。

具体到《刑法》第266条诈骗罪与第279条招摇撞骗罪中来，由于《刑法》第266条明文规定"本法另有规定的，依照规定"，表明在这里只能适用"特别法优于普通法"的适用原则，而不存在适用"重法优于轻法"原则的余地。[①] 为了避免罪刑不相适应情形的出现，我们应当对招摇撞骗罪中财物的范围作限缩解释，将数额巨大或特别巨大情形排除在外。[②] 具体来说：(1)当行为人冒充国家机关工作人员骗取财物数额特别巨大时，诈骗罪的法定刑是10年以上有期徒刑或者无期徒

[①] 值得注意的是，最高人民法院、最高人民检察院于2011年3月1日发布的《关于办理诈骗刑事案件具体应用法律若干问题的解释》第8条规定："冒充国家机关工作人员进行诈骗，同时构成诈骗罪和招摇撞骗罪的，依照处罚较重的规定定罪处罚。"上述规定是针对招摇撞骗罪骗取数额特别巨大的财物，即本应当在10年以上量刑的情况，招摇撞骗罪已经明显不能包容此种情形，而不是指数额较大、数额巨大的情况下由于诈骗罪多了一个罚金而选择诈骗罪作为重罪处罚的情形。司法解释之所以这么规定，是由于当时有一种观点认为招摇撞骗罪既然是特殊罪名，应当一律排除普通罪名的适用，也就是说，当骗取数额特别巨大的情况下也应一律适用招摇撞骗罪，司法解释主要是为了否定这一观点而出台的。

[②] 从法益保护的角度来看，当行为人采用招摇撞骗的方式骗取财物时，在侵犯公私财产权的同时还侵犯了国家机关的威信和正常活动。如果骗取的财物数额不够大，那么打击的重心即主要量刑值显然是侵犯国家机关威信和活动的行为，而骗取少量财物成为量刑附加值。相反，当骗取的财物数额大到一定程度的时候，打击的重心即主要量刑值就会变成骗取财物的行为，而冒充国家机关工作人员的行为则成为量刑附加值。

刑,并处罚金或者没收财产,而招摇撞骗罪只有两个量刑幅度,其最高刑是10年有期徒刑。此时,诈骗罪是重法条。为了不违反《刑法》第266条"本法另有规定的,依照规定"之规定,同时又不违背罪刑相适应的基本原则,宜将招摇撞骗罪解释成不包含骗取数额特别巨大财物的情况。(2)当行为人冒充国家机关工作人员骗取财物数额巨大时,诈骗罪的法定刑为3年以上10年以下有期徒刑,并处罚金,而情节严重的招摇撞骗罪的法定刑为3年以上10年以下有期徒刑,没有罚金的规定。此时,诈骗罪是重法条。为了不违反《刑法》第266条"本法另有规定的,依照规定"之规定,同时又不违背罪刑相适应的基本原则,宜将招摇撞骗罪解释成不包含骗取数额巨大财物的情况。

【指导案例】梁其珍招摇撞骗案[①]——法条竞合及其法律适用原则,招摇撞骗罪与诈骗罪的区分

2001年11月,被告人梁其珍与王某相识,梁谎称自己是安徽省公安厅刑警队重案组组长,骗得王与其恋爱并租房同居。为骗取王及其家人、亲戚的信任,梁其珍先后伪造了安徽省公安厅文件、通知、荣誉证书、审查登记表,购买了仿真玩具手枪等。在骗取王某及其家人、亲戚的信任后,2002年4月至2002年8月期间,梁以种种谎言骗得王家人及亲戚现金人民币39 750元,并挥霍。2002年5月,梁其珍又冒充安徽省公安厅刑警,骗取另一受害人张某与其恋爱并发生性关系。后以请人吃饭为由,骗取张现金人民币500元。2002年8月初,梁其珍冒充池州市公安局副局长前往潜山县,骗取了该县人大、公安局有关领导的信任,陪同其游玩。

法院经审理认为,被告人梁其珍构成招摇撞骗罪,从定性看是准确的:其一,从行为方式看,梁其珍多次冒充人民警察,这显然符合招摇撞骗罪的特点。其二,参照最高人民法院《关于审理诈骗案件具体应用法律的若干问题的解释》(1996年)的有关规定,本案被告人梁其珍骗取他人40 250元钱款,已超过个人诈骗之"数额较大"的标准(3万元),但尚远远未达到"数额巨大"的标准,可以认为其行为在招摇撞骗罪的评价范围之内。根据《刑法》第266条后半段的规定,就应当适用第279条以招摇撞骗罪追究其刑事责任。需要说明的是,梁其珍伪造公文、证件的行为,与其招摇撞骗行为之间存在手段和目的的牵连关系,而刑法并没有明确规定此种情形下必须实行数罪并罚,故应按牵连犯之"从一重处断"的一般原则,以其中重罪即招摇撞骗罪一罪论处。

---

① 参见杨柯安、王金丽、周加海:《梁其珍招摇撞骗案——法条竞合及其法律适用原则,招摇撞骗罪与诈骗罪的区分》,载最高人民法院刑事审判第一庭、第二庭编:《刑事审判参考》(总第34集),法律出版社2004年版,第34—42页。

【指导案例】李志远招摇撞骗、诈骗案①——冒充国家机关工作人员骗取财物的同时又骗取其他非法利益的如何定罪处罚

1999年4月,被告人李志远经人介绍认识了郭某某(女),李谎称自己是陕西省法院处级审判员,可将郭的两个儿子安排到省法院汽车队和保卫处工作,骗取了郭的信任,不久两人非法同居几个月。期间,李志远还身着法官制服,将郭某某带到法院及公、检、法机关,谎称办案,使郭对李深信不疑。1999年7月初,李志远认识了某法院干部的遗孀周某某,从周处骗取法官制服2件及肩章、帽徽。随后李志远因租房认识了房东邵某某(女),李身着法官制服自称是陕西省高院刑一庭庭长并谎称和陕西省交通厅厅长关系密切,答应将邵的女儿调进陕西省交通厅工作,以需要进行疏通为名,骗取了邵人民币4000元。1999年8月,王某某(女)因问路结识了身着法官制服的李志远,李自称是陕西省高院刑一庭庭长,可帮王的表兄申诉经济案件,骗得王的信任,并与王非法同居。

法院经审理认为,被告人李志远多次冒充人民法院法官,骗得他人信任后,多次骗取他人钱财以及其他非法利益的行为,情节严重,其行为已经构成招摇撞骗罪。其中李志远冒充法官以帮邵某某的女儿调动工作需要疏通关系为名骗取人民币4000元的行为,也符合诈骗罪的犯罪构成,但因为此时诈骗罪与招摇撞骗罪的规定属于法条竞合的关系,根据"特别法优于普通法"的适用原则,应以招摇撞骗罪论处。

十二、将他人手机号码非法过户后转让获利的行为如何定性

(一)裁判规则

盗窃罪属于侵财犯罪,其犯罪对象是能够使行为人获得利益而使原所有人受到财产损失的有体物或无体物。在移动电话已经取消入网费的前提下,手机号码本身只是一种通讯代码,不具备财物的属性,故将他人手机号码非法过户的行为不构成盗窃罪。行为人隐瞒自己非该号码真正机主的真相,使被害人产生错误认识并购买该手机号码,后该手机号码因被真正机主取回而不能使用,被害人因此而蒙受经济损失,整个过程符合诈骗罪的构成特征,应当以诈骗罪来认定。

(二)规则适用

行为人使用伪造原机主的身份证等手段,将原机主手机号码过户至自己名下,尔后以本人名义将号码卖与他人获取钱财的行为,不构成盗窃罪,而应以诈骗罪认定。

1.单纯的手机号码没有价值,不具有财物属性,不能成为盗窃罪的犯罪对象。根据我国《刑法》第265条的规定,"盗接他人通信线路、复制他人电信码号"的行

---

① 参见陈兴良、张军、胡云腾主编:《人民法院刑事指导案例裁判要旨通纂》(上下卷·第二版),北京大学出版社2018年版,第1323页。

为以盗窃罪定罪处罚,因为行为人的行为导致逃避缴纳邮电部门的电话初装费、移动电话入网费,从而使自己获利并给邮电部门造成损失。在移动电话已经取消入网费的前提下,手机号码本身只是一种通讯代码,不具有价值,不具备财物的属性。行为人取得手机号码后,不会由于逃避应当缴纳的入网费而带来收益,原所有人失去号码后再次办理新号时,也不会因缴纳入网费而产生财产上的损失,所以单纯非法过户他人手机号码不构成盗窃罪。最高人民法院、最高人民检察院《关于办理盗窃刑事案件适用法律若干问题的解释》第4条还规定"明知是盗接他人通信线路、复制他人电信码号的电信设备、设施而使用的,按照合法用户为其支付的费用认定盗窃数额"。这种情形之所以以盗窃罪定罪,是因为行为人的电话费由合法用户支付,从而导致行为人不交话费而获利,使他人受到话费损失,这里盗窃罪侵害的对象是他人的电信资费而不是号码本身。因为单纯复制号码本身并不能造成他人财产损失,也不能使自己获利,只有通过使用这些号码,才能造成他人电信资费的损失并使自己获利。行为人非法将他人手机号码过户出售后,由于原号码所有者不能继续正常使用该号码,故及时到移动公司查询导致案发,从行为人手中购买有关手机号码的人尚未使用该手机号码,因此并未给原号码所有者造成话费损失,不符合盗窃罪的构成特征。

2.非法过户手机号码并转让获利的行为符合诈骗罪的犯罪构成。诈骗罪的犯罪构成有四个要素:行为人实施欺诈行为——被害人产生错误认识——被害人基于错误认识而交付(或处分)财产——被害人遭受财产损害。行为人先利用伪造的身份证将他人手机号码过户到自己名下,然后隐瞒自己非该号码真正机主的真相,使被害人产生了该号码是被告人所有的错误认识,接着被害人基于这一错误认识购买该手机号码,使被告人获得财产利益,最后被害人发现手机号码因被真正机主取回而不能用,因此蒙受经济损失,整个过程符合诈骗罪的构成特征,应当以诈骗罪认定。

【指导案例】王微、方继民诈骗案[1]——将他人手机号码非法过户后转让获取钱财行为如何定性

2007年6月,被告人王微在移动公司办理业务时结识了该公司员工方继民,两人预谋以贩卖移动公司手机"靓号"的方式牟利。之后方继民利用工作之便从移动公司内部电脑系统查得137××××9999、137××××8888、137××××6666、135××× ×6666等14个号码的机主资料信息,而后通过制假证者伪造了14张与机主资料相同的假身份证。同年7月13日至16日,王微分别持上述假身份证到移动公司营业厅,将原机主的移动号码137××××9999、137××××8888、137××××6666、135×××

---

[1] 参见郑晓红、何毅:《王微、方继民诈骗案——将他人手机号码非法过户后转让获取钱财行为如何定性》,载最高人民法院刑事审判第一、二、三、四、五庭主办:《刑事审判参考》(总第71集),法律出版社2010年版,第36—41页。

×6666等4个号码非法过户到自己名下,随后王微隐瞒上述手机号码系通过虚假手段办得的真相,以自己名义将其中的137××××9999、137××××8888、137××××6666等4个号码卖给他人,共计获取4.1万元。

本案在审理过程中,对于二被告人的行为应如何定性,有意见认为应当以盗窃罪来认定,主要理由在于:目前移动电话虽然已经没有入网费,但实际上好的号码因为有一定的市场需求,可以作为一种特殊的商品进行交易,机主能够据此获取经济利益。因此移动电话号码实际具有一定的价值,可以认为是一种虚拟的有价物,能够作为盗窃罪的犯罪对象。本案被告人王微、方继民以非法占有为目的,在原机主未知情的情况下,采取伪造身份证的方式将原机主号码过户到自己名下,使该手机号码脱离原机主的控制,其行为构成了盗窃罪。至于盗窃数额的认定,由于手机号码的具体价值无法确认,可以销赃数额即非法转让获取的钱财数额来认定。笔者认为,本案应认定为诈骗罪,理由在于:区分侵财犯罪的本质在于侵财的手段,以秘密窃取的手段实现侵财的是盗窃罪,以欺骗手段实现侵财的是诈骗罪。由于目前移动电话已经没有入网费,因此手机号码本身不具有价值,不能成为盗窃罪的对象。而且虽然两被告人利用伪造的身份证将他人手机号码过户至自己名下,但是上述号码实际并未脱离原机主的控制,原机主发现后可以随时到移动营业厅将号码取回,且没有任何障碍,因此两被告人对他人手机号码并没有实际占有,其行为也不构成盗窃罪。此外,从被害人确定的角度看,原手机号码所有者没有因此受到财产损害,真正受到财产损害的是出钱购买这些手机号码的人,而其财产受到侵害的关键在于被告人隐瞒了这些手机号码属于非法过户的事实,故本案属于以骗侵财,应当以诈骗罪来认定。

十三、利用异地刷卡消费反馈时差,要求工作人员将款项存入指定贷记卡,异地消费完又谎称出错要求撤销该存款的如何定罪

(一)裁判规则

当行为人实施的行为交织着骗取和窃取两种手段时,诈骗罪与盗窃罪界分的关键就是看是否存在被害人因受欺骗陷入认识错误后而实施了处分行为。行为人利用异地POS机刷卡消费反馈到银行电脑有1分钟至2分钟延迟这一漏洞,故意隐瞒卡内资金已被消费的真相,银行工作人员基于错误认识,应行为人要求将已被刷卡套现的钱转入另一个银行账户,由于银行工作人员实施了处分行为,故应当认定为诈骗罪。

(二)规则适用

诈骗罪与盗窃罪是对立关系,就同一个行为而言,不可能同时触犯盗窃罪与诈骗罪。从司法实践来看,盗窃者多采取秘密窃取的方式取得财物,与诈骗罪的界限较为明晰,在一般情况下区分起来并不困难。但是,当行为人实施的行为交织着骗

取和窃取两种手段时,诈骗罪与盗窃罪的界分就会变得十分微妙,常常引起很大争议。有观点认为,应当以骗取和窃取行为的主次作用来进行区分,诈骗在其中起主要作用的构成诈骗罪,盗窃在其中起主要作用的就是盗窃罪。笔者认为,主次作用属于量刑的范畴,不同的人会有不同的认识,以此为标准得出的结论很多时候并不具有说服力。为此,应当从行为性质本身来区分盗窃罪与诈骗罪。通常认为,诈骗罪与盗窃罪均以和平的手段取得他人财物,但前者是基于受骗人有瑕疵的意思而取得财物,后者是违背被害人的意思而取得财物,故区别二者的关键要看是否存在因陷入认识错误后将财物交付给行为人这一财物处分行为。有此财物处分行为的,是诈骗罪;无此财物处分行为的,不能认定诈骗罪,通常认定为盗窃罪。

当行为人利用异地 POS 机刷卡消费反馈到银行电脑有 1 至 2 分钟延迟这一漏洞,故意隐瞒卡内资金已在异地刷卡消费的真相,让银行营业员将已消费的钱转存入另一个银行卡账户内,随后迅速把这些钱取走的行为,认定为诈骗罪还是盗窃罪,关键在于是否存在被害人因受欺骗陷入认识错误后主动交付财物的行为。有观点认为,银行营业员在按照被告人的要求将已经被刷卡套现的钱再次存入另一个银行卡账户时,并没有认识到是将银行的钱交付给被告人,这与通常诈骗案件中受骗人均认识到是将自己所有或者合法占有的财物交付给行骗人的情况不同,故不宜认定营业员有财物处分行为。笔者认为,行为人虚构事实、隐瞒真相的诈骗行为各种各样,尽管绝大多数情况下受骗人因受骗而交付财物时均认识到所交付的是自己所有或者合法占有的财物,但当行骗人欺骗的内容本身就是让受骗人认识不到所交付的是本属于其自己所有或者合法占有的财物时,则不能要求受骗人认识到交付给行骗人的财物原本属于自己所有或者合法占有。因此,如果行为人通过异地 POS 机刷卡消费,利用消费信息反馈到银行电脑有 1 至 2 分钟延迟的漏洞,使银行误以为卡内资金未被消费而仍然存在,应要求将该笔资金转入行为人所控制的其他银行卡账户。由于行为人欺骗的内容就是使银行营业员认识不到钱已经被刷卡取走的事实,从而使营业员将本属于银行所有的钱存入被告人提供的另一个银行卡账户内,营业员客观上实施了财物交付行为,被告人取得财物的主要手段是诈骗而非窃取,故应当认定为诈骗罪而不是盗窃罪。

【指导案例】张航军等诈骗案[①]——利用异地刷卡消费反馈时差,要求银行工作人员将款项存入指定贷记卡,当同伙在异地将该贷记卡上的款项刷卡消费完毕,又谎称存款出错,要求撤销该项存款的行为,如何定罪

被告人张航军、王丹平受许建明指使,伙同被告人赵祥茗等人,利用 POS 机刷

---

① 参见方文军、王海防:《张航军等诈骗案——利用异地刷卡消费反馈时差,要求银行工作人员将款项存入指定贷记卡,当同伙在异地将该贷记卡上的款项刷卡消费完毕,又谎称存款出错,要求撤销该项存款的行为,如何定罪》,载最高人民法院刑事审判第一、二、三、四、五庭主办:《刑事审判参考》(总第 76 集),法律出版社 2011 年版,第 50—59 页。

卡消费通过银联系统反馈到银行电脑延迟1分钟至2分钟的漏洞,以要求银行营业员存款冲正的方式,骗取银行资金。具体罪事实如下:

2009年3月14日16时30分许,被告人张航军、王丹平受许建明指使,在中国银行象山支行丹峰分理处营业柜台,由张航军持现金和户名为"凌民"的中国银行贷记卡账号办理无卡存款业务,要求营业员在该账号内存入现金人民币5万元。当营业员将此款存入该账户要求张航军签字确认时,张立即打电话给许建明,许按照事先约定在异地持户名为"凌民"的中国银行贷记卡,利用POS机将刚存入的5万元刷卡消费49 980元。接到许建明操作完成的指令后,张航军随即向营业员谎称存款出错,要求撤销上述5万元存款,并将该款存入其提供的户名为"凌民"的另一中国银行借记卡账号内。因POS机刷卡交易信息通过银联系统反馈给银行有1分钟至2分钟的时间差,营业员未察觉此款已被消费,仍按照张航军的要求将此款转存入后一借记卡账户内。后银行发现异常,但该借记卡账户内的人民币49 988元已于当日17时许被人提取。

法院经审理认为,被告人张航军、赵祥茗、王丹平以非法占有为目的,故意隐瞒存入贷记卡中的资金已被消费的真相,要求银行营业员办理冲正业务,骗取银行资金数额巨大,其行为均构成骗罪。三被告人存入贷记卡中钱后通知其同伙刷卡消费,因卡内已实际存入现金,该刷卡消费系正常消费行为而非透支行为。三被告人在其同伙刷卡消费行为完成以后,要求银行营业员办理冲正业务,系利用银联系统对异地刷卡行为反馈到计算机系统中有所延迟的漏洞,使营业员在不知贷记卡中的钱款已被消费的情况下作出错误的处分行为,将银行自有的资金存入了被告人指定的借记卡中,故被告人最终获得资金的手段是诈骗而非窃取。公诉机关指控三被告人犯盗窃罪的罪名不当,对三被告人应当以诈骗罪来认定。

十四、取得商品后谎称没带钱,在取钱途中溜走的行为如何定性

(一) 裁判规则

在行为人取得商品未支付价款之前,商家通常是不允许行为人离开的,故该商品仍然处于商家的控制占有之下。为了逃避支付价款的义务,行为人谎称没带钱要回家取钱而途中溜走,商家误认为行为人回家取钱会回来付款,允许行为人持商品回家取钱,将商品的占有转移给了行为人,符合诈骗罪的犯罪构成,应当以诈骗罪认定。

(二) 规则适用

盗窃案件中经常伴有欺诈行为,行为人通过欺诈掩盖盗窃行为,从而使盗窃行为得以顺利实施;诈骗案件中的欺诈行为也经常伴有隐蔽手段,不使用隐蔽手段诈术就容易被揭穿。可见,在盗窃案件和诈骗案件中,隐蔽手段和欺诈手段可能会交叉使用。如何区分使用欺诈手段的盗窃罪与诈骗罪,可以从以下三个方面

来进行:

1. 行为人实施欺诈行为的目的不同。在盗窃案件中,行为人使用欺诈手段的目的在于为实施盗窃创造条件,即行为人实施欺诈行为是为了让被害人放松对财物的监管控制,一旦被害人对财物的监管控制出现松懈就着手实施秘密窃取行为。而在诈骗案件中,行为人使用欺诈行为是为了使对方陷入错误认识而自愿交付财产。可见,虽然在两类案件中行为人的欺诈行为都会导致对方放松警惕,但盗窃案件中的放松主要体现为物理层面监管控制的放松,而诈骗案件中的放松主要体现为精神层面的放松。

2. 受骗人错误认识的内容不同。在诈骗案件中,受骗人对所交付的财物本身并不存在错误认识,而是对交付财物的原因产生错误认识。实践中,这种典型错误认识的内容主要包括:认为应当将自己占有的财物转移给他人;认为自己占有的财物本身就属于他人所有,应当归还;认为将自己的财物转移给他人后会产生更大的回报;认为将自己的财物转移给他人后,他人会按承诺时间归还。而在盗窃案件中,即使行为人实施了欺诈行为,被害人也不会产生处分财产的错误认识。

3. 受骗人的财物处分意思不同。诈骗罪中的受骗人必须具有转移占有的财物处分意思。财物处分意思不能仅从客观上依是否转移占有进行判断,而应以受骗人对转移占有行为本身是否存在认识为认定标准。如果受骗人有认识就可以认为具有财物处分意思,从而认定实施了财物处分行为;如果对交付行为本身没有认识,则不能认定为实施了财物处分行为。

【指导案例】曹海平诈骗案①——虚构事实,待店主交付商品后,谎称未带钱,在回家取钱途中趁店主不备溜走的行为,如何定性

2011年10月3日8时许,被告人曹海平在浙江省台州市黄岩区院桥镇老街"王勇银铺店",谎称其姊妹小孩"对周",向该店购买金饰品,店主王勇将曹海平挑选的价值总计人民币4762元的金项链、金手链各一条及金戒指一只包装后交给曹海平。之后,曹海平又谎称其未带钱,让王勇随其到家里取钱,途中曹海平趁王勇不备溜走。当日,曹海平将上述物品销赃后得赃款人民币4280元。

本案中,被告人曹海平为使被害人王勇自愿交付财物而谎称其姊妹小孩"对周",且身上未带钱,此欺诈行为致使王勇精神上放松警惕,误认为曹海平确需购买金饰品,亦会按承诺时间、地点付款。基于此错误认识,王勇自愿将金饰品包装后交付给曹海平。王勇并非仅是想让曹海平临时拿一下,而是具有永久将金饰品转移给曹海平占有的意思表示,应看作是财物处分行为。曹海平利用王勇的意思

---

① 参见周红希、刘世界、胡尚慧:《曹海平诈骗案——虚构事实,待店主交付商品后,谎称未带钱,在回家取钱途中趁店主不备溜走的行为,如何定性》,载最高人民法院刑事审判第一、二、三、四、五庭主办:《刑事审判参考》(总第89集),法律出版社2013年版,第68—72页。

表示占有金饰品之后,在王勇陪同其一起回家取钱的路上,趁王勇不注意溜走,仅是曹海平犯罪行为实施完毕逃离现场的后续行为,属于曹海平诈骗既遂后的事后行为,对本案的定罪没有任何影响。总之,被告人曹海平的欺骗行为使被害人王勇陷入了认识错误,从而将金饰品自愿交付给曹海平,两者之间具有直接的因果关系;王勇本人的财物处分行为导致其失去金饰品的所有权与控制权,其财物处分行为与其遭受财产损失具有直接因果关系,符合诈骗罪客观行为的逻辑结构,应当定性为诈骗罪。

十五、诈骗罪通常采取言词方式实施,但也可以采用动作方式来实施

(一) 裁判规则

盗窃罪与诈骗罪最本质的区别在于,盗窃罪是行为人从被害人处秘密窃取财物,而诈骗罪则是被害人基于错误认识而向行为人处分财物。从司法实践来看,诈骗罪的行为人通常需要与被害人面对面的接触,并通过言词方式使被害人产生错误认识而处分财物;但行为人同样可以不与被害人接触,通过动作的方式来使被害人产生错误认识并处分财物。

(二) 规则适用

面对盗窃与诈骗行为相交织的情形,按照过去的传统经验就是看取财的决定性手段是什么,如果决定性手段是骗就是诈骗,反之就是盗窃。这种观点从理论上看似通俗易懂,但是面对实践中一些复杂案件就显得有些力不从心。因为取财手段的决定性大小在复杂案件中本身就很难被量化,而且完全以此为标准,容易依起决定性作用的事前与事后秘密掩盖行为来定性,违背了定案的逻辑基础。为此,我们需要进一步去分析两罪客观行为的逻辑结构,并从中去寻找答案。其中,盗窃罪的逻辑结构可以表述为:行为人窃取财物—被害人失去对财物的有效控制—行为人取得财物;而诈骗罪的逻辑结构为:行为人实施了欺骗行为—被害人陷入错误认识—被害人基于认识错误交付财物—行为人取得财物。由此可以看出,两罪的本质区别在于被害人针对财物是否存在处分行为。

处分财产行为作为一种民事法律行为,由客观行为和意思表示两部分构成。这就要求我们在认定处分行为时,要坚持主客观相统一的原则,除了从客观上看有无"交付"行为之外,还要看受骗者对所交付的财产是否存在认识以及认识到何种程度。在交易过程中,被害人认识的内容不仅包括被骗财物的种类、名称、数量、颜色等外观物理特征,还包括财物的性质、质量、重量、价值等内在的东西。由于诈骗罪中的行为人都要实施虚构事实、隐瞒真相的行为,被害人都会陷入一定的错误认识,进而做出带有瑕疵的处分行为。那么,被害人对所处分财物的认识需要达到何种程度方能成立"处分行为"呢?笔者认为,被害人的错误认识主要是

指欺诈行为使受骗人对交付财物的原因产生错误认识①,而针对所交付的财物本身来说,被害人至少需要认识到所处分财物的种类、名称、数量等外观物理特征,即知道自己是在对什么东西进行处分;反之,如果行为人直接针对财物本身采取秘密欺骗手段,使得受骗者对所转移财产的外观物理特征根本没有认识,即不知道自己处分的是何种财物甚至不知道已经处分了财物,由于不存在处分意识,故不成立诈骗罪。

从司法实践来看,行为人在实施诈骗过程中,通常需要与被害人面对面的接触,并通过言词方式来虚构事实、隐瞒真相,使被害人产生错误认识并基于错误认识而处分财物。但行为人同样可以不与被害人接触,通过动作的方式来使被害人产生错误认识并处分财物。例如,行为人驾驶空车购买煤炭时,事先偷偷在运输车辆上装入石头,在"空车"过磅之后偷偷把石头卸掉去装载煤炭,再给满载车辆过磅,在被害人不知情的情况下额外多运走煤炭的,就属于典型的动作诈骗。同样,单位员工私自侵入单位计算机人事系统,将公司其他员工工资卡号改为其持有的银行账号,骗取公司工资款的行为,也属于动作诈骗。同言词诈骗一样,在动作诈骗中,行为人也是采用虚构事实或者隐瞒真相的方法,使财物所有人产生认识上的错误,并基于错误认识而实施处分行为,因而构成诈骗罪。

【指导案例】葛玉友等诈骗案②——在买卖过程中,行为人采取秘密的欺骗手段,致使被害人对所处分财物的真实重量产生错误认识,并进而处分财物的行为如何定性

1. 被告人葛玉友、姜闯在德清恒运纺织有限公司收购碎布料期间,经事先商量,采用事先偷偷在运输车辆上装入1.5吨重的石头,同林祥云一起给"空车"过磅,随后偷偷把石头卸掉才去装载碎布料,再同林祥云一起给满载车辆过磅,根据两次过磅结果计算车上碎布料重量后再和林祥云进行现金交易的方法,在林祥云没有察觉的情况下,每次交易均额外多运走1.5吨碎布料,从2011年4月至2011年8月,葛玉友、姜闯采用上述方法,先后7次,骗得碎布料共计10.5吨,共计价值人民币5.25万元。

2. 被告人葛玉友、姜闯、张福生经事先商量,采用事先偷偷在运输车辆上装入2吨重的水,同林祥云一起给"空车"过磅之后又偷偷把水放掉才去装载碎布料,再同林祥云一起给满载车辆过磅,根据两次过磅结果计算车上碎布料重量后再和

---

① 例如,认为应当将自己占有的财物转移给他人;认为自己占有的财物本身就属于他人所有,应当归还;认为将自己的财物转移给他人后会产生更大的回报;认为将自己的财物转移给他人后,他人会按承诺时间归还。

② 参见聂昭伟:《葛玉友等诈骗案——在买卖过程中,行为人采取秘密的欺骗手段,致使被害人对所处分财物的真实重量产生错误认识,并进而处分财物的行为如何定性》,载最高人民法院刑事审判第一、二、三、四、五庭主办:《刑事审判参考》(总第101集),法律出版社2015年版,第96—102页。

被害人林祥云进行现金交易的方法,在林祥云没有察觉的情况下,每次交易均额外多运走2吨碎布料。从2011年8月至2011年9月,先后两次骗得碎布料共计4吨,共计价值人民币1.96万元。

本案中,被告人葛玉友、姜闯、张福生事先偷偷在运输车辆上装入石头、水,在"空车"过磅之后偷偷把石头、水卸掉去装载碎布料,载满车辆再过磅,然后根据两次过磅结果计算车上碎布料重量的方法,在被害公司工作人员林祥云不知情的情况下额外多运走价值数万元的碎布料。在上述案件中,被害公司工作人员"自愿"多交付碎布料给被告人,符合处分财产行为的客观要求,在这一点上不存在争议。问题在于,被害人对于多出的碎布料在主观上是否存在处分意识?如果存在,则为诈骗,反之则为盗窃。本案行为人采取一种秘密的欺骗手段,该行为直接利用的是"空车"重量,所改变的只是计量标准,使被害人对车载碎布料的重量产生错误认识,进而做出了处分决定。由于行为人的秘密欺骗行为并非直接针对碎布料进行,即并没有将碎布料进行秘密藏匿,被害人也并没有因此而对车上碎布料的物理外观发生错误认识,故被告人的行为符合诈骗罪的构成特征。当然,与典型诈骗罪不同的是,本案被告人采用的"骗称"手段,系一种动作诈骗,它区别于通常所见的言词诈骗。但无论是动作诈骗还是言词诈骗,行为人都是采用虚构事实或者隐瞒真相的方法,使财物所有人发生认识上的错误,并基于错误认识而实施处分行为,因而构成诈骗罪。换一种情形,假设车载碎布料不需要称重,而是以整车为计量单位,那么,如果行为人在车厢之外设置夹层并在其中秘密藏匿碎布料,由于被害人对于车内夹层中的碎布料在物理外观上缺乏最基本的认识,则被害人对该部分碎布料不存在处分意识,不能认定为诈骗罪,而应以盗窃罪论处。

【指导案例】黄某诈骗案[①]——侵入单位内部未联网的计算机人事系统篡改他人工资账号,非法占有他人工资款的行为,如何定性

2011年6月至8月间,由于公司工作人员疏于修改人事系统的原始密码,被告人黄某利用在某股份有限公司工作的便利,轻松获取账号和原始密码后,非法登录公司内部未联网计算机的人事系统,将公司其他员工工资卡号改为其持有的银行账号,骗取公司工资款合计人民币25 862元。

本案中,被告人黄某非法登录公司人事系统,将其他员工的工资卡号改为其持有的银行账号,属于虚构事实行为。该行为使公司财务人员误以为计算机系统中记载的银行账号是公司员工真实的账号,从而将工资款打入黄某篡改的账户,

---

① 参见季志康:《黄某诈骗案——侵入单位内部未联网的计算机人事系统篡改他人工资账号,非法占有他人工资款的行为,如何定性》,载最高人民法院刑事审判第一、二、三、四、五庭主办:《刑事审判参考》(总第89集),法律出版社2013年版,第73—76页。

造成公司多名员工工资流失。虽然黄某篡改计算机系统信息的行为具有秘密性，但公司财务人员毕竟是在受蒙蔽情况下自愿将工资款交给黄某，根本上是因为公司财务人员陷入认识错误而处分财产的，更符合欺骗的特征。因此，黄某的行为应当认定为诈骗罪。当然，与典型诈骗罪不同的是，本案被告人采用的修改工资卡号手段，系一种动作诈骗，它区别于通常所见的言词诈骗。但无论是动作诈骗还是言词诈骗，行为人都是采用虚构事实或者隐瞒真相的方法，使财物所有人发生认识上的错误，并基于错误认识而实施处分行为的，因而构成诈骗罪。需要指出的是，黄某侵入公司计算机信息系统，将公司人事系统数据进行更改，其行为还触犯了破坏计算机信息系统罪的构成要件。其中，非法侵入公司人事系统修改工资账号仅仅是手段行为，其目的在于随后进行的骗取工资款，二者之间形成了典型的手段与目的的牵连关系。《刑法》第287条规定："利用计算机实施金融诈骗、盗窃、贪污、挪用公款、窃取国家秘密或者其他犯罪的，依照本法有关规定定罪处罚。"①据此，凡是利用计算机来实施金融诈骗、盗窃、贪污、挪用公款、窃取国家秘密或者其他犯罪的，应当直接认定为金融诈骗罪、盗窃罪、贪污罪、挪用公款罪等，而不能认定为相关的计算机犯罪，故对本案应当以诈骗罪来认定。

十六、偷换商店收款二维码非法占有他人货款的行为如何定性

(一) 裁判规则

行为人偷换商家二维码，使得顾客对交付财物的对方产生错误认识，将原本要处分给商户的银行债权处分给了被告人，符合三角诈骗罪的构成特征；当然，由于作为受骗人的顾客是根据商家的指示而扫描二维码，故所造成的财产损失应由商家来承担。

(二) 规则适用

1.商家出让商品后让顾客扫描二维码，是为了获得与商品相对应的货款，而并没有将应得货款转移给他人占有的意图，故不存在向被告人处分货款的行为，但并不能据此来否定诈骗罪的成立。

处分行为的有无是划定诈骗罪与盗窃罪的界限所在。被害人基于有瑕疵的意志而自愿主动交付(处分)财物时，对方的行为成立诈骗罪；被害人没有处分财物的，而是由行为人违反被害人的意志转移财物占有的，属于盗窃行为。为此，我们在讨论偷换二维码案时，首先需要明确本案的被害人是谁？是商家还是顾客？笔者认为，从顾客与商家的商品交易法律关系来看，顾客的权利是获得想要的商品，义务则是按照商家的要求扫码付款；而商家的权利是获得钱款，义务是交付商

---

① 类似的规定在诈骗罪中也存在，我国《刑法》第266条在诈骗罪中专门明确"本法另有规定的，依照规定"。言下之意就是，当行为人的行为触犯了其他特殊条款的诈骗罪(如金融诈骗罪)时，即使诈骗罪的处罚更重，也只能以处罚更轻的特殊诈骗罪来定罪处罚。

品并保证二维码的真实性。顾客一旦按照商家的要求完成扫码付款,对商家就已经履行了付款义务。至于二维码的真假、二维码对应账户的所有人是否系商家并不重要(因为商家完全可以使用他人的二维码收款),顾客无能力也无义务在扫码之前对其真伪进行审查。既然顾客不负有审查二维码的义务,那么因为二维码发生错误导致其错误支付货款就不应由其承担责任。商家既不能向顾客要回所交付的商品,也不能再要求顾客另行付款。可见,无论是从交付商品的角度,还是从收取货款的角度来看,偷换二维码案中的被害人都是商家,顾客并非此类案件的被害人。

在被害人确定了之后,接下来的问题是,商家是否将顾客的银行债权处分给被告人呢?答案显然是否定的。有观点认为,被告人通过偷换二维码的方式实施了欺诈行为,商家误认为被告人的二维码是自己的,而将其提供给顾客扫码支付,从而通过顾客处分了自己的财产性利益,构成此类案件的处分行为。笔者认为,这种观点显然是不正确的。因为此类案件中,商家向顾客出让了商品,其目的是为了从顾客那里获得与商品相对应的货款,而不可能在让渡商品使用价值的同时,将商品的价值也让渡出去,故商家要求顾客扫描二维码并非是向行为人让渡价款的意图,针对商品价值商家并不存在财产处分意思与行为,同时,被告人获得钱款也并非商家处分财产的结果。可见,从商家的角度来看,由于其并不存在处分商品货款的意图与行为,二维码案不符合诈骗罪的要求。但是,我们不能因此就直接认定被告人的行为成立盗窃罪。因为在普通诈骗罪之外还存在三角诈骗形式,三角诈骗中的受骗人与被害人是完全分离的。其中被害人的财产虽然受到了损失,但是其并没有实施处分行为,而受骗人虽然由于受骗上当而实施了处分行为,但是其并没有财产损失。故上述观点以作为被害人的商家没有实施处分行为为由否定诈骗罪的成立,是不正确的。

2. 行为人偷换商家二维码,使得顾客对交付财物的对方产生错误认识,将原本要处分给商户的银行债权处分给了行为人,符合诈骗罪的构成特征;当然,由于顾客是根据商家指示而为,故所造成的财产损失由商家来承担。

行为人偷换商家二维码,顾客被冒用的二维码所欺骗,陷入错误认识,处分了本应支付给商户的财物,商户因此遭受了财产损失。在这里,被害人是商户,受骗人是顾客,二者之间发生了分离,而且顾客是处于可以处分财产地位的人,故被告人的行为类似于三角诈骗。但是,通过与传统意义上的三角诈骗相比较,还是可以发现二者之间存在不同之处。其中,传统类型三角诈骗的构造表现为:行为人实施欺骗行为—受骗人产生或者继续维持认识错误—受骗人基于认识错误处分(或交付)被害人的财产—行为人获得或者使第三者获得财产—被害人遭受财产损失。而偷换二维码案中的行为构造表现为:行为人实施欺骗行为—受骗人产生或者继续维持认识错误—受骗人基于认识错误处分(或交付)自己的财产—行为人获得或者使第三者获得财产—被害人遭受财产损失。两相比较,可以发现上述两种形式的诈骗中,虽然存在诸多相同之处:如都是被告人实施欺骗行为而受骗人基于认识错误处分财产,都是使受骗人之外的被害人遭受财产损失;但是,传统类型的三角诈骗中,受骗人处分的是被害人(或第三者)的财产,而本案中受骗人处分的是自己的财产。那么,上述区别是否足以影响诈骗罪的认定呢?笔者认为,答案是否定的。因为尽管传统类型的三角诈骗中受骗人处分的是被害人的财产,而偷换二维码中受骗人处分的是自己的财产,但这种财产是本应支付给被害人的财产,属于对被害人财产的提前处分。而且更重要的是,这种区别既没有改变受骗人,受骗人依然具有处分财产的权限(处分自己的财产)①,也没有改变被害人,更没有改变行为人。既然如此,就应当承认这种类型的三角诈骗同样可以构成诈骗罪。

那么,接下来的问题是,需要在什么情况下,才能认定受骗人在处分自己财产时,因此遭受的财产损失需要由被害人来承担呢?笔者认为,这种情形通常发生在这样一种场合当中,即受骗人具有向被害人转移(处分)财产的义务,受骗人为了履行该种义务,按照被害人指示的方式或者以法律、交易习惯认可的方式(转移)处分财产,虽然由于受骗人存在错误认识而使得被害人没有获得财产,但受骗人并不存在民法上的过错,故被害人丧失了要求受骗人再次(转移)处分自己财产的权利。在偷换二维码案中,顾客因为购买商品,具有向商家支付货款的义务;顾客根据商户的指示扫描二维码用以支付商品对价时,由于其不负有审查二维码的义务,则因为二维码被偷换导致其错误支付货款就不应由其承担责任。商家既不能向顾客要回所交付的商品,也不能要求顾客再次支付商品对价,由此所造成的商户的财产损失需要由商户自身来承担。

需要指出的是,偷换二维码案之所以容易与盗窃罪发生混淆,关键是被告人采用"偷换二维码"的手段,这是一种动作诈骗,它区别于通常所见的言词诈骗。所谓"诈骗",必然要求既有人"使用诈术"又有人"上当受骗"。为了能让受骗人受骗上当,被告人不可避免地需要通过当面及隔空(网络电信、邮件)方式,与受骗人进行接触与沟通,将自己的意思通过语言文字传递给受骗人,从而让受骗人受骗上当,进而基于错误认识向其交付财物。而在偷换二维码案中,顾客与被告人之间并未有过任何联络与接触,顾客根本不知道被告人的存在,被告人也未向顾客发出任何要求付款的明示或暗示表示,其所实施的偷换二维码行为是针对商家秘密进行的,而并非是针对顾客所发出的一种表意行为。也正是因为这种诈骗的表现方式不同,使得很多人容易产生误解,认为既然行为人与受骗人都没有发生

---

① 以此区别于盗窃罪中的间接正犯。三角诈骗与盗窃罪的间接正犯的区别在于,受骗者是否具有处分财产的地位与权限。例如,洗衣店的店主上班时发现他人阳台上晾有名贵的西装,遂对其员工说,他人晾在阳台上的西装需要清洗,但是没有时间送过来,让我们自己去取,员工去将西装取过来交给店主,店主据为己有。该案中,由于店员不具有处分他人西装的权限和地位,不是诈骗罪中的财产处分者,只是店主盗窃西装的工具,故店主的行为不成立诈骗罪,只能成立盗窃罪(间接正犯)。

过接触与联络,那么行为人是通过何种方式来施用诈术,又是通过何种方式来让受骗人上当受骗呢? 实际上,行为人虚构事实、隐瞒真相的方式尽管通常需要通过语言文字的方式进行,但同样可以通过某种行为举止来完成,这种行为举止按照一般的社会观念能够被合理地推定为具有某种确定的内容。行为人在这种情况下,没有通过语言文字,也能将某种意思传达给他人。例如,行为人招手上了出租车去火车站,进饭店扫码点菜吃饭,隐瞒了拒付车费、餐费的内心意思,这种诈骗方式就属于动作诈骗。再如,行为人打扮成债权人的样子,按照约定去债务人家里收取欠款,同样也是一种动作诈骗。但无论是动作诈骗还是言词诈骗,行为人都是采用虚构事实或者隐瞒真相的方法,使财物所有人发生认识上的错误,并基于错误认识而实施处分行为,在这一点上是相同的。

【指导案例】邹晓敏诈骗案[①]**——偷换商店收款二维码非法占有他人货款的行为,应当如何定罪**

2017年2月至3月间,被告人邹晓敏先后到福建省石狮市沃尔玛商场门口台湾脆皮玉米店等店铺、摊位,乘无人注意之机,将上述店铺、摊位上的微信收款二维码调换(覆盖)为自己的微信二维码从而获取顾客通过微信扫描支付给上述商家的钱款。经查,被告人邹晓敏获取郑某等人的钱款共计人民币6983.03元。

本案中,被告人邹晓敏偷换商家二维码属于动作诈骗,即通过"偷换"这一动作来实施虚构事实、隐瞒真相的欺骗行为。事实上,这种方式与行为人打扮成商家的样子并无二致,都是让受骗人在实施处分行为时,对接受其所处分财物的对方主体发生了错误认识。而在假扮债权人讨债的情形中,我们很容易理解,都会认为是来了一个骗子,让人上当受骗了,不会认为是钱款被偷了。既然如此,在偷换二维码的案件中,行为人也是通过动作方式(即偷换二维码)使得顾客误以为行为人就是收款人,进而将货款打入到行为人的二维码账户中,符合诈骗罪的构成特征,应当认定为诈骗罪。

十七、按照人工智能预先设置的交易规则非法占有财物的行为如何定性

(一)裁判规则

一般认为,诈骗罪中引起的认识错误只能是人的错误,即只有人能够被欺骗。机器本身尽管不会陷入错误认识,但机器背后的人却可以成为诈骗罪的对象。只要行为人按照机器设置的规则,满足预设同意的条件,就推定是经过机器背后的人同意,由此获得财物可以成立诈骗罪。当然,如果行为人突破预先设置的规则

---

① 案号:(2017)闽0581刑初1070号。

获取财物,则成立盗窃罪。

(二) 规则适用

随着科学技术的发展,出现了可以代替人来从事某项工作的人工智能,传统的人与人之间的交易活动,开始越来越多地出现在人机之间。当前人们的日常生活中通过人工智能系统进行交易已经成为一种常见的交易方式,在其程序设定范畴内实施的交易行为同时也具有法律效力。实践中,由此导致对他人财产的损害,很多时候不再是通过引起财产所有人的错误认识来实现,而是通过对计算机系统等人工智能的操作来完成的。为了适应时代的发展和刑事政策的需要,如果再固守传统的诈骗理论,认为"诈骗罪中的受骗者只能是自然人,机器不能成为诈骗罪的受骗者",那么针对发生在人工智能场合的侵财案件便不能以诈骗罪来认定。为了应对这种情形,即使是固守"机器不具有意识,不可能成为被骗对象"的大陆法系国家,在立法上也开始认可人工智能系统可以成为被骗的对象。如《德国刑法》第 265 条规定"意图无偿地骗取自动售货机或公用通讯网的给付",构成"骗取给付罪"。同样,我国司法解释也认可通过自动取款机实施的信用卡诈骗行为构成信用卡诈骗罪。例如,2008 年 5 月 7 日起施行的最高人民检察院《关于拾得他人信用卡并在自动柜员机(ATM 机)上使用的行为如何定性问题的批复》规定:"拾得他人信用卡并在自动柜员机(ATM 机)上使用的行为,属于刑法第一百九十六条第一款第(三)项规定的'冒用他人信用卡'的情形,构成犯罪的,以信用卡诈骗罪追究刑事责任。"此外,"两高"于 2009 年 12 月 16 日起施行的《关于办理妨害信用卡管理刑事案件具体应用法律若干问题的解释》第 5 条第 2 款第(三)项规定"窃取、收买、骗取或者以其他非法方式获取他人信用卡信息资料,并通过互联网、通讯终端等使用的",属于刑法第 196 条第 1 款第(三)项所称的"冒用他人信用卡",按照信用卡诈骗罪论处。可见,当行为人通过或者利用机器实施欺诈行为时,均按照诈骗类犯罪论处,原因就在于机器背后的人可以成为诈骗罪的对象。

那么,对于机器背后且不在现场的人,应当根据什么标准来解决被骗的问题呢?对此,笔者认为可以根据针对机器预设的交易规则来判断。以 ATM 自动取款机为例,机器设置者从一开始就设置了 ATM 机吐出钱款的条件,即要求使用真卡插入 ATM 机当中。当顾客插入假卡时,即使 ATM 机仍然吐出钱款,但由于行为人得到钱款并未满足 ATM 机设置的条件,因而属于未得到同意,其得到财物也并非机器背后的人处分财物的结果,这是盗窃而非诈骗行为。反之,如果行为人冒用他人的真卡且输对密码后取钱的,由于已经满足了机器设置者在机器上设定的同意条件,应认为得到了机器背后的人的同意,同理从自动售货机上得到商品也应认为是机器背后人自愿处分财物的结果,此时就不可能成立盗窃罪。在这种情况下,从机器设置者的角度来看,只要持卡人满足了预设同意的条件,该持卡者就会认为是有用卡权限的。但是,持卡人实际上属于无权、非法使用他人的信用卡,机器设置者对这种冒用情况无法识别,从而陷入错误认识,误以为取款人就是持卡者本人,并基于这种错误认识而处分了钱款,对此应当认定为信用卡诈骗罪。可见,从本质上来说,冒用他人信用卡在 ATM 机上使用与在柜台上使用是一样的,都是针对人进行诈骗。

【指导案例】王彩坤诈骗、张娟销售赃物案①——利用虚拟网络漏洞进行自我虚假交易套取骏币的行为如何定性

2005 年 11 月 27 日,被告人王彩坤利用北京骏网在线电子商务有限公司网络交易平台的技术漏洞,采用虚报商品利润、自买自卖进行虚假交易的手段,欺骗骏网公司,在其账户内虚增骏网交易 76 万元骏网币(折合人民币 76 万元)。后王彩坤将该笔虚增资金转入被告人张娟的私人账户。同年 11 月 28 日至 12 月 4 日,张娟将 76 万元骏网币全部用于从骏网公司购买游戏点卡,后再将游戏点卡出售以兑换现金。后王彩坤将人民币 53 万元用于个人挥霍。张娟分得人民币 23 万元。

本案审理过程中,关于王彩坤行为性质的认定存在争议,争议的焦点在于王彩坤所实施的是秘密窃取行为还是虚构事实、隐瞒真相的骗取行为?虚拟网络系统是否可以成为被骗的对象?笔者认为,本案应当认定为诈骗罪,主要理由:第一,骏网公司设置了交易平台,通常情况下能够满足网络交易平台所设置的交易条件的交易都被推定为真实有效的交易,进而可以视为是得到骏网公司同意的,既然是得到他人同意的行为,也就不可能成立盗窃罪。第二,王彩坤利用骏网公司网络交易平台的技术漏洞,进行虚假的自买自卖,虚报商品利润,这种以自己为对象的交易并不真实存在,属于典型的欺骗手段,符合诈骗罪"虚构事实、隐瞒真相"之要件。由于骏网公司的网络交易平台在设计上存在技术漏洞,不能准确识别王彩坤虚假的自我交易行为,根据设定的交易规则将虚假交易产生的"利润"主动支付到王彩坤的账户。然而,尽管王彩坤所实施的交易满足了网络交易平台的规则,但这恰恰是一种不真实的虚假的交易,骏网公司管理者无法通过网络平台将其甄别,而误以为是真实有效的交易,便给予其同意,允许其获得骏币,这是典型的陷入认识错误的财产处分行为,因而应当以诈骗罪来认定。

【指导案例】余丽辉盗窃案②——利用他人未退出银行自动取款机的信用卡转账到自己银行账户的犯罪行为如何定性

2007 年 9 月 14 日,被告人余丽辉在"农行自助通"柜员机上转账时,发现机器内有被害人黄照顺遗忘的未退出操作系统的信用卡,被告人即将被害人信用卡内的人民币 1 万元予以取出。检察机关以被告人余丽辉犯盗窃罪向法院提起公诉。

---

① 案号:(2007)海法刑初字第 25 号;(2007)一中刑终字第 1743 号。
② 参见最高人民法院中国应用法学研究所编:《人民法院案例选》(总第 67 辑),人民法院出版社 2009 年版,第 72—76 页。

法院经审理认为，被告人余丽辉以非法占有为目的，采用秘密手段，窃取他人财物，数额较大，其行为已构成盗窃罪，遂判决被告人余丽辉犯盗窃罪，判处有期徒刑1年，缓刑1年，并处罚金人民币2000元。判决后，被告人余丽辉未提出上诉，检察机关未提出抗诉。

首先，银行卡与银行卡对应的现金是不同的，其中银行卡处于存款人的占有之下，而银行卡上对应的现金则处于银行的占有之下。本案行为人所取得的是银行卡内的现金，而非银行卡，故其破坏的是银行对现金的占有关系，而并非储户或银行卡持有人的占有。而按照"预设同意"的刑法原理，针对每一个在程序上和技术上能够满足要求的取款行为，作为发卡机构和ATM机内钞票占有者的银行来说总是许可的。也就是说，只要在插卡和输入密码等程序性、技术性的环节上没有瑕疵，取款行为就得到了银行的同意，因此在"预设同意"的程序设置中并不包括取款者的身份。本案中，被告人使用他人遗留在自动柜员机上的真卡进行取款，已经满足了ATM机设置者所预设的客观条件，获得了银行同意，故不构成盗窃罪。但由于这种同意是在误认为插入真卡且输对密码的人系有权使用信用卡的情况下做出的，属于错误认识，满足了诈骗类犯罪的条件。综上，被告人余丽辉从ATM机上将被害人黄照顺卡内资金取出，尽管相对于被害人来说是秘密进行的，但是被告人所破坏的是银行对资金的占有关系，本案刑事法律关系的当事人主体为被告人与银行。由于相对于银行管理方来说被告人获得存款是经过了银行的同意，故本案不可能成立盗窃罪，而应当以诈骗类犯罪来认定。

【指导案例】邓玮铭盗窃案①——以非法占有为目的，在网络上利用出现系统故障的第三方支付平台，故意输入错误信息，无偿获取游戏点数，如何定性

2008年北京创娱天下信息技术有限公司(以下简称"创娱公司")与拥有网络交易平台"易宝支付"系统的北京通融通公司(以下简称"通融通公司")合作，利用通融通公司的第三方支付平台易宝支付销售网络游戏的游戏点数。通融通公司与上海电信有限公司合作，利用上海电信发行的具有支付功能的充值卡"聚信卡"收取销售钱款。2008年7月4日，通融通公司技术人员对易宝支付系统进行升级调试时导致易宝支付系统出现故障，对上海电信有限公司返回的代码不能进行正确的识别。2008年7月8日至14日间，被告人邓玮铭在对创娱公司运营的网络游戏"炎龙骑士"游戏卡进行充值时，利用易宝支付交易平台正在升级期间的系统漏洞，恶意输入虚假的卡号密码等信息，在没有实际支付充值金额的情况下获取创娱公司价值人民币58 194元的游戏点数，成功交易238笔，后将该游戏点

---

① 参见丁晓青、伍红梅：《邓玮铭盗窃案——以非法占有为目的，在网络上利用出现系统故障的第三方支付平台，故意输入错误信息，无偿获取游戏点数，如何定性》，参见最高人民法院刑事审判第一、二、三、四、五庭主办：《刑事审判参考》(总第85集)，法律出版社2012年版，第66—70页。

数在淘宝网上折价售卖,获利人民币1.1万余元,造成通融通公司财产损失人民币58 194元。

根据刑法理论上的通说观点,诈骗罪中的被害人必须是能够表示自己真实意思的人,即具有一定认识能力和意志能力的主体,否则就无从判断被害人是否有"错误认识"。对于机器是否"有意识的主体",笔者认为,人工智能及其操作系统和硬件(设施)如果处于正常工作状态,应当视为管理者意志的体现,可以认为是属于"有意识的主体",并可以成为诈骗的对象。然而,处于故障状态的人工智能系统和机器因已经丧失独立的意思表示能力,不能正确识别相关代码,作出的决定不能代表其管理者的真实意志,不能代表其管理者真正"处分"财物,如同没有行为能力的精神病患者、婴幼儿一样,不能成为诈骗的对象。据此,行为人从出现故障的ATM机中恶意取走钱款,ATM机因未能识别银行卡信息和指令,完全违背其智能操作系统和管理者的要求吐出存款,不能视为银行的真实意思表示,故而不能认定为诈骗罪,只能认定为盗窃罪。本案中的"易宝支付"平台类似于出故障的ATM机器。出现故障的"易宝支付"未能正确识别支付代码,其下达的发货指令不能看作是其管理者和操作系统正常的意思表示和财产处分行为,因此邓玮铭的行为不构成诈骗罪,而应以盗窃罪来认定。

十八、抢走财物后哄骗被害人不追赶的行为如何定性

(一)裁判规则

诈骗罪中的财产处分行为,是指任何一种法律或事实上能够直接引起经济上的财产减少的作为、不作为的行为。可见,这里的财产处分行为,并不限于民法上的买卖、借贷、担保、放弃请求权等行为,而是包括一切对财产产生影响的行为。此外,财物处分行为并不以交付行为为限,没有直接将财物交付给行为人的抛弃行为也是一种处分行为。

(二)规则适用

财产处分行为是诈骗罪客观构成要件的不成文的要素之一,欺诈行为、受骗者的认识错误与被害人财产受到损失之间必然会存在受骗者的财产处分行为,财产处分行为是处在欺诈行为、认识错误与财产损失之间的因果性桥梁,而且也正是这个环节的存在,造就了诈骗罪是一种自我损害型犯罪的法律形象。有观点认为,处分行为是一种占有转移,或者说是一种交付行为,即将标的物或所有权凭证转移给受让人。笔者认为,诈骗罪中的处分行为不同于民法意义上的处分行为,并不以交付行为为限,也就是说不限于买卖、借贷、担保、放弃债权等积极的作为方式,还包括不作为的方式。如不主张权利、延期主张权利、任由权利届满失效等。在不作为方式中还有一个容忍的情形,即财物因为各种原因已经处于他人手中,但尚未脱离财物所有人可控制的现场,财物所有人以容忍的方式同意财物被

他人取走。例如,行为人甲、乙两人共谋非法侵占他人财物,行为人甲趁被害人不注意抢走被害人财物,在被害人准备追赶抓捕之时,留在现场的行为人乙哄骗被害人不用追赶,谎称行为人甲只是借用一下,用完即会主动返还,被害人信以为真并放弃追赶的,就属于容忍他人取走财物的情形。由于行为人甲在夺得财物当时尚未逃脱,该财物仍然处于财物所有人的控制当中,正是因为行为人乙所实施的哄骗行为,使得被害人对行为人甲的行为性质产生了错误认识,误以为行为人甲只是借用其财物,由此而没有报警并展开追赶抓捕,任由行为人甲持其财物离去,等于是将财物的占有权完全交给行为人甲。当他人非法取得财物所有人财物尚未逃脱之时,行为人这种不作为的容忍方式同样属于诈骗罪中财物处分行为的一种方式,故对此类行为应当以诈骗罪而不是抢夺罪来认定。

此外,在一些案件中,为了能够顺利的占有财物所有人的财物,行为人往往会隐瞒自己占有的非法目的,通过虚构事实、隐瞒真相的方式先让被害人放弃财物的所有权,然后再占有该财物。在这种情形中,财物所有人的抛弃行为也是一种财产处分行为。例如,行为人冒充珠宝鉴定专家欺骗被害人说"你佩戴的不是钻石,只是玻璃而已",被害人信以为真,将钻石丢弃掉,随后行为人将钻石捡走。在该案中,被害人虽然陷入错误认识当中,但是并没有直接将钻石交付给行为人。按照传统的观点,诈骗罪中的财产处分行为必须是直接交付,则根据该观点本案中因为缺少处分行为而不成立诈骗罪。然而,笔者认为,刑法上的财产处分行为是指任何一种法律或事实上的作为、不作为,只要能直接引起经济上的财产减少,就应当认定为处分行为。既然被害人的抛弃行为能够引起自己财产的减少,当然也是一种财产处分行为,而且这种处分行为与被害人因为行为人的欺骗而产生错误认识之间存在因果关系,完全符合诈骗罪的构成特征。因此,财物所有人是直接将钻石交给行为人还是丢弃后被行为人拾得,只是处分行为的表现形式不同而已,并不影响将其认定为处分行为。

【指导案例】何起明诈骗案[①]**——抢走财物后哄骗被害人不追赶的行为如何定性**

1999年10月16日下午,被告人何起明遇到陈二(在逃),闲聊中陈二提出去搞一辆摩托车,何起明表示同意。后陈二去寻找目标,何起明在东兴市东兴镇北仑大道建安加油站处等候。当晚8时许,陈二雇请宋某驾驶两轮摩托车到加油站载上何起明一同到东兴镇东郊村罗浮附近,以等人为由让宋某停车等候。陈二趁宋某下车未拔出钥匙之际,将摩托车开走,宋某欲追赶,何起明则以陈二用其车去找人会回来还车等理由稳住宋某。后何起明又以去找陈二为由,叫宋某在原地等

---

① 参见谢程:《何起明诈骗案——抢走财物后哄骗被害人不追赶的行为如何定性》,载最高人民法院刑事审判第一庭、第二庭编:《刑事审判参考》(总第23辑),法律出版社2002年版,第34—37页。

候，自己趁机逃跑。

本案中，被告人何起明非法占有他人财物的手段具有复合性：一方面何起明与其同伙通过乘人不备骑走摩托车的方式将宋某的摩托车非法占有；另一方面何起明与其同伙在非法获取财物前隐瞒真相，占有宋某的摩托车后又虚构事实，在犯罪过程中采用了欺骗手段。正是这种犯罪手段的复合性，导致了对本案定性问题的不同认识。笔者认为，陈二与何起明通过公然抢夺实现了对摩托车的非法占有，此时，两作案人的抢夺行为已经完成。如果在陈二骑走摩托车后，何起明也径行逃跑，两人的行为毫无疑问应以抢夺罪定罪处罚。但在本案中，何起明并没有在陈二完成抢夺行为后立即逃跑，而是留下来使用虚构"陈二用其车去找人，还会回来还车"这一事实稳住被害人宋某，宋某信以为真，也就不追赶，更没有报警。因此，虽然陈二与何起明占有被害人的摩托车时不是被害人自愿交出，似乎不符合诈骗罪中被害人因受骗上当"自愿地"交出财物这一典型特征，但是被害人宋某没有呼喊、追赶和报警，不是因为其不能或者不敢呼喊、追赶和报警，而是由于何起明虚构事实，并且仍与宋某待在一起，没有逃跑，宋某完全有理由相信何起明所言的真实性。因此，本案被告人获得财物的主要行为并非抢夺行为，而是哄骗被害人不追赶报警，使得被害人误以为只是一时的借用而放弃对摩托车的占有。也就是说，被害人宋某丧失摩托车的控制权，实际上是因其受骗上当而"自愿"交出，这种默认容忍的不作为方式是诈骗中财产处分行为的另一种表现形式，故对本案应当认定为诈骗罪而非抢夺罪。

十九、以借用为名取得他人财物后非法占为己有的行为如何定性

（一）裁判规则

在借用财物的情形下，被害人将财物交给行为人，如果其仍在现场监督行为人对财物的使用情况，则财物的占有、支配关系并未转移，行为人趁被害人不注意携带财物逃走的，成立盗窃罪。反之，如果行为人以借用为名骗得财物后，经被害人允许将财物带离现场的，应认为被害人对财物已经作出错误处分，符合诈骗罪的构成特征。

（二）规则适用

区分诈骗罪与盗窃罪的关键在于被害人是否基于认识错误而处分财产，如果存在被害人处分财产的事实，成立诈骗罪，反之则构成盗窃等其他罪。针对以借用为名非法占有他人财物的案件，有观点认为，只有当被害人基于转移所有权的意思将财物转移给他人时，才能认定处分了财产。在借用为名的案件中，被害人仅仅处分了对财物的占有权，不宜认定为诈骗罪。笔者认为，这种观点并不妥当。不可否认，在通常情况下，受害人因受骗而处分的是财物的所有权。但由于行为人完全可以通过占有财物的行为，来达到对所占有财物所有权整体侵害的目的，

故被害人因受骗仅处分占有权的也属于诈骗罪中的处分行为。综上可见,诈骗罪中的处分对象既可以是所有权,也可以是占有,即只要被害人将财物转移给行为人占有就可以认定被害人行使了处分行为。

需要注意的是,刑法意义上的占有不同于民法意义上的占有,并非仅仅是现实的物理管有、支配,更强调社会一般观念上的财物管有、支配。在以借用为名非法占有他人财物的案件中,被害人尽管基于被骗而将财物交给行为人,但是处分行为作为一个法律概念,并不完全等同于日常生活中的交付动作,而是表明财物支配关系的变化。如果被害人与行为人并不存在密切的信任关系,被害人出借财物后仍在旁边密切关注着财物的使用情况,则财物的占有、支配关系并未转移,应认为被害人对财物未作出处分,其仍然占有着财物。在这种情况下,行为人携带财物秘密逃走的,破坏了他人对财物的占有,应认定为盗窃罪;如果公然携带财物逃走的,应认定为抢夺罪;如果采用暴力手段使被害人不敢或者不能反抗后离开的,应认定为抢劫罪。只有在被害人明知被告人借得财物后将财物带离现场,却不加阻止或者明确表示同意的情况下,才可以认定被害人因为受骗而对财物作出了错误处分,财物的占有、支配关系已经发生变化,被告人由此获得财物的构成诈骗罪。

【指导案例】丁晓君诈骗案[①]**——以借用为名取得信任后非法占有他人财物行为的定性**

2014年9月至11月间,被告人丁晓君在上海市长宁区、静安区、普陀区、徐汇区等地,多次冒充帮助民警办案的工作人员,专门搭讪未成年人,以发生案件需要辨认犯罪嫌疑人、需向被害人借手机拍照等为由,借得被害人侯某、李某、王某、秦某、王某某、谈某、徐某的手机等财物,在让被害人原地等候时逃离。

本案中,在犯罪行为发生时,各被害人并未转移财物的所有权,而仅仅转移了财物的占有,但被告人的行为已经侵犯了被害人财物所有权的完整性,侵犯了刑法所保护的法益,不影响诈骗罪的认定。虽然本案被害人将手机等财物交给被告人之后,仍然在场占有着财物,可以随时要求被告人归还财物,从而恢复对财物的物理支配,但是其在被告人虚构去拍照、开警车等理由携带被害人的手机离开现场时,被害人并未加以阻止,而是默认同意被告人离开现场,致使被告人得以实现对手机的完全支配,这时应当认定被告人取得了法律上的占有。而被害人之所以同意被告人携其手机离开,是因为被告人虚构事实致使其产生错误认识,进而对财物占有作出了错误处分。换言之,本案损失系因被害人受骗产生错误认识而

[①] 参见任素贤、秦现锋:《丁晓君诈骗案——以借用为名取得信任后非法占有他人财物行为的定性》,载最高人民法院刑事审判第一、二、三、四、五庭主办:《刑事审判参考》(总第108集),法律出版社2017年版,第63—68页。

"自愿"处分财物所致,故被告人的行为应构成诈骗罪。

二十、如何区分诈骗罪与合同诈骗罪

(一)裁判规则

诈骗罪规定在《刑法》分则"侵犯财产罪"一章,其保护的法益是财产所有权,而合同诈骗罪则被规定在"扰乱市场秩序罪"一章中,其保护的法益主要是市场秩序。为此,合同诈骗罪中的"合同"必须是能够体现市场秩序、规制各种交易行为的合同。那些不具有交易性质,与市场秩序无关的合同,均不是合同诈骗罪中所指的"合同"。此外,合同诈骗罪中,行为人获得财物必须要利用合同,相对方陷入错误认识也必须是基于合同,而不能是合同以外的其他欺骗因素;而且行为人非法占有的财物也应当是与合同签订、履行有关的财物,如合同标的物、定金、预付款、担保财产、货款等。

(二)规则适用

从立法渊源来看,合同诈骗罪是从 1979 年《刑法》中的诈骗罪分离出来的,与诈骗罪是特别条款与普通条款的法条竞合关系。因此,当某一行为同时符合合同诈骗罪与诈骗罪的构成要件时,应当根据特别法优于一般法的原则,认定为合同诈骗罪。从合同诈骗罪的罪状来看,是指以非法占有为目的,在签订和履行合同过程中,以虚构事实或隐瞒真相的方法,骗取对方当事人的财物,数额较大的行为。它是一种利用合同进行诈骗的犯罪,但不能因此理解为凡是利用合同进行诈骗的犯罪,就都是合同诈骗罪。在大多数诈骗案件中,行为人与受害人之间均存在着口头或书面的合同关系,如果说只要在签订、履行合同过程中,骗取对方当事人财物数额较大的行为都定性为合同诈骗罪的话,那么司法实践中处理的大部分诈骗案件就认定为合同诈骗罪了,这显然不符合立法本意。那么,我们应当如何进行区分呢?对此,我们应当从两项罪名在《刑法》分则中所处的章节位置来进行分析。其中,诈骗罪规定在《刑法》分则第五章"侵犯财产罪"当中,其保护的法益是财产所有权;而合同诈骗罪则被规定在《刑法》分则第三章"破坏社会主义市场经济秩序罪"中第八节"扰乱市场秩序罪"之中,其主要保护的法益是市场秩序。由于合同是市场经济活动的一项重要内容,是人们进行经济活动赖以信任的基础,利用合同进行诈骗,势必扰乱市场秩序,进而需要以合同诈骗论处。

《刑法》第 224 条列举了合同诈骗罪的几种常见行为方式①,从这些具体形式来看,行为人正是利用合同这种对双方当事人均具有约束力的形式,故意违背市

---

① (1)以虚构的单位或者冒用他人名义签订合同的;(2)以伪造、变造、作废的票据或者其他虚假的产权证明作担保的;(3)没有实际履行能力,以先履行小额合同或者部分履行合同的方法,诱骗对方当事人继续签订和履行合同的;(4)收受对方当事人给付的货物、货款、预付款或者担保财产后逃匿的;(5)以其他方法骗取对方当事人财物的。

场经济中的诚实信用原则,达到非法占有他人财物的犯罪目的,由此与普通诈骗罪区别开来。具体来说:(1)合同诈骗罪中的"合同",必须是能够体现市场秩序的"合同",即"合同"当事人之间必须存在一种市场交易关系。只有当行为人利用了能够体现市场秩序、规制各种交易行为的合同进行诈骗的,才能认定为合同诈骗罪。反之,那些不具有交易性质、与市场秩序无关的收养、婚姻、监护、抚养等身份关系协议,赠与等合同,以及主要受劳动法、行政法调整的劳务合同、行政合同等,均不是合同诈骗罪中所指的"合同",以这些合同为内容进行诈骗的行为应当以普通诈骗罪定罪处罚。(2)合同诈骗罪不仅要求行为人与对方签订了合同,还要求行为人利用了合同,也就是说虚构事实、隐瞒真相的诈骗方法必须发生在签订、履行合同的过程中,而不能是在这之前或之后。① 如果行为人以与被害人签订合同为诱饵,使得被害人为了能够签订合同而处分财产的,由于诈骗罪的构成要件在签订合同之前就已经成立,行为人并非利用签订、履行合同的手段骗取他人财物的,不构成合同诈骗罪。此外,合同诈骗罪的行为人非法占有的财物应当是与合同签订、履行有关的财物,如合同标的物、定金、预付款、担保财产、货款等。对于合同诈骗罪的行为人而言,签订、履行合同的目的不在于合同的成立生效以及履行,而在于非法占有合同标的物、定金等与签订、履行合同有关的财物,而被害人也正是由于受骗陷入错误认识而"自愿"为了保证合同订立生效或按照合同的约定向诈骗人交付与合同内容相关的财物。因此,如果行为人非法占有的财物不是与合同签订、履行直接有关的财物的,不构成合同诈骗罪,而应以普通诈骗罪论处。

【指导案例】葛玉友等诈骗案[②]——在买卖过程中,行为人采取秘密的欺骗手段,使被害人对所处分财物的真实重量产生错误认识,并进而处分财物的行为如何定性

被告人葛玉友、姜闯在德清恒运纺织有限公司收购碎布料期间,经事先商量,采用事先偷偷在运输车辆上装入1.5吨重的石头,同林祥云一起给"空车"过磅,随后偷偷把石头卸掉才去装载碎布料,再同林祥云一起给满载车辆过磅,根据两次过磅结果计算车上碎布料重量后再和林祥云进行现金交易的方法,在林祥云没有察觉的情况下,每次交易均从德清恒运纺织有限公司额外多运走1.5吨碎布料,从2011年4月至2011年8月,被告人葛玉友、姜闯采用上述方法,先后7次,骗得

[①] 如行为人以虚构的单位或者冒用他人名义签订合同,以伪造、变造、作废的票据或者其他虚假的产权证明作担保的;没有实际履行能力,以先履行小额合同或者部分履行合同的方法,诱骗对方当事人继续签订和履行合同,从而骗取对方当事人给付的货物、货款、预付款或者担保财产的;等等。

[②] 参见聂昭伟:《葛玉友等诈骗案——在买卖过程中,行为人采取秘密的欺骗手段,使被害人对所处分财物的真实重量产生错误认识,并进而处分财物的行为如何定性》,载最高人民法院刑事审判第一、二、三、四、五庭主办:《刑事审判参考》(总第101集),法律出版社2015年版,第96—102页。

碎布料共计 10.5 吨，共计价值人民币 5.25 万元。

合同诈骗罪要求行为人必须充分利用合同的签订与履行来骗取财物，本案行为人系采用其他诈骗方法骗取对方财物，应当以诈骗罪论处。本案中，从犯罪预备到犯罪实施整个过程，被告人均没有利用合同来实施诈骗的主观故意与行为：一方面，从主观方面看，被告人自始至终都没有利用合同的签订与履行来骗取对方财物的故意。尽管合同诈骗罪中的"合同"包括口头合同在内，但是一般来说，行为人如果想利用合同来进行诈骗，通常会与对方签订正式的书面合同，以此来获取对方的信任，进而骗取对方的财物。然而，本案被告人与纺织公司并没有签订形式上更有约束力的书面合同，在交易时采取的是"一手交钱、一手交货"即钱货两清的方式，合同的签订与否在本案中并不重要。另一方面，从骗取财物的主要方式来看，被告人并没有利用合同的签订、履行来实施诈骗，而是采用合同之外的其他诈骗方法，即在碎布料称重过程中，通过事先在空车上装载石块、水以增加"空车"自重，在装载碎布料前再卸掉，使被害人对一车碎布料的真实重量产生错误认识，并基于该错误认识而交付财物的手段进行的。综上，本案被告人并没有利用合同来实施诈骗的故意与行为，故对三被告人应当以诈骗罪定罪处罚。

【指导案例】陈夫敬诈骗案①——利用签订劳动合同骗取应聘人员钱财的行为如何定性

1999 年 4 月至 5 月间，被告人陈夫敬经他人介绍租用余姚市子陵路 268 号厂房，以开办"余姚镇宏达粉丝制品厂"的名义申请领取了临时卫生许可证，并办理了临时营业执照。被告人还对租用的厂房进行了装修，并运送、安装了相关设备。此后被告人陈夫敬以企业招工为名，通过签订虚假的《劳动合同》，以"服装费""违约金"（押金）的名义骗取每位应聘人员现金人民币 600 元，共骗取黄根灿、陈国辉、施丽萍、马建芬等 29 位应聘人员的现金人民币 1.7 万余元。同年 5 月 21 日晚，被告人陈夫敬携款逃匿。

修正后的《刑法》将合同诈骗罪从诈骗罪中分离出来，规定在《刑法》分则第三章"破坏市场经济秩序罪"中的第八节"扰乱市场秩序罪"当中，其立法本意在于更有力地打击利用合同手段侵害公私财产，并同时扰乱社会主义市场秩序的犯罪。为此，构成合同诈骗罪所利用的"合同"必须是能够体现市场秩序的"合同"，即"合同"当事人之间必须存在一种市场交易关系。反之，即使行为人利用了一定的合同形式，也不能定合同诈骗罪。如当事人之间有关身份关系的协议如婚姻、监

---

① 参见最高人民法院中国应用法学研究所编：《人民法院案例选》（2004 年刑事专辑），人民法院出版社 2005 年版，第 382—385 页。

护、收养协议,雇佣协议以及劳务合同等,均不能体现上述要求,不在合同诈骗罪所保护的客体范围内,即使被利用来进行诈骗行为,也不能认定为合同诈骗罪。本案被告人陈夫敬虽然利用与应聘人员签订《劳动合同》的手段,骗取应聘人员的"服装费""违约金"(押金),但是被告人与应聘人员之间确立的仅仅是雇用与被雇用的关系,不存在市场交易关系。他们之间签订的"合同"不属于合同诈骗罪的"合同"范围,被告人陈夫敬的行为所侵犯的仅仅是被骗人的财产所有权。因此,应当以诈骗罪来定罪处罚。

【指导案例】王贺军合同诈骗案①——以签订虚假的工程施工合同为诱饵骗取钱财的行为是诈骗罪还是合同诈骗罪

2003年2月,被告人王贺军谎称自己是中国石油天然气集团公司计划司"司长",并虚构了一个工程项目,称不需要招标、投标,其就能够将该工程发包给王小岱和王惠明。后王小岱又将杨宜章介绍给王贺军。为骗取杨宜章等人的信任,王贺军伪造了虚假的工程批文,并要其朋友张发两次假冒辽河石油管理局基建处"张子良处长"与杨宜章等人见面,因此,杨宜章等人对王贺军深信不疑。王贺军则以办理工程批文需要活动经费为由,自2003年3月至2004年1月期间,先后骗取了杨宜章人民币72万元、王惠明人民币20万元、王小岱人民币11万元。2004年1月7日,王贺军称受"张子良处长"的全权委托,与杨宜章所属公司的经理陈志荣签订了一份虚假的"24号井至主干线公路工程施工承包合同"。合同记载的工程项目总造价为人民币5906万元,王贺军在合同上签名为"张子良"。

本案中的主要问题是,以许诺让他人承揽虚假的工程项目为诱饵骗取钱财的行为构成合同诈骗罪还是诈骗罪?笔者认为,本案中的合同不是诈骗的手段,而是实施诈骗的诱饵,在合同签订前,被告人王贺军的诈骗行为已经实施完毕,王贺军的行为构成诈骗罪。具体来说:一方面,王贺军假冒国家工作人员、伪造工程批文、假借承揽项目需要活动经费的名义骗取他人财物的行为都是在签订合同之前实施的,即在与被害人签订所谓施工承包合同之前,王贺军的诈骗行为已经实施完毕,被害人的财物已经被王贺军非法占有,其虚构事实骗取钱财的犯罪目的已经实现;另一方面,王贺军非法获取的被害人钱财是所谓的活动经费,其诈取钱财的行为并非在合同的签订、履行过程中实施的,其非法侵占的财物亦不是合同的标的物或其他与合同相关的财物。虽然王贺军事后也与他人签订了一个虚假的工程施工承包合同,但这仅仅是掩盖其诈骗行为的手段,而不是签订、履行合同的附随结果,是否签订合同已经并不能影响其骗取财物行为的完成。从以上两个方

---

① 参见黄燕:《王贺军合同诈骗案——以签订虚假的工程施工合同为诱饵骗取钱财的行为是诈骗罪还是合同诈骗罪》,载最高人民法院刑事审判第一、二、三、四、五庭主办:《刑事审判参考》(总第51集),法律出版社2006年版,第20—25页。

面可以看出,无论是从骗取财物的手段上,还是从骗取财物的性质上,被告人王贺军的行为均不符合合同诈骗罪的构成要件,不能认定为合同诈骗罪。

【指导案例】陈景雷等合同诈骗案①——以适格农民名义低价购买农机出售而骗取国家农机购置补贴款的行为如何定性

2010年3月左右的一天,陈景雷找到胡党根,问胡党根能否买到享受政府补贴的久保田牌插秧机,其加价大量收购,并告知胡党根如何规避检查等。根据规定,购买政府补贴农机的必须是本地农户并且每人限购一台,两年内不得转让。胡党根随即找到本地农户胡文生、李娟、黄且保、蒋春根帮忙,并许诺给每人500元好处费。同年4月1日,胡党根通过胡文生、李娟、黄且保、蒋春根签订补贴协议,以每台人民币7000元的价格购买了4台久保田牌插秧机(该机市场价每台为人民币1.9万元,政府每台补贴人民币1.2万元)。之后,胡党根以每台人民币9000元的价格卖给了陈景雷,陈景雷又以每台人民币1.35万元的价格倒卖至外地。

本案三被告人以符合农机补贴条件的农民名义,与农机销售商签订农机购买合同,农机销售商按照农机市场价收取了购机款,并没有受骗上当,不属于诈骗罪的对象。三被告人诈骗的对象也不是另一方当事人——农户,而是国家。那么,三被告人以符合农机补贴条件的农民名义,与农机主管部门签订购机补贴协议,骗取国家农机购置补贴款,是否构成合同诈骗罪?笔者认为,对合同诈骗中的"合同",应当结合该罪侵犯的客体及立法目的来理解。立法者将合同诈骗罪规定在《刑法》分则第三章"破坏社会主义市场经济秩序罪"的第八节"扰乱市场秩序罪"中,表明合同诈骗罪侵犯的法益不仅是他人的财产所有权,还有国家合同管理制度,破坏了社会主义市场经济秩序。因此,合同诈骗罪中的"合同"必须能够体现一定的市场秩序,与市场秩序无关以及主要不受市场调整的各种"合同""协议",不应视为合同诈骗罪中的"合同"。本案中,以农户名义与农机主管部门签订的购机补贴协议不受市场秩序制约,不属于合同诈骗罪中的"合同",故对本案应当以诈骗罪论处,而不应认定为合同诈骗罪。

二十一、诈骗罪与敲诈勒索罪的区分

(一)裁判规则

敲诈勒索罪中可以存在"诈"的因素,行为人使被害人屈服的胁迫手段,完全可能同时具有欺骗性质与胁迫性质。如果被害人并没有产生恐惧心理,而是基于

---

① 参见林勇康:《陈景雷等合同诈骗案——以适格农民名义低价购买农机出售而骗取国家农机购置补贴款的行为如何定性》,载最高人民法院刑事审判第一、二、三、四、五庭主办:《刑事审判参考》(总第102集),法律出版社2016年版,第6—12页。

错误认识处分财产的,应当认定为诈骗罪;反之,如果被害人并没有陷入错误认识,而是基于恐惧心理处分财产的,则应当认定为敲诈勒索罪。当然,如果被害人既陷入错误认识又产生恐惧心理,进而处分财产的,在诈骗罪与敲诈勒索罪之间形成想象竞合关系,根据《刑法》第266条的规定,应当以敲诈勒索罪来认定。

(二) 规则适用

敲诈勒索罪与诈骗罪当中均可能存在"欺诈"因素,当行为人的行为使得被害人既产生恐惧心理,又陷入错误认识的时候,如何来认定行为人的行为性质,是一个值得研究的问题。例如,被害人的女儿已经失踪了两天,被害人担心女儿被拐卖或者绑架,行为人听说了这个消息,于是给被害人打电话,谎称自己是绑匪,让被害人交出5万元赎金,否则就撕票。被害人于是按照行为人的要求将5万元交到行为人指定的地点。该案中,从敲诈勒索的角度来看,由于敲诈勒索罪中可以存在"诈"的因素,行为人使得被害人屈服的胁迫手段,是不需要实现的,也不要求行为人具有实现恶害的真实意思。也就是说,使被害人屈服的胁迫手段,并不一定是真正的恶害,告知虚假事实使被害人自己感觉到是一种恶害、并信以为真,基于这种恐惧心理而处分财物的,就可以构成敲诈勒索罪。问题的关键是,由于行为人谎称自己是绑匪,由此非法占有他人财物是否还构成诈骗罪? 也就是说,当行为人是以一种带有欺骗成分的威胁向被害人实施敲诈勒索,被害人既陷入错误认识又产生恐惧心理,进而处分财产的,应当如何处理呢? 笔者认为,这种情况下在诈骗罪与敲诈勒索罪之间形成想象竞合关系,也就是同一行为既触犯了诈骗罪又触犯了敲诈勒索罪。根据《刑法》第266条的规定"本法另有规定的,依照规定",故应当以敲诈勒索罪来认定。①

作为例外,如果被害人虽然产生了恐惧心理,但是其所信以为真的这种恶害并不是来自于行为人时,对行为人只能认定为诈骗罪,而不能认定为敲诈勒索罪。这种情形通常发生在这样一种场合:行为人欺骗被害人说,有其他侵害者将会实施危及被害人或相关人员的生命健康或者财产安全的行为,只要被害人能够为此支付一定的财物报酬,自己愿意也能够提供帮助来抵御或者避免这种侵害,被害人为此支付一定报酬的,这种情形并非敲诈勒索罪与诈骗罪的竞合关系,而应当单独认定为诈骗罪。例如,2000年的一天,被告人边某伙同路甲、李某,谎称王某在工程承包中得罪了宋某,宋某要找人来报复,并称给8000元钱他们可以出面摆平此事,王某在感到害怕的情况下,将8000元钱交给路甲,随后路甲、边某等人予以瓜分。② 对该案应当以诈骗罪来认定,因为边某等人的行为虽然使被害人产生

---

① 有观点认为,在诈骗罪与敲诈勒索罪发生想象竞合的情况下,应当根据"从一重原则"来处理。笔者认为,这种观点是不恰当的,因为《刑法》第266条已经明确规定"本法另有规定的,依照规定",表明在与诈骗罪发生竞合的情况下,一律排除诈骗罪的适用,而应当以其他罪名来认定,这是罪刑法定原则的要求所在。

② 参见刘海红:《诈骗罪还是敲诈勒索罪》,载《检察日报》2002年11月14日。

了恐惧心理,但其行为本身并不属于敲诈勒索行为,被害人所相信的恶害并非直接来源于行为人,不能仅仅因为被害人产生了恐惧心理,便认定边某等人的行为符合敲诈勒索罪的构成要件。

【指导案例】仲越、伏跃忠诈骗案——故意制造虚假的交通事故,导致被害人产生错误认识而支付"赔偿款"的行为构成诈骗罪

被告人仲越、伏跃忠均是吸毒人员,2005年8月二人经合谋后决定采用制造虚假交通事故的方法,骗取出租车驾驶员给予的赔偿款或补偿款。2005年8月至10月间,两被告人先后多次在南京市城区乘坐出租汽车,其中一人中途下车,当车准备继续行驶时,车上的一名被告人声称有物品要交给刚下车的被告人,并让驾驶员停车等候。车外被告人靠近出租车后佯装与车上人交接物品或交谈,同时故意将脚放在出租车右后车轮前,当车继续行驶时从其脚面碾过。后两被告人以驾驶员开车不小心将其脚压伤为由,向驾驶员索要数十元至数百元不等的赔偿款。其间,两被告人共同作案37次,骗得钱款共计人民币8760元。

本案中,被告人的行为不构成敲诈勒索罪,而应当以诈骗罪来认定。敲诈勒索罪是指行为人通过对被害人实施精神上的强制和威胁,使其产生恐惧、害怕心理,不得已而交出公私财物。所谓威胁,是指通过恶害通告,迫使被害人处分财产,如果不按照行为人的要求处分财产,其就会当场或在将来某个时间遭受恶害。然而在本案中,被告人骗取被害人财物采取的方法是故意制造交通事故隐瞒真相,并以此为借口索要财物,无明显的语言或者暴力胁迫,不能认定为威胁行为。而且,从被害人的主观心理来分析,其交出财物并非是基于恐惧心理,而是因为其误认为确实是自己的不慎造成了"交通事故",给对方身体造成了伤害,于情于理都应当向对方支付一定的钱款作为经济补偿,并基于这种错误认识而自愿地向被告人支付钱款,符合诈骗罪的构成要件,应当以诈骗罪来认定。

第二十章 抢夺罪

一、行为人借打他人手机,趁人不备逃走的行为如何定性

(一)裁判规则

抢夺罪需要趁人不备而实施,故经常会伴有欺诈行为,行为人通过欺诈为实施抢夺创造条件,让被害人放松对财物的监管控制,一旦被害人对财物的监管控制出现松懈就着手实施抢夺行为。由于在此过程中被害人并不存在财物处分行为,故不能认定为诈骗罪。

(二)规则适用

抢夺罪与诈骗罪的区别在于,抢夺罪是违反被害人的意思转移占有,而诈骗罪是被害人基于有瑕疵的意思自愿转移占有。司法实践中,抢夺案件经常伴有欺诈行为,行为人通过欺诈掩盖抢夺行为,从而使抢夺行为得以顺利实施。但是,抢夺案件中的欺诈手段,与诈骗案件中欺诈手段的具体目的并不相同。在抢夺案件中,行为人使用欺诈手段的目的在于为实施抢夺行为创造条件,即行为人实施欺诈行为是为了让被害人放松对财物的监管控制,一旦被害人对财物的监管控制出现松懈就着手实施抢夺行为,行为人获得财物是自己从财物所有人处转移占有的结果,实践中一般将这种抢夺称作"诈术抢夺"。而在诈骗案件中,行为人使用欺诈行为是为了使对方陷入错误认识而自愿交付财产,行为人获得财物是受骗人交付财物的结果。在骗打手机的案件中,行为人谎称手机没电或者没带在身边,而从被害人处借得手机。从客观上来看,行为人借得手机后,只限于在被害人身边使用,该手机虽然在行为人的手中,但是一直处于被害人的控制范围之内,并没有转移给行为人实际占有,故不存在处分的行为;从主观上来看,被害人也并没有将手机的所有权甚至是占有控制权转移给行为人,不具有处分的意识,为此行为人借用手机的行为不构成诈骗罪。行为人借打手机之机,趁被害人不备逃跑,该行为完全符合抢夺罪的构成特征,应当认定为抢夺罪。

【指导案例】王成文抢夺案①——以借打手机为名骗取他人手机后携机逃跑的行为应当如何定性

被告人王成文与靳某(另案处理)商议从熟人张某处骗取手机,然后卖掉手机换钱。某日,王、靳两人在一电子游戏室内碰到正在打电子游戏的屠某,王某谎称自己手机没电了有事要与朋友联系,向屠某借打手机(价值人民币1330元)。王某用屠某的手机打了一个电话,随后把手机交给了一旁的靳某。靳某边打手机边往门口走,当快走到门口时,靳某拔腿就跑。一旁已有警觉的屠某见状马上去追,但没追上。当其返回电子游戏室再找王某时,王某早已离去。

诈骗罪的特点是采用虚构事实或隐瞒真相的欺骗方法,使被害人陷入认识错误并"自愿"交出财物,从而骗取公私财物的行为。本案中,从表面上看,主观上被告人王成文和靳某以非法占有为目的,客观上也采取了虚构事实的手段,并从屠某处骗得了手机,屠某也是"自愿"将手机交给两被告人,两被告人的行为似乎符合诈骗罪的构成。但是,从客观上来看,在行为人假装打手机的过程中,屠某一直密切注视着手机的动向,始终在一旁等待两被告人使用完毕后及时归还,故本案手机尽管在王成文和靳某手中,但是屠某仍然占有着该手机。主观上两被告人虚构事实的结果只是从屠某处借得手机暂时使用,屠某虽然将手机借给两被告人,但是只限于在屠某在场的屋内使用,屠某并不允许靳某将手机带离自己占有的空间,也就是不同意财物的转移占有,因此不存在财物处分行为与处分意识。关于这一点,从靳某一带着手机离开房间,屠某立即追赶也可以看出来。综上,本案不符合诈骗罪的构成特征,不能认定为诈骗罪。事实上,两被告人非法占有了屠某的手机,主要不是通过诈骗,而是通过公然夺取的手段实现的。两被告人骗得手机进行暂时使用是为下一步公然夺取手机做准备的。"公然夺取"应理解为在财产所有人或保管人在场的情况下,当着财产所有人或保管人的面,采用使其可以立即发觉的方法夺取财物,据此两被告人的行为构成抢夺罪。

二、"加霸王油"的行为如何定性

(一)裁判规则

所谓"加霸王油"是指行为人主观上怀着不给钱的目的到加油站加油,加完油后趁油站员工不注意逃离现场的行为。在此过程中,尽管加油工受到欺骗而将汽油加入被告人的油箱,但这只是依照惯例先加油再收款,加油行为并非"交付"行为。在行为人付款之前,油箱中的油仍处于加油站的控制之中。由于加油工的加油行为并非处分行为,故行为人的行为不构成诈骗罪。行为人趁加油工不注意,

---

① 参见最高人民法院中国应用法学研究所编:《人民法院案例选》(总第51辑),人民法院出版社2005年版,第33—36页。

加速逃离加油站的行为符合抢夺罪的构成特征,应当认定为抢夺罪。

(二)规则适用

区分诈骗罪和其他侵财犯罪的重要标准是看"受骗人是否基于认识错误处分(交付)财产",如果不存在被害人处分财产的事实,不可能成立诈骗罪。司法实践中,要注意不能将"交给"行为与"交付(处分)"行为混为一谈,"交给"并不等于失控。例如,行为人与被害人在一起吃饭,行为人声称需要借打被害人的手机,被害人将手机递给行为人之后,行为人假装拨打电话,并谎称信号不好,一边与电话中的对方通话,一边往餐厅外面走,然后趁机逃走。尽管被害人将手机交给行为人使用,但该行为并非处分手机的行为;而且,尽管手机交给了行为人,但根据社会一般观念,仍然处于被害人的占有当中。行为人通过破坏他人占有的方式取得手机,应认定为盗窃罪而非诈骗罪。再如,服装店营业员将衣服交给行为人试穿,尽管其已经将衣服交给了行为人,但这里的"交给"并非将衣服处分给行为人。只有当行为人支付款项之后,衣服才处分给了行为人。同样,在"加霸王油"案件中,被告人尽管虚构了将付钱的事实或者隐瞒了不想付油钱的内心想法,使被害单位的员工陷入错误认识,并将油加到被告人车辆的油箱当中,但该行为并非基于认识错误而交付财物,只是依照惯例先加油再收款。从客观上看,虽然油已经在被告人的油箱,但如果其不支付对价,被害人可以随时追索并恢复对财物的控制,其并未丧失对财物的占有和支配力;从主观上看,被害人没有放弃财物的意思表示。为此,行为人在加油站加油后,为逃避支付油费,乘被害单位财物管理人不备驾车驶离加油站的行为不构成诈骗罪,而应认定为抢夺罪。需要注意的是,"加霸王油"与"吃霸王餐"案件不同,"吃霸王餐"案件中行为人从一开始就没有支付饮食费用的意思,而是伪装成具有支付费用的意思,欺骗酒店或餐馆为其提供饮食的,酒店或餐馆提供饮食是供行为人直接消费掉的,故酒店或餐馆将食物交给行为人是一种处分行为,行为人吃完溜走的行为符合诈骗罪的构成特征,应认定为诈骗罪。

【指导案例】李培峰抢劫、抢夺案[①]**——"加霸王油"的行为如何定性**

2011年12月13日5时许,被告人李培峰经预谋,驾驶牌号豫PC-5561、挂豫PC-776的集装箱卡车,至上海市宝山区宝杨路3076号上海华迪加油站加入323升0号柴油后,为逃避支付油费,乘工作人员不备,高速驾车驶离加油站。经鉴定,涉案的柴油价值人民币2354.67元。此外,李培峰还采用相同手法在其他三个加油站分别加入0号柴油257.07升、308.64升、297.26升。经鉴定,价值分别为人

---

① 参见任素贤、秦现锋:《李培峰抢劫、抢夺案——"加霸王油"的行为如何定性》,载最高人民法院刑事审判第一、二、三、四、五庭主办:《刑事审判参考》(总第92集),法律出版社2014年版,第81—86页。

民币1866.75元、2249.99元和2167.03元。

在本案审理过程中,有意见认为,李培峰虚构了将付钱事实或者隐瞒了不想付油钱的真相,使被害单位的员工陷入错误认识,将油交与其处分,其占有被害单位财物后逃离,其行为应当以诈骗罪追究刑事责任。笔者认为,上述观点不能成立。区分诈骗罪和其他侵财犯罪的重要标准是看"受骗人是否基于认识错误处分(交付)财产",而"交给"行为不能与"交付(处分)"行为混为一谈,"交给"并不等于失去控制。本案中,被害单位员工将油加入被告人的油箱,并非交付财物,只是依照惯例先加油再收款。从客观上看,虽然油已经在被告人的油箱,但如果行为人不支付对价,被害人可以随时追索并恢复对财物的直接控制,其并未丧失对财物的控制和支配力;从主观上看,被害人没有放弃财物的意思表示。可见,本案"加霸王油"行为中,"非法改变财物合法占有状态的行为"不是被害单位为李培峰加油的行为,而是李乘被害单位员工不备驾车驶离加油站的行为。本案中,李培峰采取了乘人不备、公然夺取被害单位财物的行为,完全符合公然夺取的特征,应以抢夺罪追究其刑事责任。

三、抢夺本人因质押而被第三人保管的财物的行为如何定性

(一)裁判规则

针对行为人具有所有权,但因质押、抵押、租借等原因而为他人占有的财物,如果采取秘密窃取、欺骗或暴力、威胁手段擅自取回的,属于非法占有。根据风险责任承担规则,财物占有期间的风险一般由占有人承担,故如果行为人事后向占有权人要求赔偿占有财物毁损灭失责任,导致被害人遭受财产损害的,应当以相应的财产犯罪罪名来认定。

(二)规则适用

所有权是所有人依法对自己财产所享有的占有、使用、收益和处分的权利。在通常情况下,上述四项权利一般为所有人享有,但在特定条件下也可与所有权分离,形成非所有人享有的独立权利。当四项权能与所有权分离时,非所有人享有的具体权能同样受到法律的保护,所有权人不得随意要求合法占有人返还原物。所有权人如果采取秘密窃取、欺骗或暴力、威胁手段取回被他人合法占有的财物,仍然侵害了他人的占有权利,属于非法占有行为。以不动产质押为例,所有权人的不动产被质押后,其所有权尽管不因质押而改变,但质物的占有权却由出质人转移至质权人。出质人(所有权人)在质押关系消灭前不能侵犯质权人的占有权,即不能强行改变占有状态。因为所有权人通过秘密窃取、欺骗或暴力、威胁手段非法改变财物占有状态后,根据风险责任承担规则,占有期间的风险一般由

占有人承担。① 如果所有权人取回自己所有的财物后,向占有权人提出赔偿占有财物毁损灭失责任的要求,表明其存在非法占有目的,由此导致被害人遭受财产损害的,就应当以相应的财产犯罪罪名来认定。反之,如果行为人取回财物后及时将该事实告知占有权人,且未要求赔偿财物毁损灭失责任的,则属于民法意义上的违约行为,需要承担相应的民事责任。同样,如果承租人、质押权人合法占有他人财物后,再次将财物转移给第三人占有的(如委托第三人代为保管该质物),所有权人从第三人处秘密或强行取回自己财物,导致该第三人需要向其上家承担赔偿责任,因而遭受经济损失的,应当以相应的财产犯罪罪名来认定。

【指导案例】李丽波抢夺案②——抢夺本人因质押而被第三人保管的财物,如何定性

2008年1月29日23时许,被告人李丽波在广州市越秀区文园停车场乘停车场保管员不备,将其向广东邦润典当有限责任公司借款人民币65 000元而提供的担保物——车牌号为粤A4×××3的起亚牌小轿车(该车价值经鉴定为人民币106 276元)从停车场强行开走。之后,李丽波携车逃匿,且未向广东邦润典当有限公司清偿上述借款。2009年2月6日,被害单位广州市越秀区文园停车场向广东邦润典当有限责任公司赔偿经济损失及支付相关诉讼费用共计人民币90 206元。

本案中,被告人李丽波虽然对涉案质物——起亚牌小轿车享有所有权,但其占有权经质押权人——广东邦润典当有限责任公司转至越秀区文园停车场,后者即取得了对小轿车的合法占有权。无论是质押权人自己占有该小汽车,还是委托第三人占有该小汽车,依法都应当受到法律保护。如果所有权人强行改变占有关系的,属于非法占有行为。当然,如果所有权人从质权人处夺回质押物后,告知质押权人的,可以认为不具有非法占有目的,不作为犯罪处理。本案中,广东邦润典当有限责任公司作为质押权人取得质物后,将质物委托给第三人即文园停车场代为保管,文园停车场接受委托后即取得对小轿车的保管权,在保管质押财产期间,对质押财产的毁损灭失应当承担赔偿责任。本案被告人趁车辆保管员不备强行将车辆开走,侵害了他人的合法占有权,且导致被害人基于保管合同遭受了人民币90 206元的经济损失,法院以抢夺罪认定是适当的。

---

① 如《民法典》第897条规定:"保管期内,因保管人保管不善造成保管物毁损、灭失的,保管人应当承担赔偿责任。但是,无偿保管人证明自己没有故意或者重大过失的,不承担赔偿责任。"《民法典》第432条第1款也规定:"质权人负有妥善保管质押财产的义务;因保管不善致使质押财产毁损、灭失的,应当承担赔偿责任。"

② 参见林旭群、邹海娟:《李丽波抢夺案——抢夺本人因质押而被第三人保管的财物,如何定性》,载最高人民法院刑事审判第一、二、三、四、五庭主办:《刑事审判参考》(总第95集),法律出版社2014年版,第91—94页。

第二十一章 侵占罪与职务侵占罪

一、如何理解和认定侵占罪中的"代为保管他人财物"

(一)裁判规则

侵占罪的本质是"合法占有,非法所有",其中"合法占有"状态是侵占行为成立的前提。行为人基于与被害人之间的委托关系代为保管被害人财物是合法持有他人财物最常见的表现形式。典型意义上的代为保管关系产生于保管合同之中,此外,加工承揽合同、委托合同、租赁合同、使用借贷合同、担保合同等众多的合同关系均可能存在代为保管关系。对于加工承揽合同,应当注意区分原材料是由承揽人提供还是定作人提供两种不同情形。

(二)规则适用

根据《刑法》第270条第1款的规定,在侵占罪中,代为保管他人财物是构成侵占罪的要件之一。也就是说,行为人对他人财物必须要存在代为保管事实。如不具有这种主体身份特征,则缺乏构成侵占罪的基本条件,不成立侵占罪。典型意义上的代为保管关系产生于保管合同之中,此外,加工承揽合同、委托合同、租赁合同、使用借贷合同、担保合同等众多的合同关系均可能存在代为保管关系。其中,作为代为保管关系产生原因的加工承揽合同,是指承揽人按照定作人的要求完成工作、交付成果,定作人给付报酬的合同。承揽合同包括两种情形:一种是加工的原材料由承揽人自己选用,另一种是由定作人提供。在第一种情形下,定作人不负责提供原材料,承揽人先行支付购买材料费用,对自己选用的材料享有所有权,对于利用该材料加工完成的工作成果,若承揽人不将其交付给定作人,不成立侵占罪,只构成民事上的违约。而针对第二种情形,即定作人提供原材料的情形下,原材料被交付给承揽人之后并未发生所有权转移,承揽人只是暂时地享有占有、支配、按照合同目的使用原材料的权利。在履行合同时,承揽人负有返还利用原材料加工完毕的工作成果的义务,此时原材料就处于代为保管的状态,拒不返还便属于侵占。

【指导案例】杨飞侵占案①——如何理解和认定侵占罪中的"代为保管他人财物"

自诉人赵伟良诉称,其系大唐卫达袜厂业主,自2007年上半年开始,其将袜子分批交由杨飞父亲杨作新的定型厂定型。同年8月下旬,其发现有人在出售自己厂里生产的袜子,遂报案。公安机关经侦查发现,系杨飞将赵伟良交付杨作新定型的袜子盗卖给他人。为此,赵伟良以杨飞犯侵占罪,向法院提起诉讼。杨飞及其辩护人提出,侵占罪的对象限于代为保管的他人财物,而杨飞没有接受自诉人赵伟良的委托,且不存在拒不退还情节,故杨飞的行为不构成侵占罪,请求宣判杨飞无罪。法院经审理查明:杨飞的父亲杨作新系从事袜子加工业务的个体工商户,系家庭经营,但由杨作新夫妇二人负责经营。从2007年上半年始,自诉人赵伟良将部分袜子委托杨作新加工定型。其间,杨飞将赵伟良委托加工定型的袜子盗卖给他人。经公安机关追回的袜子共计62包,每包300双至500双不等,均已发还自诉人。

本案自诉人赵伟良与被告人杨飞的父亲杨作新之间存在加工承揽合同,从合同约定的内容来看,属于定作人提供原材料的情形。在这种情形中,作为原材料的袜子被交付给承揽人之后并未发生所有权转移,承揽人只是暂时地享有占有、支配、按照合同目的使用原材料的权利。在履行合同时,承揽人负有返还利用原材料加工完毕的工作成果的义务,此时原材料就处于代为保管的状态,拒不返还便属于侵占。虽然杨作新的袜子加工厂采用家庭经营模式,杨飞系家庭成员之一,但由于杨作新的袜子加工厂的实际经营者是杨作新夫妇,杨飞并未参与到经营活动中,对家庭经营活动中所涉及的财物没有控制、管理的权利,故事实上并不占有这些财物。而侵占罪中的代为保管关系要求被告人对他人财物存在事实上的占有关系。故对于自诉人赵伟良委托加工的袜子,只有从事经营并实际占有这些袜子的杨作新夫妇才有可能构成侵占罪的主体,杨飞不具有构成侵占罪的主体资格,其行为不符合侵占罪中代为保管他人财物的主体特征,不成立侵占罪。

二、持代为保管或拾得的信用卡、存折擅自取款据为己有的行为如何定性

(一)裁判规则

我国对存折、信用卡的申领采取实名制,存折申领人具有支配、使用存折内全部资金等各项权利。即使是在丧失卡、折的情况下,仍然可以通过挂失等手段,排

---

① 参见聂昭伟:《杨飞侵占案——如何理解和认定侵占罪中的"代为保管他人财物"》,载最高人民法院刑事审判第一、二、三、四、五庭主办:《刑事审判参考》(总第70集),法律出版社2010年版,第60—65页。

除持有人的占有,从而实现对存款债权的重新控制。存折或信用卡内资金,从法律意义上来说处于申领人的占有之下,而从事实上来说则处于银行占有之中。为此,行为人虽持有他人存折或信用卡,但并不占有上面的存款,擅自取款并据为己有的,不应以侵占罪认定。当然,如果行为人的身份证被他人借用来办理存折或信用卡业务,行为人系名义上的存款人,此时可以认为其在法律上占有了他人的存款,如果将他人存款擅自取出据为己有的,成立侵占罪。

(二)规则适用

从侵占罪与盗窃罪、诈骗罪的逻辑结构来看,其区别主要体现在客观要件及非法占有产生的时间不同上。其中,侵占罪属于非转移占有型财产犯罪,行为人在实施侵占行为之前已经控制了他人财物。而盗窃罪、诈骗罪则属于转移占有型财产犯罪,行为人在实施盗窃、诈骗行为之前,尚未实际控制他人财物。此外,行为人非法占有产生的时间也不同。其中,侵占罪的犯罪故意产生于实际控制他人财物之后,即先占有财物,后产生非法占有目的;而盗窃罪与诈骗罪的犯罪故意只能产生于持有、控制他人财物之前。可见,区别侵占罪与盗窃罪、诈骗罪的关键在于,行为人非法占有他人财物时,该财物究竟处于谁的控制之下。当犯罪对象为传统意义上的财物时,判断财物的占有状态通常不会存在困难,但是当犯罪对象系财产凭证等特殊财物时,认定占有状态却并不容易。例如,当行为人受被害人委托代为保管的是可记名、可挂失的银行存折,受托人对银行工作人员谎称代为取款,擅自将存折上的钱款取出据为己有的,是否构成侵占罪? 这实际上就涉及对存款占有的理解问题,如果认为存折所有人将存折交给行为人并告知密码后,存款人的存款处于行为人的占有之下,则行为人构成侵占罪;如果不能认定处于行为人的占有之下,则构成其他类型的财产犯罪。

财产犯罪中的占有,是指财物处于行为人事实上或者法律上的支配、控制之下。可见,占有包括事实上的支配(即事实占有)与法律上的支配(即法律占有)两种形式。其中,对于事实上的支配状态,比较容易理解和判断,是指物主、管理人等占有、控制、握持财物。而法律上的占有,是指行为人虽然没有事实上占有财物,但在法律上对财物具有支配力,这种占有形式通常发生在事实占有与所有权分离的情形中。① 正是基于财产犯罪中的占有可以是法律上的占有,有观点认为,当行为人持有他人存折或信用卡,并知道密码时,存折或信用卡上记载的款项就处于其占有控制之中,擅自将款项取出并占为己有的,只能成立侵占罪。笔者认为,上述观点并不妥当。存折上的"存款"具有不同含义:一是指存款人对银行享有的债权;二是存款债权所指向的现金。其中,存款人从法律上占有银行债权,而

---

① 例如,仓库提单、船运提单等物权证明的持有人、不动产名义上的登记人,即使提单上记载的货物或者房产证对应的房产不在权利人的事实占有之下,该动产或者不动产仍然处于权利人的法律占有之中。这是因为,不动产的名义登记人、仓库提单、船运提单的持有人,可以根据法律规定和凭借相关物权证明,对权利凭证上记载的财物进行支配、处分,因此可以认为其占有财物。

存款债权所指向的存款现金则处于银行的事实占有当中。由于我国对存折、信用卡实行实名制，存折申领人具有支配、使用存折内全部资金等各项权利。而且根据《储蓄管理条例》第31条所规定的挂失止付制度，存折所有人即使是在丧失存折的情况下，仍然可以通过挂失止付等手段，排除存折持有人的占有，从而实现自己对存款债权的重新控制。为此，无论存折或信用卡由谁实际持有，即使是存款人将其交给行为人保管并告知密码，该存款在法律上的占有权仍然属于存折所有人。作为存折的保管人，只有当他人借用行为人的身份证用来办理存款业务，行为人系存折或信用卡上所记载的权利人时，才可以认为其在法律上占有了他人的存款，如果其将他人存款擅自取出据为己有的，可以成立侵占罪。

综上可见，行为人尽管代为保管他人的存折或者信用卡，但这仅仅只是一张卡片或者纸片，持有存折或信用卡并不意味着控制了款项本身，基于存折而对银行享有的债权仍然归属于存款人，而存折上记载的存款现金则处于银行的占有之下。行为人拒不退还他人存折的，所破坏的仅仅是存折所有人对存折的占有关系，既没有破坏存折所有人对银行享有的债权，也没有破坏银行对存款现金的占有关系，故如果只是单纯盗窃、抢夺、诈骗或者侵占此类财产凭证而不去银行兑现的，难以认定为盗窃、抢夺、诈骗或者侵占罪。事实上，此类案件的危害主要体现在之后去银行的兑现行为上。因为只有在此过程中，行为人才能够现实地破坏存折、信用卡所有人对银行享有的债权以及银行对存折、信用卡资金的占有关系，进而实现对存款的非法占有目的。在此过程中，行为人持代为保管的他人存折、信用卡，隐瞒真相，假冒存折、信用卡所有人名义，骗取银行工作人员信任，非法侵占他人存折上的存款，符合诈骗罪的构成特征，应当以诈骗罪（或者信用卡诈骗罪）来认定。

【指导案例】傅正侦盗窃案①——用代为保管并知悉密码的他人存折擅自取款行为应当如何定性

2010年9月11日，被告人傅正侦受蔡某委托，到浙江省农村信用社从蔡某的存折内取出人民币5000元交给蔡某。事后，被告人傅正侦未按蔡某要求将该存折放回蔡某车内。2010年9月13日、9月14日，被告人傅正侦在蔡某不知道的情况下，多次从蔡某的该存折内共取走人民币19万元。现已返还蔡某港币60 100元。检察机关以被告人傅正侦犯盗窃罪，向法院提起公诉。傅正侦及其辩护人均辩称，傅正侦替受害人蔡某保管存折并知悉密码，属侵占行为，而不应认定为盗窃。

侵占罪与盗窃罪、诈骗罪的区别主要体现在客观要件上：侵占罪属于非转移

---

① 参见聂昭伟、张昌贵：《用代为保管并知悉密码的他人存折擅自取款如何定性》，载《人民法院报》2012年10月25日第7版。

占有型财产犯罪,行为人在实施侵占行为时,所侵占的财物已在行为人的实际控制之下;而盗窃罪、诈骗罪属于转移占有型财产犯罪,行为人非法占有的财物并不在其实际控制之下。可见,区别上述两罪的关键在于行为人非法占有财物时,该财物究竟处于谁的占有之下。根据《储蓄管理条例》的相关规定,对于存折或存单,若取款人非存款人本人,其既要出示本人身份证明,又要同时出示存款人身份证明,以证明自己受存款人委托取款,银行查验无误后方能付款。由于存折持有人并没有存折所有人的身份证明,故其尽管知悉密码,但对存折内钱款仍然不能形成控制支配力。如果其通过伪造存折所有人身份证件,骗过银行的查验,在这种情况下就构成诈骗罪。需要指出的是,对于冒用他人存折的行为不能认定为金融凭证诈骗罪。因为金融凭证诈骗罪与信用卡诈骗罪不同,其仅包括使用伪造、变造的银行存折、存单的情形,不包括冒用情形,故对于冒用他人存折、存单的应当以普通诈骗罪来认定。

【指导案例】曹成洋侵占案[①]——将银行卡借给他人使用后,通过挂失方式将银行卡内的他人资金取走的行为,如何定性

　　2011年10月,被告人曹成洋的邻居王玉申找到曹成洋及其家人,与曹成洋商定,用曹成洋及其家人的身份证办理四张招商银行卡供王玉申的亲戚张聪转账使用,并许诺每张卡给曹成洋人民币200元的"好处费"。办理好银行卡后,张聪将银行卡拿走并设定了密码。2012年2月1日,曹成洋不愿意将其母亲杨春梅名下的招商银行卡继续提供给张聪使用,遂与杨春梅等人到招商银行将以杨春梅名义开立的银行卡挂失并冻结了账户内资金,曹成洋在此过程中得知该账户内有人民币50万元资金。张聪得知该银行卡被挂失后,找到曹成洋表示愿意给好处费,让曹成洋取消挂失,但双方协商未果。2月9日,曹成洋与其母杨春梅等人在招商银行补办了新的银行卡并重新设定了密码。后曹成洋与杨春梅等人在招商银行以曹成洋的名义办理新银行卡,并通过银行转账方式将杨春梅账户内的资金转入该新银行卡账户内。

　　区别侵占罪与盗窃罪、诈骗罪的关键在于,行为人非法占有财物时,该财物究竟处于谁的控制之下。就本案而言,由于我国对银行卡实行实名制,必须由本人携带身份证才能申领,银行卡内资金交易的权利、义务由持证申领人享有和承担,即银行卡申领人被视为银行卡全部权利的所有人,其具有支配、使用卡内全部资金、冻结卡内资金,申请挂失及停止银行卡的使用等各项权利。显然,无论银行卡由谁实际持有并使用,银行卡的权利义务都由申领人承受,卡内资金在法律上都

[①] 参见王德录、刘晓辉:《曹成洋侵占案——将银行卡借给他人使用后,通过挂失方式将银行卡内的他人资金取走的行为,如何定性》,载最高人民法院刑事审判第一、二、三、四、五庭主办:《刑事审判参考》(总第95集),法律出版社2014年版,第119—122页。

处于申领人的控制之下。本案中,虽然以曹成洋的母亲杨春梅为名的银行卡及密码一直由张聪本人持有和掌握,但该银行卡内的资金在法律上处在曹成洋及其家人的控制之下,曹成洋及其家人可随时通过将该银行卡挂失的方式实际控制该银行卡内的资金。曹成洋和其母亲到银行办理挂失、补卡及支取卡内资金的行为,正是对银行卡及卡内资金行使支配控制权的体现。因此,从挂失行为实施之日起,本案中的银行卡及卡内资金的实际控制人便是曹成洋的母亲张春梅,而非张聪,且因曹成洋与张春梅具有特殊的亲属关系,该银行卡及卡内资金实际上一直是由张春梅和曹成洋共同控制。行为人将自己控制之下的他人财物据为己有的,符合侵占罪的构成要件,应当以侵占罪来认定。

三、雇员利用职务之便将个体工商户的财产非法占为己有的行为如何定性

(一)裁判规则

职务侵占罪的主体应当是公司、企业或者其他单位的人员,而个体工商户是特殊的民事主体,具有自然人的全部特征,不具备单位的组织性特点。因此,在刑法意义上,个体工商户是实质的个人,而并非企业或单位。故个体工商户所聘的雇员、帮工、学徒,均不能成为职务侵占罪的主体。

(二)规则适用

根据《刑法》第271条的规定,职务侵占罪的主体应当是公司、企业或者其他单位的人员。那么,如何来认定这里的"单位"呢?笔者认为,刑法中单位的外延尽管要大于民法中的法人,但并非没有任何限制。由于单位是与个人相对应的概念,故一般来说,单位要求具有组织性,是自然人的集合体,并且具有独立的财产和独立的人格,可独立承担法律责任。对于单位的具体认定,可以参照《刑法》第30条单位犯罪中"单位"的含义来进行认定。根据最高人民法院《关于审理单位犯罪案件具体应用法律有关问题的解释》第1条的规定,单位犯罪中的单位包括具有法人资格的独资、私营等公司、企业。为此,不具有法人资格的独资、私营等公司、企业以及合伙组织、个体工商户等,其所在的组织具有松散性,不符合刑法规定的单位的特征,因此其中的人员不能成为职务侵占罪的主体。当然,由于单位犯罪中的单位是对犯罪主体的规定,而职务侵占罪中的单位系对被害主体的规定,二者尽管大多时候是一致的,但是仍然存在不同之处。其中,在一人公司的情况下,由于一人公司也是单位,而非自然人,故一人公司中的一般工作人员当然能够成为职务侵占罪的主体。但是,对于在公司中担任重要职务的股东,其将公司财产据为己有的,则不宜认定为职务侵占罪。因为刑法设置职务侵占罪的首要目的是通过保护公司财产来维护股东的权益,由于一人公司的唯一股东就是涉案公司的全部股东,故从内部关系来看,其侵占公司财产的行为不可能侵害到公司股东的利益。

【指导案例】张建忠侵占案①——雇员利用职务之便将个体工商户的财产非法占为己有的如何定性

2003年2月20日上午8时许,被告人张建忠利用其任佛山市禅城区红太阳不锈钢加工厂司机的职务之便,在该厂安排其独自一人开车将一批价值人民币87 840.2元的不锈钢卷带送往本市源鸿福不锈钢制品有限公司之际,将该批货物擅自变卖给他人,并弃车携变卖所得款人民币4万元逃匿,后被抓获。另查明,红太阳加工厂的注册性质系个体工商户,投资人为朱绚丽。

本案被告人张建忠作为个体工商户户主朱绚丽所雇用的司机,受托负责将户主所有的货物运交他人,这种雇用关系,使双方就所交运的货物已形成一种实质意义上的代为保管关系。很明显,张建忠作为为个体工商户送货的司机,对车上的货物负有代为保管的义务,但其非法占有代为保管的他人财物而逃匿,拒不退还或拒不交出,侵犯了个体工商户朱绚丽的财产所有权,其行为具有侵占性质,那么是构成一般的侵占罪还是职务侵占罪呢?从表面上来看,加工厂司机张建忠利用为本厂运输货物之机,将单独保管的本厂货物非法变卖,在此过程中利用了职务便利,似乎构成职务侵占罪。但是,职务侵占罪的主体系特殊主体,即必须是公司、企业或者其他单位的人员,即非国有公司、企业或者其他单位的人员。那么,个体工商户是否属于刑法中的单位,其员工是否属于单位的人员,进而可以成为职务侵占罪的犯罪主体呢?笔者认为,刑法中单位这一概念,是与自然人对立的概念,属于自然人的集合体。而个体工商户,是特殊的民事主体,具有自然人的全部特征,却不具有单位的组织性特征。因此,从刑法意义上讲,个体工商户是实质的个人,而不是企业或者单位。本案个体工商户红太阳不锈钢加工厂虽然规模较大,管理方式类似于企业,但法律意义上仍然为个人,因此,该加工厂所聘用的专职司机,不属于职务侵占罪的主体,其利用职务便利侵吞本厂的财物不构成职务侵占罪,而应以一般侵占罪论处。

四、临时工的名义职务与实际职务不同时如何认定职务侵占罪

(一)裁判规则

刑法注重的是实质合理性,评判一个人是否为单位工作人员,实质性的根据是其是否在单位中承担一定工作职责或者从事一定业务活动,至于是否与用工单位签订了用工合同以及是否在用工合同期内只是属于审查判断其主体身份的形式考察内容。为此,单位合同工或者临时工,如果利用职务上的便利非法占有单

---

① 参见曾超杰:《张建忠侵占案——雇员利用职务之便将个体工商户的财产非法占为己有的如何定性》,载最高人民法院刑事审判第一庭、第二庭编:《刑事审判参考》(总第40集),法律出版社2005年版,第36—39页。

位财物的,应认定属于职务侵占行为。此外,尽管依照单位规定,并未赋予行为人某项职责,但是如果在长期的工作过程中,其实际上具有了某项职责,且利用该职责侵占单位财物的,也应认定为是利用了职务上的便利。

(二) 规则适用

根据《刑法》第 271 条第 1 款的规定,职务侵占罪的犯罪主体是特殊主体,具体指公司、企业或者其他单位的工作人员。在我国,根据上述单位工作人员的身份来源,可以将"公司、企业或者其他单位的工作人员"分为正式职工、合同工和临时工等。是否构成职务侵占罪,关键在于行为人非法占有单位财物是否利用了职务上的便利,而非行为人在单位中的"身份"。单位非正式职工,包括临时聘用人员,利用职务上的便利非法占有单位财物的,构成职务侵占罪。可见,认定行为人是否具有职务上的便利,不能以其是正式职工、合同工还是临时工为划分标准,也不能以名义上的职务为标准,而应当从其实际所在的岗位和所担负的工作上看其有无主管、管理或者经手单位财物的职责,是否是利用职务上的便利非法占有单位的财物。因为《刑法》第 271 条第 1 款关于职务侵占罪的规定,并没有对单位工作人员种类作出限制,并未将临时工排除在职务侵占罪的犯罪主体之外。也就是说,只要是公司、企业或其他单位的工作人员,就符合职务侵占罪的主体要件。因为根据《劳动法》的规定,固定工、合同工、临时工均为单位职工,在工作勤勉廉洁义务要求上并无本质区别。① 而且,即使行为人的用工合同已经到期,公司企业没有与其续签合同,只要其实际上仍然在继续履行单位赋予其的职责,双方事实上的劳动关系依然存在,仍然符合职务侵占罪的主体要求。此外,尽管依照单位相关制度规定,并未赋予行为人某项职责,但是如果在长期的工作过程中,其实际上具有了某项职责,且利用该职责侵占单位财物的,也应当认定为是利用了职务上的便利。

具体案件当中,我们在认定单位工作人员非法占有单位财物的行为是否利用了职务上的便利时,还需要正确理解《刑法》第 271 条第 1 款规定中"利用职务上便利"的内涵。对此,我们可以从职务侵占罪的立法演变来进行考察。现行刑法规定的职务侵占罪源自《全国人民代表大会常务委员会关于惩治违反公司法的犯罪的决定》(1995 年)第 10 条关于侵占罪的规定,公司和其他企业的董事、监事、职

---

① 关于这一点,同渎职罪中的主体资格认定相类似。渎职罪的主体是国家机关工作人员。全国人大常委会于 2002 年 12 月 18 日发布的《关于〈中华人民共和国刑法〉第九章渎职罪主体适用问题的解释》规定:"在依照法律、法规规定行使国家行政管理职权的组织中从事公务的人员,或者在受国家机关委托代表国家机关行使职权的组织中从事公务的人员,或者虽未列入国家机关人员编制但在国家机关中从事公务的人员,在代表国家机关行使职权时,有渎职行为,构成犯罪的,依照刑法关于渎职罪的规定追究刑事责任。"可见,行为人是否具有渎职罪的主体资格,不是取决于其固定的国家机关工作人员身份,而是取决于其从事活动的内容及其根据。例如,合同制民警在依法执行公务期间,属于其他依照法律从事公务的人员,同样具有渎职罪的主体资格。

工利用职务或者工作上的便利,侵占本公司、企业财物,数额较大的,构成侵占罪。现行《刑法》第271条第1款仅表述为"利用职务上的便利",将"利用工作上的便利"排除在外,表明利用因工作关系熟悉作案环境、容易接近单位财物等方便条件侵占公司财物的,不属于"利用职务上的便利"。"利用职务上的便利",可理解为单位人员利用主管、管理、经手单位财物的便利条件。其中,所谓"主管",是指行为人虽不具体管理、经手单位财物,但对单位财物的调拨、安排、使用具有决定权;所谓"管理",是指行为人对单位财物直接负有保管、处理、使用的职责,亦即对单位财物具有一定的处置权;而"经手"是指行为人虽不负有管理、处置单位财物的职责,但因工作需要,单位财物一度由其经手,行为人对单位财物具有临时的实际控制权。实践中,主管、管理、经手单位财物的通常不是一人,出于相互制约、相互监督的需要,单位财物的支配权、处置权及管理权往往由两人或两人以上共同行使。这种情况下,行为人对单位财物的管理权限仍及于职责范围的全部,其管理权以及因该管理权所产生的便利亦不因有其他共同管理人而受到影响,其单独利用其管理权限产生的便利条件窃取本单位财物的行为不影响"利用职务上的便利"的认定。

【指导案例】于庆伟职务侵占案[①]——单位的临时工能否构成职务侵占罪

2001年3月,北京市联运公司海淀分公司聘用被告人于庆伟为公司临时工,后根据其工作表现,任命为上站业务员,具体负责将货物从本单位签收后领出、掌管货票、持货票到火车站将领出的货物办理托运手续等发送业务。2001年9月21日,于庆伟从单位领出货物后,与同事王峰、林占江一同去北京站办理货物托运。在北京站,于庆伟与林占江一起将所托运的货物搬入行李车间后,于庆伟独自去办理货物托运手续。于庆伟对北京站行李车间工作人员谎称,有4件货物单位让其取回,不再托运了,并将这4件货物(总计价值人民币2.152万元)暂存在行李车间。23日,于庆伟持上述4件货物的货票将货物从北京站取出,将其中的20个软驱藏匿在北京市香山附近其女友的住处,其余物品寄往广州市于永飞处。

本案中,被告人于庆伟作为北京市联运公司的上站业务员,依其岗位、职责,在负责办理货物托运工作中具有对相关货物的控制权。于庆伟正是利用了单位委托其负责托运货物和掌管货票的职务便利,采取虚构事实、隐瞒真相的方法将临时经手的单位财物非法占为己有,其行为完全符合职务侵占罪的构成特征。当然,如果单位与行为人之间系委托关系,而非聘任或聘用关系,如单位委托行为人运输货物,行为人将该货物据为己有的,则成立侵占罪,而不是职务侵占罪。

---

① 参见康瑛:《于庆伟职务侵占案——单位的临时工能否构成职务侵占罪》,载最高人民法院刑事审判第一庭、第二庭编:《刑事审判参考》(总第31辑),法律出版社2003年版,第51—56页。

【指导案例】贺豫松职务侵占案①——临时搬运工窃取铁路托运物资构成盗窃罪还是职务侵占罪

被告人贺豫松在任中铁快运股份有限公司郑州车站营业部委外装卸工期间,利用当班装卸旅客托运的行李、包裹的职务便利,在2003年5月至2005年12月间,先后19次窃取电脑、手机、电磁炉等物品,共计价值人民币45 871元。

本案中,被告人贺豫松作为中铁快运股份有限公司郑州站营业部招聘的委外装卸工,虽未与铁路公司依法签订劳动合同,却长期在火车站任装卸工,两者之间存在"事实劳动关系",依法应认定为单位工作人员,当然可以成为职务侵占罪的犯罪主体。贺豫松系火车站行包房装卸工,其在车站行包房的职责是根据行李员方向清单进行清点与接车,对列车所卸入库的货物装卸办理交接手续等,其对中转的货物具有一定的管理权和经手权。贺豫松的盗窃行为,就是利用其当班管理、经手这些财物的职务之便,在自己负责的中转货物的库区对其管理、经手的货物通过掏芯的方式将财物非法占为己有,应认定为利用了职务上的便利而窃取单位财产,构成职务侵占罪。

【指导案例】刘宏职务侵占案②——用工合同到期后没有续签合同的情况下,原单位工作人员是否符合职务侵占罪的主体要件

无锡艾米公司是自然人控股的有限责任公司。2006年4月,被告人刘宏进入艾米公司工作,2006年9月被任命为金加工车间代理主任。2007年7月艾米公司与刘宏签订的用工合同到期,因当时公司暂停生产,故艾米公司打算在恢复生产后与刘宏续签合同。刘宏所工作的金加工车间大门及车间内的仓库大门均锁有两把挂锁,只有两把挂锁同时打开,才能开启大门。刘宏和车工组组长刘世文分别保管每扇门上其中一把挂锁的钥匙。2007年7月艾米公司与刘宏签订的用工合同到期后,艾米公司未收回刘宏保管的两把钥匙。2007年9月上旬,刘宏乘公司停产车间无人、刘世文到其他厂家上班之机,将车间大门上由刘世文保管钥匙的挂锁撬开换上一把新锁。同月中旬,刘宏用钥匙打开车间大门,再用自己保管的仓库大门钥匙打开仓库门上的一把挂锁,并撬开另一把挂锁,进入仓库,先后5次窃得150E型电暖浴器内胆总成8只等物品,赃物价值共计人民币56 209.2元。

---

① 参见马守锋:《贺豫松职务侵占案——临时搬运工窃取铁路托运物资构成盗窃罪还是职务侵占案》,载最高人民法院刑事审判第一、二、三、四、五庭主办:《刑事审判参考》(总第57集),法律出版社2007年版,第43—47页。

② 参见张亚静、沈莉波:《刘宏职务侵占案——用工合同到期后没有续签合同的情况下,原单位工作人员是否符合职务侵占罪的主体要件》,载最高人民法院刑事审判第一、二、三、四、五庭主办:《刑事审判参考》(总第65集),法律出版社2009年版,第38—44页。

刑法注重的是实质合理性，评判一个人是否为单位工作人员，实质性的依据是其是否在单位中承担一定工作职责或者从事一定业务活动，至于是否与用工单位签订了用工合同以及是否在用工合同期内只是属于审查判断其主体身份的形式考察内容。本案中，被告人刘宏与他人共同负责保管车间和仓库大门的钥匙，且其系金加工车间的代理主任，显然对仓库财物负有保管职责。虽然刘宏与艾米公司签订的用工合同已于2007年7月到期，但艾米公司打算在恢复生产后与刘宏续签合同，且艾米公司也未收回刘宏保管的钥匙，故刘宏对仓库财物保管的职责并未因此而中断，刘宏实际仍在继续履行公司赋予的保管仓库财物的职责，双方事实劳动关系依然存在。因此，没有续签用工合同，并不影响刘宏是艾米公司员工这一事实的成立，刘宏仍然符合职务侵占罪的主体要求。本案的特殊之处在于，要进入艾米公司金加工车间仓库必须同时使用刘宏和刘世文各自保管的两把钥匙。刘宏既有利用自己保管钥匙的便利的行为，又有与一般盗窃行为无异的撬锁行为。对于这种混合采用多种手段实施的侵财犯罪，应当根据其主行为的本质特征定罪。从整个行为过程来分析，刘宏能够顺利实现非法占有单位财物的目的，关键还是利用了其作为车间主任对仓库财物直接负有保管职责的便利。本案发生在车间停产期间，由于车间大门紧锁，非本单位人员进出厂区是要被门卫阻拦的，正是由于刘宏担任金加工车间的代理主任，持有车间钥匙，又负有保管车间仓库财物的职责，才可以在车间停产期间多次驾车进出厂区并接近作案目标实施犯罪，这与盗窃罪中的行为人熟悉作案环境及在工作中容易接近单位财物的方便条件是有区别的。为此，对其应当以职务侵占罪来认定。

【指导案例】林通职务侵占案[①]——名义职务与实际职务不一致的应当如何判断是否"利用了职务之便"

2000年3月30日下午5时30分许，被告人林通和同事涂能雄等人从福州市晋安区鼓山农村信用社下属各营业网点押钞回到信用社，将收回的人民币70余万元存进金库保险柜后，林通支开涂能雄，利用金库及保险柜钥匙未上交之机，又返回打开金库大门及保险柜，盗走人民币70万元后携款潜逃。一审法院认为，被告人林通采取秘密手段窃取金融机构的巨额钱款，其行为已构成盗窃罪，数额特别巨大。被告人林通上诉称，其利用职权侵吞公款，应定性为职务侵占罪。

本案中，尽管被告人林通在作案时的正式职务是押钞员，而根据中国农业银行制定的《押运员守则》的有关规定，押钞员的工作职责是保卫运钞车的运行安全，押运员是不能直接接触钱款的，不能保管金库的钥匙，更不能进入金库。而

---

① 参见吴兆：《林通职务侵占案——名义职务与实际职务不一致的应当如何判断是否利用了职务之便》，载最高人民法院刑事审判第一庭、第二庭编：《刑事审判参考》（总第32辑），法律出版社2003年版，第53—59页。

且,即使是保管金库钥匙,按规定每个押钞员下班都要把自己的钥匙锁在办公室的铁柜里交给第二天交接的人员,且不能让一个人同时掌握二把钥匙。此外,即使是允许进入金库,也不允许单人进入。但如果押钞员利用信用社钥匙管理制度以及进出库管理制度上的混乱,在日常工作中实际上可以持有两把钥匙,也可以单人进入金库。从制度规定来看,押钞员没有保管金库钥匙并进入金库的职权,尤其是没有单人保管两把金库钥匙且不能单人进入金库的职权。尽管被告人从名义上来看没有上述职权,但从实质上来看,其在日常工作中享有了上述职权。由于刑法的立场不同于民法,注重的是实质合理性,故在职务侵占罪中,我们在评价单位工作人员有没有利用职务上的便利时,不能局限于其名义上所具有的职务,而应当从实质性上来考查其在工作过程中所具有的职责。即使单位并未赋予行为人某项职责,但如果在长期的工作过程中,其实际上具有了某项职责,且利用该职责侵占单位财物的,应当认定为是利用了职务上的便利,进而认定为职务侵占罪。

五、村基层组织人员利用职务便利侵吞征地补偿款的行为如何定性

(一) 裁判规则

村基层组织人员是否属于国家工作人员,必须从该成员是否具有依法从事公务这一本质特征来判断。如果其所从事的是本集体组织的事务,不能以国家工作人员论,侵吞征地补偿款构成犯罪的,以职务侵占罪论处。如果是受行政机关委托,代替行政机关从事一定的行政管理事务,系依法受委托从事公务的人员,应以国家工作人员论,侵吞征地补偿款构成犯罪的,以贪污罪论处。

(二) 规则适用

根据全国人民代表大会常务委员会《关于〈中华人民共和国刑法〉第九十三条第二款的解释》(以下简称《解释》)规定,村民委员会等村基层组织人员协助人民政府从事行政管理工作,属于刑法第93条第3款规定的"其他依照法律从事公务的人员"。村民委员会、居民委员会是基层群众自治性组织,其职责主要是管理村、居民点的集体性事务,本身并无行政管理权能。但由于该组织能起到连接国家与群众的纽带作用,便于协助行政机关传达、贯彻党和国家的方针政策,常代行部分行政管理职权,但其必须以政府的名义协助政府从事行政管理工作。因此,基层组织人员是否属于国家工作人员,还必须以该成员是否具有依法从事公务这一本质特征来判断。如果其从事的仅仅是本集体组织的事务,不能以国家工作人员论。但若是其受行政机关委托,代替行政机关从事一定的行政管理事务,系依法受委托从事公务的人员,应以国家工作人员论。根据上述《解释》的规定,"协助政府从事行政管理工作"具体来说包括如下事务:(1)救灾、抢险、防汛、优抚、扶贫、移民、救济款物的管理;(2)社会捐助公益事业款物的管理;(3)国有土地的经营和管理;(4)土地征收、征用补偿费用的管理;(5)代征、代缴税款;(6)有关计划

生育、户籍、征兵工作;(7)协助人民政府从事的其他行政管理工作。

值得强调的是,在具体认定村基层组织人员是否属于国家工作人员时,不能机械适用《解释》的上述规定,必须在实质上判断其行为是否体现政府的管理意志。以村民委员会等村基层组织人员侵吞土地征用补偿费用为例,并非所有的行为都应认定为贪污行为,由于土地征用补偿费用在拨付和分配阶段性质不同,故准确认定协助人民政府进行土地征收补偿的管理阶段,是准确认定案件性质的前提。如果村干部是在协助政府进行土地征收补偿的管理阶段(如协助政府开展清登、测算、核准及向土地征收受损方发放补偿费用),侵吞了土地征收补偿费用,那么就符合《解释》的相关规定,应当以贪污罪论处;反之,即使侵吞了土地征收补偿费用,也不能以贪污罪论处。《土地管理法实施条例》(2014年)第26条规定:"土地补偿费归农村集体经济组织所有;地上附着物及青苗补偿费归地上附着物及青苗的所有者所有。"由此可知,土地补偿费系村集体土地被国家征收而支付给村集体的一种土地征收补偿费用,归村集体所有,该款拨给村集体后即为该村集体财产,村干部协助政府管理土地补偿费之公务行为也随之终结。此后管理土地补偿费的工作性质是管理村集体事务,村干部利用职权便利侵吞集体财产,不能再以国家工作人员论,对其行为应认定为职务侵占罪。① 与之不同的是,青苗补偿费系集体土地被国家征收而支付给青苗所有者的一种土地征收补偿费用,归青苗所有者即村民所有。该款先支付给村委会,由村干部协助政府发放给村民。青苗补偿费在村民取得所有权之前属于国家财产而非村集体财产,村干部保管及向村民发放青苗补偿费的工作性质是协助人民政府从事土地征收补偿的行政管理行为,在此工作中,对村干部以国家工作人员论。村干部非法占有青苗补偿费的,应认定为贪污罪。

【指导案例】陈焕林等挪用资金、贪污案②——无法区分村民委员会人员利用职务之便挪用款项性质的如何定罪处罚

被告人陈焕林,男,1962年3月5日出生,农民,原任潮安县彩塘镇和平村村民委员会主任。被告人杨茂浩,男,1961年11月25日出生,农民,原任潮安县彩

---

① 对此,根据2000年最高人民检察院《关于贯彻执行全国人民代表大会常务委员会关于〈中华人民共和国刑法〉第九十三条第二款的解释的通知》的明确规定,各级检察机关在依法查处村民委员会等村基层组织人员贪污、受贿、挪用公款犯罪案件过程中,要根据《解释》和其他有关法律的规定,严格把握界限,准确认定村民委员会等村基层组织人员的职务活动是否属于协助政府从事《解释》所规定的行政管理工作,并正确把握《刑法》第382条、第383条贪污罪、第384条挪用公款罪和第385条、第386条受贿罪的构成要件。对村民委员会等村基层组织人员从事属于村民自治范围的经营、管理活动不能适用《解释》的规定。

② 参见江瑾:《陈焕林等挪用资金、贪污案——无法区分村民委员会人员利用职务之便挪用款项性质的如何定罪处罚》,载最高人民法院刑事审判第一、二、三、四、五庭主办:《刑事审判参考》(总第57集),法律出版社2007年版,第56—63页。

塘镇和平村村民委员会委员、出纳员。

1. 挪用资金罪

被告人陈焕林与杨茂浩在任职期间，经该村村委会决定，将村集体资金交由杨茂浩存入杨茂浩个人的银行账户中。和平村2000年至2005年现金收入共人民币29 345 607.01元，收入主要来源为该村的集体土地租金，仅有人民币1 114 874.3元属征地补偿款。上述征地补偿款由彩塘镇财政所分9次通过银行划拨，其中有4笔共人民币80万元实际划入和平村账户，与其他资金混同使用。而其余5笔均没有实际划入该村账户，而是直接转账用于缴交农业税和该村的生活用地基础设施配套费。2004年间，陈焕林利用职务之便，多次从杨茂浩处借出由杨茂浩保管的该村集体资金人民币4 125 000元，用于赌博。杨茂浩在明知的情况下，仍按陈焕林的指令连续、多次将上述款项借给陈焕林个人使用。

2. 贪污罪

被告人陈焕林于2004年12月18日，利用其担任潮安县彩塘镇和平村民委员会主任职务之便，经手向潮安县彩塘镇民政办公室领取民政部门发给该村的退伍军人补偿款人民币9000元和烈属补助款人民币300元，共计人民币9300元，后将该款据为己有，挥霍花光。

本案中，陈焕林身为村民委员会主任，其经手向潮安县彩塘镇民政办公室领取民政部门发给该村的退伍军人补助款和烈属补助款的职务行为，符合《解释》第1项规定的情形，属于协助人民政府从事行政管理工作，应当以国家工作人员论，其非法侵吞该款的行为构成贪污罪。对于两被告人共同实施挪用其他资金的行为，究竟是认定为挪用公款罪还是挪用资金罪，取决于其所挪用款项的性质。两被告人所挪用的款项来源，一为村集体土地租金，二为土地征用补偿费用。其中，对集体土地租金的管理行为显然是村内自治管理服务行为，此时二被告人的身份不能被认定为国家工作人员；而土地征用补偿款管理行为应认定为从事公务行为，对二被告人应以国家工作人员论，二被告利用的是从事该项公务的便利挪用该笔款项，应构成挪用公款罪。本案证据还证明，该村的1 114 874.3元征地补偿款只有80万元实际划入和平村的资金账户。由于这80万元征地补偿款与该村的集体资金混合使用，没有与其他集体资金区分开来，导致本案中二被告人每次所挪用的资金的性质不明，它们既可能均是集体资金，也有可能均是征地补偿款，还可能是两者兼有。由于公诉机关无法举证证明二被告人所具体挪用的6笔资金的性质，因此不能确定村委会对上述款项的管理是纯粹属于协助人民政府从事行政管理工作，还是从事村自治范围内的管理村公共事务和公益事业的工作。因此无从确定该行为中二被告人的主体身份。从有利于被告人的角度出发，应以挪用资金罪追究本案二被告人的刑事责任。

【指导案例】钱银元贪污、职务侵占案①——如何理解村基层组织人员协助人民政府从事"国有土地的经营和管理"

被告人钱银元于1998年7月被任命为鸿声镇鸿声村党支部书记,后因行政区划调整,鸿声镇鸿声村先后变更为锡山区鸿山镇鸿声村、新区鸿山镇鸿声村,钱银元所任职务未有变动。在2001年至2004年间,鸿声村委先后将六宗集体土地出租给无锡市健明冷作装潢厂(以下简称"健明厂")、无锡市海圣五金厂(以下简称"海圣厂")、无锡市恒益纸制品厂(以下简称"恒益厂")等单位使用,并收取了50年的集体土地租用费。钱银元于2004年12月至2005年5月间,利用其职务上的便利,以为租用集体土地的单位办理国有土地使用权证,需增收土地租金的名义,先后收取健明厂、海圣厂、恒益厂共计人民币6.3万元,后采用收款不入账的手法,将该款非法占为己有。

贪污罪的主体要求是国家工作人员或者受国家机关、国有公司、企业、事业单位、人民团体委托管理、经营国有财产的人员。被告人钱银元的行为究竟是构成贪污罪还是职务侵占罪,关键在于其是否属于"其他依照法律从事公务的人员"。根据《解释》规定的公务内容,判定本案被告人是否属于"其他依照法律从事公务的人员"最关键的一点在于其行为是否属于协助人民政府从事"国有土地的经营和管理"工作。笔者认为,被告人钱银元的职务行为不属于协助人民政府从事"国有土地的经营和管理"工作:首先,被告人基于租赁关系向对方当事人增收租金,是以村委的名义,而不是以政府的名义。其次,鸿声村委将集体土地出租给用地单位并收取租金的行为始终属于从事村务性质。被告人钱银元系鸿声村委会党支部书记,具有管理本村财产的职权,其利用该职务便利,将集体财产非法占为己有,符合职务侵占罪的构成要件。

【指导案例】曹建亮等职务侵占案②——村干部侵吞土地补偿费的如何定性

2005年因修筑福银高速公路,曹公村部分土地被征用,征用村便道和公用地拨付的青苗补偿款为人民币19 592元,2007年追加水浇地补偿款人民币73 602元,以上两项补偿款均未入村委会的账目。2007年3月10日,洪家镇政府向长武县民政局书面报告,建议曹公、沟北两村并为一村,但至2007年12月长武县民政局一直未予批复。2007年6月,五被告人在曹公村村委会开会,因两村准备合并,

---

① 参见孙炜、范莉:《钱银元贪污、职务侵占案——如何理解村基层组织人员协助人民政府从事"国有土地的经营和管理"》,载最高人民法院刑事审判第一、二、三、四、五庭主办:《刑事审判参考》(总第75集),法律出版社2011年版,第87—93页。

② 参见康瑛、马宇舟:《曹建亮等职务侵占案——村干部侵吞土地补偿费的如何定性》,载最高人民法院刑事审判第一、二、三、四、五庭主办:《刑事审判参考》(总第92集),法律出版社2014年版,第108—116页。

曹军民不再担任村出纳职务,村会计曹清亮向村主任曹建亮请示未入账的人民币19 592元、73 602元如何处理。另外,经计算高速公路赔偿专用现金账账上还剩村便道和公用地征用补偿款人民币 104 426.60 元。曹建亮提出把款分了,其他四人均同意。后村出纳曹军民以现金、存折、票据抵顶的形式分发给各被告人人民币 39 500 元。

本案五被告人私分的人民币 197 500 元款项均为福银高速路征用曹公村土地期间,长武县国土局拨付给洪家镇政府,再由镇政府下拨给曹公村的土地补偿费用。在案证据证实,2005 年洪家镇政府拨付给曹公村征地款人民币 1 026 607 元和青苗补偿费人民币 19 592 元,曹公村村委会在已经足额分配给村民相应征地补偿款和青苗补偿费之后,由于分配方式的原因,有人民币 19 592 元结余下来,此时土地征用补偿费用已经按照曹公村人口发放完毕,也即所谓的协助政府的"管理"该款项的职权已经终止;而 2007 年第二次补偿给曹公村的人民币 73 602 元以及 2007 年 6 月账面余额人民币 104 426.60 元均系福银高速路占用曹公村生产路、公用地及便道的补偿款,该款的补偿受让方是曹公村,即意味着该款已补偿到位。至于该款入账后如何处理,是作为集体财产由村委会安排使用还是在全体村民中进行分配,则是属于曹公村自治管理的范畴,而非协助人民政府从事行政管理工作。因此,五人所私分的款项虽然来源于政府拨付的土地补偿费用,但是鉴于相应费用均已依法发放和补偿到村集体账户,因而五被告人作为村干部在福银高速路征用曹公村土地期间协助政府管理土地征用补偿费用的公务已经履行完毕,不再具有《刑法》第 93 条第 2 款规定的准国家工作人员的身份,应当以职务侵占罪来认定。

六、单位职员利用职务身份侵占被害人所交付的财物的行为如何定性

(一) 裁判规则

单位职员利用职务身份侵占被害人所交付的财物,如果其具有代理权,在职务范围内与相对人签订合同应属职务行为及有权代理,签订的合同系有效、合法的买卖合同。行为人通过该有效合同从对方取得的财产,已经成为己方公司的财产,其利用职务便利侵占的是本单位的财物所有权,应认定为职务侵占罪。但如果行为人编造虚假的公司业务,利用职务身份获取被害人的信任,使被害人相信交易对方是行为人所在单位,被害人基于该错误认识处分涉案财产的,其所侵占的系被害人的财物,而非单位财物,尽管可能成立表见代理,单位需要承担民事责任,但这并不影响行为人构成诈骗罪。

(二) 规则适用

行为人利用代理公司业务的职务之便将签订合同所得之财物占为己有的,应定职务侵占罪还是合同诈骗罪?对此,有观点认为,行为人出于非法占有的目的,

通过履行经济合同的手段，骗取合同相对人财物的，应定合同诈骗罪。笔者认为，行为人以所在单位名义向他人购买货物的行为属有权代理，在合同有效成立且相对人已依约转移货物给行为人所在单位之后，行为人擅自将货物据为己有的行为，构成职务侵占罪。具体而言，从本质上看，合同诈骗与职务侵占罪都属侵财型犯罪，但在客观方面，具有明显区别：一是行为手段不同，合同诈骗罪是在签订、履行合同中利用各种典型欺骗方法，而职务侵占罪则强调行为人利用职务上的便利；二是犯罪对象不同，合同诈骗罪的犯罪对象是合同对方当事人的财物，职务侵占罪的犯罪对象是本单位财物。因此，针对行为人利用代理公司业务的职务之便将签订合同所得之财物占为己有的行为，在定性时关键考查两个方面：一是行为人非法占有的是合同相对人的财物，还是本单位的财物；二是行为人非法占有财物是否利用了职务上的便利。

据此，当行为人系公司的代理人，其在职务范围内与相对人签订的购货合同应属职务行为及有权代理，依照合同法之规定，系有效、合法的买卖合同。在合同有效成立的情况下，依照《合同法》第133条关于"（买卖合同）标的物的所有权自标的物交付时起转移"的规定，相关货物的所有权从对方交货之时起转移给己方公司所有。因而，后来为行为人所支配并擅自处置的财物，均是其所在公司依法所有的财物，其利用职务便利侵占的是本单位的财物所有权。也就是说，行为人与对方签订的是有效合同，通过该有效合同从对方取得的财产，已经成为己方公司的财产，而不再是对方的财产。对方对已交付的货物依合同享有要求行为人所在的公司支付对价的权利，后者也应当承担由此引起的合同义务，因而行为人侵害的是其所在单位的利益。由于其在与合同相对方签订、履行合同过程中，均利用了自己的职务之便，而且由于其具有代理权，故根本无需行骗，合同相对方也并非由于受到行为人的欺骗而交货，而是基于对行为人职务行为的肯定，其交付货物的行为并非基于被骗，而是出于真正的自愿，其交付货物也不符合诈骗罪中被害人的心理表现形式，而且，合同相对方有向行为人所在公司依法索要合同货款的权利，其财产权利并未受到侵害。如果说本案中存在被骗方，也应当是行为人所在的单位，而非合同相对方。综上，行为人利用代理公司业务的职务便利，擅自从他人处购入货物并变卖从而侵吞公司财产的行为应构成职务侵占罪。

反之，尽管行为人系单位职工，但在其职权范围内并不具有代理权，而是编造虚假的公司业务，利用单位职务身份获取被害人信任，使被害人相信交易对方是行为人所在单位，被害人基于该错误认识处分财产，将钱款或货物交给行为人，行为人进而据为己有的，尽管可能构成表见代理，在民事法律关系中直接影响各方的民事权利义务，但并不能从根本上来影响诈骗罪与职务侵占罪的区分。即使行为人构成表见代理，单位可能承担相应的民事责任，该民事责任的承担也只是民事法律规范适用的结果，并非行为人主观故意直接指向的后果。不能因为行为人所在单位最终在民事法律关系中承担了相应责任，进而以该最终后果为标尺认为行为人的侵占对象是单位财产。单位承担民事责任的原因主要是出于管理责任之必要。只要行为人主观上有非法占有他人财产的故意，客观上实施了"骗"的行为，侵占了被害人财产，而不是利用职务上的便利侵占其自己经营、保管的单位财产，就应当以诈骗罪认定。如果行为人让被害人将资金汇入单位账户，资金便归单位控制，在这种情况下，行为人利用职务便利占有、处分单位账户里的资金，则属于职务侵占。可见，行为人是否构成表见代理，对于行为人占有、处分被害人所交付的财物是构成诈骗罪还是职务侵占罪，没有刑法上的意义。判断行为人占有、处分被害人财物行为的性质，必须看其实施侵占行为时，该财产是否处于行为人所在单位占有和控制下。如果是，那么行为人的行为性质属于职务侵占；如果不是，那么行为人的行为性质属于诈骗。

【指导案例】虞秀强职务侵占案①——利用代理公司业务的职务之便将签订合同所得之财物占为已有的，应定职务侵占罪还是合同诈骗罪

被告人虞秀强为金维公司副总经理，负责原材料采购。2005年1月，金维公司需购进3吨已内酰胺，虞秀强遂产生非法占有之念，便以金维公司名义于同年1月先后4次从巨化锦纶厂购进价值人民币75.7万元的38吨已内酰胺。虞秀强将其中的3吨运至金维公司用于生产，收取人民币5万元货款后占为己有；同时将其余35吨卖给其他公司，并取得人民币70.2万余元货款，将其中人民币444 310元用于偿还个人债务及炒股。

本案中，被告人虞秀强是本单位金维公司专门负责原材料采购的副总经理，有权直接代表公司购进生产原材料。虞秀强在职务范围内与相对人签订的上述订购38吨已内酰胺的(口头)合同业已成立，且系有效、合法的买卖合同。在合同有效成立的情况下，38吨已内酰胺的所有权从锦纶厂交货之时起转移给金维公司所有。因而，后来为虞秀强所支配并擅自处置的35吨已内酰胺及最后变现的人民币70.2万元，均是金维公司依法所有的财物，虞秀强利用职务便利侵占其中人民币444 310元货款，侵犯的是本单位的财物所有权。此外，虞秀强在签订、履行合同过程中，并没有实施明显的诈骗行为。锦纶厂交付38吨货物，并非由于受到虞秀强的欺骗而交货，而是基于对虞秀强职务行为的肯定及对金维公司所具履行能力的信任，其交付货物行为并非基于被骗，而是出于真正的自愿，其交付货物也不符合诈骗罪中被害人的心理表现形式，而且，锦纶厂有向金维公司依法索要合同货款的权利，其财产权利并未受到侵害。如果说本案中存在被骗方，也应当是虞秀强所在的单位，而非合同的相对方锦纶厂。综上，被告人虞秀强利用代理公司

---

① 参见杨日洪：《虞秀强职务侵占案——利用代理公司业务的职务之便将签订合同所得之财物占为已有的，应定职务侵占罪还是合同诈骗罪》，载最高人民法院刑事审判第一、二、三、四、五庭主办：《刑事审判参考》（总第61集），法律出版社2008年版，第36—43页。

业务的职务便利,擅自超需购入原材料并变卖从而侵吞公司财产的行为应构成职务侵占罪。

【指导案例】杨涛诈骗案①——单位职员虚构公司业务、骗取财物的如何定性

2013年至2015年,被告人杨涛在担任统建公司东方雅园项目售楼部销售经理期间,为骗取他人财物,明知公司并未决定对外销售东方雅园项目二期商铺,对到项目部咨询的杨小莉等9人虚构了商铺即将对外销售的事实,要求被害人将订购商铺的款项汇入其个人银行账户,其还利用其保管的购房合同、房屋销售专用章、副总经理印章与被害人签订房屋买卖合同,骗取共计人民币1011万用于赌博及挥霍。

本案中,从被告人杨涛的职权范围来看,其仅仅是销售经理,在统建公司东方雅园项目部从事销售管理工作,负责销售登记和销售合同的签订与审核工作,并无管理、经手客户认购款的相关职务。杨涛利用其系统建公司东方雅园项目部销售经理的身份,骗取被害人杨小莉等9人的信任,在统建公司并未决定销售东方雅园二期商铺也未授权其出售该批商铺的情况下,向欲购买商铺的不知情的杨小莉等人虚构东方雅园二期商铺将出售的事实,与被害人签订认购协议,要求被害人将认购款支付到其个人账户上。被害人基于对杨涛职务身份的信任,相信自己的交易对象是统建公司,进而处分财产,并将认购款支付到杨涛个人账户。被害人因杨涛的欺骗行为而产生错误认识,"自愿"将认购款支付到杨涛的个人账户上,继而被杨涛占有使用。杨涛实际占有的是被害人杨小莉等人汇至其个人银行账户的钱,并非已经进入到公司账户的资金,侵占的对象并不是本单位的财产,所利用的也并非是职务上的便利条件,不符合职务侵占罪的构成要件,而应认定为诈骗罪。

七、利用职务便利出售假观光券侵吞售票单位钱款的行为如何定性

(一)裁判规则

行为人以假的观光券冒充真的观光券向游客出售,客观上存在欺骗游客的行为,表面上看起来其直接侵占的是游客的钱款,但实质上侵占的是景点应得的门票收入。售票员与检票员共同结伙作案,将假票冒充真票出售给游客,并对持假观光券的游客予以放行,进而将假观光券的票款收入占为己有,应认定为职务侵占罪。

---

① 参见郑娟、李济森:《杨涛诈骗案——单位职员虚构公司业务、骗取财物的如何定性》,载最高人民法院刑事审判第一、二、三、四、五庭主办:《刑事审判参考》(总第111集),法律出版社2018年版,第100—107页。

(二) 规则适用

售票员与检票员共同结伙作案,其中一个利用售票员的职务便利,将假票冒充真票出售给游客,一个利用检票员的职务便利,对持假观光券的游客予以放行,进而将假观光券的票款收入据为已有。在此过程中,行为人以假的观光券冒充真的观光券向游客出售,尽管客观上存在欺骗游客的行为,但不应以诈骗罪来定罪处罚。因为诈骗罪客观行为的逻辑构造表现为:行为人实施欺骗行为—对方(受骗者)产生(或继续维持)错误认识—对方基于错误认识处分财产—行为人或第三者取得财产—被害人遭受财产损失。而在上述情形中,行为人虽实施了以假充真、欺骗游客的行为,表面上看起来所直接侵占的是游客的钱款,但游客在此过程中并无损失,受到损失的是景点应得的门票收入。可见,行为人欺骗游客、倒卖伪造票证只是为了侵占其所在单位门票收入的一种手段,意在通过这种"偷梁换柱"的方式来掩盖对单位票款的非法侵占。上述行为符合职务侵占罪的构成特征,应当认定为职务侵占罪。接下来的问题是,行为人将假的观光券冒充真的观光券向游客出售,该行为同时还符合倒卖伪造的有价票证罪。诚然,如果行为人既非售票员,又非检票员,并没有利用售票员与检票员的职务便利,即当行为人属于景点之外的其他人时,由于其非法营利目的是通过倒卖行为来完成的,购买假观光券的游客系被害人,对该行为应当以倒卖伪造的有价票证罪论处。但是当售票员与检票员利用售票员的职务便利,将假票冒充真票出售给游客,并利用检票员的职务便利,对持假观光券的游客予以放行的案件中,行为人非法营利目的并非是通过单纯的倒卖行为来完成的,购买假观光券的游客也并没有受到损失,不符合倒卖伪造的有价票证罪的构成特征。

【指导案例】董佳等伪造有价票证、职务侵占案[①]**——以假充真侵占门票收入款行为的定性**

2000年八九月间,被告人董佳、岑炯、胡群经预谋后商定,利用董、岑两人在上海东方明珠广播电视塔有限公司工作的便利伪造观光券出售牟利,随后由胡群负责伪造观光券。被告人田磊得知要伪造东方明珠塔观光券后,通过张虎的介绍找到被告人陈宽,陈宽明知要伪造东方明珠塔观光券,仍去找永信彩印厂印刷工即被告人贺兴元、童乃德,两人在看过东方明珠塔观光券样票后,同意伪造东方明珠塔观光券,并与田磊谈妥收取印刷费用人民币7000元。事后,董佳将伪造的东方明珠塔观光券在东方明珠观光塔售票处出售,岑炯则检票让购买伪造观光券者进入东方明珠电视塔进行游览观光。至案发时,已扣押伪造并使用的东方明珠塔观

---

① 参见黄国民、张本勇:《董佳、岑炯等伪造有价票证、职务侵占案——以假充真侵占门票收入款行为的定性》,载最高人民法院刑事审判第一庭、第二庭编:《刑事审判参考》(总第29辑),法律出版社2002年版,第17—24页。

光券 4313 张,其中 65 元票面存根 1392 张,50 元票面存根 2921 张,董佳、胡群、岑炯从而侵占东方明珠公司的门票收入人民币 236 530 元。岑炯先后从董佳、胡群处获取好处费人民币 25 000 元。

浦东新区人民法院认为,董佳、岑炯身为东方明珠广播电视塔有限公司工作人员,经与被告人胡群预谋,利用职务上的便利,将本单位的财物占为己有,计人民币 236 530 元,数额巨大,其行为均已构成职务侵占罪。被告人陈宽、田磊、童乃德、贺兴元伪造有价票证,票面数额巨大,其行为均已构成伪造有价票证罪。

八、个人财产与公司财产混同情况下如何认定职务侵占罪

(一) 裁判规则

在一人公司中,个人财产与公司财产容易发生混同。行为人将部分公司财产用于个人,主观上难以认定具有非法占有的故意,客观上并未侵犯到公司股东的权益,而针对公司外部债权人的权益,则可以通过适用《公司法》中的"法人人格否认制度"来予以救济,故对此类案件通常无需以犯罪论处。作为例外,当公司经营状况恶化时,行为人将公司财产转为个人财产的,则体现了非法占有的意图,可以职务侵占罪来认定。

(二) 规则适用

与民事审判不同,刑法的基本立场是实质判断。我们在判断一个行为是否构成犯罪时,除了要看刑法分则对该行为是否存在规定之外,更应当从实质上来审查该行为是否侵害了刑法保护的法益。刑法设置职务侵占罪的首要目的是通过保护公司财产来维护股东的权益。由于一人公司的唯一股东就是公司的全部股东,故从内部关系来看,行为人侵占公司财产的行为不可能侵害到公司股东的利益。刑法设置职务侵占罪的另一个目的是通过保护公司财产来维护公司外部债权人的权益。2005 年修订的《公司法》允许设立一人公司,由于一人公司通常都由唯一股东直接经营,股东利益与公司利益、股东意志与公司意志高度重合,容易发生股东将公司财产用于个人或家庭生活的情形。而依《公司法》法理,一人公司作为一个企业法人,出资人的个人财产与公司财产是相互独立的。在公司出现财务状况时,债权人的债权只能及限于公司名下的财产,而不能向投资股东个人追缴财产,最终将导致债权人在主张权利时失去支撑。为防止一人公司人格被股东滥用,2018 年新修正的《公司法》第 20 条第 3 款设置了"法人人格否认制度",即规定"公司股东滥用公司法人独立地位和股东有限责任,逃避债务,严重损害公司债权人利益的,应当对公司债务承担连带责任"。其第 63 条还进一步作了更为严格的规定:"一人有限责任公司的股东不能证明公司财产独立于股东自己的财产的,应当对公司债务承担连带责任。"也就是说,在公司财产与个人财产发生混同或者股东为逃避债务实施侵害公司债权人利益的情况下,股东即丧失只以其对公司出资

承担有限责任的权利,而必须对公司的债务承担无限连带清偿责任。

当然,在财产混同情况下不认定职务侵占罪的前提是,行为发生在公司正常生产经营期间。当一人公司在经营困难陷入破产困境时,与其他股东相比,唯一股东更容易实施各种隐匿财产行为以逃避债务,从而损害到债权人利益和社会公共利益。尽管根据《公司法》的相关规定,在一人公司破产之后,外部债权人有权要求股东个人承担连带清偿责任,但是在公司陷入破产之际,其常常会将侵占、挪用的本公司的财产转移、隐匿,使债权人不能顺利收回债权,乃至根本收不回债权。这样的行为不仅侵害了一人公司作为独立民事主体的财产权利,也侵害了债权人利益,破坏了社会主义市场经济秩序,具有社会危害性。而且从主观上来看,与公司正常生产经营期间不同,在公司陷入破产困境时,此时的资金流向往往是单向的,即不再将家庭财产用于公司,而仅仅是将公司财产转为个人财产,体现出了非法占有故意,故有必要依法追究刑事责任。

【指导案例】陶海弟、陶腾飞职务侵占罪①——个人财产与公司财产混同情况下如何认定职务侵占罪

伟海集团成立于2000年12月5日,原始股东为陶海弟、金训贤,2005年7月15日变更为陶海弟及其妻子陶菊花,2009年4月22日股东再次变更为陶海弟及其儿子陶腾飞。2004年3月,伟海集团出资80%,陶菊花出资20%设立了新厦公司。同年5月,伟海集团出资70%,香港伟海国际贸易公司出资30%设立了浙江伟海拉链有限公司(以下简称"伟海公司")。2014年4月,因伟海集团及其关联企业出现偿付困难的风险,伟海集团(并全体关联企业)与浙江省浙商资产管理有限公司签订托管经营协议,由后者对上述企业行使经营管理权。

1. 2004年以来,伟海公司董事长陶海弟利用其经营管理公司的职务便利,侵占公司资金用于购买总价值人民币774万元的银河湾日苑×幢A、B两幢别墅,并将产权登记在陶菊花及陶腾飞名下。2010年,陶海弟、陶腾飞及陶菊花等人买得别墅后,共同侵占伟海公司317余万元资金用于装修别墅。

2. 2006年11月份,陶海弟利用担任伟海公司董事长的职务便利,擅自将公司所有的现代名人花园1幢×单元×室(价值人民币195万元)登记在金尔云夫妻名下,将该房产占为己有并供儿子陶腾飞装潢后居住。

3. 2014年1月,被告人陶海弟利用其担任新厦公司法定代表人负责管理公司的职务之便,擅自将公司名下价值人民币55万元的浙GHZ001奔驰轿车,以新车牌浙GZ1L17变更登记到公司副总金力强名下,以金力强的名义将该奔驰轿车占为己有。后陶海弟将该车借给他人使用,并在重大资产申报时予以隐瞒。

---

① 参见聂昭伟:《个人与公司财产混同时职务侵占罪的认定》,载《人民司法·案例》2018年第14期,第32—35页。

本案中，从公司实际出资人、管理人、日常经营决策等层面上看，由于陶菊花、陶腾飞基本不参与公司的决策与管理，故伟海公司尽管形式上有三个股东，但实际上控制在陶海弟一人手中，属于实质上的"一人有限责任公司"。三被告人在陶海弟个人决定下，将大量公司财产用于家庭购买别墅等。根据《公司法》关于"法人人格否定制度"的相关规定，当公司财产不足以清偿外部债务时，应以陶海弟的家庭财产来予以偿还，公司外部债权人的权益完全可以得到保障。在民商法律能够调整的情况下，根据刑法的谦抑性原则，成本高昂的刑法没有必要介入其中。故法院对检察机关指控的第1、2节事实不予认定是适当的。当然，伟海集团在2014年陷入了破产困境当中，遂与浙江省浙商资产管理有限公司签订托管经营协议。此后，陶海弟将公司所有的奔驰轿车过户给金力强。法院认为，该行为发生在2014年1月其公司经营恶化面临托管之际，陶海弟利用职务之便，将公司财产非法转移至他人名下，实际上占为己有，依法应以职务侵占罪定罪处罚。

九、承运人盗窃托运人交给其运输的封缄财物构成盗窃罪还是侵占罪

(一) 裁判规则

托运人在将财物交由承运人代为保管之前进行了包装、封缄或者上锁，这种行为尽管表明托运人仍想控制该货物的主观意愿，但当事人对动产是否享有控制权是一种客观状态，并不以当事人的主观心态而发生改变。在这种情形下，货物实际上处于承运人的占有之下。如果受托人以非法占有为目的，对包装物进行破坏并取出其中的财物，应以侵占罪论处。

(二) 规则适用

占有是一种事实行为，在行为人对财物存在代为保管的情况下，财物的占有关系一般比较明晰，对于盗窃罪还是侵占罪的认定也通常不会存在问题。但是，当行为人代为保管的财物是某种被封缄的包装物时，行为人在对包装物整体存在占有的情况下，对其中的内容物是否自然而然地存在占有就会产生疑问。有观点认为，对包装物与其中的内容物应当区别对待，行为人受他人委托占有某种封缄的包装物时，对封缄物的整体占有属于受托人，但是封缄物内的内容物由委托人占有。原因很简单，委托人将封缄物交由受托人保管，说明受托人有保管封缄物的权利；但是委托人既然加封或者上锁，显然是不希望受托人控制封缄物内的财物，而是期望通过这种方式来实现对封缄物内财物的控制，因此委托人并没有将占有权让渡给受托人。据此，如果受托人整体占有了封缄物，只要其没有不法占有其中的内容物，就应当认定为侵占罪；反之，如果其打开了封缄物，不法侵占了其中的内容物，就等于是破坏了委托人对内容物的占有关系，符合盗窃罪破坏他人占有的本质特征，应当认定为盗窃罪。

笔者认为，包装物整体与其中的内容物没有区别，性质相同。委托人将整个包装物交由行为人占有，那么其中的内容物自然也处于行为人占有之中。托运人

在交付托运之前尽管对货物进行了包装、封缄或者上锁,宣示其仍享有控制权,但这仅仅反映出托运人可能仍想控制该货物的主观意愿,而当事人对动产是否享有控制权是客观状态,并不以当事人的主观心态而发生改变。一般而言,对动产的控制系通过对动产的占有直接控制或者通过对直接占有人的支配、控制而间接控制。承运人在占有该货物时就取得了该货物的直接控制权,而托运人在将货物交付后未对承运人的运输进行监督,故托运人也未间接控制该货物。因此,承运人在履行运输职务的过程中实际合法取得了该货物的控制权。虽然承运人在运输、保管货物的时候没有私自拆开封箱的权利,其拆开封箱窃取货物的行为并非职务权限,但是职务侵占罪中利用职务便利是指行为人在非法占有本单位财物的过程中利用了职务便利,并不要求行为人按照职务权限的规定行为。相反,行为人实施职务侵占行为时往往违反职务权限的规定,采用侵吞、盗窃、诈骗等非法手段。因此,行为人是否具有打开封缄财物的职责并不影响其在秘密窃取封箱内物品的时候利用了自己运输、保管货物的职务便利。

【指导案例】李江职务侵占案[①]

上海沪深航有限责任公司成立于2002年3月,被告人李江系该公司驾驶员,朱庚戌、熊祥文(均另案处理)系搬运工。2008年1月12日下午,三被告人按照沪深航公司的指令将一批货物从公司仓库运至上海浦东国际机场。李江负责驾驶车辆、清点货物并按单交接、办理空运托运手续,熊祥文、朱庚戌负责搬运货物。当日下午四时许,在运输途中,三人经合谋共同从李江驾驶的货车内取出一箱品名为"纪念品"的货物,从该封存箱内窃得30枚梅花鼠年纪念金币(价值共计人民币16万余元)予以瓜分。

本案中上海沪深航公司依据运输合同合法占有委托运输的货物,托运人对货物用纸箱包装并以胶带封缄客观上仅起到防止货物散落、便于运输的作用,尽管托运人通过对货物的封存宣示其仍享有控制权,但这仅仅反映出托运人可能仍想控制该货物的主观意愿,而当事人对动产是否享有控制权是客观状态,并不以当事人的主观心态而发生改变。本案中上海沪深航公司在依据运输合同占有该货物时就取得了该货物的直接控制权,故被告人李江在履行运输职务的过程中实际合法取得了该货物的控制权。虽然李江在运输、保管货物的时候没有私自拆开封箱的权利,李江拆开封箱窃取货物的行为并非李的职务权限,但是职务侵占罪中利用职务便利是指行为人在非法占有本单位财物过程中利用了职务便利,并不要求行为人按照职务权限的规定行为。相反,行为人实施职务侵占行为时往往违反职务权限的规定,采用侵吞、盗窃、诈骗等非法手段。因此,行为人是否具有打开

---

① 参见《最高人民法院公报》2009年第8期。

封缄财物的职责并不影响其在秘密窃取封箱内物品的时候利用了自己运输、保管货物的职务便利。综上,被告人李江作为货运驾驶员在运输途中,不仅负有将货物安全及时运达目的地的职责,同时对该货物负有直接保管的义务,其利用运输、保管货物的职务便利窃取货物的行为,构成职务侵占罪。

【指导案例】李俊东盗窃案①——承运人盗取已封缄货物构成盗窃罪

2007年7月初,被告人李俊东应聘于上海云瑞货运代理有限公司,担任牌号为沪AP2843的集装箱车司机。2007年7月14日,李俊东驾驶集装箱车负责运输托运人飞龙纺织品有限公司从浙江临平运往上海港口的货物。在运输途中,李俊东结伙他人,窃取集装箱内的有光雪尼尔纱线137件,价值人民币92 296.90元。2007年7月20日,李俊东驾驶集装箱负责运输托运人中达金属电子材料有限公司从浙江海盐运往上海港口的货物。在运输途中,李俊东结伙他人,窃取集装箱内的316不锈钢带10卷,价值人民币292 149.45元。

本案审理过程中,有观点认为,本案涉案货物均由托运人装箱并封箱,而集装箱封志系一次性加密手段,托运人对集装箱内货物进行加锁封固后,对于集装箱内货物的占有支配权依然存在;李俊东对集装箱负有安全运输的责任,但对集装箱内货物并不能直接管理、经手,因此,李俊东作为集装箱车司机,利用其容易接近作案对象的工作便利,结伙他人秘密窃取集装箱内货物的行为,应以盗窃罪追究刑事责任。笔者认为,尽管托运人通过对集装箱上锁的方式试图行使控制权,但这仅仅反映出其欲控制该货物的主观意愿,而对动产是否享有控制权是一种客观状态,并不取决于其主观心态。一般而言,对动产的控制系通过对动产的直接占有或者通过对占有人的支配、控制来实现的。托运人在将货物交给承运人运输之后,除非其派人对承运人的运输过程进行监督,否则就丧失了控制权。在本案中,在被告人李俊东运输过程中,并没有任何人跟踪监督,故该货物实际上处于李俊东的控制之下。虽然李俊东在运输、保管货物的时候没有私自拆开封箱的权利,但职务侵占罪不可能要求其侵占行为符合职务规定,而只要求其占有控制单位财物系基于职务行为。为此,行为人是否具有打开封缄财物的职责对其构成职务侵占罪并无影响。综上,被告人李俊东作为货运驾驶员在运输途中,不仅负有将货物安全及时运达目的地的职责,同时对该货物负有直接保管的义务,其利用运输、保管货物的职务便利窃取货物的行为,构成职务侵占罪。

---

① 参见聂昭伟、陈玲英:《承运人盗取已封缄货物构成盗窃罪》,载《人民司法·案例》2009年10期,第9—12页。

十、将借给他人使用的银行卡内资金取走的行为如何定性

(一) 裁判规则

侵占罪的犯罪对象是行为人代为保管的他人财物,要求行为人在实施侵占行为之前已经实际占有控制了他人财物。这里的控制不仅包括物理意义上的控制,也包括法律形式上的控制。行为人将银行卡借给他人使用后,卡内资金从法律上来说处于行为人的控制之下,其通过挂失方式将卡内他人资金取走的,应认定为侵占罪。

(二) 规则适用

我们知道,盗窃罪的对象为他人控制的财物,侵占自己已经实际控制的他人财物不成立盗窃罪。而侵占罪的对象是行为人在实施侵占行为之前,已经控制的他人财物,其实质是将自己控制的他人财物不法"占为己有"。行为人将银行卡借给他人使用,后通过挂失方式将卡内他人资金取走的行为,如何定性?有观点认为,行为人明知其名下银行卡内的存款系他人所有,在他人不知情的情况下,向银行申请挂失并重新办理银行卡,后将卡内资金转移出去,该行为虽然符合银行的相关规章制度,但是对于财物所有人来说是不知情的,属于盗窃罪中的秘密窃取行为,应认定为盗窃罪。笔者认为,上述观点并不妥当。因为侵占罪不仅可以侵占自己直接控制的他人财物,而且可以侵占自己在法律形式上控制的他人财物。就银行卡案件而言,由于我国对银行卡实行实名制,必须由本人携带身份证才能申领,银行卡申领人被视为银行卡全部权利的所有人,具有支配、使用卡内全部资金,冻结卡内资金,申请挂失及停止银行卡使用等各项权利。如果银行卡有透支功能,则由银行卡的申领人承担还款义务,发生还款违约时也是由申领人承担违约责任。非经法定机关通过法定程序作出决定,任何人都无权对抗申领人行使上述权利。显然,无论银行卡由谁实际持有并使用,银行卡的权利义务都由申领人承受,卡内资金在法律形式上都处于申领人的控制之下。可见,借用人虽持有银行卡并掌握银行卡密码,但其一旦将资金存放到借来的银行卡内,该资金在法律上就处于银行卡申领人的控制之下。因此,行为人将他人所有但在自己控制之下的资金占为己有,拒不退还的,应当认定为侵占罪。

【指导案例】曹成洋侵占案[①]——将银行卡借给他人使用后,通过挂失方式将银行卡内的他人资金取走的行为,如何定性

2011 年 10 月,曹成洋的邻居王玉申找到曹成洋及其家人,与曹成洋商定,用

---

① 参见王德录、刘晓辉:《曹成洋侵占案——将银行卡借给他人使用后,通过挂失方式将银行卡内的他人资金取走的行为,如何定性》,载最高人民法院刑事审判第一、二、三、四、五庭主办:《刑事审判参考》(总第 95 集),法律出版社 2014 年版,第 119—122 页。

曹成洋及其家人的身份证办理四张招商银行卡供王玉申的亲戚张聪转账使用,并许诺每张卡给曹成洋人民币 200 元的"好处费"。办理好银行卡后,张聪将银行卡拿走并设定了密码。2012 年 2 月 1 日,曹成洋不愿意将其母亲杨春梅名下的招商银行卡继续提供给张聪使用,遂与杨春梅等人到招商银行淄博分行将银行卡挂失并冻结了账户内资金,在此过程中曹成洋得知该账户内有人民币 50 万元。张聪得知该银行卡被挂失后,找到曹成洋表示愿意给好处费,让曹成洋取消挂失,但双方协商未果。2 月 9 日,曹成洋与其母杨春梅在招商银行淄博分行补办了新的银行卡,并通过银行转账方式将账户内的资金转入其他银行卡账户内。

本案中,虽然曹成洋母亲杨春梅名下的银行卡及密码一直由张聪本人持有和掌握,但该银行卡内的资金在法律上处在曹成洋及其家人的控制之下,曹成洋及其家人可随时通过将该银行卡挂失的方式实际控制卡内资金。事实上,曹成洋和其母亲到银行办理挂失、补卡及支取卡内资金的行为,正是对银行卡及卡内资金行使支配控制权的体现。因此,从挂失行为实施之日起,本案中的银行卡及卡内资金的实际控制人就转为曹成洋的母亲张春梅,而非张聪,且因张春梅与曹成洋系母子关系,该银行卡及卡内资金实际上一直是由张春梅和曹成洋共同控制。曹成洋将自己控制之下的他人财物占为己有,且在张聪发现后拒绝了张聪的还款请求,具有非法占有他人财产的主观故意,应认定为侵占罪。

第二十二章　敲诈勒索罪

一、杀死被害人后以其被绑架为名向被害人亲属勒索财物的行为如何定性

（一）裁判规则

行为人是用虚构事实或隐瞒真相的方法使被害人受蒙蔽而"自愿"地交付财物，还是用威胁或要挟的方法使被害人受到精神强制而被迫地交付财物，是诈骗罪同敲诈勒索罪最本质的区别。

（二）规则适用

从诈骗罪与敲诈勒索罪的概念来看，二者均属于交付型犯罪，即财物占有的转移是具有财物处分权限的人基于自身瑕疵意思而进行处分的结果。区分两罪的关键在于，敲诈勒索罪中的财产损失是由具有强制性质的恐吓行为所造成，具有财产处分权限的人是在意志被扭曲的情况下基于恐惧心理而做出的财产处分；而诈骗罪中的财产损失则是由于欺诈行为所致，具有财产处分权限的人因欺诈而产生错误认识并"自愿"处分财产的。可见，行为人是用虚构事实或隐瞒真相的方法使人受蒙蔽而"自愿"交付财物，还是用威胁或要挟的方法使人受到精神强制而被迫地交付财物，是诈骗罪与敲诈勒索罪最本质的区别。一般情况下，敲诈勒索罪与诈骗罪的区分并不困难，但行为人所实施的行为既具有欺骗又具有恐吓性质时，如行为人冒充警察抓赌抓嫖，威胁要对赌博或者嫖娼人员治安拘留而迫使对方支付罚款的，行为人的行为便同时具有欺诈和恐吓性质，被害人是在同时陷入错误认识与恐惧心理的情况下做出财产处分行为，此时可以区分如下情形予以定性[①]：

1. 行为人仅实施欺骗行为，被害人陷入错误认识并基于恐惧心理处分财物的，应当以诈骗罪来认定。例如，行为人将自己的孩子带至外地，对岳父母谎称孩子被他人绑架，绑匪需要赎金，自己钱款不够而向岳父母提出筹款的要求，后者予

---

① 参见张明楷：《诈骗罪与金融诈骗罪研究》，清华大学出版社 2006 年版，第 121—123 页。

以支付的,因行为人仅仅实施了欺诈行为,未对岳父母实施恐吓行为,尽管岳父母是基于恐惧心理而处分财物,也只能认定为诈骗罪。

2. 行为人仅实施胁迫恐吓行为,被害人虽陷入一定的错误认识,但完全或主要是基于恐惧心理而交付财物的,应认定为敲诈勒索罪。例如,行为人谎称与黑社会头目有交情而向被害人索要保护费,被害人因恐惧而交付财物的,由于谎称与黑社会头目有交情并不属于使被害人陷入错误认识的欺诈行为,被害人交付财物是基于恐惧心理所致,故应认定为敲诈勒索罪。

3. 行为同时具有欺骗与胁迫性质,对方仅产生恐惧心理并基于恐惧心理处分财物,而没有陷入错误认识的,应认定为敲诈勒索罪。例如,成年女子甲自愿与成年男子乙发生性关系,事后甲声称自己是幼女而威胁乙支付钱款,否则便向司法机关告发并将此事告知乙的妻子,乙明知甲并非幼女但因害怕甲的告发会给自己带来麻烦,便向甲支付相应钱款,对甲的行为应当认定为敲诈勒索罪,而非诈骗罪。

4. 行为同时具有欺骗与胁迫性质,对方仅陷入错误认识并基于错误认识而交付财物,而没有产生恐惧心理的,应认定为诈骗罪。例如,行为人虽冒充民警抓赌,但只是声称接到报警前来收缴赌资,赌博人员以为真是警察而将钱交给行为人的,因其是基于错误认识而非恐惧心理所致,应认定行为人构成诈骗罪。

【指导案例】陈宗发故意杀人、敲诈勒索案①——将被害人杀死后,以被害人被绑架为名,向被害人亲属勒索钱款的行为构成敲诈勒索罪

2002年11月9日,被告人陈宗发与制作假证件的外来人员李建兰取得联系,要求定制一份假文凭。同日午,陈宗发按约定同李建兰之妻王小兰见面,之后陈将王小兰及同行的王之幼子李浩带至上海天山西路陈的暂住处。双方因制作假文凭的价格发生争执,陈宗发即用橡胶榔头连续猛击王的头部,继而又用尖刀刺戳王的头、胸部,致王小兰当场死亡。陈唯恐罪行败露,又用橡胶榔头击打的方法致李浩死亡。嗣后,陈宗发用手机发中文短信息给被害人王小兰的丈夫李建兰,以王小兰母子已被绑架为名,向李建兰勒索钱款人民币10万元。后因李及其家人及时报案而未得逞。

本案被告人将被害人杀死,认定其行为构成故意杀人罪,没有异议。被告人在杀死被害人后,又意图非法占有他人财物,以被害人被绑架为名,向被害人亲属索取钱款,显然又构成了侵犯财产的犯罪,应当另行定罪。但是,对该行为应当如何认定,存在绑架罪、诈骗罪以及敲诈勒索罪等争论。笔者认为,首先,被告人的

---

① 参见黄国民、胡守根:《陈宗发故意杀人、敲诈勒索案——将被害人杀死后,以被害人被绑架为名,向被害人亲属勒索钱款的行为构成敲诈勒索罪》,载最高人民法院刑事审判第一庭、第二庭编:《刑事审判参考》(总第34集),法律出版社2004年版,第1—7页。

行为不构成绑架罪。我国《刑法》将绑架罪列入"侵犯公民人身权利、民主权利罪"一章,就是因为该罪主要侵犯的是公民的人身权利。陈宗发将被害人杀死之后,以绑架为名勒索钱款的行为,因为被害人已经死亡,不可能成为绑架罪的被绑架对象,故不构成绑架罪。其次,行为人是用虚构事实或隐瞒真相的方法,使人受蒙蔽而"自愿"地交付财物,还是用威胁或要挟的方法使人受到精神强制而被迫地交付财物,是诈骗罪与敲诈勒索罪最本质的区别。本案被告人在自己的暂住处将两被害人杀死后,又通过手机,告知两被害人的亲属李建兰:"女人和小孩已被绑架,要10万元钱,不能报案,否则撕票。"作为两被害人的利害关系人,李建兰深为两被害人的安危而担忧,严重地受到了精神上的强制,被告人的行为符合敲诈勒索罪的构成要件,应认定为敲诈勒索罪。

二、在征地、拆迁纠纷中索取巨额补偿款是否构成敲诈勒索罪

(一)裁判规则

成立敲诈勒索罪,要求行为人主观上具有非法占有目的,即要求行为人向他人所提出的要求不具有正当性。在征地、拆迁纠纷中,行为人所提出的补偿要求往往具有法律上的依据,原则上不成立敲诈勒索罪,除非行为人所使用的手段行为本身构成其他犯罪。

(二)规则适用

现实生活中,行为人为了行使自己的权利,有时会使用胁迫手段,在区分权利行使与敲诈勒索罪时,关键在于能否认定行为人主观上具有非法占有目的。针对这一点,我们在具体判断时要从权利是否正当即是否存在法律上的依据来着手。当行为人在行使正当权利的情况下,其本意是想索要自己应得的权益,并没有非法占有他人财物的意思。而且被害人本身就存在相对应的给付义务,并不存在财产上的损失,故不能认定行为人具有非法占有目的,当然也就不成立敲诈勒索罪。可见,只要行为人索取财物的要求是在正当权利范围之内,原则上不成立敲诈勒索罪,除非行为人所使用的手段行为本身构成其他犯罪。此外,行为人只有在正当的权利范围之内,索取财物的才能被认为是行使正当的权利,如果明显超出正当的权利范围,不应视为是正当的权利行使。在具体判断时,有必要根据债权的内容是否确定以及索要钱财数额与其正当权益的差额和比例等方面来进行考察。如果内容确定,在行使权利时不能明显超出权利范围。反之,如果内容不确定,只要行为人所提出的要求与其权利直接相关,也应视为是在正当权利的范围之内。如行为人在生日蛋糕中吃到一只苍蝇,以告知媒体相要挟向超市方提出精神损害赔偿,即使数额巨大乃至特别巨大,都属于正当的权利范围之内,不成立敲诈勒索罪。正当维权行为除了要求权利本身具有法律依据之外,还要求行为人所采用的手段行为与权利之间存在内在的关联。也就是说,行为人采取某种手段行为向对方施加压力时,需要考虑该手段行为与权利之间是否存在关联性。如劳动者为了

以向劳动保障部门投诉为由，向用人单位施加压力而要求补偿工资的，应当视为恐吓行为与意图实现的权利之间存在关联性，不构成敲诈勒索罪；反之，如果行为人所采用的是向税务机关举报偷税或者威胁、揭发相关人员的个人罪行或违法事实等手段，则由于举报、揭发的内容与劳动者意图维护的合法权益之间不存在关联性，仍然可能成立敲诈勒索罪。同样，如果行为人以加害他人的身体、生命相要挟，自然也谈不上与权利之间存在关联性，仍然有成立敲诈勒索罪的余地。在征地或拆迁纠纷中，土地使用权或房屋产权本身受到法律保护，用地企业要取得土地就需要支付一定对价。拆迁人与被拆迁人因房屋补偿、安置等问题发生争议，或者双方当事人达成协议后，一方当事人反悔要求增加补偿金额的，即使所提出的要求高于法律规定的数额标准，这也是其与用地企业之间的民事争议，不宜轻易认定为具有非法占有目的。此外，被征地或被拆迁人在赔偿要求得不到满足的情况下，以堵门、封路等方式相威胁的，虽然在维权方式上存在不符合法律规定的情形，维权行为与权利之间不具有直接关联性，但考虑到农村地区农民的受教育程度及法制观念，对于后果不是特别严重，情节不是特别恶劣的情形，也不应作为犯罪处理。

【指导案例】夏某理等人敲诈勒索案[①]——拆迁户以举报开发商违法行为为手段索取巨额补偿款是否构成敲诈勒索罪

被告人夏某理、夏某云系姐弟关系，被告人夏某云、熊某系夫妻关系，两被告人母亲叶某系某县开发区村民。2005年4月，某旅游公司在县开发区开发项目，其中拆迁由拆迁公司实施。2005年11月中旬，因涉及叶某家房屋拆迁和坟墓迁移，叶某与拆迁公司签订了房屋拆迁协议，叶某及其二女儿夏某芬分别收到房屋拆迁补偿费人民币52 565元和坟墓迁移补偿费人民币2.96万元。夏某理、夏某云以及熊某起初虽对叶某签订了拆迁协议有过不满，但对拆迁补偿费标准并未有异议，两人还从其母亲处收到房屋补偿费计人民币4.2万元。同年12月中旬，夏某云因家人在迁移坟墓时未通知自己到场而感到不满，与母亲叶某和叔叔潘某等亲属发生矛盾，夏某理得知此事后，认为是开发区管委会实施拆迁而造成他们亲属不和，为此产生重新向开发区管委会等单位索取拆迁、迁坟相关损失赔偿费的想法。2005年12月底，夏某理先后起草了一份要求开发区管委会、某旅游公司等单位赔偿住宅和祖坟毁坏及精神损失费计人民币61万元的索赔材料，一份举报某旅游公司、开发区在项目开发过程中存在违规、违法行为的举报信，分别交给开发区管委会和县信访局。2006年1月13日晚，某旅游公司的执行总裁唐某某得知夏某理举报该公司开发的项目后，担心对工程进展不利，打电话约见被告人熊

[①] 参见陈克娥、潘勤勤：《夏某理等人敲诈勒索案——拆迁户以举报开发商违法行为为手段索取巨额补偿款是否构成敲诈勒索罪》，载最高人民法院刑事审判第一、二、三、四、五庭主办：《刑事审判参考》（总第64集），法律出版社2009年版，第45—53页。

某，以了解夏某理等人的意图。次日，夏某理、夏某云、熊某按约与唐某某见面，并将举报信和索赔材料交给唐某某，夏某理声称"不满足我们的要求，要举报这个项目不合法，要这个项目搞不下去"。唐某某考虑到该项目已大量投资，为不使举报行为对项目产生不利影响，赔偿给夏某理、夏某云、熊某共计人民币25万元。

本案中，一方面，夏某理等人所取得的10万元补偿款具有正当性，主观上不具有非法占有目的。尽管叶某与拆迁公司签订了房屋拆迁协议，但案中所涉的房屋、坟墓的所有权、使用权均为叶某全家人所共有，叶某与拆迁人所签订的协议，并未得到被告人夏某理、夏某云的同意。本案中，拆迁公司也没有催告两被告人追认拆迁协议的效力，两被告人也没有追认。尽管其从母亲处收到部分房屋补偿费，但不能据此认为已经追认该合同的效力。而且，根据最高人民法院《关于受理房屋拆迁、补偿、安置等案件问题的批复》的精神，拆迁人与被拆迁人因房屋补偿、安置等问题发生争议，或者双方当事人达成协议后，一方或者双方当事人反悔，依法向法院提起民事诉讼的，法院应当作为民事案件受理。可见，夏某理等人提出重新索取拆迁补偿费，属于法律许可的范畴。本案不同于为公用设施、国家利益进行的拆迁、迁坟赔偿，价格由政府统一确定，而系为商业目的所进行的开发，所涉房屋拆迁特别是迁移祖坟应赔多少，没有法律强制性标准，具体补偿标准应是双方合意的结果。对于这样的争议利益，夏某理予以索取，实际上是行使民事权利的一种方式，不属"以非法占有为目的"。

另一方面，夏某理向开发商提出索赔时并没有以举报为条件，而是将索赔材料与举报材料分别交给开发区管委会和县信访局，且未告知开发商其已经向信访局举报。也就是说，夏某理等人并没有直接向开发商以举报为条件进行所谓"威胁、要挟"。开发商得到夏某理举报的信息系由于开发商的不当打听及开发区工作人员的不当告知，而不是来源于夏某理主动告知，更不是夏某理附举报条件地向开发商提出索赔。夏某理与开发商谈判是一个民事谈判过程，谈判的结果也不是敲诈勒索的结果。被告人一开始并不同意签订承诺书，经过谈判才与开发商签订了开发商以出资人民币25万元来换取被告人同意停止对工程项目的伤害、影响的承诺书。此承诺书的签订是由于开发商再三保证不会让人知道，并称大家都要遵守承诺。而开发商方面的谈判人唐某某的证人证言也称"要让被告人在不利于他们的承诺书上签字，一旦被告人拿到钱后仍举报，可以利用承诺书向有关部门举报他们的不法行为，用承诺书保护企业的自身利益"。由此可以看出，被告人签订承诺书，完全是出于民事谈判的结果，而开发商却是以制造夏某理敲诈勒索的证据为目的而签订承诺书的。这也表明，夏某理的初始索赔意图并不以举报为手段和条件。综上，夏某理等人的行为不符合敲诈勒索罪的客观行为特征。

【指导案例】廖举旺等敲诈勒索案[①]——对农村征地纠纷引发的"索财"行为如何定性

2009年至2011年,被告人廖举旺、廖国前、唐开学、刘琴(均系梁平县聂家村11组村民)以梁平县虎城镇聂家煤矿(以下简称"聂家煤矿")征用土地补偿过低为由,多次组织村民堵井口、公路,要求聂家煤矿赔偿土地补偿等费用。廖举旺、廖国前、唐开学因此先后被梁平县公安局行政拘留。后在梁平县虎城镇工作人员的调解下,聂家煤矿两次提高补偿标准并兑现。2010年8月12日,廖国前、唐开学作为村民的诉讼代表人向法院提起诉讼,要求聂家煤矿退出多占的土地,但被法院驳回了诉讼请求。其间,廖举旺、廖国前、唐开学、刘琴四人要求聂家煤矿董事长赵成山赔偿行政拘留、民事诉讼败诉、多占土地赔偿等损失共计人民币12万元,赵成山要求四人出具收条并保证不再堵煤矿井口、公路,后赵成山向廖举旺等人支付了人民币12万元。2011年8月14日,赵成山向公安机关报案称被敲诈勒索。

本案系农村发展中企业征地引起的权利纠纷,聂家煤矿征用了被告人所在村组的土地,支付了补偿款,但是廖举旺等人认为补偿标准过低,一直要求增加补偿金额,同时还认为煤矿实际多占了村集体土地,应当对此补偿。各被告人基于与煤矿之间的土地征用关系主张权利,这种权利冲突本身属于民事争讼的范畴,廖举旺等被告人为此也向法院提起过诉讼。廖举旺等人虽然有以堵井口、公路等方式,迫使被害人支付了各种赔偿款、补偿款共计人民币12万元,从客观上看具有一定的危害性,但是结合农村地区农民的受教育程度和法制观念,在维权方式上难免存在不符合法律规定的情形。如果一律将这些行为入罪,打击面过于扩大。为此,法院经审理认为,廖举旺等被告人的行为在性质上不具有非法占有目的,不构成敲诈勒索罪是妥当的。

[①] 参见张波、蒋佳芸:《廖举旺等敲诈勒索案——对农村征地纠纷引发的"索财"行为如何定性》,载最高人民法院刑事审判第一、二、三、四、五庭主办:《刑事审判参考》(总第102集),法律出版社2016年版,第73—76页。

第二十三章　故意毁坏财物罪

一、盗窃等罪中的"非法占有"与故意毁坏财物罪中"毁坏"的区别

(一) 裁判规则

财产犯罪包括取得罪与毁弃罪两大类型，二者的根本区别在于行为人主观目的不同。其中，盗窃、诈骗、抢劫等罪属于取得罪，主观上均要求"非法占有目的"，即排除权利人，将他人的财物作为自己的财物进行支配，并遵从财物的用途进行利用、处分的意思。而故意毁坏财物罪属于毁弃罪，以"毁坏"为目的，是一种消灭财产价值的犯罪。

(二) 规则适用

刑法意义上的"非法占有目的"，是指排除权利人，将他人的财物作为自己的财物进行支配，并遵从财物的用途进行利用、处分的意思。可见，"非法占有目的"由"排除意思"与"利用意思"构成。其中，"排除意思"与"毁坏目的"具有一定的相似性，客观上两者都非法排斥了权利人对财物的占有、使用、收益和处分的权利，侵害了他人财产所有权。"非法占有目的"与"毁坏目的"的根本区别在于"利用意思"不同，前者以遵照财物可能具有的用法进行利用处分为目的，后者则以毁坏为目的。在理解"利用意思"时，需要注意的是，利用意思包括但不限于遵从财物本来的用途进行利用和处分。例如，男性基于癖好窃取女士内衣，虽然不是遵从内衣本来的用途加以利用，仍然具有利用意思，成立盗窃罪。再如，为了生火而窃取他人的家具，窃取他人的钢材作为废品卖给废品站的，均认为具有利用意思。可见，凡是以单纯毁坏、隐匿以外的意思而取得他人财物的，或者说，凡是具有享用财物可能产生的某种效用、利益的意思的，都可以评价为具有遵从财物可能具有的用法进行利用、处分的意思。而在"非法毁坏"中，虽然行为人也实际控制了他人财物，排除了权利人合法占有财物的可能性，但其控制该财物的目的并不是依照其本来的用途加以利用和处分，而是变更财物性质和价值或使其灭失，使人在事实上不能按照该物的本来用途加以使用和处分。司法实践中，对于此类行为应区分不同的情况，依照主客观相一致的原则，综合分析、认定。对于有证据证明

行为人以毁损或毁坏为目的而实施的非法取得他人财物的行为,符合故意毁坏公私财物罪构成要件的,无论其是否已实施了毁坏行为,都应以故意毁坏财物罪定罪处罚;对于行为人不以毁坏为目的实际控制了他人财物的,一般均可以认定其具有利用和处分财物的目的,符合职务侵占、贪污、盗窃、诈骗等犯罪构成要件的,应以相应的罪名定罪处罚。

【指导案例】孙静故意毁坏公私财物案[①]**——非法"占有"与"毁坏"行为的区分**

被告人孙静于2001年9月应聘到海浪乳品公司南京分公司担任业务员。出于为该公司经理孙建华创造经营业绩的动机,于2002年10月8日起向该公司虚构了南京市三江学院需要供奶的事实,并于2002年12月1日利用伪造的"南京市三江学院"行政章和"石国东、陈宝全、蔡斌"三人印章,与该公司签订了"供货合同",从2002年10月8日起至2003年1月4日止,孙静将该公司钙铁锌奶321 500份送至其家中,并要求其母亲每天将牛奶全部销毁。经鉴定上述牛奶按0.95元/份计算,共价值人民币305 425元。2003年12月24日,孙静以三江学院名义交给海浪乳品公司南京分公司奶款人民币7380元,其余奶款以假便条、假还款协议等借口和理由至案发一直未付给该公司。

法院经审理认为,职务侵占罪是指公司、企业或者其他单位的人员,利用职务上的便利,将本单位财物非法占为己有,数额较大的行为。职务侵占罪主观上必须具有非法占有的故意,客观上必须具有非法占有的行为。所谓"非法占有"不应是仅对财物本身物理意义上的占有,而应理解为占有人遵从财物的经济用途,具有将自己作为财物所有人进行处分的意图,通常表现为取得相应的利益。本案中被告人孙静主观上并没有非法占有公司牛奶或将牛奶变卖后占有货款的故意,其犯罪目的是为了讨好公司经理孙建华,出于为孙建华创造业绩;同时孙静在客观上亦没有非法占有公司牛奶的行为,当牛奶送至孙静家中后,即让其母亲随意处置,其本身并没有实际占有。综观本案,孙静作为业务员,明知鲜牛奶的保质期只有1天,却对牛奶持一种放任其毁坏变质的态度,其主观上并没有遵从牛奶的经济用途加以适当处分的意图,其行为完全符合故意毁坏财物罪的主观构成要件。同时客观上孙静实施了将牛奶倒掉、喂猪等毁坏行为,符合故意毁坏财物罪的客观要件。

二、擅自将他人股票低价抛售的行为是否构成故意毁坏财物罪

(一) 裁判规则

故意毁坏财物罪中的"毁坏财物",不仅包括因为物理上的损害而导致财物的

[①] 参见王文武、郭彦东:《孙静故意毁坏公私财物案——非法"占有"与"毁坏"行为的区分》,载最高人民法院刑事审判第一庭、第二庭编:《刑事审判参考》(总第39集),法律出版社2005年版,第39—43页。

效用减少或者丧失,还包括因为心理上、感情上的缘故而导致财物的效用减少或者丧失;不仅包括使财物本身丧失,还包括使被害人对财物的占有丧失。

(二)规则适用

故意毁坏财物罪中的"毁坏财物",不限于从物理、物质上对财物进行破坏、毁损,而且包括使财物的效用丧失或者减少的行为。具体来说,包括以下几种情形:(1)物质或物理上的毁弃,即通过对财物使用有形力,从物质上(或者物理上)破坏、毁损财物的一部或者全部。如将他人的电视机砸毁或者将他人饲养的动物杀死,都属于毁坏财物。(2)财物效用上的损害,即通过对财物使用有形力,虽然财物本身没有毁损,但是财物的效用减少或者丧失。例如,将他人的广告牌内容予以涂改,或者将他人的汽油与柴油相混合。(3)虽然没有对财物使用有形力,但使财物的效用减少或者丧失的,同样是毁坏财物。例如,非法侵入他人股票账户,擅自将他人的股票低价予以抛售造成他人财产损失的;或者将他人鸟笼打开,导致鸟儿飞走的;或者将他人鱼塘闸门打开,导致鱼儿逃走的;均属于毁坏财物。由上可见,故意毁坏财物罪中的"毁坏"重在使财物的效用减少或者丧失,不仅包括因为物理上的损害而导致财物的效用减少或者丧失,还包括因为心理上、感情上的缘故而导致财物的效用减少或者丧失;不仅包括财物本身的丧失,还包括被害人对财物的占有丧失。当然,如果行为人遵从财物的本来用途进行利用和处分,以实现财物的价值或取得相应的利益,则不能称之为"毁坏"。如擅自吃掉他人的食物,擅自燃放他人的烟花爆竹的,属于遵从财物的用途进行消费或者利用的行为,应认定为盗窃而非毁坏。此外,如果被害人只需要花费少量的时间和费用即可修复的,也没有必要认定为故意毁坏财物罪。

【指导案例】朱建勇故意毁坏财物案①——股票账户所代表的财产权利能否作为故意毁坏财物罪的犯罪对象

2002年4月29日至5月10日,被告人朱建勇利用事先获悉的账号和密码,侵入被害人陆正辉、赵佩花夫妇在证券营业部开设的股票交易账户,然后篡改了密码,并使用陆、赵夫妇的资金和股票,采取高进低出的方法进行股票交易。5月16日,朱建勇再次作案时被当场发现。按照股票成交平均价计算,用首次作案时该账户内的股票与资金余额,减去案发时留有的股票与资金余额,朱建勇共给陆、赵夫妇的账户造成资金损失人民币19.7万余元。

根据我国《刑法》第275条的规定,故意毁坏财物罪是指故意毁灭或者损坏公私财物,数额较大或者有其他严重情节的行为。股票作为一种权利凭证,具有经济价值,代表着持有人的财产权利,而且能够为股票权利人所控制,故可以成为故

---

① 参见《最高人民法院公报》2004年第4期。

意毁坏财物罪的犯罪对象。同样,对于"毁坏"一词的理解,也不应局限于从物理上变更或者消灭财物的形体,而是包括一切使财物的效用丧失或者减少的行为。其中,行为人采用有形物理力,虽然并未导致财物物理毁损,但致财物效用减少或者丧失的,如将垃圾放入他人餐具,使他人在心理上不愿再使用餐具的,属于毁坏财物。同样,行为人虽然没有直接针对财物行使有形物理力,但使他人财物的效用减少或者丧失的,也属于毁坏财物。例如,将他人鸟笼打开导致鸟飞走的,将他人鱼池闸门打开导致鱼游入江河的,均属于毁坏财物。为此,行为人出于泄愤目的,对他人股票进行高买低卖的操作,造成他人巨大财产损失的行为,具备实质的社会危害性,应该受到刑罚处罚;同时,股票权利可以成为故意毁坏财物罪的犯罪对象,高买低卖致他人损失也可以认定为毁坏财物的行为,符合故意毁坏财物罪的犯罪构成,应认定为故意毁坏财物罪。本案被告人朱建勇为泄私愤,秘密侵入他人的账户操纵他人股票的买卖,短短十余日,已故意造成他人账户内资金损失人民币19.7万余元。该行为侵犯了公民的私人财产所有权,扰乱了社会经济秩序,具有明显的社会危害性,依照《刑法》第275条的规定,应当以故意毁坏财物罪论处。

第二十四章 破坏生产经营罪

出于升职目的低价销售公司产品的行为如何定性

(一) 裁判规则

破坏生产经营罪主观上是出于"泄愤报复"等恶意目的,客观上是针对生产资料、生产工具及机器设备等生产经营条件进行破坏。出于个人升职目的低价销售公司产品的行为不符合上述特征,不构成破坏生产经营罪。故意毁坏财物罪是针对财物的使用价值进行毁坏,低价出售公司产品尽管会使公司受到损失,但被销售产品的使用价值并未因此丧失,同样也不构成故意毁坏财物罪。

(二) 规则适用

根据《刑法》第276条的规定,破坏生产经营罪,是指行为人出于泄愤报复或其他个人目的,毁坏机器设备、残害耕畜或者以其他方法破坏生产经营。个人出于升职目的,以低于公司限价销售公司产品的行为,即使造成公司重大损失,也不构成破坏生产经营罪。因为从行为目的来看,该种行为的动机是扩大销售业绩,目的是实现"个人升职",本质上不同于"泄愤报复"等恶意目的,不能解释为《刑法》276条规定的"其他个人目的"。而且从行为方式来看,刑法设置破坏生产经营罪的目的,在于保护生产经营活动赖以正常进行的生产资料、生产工具、机器设备及其他生产经营条件,惩罚的对象是针对生产经营条件进行破坏的行为。低价销售公司产品是对生产对象进行处理,而并不是对生产经营条件实施破坏,不能认定为破坏生产经营罪。同样,根据《刑法》第275条的规定,故意毁坏财物针对的是财物的使用价值,而并非财物的价值或者价格,因为只有这样才能使得社会财富遭受破坏,进而具有更大的社会危害性,需要通过刑法加以规制。而单纯地低价出售公司产品,尽管会使公司的利润遭受损失,但是公司产品并不会因为被贱卖而丧失其自身的使用价值,这与通过焚烧、摔砸产品使其使用价值完全丧失的毁坏财物行为有着本质的区别,因此也不构成故意毁坏财物罪。

【指导案例】刘俊破坏生产经营案①——非国有公司工作人员出于个人升职目的，以低于限价价格销售公司产品，造成公司重大损失的行为，如何定性

被告人刘俊于2007年12月至2009年5月，先后担任某公司销售员、店长、产品采购经理等职务，负责某公司电脑产品的对外销售。2008年3月至2009年5月，为了达到通过追求销售业绩而获得升职的个人目的，刘俊违反公司销售限价的规定，故意以低于公司限价的价格大量销售电脑产品，而在向公司上报时所报的每台电脑销售价格则高于公司限价人民币100元至200元，每台电脑实际销售价格与上报公司的销售价格一般相差人民币700元至1000元。因公司有不成文的规定，当月向大宗客户销售电脑的货款可在2个月后入账，刘俊利用该时间差，用后面的销售款弥补前账。后来因销量过大，导致亏空金额越来越大。最后，刘俊直接造成公司亏损人民币533万元。

本案中，被告人刘俊在先后担任某公司销售员、店长、产品采购经理等职务期间，出于扩大销售业绩以助个人升职的动机，违反公司限价规定，擅自低于进价销售电脑产品。由于被告人并非出于泄愤报复等恶意目的，且其低价销售行为针对的对象是公司产品，而并未破坏公司的生产工具、设备等生产经营条件，故其行为不构成破坏生产经营罪。被告人低价出售公司产品的行为尽管会给公司的利润带来损失，但是被销售产品的使用价值并不会受到影响，故同样也不构成故意毁坏财物罪。根据罪刑法定原则，法院最终判决被告人刘俊无罪是适当的。

---

① 参见孙玮、费晔：《刘俊破坏生产经营案——非国有公司工作人员出于个人升职目的，以低于限价价格销售公司产品，造成公司重大损失的行为，如何定性》，载最高人民法院刑事审判第一、二、三、四、五庭主办：《刑事审判参考》（总第83集），法律出版社2012年版，第10—14页。

后 记

近年来,法官从事的实用性研究有了明显和可喜的进步,《法律适用》和《人民司法》的不断扩容,《中国应用法学》的创刊,全国法院系统学术论文研讨会组织规模的扩大、论文质量的提升等,均是很好的例证。此种局面的形成无疑是下列诸多主客观方面因素影响的结果。例如,疑难、复杂、新类型案件中需要研究的问题增多,司法过程中平衡法律效果与社会效果的难度增大,中国裁判文书网海量文书的公开,法官职业化、精英化的持续推进,法学教育和研究水平的提高,人民群众司法需求的新要求、新期待,等等。此种实用性研究虽然在某种意义上扮演着基础理论研究与适用法律技术之间的"二传手"角色①,但从理论与实践互动关系而言,基础理论研究与实用性研究均不可或缺,而且需在分工细化的基础上良性融贯,方能最大限度地克服当下依然存在的理论界与实务界相互分隔甚或互不买账、理论与实践"两张皮"的现象。同时,就理论对实践的指导而言,两类研究同样重要,只是实用性研究相比于基础理论研究而言对实践的指导更为直接而已。此时,需要牢记的是康德的如下论说:"如果说理论对实践作用很小的话,那么责任并不在于理论,而在于人们没有从经验中习得足够的理论。"②

北京大学出版社策划的"法官裁判智慧丛书",可谓是助添实用性研究之繁荣昌盛。基于前期出版的民事法官所撰写的《公司纠纷裁判精要与规则适用》《民间借贷纠纷裁判精要与规则适用》等系列著作所取得的良好的社会效果,蒋浩副总编和陆建华编辑诚邀我组织在刑事审判实践一线的法官撰写类似的刑事法著作,这正好契合我近年来倡导和践履的实践刑法学③的研究理念和学术路径。经过一段时间的联络和沟通,我和诸位同人将陆续推出《侵犯公民人身权利罪类案裁判规则与适用》《侵犯财产罪类案裁判规则与适用》《贪污贿赂罪类案裁判规则与适用》《危害公共安全罪类案裁判规则与适用》等系列图书。

---

① 参见张卫平:《基础理论研究:民事诉讼理论发展的基石》,载[德]康拉德·赫尔维格:《诉权与诉的可能性:当代民事诉讼基本问题研究》,任重译,法律出版社2018年版,序言第4—5页。

② [德]马蒂亚斯·耶施泰特:《法理论有什么用?》,雷磊译,中国政法大学出版社2017年版,第53页。

③ 参见刘树德:《刑事裁判的指导规则与案例汇纂》,法律出版社2014年版,代序第1页以下。

感谢北京大学出版社蒋浩副总编和陆建华编辑的组织策划,感谢责任编辑辛勤、细致的工作!

刘树德

2018 年 10 月 5 日初记

2021 年 4 月 6 日补记